执古以绳今，是为诬今；执今以律古，
是为诬古。

——（清）魏源

历史不忍细看

被历史忽略的历史

李漓 / 编

中国华侨出版社

北京

**图书在版编目（CIP）数据**

历史不忍细看 / 李漓编 . —北京 : 中国华侨出版社 , 2015.3（2023.10 重印）

ISBN 978-7-5113-5240-8

Ⅰ . ①历… Ⅱ . ①李… Ⅲ . ①中国历史—古代史—通俗读物 Ⅳ . ① K220.9

中国版本图书馆 CIP 数据核字（2015）第 042753 号

## 历史不忍细看

编　　者：李　漓

责任编辑：黄振华

封面设计：彼　岸

文字编辑：王　宁

美术编辑：王玲玲

经　　销：新华书店

开　　本：720 毫米 ×1040 毫米　　1/16 开　　印张：26　　字数：538 千字

印　　刷：唐山楠萍印务有限公司

版　　次：2015 年 5 月第 1 版

印　　次：2023 年 10 月第 3 次印刷

书　　号：ISBN 978-7-5113-5240-8

定　　价：59.00 元

中国华侨出版社　北京市朝阳区西坝河东里77号楼底商5号　　邮编：100028

发 行 部：（010）88866779　　　　　传　真：（010）88877396

网　　址：www.oveaschin.com　　　E-mail：oveaschin@sina.com

如发现印装质量问题，影响阅读，请与印刷厂联系调换。

# 前　言

　　英国哲人培根说过："读史使人睿智。"历史不但可以给人以学识，重要的是还可以给人以智慧。它教人用深邃的眼光看待过去，品读现在，观照未来。只有这样，才能不被眼前各种光怪陆离的现象所迷惑，而从容地做出判断和选择，寻找出符合历史规律和发展逻辑的前进道路。

　　然而，这一切的必要前提是，历史必须是真实的历史，否则就会背道而驰，贻误后人。可是，不容忽视的是，历史也有可能欺骗我们。这是因为记录历史的执笔者和删改者有的害怕得罪权贵，有的为了某种私利或者偏见，或者轻信权威，或者道听途说，甚至有的公然编造历史，无中生有。加上史书大多成书于封建王朝，修撰史书的多为御用史官，这种史书重视帝王将相，忽视人民群体；重视军事、政治，忽视经济、文化；重视权力、权术，忽视知识、技术……有这些偏颇，就不可能真实反映历史的本来面目。

　　而即使是真实的历史，在不同的人的眼里，也都有不同的画面。一部《红楼梦》，"经学家看见《易》，道学家看见淫，才子看见缠绵，革命家看见排满，流言家看见宫闱秘事"，那么一部上下五千年的中国历史，若用放大镜一一细究，又能看到什么？

　　若肯细看，历史也许是另一副模样。历史的缝隙中滴着血泪，光鲜外表下裹着丑陋，曾经坚持的信仰也许崩塌，曾经不屑一顾的琐碎可能顽强地撑起一座大厦，所以历史不忍细看——细看之下，将会有太多的谜题和出人意料的答案。

　　由此，我们精心编著了《历史不忍细看》一书，以飨爱史之人。拂去时光厚积下的尘埃，发现原来几百几千年前那看似遥不可及的一幕幕竟是那么生动鲜活。若能在明媚的午后，捧一杯清茶，细细品味，也许可以发现，那干瘪的史书充盈着浓浓的市井喧嚣，那冰冷的宫廷满溢着张扬个性的风姿，那严肃森然的制度等级逃不开戏剧性的历史玩笑，那画像上深沉默然的古人也曾色彩鲜明地活着。

　　本书搜集大量被人遗忘、扭曲、误读、篡改的历史资料，去伪存真、去芜取菁，扫去历史的烟尘，点亮真实的色彩。全书共分为钩心斗角的权位斗争、皇家不能说的秘密、历代君主的离奇死因、波谲云诡的政治阴谋、硝烟背后的军事之谜、出人意料的后宫内幕、不可不知的历史怪圈、名士的另一张脸谱、令人惊叹的文人私密、不忍细看的历史"绯闻"、历史名人的死因新解、颠覆常论的史实新探、被误读的历史新证、尘封千年的史料新考、误传已久的经典定论、容易误解的文化常识、不为人知的秘史档案、千奇百怪的市井轶闻、让人百思不解的古物迷踪、迷雾重重的历史谜题等篇章，多从细微之处入手，搜寻历史的蛛丝马迹。作为历史的放大镜、透视镜和显微镜，不但从宏观上把握历史，还要从细微之处发现历史，帮助读者学习历史，增长知识。在尊重史实的前提下，以生动活泼的语言讲述一个个历史人物、事件或文化知识，通过一篇篇小文反映大历史，展现中华五千年历史的别样风貌。

《历史不忍细看》以大众为阅读对象，拒绝枯燥乏味，注重文字的灵动，把生动性、可读性和趣味性作为遴选的原则，思想开放，无论观点还是材料，多有新鲜感，同时言之有理，言之有物，叙述引人入胜。本书坚决摒弃人云亦云、墨守旧说的惯性思维，而是独立思考，大胆质疑，善于从新的角度去看待旧的问题，发挥创造性的想象力，同时具有脚踏实地的科学精神，不去追求所谓"宏大的叙事"，而是守住一个"真"字，在对史料收集、综合、分析的基础上，运用历史逻辑对客观历史进行解构与重塑。不但向读者提供丰饶的精神资源，而且给人们以冲击、震撼和思考，使僵硬的历史充满活力。在波谲云诡、疑团迭生的阻碍之下，呈现历史的细节，把握历史的脉搏，揭露历史的真相，使读者体会知晓真相的欣悦，了解历史的鲜活与沉重，引导人们走进历史的深处，从中得到启迪和裨益。

# 目 录

## 颠覆常论的史实新探

## 被误读的历史新证

## 尘封千年的史料新考

## 让人百思不解的古物迷踪

## 迷雾重重的历史谜题

# 钩心斗角的权位斗争

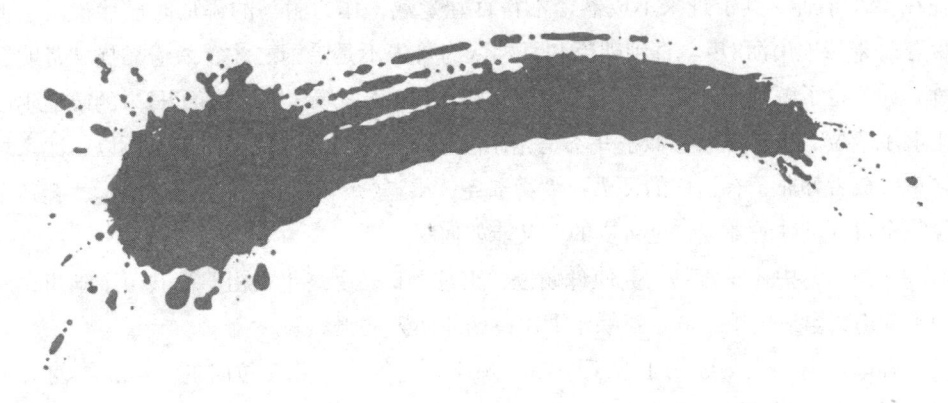

## ·尧舜禹禅让的历史真相

中国古代社会中所谓的"禅让"制度，类似于现在的投票选举，呼声最高的候选人将接任大权，成为下一任的领导者。这与血统和身份无关，是一种和平转让权力的方法。

《庄子·杂篇》中说："非卮言日出，和以天倪，孰得其久！万物皆种也，以不同形相禅，始卒若环，莫得其伦，是谓天均。天均者，天倪也。"

这里说的"相禅"就是替代的含义。权力的和平转移以尧、舜、禹最为美谈，千古以来，人们提及这三位君主都称颂不已，他们成了"托古改制"的原始依据，但事实上并不是儒士口中所传承的那样。

在史书上有所记载：《尚书》的《尧典》、《舜典》、《大禹谟》等篇这样写道，尧在位70年后，其子丹朱不成器，不得百姓爱戴，作为驸马的舜那时已然摄政，但仍保荐丹朱治理南河8年。直到朝臣和百姓认为丹朱不是治国之才，纷纷靠拢"贤明"的舜，让尧也了解到他的儿子朽木不可雕，舜才以一句"天也"结束了丹朱的政治生涯，坐上了帝位。这样看来，似乎并不是尧让位，而是舜自己取代了丹朱。所以，法家思想之集大成者韩非子有这样的评语："舜逼尧，禹逼舜。"尧不得不传位给舜，实乃舜已经完全得到百姓的爱戴，近百岁的尧又能如何呢？

《尚书》中还有言："尧使舜嗣位，正月上日，受终于文祖，流共工于幽州，放欢兜于崇山，窜三苗于三危，殛鲧于羽山，四罪而天下服。"

舜即位后，立刻除去了共工、终、鲧、欢兜等一干尧在位时的名臣，终使天下臣服。很显然，共工等人很可能威胁到舜的顺利即位，所以他才如此排斥他们。此招"杀鸡儆猴"再明显不过。不过舜到最后也是胆战心惊地坐着帝位，因为即将取代他在人民心中地位的人，正是鲧之子禹。

舜是禹的杀父仇人，此乃毋庸置疑的事情，所以禹治水成功后，能甘心为舜所用吗？此时再看韩非子的"禹逼舜"这句话，顿觉其中的精到之处。虽然《史记》上讲，舜南巡时不幸病死途中。但战国时魏国史书《竹书纪年》却这样记载：舜年迈体衰，禹于是迫舜去南方巡查，实为"放逐"，舜因此死于途中，两个妃子娥皇、女英都不在身边。舜死得如此孤独，于是便有了晋代张华《博物志》中记载的凄惨结局："尧之女，舜之二妃，曰'湘夫人'。帝崩，二妃啼，以涕挥竹，竹尽斑。"

不管是《史记》的记载更符合真实历史，还是被称为"野史"的《竹书纪年》更贴近现实境况，总之，舜的死实则是有蹊跷的。今日无论如何推测，都不可能再现当时的情景，又如何知道舜传禹帝位是否有内幕的存在？

其实，原始社会除了尧、舜、禹三人是以"禅让"名目传帝位之外，在之前"禅让"根本就不曾存在。从轩辕黄帝开始一直遵循着子承父位的规矩，黄帝王朝子孙相传共传了七君。

孔子翻遍了历史，才找到尧、舜、禹三人并非子承父业的例子，于是以"天下德者居之"教育子弟，到各国游说各色君主，提倡礼乐、道统。而事实上，孔子及其弟子用了2000多年的时间，实践的一直都是希冀将君主化为圣人的治国政统，而非将圣人化为君主的治国道统。儒家的道德理想，从始至终都为君主所利用。

禅让在儒家的道统中是上古圣贤明智的象征，是最正确的政治举措。尧让位给舜，舜让位给禹，这无疑是道统凌驾于政统的标志。天下唯有德者居之，此乃孔子一生笃信的圣人治国策略、追寻的道德理想，就连吕不韦也曾以此言暗示秦始皇的暴政即将倒台。

于是有人认为，政道合一、儒家道德规范成为政治手段，才是永久的统治之道，但可惜古老的禅让和德治还是不幸地破灭了。

是谁揭开了"禅让"的谎言？我们或可从魏文帝曹丕的身上得知一二。曹丕心安理得地接受傀儡汉献帝禅让帝位之后，脱口而言："舜禹受禅，我今方知。"一句话揭露了古代"禅让"背后的实质，在曹丕看来：原来天下唯"德者"居之，实则应该改为天下唯"权者"居之，谁的实力足够强，谁的地位足够稳，谁就可登上帝位。曹丕度古人之腹，虽有偏颇，但未必是空穴来风。

看天下千百年斗争，越是乱世，"禅让"的戏目上演得便越精彩，在"和平性异姓夺嫡"的光环下，这些"禅让"的神话怪圈有许多是被历史和人们理想化了的政治谎言。

## ·周公为何没有取代周成王

说起周公，似乎总与"解梦"纠缠不清。然而周公生平最重大的事件莫过于执政6年后让位于成王，实现权力的和平过渡。于危难之时挺身而出，当危难过后便毅然让位，周公这种无畏无私的精神受万代称颂，同时也引发了后人对其让位之举的质疑。

有人指出，《荀子·儒效》和《淮南子·记论训》中都说周公想要夺取天下。《礼记·明堂位》和《韩诗外传》卷三也有记载周公想要坐上天子的位置。《尚书·大传》更明确指出，周公身居要位，管理着天下的国事。

又有人考证说，《尚书·大诰》中出现的"王"，把周文王称为"宁王"，也称作"宁考"。而"考"是对已故父亲的称呼，所以这个"王"应是周公。《尚书·康诰》中也有记载："王若曰：'孟侯，朕其弟，小子封。'"周公的弟弟康叔，名"封"，《康诰》中的"王"称康叔为"弟"，显然这个"王"也是周公。如此说来，周公的确自称为"王"。

根据以上证据，便有人认为，周公在武王去世而成王年纪尚幼之时，便有谋权的意图。之后以"王"之名义，行"王"之权力，虽说东征西伐、治国安邦功不可没，但也不能掩盖其意欲以权夺位的野心。

至于周公最后没有取代成王，实乃应变形势的无奈之举。因为遭到当时地位举足轻重的召公、太公的怀疑，而成王也对周公起了疑心，并且周公的两个兄弟管叔、蔡叔又与纣王之子武庚联合起兵，关中局势动荡不安，形势对周公极为不利，周公不得不还政于成王，以平息众怒。

此番质疑，对世人心目中周公那无畏无私的形象造成了巨大的冲击，但更多的人仍坚持认为，从周公临危受命而勤勉摄政之举，从他在武王病危之时愿意以身代死的决心，便可看出周公对国对君的一片赤诚之心。如此忠君爱国之人，绝不可能做出僭越夺位之事。

无论是无奈还政，还是真心让位，不过是后人充满感情色彩的想象。而周公心中所想，早已随他而去，深埋黄土之中。

# ·秦赵渑池之会幕后的权力角逐

战国争霸的硝烟已经消失在历史长河之中，经过太史公的妙笔渲染，七国争雄的历史早已深入人心。秦赵渑池之会的故事也是家喻户晓，千古流传。渑池之会树立了蔺相如不畏强秦、力挽狂澜的高大形象。但是，仅凭蔺相如一人之力、口舌机智就能如此简单地战胜秦国吗？事情并非这样简单。渑池之会也只是秦赵之间共同利益的双赢结果，这与战国时复杂的形势密不可分。

公元前279年，战国形势发生了极大的变化，东方强国赵国和西方强国秦国相争，死伤无数。楚、齐则趁机崛起。为了遏制楚、齐的力量，秦昭王约赵惠文王在渑池相会。秦国君臣曾欲欺辱赵惠文王，赵方以蔺相如为首毫不示弱，处处反击。最后双方达成共识，秦、赵之间停止战争。

在渑池之会5年之前，即公元前284年，战国形势又是另一片情景。东方强国齐国与西方强国秦国争霸，实力不相上下。秦国联合六国共抗齐国，齐国在六国的合攻之下一败涂地。秦国唯一的对手消失之后，成为战国七雄之首。秦国灭齐的目的达到后，他与其他五国之间的盟约也正式结束，双方又站在了敌对的位置之上。秦国攻占了魏国之东的一大块地盘，并长驱直下，阻断了燕、赵与楚、魏、韩之间的联系，这是秦国为统一天下走出的第一步。

赵国经过赵武灵王胡服骑射的改革之后，成为东方继齐之后的第二强国。在东方强国齐国衰败之后，处于东方的第二个强国赵国逐渐强大起来。赵国在东方取得本属于齐的富庶之地——河间，经济实力大增。加上赵惠文王的经营，任用一代名将廉颇、名相蔺相如，使得赵国的政治实力更为增强。强大的军事实力、政治实力、经济实力，使赵国成长为东方大国，也成为秦国最强劲的对手。

公元前283年，秦国为了实现一统天下的愿望，作出了第二步措施：攻打魏国，直取魏都大梁。燕、赵两国出兵20万援救魏国。秦国无奈之下只能放弃攻打魏国。这一事件让秦、赵之间的矛盾尖锐化，秦、赵敌对的形势逐渐形成。

秦国为了攻打赵国，与楚、魏、韩联盟，对赵国形成了包围之势。孤立的赵国只剩下燕国一个盟友。然而赵国并没有意识到形势的急剧变化，依然连年伐魏，这给了秦国攻打赵国西境一个可乘之机，秦将白起攻取了蔺、祈、石和光狼等城。面对如此形势，赵国被迫停止对魏的进攻，集中兵力对付秦国。直到公元前279年，4年内，秦、赵之间连连征战，双都势均力敌，一直未分出胜负。

在这4年之间，衰退的齐国又奇迹般地复活。以田单为首的齐军打败了燕军主力，收复了齐国的大量失地，齐国席卷之势给赵国带来了严重的威胁。

同时，与秦有盟约的楚国也趁着秦赵胶着之际逐渐壮大，率军反攻秦国，打入秦的巴郡地区，攻取了旧巴国的都城枳，秦国的后方基地巴蜀地区面临着丧失的危险。

在这样的形势之下，势均力敌的秦、赵之间如果开战，必然受到楚、齐的威胁，这对秦、赵双方来讲毫无益处。秦、赵两国基于实力基本平衡、拥有共同利益的前提之下，于公元前279年在渑池相会，秦、赵罢战讲和。随后，赵军集中力量攻打齐国，秦军集中主力攻打楚国，齐、楚两国的复兴美梦在秦、赵的铁拳痛击下破灭了。

因此，秦、赵两国渑池之会实质上是一场强国与强国之间的外交会晤，是两大强国在实力基本平衡之下的一次战略妥协。两国共同面对的国际形势，使得两国能够达成默契，也只有建立起彼此间较稳定的友好合作关系，才能够转移主力粉碎齐、楚的复兴企图。所以，形势已经决定了秦、赵两国必须化干戈为玉帛。

秦、赵破楚、齐之后，秦赵双方又开始了敌对的状态，两国争霸重新开始。这也从反面证明了渑池之会只是秦赵两国基于外交形势所作的暂时妥协。

## ·巫蛊引起的宫廷血案

西汉巫蛊连环案，诱因是汉武帝沉迷黄老巫蛊之术，引发了妃嫔之间的斗争。但其实质并非简单的后宫纷争，而是整个朝廷势力的斗争，最终引发了"太子谋反"的惊天大冤案，导致汉武帝晚年妻离子散、众叛亲离，在后悔与沉痛中死去。

作为中国历史上在位时间最长的皇帝之一，汉武帝大半生所行功德可抵黩武之过，然而一个小小的巫蛊之术却令武帝千古功名蒙上了一层阴影。难道巫蛊之术竟可怕如斯吗？其实真正可怕的应当是人心才对。

巫蛊连环案的事情起因源于汉武帝的一场幻觉。征和元年（公元前92年）三月，赵敬肃王彭祖去世，夏季又逢大旱，宫外尚未安定下来，内宫就出现了妃嫔以巫蛊互相攻击的事件。本来妃嫔用巫蛊之术已经是司空见惯的事情，当时武帝也未放在心上，哪知妃嫔们的斗争愈演愈烈，最后竟互相诬陷对方用巫术诅咒皇上。汉武帝见状很是不满，一怒之下处死了大量宫人和一些外戚臣子。但他总是梦见有人在用木人诅咒自己，一时间寝食难安。有一天，他正坐在建章宫内养神，恍惚中看到有一个男子带剑走进中龙华门，本来应该有重兵把守的中龙华门却没有一个人出来阻止。

汉武帝心道那男子莫非是来刺杀自己的不成？于是大声叫喊，哪知男子扔下剑隐遁而去。吓出一身冷汗的汉武帝大叫侍卫护驾，并派人到皇宫内翻查，却一无所获。其实汉武帝一生杀人很多，很可能是因为心理原因产生了有人欲找自己报仇的幻觉。但彻查的结果令他很失望，刺客没有找到，反而在后宫和京城各百姓家中翻出大量的木偶和咒符。汉武帝因此认为有人用巫术制造神魔来刺杀他，于是下令严查此事。"巫蛊案"就这样掀开帷幕。

君主身边最不缺乏的就是别有用心之人，"巫蛊案"本来可以很快过去，但是有人却诬告当朝丞相公孙贺的儿子公孙敬声施用巫蛊之术诅咒皇帝。公孙贺的夫人君孺是皇后卫子夫的姐姐，所以汉武帝与公孙贺关系素来亲密，公孙敬声也因父亲的关系担任太仆一职，负责掌管皇帝的舆马和马政。可是偏偏公孙敬声不争气，骄奢淫逸，贪财好色，收受贿赂，结果被关了起来，公孙贺于是抓了所谓的阳陵大侠朱安世，想要借此立功，帮儿子将功赎罪。

朱安世自然不能坐以待毙，就托人上书汉武帝，称公孙敬声和武帝的女儿阳石公主私通，并派遣巫师在天子所驰的马路上埋木偶人诅咒天子。朱安世这一告发有理有据，汉武帝立刻相信，就逮捕了公孙贺一家，把他们交给了当时的著名酷吏杜周查办。杜周公报私仇，不但杀了公孙贺父子，还将阳石公主和与本案没有什么关系的诸邑公主一起杀了，只因诸邑公主与卫子夫弟弟卫青之子卫伉是表亲，而卫伉与杜周结了怨。

虽然死了一群人，但汉武帝老来多疑，认为还是有人想要害自己，于是将"巫蛊案"交给了自己的宠臣江充查办。江充靠裙带关系取信汉武帝，他的"公正无私"是故意装出来的，但汉武帝却相当放心地将"巫蛊案"交由他来查办。在调查此案的过程里，江充完全将个人恩怨融入其中。在朝廷中，他最想扳倒的人就是太子刘据，因为他曾经抓了刘据的亲信，刘据向江充百般求情，江充却一意孤行，因此得罪了刘据。其实刘据对于此事早已忘得一干二净，他也不是记仇的人，但江充却不这样认为，只想着借巫蛊案诬陷太子和皇后卫子夫。不过汉武帝对刘据疼爱至极，江充几次都没有成功陷害刘据，倒是刘据看出江充的歹心，一怒之下发动政变杀了江充一干人等。

已经深居简出、在长安城外甘泉宫养生的汉武帝不明就里，只知道太子杀了自己的近臣。恰在此时有人在汉武帝耳边不断吹风，说太子想要谋反。一开始汉武帝并不相信，便派了侍从去长安城探听情况。侍从到城外转了一圈，发现守备森严，没敢进城，转身便跑回甘泉宫禀告汉武帝，太子的的确确是造反了。或许是刘据倒霉，也可以说是汉武帝昏聩，就这样听信了奸臣之言，相信自己的儿子有谋反之心，于是向丞相刘屈氂发布敕令：立即发兵出击，对造反者一律杀无赦。刘屈氂本来无心害太子，无奈天子之命不能违抗，便派兵攻打长安城。

刘据本没有造反之心，所以根本没有用重兵抵抗宰相的军队，只得发动百姓死守长安。但百姓只知道"太子造反"之事大逆不道，所以刘据大失人心，最后兵败如山倒，逃离了长安，没过多久便被找到，而那时的刘据已经自缢而死，其母卫子夫早在他之前已经上吊自尽。

一年以后，汉武帝才查清楚原来是奸臣搞鬼，害死了自己的皇后和太子，除了为太子平反、追封，再没有什么能够挽回。

小小的一桩"巫蛊案"，在皇帝的疑神疑鬼和小人的借机发挥下，使汉王朝的宫廷内外掀起了长达数年的血雨腥风，到头来只让人心生悲凉。

# ·曹操不敢受帝号的真正原因

一代枭雄曹操，出身卑微却胸怀大志，凭借对权谋与智慧的妙用，在东汉末年的董卓之乱中崛起。到建安元年（公元196年），曹操迎献帝至许昌，挟天子以令诸侯。依靠如此优势，枭雄奋起，统一了黄河流域，官拜丞相，封魏王，成就宏图霸业，开创了三国鼎立的局面。

曾被认为是"治世之能臣，乱世之奸雄"的曹操，在其"知天命"之年达到了权力的巅峰。然而，他最终没有承接"天命"登上帝位，给世人留下了一个千古之谜。

尝试解开谜题者，历代都有，述其主要原因如下：

## 1.背不起乱臣贼子的骂名

东汉末年，汉室衰微而天下大乱，但纲常伦理、忠孝礼义仍在。曹操虽有雄才大略，亦摆脱不了儒家文化的影响。在争权夺利、内征外战的血雨腥风中，一直以天子之名出师，以捍卫朝廷的名义进行战争。曹操深知，如果自己废献帝，登帝位，那他将沦为千夫所指的罪人，难逃今生来世历朝万代的唾弃与责骂。这是一代枭雄背负不起的重担，曹操也不例外。他一再表明自己绝无称帝之心，绝不是篡权夺位的"奸佞小人"，而是忠心辅政的"贤能将相"。足见其受儒家正统文化影响之深，断不敢冒天下之大不韪而背负乱臣贼子的骂名。

## 2.经不住群起而攻之的激战

虽然曹操已取得了对汉室中央的绝对控制权，但他的势力仍局限于北方，东南的孙权、西南的刘备亦非等闲之辈。曹操如果贸然称帝，必将成为众矢之的，让孙权、刘备等人有了一个讨伐乱臣贼子的幌子，继而带领天下英雄群起而攻之。如此一来，他苦心经营的"挟天子以令诸侯"的绝对优势如流水东去，难挽狂澜，不仅陷入政治和道德上的被动，更有可能引发一场空前惨烈的激战。任其再怎么兵精将广，一旦以乱臣贼子的身份与天下豪杰对抗，胜算可想而知，更难逃"偷鸡不成蚀把米"的下场。面对如此不利的形势，心思缜密的曹操又岂会为了一时的痛快而陷自己于万劫不复之地？

## 3.看不上虚名而重实权

曹操为人讲求实际，实权与虚名孰重孰轻他再清楚不过。能够从乱世中一路走来，靠的不只是雄心壮志，更是因为他比较重实权。称帝不过是多得了个名号，而天子诏令由他口授，朝廷政策由他制定，官员任命由他授意，这一切足以证明他名为丞相实当皇帝。皇帝名号，此时不仅不能锦上添花，反而可能因此而遭罪，要它何用？

一句"若天命在吾，吾为周文王矣"，似乎道出了枭雄的心愿，点破了曹操宁为儿子铺路也不愿自己称帝的决心。然其心中真实的想法，历千年涤荡仍扑朔迷离，但凭后人评述。

## ·杀光百名侄子的冷血皇帝

谈起十六国那段历史，北燕当属重点。慕容家统治北燕，一直到慕容云时期，发生了变故。慕容云原姓高，虽然他当了皇帝，但他自认为自己并非是鲜卑人，内心十分自卑。为了收买人心，让大臣们都对他服气，他便天天大开府库，赏赐文武百官。

其中大臣冯跋是慕容云的拥立者，但慕容云却对他心怀戒备，为了防止自己被刺杀，慕容云在身边养了一帮武士，吃睡都与这些武士在一起。可没想到，武士中有两个名叫离班、桃仁的人为了谋求皇位，将慕容云刺杀了。

慕容云被杀后，冯跋带领卫兵，将离班、桃仁立斩于殿前。而冯跋为众人所推，成为继任慕容云皇位的人选。从他开始，北燕便改姓冯了，开始了由冯家统治的时期。冯跋继位后，依然没有得到安宁，他的堂兄冯万泥、冯乳陈叔侄两人不服，想要夺取皇位，幸好冯跋的二弟冯弘率兵镇压了下去。

冯跋看到冯弘功劳甚大，便任冯弘为骠骑大将军，晋封中山公。冯弘的权力从此与日俱增。冯跋在位22年间，国泰民安，他轻徭薄赋，崇尚儒学，很是为国家做了一些好事情，让那个乱世呈现出了少有的安宁。

但是公元430年秋，冯跋病危之时，争夺君主之位的战争再次上演，冯跋宠妃宋氏为了立自己的儿子为君主便想谋反，而这件事情被冯弘得知，他率领卫兵冲入皇宫之中，囚禁了宋氏母子，控制了大局，而病重的冯跋便在一片慌乱之中惊吓而亡。

冯跋死后，冯弘自立为天王，废杀太子冯翼。他不念旧情，为绝后患，将冯跋的100多个儿子通通杀光。无论是十几岁的少年，还是刚刚出生的婴孩，冯弘一个都不留。自古篡位嗜杀前任后人的君主不在少数，冯弘却斩草除根，一个不留，也的确是历史上罕见的血腥帝王。

杀掉所有冯跋的后人后，冯弘便霸占了冯跋貌美的妃子，此举令他在一继位的时候便失掉了人心。众叛亲离之下，冯弘的几个儿子为了不被自己的父亲杀掉纷纷逃亡北魏。而当时北魏的太武帝拓跋焘便乘机发兵，想要一举歼灭北燕。

战争开始以后，冯弘连连败退，为求自保，他不得不向南朝宋文帝求援，遣使称藩。有利益可得，宋文帝当然愿意帮忙，他封冯弘为"黄龙国主"，并答应出兵助北燕。但因为南朝距离北燕路途遥远，远水解不了近渴，北魏很快将北燕的城池攻破，冯弘流亡到高句丽。

从高高在上的君主沦落到寄人篱下的下场，冯弘的日子并不好过，后来冯弘又求助于宋文帝，求宋文帝将他接走。得知此事的高句丽王勃然大怒，当即下令诛杀了冯弘全家。

沦落到如此下场，冯弘是咎由自取。

# ·唐太宗为何要修改国史

唐太宗李世民是我国历史上一位伟大的皇帝。在位期间，他勤于政事，举贤任能，体恤百姓，减轻刑罚，开创了"贞观之治"的盛世局面。因此，在后人眼中，唐太宗李世民就是中国历代帝王的表率。但即使是这样一位英明圣主，他的一生仍有很多瑕疵，"玄武门兵变"的历史实情一直让后人迷惑，而他后来修改国史的行为也让人议论纷纷。

贞观三年（公元629年），太宗下令在中书省特别设置秘书内省，专门负责修撰前五代史。但是同年闰十二月，太宗又下令将史馆移入禁中，设于门下内省北面，由宰相监修。从此之后，史馆成为皇帝直接控制的门下省的一个常设机构。唐太宗究竟出于何种动机要重置史馆，修改国史呢？这个问题迄今为止仍未有确定的答案，给历史留下了一桩疑案。后人对此持有不同观点。

一种说法认为唐太宗修改国史，是为自己杀兄逼父篡位辩护。这种观点认为，李世民的皇位并不是合法继承而来，是其弑兄逼父的结果。这一行为并不符合封建法统和封建伦理，在李世民自己看来，也是不能贻示子孙、垂为法诫的。所以，为掩盖这种残暴的行为，也为了确立他登基的合法性，李世民决定撰修国史，下令创立了宰相监修国史的制度，这就使史官很难做到秉笔直书，只能按统治者的意图撰写历史。

李世民在位期间，曾不止一次违例要求亲看国史和起居注，并称是"使得自修改耳"。其实，作为帝王原本就是不可以随便看史官写的起居注的。在李世民授意下，史官们把李世民发动"玄武门之变"的动因写成"安社稷，利万民"的大义行为，从而严重歪曲了历史事实。在撰写《高祖实录》和《太宗实录》时，史官费尽笔墨铺陈李世民在武德年间的功劳，竭力抹杀太子李建成的成绩，降低高祖李渊的作用，而且把太原起兵的密谋描绘为太宗的精心策划，而高祖则处于完全被动的地位。这样，李世民便成为开创李唐王业的首功之人，给人造成皇位本属于他的印象，李渊退位后也就理应由他继承皇位。如此一来，李世民登上皇位便显得合理多了。

还有种说法认为李世民之所以要修改国史，抬高自己在太原起兵中的地位，贬低李渊的功劳，乃是出于当时政治统治的需要。他要求贞观史臣把太原起兵中李渊由主动起兵变为被动起兵，目的是为了把李渊描绘成一个隋朝忠臣的形象，从而符合儒家的道德要求。李世民将李渊描绘成是在隋炀帝要下令逮捕他，走投无路的时候才不得不反的形象，而且在起兵时李渊还曾号称"欲大举义兵，远迎主上"。这样一来，李渊就成了大忠臣了。很明显，这种刻画有利于维护李世民的统治，防止人们以此为例，起兵谋反。

以上说法多是各家的推测，并没有明确的史料依据。李世民继位后修改国史是毫无疑问的事实，但是他为何要修改国史，其真正的目的究竟是什么，我们今天已经很难判断了。

## ·房玄龄为什么能20年稳居相位

房玄龄，大唐开国名相，对唐朝初年"贞观之治"局面的形成可说是居功至伟，无人能及。虽经历宦海浮沉，三起三落，仍能稳居相位，后世流芳。其中的秘诀，耐人寻味。

自幼聪敏好学的房玄龄，博学多才不在话下，更难得的是他天生有敏锐的政治触觉。在秦王李世民还只是个年近弱冠的血气男儿时，房玄龄就察觉到其天命所在。当时，李渊父子起兵不过短短两个月，一切都还是未知之数，而房玄龄就认定了隋朝将亡、李家王朝会取而代之，于是毅然"杖策谒于军门"，投奔李世民。

房玄龄老成持重，目光长远。每次出征得胜，其他将领争先恐后地抢夺珍玩宝物，唯房玄龄忧心于为李世民招揽人才，收集各地图书典籍，以备有朝一日治国之用。房玄龄的做法间接为李世民树立了求贤若渴的高大形象，在争取民心的斗争中把握先机。他的远见卓识，令李世民叹服。

房玄龄在"玄武门之变"的皇位斗争中，充当了李世民重要的谋士角色。当时李世民虽为次子，但因战功显赫，加号"天策上将"，位于一切王公之上。太子李建成对此心生疑忌，认定李世民会威胁到他继承皇位，便与四弟李元吉联合，妄图置李世民于死地。房玄龄力荐李世民效法周公，除掉李建成及其同党，这样才能巩固李唐王朝的统治，确保国家社稷的安定与昌盛。房玄龄与李世民一拍即合，使他成为推动李世民发动宫廷政变的重要人物，从而也奠定了他在秦王登基之后的特殊地位。

李世民即位后，任命房玄龄为尚书左仆射，行宰相之职。在22年的宰相生涯中，房玄龄忠心耿耿，为贞观之治呕心沥血，鞠躬尽瘁。他夜以继日地工作着，事无巨细，事必躬亲，甚至肯屈尊兼做"度支郎中"，亲力亲为地打理财政预算和账目。他的忙碌让李世民都难以承受，曾当面劝他不要总把自己弄得太疲惫。可房玄龄依旧如故，不为所动。

房玄龄深知"满招损、谦受益"的道理。在李世民授予他"太子少师"的职衔时，他上表请求解除机要职务，退出权力中枢。李世民不仅不批准，还下诏命令他不得继续上表就同一问题再次请求。当太子准备仪仗队要正式拜见老师的时候，房玄龄始终没敢接受如此礼遇。房玄龄纵使身居相位，仍谦恭礼让，谨慎维持君臣之道。

房玄龄是名副其实的"宰相肚里能撑船"，其宽大的胸襟足以令同朝为官者拜服。有一次他重病在床，奄奄一息。一个特别尖酸刻薄的官员居然说："一个人应该分得清轻重缓急，譬如宰相生病这件事，在我看来就很有区别对待的必要。一般情况下，如果房玄龄生的是小病，我们绝对应该前去看望，因为这样可以加深和宰相的感情，以后，宰相也会给我们点恩惠。如果宰相病得严重了，那就另当别论。因为一旦宰相病死了，你去看望他所付出的就永远没有收回来的可能了。"房玄龄知道后，不但没有大发雷霆还以颜色，还在那人来探望之时面带笑容地对他说："谢天谢地，我知道我自己不会有什么大的问题了，因为你都来看我了！"

"孜孜为国，知无不为"，道出了房玄龄的为官之道；"虚怀若谷，德才兼备"，更彰显一朝盛世的名相风范。

## · 杜太后真与宋太祖订过"金匮之盟"吗

宋太祖赵匡胤驾崩后，皇位由其弟赵光义继承，正史认为赵光义乃合法继位，是奉太后"金匮遗诏"之命行事。但后来有人对"金匮之盟"一事提出质疑，使得这一事件变得扑朔迷离。

《宋史》有好几处提到"金匮之盟"事，《杜太后传》里面记叙："建隆三年（公元962年），太后病，太祖始终在旁服侍不离左右。太后自知命已不长，召宰相赵普入宫。太后问太祖：'你知道怎样得天下的吗？'太祖曰：'我所以得天下者，皆祖先及太后之积庆也。'太后曰：'不然，正由周世宗使幼儿统治天下耳。假如周氏有长君，天下岂为汝所拥有乎？汝死后当传位于汝弟。四海至广，能立长君，国家之福也。'太祖顿首泣道：'敢不如教诲！'太后转过身对赵普说：'尔同记吾言，不可违背也。'赵普于床前写成誓书，普于纸尾写'臣普书'。藏在金匮（同柜），命谨慎小心的宫人掌之。"

在司马光《涑水纪闻》、李焘《续资治通鉴长编》等史著中也有大致相同的记载。历史上人们虽然相信有所谓的"金匮之盟"，但却找不到盟约的原文。1000多年来，没有人怀疑"金匮之盟"的真实性，这一盟约就成了宋太祖坦荡无私的例证。直到清代，古文学家恽敬对盟约内容提出疑问。

20世纪40年代初，张荫麟曾作《宋太宗继统考实》，后收入《张荫麟先生文集》，认为"金匮之盟"是赵普伪造的，全盘否定此事。除此之外，邓广铭、吴天墀、李裕民、顾吉辰、王瑞来等学者也持同种观点，怀疑它的真实性或断定"金匮之盟"是伪造。

其理由大致如张荫麟所言，建隆二年（公元961年）杜太后病重时，宋太祖只有34岁，正值年轻力壮之时，赵光义才23岁，而太祖长子德昭也已经14岁。当时太祖身体健康，没有短寿夭折之象，即使太祖只能再活20年，那时，长子德昭已30多岁，怎么会有幼主之说？杜太后凭什么猜测太祖早死、幼子继位，而宋朝会重蹈五代的覆辙呢？实在没有道理！如果确如太后所料宋太祖中年夭折，人们还可以推测，也许杜太后凭经验或灵感有超前的洞察力，尚可勉强解释。但是，太祖活了50来岁，并没有早逝而面临幼子主政。如果真有遗诏，太祖临终前应该命人打开金匮，就算是突然死亡，皇后也应该知道此事，掌管金匮的宫人同样也知道此事，为什么要等到太祖死后6年才由赵普揭露出来呢？即使公布遗诏，赵光义应该把全文都公布出来，因为这是他继位合法的有力证据，而留下来的却仅是一个大概的内容，而且内容还不完全一致。更何况，太宗并未遵守遗诏办事，传位给他的弟弟，而是传位给他自己的儿子。

但对"金匮之盟"持肯定观点的学者们提出了相反的证据。关于立此盟约的条件，持肯定论者认为它符合常理。杜太后亲身经历过五代，这是一个王朝更替频繁的特殊时期，五代君主十三人，在位超过十年的绝无仅有，有七人死于非命，杜太后凭什么否认宋太祖可以摆脱"宿命"，而不像周世宗英年早逝、最终幼主执政失国而终呢？杜太后在赵匡胤刚当上皇帝时说出了"吾闻'为君难'，天子置身兆庶之上，若治得其道，则此位可尊，苟或失驭，求为匹夫不可得，是吾所以忧也"这一段话。杜太后认为刚刚建国，根基未稳，随时有可能成为短命的"第六代"。尽管当时太祖正值壮年，但政治变化无常，哪里知道宋太祖不会暴死？哪里知道宋太祖不会被人杀掉？假如真的发生了，10多岁的德昭显然是不足以应付的。而拥有丰富政治经验的赵光义，应是理想的继承人。

"金匮之盟"疑案属于皇家禁宫疑案，否定也好，肯定也好，都是根据当时历史事实、政治背景所作出的判断。比较双方的观点，其资料和解释、推断均偏向于对己方所持观点有利的一边，因此越争论疑点越多。

## ·宋孝宗如何夺得皇位

皇帝是古代最有权势的人，所以竞争者有如过江之鲫，但胜利者却寥寥无几。毕竟皇位只有一个，想要从这么残酷的竞争中脱颖而出，是十分艰难的。

宋孝宗赵昚所使用的手段便是10个貌美如花的处女。作为南宋王朝的第二任皇帝，赵昚并非嫡出，他本来的名字叫作伯琮，不是宋高宗赵构的亲生儿子，而是赵匡胤的后人，是赵匡胤次子赵德芳的六世孙。

自从宋太宗赵光义当上皇帝之后，宋朝的皇帝便没再从赵匡胤的后人中出现过，按道理，赵昚没有机会登上皇位。但从1127年，宋徽宗与宋钦宗困守东京汴梁时，局面才有了转变。当时刚刚灭掉辽国的金国一鼓作气，攻进了宋朝的首都，将这两个皇帝全部俘虏，同时还抓走了宗室、大臣、后宫妃嫔共计3000多人，这就是历史上有名的"靖康之辱"。对于宋王朝来说是耻辱，但对于赵昚来说却是一个机会。

当时侥幸逃过一难的康王赵构在河南商丘登基称帝，创立了南宋，赵构即日后的宋高宗。但宋高宗安稳日子没过几天，就遇到了叛乱，他唯一的儿子在这次叛乱中丧命，而后在建炎二年（1128年），金兵攻入了宋高宗所在的扬州城，传说当时他正和一名妃嫔温存，听到这个消息顿时受到惊吓，从此便失去了生育能力。

眼看着香火难以为继，为了保住赵氏江山，宋高宗从赵匡胤后人中千挑万选，选出了一名候选人，即赵昚。为了培养一个合格的接班人，宋高宗为赵昚安排了最好的老师，之后在赵昚成年后对他又不断地加封，但就是不肯将他封为太子。因为宋高宗始终不死心，他一直试遍各种偏方，想要生出自己的子嗣，但20多年过去了，却是毫无效果，只得把心思放在赵昚身上。

不立赵昚为太子还有一个原因，即宋高宗的母亲韦太后十分喜欢一个名叫赵琢的人。他从小在宫中养大，深得韦太后喜爱，所以韦太后想立他为太子。这令宋高宗十分为难，为了弄清楚这两个人谁才有帝王之才，宋高宗想出了一个测试的办法，他派人挑选了20名绝世美女，分别给赵琢和赵眘送去，想测测这两个人的人品和定力。

过了一段时间，当宋高宗将这20名美女重新召回的时候，结果出乎意外，他发现送给赵眘的10个美女还是处女，而送给赵琢的则已经不是了。通过这件事情，让宋高宗最终立了赵眘为太子。

其实，并非是赵眘的定力好，而是他有一个好老师史浩，此人深谙帝王之心，告诉赵眘千万不要碰这10个美女，这很可能关乎他将来一生的前程。听了老师的话，赵眘自然不敢轻举妄动，最后赵眘就这样赢得了宋高宗的青睐。

绍兴三十一年（1161年）九月，金国再次南下进犯，受到南宋的抵抗后，金军退去。但此时，宋高宗一直奉行的求和政策受到了军民的一致声讨，迫于压力，宋高宗终于将皇位让了出来，赵眘才算正式登上了皇位。

赵眘可以说是南宋一朝最有作为的皇帝，他36岁登基，大力重用主战派，积极备战，一心想要收复失地。但可惜那时的南宋早已朝中无人，几次征战相继失败，面对残酷的现实，赵眘不得不放弃收复失地的想法，转而将精力放在内政治理上，他从政治、农业、军事等多个方面同时入手，展开了一系列改革，使得南宋焕发出了难得的生机。

在赵眘的积极治理下，南宋颓废的气象一扫而光，后世将他治理的这段期间称为"乾淳之治"。国富兵强后，赵眘还是想要收复失地，可惜天不遂人愿，他所看重的大将军虞允文病死四川，此后他手下再也没有能够北伐的大将，于是，赵眘也就一直致力于内政，直到去世。

## ·朱元璋杀刘伯温的真正原因是什么

刘基，字伯温，心思缜密，足智多谋，是朱元璋夺天下、建明朝的第一谋士。战场上，刘伯温运筹于帷幄之中，决胜于千里之外，在许多重要的决策中，他极其准确的判断力起到了制胜的关键作用。

然而，明朝开国后，刘伯温只得了个次一等的伯爵封号，并且俸禄还是众伯爵之中最低的。更令人匪夷所思的是，刘伯温最终命丧黄泉，竟与朱元璋有着千丝万缕的瓜葛。仔细品评个中因由，不难发现，刘伯温那身料事如神的本事，使他在战场上叱咤风云，但在助他立下汗马功劳的同时，也将他推向了生命的终结。

朱元璋是个很重乡土观念的人，而刘伯温却是个外乡人，这在情分上已经有失亲密。何况刘伯温料事如神，对事情的判断往往比朱元璋准确。从龙湾之战到救援安丰，朱元璋能想到的，刘伯温也想到了，而朱元璋想不到的，刘伯温还是想到了。朱元璋本就嫉贤妒能，又岂有如此宽广胸襟，把比他强的人长期留在身边？加之刘伯温的那些计策并非安民之计，而是权谋之策，在政治斗争中更有作用。这更令朱元璋心存猜忌，不仅要防患于未然，更要除之而后快。

刘伯温最致命的失误，验证了"祸从口出"的箴言。朱元璋曾就谁更适合出任丞相一职的问题找刘伯温谈话，言语之中暗藏试探玄机。刘伯温并非等闲之辈，但最终难免"智者千虑，必有一失"。当朱元璋故作意味深长地说出只有刘伯温能担此大任的时候，刘伯温说道："臣疾恶太甚，又不耐繁剧，为之且辜上恩。天下何患无才，惟明主悉心求之。"

此话究竟包含了怎样的深意，使得朱元璋自此之后彻底与刘伯温决裂，始终是个难解之谜。或许是朱元璋的偏见，或许是后人的误读，总之它被看成了刘伯温的催命符，为其后来的突然病故埋下了伏笔。

至于刘伯温的死因，同样是个说不清道不明的谜。洪武八年（1375年）正月，刘伯温生病在家，朱元璋派胡惟庸前往探视，还给他送了补药。刘伯温吃过补药，病情不见好转反而日益严重，不久之后病逝。刘伯温与胡惟庸当时早已是死对头，朱元璋眼看着两虎相争而不动声色，尽显帝王权谋。虽然"下毒谋害刘伯温"也是后来胡惟庸的罪状之一，但以胡惟庸当时的权势和处境实难如此嚣张跋扈，这不得不让人猜想，他是受了朱元璋的默许，甚至这就是朱元璋的本意——借他人之手，除心头大患。

以上种种，也许不过是笼罩在阴霾之下的臆测。事实如何，恐怕再难考量，就留待有心之人的无限遐思吧。

## ·朱棣为何修改正史，否认生母

明成祖朱棣是明朝第三代皇帝，他统治的时期被称为"永乐盛世"。朱棣生于应天，恰逢战乱，被封为燕王，后发动靖难之变，起兵攻打侄儿建文帝，夺位登基。死后庙号"太宗"，一百多年后由明世宗朱厚熜改为"成祖"。

明成祖的生母到底是谁，至今还是个谜。这听起来似乎不可思议，但事实的确如此。关于他的生母是谁，数百年来一直扑朔迷离。

中国古代正妻生的儿子称嫡子，非正妻生的儿子称庶子。正妻被孩子们称为嫡母，其他的妾则被称为庶母。对帝王家来说，嫡子和庶子在名分上有重大差别。按照封建宗法制度，皇帝死后，皇位要由嫡长子继承。即使嫡长子死得早，如果嫡长子有儿子，也要由嫡长子的嫡长子来继承，其他庶子不得觊觎。明成祖自称是马皇后所生，自然也就是所谓嫡子了。但他的同母弟朱橚却又不是马皇后所生。有学者考证，明成祖的生母并不是马皇后。成祖的生母问题，不只是关系到他的身世，更是深刻地影响到他一生的行为。

有人说朱棣、朱橚的生母是朝鲜人，姓硕，是朝鲜国进贡给朱元璋的妃子，她生下朱橚未足月，即被马皇后折磨而死。"妃生下朱橚一月即死"，照此推断朱棣与朱橚为一胎同胞。但是朱棣生于1360年，朱橚生于1361年。朱棣出生之时，朱元璋割据江南，尚未称王，元尚统治北方，刘福通未死，陈友谅、张士诚未灭，怎么会有朝鲜国进贡妃子？所以，此观点并不符合史实。

另有一说，朱棣根本不是朱家血脉，而是遗元后代。《黄金史纲》中说大都城破时，元顺帝的妃子弘吉剌氏已经怀孕三个月，没有来得及逃出，躲在一个大瓮中避难。

被明军搜出后被朱元璋纳为妃子，称为翁（瓮）氏。弘吉剌氏当时心想："如果七个月后产子，则必然会被朱元璋当作野种杀掉。如果分娩在十个月后则会被朱元璋当作他自己的亲儿子抚养。"于是向天祈祷再添三月孕期。果然怀孕十三个月才分娩，产下一子，就是朱棣。当时朱元璋梦到东西二龙相斗，西龙被东龙打败。解梦的巫师告诉他这代表他的两个儿子争位。西龙是汉后的子孙，而东龙是翁妃的子孙。朱元璋听后认为翁妃来自蒙古，本属自己的敌人，让她的儿子继承大统不好，于是就把朱棣贬去边疆镇守。

然而《明史》上的说法是，朱棣是朱元璋的正妻马氏所生，生于元至正二十年（1360年）。因为明初朱家皇室娶蒙古人为妃的例子有很多。例如朱元璋就给自己的儿子秦王朱樉娶扩廓铁木尔的女儿为妻。可能朱棣的母亲早死，遂由马氏代为抚养成人。至于这个蒙古皇妃是否以前属于顺帝则大可存疑。

尽管至今仍然不知朱棣生母是谁，但他不是马皇后亲生是大多数人认同的。虽然朱棣反复修改了史书，并消灭了许多证据，但破绽还是存在的。《明史·黄子澄传》中记载："子澄曰：周王，燕王之母弟。"从这句话，我们可以很清楚地了解到一个事实，那就是燕王朱棣和周王是同父同母的亲兄弟。《永乐实录》中也记载了他们两个是同母兄弟，但问题在于，他们的亲生母亲是谁？这一谜题还有待细细考证。

## ·明代宗为何死后被冠恶谥

明代宗景泰帝朱祁钰，是明宣宗朱瞻基的次子，明英宗朱祁镇的弟弟。朱祁钰早年被封为郕王，过着平静的生活，但是土木堡战役之后，明英宗被俘，朱祁钰被迫临危受命，登基称帝。景泰帝在位一共才8年，后因生病，被复辟的英宗废黜软禁而气死，终年30岁。

朱祁钰的一生命途多舛。按照封建等级制度说来，朱祁钰的出身卑贱，因为他的生母只是汉王朱高煦府邸的一位侍女。宣宗皇帝征讨朱高煦时，在返京途中邂逅了吴氏，被吴氏的美貌与聪慧深深打动，于是便将她接回京城。

由于封建礼教的阻挠，身为罪人的吴氏不能被封为妃嫔，于是宣宗将其安排在紧贴宫墙的大宅院中，时常临幸。吴氏为宣宗生下了次子朱祁钰后，被封为贤妃，但继续住在宫外。后宣宗病重，将朱祁钰母子托付给自己的母后张太后，至此朱祁钰才被封为郕王，并在宫外修建王府，与母亲居住。

原本朱祁钰和母亲是可以这样平静地度过一生的，但是土木堡的狼烟却改变了他们的命运。土木堡战役，英宗御驾亲征，便让郕王朱祁钰担任监国。然而土木堡败讯传来，英宗被俘，举朝大震，群臣聚哭，莫知所措。国家社稷的重任落到监国朱祁钰身上，可朱祁钰却不愿意登基。由于英宗的儿子才两岁，不情愿的朱祁钰就被群臣推上了前台，在孙太后的授意下继承了皇位，即明代宗，遥尊英宗为太上皇，立英宗的长子朱见深为太子，年号景泰。

代宗登基与于谦也有关联。早在朱祁钰担任监国时，就爆发了关于"南迁"的争论，翰林院侍讲徐珵（即后来参与夺门之变的徐有贞）根据天象的变化首先提出了南迁，这一提议得到了一些胆小的大臣的支持。可是由于祖宗的宗庙和陵寝都在北京，于谦当即否决了他的提议，并得到了朱祁钰的支持。朱祁钰非常欣赏于谦的能力与魄力，于谦也很欣赏眼前这位年轻人的当机立断。紧接着发生的午门血案，更加深了两人的这种感情。

明英宗宠信宦官王振，使得整个朝廷乌烟瘴气，大臣凡是有不利于王振者，非死即贬，群臣的心中早已酝酿着一股洪流。当英宗被俘，王振被杀的消息传来时，群臣的怨气似乎得以倾吐。众大臣跪在午门哭谏，要求朱祁钰惩治王振的党羽，当王振的同党、锦衣卫指挥马顺出来阻挡时，当即被愤怒的群臣打死。见此情形，被吓坏了的朱祁钰唯恐发生哗变，准备逃走，根本就不想登基为帝。这时于谦站了出来，他拉住朱祁钰的衣袖，对他解释大臣们并不是冲着他来的，只要朱祁钰能够惩治王振的党羽，群臣们甘愿辅佐他共创宏图大业。于谦的话让朱祁钰镇定了下来，于是便下令将宫内的两个王振同党带出来交给群臣，这两人也被群臣当场打死，由此可见王振埋下的积怨之深。至此，代宗和于谦之间建立了更深厚的感情。所以代宗登基，于谦应该是推手之一。

但不幸的是代宗当了8年皇帝后突然大病，王振余党曹吉祥等人趁机拥立英宗复位。英宗在天顺二年（1458年）二月，废景泰帝为郕王，将其迁到西宫。不久之后，景泰帝便薨于西宫，年仅30岁。英宗毁其所营建的寿陵，以亲王礼葬于西山。同时英宗还废掉了他的帝号，赐谥号为"戾"，称"郕戾王"。其实这是一个恶谥，表示景泰帝终身为恶，死不悔改。

后来的一些臣子开始为景泰帝平反，认为英宗赐谥号"戾"给代宗是不公的。代宗临危受命，削平惑乱，使老百姓安居乐业，退外敌，迎回英宗，总的说来还是有一番作为的。后来明宪宗下旨恢复景泰帝帝号，但其谥号只有5个字，与明朝其他皇帝17个字的谥号相比，其规格较低，而且还没有庙号。直到南明弘光时期，才给景泰帝加上庙号"代宗"，并增加谥号到17字。至此，景泰帝在礼仪规格上才与明代其他皇帝齐平，他的历史功绩也稍稍为后人所知。

## ·挽救明朝的于谦悲剧收场的真实原因

中国的知识分子从来就不缺少力挽狂澜的气质，尤其是在民族危亡的时候。在明朝就有这么一位从平民阶层走出的硬朗人物。如果不是他在瓦剌部进犯京师的城市保卫战中大喊"主张南迁者，罪当斩首！京师是天下的根本，一动则大势便去"，或许明朝的历史就得重新书写了。但是这样的英雄人物也难免沦为政治斗争的牺牲品。

明英宗正统十四年（1449年）秋，由于蒙古瓦剌部侵犯大明江山，英宗采纳宦官王振的建议，亲自率大军抵抗，由于组织不周且前线指挥由宦官独断，导致明军在土木堡被瓦剌军打败，英宗被俘。这时人心惶惶，于谦挺身而出，力排众议，坚持"社稷为重，君为轻"的思想，拥立郕王，九月即帝位，为明景泰帝。使瓦剌挟持英宗迫使大明投降计谋不成，后被于谦大败，明朝取得了京师保卫战的胜利。

景泰元年（1450年），瓦剌部向大明请和，并归还英宗。八月，明王朝接回英宗，但是一朝不能有两个皇帝，于是英宗就成了"太上皇"，由于英宗的归来，各地政局产生了一些动荡，后都被于谦平定。

景泰八年（1457年），将军石亨、左副都御史徐有贞等发动宫廷政变，拥立英宗重登大宝，就在当天，于谦就被传命逮捕。于谦的罪名是迎立外藩，图谋不轨，罪至当诛。石亨曾是于谦的部下，经于谦提拔才至将军位，在京师保卫战中也曾立过战功，但是此人经常藐视大明律且多行不义，于谦曾就此参劾他，他由此对于谦恨之入骨。徐有贞在京师被围的时候他就是力劝迁都的一派，京师保卫战后景泰帝罢免了他的官职，为此他托于谦替自己向景泰帝求情，无奈景泰帝对他极为反感，复官不成，他就将这笔仇怨记在了于谦头上。

英宗作为这场斗争的直接受害者，在饱经瓦剌被俘之苦归朝后却被封为"太上皇"，但当石亨等人力主要杀于谦的时候，他却公正地说，于谦实有功，"不忍心杀害功在社稷之人"。这时力主要杀于谦的人就把当年其"社稷为重，君为轻"，不顾英宗死活的主张告诉了英宗，甚至还强调："不杀于谦，此举为无名！"意思是，"我们刚刚拥立你做皇帝，必须要肃清朝野，名不正则言不顺，不杀于谦，有谁会承认新皇帝？"这样英宗才痛下决心杀了于谦。

与于谦同被逮捕的王文受刑时为自己辩解，于谦却高声笑道："亨等意耳，辩何益？"英宗在下令搜查于谦的时候才发现，于谦的家里除了打仗用的盔甲和剑器外竟再也没有值钱的东西了。

据史料记载，于谦"死之日，阴霾四合，天下冤之"，"京郊妇孺，无不泣洒"。石亨、徐有贞等要赶尽杀绝，宦官裴某救于谦的儿子逃过奸党的追杀，还有人不顾个人生死收敛于谦的遗骸。

成化初年，于谦的儿子于冕被赦免，他上疏为父申冤，这才得以恢复于谦的官职和赐祭。皇帝的诰文里说："当国家多难的时候，保卫社稷使其没有危险，独自坚持公道，被权臣奸臣共同嫉妒。先帝在时已经知道他的冤，而朕实在怜惜他的忠诚。"这诰文在全国各地传颂。弘治二年（1489年），采纳了给事中孙需的意见，赠给于谦特进光禄大夫、柱国、太傅，谥号肃愍，赐在墓建祠堂，题为"旌功"，由地方有关部门年节拜祭。万历中，改谥为忠肃。杭州、河南、山西等地都有祠堂历代奉拜祭祀不止。其实于谦并不需要皇帝的所谓嘉奖，因为这些所谓的天子似乎并没有评价于谦的资格，明英宗之前有过无数的皇帝，在他之后还会有很多，而于谦是独一无二的。

## ·名不见经传的努尔哈赤靠什么脱颖而出

一代英杰努尔哈赤是明末建州女真的首领。他凭借十三副祖传铠甲闯天下，马上征战40余年，于1616年建立后金，即汗位。本来名不见经传的努尔哈赤是如何统一建州女真各部落，脱颖而出建立后金政权的呢？

努尔哈赤本出生于建州女真一个贵族家庭，祖父和父亲都是建州女真的贵族，也是明朝封的建州左卫官员。努尔哈赤从小就练习骑马射箭，有一身好武艺。10岁那年，母亲死去，他的继母待他不好。努尔哈赤不得不离开家庭，和当地小伙伴一起在莽莽林海里打猎、挖人参、采松子、拾蘑菇，然后将这些山货带到抚顺卖掉，挣钱过活。努尔哈赤就是在那里接触到了许多汉人，并且学会了汉文。

建州女真的部落总是互相攻击，因此明朝驻军将领也利用建州各部的矛盾来加强这一地区的统治。努尔哈赤25岁那年，建州女真部土伦城的城主尼堪外兰带引明军攻打古勒寨城主阿台。而阿台的妻子是努尔哈赤的妹妹，于是努尔哈赤的祖父带着他父亲去古勒寨探望孙女，不巧正碰上明军攻打古勒寨，他祖父和父亲在混战中都被明军杀害。

努尔哈赤悲痛不已，他跑到明朝官吏那里说："杀我祖父、父亲的是尼堪外兰，只要你们把尼堪外兰交给我，我也就甘心了。"然而明朝官吏只把他祖父、父亲的遗体交还他，却不肯交出尼堪外兰。由于念及自己的力量太小，不敢得罪明军，于是努尔哈赤满腔悲愤地回到家里，翻出了他父亲留下的十三副盔甲，分发给他手下兵士，向土伦城进攻。努尔哈赤英勇善战，尼堪外兰不是他的对手，狼狈逃走。努尔哈赤攻克了土伦城，继续追击，趁机又征服了建州女真的一些部落。尼堪外兰东奔西窜，最后逃到了鄂勒珲（今黑龙江齐齐哈尔附近），请求明军保护。努尔哈赤也追到那里。明军看他不肯罢休，怕因此引起战争，就让努尔哈赤杀了尼堪外兰。

自从努尔哈赤消灭了尼堪外兰之后，声名大噪。又过了几年，努尔哈赤就统一了建州女真。这就引起女真族其他各部的恐慌。当时的女真族，共有三部，除了建州女真之外，还有海西女真和"野人"女真，海西女真中的叶赫部最强。1593年，叶赫部联合了女真、蒙古9个部落，结成联盟，合兵3万，分三路进攻努尔哈赤。

努尔哈赤听说九部联军来攻，事先做好迎战的准备。他在敌军来的路上埋伏了精兵，并且在路旁山岭边安放了滚木石块。一切安排妥当，他居然安安稳稳睡起觉来。他的妻子看了很着急，把他推醒，问他："九部兵来攻打，你怎么睡起觉来，难道你真的给吓糊涂了？"努尔哈赤笑着说："如果我害怕，就是想睡也睡不着。"

第二天，建州派出的探子回报敌人人数众多，将士们听了也有点害怕。努尔哈赤就告诉将士们："别害怕，现在我们占据险要地形，敌兵虽然多，不过是乌合之众。如有哪一个领兵先攻，我们就杀他一两个头目，不怕他们不退。"

九部联军到了古勒山下，建州兵在山上严阵以待，先派出100名骑兵挑战。叶赫部一个头目冲来，马被木桩绊倒，建州兵上去把他杀了，另一头目看到这情景也吓昏过去。这一来，九部联军没有统一指挥，四散逃窜，努尔哈赤乘胜追击，击败了叶赫部。又过了几年，基本统一了女真族各部。

## ·皇太极为何要杀忠心耿耿的阿敏

阿敏生于明万历十四年（1586年），是努尔哈赤弟弟舒尔哈齐的次子。父亲被囚时他侥幸逃脱死罪，从此跟随伯父努尔哈赤南征北战。阿敏骁勇善战，立下不少汗马功劳。天命元年（1616年），努尔哈赤称汗建国，封阿敏为和硕贝勒。在四大和硕贝勒中，阿敏排行老二，地位仅次于努尔哈赤的次子大贝勒代善。

阿敏助努尔哈赤打下江山，照说应该对皇室忠心耿耿，但为什么很快就与皇太极之间产生了矛盾，最后还招致了杀身之祸？原因有以下几点：

第一，为报父仇。父亲被囚时，阿敏已经25岁，已经不是不谙世事的孩童了，他当然知道害死父亲的真正凶手是谁，那就是他的伯父——努尔哈赤。努尔哈赤生性暴戾，阿敏出于对他的敬畏，不敢祖露心声，但皇太极一继位，他便原形毕露。一言一行之中，不仅把矛头直指皇太极，并且还充满对先汗的积怨。

第二，出言放肆。阿敏本就是一介武夫，生性鲁莽，口无遮拦，加上对先汗的积怨，所以常在朝野上下散布怨言，诸如："我何故生而为人"，"还不如山上的一棵树，或者坡上的一块石头"，"即使被人砍伐为柴，甚至被野兽浇上一泡尿，也比现在的处境强"。这些话如果仅仅是一个自卑者的自怨自艾也无所谓，但阿敏的本意并不在于自我讽刺和嘲笑，而是在大张旗鼓地向皇太极宣战，来宣泄自己心中的不满。甚至还跟叔父贝和齐说，自己在梦中被伯父捶打，但却有黄蛇护身。这样明显地暗示自己是真命天子，其篡权野心诏告天下。

第三，试图分裂。天聪元年（1627年），阿敏奉命率师征战朝鲜，攻势猛烈，朝鲜国王被迫求和。当朝鲜国王接受和议条件后，他并不急于退兵，因为他真正的目的是要自立门户。所以他转对随行的贝勒们说："你们愿意回去就自己回去，我是打定了主意要进朝鲜都城，我一向羡慕明朝皇帝与朝鲜国王居住的宫殿，无缘得见，现在既然来了，一定要进去看看。"屯居朝鲜、不再归国这一意图遭到部属强烈的反对，就连亲弟弟济尔哈朗也不站在他那边，阿敏看势头不对，不得不返回大金，但愿望落空，怒气冲天，走之前又是一番烧杀抢掠。

第四，出师不利。天聪三年（1629年）十月，皇太极亲统大军征明，攻克了山海关内永平、滦州、迁安、遵化四城。第二年三月，皇太极派阿敏率军前往驻守。谁知阿敏到永平不久，明兵奋起反击，阿敏所带军队连战失利，损失惨重，身为主帅的他却弃城而逃。更为残忍的是，逃跑前，他下令屠杀城中汉族降官降民，并将全部财产洗劫一空。

多行不义必自毙。阿敏平日的所作所为早已激起了皇太极的杀心，不拔除这颗眼中钉，根本无法安稳地做好帝王，正好趁其大败而归，举国上下都在谴责他的时候，定了他的罪。皇太极在阿敏身上扣了16条罪状。其实，皇太极杀意已决，正所谓"欲加之罪，何患无辞"。最后，经议政王大臣会议决定，阿敏应当处斩。皇太极此时出面下令免死，改为囚禁。阿敏被囚10年后，死在狱中，终年55岁。

他的命运，似乎重蹈了自己父亲的覆辙，其实他本可以一心效主，在为努尔哈赤立下汗马功劳之后，继续效忠皇太极。两朝元老和忠臣的名望，便足够后半生享用，可他偏偏选择了另一条不归路，在狱中结束了自己的一生。

## ·贵为天子的皇太极为何娶寡妇

清朝历史上，满蒙之间的联姻从清代初年开始一直不断，从清太祖、太宗、世祖到圣祖，出自蒙古贵族的后妃就有4个皇后、13个妃子。清史记载，清太宗皇太极的后妃之中，地位最崇高的就是"崇德五宫后妃"，这五妃不仅全是蒙古女子，而且其中两位竟是寡妇。

那么，皇太极既然贵为天子，为何要娶寡妇为妃呢？其实这也是其政治联姻的结果。

政治联姻对于大清政权的建立起到了不容忽视的作用。皇太极之父努尔哈赤的14个后妃之中，有7位都是由于政治关系而缔结的婚约。

在努尔哈赤的正妃佟佳氏之后，努尔哈赤先后又纳了建州女真的栋鄂部、苏克素护河部的钮祜禄氏、兆佳氏、伊尔根觉罗氏为妾。这些力量的加入，使得建州女真成为女真族最为强盛的三大部落之一。当时女真三大部落的另外两个部落分别是哈达部和叶赫部。哈达部首领歹商将妹妹阿敏格格嫁给努尔哈赤为侧妃，叶赫部首领纳林布禄将妹妹孟古姐姐嫁给努尔哈赤为大福晋，孟古姐姐生下了努尔哈赤第八子皇太极。接着，努尔哈赤又与叶赫部缔结婚盟。此次要嫁给努尔哈赤的就是满族历史上著名的美女东哥。但是叶赫部首领布扬古，也就是东哥的兄长却毁婚了，迟迟不送东哥成婚。最后还将东哥嫁了喀尔喀蒙古贝哈达尔汉贝勒之子莽古尔代。努尔哈赤从此与叶赫部势同水火。

政治联姻作为一种手段，为努尔哈赤的雄图大业带来了巨大的好处。所以这种联姻也在努尔哈赤的儿子之中继续。但是努尔哈赤的儿子们联姻的对象大多是蒙古贵族女子。因为随着后金的不断壮大，漠南蒙古很大程度上牵制了后金入主中原的进程。努尔哈赤通过武力和安抚征服了漠南蒙古，联姻就成了安抚的手段之一。努尔哈赤娶了科尔沁蒙古贝勒明安之女为妃，这是满蒙之间的第一次联姻。后来，努尔哈赤又娶科尔沁郡王孔果尔之女博尔济吉特氏为妃。努尔哈赤的次子代善娶扎鲁特部钟嫩贝勒女为妻，第五子莽古尔泰娶扎鲁特部纳齐贝勒妹为妻，第八子皇太极娶科尔沁部莽古思贝勒女为妻，第十子德格类娶扎鲁特部额尔济格贝勒女为妻，第十二子阿济格娶科尔沁部孔果尔女为妻，第十四子多尔衮娶阿尔寨台吉女为妻。

满蒙之间的联姻逐渐成为政治趋向。史籍记载，清太宗皇太极有名号的后妃共有15人，在这15位后妃中，有7位来自蒙古草原。而且在这7位蒙古籍妃子之中包括"崇德五宫后妃"，在这5位蒙古女子之中，有3位都出自蒙古科尔沁部左翼首领、明安贝勒之兄莽古思一门。分别是皇太极中宫皇后孝端文皇后，也称为哲哲皇后，她是莽古思之妹；

第二位是庄妃，她是孝端文皇后胞弟宰桑贝勒之女；第三位是宸妃，她是庄妃的胞妹。从此一门姑侄3人同侍一夫。因此，皇太极后妃之中有两位寡妇，也只是出于政治上的考虑。

## · 多尔衮为何生前不称帝，死后却"谋逆"

多尔衮少年得志，一生战功显赫。他带领八旗军队攻入北京，帮助年幼的顺治帝一统中原，开启了清皇朝入主中原的历史篇章。开国定制的多尔衮位高权重，却在正值壮年时突然发病去世，死后不久便被朝廷全面清算：削爵、撵宗室、籍家产、罢庙享、断其后嗣、掘墓、开棺、鞭尸……这些举措，都是政治舞台上权力争夺的结果。

多尔衮是个文武全才，一生却跌宕起伏。他为何会在争夺后金汗位时失败？他是否有意夺取大清帝位？他与孝庄皇太后的关系为何？多尔衮给后世留下了一个个不解之谜。

多尔衮死后获罪，遭到残酷而血腥的清算，至于他得祸的原因，史书归罪为他想当皇帝。但是乾隆帝却认为这是"诬为叛逆"。那么多尔衮是否真的有叛逆之心？

少年得志的多尔衮在努尔哈赤死后，与皇太极争夺后金汗位失败，其母阿巴亥成为政治斗争的牺牲，因所谓的太祖遗命而被迫自尽殉夫。得宠于努尔哈赤的多尔衮本是最有可能继承汗位之人，如今却被皇太极代替，内心的不甘可想而知。但多尔衮通过卓著的战功逐渐获得皇太极的信任，也正是通过这种信任，他开始逐渐削弱昔日曾打击他与母亲的敌对势力，等待时机，觊觎权柄。

皇太极死后，多尔衮所作的几项决定就可以看出他是否对帝位有野心。

第一，多尔衮拥立了年仅6岁的福临继位。这是他权衡各方所作出的决定。因为皇太极死后，与多尔衮争夺帝位最大的对手就是皇太极长子豪格。综合各方面条件来说，豪格与多尔衮势均力敌，但是豪格却在争夺过程中取得了代善和济尔哈朗的支持，这给多尔衮造成了更大的威胁。权衡利弊，选择福临继位，就可以有效地阻止豪格夺得帝位，而且年仅6岁的福临在多尔衮看来也只是一个乳臭未干的孩子，可以很容易地掌握。这样的做法是不得已的选择，把皇位给一个孩子总要好过给一个强劲的对手。对多尔衮而言，福临也只是暂时替他保管皇位而已，他需要争取更多的时间来打击自己强劲的对手。

第二，福临继位之后，多尔衮对小皇帝的态度很放任。福临年幼无法亲政，睿亲王多尔衮和郑亲王济尔哈朗辅政，多尔衮开始逐渐培植自己的势力。一方面，多尔衮放任福临玩乐，不为他选择老师来教导，也可以说是多尔衮并不希望其成材，以此来减少福临对自己的威胁。另一方面，多尔衮也不把小皇帝放在眼里。顺治七年（1650年），多尔衮还以自己正妃去世为由，强行要求小皇帝到摄政王府向他请安，这显然就是在向小皇帝示威。

第三，多尔衮对待曾经的敌人豪格和济尔哈朗的态度。多尔衮对共同主政的济尔哈朗也是怀恨在心，因为济尔哈朗曾先主张立豪格为帝，而后又同意立福临，就是没投多尔衮的票，多尔衮早就对此耿耿于怀。于是多尔衮巧立各项罪名，最后把济尔哈朗挤出了权力中心，由自己的同母胞弟多铎取代了济尔哈朗。同时多尔衮也向着自己的主要政敌豪格开刀，将豪格废为庶人。虽然有小皇帝为豪格求情，但是豪格终究没有逃出多尔衮的手心，冤死狱中。豪格死后，出于政治上的报复心理，多尔衮将豪格的正妃娶入王府之中，成为继妃。

多尔衮相继除去两位主要政敌之后，顺治五年（1648年）代善去世，多尔衮又减少了一个强大的对手。其后不到一个月，多尔衮便称皇父摄政王。在此之前，顺治帝为了安抚多尔衮，已经赐封其为皇叔父摄政王。现在由皇叔父摄政王到皇父摄政王，多尔衮的野心已经昭然若揭。

多尔衮死后下葬之时，还偷偷将生前准备的黄袍、大东珠、素珠、黑狐褂等放入棺内。而这些东西，也只有皇帝才拥有使用权。

多尔衮生前没有公开称帝，主要原因还是在于其实力不能与皇权相抗衡，但是从他的种种迹象表明，他确实是有谋逆之心。

## ·康熙帝登基，到底是谁起了决定性作用

中国历史从秦始皇开始，就从来没有在皇位继承的问题上被别国干涉过。但当历史的脚步前行到清朝的顺治十八年（1661年）时，该谁当皇帝，这件原本该是中国人自己拿主意的事，却被一个德国人干预了。

这名德国人的插手居然改变了中国历史，让本来排不上号的三阿哥玄烨成为下一任帝王，这才有了长达61年的康熙王朝，有了康乾盛世。这个德国人历经明清两朝的更替，先后侍奉过崇祯帝、顺治帝、康熙帝三位帝王，并且康熙帝的名字还是他给起的，他就是传教士汤若望。

汤若望与皇室的渊源可以说是一个传奇。明朝末年，西方国家走上了全球殖民扩张的道路，扩张之前，他们先派传教士到国外去打探情况，汤若望就是在这样的背景下进入中国的。

说起这位传教士，就不得不提他的出身背景。1592年，汤若望出生于德国科隆的一个贵族家庭，从小就接受了良好的教育，而且成绩优异，后来被保送到罗马的日耳曼学院研修神学，并做了一名专业的传教士。

1619年，汤若望在法国神甫金尼阁的带领下到达澳门，三年后进入广东，过一年，又转到了北京，他所掌握的西方科学知识深得明朝政府的户部尚书张问达赏识，被聘任为政府专员。汤若望就这样进入仕途，他与当地百姓结下不错的人缘，凭着自己带来的西洋玩意儿，让人们对他产生了好奇和喜爱之心。

在朝为官的汤若望十分敬业，他编写了科学文论，译著历书，推广天文，翻译德国的矿冶书籍，给明朝带来丰富的新知识。同时，汤若望还不忘传教。

明亡清始，汤若望继续传教。与崇祯帝不同的是，顺治帝对汤若望宣讲的知识颇感兴趣，不但尊称他为"玛法"（在满语里是爷爷的意思），还对汤若望言听计从。

为了支持汤若望传教，顺治帝拨款又拨地，在北京宣武门外建造一处天主堂，即北京南堂。不但顺治帝对汤若望尊崇有加，就连孝庄太后也将汤若望视为座上宾，这个外国人就这样获得了皇室的高度信任。

顺治十年（1653年），汤若望被顺治帝赐予"通玄教师"的封号，顺治十四年（1657年），顺治帝又为汤若望御撰《天主堂碑记》一文，赐予了"通玄佳境"的堂额。顺治十一年（1654年），康熙帝出生。在康熙帝出生前后，"玄"字在顺治帝的心目中十分重要，给汤若望的赐物里两次带有"玄"字，自己的儿子名字里也带有"玄"字。"玄"这个字的意思包含汤若望所讲授的天文、历法、机械等在内的一整套学说。

顺治二十四年（1667年），顺治皇帝因出天花而病重，选择继承人成了关键问题。康熙帝作为顺治帝的三皇子，虽然大皇子已死，但还有二皇子福全。按照长幼排序，无论如何也轮不上他。但此时汤若望说出来一个谁也无法反驳的理由——玄烨出过天花，对这种可怕的疾病有了终身免疫力，再也不会出了，而福全还没出过，难保以后不会出，为了保证国家将来不会因为皇帝突然病逝而出动乱，应当选择玄烨来当皇帝。

汤若望的这番话彻底改变了中国历史，让本不该登基的玄烨登上宝座。至于汤若望为何力保玄烨，则是个谜团。

## ·康熙帝选中乾隆帝的历史真相

乾隆帝是在自己12岁那年才第一次见到了自己的爷爷康熙帝，他自然不知这一见将会完完全全地改变他乃至整个土朝的命运。

康熙六十一年（1722年），康熙帝跟自己12岁的孙子弘历在圆明园"偶遇"了，殊不知这一次偶遇其实并没有看起来那么纯粹。弘历的父亲雍亲王并不是等闲之辈，他看得出自己的儿子弘历跟别的孩子不一样，就找了机会闲聊般地跟康熙帝提起："您还有两个孙子打生下来都还没有机会一睹圣颜呢。"自家的人，康熙帝并没有想太多，况且见见自己的孙子一享天伦，对于此时的康熙帝也算心中欢喜之事。其实，康熙帝并不是看不出雍亲王想要引荐两个孩子的意图，只是眼前这个人也非平庸之辈，临时布置给他的任务从来都能很好地完成，他想推荐的人，肯定有值得一见之处，所以便欣然应允，于是便约定了时间、地点见见自己的孙子。

三月十二日傍晚，皇帝驾临牡丹台，把酒临风，心情愉快。一见到这两个孩子，皇帝不觉放下了手中的酒杯。弟弟弘昼没有给皇帝留下太深的印象，但哥哥弘历却让康熙帝过目难忘。这个孩子身材颀长，容貌清秀，的确与众不同。特别是两只秋水般澄澈的眼睛里流动着不同寻常的灵气与沉静。行礼的时候，皇帝注意到他一举一动敏捷得体，一点也没有这个年龄段孩子常有的紧张局促，跟在他身后同岁的弟弟弘昼就明显拘束得多。

凭着丰富的阅人经验，皇帝确信这个孩子与众不同。他慈爱地招招手，让弘历站到自己面前，询问起他的功课。弘历落落大方地背了几段经书，从头到尾清晰地讲解了一遍。这更让康熙帝欣喜倍加，确信这是他见过的所有孙子当中最出色的一个。

康熙帝毕竟是一朝明君，不会仅仅依靠自己的感觉行事。当时人们比较迷信生辰八字，康熙不但迷信这个，甚至还比较认可一个算得很准的"罗瞎子"。所以牡丹亭见过弘历几日后，便命雍亲王写下弘历的八字给自己审阅。

不出康熙帝所料，这孩子的八字也与众不同。1929年故宫博物院文献馆首批公布的内阁大库档案中，有乾隆帝生辰八字及康熙六十一年（1722年）时的批语。内容如下：辛卯（康熙五十年）、丁酉（八月）、庚午（十三日）、丙子（子时）。此命贵富天然，占得性情异常，聪明秀气出众，为人仁孝，学必文武精微。幼岁总见浮灾，并不妨碍。运交十六岁为之得运，该当身健，诸事遂心，志向更佳。命中看得妻星最贤最能，子息极多，寿元高厚，柱中四正成格祯祥。

中国古代的命相之理，有一套固定的推算方法。按命相理论，乾隆帝的八字，天干火炼秋金，是天赋甚厚的强势命造，术语称为"身旺"；地支局全四正，男命得之，为驷马乘风，主大富贵。

又过了几天，康熙帝再次驾临圆明园，吃了一顿饭后，宣布了一个不同寻常的决定：要将弘历带回宫中养育。在此之前，康熙帝只见过这个小孙子一次而已，他给自己的印象的确与众不同，处事不惊慌，不争夺，容貌清秀，充满灵气，但这些都不足以让皇帝下定决心带他回宫。真正促使他作出决定的，也许是弘历这与众不同或者说具有帝王之相的八字。

## · 雍正帝嗣位，究竟有没有篡改康熙遗诏

康熙帝驾崩以后，第四皇子胤禛在激烈的皇位争夺中登上了皇帝的宝座，这就是历史上有名的雍正帝。但雍正帝究竟是如何即位的，长期以来在民间有种种传说，史学界对这一问题也有几种截然不同的看法，使之至今还是一个悬案。

在民间传说中，多认为雍正帝即位是非法的，是篡位夺权。一种说法就是所谓"矫诏篡立说"。早在雍正帝在世时，社会上就盛传：康熙帝要将皇位传给胤禵，在他患病的最后几日，曾经下旨要召胤禵回京，但是胤禛的死党隆科多却隐瞒了谕旨。致使康熙帝去世当日，胤禵不能赶到。于是隆科多假传圣旨，拥立胤禛为皇帝。另一种说法为"盗改遗诏说"。康熙帝原来就有手书，要把皇位传给十四阿哥胤禵，却被人将"十"改成了"于"字，于是遗旨明明是"传位十四子"胤禵，却变成了"传位于"胤禛，那么，是谁来盗改了这个遗诏呢？有传说是雍正帝本人改的；有的说康熙帝把遗诏写在隆科多的掌心，而隆科多将"十"字抹去了；也有的说是由一些雍正帝府中所豢养的武林高手所改写的。

然而这种观点遭到了部分学者的质疑。

第一，康熙帝遗诏是用满文写成的，不可能篡改。

第二，隆科多与雍正帝原非深交，何苦冒险矫诏拥立？关于矫诏夺位的种种传闻，无非是出于政敌的中伤。

第三，皇十四子胤禵若是康熙帝选定的皇储，为何长期滞留边陲？

第四，康熙帝临死前曾命雍正帝代行郊祀大典，病危时又将几位皇子和大臣召至榻前说："皇四子胤禛，人品贵重，深肖朕躬，必能克承大统，着继朕登基，即皇帝位。"可见康熙帝想立的就是四阿哥胤禛。

第五，胤禛在康熙四十八年（1709年）晋封为亲王，在皇子中的地位日益提高，先后22次参与祭祀活动，次数比其他皇子都多。此外，康熙帝对胤禛之子弘历宠爱有加，称赞其母是"有福之人"。由此可见，雍正帝是后来居上的皇太子候选人。

后世有人根据雍正帝在品格、才干、年龄和气质上的众多特点以及雍正帝本人在皇宫中深藏不露、暗自修炼多年的特征，康熙帝对雍正帝的认识和父子感情基础，当时诸子争储互斗的背景，还有康熙帝在死之前留下遗诏的在场人物、地点、时间以及情节等来综合分析，认为雍正帝根据父皇"仓促之间一言而定大计"，是合法即位的。

官书中记载如下，康熙六十一年（1722年）十一月冬至前，康熙帝患病住在畅春园疗养。胤禛请求侍奉左右，但康熙帝却让胤禛奉命代替自己到南郊祀天，并且命他待在斋所虔诚斋戒，不得离开。到了十一月十三日，康熙帝的病情突然恶化，这时才不得不破例把胤禛召到畅春园来。而在胤禛没到之前，胤祉、胤祐、胤禩、胤禟、胤䄉、胤祥和理藩院尚书隆科多已经在康熙帝的命令下来到御榻前。康熙帝对他们说："皇四子胤禛，人品贵重，深肖朕躬，必能克承大统，着继朕登基，即皇帝位。"此时，胤祺因冬至奉命在东陵行祭典，胤禄、胤礼、胤㮟、胤祎等小皇子都在寝宫外候旨。当胤禛来到康熙帝面前时，康熙帝还能够说话，告诉胤禛他的病情日益恶化的原因，但是到了夜里戌时，康熙就归天了。隆科多即向雍正帝宣布"遗诏"。胤禛听后昏倒于地，痛不欲生，而胤祉等其他兄弟则向胤禛叩头，并劝他节哀顺变，因此雍正帝就履行新皇帝的职权，主持康熙帝的丧葬之事。雍正帝曾特别强调：当日情形，"朕之诸兄弟及宫人内侍与内廷行走之大小臣工所共知共见者"。

雍正帝的即位是由父皇康熙帝的寿终正寝后才开始的，是属于正常并且合乎法理的。对此，清代官书众口一词，都是同一个口径。但是雍正继承皇位后仍然存在许多令人费解的问题，而且他即位后的很多言行，尤其是与大肆诛戮贬斥功臣、兄弟、文人等事连在一起，更令人感到扑朔迷离。

这些问题使一些清史专家耗费了很多的精力，直到现在也没有能够得到很好的解释。可以说，在没有获得新的可靠材料之前，雍正帝的即位是否合法合理，依旧是个谜。

# ·咸丰帝夺得皇位的内幕

道光帝在69岁时，肺病加重，御医们无力回天。道光三十年（1850年），道光帝逝于圆明园的慎德堂，这位一辈子碌碌无为的皇帝终于寿终正寝了。《清史稿》称"宣宗春秋已高，方有疾，居丧哀毁，三十年正月崩"。

既然皇帝死了，那么就要有新接任的君主。其实，道光帝早在5年前就作出了这个决定，按照清朝当时秘密立储的方法，新接任的君主早就尘埃落定了。道光帝死前的6个小时，他有气无力地宣布了大清国下一任君主的人选。

当时，在慎德堂内，灯火辉煌，所有御前大臣、内务府大臣、军机大臣、近支亲贵、皇子皇孙们都守在道光帝身边，等待着最后谜底的揭晓。太监捧来了匣，这是一个楠木匣子，里面放着的正是关于继承皇位的人选名单。

这个匣子上没有上锁，只是贴着一个封条，封条上写着"道光二十六年立秋"八个字。这是道光亲手封上的，如今，这个匣子要在众目睽睽之下打开，撕掉封条，将封藏的秘密展露出来。

盒子里有两道用朱笔写成的十分简练的密旨，有大臣拿起其中一道注着满文的密旨宣读："皇六子奕訢封为亲王，皇四子奕詝立为皇太子。"

而后他又宣读了第二道旨意："皇四子奕詝著立为皇太子，尔王大臣等何待朕言，其同心赞辅，总以国计民生为重，无恤其他。"

奕訢是个有作为的皇子，他重用湘淮军阀，引进西洋长技，曾使得清王朝出现过短暂的"同光中兴"，这样一个皇子，却最终没能成为皇太子，期间到底缘由几何，耐人寻味。在立储之事上，道光帝也是十分为难的。他一共有9个儿子，这9个儿子都有可能继承皇位，继承大统。

但如果从种种方面考虑，只有四子奕詝和六子奕訢两个人能够胜任。二人均为庶出，在年龄上仅差一岁，同在一起读书习武，而且聪明的奕訢更加受到道光帝的宠爱，但为什么最终奕訢却没有成为皇位的继承人呢？对这一段，史料有一段隐晦的记载：道光二十六年（1846年）三月，皇帝校阅南苑，"诸皇子皆从，恭亲王奕訢获禽最多，文宗未发一矢。问之，对曰：'时方春，鸟兽孳育，不忍伤生以干天和。'宣宗大悦，曰：'此真帝者之言！'立储遂密定。"

奕訢收获虽多，但奕詝却能够意识到生命的价值，认为春天是鸟兽孕育的季节，他不忍杀生。这正是一个君王需要的仁慈之心，也正是看到这一点，道光帝的天平便倾向了后者。不过，仔细分析，奕詝有可能是自己无能，打不到猎物，便说出这样一番强词夺理的论调，也有可能是奕詝性格软弱，不够强硬。

但不管怎么说，道光帝选择了奕詝继承大统，即咸丰帝，却是让清政府日后的发展陷入了不可逆转的沉沦之中。奕詝的资质在清代诸帝里是中等偏上，但是他身体很弱却纵情声色，在31岁的时候便去世了。

# 皇家不能说的秘密

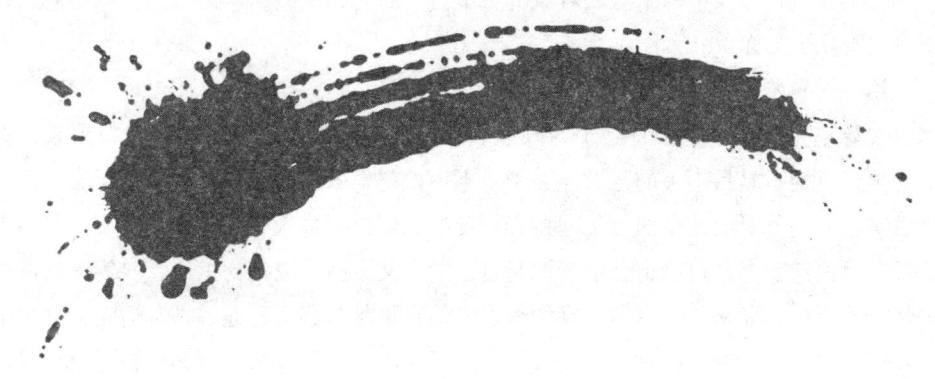

## ·秦始皇不立皇后的真正原因

秦始皇是中国古代史上第一个封建中央集权的皇帝。他13岁登基，22岁亲政，之后平定六国，一统天下，建立起第一个强大的统一的多民族封建大帝国——秦朝。但是，这样一个雄才伟略的皇帝，在他一生长达37年的统治中却没有立过一位皇后。

在封建体制之中，古代帝王的正妻被称作皇后，妾被称作妃嫔。皇后只能有一位，妃嫔却可以有很多，正所谓"三宫六院、七十二妃嫔"。皇帝立后也是皇帝政治生活中的重要部分，国家也有相应的立后制度来组织这件事。国家选皇后的标准自然很高，除了端庄贤淑等传统要求之外，更多的是要能肩负起"母仪天下"的神圣使命。

既然皇后的作用如此之大，那么坐拥天下的秦始皇又为什么不立后呢？关于秦始皇这个"千古一帝"少了一个与之对应的"千古一后"的原因，众说纷纭。归纳起来，主要有以下几个方面：

第一，秦始皇的母亲对他造成的阴影。

秦始皇是秦庄襄王子楚之子，姓嬴名政，出生于赵国首都邯郸。史料记载，秦始皇的生母赵姬本是吕不韦的宠姬，后来吕不韦把赵姬献给了子楚，并生下了秦始皇。一直以来，人们都对秦始皇的生父抱持着怀疑的态度，很多人认为秦始皇其实是吕不韦的儿子，恐怕连始皇帝自己也分不清谁是自己的生父。嬴政登基为王后，身为太后的赵姬仍然行为不检，先是与吕不韦在宫中重温旧情，再是与嫪毐私通，秽乱后宫，并生了两个儿子。《史记》中记载："皇帝益壮，太后淫不止。"母亲的行为失检让秦始皇在心理上受到严重的伤害，恼羞成怒的秦始皇杀死了两个私生弟弟和嫪毐，把吕不韦发配蜀地。同时，秦始皇还把母亲赵姬赶出首都咸阳。极度压抑的秦始皇彻底爆发了，成为一个失去理性的暴君。

秦始皇这种对母亲的怨恨逐渐发展成为对一切女人的仇视。秦兵马俑博物馆研究人员说："由怨母而仇视女人的心理阴影，使秦始皇长大后在婚姻能力上未能健康发展。宫中众多女人，仅仅是为满足他的生理需要。由母亲行为而形成的心理障碍，也是秦始皇迟迟未立后的重要因素之一。"这种心理上对女人的偏执，使得秦始皇极其不愿意娶妻立后。

第二，秦始皇的立后要求过高。

秦始皇统一六国，自称为始皇帝，自认为自己的功德超过了上古的三皇五帝，自命不凡的秦始皇自然也就对皇后的要求非常高。秦始皇的后宫充斥着东方六国选来的大量佳丽，要从中选出一个高标准的美女也并非难事。但是，问题就在于秦始皇不仅不喜爱这些美女，反而十分鄙视，对于她们这种把亡国之辱抛之脑后的行径十分痛恨，认为她们毫无守贞重节可言。所以，他也不愿从这些后宫佳丽之中选出一个合适的皇后人选。

第三，秦始皇沉迷于追求长生不老，对方术、炼丹术等情有独钟。

他曾派徐福率三千童男童女，耗费巨资入东海以寻得长生不老之药。秦始皇这种对长生不老药的孜孜追求，使他无暇顾及后宫之事，把立后之事也抛之脑后，这也是秦始皇一生没有立后的重要原因。

第四，志在天下。

秦始皇公务繁忙，没有多余的时间来考虑立后的事情，更何况他还担心皇后会对他的事业有所掣肘。史料记载，秦始皇每天的工作量很大，必须要批完一石大概相当于60斤的公文，无暇理会立后之事。

总之，秦始皇终身未立皇后是多方面原因共同作用的结果。

# ·秦始皇铸造十二"金人"的实际目的

秦始皇是中国历史上第一个完成中原江山大一统的皇帝。他为中华民族开创了走向统一的局面，为后世所传颂。然而其焚书坑儒的暴戾之举又着实令人心寒，而收天下之兵以铸金人十二，更给世人留下了不解之谜。

虽谓之"金人"，实际并非纯金所铸。当时的兵器主要由铜铸成，古人也把青铜称为金，由此，十二金人其实是十二铜人。金人体型高大，饰以精致的花纹，铸造工艺相当高超。

关于秦始皇铸造这十二尊金人的缘由，民间主要流传着以下两种说法。

一说秦始皇在群臣的陪同下观看杂耍，正高兴之时，忽见一队杀气腾腾、手执刀剑干戈的武士上场表演。此事触动了秦始皇的心病，他为此日思夜想，寝食难安。恰逢临洮一农民有消息来报，说见到了十二个巨人，并讲述了当地盛传的童谣："渠去一，显于金，百邪辟，百瑞生。"这正中秦始皇下怀，使其得以假托征兆，借助天意，下令收集天下兵器用来铸造十二尊金人。

一说金人得以现世，源于秦始皇的一场怪梦。一日，秦始皇梦中遇到天象大变、昏暗无光，且鬼神作怪，遂惊恐不已。在此万般无奈之际，有一道人前来指点迷津："制十二金人，方可稳坐天下。"秦始皇惊醒之后，即刻下令铸造十二金人。

秦始皇借助以上冠冕堂皇的托词，名正言顺地实现了他收缴天下之兵的企图，想来这也合情合理。作为一代帝王，不得不为如何巩固自己千辛万苦建立起来的王朝霸业苦心筹谋。为防止各地潜在的敌对势力借助武力谋反，最直接同时也是最彻底的办法，就是收缴和销毁流散在民间的各种兵器。

假传天意也好，借助梦兆也罢，都只不过是使之合法化的策略而已罢了，其真正的意图，已昭然若揭。

## ·驸马爷不为人知的命运

古代读书之人，最大的愿望，莫过于考中状元，如果被皇帝看上，选为驸马，那可真是天底下再难找的好事了。能成为皇帝的女婿，公主的丈夫，驸马自然是仕途畅通，荣华富贵享之不尽了。

其实，这样想便大错特错了。事实上，驸马没有那么风光，当驸马也不是一件美差，这从"驸马"一词的由来便可见一斑了。

秦始皇统一中国后经常出巡，每次出巡都前呼后拥，声势浩大。

有一次，他的车队经过博浪沙（今河南原阳）时，被一个大铁锥袭击，幸好只击中副车，但这一下也使秦始皇吃惊不小。因此，在后来的巡游中，他乘坐的车辆常有变换，同时还会安排许多副车跟随。他特地设了一个替身来掩人耳目，从此以后，历代皇帝出巡时，都仿效秦始皇的做法，亲自选定一个替身，而这个替身又大都是自己的女婿。选择女婿的原因是因为女婿是皇室的人，不会损害皇帝的威仪和尊严，而万一发生意外，女婿是外姓，不会在政权上引起太大的风波。这样，由于皇帝的女婿担任替身乘坐在副车上，跟随皇帝出巡各地，人们就将皇帝的女婿称为"驸马"。这种称谓世代沿袭下来。

因此，驸马虽能攀上皇亲，却无法摆脱"替身"的命运，甚至比公主地位都矮了一大截。公主养尊处优，是天之骄女，而驸马大多是平民出身，就算是达官贵人的公子，那也比不了皇室的尊贵。

公主下嫁时，皇帝必定会为公主盖一间新宅第，这些新宅第有些是觅地新建，有些则根本就将驸马原先旧家拆了重建。公主下嫁，嫁妆非常丰渥。她会带着大量的财产与官吏、仆人一起进门，而公主的一切财富，官吏、奴仆都是属于公主，由公主直接指挥，驸马完全没有自主权，一切都要听从公主的吩咐。

在一个以男性为中心的封建社会，缺少尊严的驸马日子并不好过。在家中要过着没有发言权的日子，在外面，驸马也不能大展拳脚。翻阅关于驸马的历史，就会发现，担任过重要官职的驸马人数屈指可数，他们在政治仕途上并不太顺利。因为按照惯例，驸马一般被指定担任虚衔。明朝时朱元璋进一步规定：驸马终生不得在朝为官。

原来，驸马并非一份好差使，不仅仕途受限，而且在妻子面前都小心翼翼，低声下气，远远不是人们想象的那样风光。

## ·晋武帝为何要把王位传给"傻儿子"

晋武帝司马炎英明神武，纵横沙场，为晋王朝耗尽了自己的半生心血。然而果敢英武的晋武帝却做了件让后人百思不得其解的事，他居然将辛苦打下的江山交给一个傻儿子来继承，致使西晋王朝昏暗动荡，最终成了一个短命王朝。晋武帝为何要这样做呢？

公元259年，司马炎的夫人杨艳生下他们第二个儿子司马衷。由于大儿子已经夭折，所以他们的二儿子成为实际意义上的长子。司马炎很高兴，曾私下对夫人承诺将来一定让其继承大统。

其实司马炎一直觉得这个儿子有些不对劲，等司马衷长大了一点后，才发现儿子有点傻。司马炎对此很发愁，担心司马衷会丢了祖宗开创的家业。所以司马炎称帝后并没有盲目地兑现当年立司马衷为太子的承诺，他需要进一步观察。谁知道观察之后，晋武帝的心就更凉了，于是他便和杨皇后商量更易太子。杨皇后并不是不知道儿子的问题，也不是不清楚立傻儿子为太子意味着什么，但她还是坚决反对丈夫的意见，说孩子还小，到底傻不傻也要等他长大了才能知晓，现在下定论显得太早。她还说自古以来立太子都是立嫡立长不立贤，怎么能够因为太子稍微笨了一点就随便更改规矩坏了祖宗的制度呢？晋武帝想想皇后的话也有几分道理，于是就把这件事暂时搁下了。

然而杨皇后却害怕夜长梦多，天天缠着晋武帝。最终，晋武帝在司马衷9岁那年立他为太子。

杨皇后竭力让晋武帝立傻儿子为太子，除去为自己家族利益考虑外，还因为伟大的母性迫使她作出这样的决定，也正是这种伟大的母性淹没了她仅有的一点理性，为短命的西晋王朝埋下祸根。

而晋武帝之所以决心立傻儿子为太子，除杨皇后软缠硬磨外，还有他自己心理上的原因。作为司马昭的长子，晋武帝一向不太受父亲重视，甚至数次险些丢掉储君的位置，有这样经历的晋武帝才会下意识地保护自己的长子。

公元290年，晋武帝司马炎病逝，于是傻儿子司马衷即位，他就是晋惠帝。然而这个傻皇帝完全被贾皇后控制着。一年后，贾皇后发动政变，杀死辅政大臣杨骏，接着又发生了"八王之乱"。公元316年，刘渊的侄子刘曜攻破长安，俘获末代皇帝司马邺，西晋就此亡国。

## ·为何总有皇帝想要弃位出家

不愿当帝王却想当和尚，听起来有些不可理喻，但中国历史上还的确就有这么几位皇帝脱下龙袍，换上僧袍，走下殿堂，走进庙宇。

身为一国之主，先后几次舍身佛寺，再由臣僚用高价"赎"出。这种咄咄怪事的主角，乃是梁武帝萧衍。

萧衍，兰陵（今江苏常州西北）人，公元501年发兵攻入建康（今江苏南京），灭齐建立梁朝。他原来信奉道教，但称帝3年后，便下诏宣布自己舍道事佛。他广建佛寺，仅京城建康一处，寺院就多达500余所，僧尼10万余人，他本人也被称为"皇帝菩萨"。由于他的倡导，汉地僧尼改变了原来食三净肉的习惯。

几次北伐失败后，为博取美名，他曾多次出家当和尚，只是他当和尚纯粹是作秀，并非真的皈依佛门。

公元527年，萧衍到当时建康最大的、僧侣有数千人的同泰寺进香时，忽然脱下龙袍，要做和尚，说是舍身佛寺，为国家祈福。不过，3天后，他又灰溜溜地回去了。

此后不到两年，萧衍又一次舍身同泰寺。他对大臣们的哀求置若罔闻。两个多月后，大臣们终于明白皇帝的心意：给同泰寺捐钱。于是，大臣在捐钱一亿钱后，才把他"赎"了出来。

此后，萧衍又去"舍身"了两次，每次都以身价一亿钱让大臣"赎"回来。

公元546年三月，年近80岁的萧衍又进了同泰寺去讲《三慧经》。这次是白天讲经晚上回宫。一个月后，同泰寺着了一场大火，庙里的泥像和佛像画都烧光了。

公元548年，叛东魏降梁的侯景发动兵变，第二年，梁武帝在饥饿和疾病中凄凉地死去。

历史上，当过和尚的皇帝如梁武帝、明太祖，是人所周知的事。据说，唐朝还有一位，鲜为人知，那就是唐宣宗李忱。他究竟是否做过和尚，至今仍有争论。

唐宣宗较有作为，有"小太宗"之誉。野史载，李忱是唐宪宗李纯的小儿子，因为有才能，深遭他那两个做皇帝的侄儿唐文宗、唐武宗的妒忌。唐武宗登基后，曾派人将光王李忱抓来，浸在厕所里。有个叫仇公武的宦官假意借口已杀死光王，而将其送出皇宫。李忱削发乔装为僧，最后在浙江盐官（今浙江海宁）镇国海昌院（安国寺）当了一个小沙弥，方丈齐安还替他取名为琼俊。几年后，武宗病死，李忱返京当了皇帝，他不忘方丈恩德，赐其"悟空国师"的谥号，并将禅院扩建，取名为齐丰寺。

据康熙时《海宁县志》说，齐安亦系"帝子"，自幼落发为僧，为唐末一代宗师。李忱与齐安密切，缘本深远。

正史中也有些蹊跷。比如在《旧唐书》中就记载有宣宗在当光王时为了避祸，假装痴呆，文宗、武宗常常在宴会上把他当作笑料等语句。接着又云："宣宗皇帝器识深远，久历艰难，备知民间疾苦。"让世人产生疑问：此话从何而来？武宗病死不几日，唐宣宗便即位，时间仅相隔10余天，宦官们为何那么容易就将他找到？此外，宣宗恩怨分明，他即位后，为何不对武宗进行任何报复？

看来，唐宣宗是否当过和尚一事，仍需一番探究。


## ·皇帝"惧内"的历史真相

不但市井间有些男子会惧内，就是君临天下的帝王同样也会惧内。其中最具代表性的两位皇帝便是晋惠帝和隋文帝。

晋惠帝的皇后贾南风是历史上著名的丑女，她身材五短，面目黑青，鼻孔朝天，大嘴，眉心有大块的胎记，而且还是一个地地道道的恶后。她横行后宫，还祸国殃民，几乎毁灭了晋朝。

贾南风对于晋惠帝司马衷能够登基称帝也是有一定功劳的。当初司马衷还是太子时，司马炎曾因为他的智商低下，而想要废除太子，传说令司马炎改变这一想法的是一篇文章。那是司马炎给司马衷的一份试卷，不善学问的司马衷本想让其他的侍从官员来回答这些问题，这时太子妃贾南风却觉得这样不妥，如果让那些人代写，他们的学问都在太子之上，一定会被识破的，于是她找了几个没什么学问的太监来答这问试卷。

当司马炎看到这些答案之后，他并没有怀疑这不是太子写的，相反地，这份虽然答得差劲，但也还合情合理，这让他对自己的儿子有了信心，他相信司马衷是一个既纯朴又明辨事理的人，于是再没有废除太子的想法了。所以，司马衷能够当上皇帝，他的皇后贾南风有一定功劳，贾南风也正是因为这样而居功自傲，横行于朝野。

贾南风是一个性格彪悍、粗暴善妒的人，晋惠帝司马衷的一生都是在她的阴影下度过的，他十分怕贾南风，却从不敢反抗她。

贾南风嫉妒心极强，她不允许司马衷亲近其他妃子，曾亲手用长戟捅死了一名怀孕的妃子。皇后的性格如此残暴，司马衷再也不敢和其他妃子亲近了。

贾南风手握重权，操纵着司马衷。她大肆地豢养男宠，从不避讳司马衷，作为皇帝的司马衷一直生活在贾南风的阴影中，毫无自由、胆战心惊地度过每一天。

除贾南风之外，亦有一位皇后令皇帝深恐不已，即隋文帝的皇后——独孤氏。她是一个比起贾南风端庄贤淑很多的女子，但是作为家世显赫的"三朝国丈"独孤信的三女儿，她也是一名行事果断、态度强硬，同时嫉妒心强的女子。

隋文帝喜欢独孤皇后的知书达礼，但是同时也十分厌恶她的嫉妒心。隋文帝对独孤皇后始终抱着一种又爱又恨又怕的心理，也正因为如此，隋文帝杨坚和独孤皇后斗了一辈子。

独孤皇后嫉妒心强，行事又独断专行，她从不放心让隋文帝杨坚独自外出，以免他和其他女子有染。所以即使是上早朝，独孤皇后也要和杨坚同辇而进。等到退朝后，她又和杨坚一起返回寝宫。这样，一方面独孤皇后成为了隋文帝杨坚的"贤内助"，另一方面也达到了制约杨坚的目的。

但是再严密的防范也终有疏漏。一次，杨坚在仁寿宫偷偷地临幸了叛臣尉迟迥美貌的孙女，这件事杨坚做得十分隐秘，但最后还是被独孤皇后知道了。对于杨坚的作为，独孤皇后十分生气，于是她便在杨坚上早朝时，将尉迟迥的孙女杀死了。

当杨坚下朝得知此事之后，感到十分愤怒，但是他又十分惧怕独孤皇后，不敢处罚她，于是火气十足的隋文帝杨坚选择了离家出走。他骑着马狂奔了20多里，来到了一个山谷之中，感叹自己虽然为一国之君，却完全受制于独孤皇后，没有自由，他甚至有了不再做皇帝的想法。后来他被紧追而来的杨素、高颎等劝回了宫。这次的事件让独孤皇后也变得有所收敛，不再那么嚣张了。

在世人的眼中，皇后大多是温柔贤淑、胸怀宽广的，而皇帝更是掌握着所有人的生杀大权，说一不二的。所以像晋惠帝和隋文帝这样惧怕皇后，甚至因为皇后的管束而逃离皇宫，在自己妻子的管束下度过了一辈子的皇帝，实属罕见。

# ·李渊起兵反隋的真正原因

隋朝末年，天下动乱，英雄四起，太原的李渊也是蠢蠢欲动，准备伺机起事去与群雄一起争夺天下。

李渊，静宁成纪（今甘肃静宁治平乡）人，他的祖父李虎是西魏时的太尉，父亲李昞是北周时期的御史大夫、安州总管、柱国大将军，隋时封唐国公。母亲是隋文帝的小姨子，可以说李渊与隋炀帝是姨表兄弟，作为皇亲国戚，他一直深受隋炀帝的重视。

在隋炀帝继位后，李渊被任命为荥阳、楼烦二郡太守，后又拜山西河东慰抚大使、太原留守。隋炀帝统治后期，全国陷入农民起义的混乱之中，以李渊的实力已经无法镇压，但他又怕遭到隋炀帝的猜忌，所以为了自保，只能决定提前动手，而他的次子李世民也是支持起事的。

李世民作为从小随军长大的孩子，性格中充满叛逆、果敢的因素。李渊虽然有谋反之心，但却迟迟未肯行动，李世民认为李渊在乱世之中不过是想避乱战火，但他不想拖延时间，不想做大隋王朝的陪葬品。

于是，李世民找到他的谋臣刘文静，刘文静因为与瓦岗寨李密联姻，而被李渊关入牢中。但此人极富韬略，性情狂傲，有着过人之处，深受李世民的偏爱。李世民找到刘文静后，二人对起兵谋反这件事是一拍即合。

刘文静为李世民提出了三点建议：

第一，要想造反不能大张旗鼓，那样会引人注目，遭到其他起事者的反扑，这一切要在潜移默化中完成，暗度陈仓方能最后水到渠成。

第二，李渊虽然手中握有一些兵马，但兵马还是越多越好，成功的概率才能越大，所以还需要多招兵马，到时候攻取长安，将各地的兵马会集一处，不怕不能成事。

第三，吸纳人心，现在各地豪杰都纷纷起来造反，这些人的势力都可以为己所用，只要能让他们归顺，到时候矛头都指向大隋王朝，那江山必定就是李家的了。

听罢刘文静的一番分析，李世民成竹在胸，此刻他要做的只有一件事情，就是彻底地说服李渊起事。但这却是件比较棘手的事情，李渊秉性固执，对于皇权一向不敢造次，对国家一向恪尽职守，想要让他明目张胆地举起起义的大旗，实在是有些困难。

而李世民虽然是李渊的得力助手，但李渊并不是十分信任他，所以李世民便联络了李渊最信任的人——裴寂，请他出面帮忙。

此人时任晋阳宫副监，深得李渊的信任，二人同朝为官，关系十分要好，常在一起通宵达旦地饮酒、下棋。李世民知道，只有裴寂能够说服李渊，但如何能够让裴寂帮他这个忙，李世民也是下了一番功夫的。

裴寂自小清贫，父母双亡，受尽了他人的白眼和欺负，这也是他性格圆滑世故的主要原因，这样的经历让裴寂一直想飞黄腾达，所以他一直在寻找合适的机会，与李渊交好也是他巴结权贵、攀龙附凤的一种表现。

李世民有个叫高斌廉的朋友经常和裴寂一起赌博，于是李世民就让高斌廉故意输给裴寂，这样一来，裴寂心里高兴，什么事都好说了。果然，当李世民向裴寂提出要求时，裴寂不假思索地答应下来。

而裴寂也并没有直接去找李渊，他先是找了两位美女，随后才去找李渊，看到有美女送上门，李渊乐得享受。而裴寂也乘机向李渊讲出了李世民的计划，听到老友相劝，也看到李世民的确是准备妥当了，李渊终于同意起事。

隋大业十三年（公元617年）三月，李渊起兵于太原，兵锋直指长安。

## ·李唐向突厥称臣12年的历史真相

突厥先世源出于丁零、铁勒。南北朝时铁勒原住在叶尼塞河上游，后南迁高昌的北山（今新疆维吾尔自治区博格达山），突厥人也在此安家，屡屡进犯中原。隋朝未统一中土时，北方多次遭到突厥的进犯。

隋灭陈完成南北统一后，与突厥力量对比发生了根本性的改变。隋利用军事和政治手段开始全力打击突厥。而突厥汗国也因内部不和而分裂成东突厥和西突厥。突厥的分裂，使其丧失了攻占中土的良机，而隋文帝也利用这层关系牢牢控制了突厥势力。

但是自从隋二世杨广登基之后，大隋国力渐渐衰微，群雄并起，竟有许多人攀附北方突厥，其中包括薛举、窦建德、王世充、刘武周、梁师都等人，就连在晋阳（今山西太原）起事的李渊、李世民父子也曾臣服突厥。根据《旧唐书》记载，在李渊、李世民父子起兵时，突厥军队曾趁机袭击晋阳，大肆掠夺，令李氏父子领教了突厥的实力，所以为了保证能在太原立足，李氏父子决定忍辱负重，先依仗突厥，年年朝贡，与突厥可汗修好。

随着李氏父子势力的逐渐壮大，俨然有一统全国的趋势，突厥人的胃口越来越大，常以各种借口要求李家增加朝贡。李渊天性保守，在军事上并非激进之人，所以一直隐忍，但到了大唐统一天下，李世民发动玄武门政变而登基之后，依然也对突厥表示臣服，这就叫人难以理解了。凭借李唐的军事实力，与突厥分庭抗礼犹有余，为什么李世民却要低头呢？

这一切要从"渭水之盟"说起。

公元626年，唐太宗李世民刚刚即位，东突厥的颉利、突利二可汗便率兵十余万人直逼长安。在此之前，二可汗就率15万兵马攻占并州（今山西和河北、内蒙古自治区部分地区）大肆劫掠，而这一次则是出动20万兵马，在距长安城仅40里的渭水之北驻扎军队，威慑长安城。此事致使长安人心大动，朝野惊慌。太宗李世民深知与二可汗直接冲突必然要遭受重击，便采用了缓兵之计，以大批量的金帛财物贿赂二可汗，并与突厥结盟，表示臣服。"渭水之盟"签订之后，突厥果然撤兵。

自受到"渭水之盟"的屈辱，李世民一直隐忍不发，没有做任何打击突厥的事情，而是加紧训练兵士，增强军事实力。贞观三年（公元629年），李世民分析当前形势，做好充分军事准备后，12年隐忍在此一举，势必要永绝突厥祸患。他派李靖率领唐军主动攻打突厥，突厥军大败，颉利可汗被活捉。突厥见大势已去，只好向唐室表示臣服。此后李世民清扫北方诸部，北方各部均向唐朝俯首称臣。

欲取之，先予之。大唐天子李世民将这一兵法之道运用得神乎其神。作为中国历史上最出色的皇帝之一，李世民不仅懂得知人善用，同时也凭借其文治武功创造出中土百年安稳的盛世奇景。

## ·唐宣宗为什么要装疯卖傻

唐宣宗李忱，是唐宪宗的儿子，唐武宗的叔叔。他原名李怡，做皇帝后才改名为李忱。唐宣宗在位期间勤俭治国，减少赋税，注重人才选拔，体贴百姓，人民生活日渐富裕，使腐败的唐朝呈现出"中兴"的小康局面。宣宗在位期间曾经烧过三把火，一把火使"权豪敛迹"，二把火使"奸臣畏法"，三把火使"阍寺慑气"，遂被称为"小太宗"。

然而这样一代明君，直到他登基之时，一直被视为傻子，这是为什么？难道唐宣宗真的是傻子？

其实不然，唐宣宗虽表现得糊涂，其心里却如明镜一般。可他为什么要装傻呢？

这还要从他的身世说起。

李忱是唐宪宗庶出的儿子，其母亲郑氏是一名身份卑微的宫女。由于庶出和母亲身份卑微的原因，李忱本当不了皇帝。后虽被封为光王，却在一个无人注目的角落里孤独成长。他从小就显得郁郁寡欢、呆滞木讷，与其他亲王群居往往终日不发一言。在宫中，多数人都讥笑李忱呆笨，唯有他的哥哥唐穆宗知晓他的聪明，曾抚着他的背说："这是我家的英物。"

李忱长大后，痴呆情况愈发严重。人们纷纷猜测，这可能和他在穆宗年间遭遇的一次惊吓有关。当时李忱入宫谒见太后，不料刚好撞上有人行刺。虽然此事并未造成任何人员伤亡，但从此以后光王就变得更加沉默寡言。于是皇族宗亲们认定，这个本来就呆头呆脑的人一定被吓傻了。此后无论大小场合，李忱就成了专门被人取笑和捉弄的对象。

其实李忱不傻，他知道自己的出生注定不能为帝，只有在乱世之中才有可能夺取政权。穆宗继位后庸庸碌碌，党派之争、藩镇势力和宦官势力使得唐王朝统治岌岌可危。李忱装傻让宦官对他放松警惕，他在等待时机，等待一个可以让他夺取政权的机会。

当唐武宗发觉出这位皇叔有问题时，想要置他于死地。可是就在这时，宦官仇公武救了他，并将他送出宫。

会昌六年（公元846年），唐武宗病危，李忱就在宦官仇公武、马元贽等人的簇拥下，出人意料地回到了长安。仇公武等人决定拥立李忱做一个傀儡皇帝，然后顺理成章地掌控朝政。但是当李忱开始着手处理政务时，仇公武就傻眼了。因为对他来说，傻子李忱忽然变得无比陌生，他神色威严，目光从容，言谈举止沉着有力，决断政务有条不紊，和从前判若两人。

直到此时，仇公武才恍然大悟，明白当年武宗为什么要把这个"傻子"皇叔置于死地，那是因为在他愚痴木讷的外表之下，隐藏着常人莫及的才干和韬略。可惜仇公武明白得太晚了。

# ·唐朝望族为什么不愿娶公主

唐朝风气开放，男女之间不像以前那么拘谨，但唐朝却有个比较独特的现象，就是士族们都不愿意娶公主为妻。

《旧唐书》中写道："（宪宗为长女岐阳公主选驸马）令宰臣于卿士家选尚文雅之士可居清列者。初于文学后进中选择，皆辞疾不应。"

娶了公主就是当朝驸马，可以尽享荣华富贵，但唐朝的士族们却都"皆辞疾不应"，一个个装聋作哑。其实，他们放弃娶公主是有苦衷的，主要是以下三个方面的原因：

第一，服丧之礼的规定。唐朝时，斩衰是最重要的一种，齐衰次之。《新唐书·礼乐》规定：妻死，夫服"齐衰杖周"之礼（指居丧持杖周年）。可是，如果是公主死了，她的丈夫就必须为之服斩衰三年。

唐文宗时，就有人曾遇到这一问题。在《旧唐书·杜佑传》所附《杜传》记载："开成初，（杜）入为工部尚书、判度支。属岐阳公主薨，久而未谢。文宗怪之，问左右。户部侍郎李珏对曰：'近日驸马为公主服斩衰三年，所以士族之家不愿为国戚者，半为此也。杜未谢，拘此服纪也。'"李珏向文宗提出这种现象以后，文宗惊愕之余，下诏改制："（文宗）诏曰：'制服轻重，必由典礼。如闻往者驸马为公主服三年，缘情之义，殊非故实，违经之制，今乃闻知。宜令行杖周，永为通制。'"

也就是在这个时候，这个驸马为公主服斩衰三年的情况才得以改变，公主是金枝玉叶，男人们是可望而不可即，与其每日生活在皇室的阴影下，不如娶民间女子更为自在些。更何况望族本来就是名门，不需要攀龙附凤，也照样显贵。

第二，门第观念。在唐朝的时候，人们十分重视门第观念，唐朝人所看重的门第不但要有显赫的家世，还要有优良的家族文化传统、家法门风以及令人钦羡的婚姻关系，这诸多的要求令公主出嫁成了难事。

许多望族人家虽然也想攀附高门槛，但也很排斥这种皇室的文化传统、家法门风，所以不愿与皇室联姻。他们既不愿意嫁女于皇室，也不愿娶公主为妻。

第三，公主大多不修妇礼。唐朝文化开放，公主奢侈、骄纵者居多，其中更不乏妒悍、残暴者。在《新唐书·诸帝公主传》中对唐代公主的描述有长广公主"豪侈自肆"；合浦公主"负所爱而骄……见（浮屠辩机）而悦之，具帐其庐，与之乱"；魏国宪穆公主"恣横不法，帝（指德宗）幽之禁中"；襄阳公主"纵恣，常微行市里。有薛枢、薛浑、李元本皆得私侍";宜城公主"下嫁裴巽。巽有嬖姝,主恚,刵耳劓鼻,且断巽发"。

试问哪个男人敢将这样的女子娶回家?在重视妇德的封建社会,没有哪个男人可以忍受戴绿帽子,即便是能够荣华富贵也不行。更何况那些望族们本身也很富贵,不需要去追求那些荣华,这也就是唐朝公主难以嫁出去的缘由。其中不修妇礼是士族之家不愿与皇室结亲的重要原因之一。

## ·宋太祖誓不杀大臣和言官的原因何在

中国历代能真正做到虚心纳谏、从善如流的封建帝王是少之又少,宋太祖就是其中的典范之一。

据陆游的《避暑漫抄》记载,宋太祖在建隆三年,即公元962年,曾立下秘密誓约。誓约里的内容共三条:一是"柴氏子孙有罪,不得加刑,纵犯谋逆,止于狱中赐尽,不得市曹刑戮,亦不得连坐支属";二是"不得杀士大夫及上书言事人";三是"子孙有逾此誓者,天必殛之"。誓约中明确指出宋朝皇帝不得杀大臣和言官,否则必遭天谴。此誓约自由宋太祖设立开始,便通过秘密的方式由一代一代帝王不断向下传承和延续,直到北宋末年才被公布于世。

宋太祖立下的"秘密誓约"在整个宋朝都得到了相当严格的执行,产生了良好的社会效应。正如誓约所说的那样,宋朝正直的官员受到了很好的优待,极少被杀,所受的最重的处罚也不过是流放海南岛。宋太祖这一不杀大臣和言官的"秘密誓约",可以说为整个封建君主专制主义时代带来了一阵清风、一缕阳光。宋太祖的宽容和开明令后人称颂。

欣喜和称颂之余,我们是否应该仔细思考一下当年是怎样的原因促使宋太祖立下"秘密誓约",不杀大臣和言官?

"秘密誓约"主要归因于宋太祖的个人素质和政治远见。身为一朝君主,通过对之前各朝各代的情况作认真的分析和研究,他深知虚心纳谏,疏通社会舆论渠道的重要性,并将其及时地落实到具体的行动之中。于是,立下"秘密誓约",通过这种非正式性制度的方式,增大约束力,以保障"征言纳谏"不流于纸上,而真正得到实施。

以上说法只是一般性的原因分析。除此之外,当年宋太祖立下"秘密誓约",不杀大臣和言官,还有没有其他特殊的原因,时至今日仍尚无定论,已是历史的又一桩疑案。

## ·宋真宗为何相信"皇威"可以杀蝗虫

宋真宗大中祥符九年(1016年)夏天,全国许多地方出现严重蝗灾,来势凶猛,危害极大。可笑的是,官员们却纷纷说,蝗虫集体自杀了。有的说,蝗虫都害怕皇帝的神威，纷纷自杀，遍地都是蝗虫尸体；有的说，无数蝗虫改变了口味，天天只喝水，不吃庄稼；有的说，蝗虫在天空飞行时，忽然遭遇到一股神奇的力量，自己就死了，这是神仙在帮助大宋王朝消灭蝗虫。更让真宗精神振奋的是，苏州官员的奏折中说，蝗虫们害怕皇帝，它们又为了讨好皇帝，选择到风景秀丽的太湖里群体自杀。难道宋真宗真有这样的超能力，让蝗虫后悔自己不长眼睛，竟然来宋真宗的地盘上撒野？这当然都是谬词。

原来，当时宋真宗正在迷信神仙之说，他相信神仙会来消灭蝗灾。许多官员看出了宋真宗的心思，就投其所好，极尽谄媚之词，纷纷说不必忙着灭蝗，神仙会来帮忙的。

当然，宋真宗看到这些奏折，高兴归高兴。他还不至于完全相信，这种超越常识的事情还是确认一下为妙，毕竟他还知道自己只是人，不是神。于是，他就派几个太监看看情况。太监们当然只会比大臣的“觉悟”高，于是添油加醋，如此这般地描绘了蝗虫们在皇帝的神威下瑟瑟发抖，不断自杀的壮烈场面。宋真宗听了太监的汇报，激动万分，要搞一次大型庆典活动。但是，宰相王旦坚决不同意搞庆典，宋真宗只好作罢。

其实，有常识的人都不会相信，为什么宋真宗还信呢？设身处地地想一想，这不过是人之常情，被人投其所好而已。宋真宗的周围大臣、太监众口一词，造成“一叶蔽目，不见泰山”的悲剧，这是作为皇帝的悲哀，被人耍了也不知道。然而，在潜意识层面，宋真宗也自欺欺人，愿意相信这件事。另一个原因就是，宋真宗作为统治者的特殊身份引发其自我感觉良好。自古统治者都喜欢个人崇拜，特别是封建社会下的统治者，更是把自己称作天子。天子是天之骄子，当然不是常人。常人做不到的事情，不代表天子做不到。放在常人身上不合理的事情，放在天子身上就是合理的。所以，宋真宗认为蝗虫因为害怕自己而自杀，相对而言就成了合理之事。当然，这从侧面反映了真宗原本就是一个爱好个人崇拜的皇帝。

最后，幸而宋真宗渐渐觉悟蝗虫并不会集体自杀的现实，便派出专门负责灭蝗的官员去彻底消灭蝗灾，还派出工作组奔赴灾区，救济受灾的百姓。

蝗灾消灭后，宋真宗开始反思，他对自己迷信神仙的做法非常自责，同时也处分了那些混淆视听的官员。虽然这个帝王无法抹去一场错误，但他勇于改正的精神倒是可嘉。

## ·明神宗为什么不理朝政20年

明神宗朱翊钧在位48年，是明代皇帝中在位时间最长的一位。可是他从自己亲自主持朝政14年后居然开始不上朝，从此之后的20年里不理朝政，“不郊、不庙、不朝、不见、不批、不讲”。

作为一个帝王，上朝理政是分内之事，可是为什么明神宗20年不理朝政呢？有人说是朱翊钧开始沉湎于酒色之中，也有人说他是染上鸦片烟瘾。但更多的人则认为，神宗是因为立太子之事与内阁争执，才不出宫门，不理朝政的。

神宗16岁的时候，太后、大臣们便替他选择了王氏和刘氏作为皇后和昭妃，然而叛逆的神宗根本不喜欢这样强加的婚姻，更不喜欢皇后和昭妃，所以他对这两个妻子十分冷淡。

神宗20岁时，偶然临幸一王姓宫女，后得长子朱常洛。在当时，正宫皇后没有生出嫡长子的情况下，按惯例朱常洛应该立为太子。可是后来，神宗遇到了自己心中的红颜知己，一生最爱的女人郑贵妃。郑氏本是一个宫女，因容貌秀美、机智聪明，深得皇帝的喜爱，很快被封为贵妃。两人相互彼此倾慕，朝夕相伴，简直一刻也不能分离。4年后，郑贵妃生下皇三子朱常洵。皇帝爱屋及乌，对刚出生的孩子表现了极大的宠爱，直接将郑贵妃晋封为皇贵妃，地位仅次于皇后。与此同时，他想将朱常洵立为太子。

神宗这一想法遭到群臣的反对，大家认为废长立幼是不合宗法礼制的，为了社稷，应当立皇长子为太子。群臣的反对令神宗招架不迭，只好极力镇压。于是把户科给事姜应麟等强烈反对的大臣都贬官问罪。知道此事的慈圣太后开始质问神宗。无奈的神宗就将册立太子的事推迟，采取"拖"的方法。

为立太子的事情，神宗和他的全体朝臣相对抗，谁也压服不了谁。这让神宗大伤脑筋，也大为恼火。后来神宗采取不上朝的方法，同他的大臣们消极对抗。幸而官僚体制还起作用，就是没有皇帝，内阁及部府仍然照常工作。有事陈奏上去，皇帝不批，就等于默认，便照章办理。谁再说立太子的事，他就"留中"，让疏文自动作废，外间就无法知道真相了。

直到万历二十九年（1601年），神宗怕自己一旦殡天，朝纲大乱，再加上其他一些原因，于是不得不册立朱常洛为太子，这场旷日持久的"国本"之争终于结束了。

其实从深层次的原因来讲，神宗不上朝的主要原因是皇权与文官制度发生了剧烈冲突，皇权受到了压抑，神宗就是用消极的方式来对抗。但是有两点神宗仍然值得肯定，其一神宗皇帝并没有因大臣与之作对甚至谩骂皇帝、贵妃而杀掉一人；其二不上朝并不是不办公，万历年间的国家大事小情都是神宗处理的。

# ·崇祯帝为何死也不南迁

明崇祯十七年（1644年）三月十八日，李自成率领农民起义军攻陷北京，崇祯帝无路可逃，最后在紫禁城后的煤山上自杀，屹立了200多年的明王朝灭亡了。

其实对崇祯帝来说，当时有一个办法可以自保，那就是放弃危在旦夕的北京，到南京建立临时王朝。这一办法或许过于自私，但是尚可保住江南的半壁江山，明朝或许不会这么快就灭亡。但是崇祯帝却迟迟没有南迁，放弃了一条生路，还亲手断送了大明江山，并自缢身亡。那么，崇祯帝为什么迟迟不肯南迁？他难道是真的不想南迁？

迁都的建议是崇祯帝在德正殿进行一次私下召见时，由江西籍官员、翰林学士李明睿首次提出的。当皇上问到今后的策略时，李明睿的回答相当坦率，甚至在提到北方失利时也无所顾忌。他说，义军已经逼临京城，朝廷正值"危急存亡之秋"，唯一明智的选择，就是迁都南京。然而，崇祯帝对此却踌躇不已：面对外患，如果弃地守京，就会落下丢失国土的千古罪名；面对内忧，坐以待毙，又会蒙受失政于寇的奇耻大辱。这个两难的选择使他犹豫不决，他一心想做名垂青史的圣君，根本不能承受这种失地失国的罪名。

于是他将这一问题提出来，交给大臣商议，想让大臣们正式提出南迁，然后他再顺水推舟作个表态，免得承担历史责任。可是，崇祯帝身边的大臣个个老奸巨猾，没有一人站出来表态。由于没能从他们口中自己想要得到的答案，崇祯帝最后只好决定"早朝廷议公而决之"。朝堂上，众朝臣展开了唇枪舌剑的激烈争论，结果相持不下，最终不欢而散。崇祯帝自己又不愿意承担丢弃宗庙社稷的大罪，于是这个正确的策略便被搁置一边了。

那些主张绝不弃国土的臣子们，真的是心口如一以死报国的忠臣吗？当然不全是。他们中多数认为假如自己表态不弃国土，日后就逃脱了丢失国土的罪名。而后又不公开反对"弃地守京"，则是遵照崇祯帝的心思。他们想着即使有朝一日秋后算账，这个刚愎自用又心胸狭窄的皇帝，为了开脱自己的罪责会找一个因弃地守京而丢失国土罪名的替罪羊，他们自己也可以明哲保身。有这样一帮满脑子为个人打算的庸臣，再加上个优柔寡断、只图虚名的皇上，国家怎么可能不亡？

三月初，李自成势如破竹，攻克了宁武，明军一败涂地，京城已经岌岌可危，崇祯帝又连夜召诸大臣商议对策。然而却有人提议皇上应该守京师，让太子下江南。崇祯帝顿时勃然大怒："朕经营天下十几年尚不能济，孩子家做得了什么大事？"其实大家都明白，皇帝自己本想南逃，却硬要众大臣说出来。但这时仍没有大臣劝皇帝南迁，到了最后，也只是下了个"入京勤王"的圣旨，等待各路大军来京护驾。

然而勤王的军队没到，告急奏折却像雪片一样飞来。这时李明睿又来紧急求见，力劝崇祯帝南迁。崇祯帝再次召集大臣，希望大家奏请他南迁。可是这一次他又失望了，大臣们全都沉默不语，谁也不肯开口。僵持之际，前方信使来报："真定失陷了！"这一下，崇祯帝不禁呆坐在那里，一句话也说不出来，两行眼泪已然流下。因为南迁的路被从中掐断，南迁之议已经成为泡影了。

最终，李自成率领农民起义军攻入北京，崇祯帝无路可逃，自缢身亡，国祚绵延200多年的明王朝就此灭亡。

## ·爱新觉罗氏为什么避讳叶赫那拉氏

中国有一句古话，叫作"冤冤相报何时了"。历史上有很多这样的例子，这一代你杀了我或打败了我，那么下一代我的儿子便会杀了你的儿子或是打败你的儿子，这不是一个定律，但当前一辈的仇恨和耻辱深深地植入下一辈的脑海中时，后一辈便把复仇雪耻当成毕生事业，爱新觉罗氏之所以要避讳叶赫那拉氏，也是这个原因。

叶赫那拉氏是满族的大姓，也是起源较早的姓氏之一。叶赫那拉氏的始祖是入赘扈伦部的蒙古人，叶赫那拉中的那拉就是爱的意思。这一氏族之所以叫叶赫那拉氏，是因为最初建立的王国是在叶赫河边。据史料记载，在元末明初时期，叶赫那拉氏和爱新觉罗氏之间发生了一场战争，最后取得胜利的是叶赫那拉氏，这一氏族也因此一度成为东北最强大的一个部落。这一地位保持多年，直到爱新觉罗氏出现了一位大人物——努尔哈赤，这一局面才得到扭转。

努尔哈赤在任部落首领之后，率领建州女真统一女真族各个部落，其中与叶赫部的战斗最为激烈、持久。胜利之后，努尔哈赤下令屠戮叶赫那拉氏，以雪前耻。叶赫部首领在被杀前，曾指天发誓，对努尔哈赤说："即使我叶赫部只剩下一个女人，将来也会报此大仇，灭你建州部爱新觉罗氏！"

正是这一句誓言，让爱新觉罗氏铭记在心，处处提防叶赫那拉氏，甚至有些避讳叶赫那拉氏。历史的车轮滚滚向前，叶赫那拉氏这一败，就被爱新觉罗氏统治了200余年，一直到一个叫"杏儿"的女孩儿出世，叶赫那拉氏才等到了翻身的机会。

这个乳名唤作"杏儿"的女娃儿，后来入宫做了妃子，被皇上封为"兰贵人"，就是后来历史上的慈禧太后。也许是叶赫那拉氏当年的首领去世前的诅咒真的应验了，这个女人虽没有像当年首领的誓言一样灭亡爱新觉罗氏，但在慈禧做太后的那些年里，同治帝、光绪帝及那些爱新觉罗氏的皇子皇孙，实际上都是她的傀儡，她才是真正统治爱新觉罗氏的人。

难怪咸丰帝奕詝在身为皇子、学习祖宗基业建立的过程中，读到对抗叶赫那拉氏的一段时，猛然想起了兰贵人就是叶赫那拉氏，心头一惊，此后凡事小心，事事避讳。该来的总归是会来的，最后爱新觉罗氏还是毁在了慈禧——这位叶赫那拉氏后人的手里。

## ·乾隆帝的身世之谜

乾隆帝，即爱新觉罗·弘历，是清王朝定鼎中原后的第四位皇帝。他在位60年，励精图治，在康熙、雍正两朝文治武功的基础上，进一步促进了多民族国家的统一，社会经济文化有了进一步发展，形成了中国历史上著名的"康乾盛世"。

乾隆帝是中国封建社会后期赫赫有名的一位皇帝，他是中国有文字记载以来享年最高的皇帝，也是中国历史上实际执政时间最长的皇帝。同时，乾隆帝又是在民间传闻最多、被文艺作品演绎最多和官方文献记载疑点最多的皇帝之一。乾隆帝的一生，为后世留下了许许多多的故事，其中人们最爱津津乐道的，莫过于他的身世之谜了。

谜题之一：乾隆帝的出生地在哪里？

据史书记载，乾隆帝认为自己生在雍亲王府。雍亲王府即现在的雍和宫，坐落在北京城东北安定门内，是著名的藏传佛教寺庙。在康熙时代，这里原是雍亲王的府邸，也就是雍正帝做皇子时的王府，但当时并不叫雍和宫。乾隆帝登基后，把他父亲雍正帝的画像供奉在这座府邸里的神御殿，派高僧每天诵经，后来这里就改名叫雍和宫。乾隆帝曾经多次以诗的形式表明自己是生在雍亲王府，如"斋阁东厢胥熟路，忆亲唯念我初生"，指出自己出生在雍亲王府的东厢房。

然而，令人奇怪的是，乾隆帝的儿子嘉庆帝无论在给父亲的祝寿诗中还是最终的遗诏中，都把父亲的出生地写成避暑山庄，这着实令人费解。嘉庆元年（1796年），乾隆帝86岁大寿，以太上皇身份到避暑山庄过生日。嘉庆帝跟随去了，写下《万万寿节率王公大臣行庆贺礼恭纪》诗庆贺。诗中提到乾隆帝的出生："肇建山庄辛卯年，寿同无量庆因缘。"其诗下注云："康熙辛卯肇建山庄，皇父以是年诞生都福之庭。"嘉庆帝在这里明白无误地点明皇父乾隆帝诞生于避暑山庄的都福之庭。

嘉庆二十五年（1820年），嘉庆帝突然在避暑山庄驾崩。在御前大臣、军机大臣、内务府大臣以嘉庆帝名义撰写的《遗诏》末有"皇祖降生避暑山庄"一语，就是说乾隆帝当年就生在滦阳行宫，即避暑山庄。新继位的道光帝发现这一问题后，立即命令以每天600里加急，将已经发往琉球、越南、缅甸等藩属国的嘉庆《遗诏》从路上追回来。改写后的《遗诏》把原来说乾隆帝生在避暑山庄，很牵强地说成乾隆帝的画像挂在避暑山庄。

乾隆帝到底是出生在北京雍亲王府，还是出生在承德避暑山庄？至今学术界没有定论，仍然是一个历史的疑案。

不但乾隆的出生地是个谜，他的生母是谁也是个谜。

在中国第一历史档案馆保存的《玉牒》和生卒记录底稿上，都清楚地写着：乾隆帝的亲生母亲是钮祜禄氏。《实录》和《圣训》中也有同样的记载。

乾隆帝是大孝子，他在慈宁宫为母亲60岁诞辰举行盛大寿宴，并侍奉母亲3次上泰山，4次下江南，多次到避暑山庄。他还别出心裁用3000多两黄金做了一个金塔，专门用来存放供奉他母亲梳头时掉下来的头发，叫金发塔。乾隆帝爱写诗，在他的诗中，有不少是称颂生母钮祜禄氏养育之恩的。

然而坊间却不这么认为，关于乾隆帝生母的传说很多。最为逼真的一个传说称乾隆生母是浙江海宁大学士陈世倌的夫人。康熙年间，陈世倌与皇四子雍亲王胤禛的关系十分密切。当时，雍亲王的福晋和陈阁老的夫人同月同日分别生了孩子。雍亲王生了一个女孩，而陈家生了一个男孩。雍亲王就让陈家把孩子抱入王府看看。可是，等孩子再送出来时，陈家的男孩竟变成了个女孩。陈家意识到此事性命攸关，不敢作声。人们说雍亲王为登上皇位，便将自己的女儿与陈家儿子调换，而那个被换入王府的男孩，就是后来的乾隆帝。民间甚至传说，乾隆帝登基后6下江南，目的就是探望亲生父母。而他6次南巡竟有4次住在陈家的私家园林，这是明显的"假公济私"。

乾隆帝身世之谜就如同他的"十全武功"一样出名，历来让人议论纷纷。然而，这一切只是人们的推测，毕竟缺乏确凿的史书记载，不可完全当真。

## ·嘉庆帝扳倒和珅的真正目的是什么

嘉庆四年（1799年），89岁的太上皇乾隆帝驾崩了，尸骨未寒之际，嘉庆帝便以迅雷不及掩耳之势对他的宠臣和珅进行了铲草除根。

嘉庆帝算不上是个有作为的君主，但对付和珅却是拿出了十二分的魄力和智慧。乾隆驾崩当夜，嘉庆帝便宣布让和珅留在宫中为乾隆帝守灵，并且还"不得任自出入"。所以，这名为尽忠，实则是断绝和珅与外界的联系。

靠山已倒，和珅失去了话语权，明知是陷阱，也得硬着头皮往里跳了。对于此事的后果，他心里恐怕明白得很。

大清王朝有一传统，每次易帝，新主都会发动一场对前朝重臣的残酷清洗运动。例如顺治帝对付多尔衮，康熙帝对付鳌拜，雍正帝赐死年羹尧，乾隆帝密谋除掉讷亲。

轮到嘉庆帝也不例外，他将剑锋对准了和珅。乾隆帝死后，清廷免不了要经受一场变动，作为龙椅的新主人，嘉庆帝不能饶了和珅主要有两个原因，一是和珅位高权重，党羽众多，如果不铲除，只怕后患无穷；二是和珅家大业大，有家产无数，而国库却是一穷二白。而今，乾隆帝已死，急于解决财政危机的嘉庆帝只能把手伸向和珅那里。和珅作为大清帝国的摇钱树，嘉庆帝还算是对他网开一面，让他在牢中自尽，也算是为他保存了最后的一点颜面。

和珅死后，嘉庆帝便全权接管了他的家产，那份天大的财富粗略计算大概有八万万两白银，从当时的清人笔记中，大概能找到有关和珅家产的三种说法，基本是雷同的：

第一，《清稗类钞·讥讽》："和珅在乾隆朝，柄政凡二十年，高宗崩，仁宗赐令自尽，籍没家产，至八百兆有奇，时人为之语曰：'和珅跌倒，嘉庆吃饱。'"

"八百兆"，便是8亿两银子，清代的一两银子大约相当于人民币五六十元，算下来，和珅的家产总值应该有40至50亿人民币。

第二，《庸盦笔记·抄查和珅清单》："十七日，又奉上谕，前令十一王爷盛柱庆桂等，查抄和珅家产，呈奉清单，朕已阅看，共计一百零九号，内有八十三号，尚未估价，已估者二十六号，合算共计银两万两千三百八十九万五千一百六十两。"

这个数字并非全部家财，仅仅是已经估价的物产，而那些尚未估价的财产，大概三倍还要多，所以，算下来，总数也大概有八万万两白银了。

第三，《枢近志·和珅之家财》将和珅的家财说得更为详尽："其家财先后抄出凡百有九号，就中估价者二十六号，已值二百二十三兆两有奇。未估者尚八十三号，论者谓以比例算之，又当八百兆两有奇。甲午、庚子两次偿金总额，仅和珅一人之家产，足以当之。政府岁入七千万，而和珅以二十年之宰查，其所蓄当一国二十年岁入之半额而强。虽以法国路易第十四，其私产亦不过两千余万，四十倍之，犹不足当一大清国之宰相云。"

1775年到1799年，和珅从得宠到被嘉庆帝扳倒，仅仅20多年的时间，他就搜刮下了八亿两银子的天大家业，其贪污程度可见一斑。

和珅固然该杀，但嘉庆帝的真正目的也绝非惩治贪官，所谓"和珅跌倒，嘉庆吃饱"，其实可以理解为"嘉庆帝为了吃饱，和珅必须跌倒"，也许，和珅背后的巨额财富才是嘉庆帝动杀机的真正原因。

# 历代君主的离奇死因

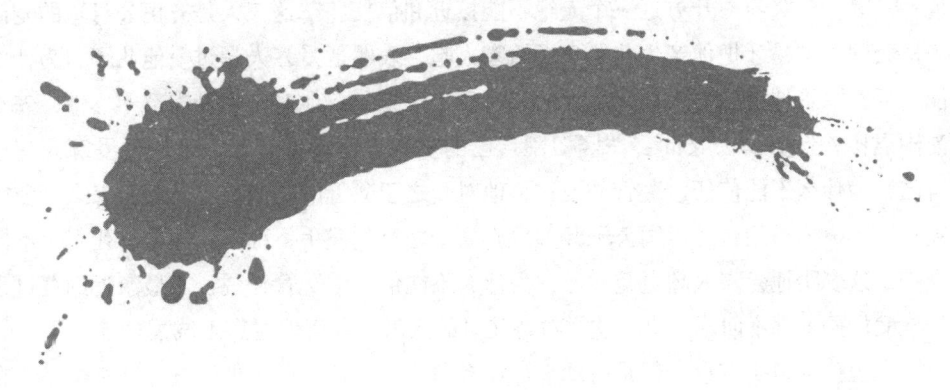

## ·锦衣玉食的齐桓公为何会被饿死

齐桓公，姜姓，名小白，公元前686年与公子纠争夺君位取得胜利，做了齐国国君。即位后的齐桓公在管仲的辅佐下苦心经营数十年，使齐国一跃成为春秋时最富有的国家。在外交上，齐桓公首先打出"尊王攘夷"的旗号，借以团结中原各诸侯，受到中原各诸侯的信赖。他曾9次召集诸侯会盟，任盟主达40年之久，成为春秋时期最有实力的第一个霸主，文治武功盛极一时。

本以为作为一代霸王的齐桓公荣华富贵且不论，善始善终应不是奢望，但是谁能料想到，最先成为霸主的齐桓公的下场竟然是被活活饿死。

公元前643年，管仲病重，齐桓公到他病榻前探望并询问国家未来之事。管仲交代说："易牙、竖刁、开方这三个人绝不能接近和信任。"这三人是齐桓公身边的宠臣，齐桓公问："易牙把他亲生儿子烹了给寡人吃，表明他爱寡人超过爱他儿子，为什么不能信任？"管仲说："人世间最大的亲情莫过于爱子，他对亲生骨肉都不珍惜，怎么会爱国君呢？"齐桓公又问："竖刁割自己的皮肉进宫侍候寡人，证明他爱寡人超过爱自己，为什么不能信任？"管仲说："他对受之于父母的皮肉都不爱惜，怎么会爱国君呢？"齐桓公再问："卫国公子开方放弃太子之尊到我手下称臣，他父母死了也不回国奔丧，这表明他爱寡人超过爱父母，为什么不能信任？"管仲说："最亲近的莫过于父母，父母死了都不回国奔丧，这样对待父母的人怎能奢望他对您忠诚？"

齐桓公虽口头应承，但是行动上却没有遵从，管仲死后，他继续让这三个小人在宫中主事，待到公元前643年，齐桓公患重病，易牙、竖刁等认为机会到了，便用齐桓公的名义张贴了一张布告，禁止任何人入宫，并堵塞齐宫大门，在大门前竖起一道高墙，不准任何人进出。

齐桓公病在床上，没有一个人过问，连想喝口水都不能，这时，卫公子却带走千户齐民降归了卫国。最后，这位称雄一世的霸主竟然被活活饿死在宫内。齐桓公的5个儿子为了争权夺位互相残杀，谁也不管父亲的死活。结果，齐桓公的尸体在寿宫中整整搁置了67天，尸体生了蛆也无人收葬，一代霸主竟落得如此可悲的下场。

## ·秦始皇突然死亡的历史真相

公元前210年，千古一帝秦始皇死于第五次东巡途中。关于这位帝王的死因，历史上争议颇多。目前在史学界有两种截然不同的观点，一种说是死于疾病，另一种说死于非命。

第一种说法认为，《史记》中关于秦始皇死因的记述很多，死因已明，病死无可置疑。据《史记》记载，秦始皇从小就患有疾病，体质较为羸弱。可是他为人又刚愎自用，事无巨细都要亲自裁决，所以工作极度劳累；加以巡游中七月高温，以上诸因素并发，促使他在途中病发身亡。

那么他死于何种疾病呢？郭沫若根据《史记·秦始皇本纪》记载"秦王为人蜂准，长目，鸷鸟膺，豺声，少恩而虎狼心……"推测秦始皇幼时患有软骨症，又时常患支气管炎，所以长大后胸部和鸷鸟一样，声音好像似豺狼，后来由于政务繁重，引发脑膜炎和癫痫等病症。秦始皇在渡黄河时，癫痫病发作，后脑壳撞在青铜冰鉴上，加重了脑膜炎的病情，人处于昏迷状态。当车赶到沙丘后第二天，赵高、李斯发觉秦始皇已死去多时。

持第二种观点的人从几篇有关秦始皇死亡情况的史书中推敲，发现了可疑之处，认为从宦官赵高在秦始皇病重和死后的种种表现，使人不得不怀疑秦始皇的死与他有莫大的关系。此次始皇出巡，随从人员主要有赵高、李斯、胡亥等人，将军蒙毅也在随行之列。可是当秦始皇在途中病重时，蒙毅却被遣返回边关。从突然的人事变动来看，这似乎是赵高等人的计谋。大将军蒙恬是公子扶苏的亲信，蒙毅是其兄弟，而突然间将其从秦始皇的身边调走，不仅去掉了扶苏的耳目，也为自己后来计谋的实施清掉了一块绊脚石。

随后，赵高假冒秦始皇的旨意指责扶苏为子不孝、蒙恬为臣不忠，让他们自杀，不得违抗。在得到扶苏自杀的确切消息后，胡亥、赵高、李斯这才命令车队日夜兼程，迅速返回咸阳。为了继续欺骗臣民，车队不敢直接回咸阳，而是摆出继续出巡的架势，绕道回咸阳。当时正值七月高温，秦始皇的尸体在途中开始发出阵阵恶臭，为了掩饰尸体的味道，赵高竟然将咸鱼放在秦始皇的车上。回到咸阳后，赵高便开始对李斯下毒手，将李斯给逼死了。

然而赵高为什么要谋害秦始皇呢？主要原因就是赵高唯恐扶苏继承王位。赵高曾对李斯讲："长子（即扶苏）刚毅而武勇，信人而奋士，即位必用蒙恬为丞相。"可是蒙恬是扶苏的亲信，赵高曾被蒙毅治罪而判死刑，后因秦始皇赦免而活命，所以赵高对蒙恬、蒙毅恨之入骨，因此他不希望蒙氏争宠，所以必须阻止扶苏即位。但是秦始皇宠爱长子扶苏，只有伺机杀掉秦始皇，才可拥诏立十八子胡亥。秦始皇平时居于深宫，戒备森严，赵高根本无法下手，现在他在旅途中病倒，这真是天赐良机，正如赵高劝胡亥时所说："狐疑犹豫，后必有悔，断而敢行，鬼神避之，后有成功。"所以他对重病中的秦始皇下毒手，提前结束其生命，这完全有可能。

秦始皇到底是病故还是被害呢？这两种观点至今尚无定论。不过，人们对解开此谜是充满信心的。根据考古研究和调查，秦始皇陵没有被盗掘和破坏，再加之检测出地宫中可能存在水银，水银形成的水银蒸汽对遗体有冷凝防腐作用，所以秦始皇的遗体可能还存在。等到秦始皇陵发掘的时候，秦始皇死亡的原因就可以被世人所知晓了。

# ·东晋孝武帝"魇崩"真相

皇帝一生看上去风风光光，但是其实却非常艰辛。明君要把国家各方面治理得井井有条，辛苦程度自不必说。昏君倒是对朝政不大上心，但他们的生活同样也好过不到哪儿去。不管是昏君还是明君，每天都必须面对朝政、面对群臣，害怕出现什么做得不好的地方遭到群臣指责，担心外敌进犯，畏惧内部叛乱……这么多可担心、可恐惧的事情，只是因为一旦出现什么问题，所有的箭都朝他们射过来。在这样的重压之下，皇帝每天提心吊胆，怎么会过得舒服？

除繁忙的政务外，皇帝还得担心被人谋害。死于非命的皇帝数不胜数，被饿死的齐桓公，被老婆气死的魏孝文帝，被毒死的光绪帝……非正常死亡的皇帝不胜枚举。而且很多皇帝甚至在即位之前就反复被人暗算，例如明光宗朱常洛，从小就不招万历皇帝喜欢，当了太子之后，宫内、宫外的明争暗斗对他的地位，甚至生命都造成了很大的威胁。明末三大案中有两个都是针对他的。当太子的时候，郑贵妃策划"梃击案"，他侥幸逃过一劫，但最终却在继位仅一个月之后，就因"红丸案"而命丧黄泉。

从皇帝们五花八门的荒唐死亡方式里，我们可以看出皇帝的生活有多不好过。而下面要讲的这位皇帝，他的死法就更让人难以接受了。他竟然是被自己的妃子活活闷死在被窝里的，而这位谋杀了皇帝的妃子在皇帝死后居然依然安然地做着妃子，没有受到任何惩罚。这位死得稀里糊涂的皇帝就是东晋孝武帝司马曜。

司马曜是东晋简文帝的儿子。简文帝本来有好几个儿子，但都相继夭折了，而后宫嫔妃却总怀不上龙子，简文帝非常着急。这个时候，有个官员给他算了一卦，说有一个地位低下的宫女能怀上龙子并为皇室诞下三子一女，这三子一女都能健康成长。简文帝听了以后非常高兴，马上下令把这个宫女从宫中找出来。最后，这个据说可以为皇室延续香火的宫女被找了出来，她的名字叫昆仑，是一个皮肤黝黑的纺织宫女。她就是司马曜的母亲。简文帝纳她为妃后，她果真生下了皇子司马曜。

简文帝去世以后，11岁的司马曜继位。他在位期间，尽心国事、重用贤臣，创造了东晋末年的复兴。他虽是个贤明的君主，却也有一个致命的缺点，那就是嗜酒如命。他的死就是因为酒后的一句戏言。据《晋书》记载："时张贵人有宠，年几散失，帝戏之曰：'汝以年当废矣。'贵人潜怒，向夕，帝醉，遂暴崩。"

相传，公元396年九月的一个夜晚，司马曜在宫内与宠妃张贵人一起饮酒取乐。酒过几巡之后，司马曜微微有了一些醉意。他要求张贵人继续陪饮，但是张贵人却以酒足为由不肯再喝。这时候，司马曜看着身边年轻貌美的宫女，耍起了酒疯。他告诉张贵人她年纪渐老，美色大不如前，跟这些宫女相比差远了，并且扬言要废了张贵人，另选新人。这些话深深刺伤了张贵人，她深信这是司马曜"酒后"所吐的"真言"。自得宠以来从未被如此羞辱过的她竟将这些戏言当了真。想到自己将来可能会被打入冷宫，甚至会被赐死，张贵人觉得非常害怕。看着熟睡的司马曜，她顿时起了杀心。

她借着不知道从哪里来的胆量和决心，招来心腹宫女，让她们搬来了几床大被子，将还在睡梦中的司马曜活捂死了。可怜的司马曜只因酒后的一个玩笑就丢掉了性命。而据说，第二天，张贵人居然若无其事地告诉众人，皇帝是在睡梦中"魇崩"的。而由于朝臣们各怀鬼胎，对于张贵人这样荒谬的说法居然也没有人提出质疑。司马曜就这样不明不白地死了，着实令人慨叹。

# ·慕容冲为何要杀死苻坚

中国历史上出现了不少因为迷恋女色而断送江山的皇帝，例如夏、商、西周、北齐等朝代，都是因为君主迷恋女色而丢了祖宗基业。但有一个政权的丢失，却是因为帝王迷上了一个男人。

东晋十六国时期的前秦，就毁在皇帝苻坚和慕容冲之间的情恨纠葛中。

苻坚是前秦开国君主苻洪的孙子。他性格古怪，从小就早熟，年龄与情商的增长一点也不成比例。在他七岁的时候，他就懂得如何帮助别人摆脱困境，在他八岁的时候，他的言谈举止就十分成人化，在一堆孩子中间，显得格外扎眼与不协调。

苻坚在八岁的时候，居然主动找到自己的爷爷，希望能给自己找一位老师，教自己读书识字。虽然对孙子的要求很诧异，但苻坚的爷爷还是为他找了一位老师。

苻坚很刻苦，很快便学得了一身好本领。在苻坚长大后，统治前秦帝国的是他的堂兄苻生，苻生是一个生性残暴，喜欢嗜杀的君王，每日上朝的时候，便要把杀人的铁钳、钢锯随身携带，如果哪个大臣说话不中听，或者不听他的话，当下就大开杀戒，血溅当场。这样一个皇帝必然不会受到欢迎，苻生上台不过数月，便成为了全民公敌，人人都想诛之。在公元357年，苻生和苻坚之间的矛盾日益激化，为了保全自己，苻坚先下手为强，发动了政变，将苻生消灭，成为新皇帝。号"大秦天王"，定年号"永兴"。

在东晋十六国的君主中，苻坚是少有的英明皇帝。他曾被历史学家评价为："文学优良，内政修明，大度容人，武功赫赫。"苻坚也的确是有所作为，他用短短的十几年间，便基本统一了北方，令前秦达到了巅峰时期。

随后苻坚便率军进攻前燕，在公元370年的时候，前燕陷入了困境，新皇帝慕容暐年轻气盛，任意妄为，排挤能臣，导致朝中无人，最终在苻坚强大的攻势下，陷入土崩瓦解的局面。当时前燕皇室的许多人都成为了前秦的俘虏，除了皇帝慕容暐，被前秦俘虏的还有他的弟弟中山王慕容冲和妹妹清河公主。

前燕建国者是鲜卑族，这个民族的人都有一个共同的特点就是皮肤出奇地白，所以这个民族的人也被称之为"白奴"。其中被苻坚掳走的慕容冲和清河公主虽然当时只有十二三岁，但都算是鲜卑族人里的极品。尤其是慕容冲，虽然是男儿身，但却生得唇红齿白，面如璞玉，令苻坚为之神魂颠倒。

自从见到这姐弟俩，这位战功赫赫的前秦皇帝对后宫三千粉黛便全都不放在眼里了，独独对这掳来的姐弟俩给予厚爱。将他们一起送进宫里，不分白天黑夜地宠幸起来。长安百姓们还对此编了两句歌谣："一雌复一雄，双飞入紫宫。"

从王爷到男宠，对于慕容冲来说显然是无法磨灭的仇恨。从苻坚强迫他入宫的那天起，慕容冲的心里就埋下了复仇的种子。在苻坚享受着与慕容冲的恩爱时，他所倚重的宰相王猛看不下去了，规劝一番，才使苻坚极其不舍地把慕容冲放出了皇宫，做了平阳太守。苻坚本是爱慕慕容冲的，但慕容冲却将这段经历视为了奇耻大辱。

在14年后，慕容冲卷土重来，于公元385年打到长安城下。慕容冲攻势强悍，苻坚眼看城池守不住了，便拿出二人当年温存的旧衣服派人给慕容冲送去，希望能感动旧情人，结果却遭到了慕容冲的拒绝。

这位多情帝王不得已留下太子苻宏当替死鬼，自己领兵逃到五将山，但不幸被羌族首领姚苌杀死。而慕容冲攻进长安后，在城里大肆屠杀，一洗当日的耻辱。苻坚最终只怕也无法想到，自己是死在当日的一番多情之上。

# ·北魏孝文帝拓跋宏病死之谜

北魏孝文帝拓跋宏一生雄才伟略，功绩显赫，却偏偏在最后被自己出轨的老婆气死，英雄迟暮，结局总忍不住让人叹息。说起拓跋宏来，他也算是吃尽苦头才登上帝位的，皇室中的帝位争夺战十分激烈，虽然拓跋宏最终坐到了龙椅上，但他却还要听命于当时的冯太后。冯太后为人精明，对权力把持得十分严苛。

在冯太后掌权的那些年里，北魏到处安插了她的党羽，而且国计民生也都是冯太后一个人说了算。不过冯太后管理得井井有条，对北魏日后的发展产生了长远的影响，也为拓跋宏日后管理北魏做了一个良好的铺垫。

在拓跋宏长大成人后，冯太后为其娶的皇后便是她自己的侄女冯媛。拓跋宏与冯媛一开始感情很好，但冯媛自己却不知道珍惜，毁灭了这段感情。

至于缘由，则要从太和十四年（公元490年）九月说起。冯太后死后，拓跋宏掌握大权，他当即开始大刀阔斧的改革，将北魏再次推向了改革的风口浪尖之上。他将北魏的首都从平城迁往中原洛阳，为了能够顺利迁都，拓跋宏决定御驾亲征，荡平南齐，统一中国。御驾亲征自然要带着大军和满朝文武了，于是，浩浩荡荡的30万大军便向洛阳开拔。

等到了洛阳，大臣们想回也回不去了，只得留在中原，拓跋宏顺利迁都。迁都后，他又推行汉化改造，不但衣食住行上全部汉化，语言也要学习汉语，但冯媛却不肯这样做，她坚决不说汉语。这件事情让拓跋宏十分恼火，经过几次沟通无效后，他便于太和二十年（公元496年）七月，废掉冯媛的后位，降为庶人，送去瑶光寺养老。废掉皇后后，拓跋宏很快又选出了新的皇后，便是与冯媛同父异母的姐姐冯润。

冯润小名妙莲，当年是和冯媛一起进宫服侍拓跋宏的，之所以她当日没有成为皇后，只是因为她的母亲不是正房，冯润与拓跋宏的感情非常好，但可惜自身有着一种顽疾，是一种传染性很强的皮肤病，为了不被传染，拓跋宏也不得不让她远离皇宫。废掉冯媛后，拓跋宏一直对冯润念念不忘，正巧冯润的皮肤病被调理得差不多了，拓跋宏便将她接进了皇宫。

冯润早年虽是善解人意，知书达礼，但时光无情，她离开皇宫这几年，拓跋宏并不了解她的变化。冯润回宫后，看到当日只对自己一往情深的拓跋宏后宫多了许多宠妃，自然无法忍受，她设计除去了拓跋宏身边的妃子，让拓跋宏专心致志地只宠幸自己。

可是拓跋宏志在大业，很少有时间陪冯润，时间一长，冯润便寂寞难耐，她开始寻觅合适的情郎，先是找到了一个假太监高菩萨，二人勾搭成奸后，冯润又四处拉帮结派，利用手里的权力四处为自己寻觅更好的情人。

不仅如此，冯润还开始为自己人牟利。她的弟弟北平公冯夙一直垂涎于拓跋宏的六妹彭城公主，冯润便自作主张让彭城公主嫁给自己的弟弟。彭城公主不从，她逃离洛阳，去向前方作战的拓跋宏告状。

听到自己的皇后如此胡作非为，拓跋宏自然是非常生气。正巧那时他因为劳累过度，早已疾病缠身，冯润的事情更让他病情加重。班师回朝后，拓跋宏便处置了冯润，将其关押起来。一直到几年之后，拓跋宏因为久病未愈，即将离世之前，才下令将冯润赐死。

不过拓跋宏十分念旧情，让她仍以皇后身份厚葬，不想败坏了冯家的名声。

## ·唐穆宗为什么英年猝死

唐穆宗是唐宪宗第三子，最初名李宥，册封为皇太子后才改名为李恒。公元821年，26岁的李恒登基，然而这位风华正茂的皇帝还没有在龙椅上坐多久，便在公元824年驾崩于自己的寝殿，时年30岁。为什么唐穆宗年纪轻轻就突然猝死了呢？

唐穆宗壮年登基，对于一个皇帝来说，正是在政治上有一番作为的时候，然而穆宗却没有励精图治，争取在政治上有所建树，而是毫无节制地纵情享乐。宪宗治丧期间，穆宗就毫不掩饰自己对游乐的喜好。当宪宗葬于景陵后，他就越发显得没有节制。

宪宗葬后不久，他就开始了奢侈疯狂的游乐。他带着亲信随从狩猎取乐，还在兴庆宫大摆宴席。他在宫里大兴土木，修建了永安殿、宝庆殿等。除此之外，他还用重金整修装饰京城内的安国、慈恩、千福、开业、章敬等寺院，甚至还特意邀请了吐蕃使者前往观看。

重阳节快到时，穆宗又想大宴群臣，担任拾遗的李珏等人上疏劝谏："陛下刚刚登临大宝，年号尚且未改，宪宗皇帝园陵尚新，如果就这样在内廷大举宴会，恐怕不合适。"穆宗根本不听。在重阳节那天，还特意把朝廷贵戚、公主驸马等都召集到宣和殿饮酒高会。

对于穆宗的"宴乐过多，畋游无度"，大臣们进行谏言，穆宗虽表面上虚心接受，但实际上根本不拿臣子的话当回事，转过身依旧是我行我素。穆宗这种近乎疯狂的游乐，到了长庆二年（公元822年）十一月才算有了收敛。

原因是这样的：唐穆宗是一个马球迷。公元822年的一天，穆宗围猎后回宫，就与宦官内臣打起马球。这时，忽然有一位内官坠马，惊马直奔穆宗而来，幸好有左右护驾，穆宗才避免受伤。由于发生了意外，这场马球赛早早收场，而穆宗也回到大殿准备休息。就在那个时候，他突然一阵头晕目眩，然后便昏了过去。之后整整三日他都卧病在床，不见众臣，而御医对他当时病情的描述则是类似现在的中风。

虽说穆宗并没有在这次意外中一命呜呼，但身体却是再也没有真正好起来。在这种情况下，有术士建议他服用金石丹药来延年益寿。于是为了长生不老，穆宗和他的父皇宪宗一样，迷恋上了金石之药。处士张皋曾经上疏，对穆宗服食金丹一事提出过劝阻："神虑淡则血气和，嗜欲胜则疾疹作。药以攻疾，无疾不可饵也……先帝信方士妄言，饵药致疾，此陛下所详知也，岂得复循其覆辙乎！"穆宗虽表面上纳谏，实际上却没有停食丹药，以致身体严重受损。长庆四年，即公元824年正月二十二日，穆宗就病死在他的寝殿之中，时年30岁。

正是因为疯狂游乐、贪生之心太甚，唐穆宗才在大好年华猝然死亡。

## · 究竟是谁害死了赵匡胤

公元976年，做了17年皇帝的宋太祖赵匡胤，在夜晚猝然而逝。

赵匡胤死后的第二天，其弟赵光义（宋太宗）继承了帝位。对于赵匡胤的死亡正史中没有明确的记载，《宋史·太祖本纪》中的有关记载也只有简单的两句话："帝崩于万岁殿，年五十。""受命杜太后，传位太宗。"因此，他的死一直是一个不解之谜，为历史留下了又一桩悬案，也让后人产生了许多猜测和遐想：太祖究竟是死于正常原因还是死于非命？太宗是不是弑兄篡位？流传较广的一种说法即是"烛影斧声"案。

开宝九年（公元976年）十月，那天天气极为寒冷，宋太祖赵匡胤心情不好，于是急唤他的弟弟晋王赵光义进入寝宫，并屏退宦官、宫女，只留兄弟二人自酌自饮。从殿外向宫内望去，只见烛光灯影下，赵光义时而避席，似乎不胜酒力。饮罢酒，已是深夜，太祖看到殿前积雪极厚，于是便用玉斧刺雪，还不时对赵光义说："好做，好做。"当天晚上，赵光义按照惯例留宿于禁宫之中。第二天天快亮时，禁宫里传出宋太祖赵匡胤驾崩的消息。赵光义受遗诏，于灵柩前即皇帝位。

这就是得出太宗弑兄说法的起因，也是历史上著名的"烛影斧声"案。有人认为"烛影斧声"也许不是疑案，只是晋王赵光义弑兄篡位的借口。若宋太祖真觉得时日不多需要安排后事，不可能只单独召其弟入宫。这可是宋朝的国家大事，并且赵光义又在喝酒时几次退避。或许用玉斧刺雪，就正是赵匡胤与赵光义进行殊死搏斗的一个写照，赵光义一狠心便将宋太祖给杀死了。

对于这样的说法，有人提出过质疑。司马光在《涑水纪闻》中记载："太祖初晏驾，时已四鼓，孝章宋后使内侍都知王继隆召秦王德芳；继隆以太祖传位晋王之志素定，乃不召德芳，径趋开封府召晋王。见医官贾德玄坐于府门……乃告以故，叩门与之俱入见王，且召之。王大惊，犹豫不敢行，曰：'吾当与家人议之。'入久不出。继隆促之曰：'事久，将为他人有。'遂与王雪下步行至宫门，呼而入……俱进至寝殿。宋后闻继隆至，曰：'德芳来耶？'继隆曰：'晋王至矣。'后见王愕然，遽呼官家曰：'吾母子之命，皆托于官家。'王泣曰：'共保富贵，无忧也。'"从这一记载来看，宋太祖赵匡胤过世时，他弟弟赵光义并不知晓，也没在宫中待过，似乎可以洗去"烛影斧声"的嫌疑了。

但是太祖死后，他的两个儿子都已经成年且身体康健，为什么太祖会传位于弟弟而不是自己的儿子呢？更奇怪的是，自赵光义继帝位后，赵匡胤的长子于公元979年被迫自杀，次子于公元981年无故而死。从这方面看来，宋太宗赵光义还是很难摆脱"烛光斧影""戕兄夺位"的嫌疑。

不过，关于赵光义弑兄的原因，史书上还有另一种说法。后蜀主孟昶归降，死后其妃子花蕊夫人被宋太祖赵匡胤纳为自己的妃子，而且特别宠爱。可是其弟赵光义也很喜爱花蕊夫人。赵匡胤因病卧床，深更半夜时赵光义胆大妄为，以为宋太祖已熟睡，便趁机调戏花蕊夫人，谁知赵匡胤突然醒来发觉，盛怒之下欲用玉斧砍赵光义。可是因为病体虚弱，体力不足，并未砍中赵光义。赵光义觉得不管用什么方式都不能取得兄长的宽恕，自己只有死路一条，于是一狠心便杀死了自己的同胞兄弟，然后慌忙逃回府中。等到皇后、太子赶到之时，赵匡胤已经只剩一口气了。第二天，太祖赵匡胤就死了。

宋太祖赵匡胤是病怒交加而死，还是被他弟弟杀死？谁也不知其详。不过十分清楚的是，赵匡胤之死与其弟赵光义当夜在皇宫内院的行为有一定的联系，有可能赵匡胤就是死于亲兄弟赵光义的谋杀。

## ·宋徽宗"北狩"的凄惨结局

宋钦宗靖康元年（1126年）冬，金军南下攻破汴梁，抓获了当时的太上皇宋徽宗和皇帝宋钦宗，并于靖康二年（1127年）初将二帝及其宫人后妃、皇子皇女、宗室大臣等共3000余人一起带往北方。

宋朝皇室长期生活在南方，不像生活于北方苦寒之地的金人那样耐严寒，而且他们被掳走的时候只穿着些不耐寒的绫罗绸缎，再加上当时还是年初，越往北走，气温越低，这些平日里锦衣玉食的皇亲贵胄们食不饱腹，衣不蔽体，哪里受得了徒步迁徙的苦楚？

徽宗、钦宗经常被冻得面色铁青，他们的皇后张氏和朱氏也蓬头垢面，神色憔悴，每到晚上，他们只能捡一点柴草点火取暖。即使这样，那些美丽的宋室贵妇们还要不时地忍受金军的调戏凌辱，当时26岁的钦宗皇后朱氏，虽然不复宋宫中的华服盛装，但仍然艳丽娇美，因此经常受到粗鲁的金军士兵调戏，后因为朱氏实在不堪受辱，便自尽身亡，以死解脱。

宋徽宗一行踉踉跄跄地到达金朝京师会宁府的时候，金人又命令徽宗和钦宗以及皇后妃子等宗室皇族们都换上女真服装，头上缠上白帕，将上衣褪至腰间，裸露出上身，去金朝的阿骨打庙前行"牵羊礼"。

有关"牵羊礼"的最早记录是出自《史记·宋微子世家》中的记载，说周武王攻下商朝都城殷的时候，宋微子拿着象征着商朝权力的祭祀器具在城门口迎接周武王，他袒露着身体，把脸涂上颜色，左手牵着羊，右手拿着献祭用的草，跪行到周武王面前告罪。于是周武王饶过宋微子不死，还恢复了他的官位。

从此，后世就以"牵羊""牵羊肉袒""牵羊把茅"等词作为表示降服的典故。

金朝的"牵羊礼"虽然不一定如周代宋微子那样，但也是要让徽宗、钦宗用很屈辱的方式表示自己的归降。

二帝归降后，金帝封他们为"昏德公""重昏侯"，将他们软禁起来，还让他们缺衣少食，尽情地凌辱他们。

因为实在难以忍受这种地狱般的日子，宋徽宗曾经想悬梁自尽，他把衣服撕成一条一条，连接起来，搭在房梁上，本来已经把自己吊在上面了，却被宋钦宗发现后解救下来，父子二人抱头痛哭。后来，金人又把宋皇室迁往均州，不久徽宗就病死了。

徽宗死后，金人将他的尸体架到一个石坑上面焚烧，烧到一半的时候又用水浇灭尸体，然后直接把尸体扔到下面的石坑里，说这样可以让尸体连着坑中的积水化作灯油。宋钦宗见到父亲死后仍不免受辱，便想跳到石坑里陪伴父亲，结果被金兵阻拦下来，说他要是跳下去会影响尸体化油。

传说就这样，一代皇帝宋徽宗，生前穷奢极恶，鱼肉百姓，不思进取，断送了宋朝的江山，死后却被金兵炼成灯油。

# ·辽太宗死后为什么被制成木乃伊

一提到木乃伊，很多人一下子就能想起古埃及，殊不知，中国古代也有木乃伊国王，此人就是辽太宗耶律德光。

公元927年，25岁的耶律德光成为契丹国的第二代君主。当时，中原地区正是五代十国的混乱时期，连年战乱，兵荒马乱，民不聊生。野心勃勃的耶律德光养精蓄锐，一心想要吞并中原。

9年后，机会终于来了，后唐皇帝李嗣源的女婿石敬瑭为了取后唐而代之，以割让幽云十六州、岁绢30万匹、认比自己小10岁的耶律德光为父等为条件，换取耶律德光出兵帮他消灭后唐，并建立了后晋小王朝。石敬瑭死后，他的侄子石重贵继位。因为不甘心后晋财富源源不断流入契丹国库，石重贵向耶律德光提出了"称孙不称臣"的要求，耶律德光大怒，并以此为借口发兵南侵中原，很快就灭了后晋，在开封建立大辽，自立为帝。但是中原的百姓并没有屈服，各路武装纷纷抗击契丹侵略者，小股辽兵不断遭到歼灭，耶律德光不得不下令撤退。

公元947年，45岁的耶律德光在撤离中原途中染上一种热疾，太医让他远离女色，他却将太医臭骂了一通："你们都是不学无术，我得了热病，正要女色泻火，怎么能远离女色呢？"终因纵欲无度，在走到栾城杀胡林时口吐鲜血，一命呜呼。远在辽国都城上京的述律太后传来懿旨："生要见人，死要见尸。"当时正是炎炎夏日，气温极高，保存尸体谈何容易？这着实难坏了伴驾的文武大臣。

正在文武大臣和太医们束手无策的时候，一位御厨出了个主意：把皇帝做成"羓"。"羓"到底是什么呢？原来北方游牧民族多喜食牛羊肉，有时候杀了一头牛或羊后，一时又吃不掉，碰上夏天，牧民就把牛羊的内脏掏空，用盐卤上，就成了不会腐烂的"羓"，相当于中原地区的"腊肉"。

这个主意一出，虽然有把皇帝当牛羊处理的意思，但无奈之下，文武大臣和太医们也只好采用厨师的方法，把皇帝做成"羓"运回上京，所以可怜的耶律德光就成了中国历史上唯一的"帝羓"——木乃伊皇帝。

# ·成吉思汗猝死谜团

一代英雄成吉思汗，带领蒙古族人四处征战，是一个拥有雄图霸业的征服者。然如此伟大的征服者，在他死后也给后世留下的许多未解之谜，吊足了无数人的胃口。其中，最具疑问的历史悬念就是成吉思汗到底是怎么死的？

1226年，成吉思汗亲自率10万大军进攻西夏，于次年正月包围西夏都城中兴府。同年六月，成吉思汗到六盘山去避暑。西夏首都中兴府发生了强烈地震，房屋倒塌，瘟疫流行。没有粮食的西夏国不得不向成吉思汗投降。然而就在西夏投降前后，成吉思汗却猝死在六盘山。

据明太祖朱元璋称帝后下诏所修的《元史》记载："秋七月（1227年）壬午，不豫。己丑，崩于萨里川哈老徒之行宫。"但是，这些文字看似言简意赅，实则语焉不详，因此后世一直不知成吉思汗到底怎么死的。

关于成吉思汗的死因，后世大概有四种说法，且多与西夏有关。

一是"坠马说"。这一说法记载于《元史》中，是几种说法中最正统，也是最为多数人所知晓的。1226年秋天，成吉思汗带着夫人也遂去征讨西夏国。冬季时，在一个叫阿儿不合的地方打猎。不承想骑的红沙马被一匹野马惊着了，导致没有防备的成吉思汗坠落马下受伤，当夜就发起了高烧。于是便询问随从的将领该如何是好，有人建议反正西夏城池都在，一时半会儿也逃走不了，干脆回去养伤，等好了再来攻打。但是成吉思汗却十分要强，不想被西夏人笑话。加之正好西夏一名叫阿沙敢不的大臣讥笑他，成吉思汗听后，更加不愿退兵，遂挺进贺兰山，将阿沙敢不灭了。但此后，成吉思汗的伤病一直未好，反而加重，到1227年农历七月十二日终病死了。

二是"中毒说"。这种说法来源于《马可·波罗游记》。马可·波罗是13世纪意大利商人，于1275年到达中国，和元朝有过17年的交往。在其游记中这样记叙：成吉思汗在进攻西夏时围攻太津（今山西吉州，古要塞）时，膝部不幸中了西夏兵士射来的毒箭。结果可想而知，毒箭攻心，伤势益重，一病不起。但是民间对"中毒"却有另一种说法：成吉思汗是让被俘虏的西夏王妃在陪寝时下毒致死的。

三是"被刺说"。这种说法与上面被俘西夏王妃有关。说这位王妃在陪寝的时候，乘成吉思汗放松警惕，刺死了他。这一说法源于清朝康熙年间的《蒙古源流》。此书是蒙古喀尔喀部亲王成衮扎布进献给乾隆皇帝的礼物。乾隆命人将其译为满、汉两种文本，并题书名《钦定蒙古源流》，收入《四库全书》。应该说，这一说法也具有很高的可信度的。

最后一个是"雷击说"。出使蒙古的罗马教廷使节约翰·普兰诺·加宾尼在其所著文章中透露，成吉思汗可能是被雷电击中身亡。"在那里却有凶猛的雷击和闪电，致使很多人死亡。"因此，蒙古人很怕雷电。南宋彭大雅所著《黑鞑事略》记载："鞑人每闻雷霆，必掩耳屈身至地，若躲避状。"但是这种说法并没有直接的证据，比之上者较为离谱。

# ·建文帝有没有死在靖难之役中

明朝开国皇帝朱元璋死后，由于皇太子朱标于洪武二十五年（1392年）先他而死，于是由皇太孙朱允炆即位，这就是建文帝。

由于太祖在世时实行分封制，各地藩王都强权在握，拥兵自重，这让建文帝深感不安，于是采取齐泰、黄子澄的"削藩"的建议，以巩固皇权。诸王中，燕王朱棣势力最大，他担心自己被废，于是以讨伐齐泰、黄子澄为名，起兵谋反，发动了历史上有名的"靖难之役"。这场战争持续了4年，后来朱棣攻陷了京师，即位为帝，成了明成祖。在朱棣攻入南京时，皇宫已是一片大火，建文帝下落不明。他究竟是生是死？生，又在何方？死，又在何处？明成祖朱棣对此总是放不下心，这事也几乎成了他的一块心病。

数百年来，建文帝的下落也是一桩争讼不决的历史悬案。有人说建文帝的一个太监穿了他的衣裳投身火海，做了他的替死鬼，而他自己趁机逃走了；有人说建文帝削发出家，藏进了某个寺院中；还有人说他从地道中逃走了，而且出走后故意放了大火。更有人发挥了这些说法：建文帝流落民间后，去了云南，住在山中。建文帝出逃的协助者史仲彬后来还多次南下与他会面。而在后来的明英宗时期，建文帝还曾回到京师，住在宫内，寿终正寝。这些传说或真或假，难以断定，或许只是人们的附会之言，但综合各家说法，主要有"焚死"说和"逃亡"说。

一种说法认为建文帝是自焚而死的，据永乐年间修撰的《明太祖实录》中记录，建文帝死于宫中大火中。当时燕王军队兵临城下，将宫城团团围住，建文帝想逃也来不及了。建文帝深知他的四叔是个贪权尚武、残暴无情的武夫，落到他手上就绝没好下场，于是放火纵身火海之中。而朱棣也决不能让建文帝继续活下去，否则，他就不能登帝位。当燕王军队开进皇宫时，宫中已是一片火海，建文帝也没了踪影。但是为了不留下"杀侄夺位"的骂名，朱棣在发现烧焦的尸体时又假装痛哭流涕，声称自己出兵只是为了"清君侧"，辅佐建文帝。仁宗朱高炽御制长陵碑也说，建文帝殁后，成祖备以天子礼仪殓葬。成为明成祖的朱棣后来在给朝鲜国王的诏书中说：没想到建文帝在奸臣的威逼下纵火自杀。

但是，太监在火后余烬中多次查找，却只找到马皇后与太子朱文奎的遗骸，建文帝是生是死无从得知。燕王为让天下知道建文帝已自焚，曾作有祭文，但其坟墓处于何处无人可知。明末崇祯帝就曾说过：想给建文帝上坟，却不知在何处，可是朱棣即位之后，下令苦心搜寻建文帝的下落，建文帝到底下落如何，又如何说得清楚呢？

另一种说法认为建文帝"出逃为僧，流落民间"。在南京攻破之时，建文帝曾经想过要自杀，但是在亲信的劝说之下，从地道逃出了皇宫，从此削发为僧，隐姓埋名，浪迹江湖。在明成祖死后，他又回到京城，住进宫内，死后葬于京郊西山。其实朱棣登位后，一直不相信建文帝已经死了，曾多次派心腹大臣到处访问。有人说永乐年间郑和下西洋，其实就是明成祖暗中察访建文帝下落的一种表现。而且明成祖还曾向天下寺院颁布《僧道度牒疏》，借机重新整理僧人的名册，对当时所有的僧人进行了一次全方位的调查。从永乐五年起，还派人以寻访仙人张邈遢为名到处搜寻，涉及大江南北，前后共20余年。民间流言中，在许多地方都有建文帝的踪迹与传说。有的说建文帝逃到云贵地区，而后辗转到了南洋地区，云南大理仍有人以惠帝（建文帝）为鼻祖。也有现代学者认为，当年建文帝潜逃后，曾藏于江苏吴县鼋山普济寺内，接着隐匿于穹窿山皇驾庵，于永乐二十一年（1423年）在此病亡，埋于庵后小山坡上。

建文帝的下落到底如何呢？这答案或许早已随着滚滚年轮，和曾经辉煌无比的王朝一起被埋入历史的尘埃之中了。

## ·崇祯帝死因新考

1627年，明思宗崇祯皇帝朱由检17岁受遗命继承皇位。即位初年，崇祯帝为了节省国库的开支，便下令大幅度地裁撤边防驿站、免除官税。他带领着全国百姓进行了一场轰轰烈烈的勤俭节约的大运动。

作为倡导人和带领人，崇祯皇帝起到了很大的带头作用，衣服破了舍不得换新的，让宫女缝补一下接着穿。以至于有一天他在听讲官讲书时，觉得内衣的袖子破损不堪，有损颜面，便不得不时不时地要将袖子塞回去掩饰一下。皇帝一般吃的都是山珍海味，喝的琼浆玉液，崇祯皇帝却是家常便饭，十分简朴。但就是这样一位事事从简的皇帝，私藏的金银数目却是非常惊人。

甲申年（1644年）正月，李自成起兵后，在西安建立了政权，随后便有无数百姓蜂拥而至，不多时他便召集了百万人马。李自成带着这百万大军攻陷了平阳和太原后进逼北京。面对声势浩大的起义军，崇祯帝慌了手脚，他当时赶忙召见了吴三桂的父亲吴襄等户部、兵部的要员们，商量如何将关外的吴三桂调入关内。

当时面对崇祯帝的恐慌，吴襄先给他算了一笔军费账：如果要调吴三桂入京来保卫京城安全，就需要100万两白银作为军费。但国库空虚，账面上显示的银子只有区区40

万两，远远低于需求。所以，他恳请崇祯帝慷慨解囊，从自己的小金库拿出部分银子，当作军费以解燃眉之急。

但令所有大臣没有想到的是，崇祯帝居然拒绝了这个请求，他宁愿将自己的私房钱藏起来，也不愿意拿出来去做着护国护家的大事。当时，满朝文武全都上疏恳求，希望崇祯帝拿出自己的皇银内帑以充军饷，但崇祯帝却向大臣们哭穷道："内帑业已用尽。"

皇银内帑也就是皇帝的私房钱。军饷之急迫在眉睫，但国库没钱，崇祯帝又不愿意自己掏钱，他想让大臣们出这笔钱。

崇祯帝打算号召大臣们为这次战役募捐，他自然知道大臣们肯定也不会慷慨出资，为了起到表率作用，他决定率先做好榜样。于是，他派了太监徐高通知周皇后之父、国丈嘉定伯周奎，让他捐10万两白银，以示皇室的慷慨。

但没想到的是，这位岳父看到女婿的危难却也不肯伸出援手，声称自己没有钱，两厢僵持不下，太监徐高站出来说道："老皇亲如此鄙吝，朝廷万难措手，大事必不可为矣。即使广蓄多产，后来何益？"

一个太监都明白朝廷危难近在眼前，作为皇帝的岳父应当勇敢承担起责任来，这不但是为了皇帝解围，也是为了天下大事，一旦起义军攻入，即便有再多的银两，也是于事无补，还不是会落入起义军的腰包？

话说至此，无奈的周奎只好答应拿出一万两银子。皇帝岳丈既已捐钱，其他人也不好意思不掏腰包了，于是各家都拿出几百几千两来用做军饷。

不过，虽然这军饷东拼西凑地凑了一些，但吴三桂却迟迟没有来解救崇祯帝，反而做了清廷的内应，令大明王朝颠覆于一夜之间。当然这都是后话，单说这崇祯帝失去江山后，李自成攻占了北京，他从崇祯帝的宫内搜出了许多白银。

这些白银的具体数额在工部员外郎、管理节慎库的赵士锦的《甲申纪事》一书中曾有提到过："贼载往陕西金银锭上有历年字号，闻自万历八年以后，解内库银尚未动也。银尚存三千余万两，金一百五十万两。"

就这样，为了节省银两而丢掉了无法用银子估计的江山。但崇祯帝甚至在明朝灭亡前还对着文武百官感伤道："吾非亡国之君，汝皆亡国之臣。吾待士亦不薄，今日至此，群臣何无一人相从？"

自幼聪明好学的崇祯帝想不通为何自己对待旁人也不算薄情，却聚拢不到人心，或许从他藏私房钱这件事情就可以窥得一二吧。

## ·康熙帝驾崩，是天命使然还是被人谋害

1722年的冬天格外冷。十一月十三日晚，凛冽的寒风摇晃着畅春园里的宫灯，烛影摇红，悲声戚戚，69岁的清圣祖康熙帝驾崩了。

康熙帝在位61年，他的驾崩不啻晴天霹雳，但与此同样令人震撼的是：遗诏中的皇位继承人既不是素有"贤王"之称的八阿哥胤禩，也不是在康熙帝晚年格外得宠的皇

十四子胤禵，而是向来不苟言笑、沉默寡言的四阿哥胤禛。胤禛也就是后来的雍正帝，他的即位之突然，再加上此后康熙帝诸子在政治上的兴衰，以及年羹尧、隆科多这两位助雍正帝登基的有功之臣陆续遭到诛杀和幽禁，这种种现象累积，以致让当时很多人不得不质疑康熙帝的死因，甚至到了今天，依然有历史学家为此争论不休。

关于康熙帝的死因，总体来说有两种观点：一种观点认为康熙帝之死是"天命"，是寿终正寝、自然死亡；另一种观点则倾向于认为康熙帝是被雍正帝谋害致死，是为"人祸"。

在《大义觉迷录》中，康熙帝的病逝过程被叙述得极为简单：康熙六十一年十一月，康熙帝赴南苑打猎，后因"圣躬不豫，静摄于畅春园"。在史料《永宪录》中，也记载了康熙帝在十一月初七从南苑回到畅春园，次日有病，他还传旨说："偶感风寒。本日即透汗。自初十至十五日静养斋戒，一应奏章，不必启奏。"尽管当时康熙帝已是69岁高龄，但因"偶感风寒"就骤然丧命，未免令人生疑——以宫廷御医的医术加上皇家的药补水平，怎么可能连小小的"风寒"都无法医治？这是否意味着康熙帝之死还藏着什么秘密？

康熙帝一生极为跌宕，杀鳌拜、平三藩、平准噶尔……为"康乾盛世"奠定了根基，他虽然有平定天下之能，却无法化解"九子夺嫡"的尴尬。尤其到了康熙帝晚年，诸皇子觊觎皇位，争相拉拢朝官、结党营私、钩心斗角、水火不容之势愈演愈烈。经历了两次废立太子，康熙为储君人选伤透脑筋，临死之前都没有透露丝毫信息。死于这种背景之下，又有未定的疑点，人们首先会想到康熙帝的死可能与夺嫡之祸有关，而雍正——这位最后的赢家，自然首当其冲。

从抱恙到驾崩的6天之间，康熙帝并未完全不理政事，初九那天，他还让四阿哥胤禛代替自己去天坛举行冬至祭天大礼，这大概是因为胤禛有过类似的经验。此后，胤禛多次派太监和侍卫到畅春园请安，尤其是康熙帝病逝的当天，胤禛几次进出畅春园，这期间没有任何其他皇子、后妃或大臣在场，康熙帝给胤禛交代了什么？胤禛又进宫做了什么？没有人知道。所以，这也成了后人揣测康熙帝之死可能与胤禛有关的重要依据。

据说，康熙帝最初打算传位给十四皇子胤禵。康熙五十七年（1718年）秋，他封胤禵为抚远大将军，并委派军务，明显地表现出了对胤禵的赞赏。倘若胤禵就此立下军功，无疑能为继承皇位增加筹码。但是，谁也没料到康熙病逝得如此突然，雍正帝即位时胤禵尚在边疆，他一回京奔丧就被架空了兵权，此后更是被雍正帝常年幽禁，再无起事的可能。胤禛与胤禵是一母同胞，有人把雍正帝的狠心归因于他的心虚，民间向来有"圣祖皇帝原传十四阿哥胤禵天下，皇上将'十'字改为'于'字"的说法，也有人说，康熙帝病中"降旨召胤禵来京，其旨为隆科多所隐，胤禵不到，隆科多传旨，遂立当今"。而曾静说得更是直白："圣祖皇帝在畅春园病重，皇上就进一碗人参汤，不知如何，圣祖皇帝就崩了驾，皇上就登了位。"康熙帝是被雍正帝毒死的这一说法，就出自于此。

尽管目前并无确凿证据，但很多史学家还是通过多年文献分析与考证，寻找着蛛丝马迹，试图破解康熙帝驾崩之谜。清史研究专家许曾重先生在《清史论丛》中把康熙帝之死和雍正帝继位总结为"一场以武力为后盾，精心策划，巧妙安排的宫廷政变"，康熙帝之死是因为"隆科多在药品或是食物中投放了致命性的毒药"。另外，清史专家孟森先生也认为雍正帝之所以能打败众多兄弟、顺利争得皇位，正是因为他"内得力于隆科多，外得力于年羹尧"，用阴谋害死了康熙帝，几年后隆科多、年羹尧两人的遭遇是因为雍正帝急于灭口。甚至连当时身临现场的意大利传教士马国贤都说道："（康熙帝）驾崩之夕，号呼之声，不安之状，即无鸩毒之事，亦必突然大变。"

种种迹象表明，康熙帝之死可能不像正史记载得那样简单，"偶感风寒"四个字可能是康熙帝的死因，更可能是为雍正帝遮羞的帷幕。不论真相如何，康熙帝晚年因为子嗣夺嫡受到的打击毋庸置疑，只叹在权力诱惑下，父子伦理与君臣纲常竟然都成了摆设，令人唏嘘。

# ·雍正帝暴亡之谜

就像他的登基充满了疑点，雍正皇帝的死亡同样迷雾重重。雍正十三年（1735年）阴历八月二十三日子时，雍正突然暴死在圆明园的离宫里。

"雍正十三年（1735年）八月二十一日，上不豫，仍办事如常。二十二日，上不豫，子宝亲王、和亲王朝夕侍侧。戌时，上疾大渐，召诸王、内大臣及大学士至寝宫，授受遗诏。二十三日子时龙驭上宾。大学士宣读朱笔谕旨，宝亲王（即乾隆帝）即位。二十三日晨奉大行皇帝黄舆返大内，申刻大殓。"这是享有官方威信的《雍正朝起居注册》中的记载。也就是说，雍正在八月二十一日开始感到身体不适，两日之后就驾崩了，病势如山倒，来得非常急。

除了正常死亡说，还有一种观点认为雍正帝可能是因为服用丹药中毒致死的。根据大学士张廷玉的私人记录，雍正帝驾崩时七窍流血，让人"惊骇欲绝"，这正是中毒的征兆。

那么，雍正帝为何会服用丹药呢？

雍正帝是历史上罕见的勤政且敬业的皇帝，他自诩"以勤先天下"。据说，雍正帝登基后每天睡眠时间不足4个小时，按照《正说清朝十二帝》中的统计："仅以朱批奏折而言，雍正朝现存汉文奏折35000余件、满文奏折6600余件，共有41600余件，他在位12年零8个月，实际约4247天，平均每天批阅奏折约10件，多在夜间，亲笔朱批，不假手于他人，有的奏折上的批语竟有1000多字。"再者，雍正帝迷恋女色，身体透支极为严重。政事的操劳以及身体亏损使雍正帝一度感到不适，崇佛信道的他试图通过丹药疗疾。自雍正四年，雍正帝开始服用道士炼制的丹药，调理身体。另外，贪生惧死是人之本能，皇帝也不会例外。自登基之始，雍正帝就一直访仙问道，寻求长生之法，十三阿哥胤祥的早逝更是加剧了他对死亡的恐惧，所以其对丹药的依赖越来越强。众所周知，丹药中含有铅、汞等化学物质，这些有毒物质大量积累在体内，在某种刺激下可能导致或促成了雍正帝的死亡。

针对雍正帝暴亡之谜，学者和清史研究者多倾向于中毒说，但民间普遍认为是吕四娘刺杀了雍正帝。这种说法流传非常广，以至于在现代很多影视和文学作品中，常常见到这样的情节。

说到吕四娘，就不得不提雍正年间震惊朝野的吕留良、曾静文字狱案。雍正年间，反清复明的势力依然存在，雍正帝为人严苛，手段狠辣，大兴文字狱，镇压反清势力。吕留良文字狱案发生时，他本人已经病逝多年，但一个叫曾静的儒生对其反清学说极为推崇，广为传播，终于被人揭发。曾静被下狱，吕留良则被雍正帝钦定为"大逆"之罪，惨遭开棺戮尸，吕家的子孙、弟子广受株连，或被诛杀，或被发配边地为奴。传说吕留良有个孙女，在案发后逃到了外地，并拜师练就了一身武功，这个女子就是吕四娘。后来，吕四娘混入皇宫，以飞剑砍去了雍正帝的头颅。

刺杀之说虽然广为流传，但明显经不起推敲。首先，吕留良案发生后，其家人都遭受了刑罚，当时负责处理此事的官员是以擅长缉捕盗贼著称的浙江总督李卫，他曾与吕家有过来往，案发后雍正帝没有怪罪他已是极大的恩典，他自然会全心全力办理此事，吕四娘一介女流自己逃走的可能性不大；再者，即便吕四娘侥幸逃出，练成了高超的武功，她也很难绕过皇宫里铜墙铁壁一般的护卫，更难混入雍正帝在圆明园的寝宫并完成刺杀。所以，刺杀说虽以其传奇性和故事性为老百姓熟知，终究不是史实。

民间还流传着有关雍正帝之死的其他说法：例如雍正帝是被太监吴首义伙同宫女缢死的，再如雍正帝是服用春药过量致死，甚至有人称雍正帝是被曹雪芹和竺香玉合谋毒死的。这些无稽之谈，更是纯属虚构。

种种流言为雍正帝的死因蒙上了层层神秘面纱，扑朔迷离间难辨真假。正是这种神秘性和不确定性，让历史显得更加引人入胜。

## ·嘉庆帝真是被雷劈死的吗

嘉庆二十五年（1820年）的七月，暑意正浓，嘉庆帝带着浩浩荡荡的车马队伍，从北京出发，一路向着热河（今河北承德）避暑山庄进发。7天之后，车队到达木兰围场，准备开始这一年的秋狝。清朝的秋狝制度始于康熙年间，满族人是在马背上得的天下，皇室春秋打猎目的就是为了保持八旗官兵和王室子弟的习武本色。

这一年，嘉庆已经61岁，以这样高龄决定前往木兰围场，似乎说明他对自己的健康状况很有信心。但是，令人没有想到的是，这居然是他人生中最后一次来到避暑山庄。七月二十五日，到达热河的第二天，嘉庆帝突然驾崩，令人始料不及。

关于死因，史料上记载得非常模糊。《嘉庆遗诏》记载："迨抵山庄，觉痰气上壅，至夕益甚，恐克弗瘳。"《清宣宗实录》的记载就更简略了，只有八个字："遘疾三日，渐至大渐。"嘉庆帝的死亡非常突然，以至于当时避暑山庄都来不及准备棺木，后来还是派人返回北京，将皇宫里预备的寿棺连夜运到了承德。皇帝驾崩这么重大的事件，史书中却只用寥寥几笔将原因代过，难怪民间会议论纷纷，产生了各种版本的死因推测和传闻。这其中，雷劈致死的传闻影响最广，并且被演绎出了不同的版本。

版本一：嘉庆帝在木兰围场狩猎时中暑，于是暂停秋狝，一边卧床调养一边处理政务。七月二十五日这天，热河突然迎来雷雨，顷刻之间电闪雷鸣，嘉庆帝的寝宫被雷击中。寝宫中有数人在场，只有嘉庆帝一人被雷击中身亡。

版本二：嘉庆帝到达热河后，率领文武大臣和护卫队伍直奔木兰围场，结果收获甚微，没捕捉到什么猎物。嘉庆帝扫兴而归，回寝宫的路上突然雷电交加，天降大雨。一行人马还没来得及避雨，就见一道惊雷劈下，劈中了嘉庆帝乘坐的车舆，嘉庆帝瞬间毙命。

版本三：据说嘉庆帝长期嬖宠一名太监，这次赴热河狩猎也携他同行。这日，嘉庆正与男宠在烟波致爽殿后的小楼幽会，突然一道闪电劈开云层，一个火球穿窗而入，正好落在嘉庆帝身上，男宠安然无虞，嘉庆帝却因此身亡。

这些版本经过后人不断演绎，增加了很多细节，也被涂上了更多神秘色彩，更有甚者连嘉庆帝被雷击毙之后发生的事情都编排了出来：嘉庆帝被雷电击中，烧得面目全非，无法装殓入棺。众大臣商议后想出了一个办法，将一个和嘉庆帝体形容貌相似的太监秘密处死，再给他穿上皇帝的寿衣，装饰打扮成嘉庆帝的样子。然后将棺木处理成上下两层，把嘉庆帝的遗体安放在棺材下层，而把太监的尸体放置在上层，以此掩人耳目，运回了京城。

虽然后人把这些故事讲得绘声绘色，但认真考证，却寻不到任何史料佐证。嘉庆帝驾崩的消息被热河行宫封锁了两天，直到二十七日，京城的王公大臣才惊闻噩耗。等到八月初二，道光帝即位，这才发布上谕，将嘉庆帝的死讯昭告朝野。据当时身在中国的朝鲜国官员称，看到那些身着素服且官帽摘去了花翎的清朝官员时，他们大惑不解，询问后才知道原来是嘉庆帝驾崩了。正是因为宫廷上下对嘉庆帝死讯及死因的隐瞒，才使得各种传闻愈演愈烈。

相较于被雷击毙的无稽之谈，史学家更倾向于认为嘉庆帝的死因是长期操劳导致的心脏衰竭。嘉庆帝在位25年，每天都要处理繁杂的政务，操劳程度堪比素有"勤政"美誉的雍正帝。尽管他忙得焦头烂额，终日为国事烦扰，棘手的问题仍然处理不完，内乱外患无法止息。尤其是朝廷官员的贪污腐败现象屡禁不止，他在整顿吏治上下了很大工夫，却收效甚微。腐败问题成了嘉庆朝廷的最大隐患，也成了嘉庆帝的一块心病。

嘉庆帝为这个国家呕心沥血，却无法阻止康乾盛世的终结。身体的操劳与心情的抑郁使他的身体状况渐渐恶化，身心俱疲是嘉庆帝最大的病因。嘉庆帝已年过花甲，体力和精力都已不济，盛夏暑热难耐，再加上旅途劳顿，猝发心血管类疾病也属正常。

以上关于嘉庆帝死因的推测同样缺乏确凿的证据，但相较于被雷劈死的传言，似乎更加可信一些。这位年近不惑才亲政的帝王，虽然没能阻止大清王朝从盛世顶峰逐步没落的势头，也未能彻底根治朝廷日趋严重的腐败，但他还是凭借"勤于政务"和"励精图治"赢得了后人的认可。

# 波谲云诡的政治阴谋

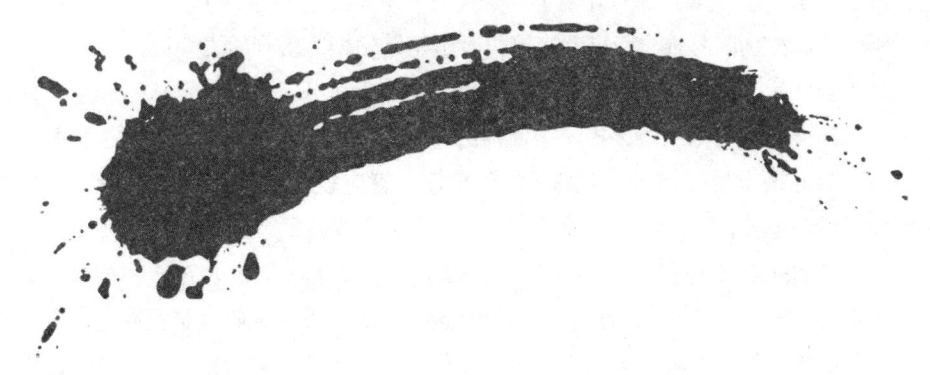

# · "秦晋之好"背后的政治交易

在许多文章中，时常会出现"秦晋之好"一词，来形容两户人家几代结亲，亲上加亲。看上去"秦晋之好"备显亲密，其实不过是政治婚姻的幌子。政治婚姻是建立在"互为所用"的基础上，所以其中很难排除阴谋的成分。而"秦晋之好"这一典故的来源，更是充满了算计。

春秋时期，秦、晋两国间的相互嫁娶已成惯例。秦穆公刚刚登基为君，有睥睨天下的野心。当时晋国占据中原宝地，乃大国之一，所以秦穆公向晋献公求亲，娶了晋献公与齐姜的女儿伯姬。

晋献公老来昏庸，被美色所困，为了讨好自己的年轻妃子，为立幼子奚齐为王，竟然杀了太子申生。献公的另外两个儿子夷吾和重耳见状心寒，生怕下一个死的就是自己，所以均逃往别国避难。而夷吾直接投奔了姐姐伯姬，得到姐夫秦穆公的庇护。

晋献公死后，夷吾联合里克、邳郑等臣子将新君杀死在宫中，派人通知重耳回国，但重耳忌讳夷吾的狠毒手段，拒绝了回国的邀请。不过，夷吾想要回国称王也并不是那么容易，只好请求秦穆公出兵助自己返国继位，答应事成之后送秦穆公河西5个城池。穆公为了得到地盘，便命大将公孙枝率三百兵车，送夷吾回晋国，就是晋惠公。

哪知道晋惠公不守信用，当上君王便毁了之前许诺秦穆公的五城，秦穆公恼羞成怒，决定与晋国断绝往来。不久，晋国突然遭逢旱灾，颗粒无收，难民四起，晋惠公没办法，只好再次找秦穆公这个姐夫帮忙。秦穆公考虑到晋国对自己还有用处，便借粮给了晋国。不料第二年秦国大旱，晋惠公不但不帮忙，竟反过来讽刺秦国。

秦穆公不忍受气，遂令闻名遐迩的宰相百里奚攻打晋国，将督战的晋惠公俘虏过来。伯姬见自己的弟弟被俘虏，生怕秦穆公杀了他，于是"一哭二闹三上吊"，终于令秦穆公改变初衷，迫晋惠公割地求饶。晋惠公无奈之下只好将土地奉上，还把儿子公子圉送到秦国做人质，这才使两国的关系修好。

公子圉在秦穆公眼里，就是另外一个可以利用的夷吾，于是穆公便将自己的女儿怀嬴嫁给了公子圉，让外甥成了自己的女婿。几年之后，晋惠公病了，公子圉怕父亲将国君的位置传给别人，扔下怀嬴逃回晋国，果然坐上了皇位。没想到公子圉也是忘恩负义之人，竟然定下国策，与秦国老死不相往来，妻子也不要了。秦穆公一看这个女婿是个不义之徒，决定要帮重耳重夺晋国国君的皇位，遂把怀嬴再次嫁给了重耳。论关系，重耳本是秦穆公的大舅子，但如今又成了秦穆公的女婿；怀嬴一女嫁二夫，从前夫的妻子变成了前夫的叔母。

在秦穆公的帮助下，重耳赶走了公子圉成为晋国国君，是为晋文公。但令谁也料不到，秦穆公扶持三代晋国国君，都遭到了背叛。晋文公拒绝与秦国往来，发愤图强，成为"春秋五霸"之一。而秦穆公直到晋文公死后才借机打败中原霸主晋国，称霸一方。

一段称霸的历程，充满了可笑的婚姻关系。两国统治集团之间为了自身利益的需要，互相联合，互相利用，彼此通婚，表面上关系密切，而实质上亲家之间钩心斗角，争夺霸权，兵戎相见。似乎"秦晋之好"这段"佳话"更适合用"秦晋之争"来代替。

## ·秦始皇修筑长城的真实原因

秦皇岂无德，蒙氏非不武。岂将版筑功，万里遮胡虏。

团沙世所难，作垒明知苦。死者倍堪伤，僵尸犹抱杵。

十年居上郡，四海谁为主。纵使骨为尘，冤名不入土。

唐代文人于濆的一首《长城》，道尽了2000年前秦始皇修长城的无限悲凉。那道盘踞在重峦叠嶂之间，蜿蜒于无垠沙漠之上，气势恢弘，坚固雄伟的万里长城，立千年而不倒，其磅礴浩大之势，令万代叹服。而其背后的辛酸，不得不令人想起那句荒唐的谎言谶语：亡秦者胡也。

公元前221年，秦始皇完成统一霸业，中原大地上唯吾独尊。然而，他并没有陶醉于一统天下的成就之中，而是一直忧心忡忡，不断谋求维持大秦帝国长治久安之法。公元前220年，秦始皇开始巡游天下，真切地感受到西部边陲之地与东部临海之滨在经济文化水平上的差距，同时也为一种流行于齐地的方术深深吸引，从而对求仙问道、长生不老之术产生了浓厚的兴趣。于是，一位略微精通方术的方士——卢生，逐渐成为秦始皇的宠臣，也成为刺激秦始皇修建长城的罪魁祸首。卢生虽为方士，但对秦始皇的施政方针产生了极大的影响。

当时正值壮年的秦始皇，对生死问题有着极为紧迫的危机感，尤其是在两次出巡途中遇袭之后，内心的恐慌达到无以复加的地步。在他看来，帝王的长生不老似乎与帝国的长治久安有着必然的联系。为求长生不老药，秦始皇耗费了大量的人力、财力、物力，求仙、封禅无所不用其极，甚至派徐福带三千童男童女前往东海求仙问道，规模之大史无前例，但却一去无回。

秦始皇在现实之中无法找到巩固帝位之法，更寄托于神秘莫测的方术能为他带来一线希望。他多次派遣卢生寻仙问道，卢生却屡次无功而返。数次之后，卢生再无法用那些阿谀奉承、溜须拍马之言敷衍了事，竟信手拈回一本《录图书》，谎称这是一本谶书，更妄言其中记录了一个惊天动地的秘密：亡秦者，胡也。

卢生一句搪塞责任的谎言，结果却催生出万里长城，这大大出乎他的意料。然而能够投秦始皇所好征伐敌手，则正中卢生的下怀，他给秦始皇找到了一个可以释放焦虑与不安的打击对象，同时也给秦始皇找到了机会，一泄当年想攻打匈奴而不成的积怨。也因此，引发了一场空前的历史大震荡。

今日之长城，已再无当年御敌戍边之功用，它以其恢宏磅礴之势，给世人留下了对奇迹的无限感慨，以及对大秦帝国一代帝王的功过评说。

# ·苏武为何被匈奴单于扣押19年

西汉时，中原政权与西北少数民族政权之间的关系一直是时好时坏。加上汉武帝的好大喜功，穷兵黩武，使得匈奴与汉庭的关系处于持续紧张的状态。当时，两国在外交上虽然也有使节互通谈判，但是由于双方统治者出于对自己国家的利益考虑，经常会出现谈判失败的现象，而本国的使节也会因此被对方扣押，当成人质。历史上著名的苏武，就是因此被扣押匈奴19年不得放还的。

苏武，字子卿，生于汉武帝建元元年（公元前140年），卒于汉宣帝神爵二年（公元前60年）。因为苏武的父亲曾出任汉庭官员，所以他自己凭借父亲的关系成为汉武帝的侍从。

汉武帝天汉元年（公元前100年），苏武奉命出使匈奴，本已完成外交任务的苏武一行人，偏赶上匈奴上层内部发生动乱，苏武等汉朝使节因身份敏感受到牵连，匈奴单于威逼苏武投降，但是苏武坚贞不屈，最后被匈奴发配北海，只给他一小群公羊崽，还说什么时候他的公羊产奶了，什么时候才放他回汉朝。

苏武在北海生活艰辛，饿了，掘鼠洞找草籽野果充饥；渴了，就抓一把雪吃；冷了，就和羊群依偎取暖。原本出使匈奴时还是一个壮年人的苏武，在被匈奴扣押的这19年中已经成为一个须发皆白的老者了。

苏武被扣押的时候，汉朝也曾出面交涉，要求匈奴归还人质。但是不久之后，汉武帝却出人意料地发动了对匈奴的战争，在战争中，李广之孙李陵因无援兵支援，以五千步卒抵挡匈奴大军，无奈敌众我寡，最后投降匈奴。汉武帝将李陵家室尽数诛灭，李陵因此彻底断了归汉的念头，苏武也因此失去被汉军救出匈奴的机会。

在苏武被困于北海的时候，李陵曾奉匈奴单于的命令去劝降苏武，两个人在北海的苦寒之地，饮酒击节而歌，各自抒发了自己的思乡之情和国仇家恨。

后来，汉武帝驾崩的时候，李陵把这个消息告诉了苏武，苏武面向着南方痛哭呕血。

汉昭帝登基后，对外采取和谈政策，几年后，匈奴与汉朝议和。汉昭帝命人去匈奴要回汉使苏武，但是当时的匈奴单于却谎称苏武已经死亡，不肯将苏武放回汉朝。后来汉使与同随苏武出使匈奴的常惠取得联系，才得知苏武还没有死。于是汉使谎称昭帝在上林苑射雁，发现雁脚附书，说苏武在北海牧羊。匈奴这才不甘不愿地将苏武及其随从一行9人放回汉朝。

其实，从匈奴与汉庭修好之后，苏武就应该被放归，况且在这19年内，匈奴单于也更换好几位了，汉朝也不会追究当时在位单于的责任。那为什么无论是曾下令将苏武困于北海的单于，还是汉昭帝时与汉朝修好的单于都不愿意将汉使送还汉朝呢？

仔细想来，道理很简单。

苏武所在的北海，即今天的贝加尔湖，当时是匈奴与丁令的边界。苏武被长期流放在此地，对匈奴当地的情况已经有了很深入的了解，对丁令的一些情况也基本清楚。对于这样一个全面了解匈奴内部及外围情况的汉人，匈奴单于是非常不愿意将他放回汉朝的，因为一旦苏武回朝，就意味着汉朝会大量掌握匈奴的基本资料，虽然两国现在暂时交好，但未来绝不会一直和平下去，到两国交战的时候，匈奴将会因泄漏了大量的国内信息而在战场上处于劣势。

另外，苏武在匈奴19年，期间他也与匈奴妇女成婚生子，对于匈奴来讲，只要是男丁，都是宝贵的战斗资源。因此，苏武也算是对匈奴的战备发展作出贡献的。

事实果然如匈奴单于所料，苏武归汉以后，与一同回来的常惠共同成为汉朝对匈奴作战的指挥参谋。尤其是常惠制定的针对匈奴的作战计划，使得汉朝趁匈奴内部争斗力量衰弱而联合乌孙攻击匈奴，最终导致了匈奴的分裂，从而再也无力与汉朝对抗了。

苏武牧羊的故事，一直作为爱国主义英雄事迹的典型代表。然而，很少有人思考在这背后的国家政权利益之争。

# ·曹操为何爱才又杀才

东汉末年的文士祢衡，是一个狂傲之人，虽然有才学，但性格极端，平素最喜好讽刺别人，动不动就开口骂人，因而得罪了不少人，这其中就包括素来以"爱才任贤"著称的曹操。曹操善笼络人心的手段早已闻名，他手下的文臣武将，多数是笼络而来。祢衡却不是，他完全是因孔融的推荐，才走到了曹操的面前。

时值曹操与袁绍争夺北方各地，孔融给曹操出主意，欲与袁绍争锋，必须要扫除南方的障碍，也就是刘表、张绣和孙策，手段则是招安。曹操本想让孔融去办招安的事情，但孔融推荐了他的朋友祢衡。曹操素来爱才，也知道祢衡此人有些能耐，于是召见了祢衡。谁知道祢衡一见曹操，就将曹操和其手下的能臣将相批评一通。曹操一向对天下人摆出爱才的面孔，自然不能因为恼怒祢衡而杀了他，为自己招来恶名声，于是就用了一招"借刀杀人"法，将祢衡送到刘表那里。据说后来祢衡因为刁嘴惹火，先后得罪刘表和江夏的黄祖，最终身死黄祖刀下。

祢衡的死虽不是曹操所为，但却与曹操大有关系。而像是祢衡这类多少有些狂傲的文人到了曹操身边，几乎没有一个是好下场。杨修就是典型的一例，曹操明知道此人聪明异常，对自己来说大有用处，但是因为杨修常常自作聪明，又搅和到曹丕、曹植的世子之争当中，最终被曹操除去。再如孔融这类比较耿直的人，在曹操面前直言敢谏，曹操虽然欢喜，但也因与自己的利益有冲突，不得不除掉孔融。

爱才若斯的曹操，为什么要杀掉这些他千辛万苦笼络过来的文人呢？说白了也就是政治立场的问题。一直以来，曹操都会广泛地吸收和笼络文人名士，不管对方对他如何，他都不遗余力地讨好对方，将之尽可能纳入自己的羽翼之下，这是曹操的用人策略。例如陈琳曾写了一篇文章将曹操骂得狗血淋头，甚至牵涉到了曹操的祖宗，可是曹操依然因为爱怜其才情，重用于他，还时常与陈琳进行文学交流。

这样的曹操，并不像是屠杀文人的暴徒。然而我们要看到，曹操所杀之人，其实不是政见上与曹操相左，动摇了曹操控制刘氏江山的基础，便是参与到曹操的家业斗争当中。比如崔琰，此人阳奉阴违，表面上在曹操手底下做事，但却有反意，对曹操甚为不满，不但诋毁曹操，还结党说曹操有颠覆汉室的野心。

曹操之心如同司马昭之心，路人皆知，但崔琰却不知好歹将此事挑明了说，触了曹操的逆鳞，曹操如何能饶他？所以说，崔琰之死"死有余辜"。

本身作为一名文武双全的人，曹操深知"唯才是举"，重用知识分子是非常重要的，况且他喜好文学，也是文化上的名人，对文人的喜爱更是发自内心的。但作为一个野心十足的统治者，曹操要实现"以曹代刘"的计划，就必须要以"铁血政策"对待那些违背他的意志且不识时务的文人。这就叫杀一儆百，以正视听。

## · "隆中对"中暗藏的政治阴谋

如果只从《三国演义》的角度看，刘备似乎是一个仁德的人，他并非是为了得到天下而起兵，而是为了天下的黎民百姓，为了汉室江山不落入奸臣之手，更是为了自身血统上的责任而战的。但事实上，刘备其实是一个雄心十足的人，他不甘人下，不甘落魄，是一心想要得到天下的人。这一点从他和诸葛亮的"隆中对"就可以看出来。

人们从"隆中对"中，发现了刘备的政治阴谋。诸葛亮在和刘备畅谈天下大势的"隆中对"中提出了"天下三分"的观点，这个观点虽然是由诸葛亮提出的，却是刘备自导自演的一场政治阴谋。

关于三分天下的论点，本是由刘备引出的。他向诸葛亮问计，诸葛亮告诉他，现在天下的形势——曹操兵强马壮，又挟天子以令诸侯，已经不可能与之直接抗衡了，而坐拥江东的孙权已经在江东盘根错节，也是不能轻易铲除之。诸葛亮告诉刘备，现在他们应该立足于巴蜀，安抚百姓，和孙权结盟，这样就可以成就一番事业，光复汉室。

然而，诸葛亮的三分天下的观点只是简单地分析了当时的局势，并没有提出具体的政策方针，但是就是这样的一段话却深得刘备的心思，让后者十分满意。究其原因就是，三分天下本就是刘备的想法。

原本刘备只是一个无家可归的人，他在人生的前期一直过着颠沛流离的生活，十分不顺畅。当诸葛亮和他谈论天下时，刘备已是年近五十的人了。他的人生经历早就告诉了他现在天下的形势，他自己明白他是无法和曹操、孙权相抗衡的。所以在刘备心里，最理想的状态不是相争而是共存，诸葛亮的分析可以说深得他心。

经历过黄巾军起义，做过地方官吏，几次历经生死一线的刘备，在政治上已经日渐成熟了，城府已越来越深。他想要借诸葛亮之口说出他心里的策略。

刘备有雄心，想要称雄，他的"兴复汉室"本就是一个幌子，当时汉室未亡，天子还在，而刘备的复兴汉室只是等于自己掌权罢了。然而虽有雄心，但是当时的天下并没有刘备的立足之地。虽然荆州和益州是十分理想的落脚之地，但是一向标榜仁义的刘备不能主动做出这不仁不义之事。

而诸葛亮正在这时给了他一个很好的借口：那些地方的主人并不是明君，而那里的百姓渴望的是像刘备这样的君王。这下刘备有了足够的理由，因为他所做的事都是符合"天意"的。所以，刘备把诸葛亮当成了自己政治策略的发言人，由他来把自己的真实想法表达出来，既让自己得到了舆论支持，又避免了同室操戈的罪名。

所以刘备不顾关羽和张飞的不悦而和诸葛亮日益亲密了起来，因为，有些话只能从诸葛亮口中说出来，而不能从刘备口中说出，有些事虽然是刘备想做的，但是表面上却全都是诸葛亮的指示。其实刘备并不完全信任诸葛亮，这一点从刘备临死托孤时对诸葛亮说的话中就可以看出来。

对于刘备来说，做皇帝一直是他的梦想，所以在他得知曹丕称帝之后，便也迫不及待地称帝了。

# ·曹操为什么处死孔融

"孔融让梨"的故事几乎成为现代教育中不可或缺的典型范例，孔融也因此给世人留下了自幼品性善良、尊敬兄长的美好形象。然而，4岁孩童的让梨之举，仅仅是他人生中一个稍纵即逝的片段。长大后的孔融，在乱世之中从政失败，以不孝、谋反之罪被处死，给世人留下了又一个难解之谜：为何曹操一定要将孔融处死？

事出必有因，其中最致命的因由莫过于孔融盛名之下恃才傲物、不识时务地莽撞谏言。

孔融的确是个博闻强记、才华横溢的学者文人，但绝不是个精通实务、善于用人的政治家。不具备政治才能仍想混迹于官场，稍有自知之明者就该收敛行事，虚心做人，可才气颇高的孔融，仗着犀牙利笔，目空一切。虽说他对古之治国方略、教化方针相当熟悉，与人辩论援引古今，达到"玩而诵"的程度，也因此深得曹操佩服。但他处处与人针锋相对，言辞犀利地讽刺挖苦，久而久之，终于祸从口出。

公元197年，袁术在寿春称帝。曹操一时无法将其歼灭，满腔怒火无处发泄，便迁怒于与袁术联姻的太尉杨彪，诬陷杨彪企图废黜天子，上奏疏请求将其收捕下狱，判处杨彪大逆不道之罪。孔融听说后，立刻找曹操理论，援引《周书》所云"父子兄弟，罪不相及"，何况杨彪和袁术只是亲家！曹操推托说是皇帝的旨意。孔融又以"周公摄政，成王杀召公，周公岂能不知"作比，字字铿锵，句句在理，逼得曹操无言以对，无奈之下唯有放过杨彪。

孔融凭借一己之力阻止了曹操陷害杨彪，不知自省以安身，反而得意忘形，一有机会便以讽刺、挖苦的方式和曹操唱反调。时值战乱之年，灾荒频现，为了战事的需要和百姓的生机，魏、蜀、吴三国都曾多次下达禁酒令。可曹操一颁布禁酒令，就遭到了孔融的反对，更公然狂言道："若因酒能乱世而禁酒，那么桀、纣因色亡国，为何现在只禁酒而不禁婚姻？"以孔融当时的盛名，如此做法对禁酒令的实施极为不利。但曹操考虑到孔融不过是为了出风头，勉强忍耐了下来。

平定北方之后，曹操下令南征，准备讨伐刘备、刘表和孙权等人。孔融极力劝阻，逞言强辩。先说刘备、刘表是汉室宗亲，不可讨伐；又说孙权虎踞江东，不易攻取；甚至直言如果攻之就是兴无义之师，有失民望。曹操终于忍无可忍斥退孔融，并下令再有谏阻者一律处死。孔融走出曹府后，仰天长叹："以无义之师讨伐仁义之师，岂有不败之理？"

曹操听闻如此狂言，加之此前被孔融一而再、再而三地挖苦反对，盛怒之下，派人秘密搜罗孔融的狂妄之言，终于以不孝、谋反等罪名，置之于死地。

孔融一生声望再高，也不过是个有才无智、恃才傲物的书生。生逢乱世却无治世之才，名高于实却不知自省，难怪曹操在公诸天下的布告上写道："融违天反道，败伦乱礼，虽肆市朝，犹恨其晚。"

# ·冯道依靠什么"事四朝，相六帝"

纵观中国五千年历史，正如《三国演义》开篇所言："话说天下大势，分久必合，合久必分。"历史的车轮滚动到一个分裂割据时代——唐末五代十国时期，纷争依旧，却少了些许英雄气概。然王朝更迭、江山代谢中，竟历练出一个"乱世不倒翁"——冯道。

冯道自号"长乐老"，瀛州景城（今河北沧州西北）人。观其一生，处乱世而历巨变，历经后唐、后晋、后汉、后周四朝，侍奉唐庄宗、明宗、愍帝、末帝，晋高祖、出帝，汉高祖、隐帝，周太祖、世宗，三入中书，担任三公、三师等职，六任宰相，为官数十年，几度处于权力顶峰而不倒。政权和皇帝轮替更迭，冯道却一路官运亨通，不但长年位极人臣，死后更被追封瀛王。

冯道究竟有何过人之处，能够事四朝，相六帝？究其原因有以下几方面：

第一，为官不作为，圆滑应对。冯道为官，"临难不赴，遇事依违两可，无所操决，唯以圆滑应付为能事"。侍奉后晋石敬瑭时，石敬瑭曾以用兵之事询问冯道，冯道答："陛下历尽艰险，创成大业，神武睿略天下无有不知。兵伐之事，陛下一定要自己决断。臣下本是一书生，为陛下在中书守历代成规，不敢有一丝一毫的差错。臣下在（后唐）明宗朝时，明宗曾以兵事相询，臣也是这样回答他的。"冯道将皇帝夸得龙颜大悦，并表明自己行宰相之职，忠心耿耿，但对于用兵之事，提不出良方妙计。他这样说不仅不被怪罪，反而深得石敬瑭欢心。

第二，处事不执着，见风使舵。冯道不执着于大德大义，在政权更迭的关键时刻，恰如其分地见风转舵，依附于最有实力的当权者，尽己所能表现出对新主的"赤胆忠心"。后唐明宗死后，愍帝即位，冯道仍为宰相。其时潞王李从珂在凤翔起兵造反，愍帝闻之遂逃往卫州。冯道一看愍帝大势已去，"视其君如路人"，亲率百官迎接潞王李从珂入城，拥立李从珂为后唐末帝，自己继续担任宰相一职。

第三，做人不败德，洁身自好。冯道为人宽厚，不拘小节。从不结党营私，也不与人争权夺利。

冯道为官清廉，生活俭朴。后唐庄宗时，冯道任翰林学士，其父去世后，冯道回乡丁忧。当年庄稼歉收，冯道便把自己的俸禄拿来赈灾，地方官赠送的粮食布匹一概不受。

冯道不好女色，济世为怀。辽灭后晋时，冯道随耶律德光北归至常山，见到为契丹所掳掠的中原女子，便私下出资将她们赎回，寄放于尼姑庵中，之后再为她们寻找家人领回。

纵使冯道不算英雄，然而他这一生经四朝淘洗，相位依旧，无论天下如何是是非非，变化莫测，他都是稳坐钓鱼台，如果没有一定的手腕，是没办法做到的。

# ·司马光为何反对王安石变法

宋神宗赵顼在位年间，宋王朝出现严重的内在危机，国家亟待改革，这时王安石应运而出，宋王朝迅速掀起了"熙宁变法"的改革之风。此时的司马光在欧阳修的推荐下晋升为翰林学士兼御史中丞，在改革中本可以做一番事业，但是他却与王安石站在了截然不同的立场。王安石的变法，激进革新，忽略了一些传统固有的情况，几乎颠覆了赵氏王朝祖宗留下来的所有治国规矩，在司马光看来："先王之法，不可变也。"

站在当时的角度，司马光的担忧不是没有道理。变法应当减轻农民负担，但是王安石变法中的许多政策反而加重了农民的负担，使他们的生活更困苦。许多贪官污吏利用变法，趁机搜刮地皮，私下做尽坏事。一时间变法大失民心，百姓怨声载道。

王安石和司马光二人的争执，就从此处开始。王安石认为变法可增加财政收入，减少农民负担，因为善理财者，可以使"民不加赋而国用足"。但司马光却认为："天地间物产总有一个定数，不在民、便在官，所谓的善理财只不过是盘剥百姓罢了。"言下之意就是王安石非但没有减少民之负担，反而更增加了民众的困苦。

司马光这样说也是有根有据的。首先，我们必须要了解王安石变法的内容以及其运行机制。在经济方面，施行方田均税法、均输法、青苗法、农田水利法、募役法、市易法；军事上施行保甲法、裁兵法、将兵法、保马法、军器监法；科举选材方面，施行太学三舍法、贡举法。撇开其他政策不谈，单就一个"市易法"，就足以证明王安石变法的弊端之处。

熙宁五年（1072年）三月，国家颁行市易法。由政府出资金一百万贯，在开封设"市易务"（市易司），在平价时收购商贩滞销的货物，等到市场缺货的时候再卖出去。同时向商贩发放贷款，以财产作抵押，五人以上互保，每年纳息二分，以达到"通有无、权贵贱，以平物价"的目的。

乍看"市易法"很像是国家宏观调控的手段，可是却与宏观调控大不相同。宏观调控管理市场，国家本身是不参与经营的，只是平抑物价。但"市易司"从事的却是买卖生意，这其中自然牵涉到利益问题。"市易司"虽然不能像商人奇货可居一样牟取暴利，但是为了盈利，在收购和发放时就会有回扣的问题存在。"市易司"本来作为国家机构存在，如今却打上了商业垄断组织的徽章，商人们为了能从"市易司"那里获得收益，就必须要给司中官员以贿赂。如此一来二去，大量的贪官污吏在"市易司"中产生了，百姓还是得不到实惠，反而更加受到政府的剥削。官方经商，竟是祸国殃民。

"市易法"刚出台没多久，苏轼就曾上书王安石陈述以上弊端，许多官员也对变法有种种微词，司马光也在其中。但王安石非但不听，还以"人言不足恤，天变不足畏，祖宗之法不足守"的理由，令近臣蔡京等人将神宗围在了变法的舆论范围内，忽略了朝内上下反对的呼声。

王安石的变法或许好意居多，但却有不周全的地方。司马光大为反对作为好朋友的他，也在情理之中。不过司马光的反对，也有其刻板的一面，在司马光看来，治理天下就好比对待房子，坏了就加以修整，不是严重毁坏就不用重新建造。改革要稳妥，因为"重建房子，非得有良匠、优材，而今二者都没有，要拆旧屋建新房的话，恐怕连个遮风挡雨的地方都没有了"。司马光的这些观点未免迂腐，这是时代和社会给士大夫的心理束缚，在所难免。

一开始，司马光只对新法持反对态度，后来才用激烈的言词弹劾王安石。两人由莫逆之交，发展到互相攻击，用司马光的话来说，最后变成"犹冰炭之不可共器，若寒暑之不可同时"的死对头，在无休止又无效益的争论中"同归于尽"，王安石戴上"熙丰小人"的帽子，司马光则作为反对王安石的元祐（宋神宗之子宋哲宗第一个年号）守旧党，背上"元佑奸党"的罪名。

司马光一辈子要维护祖宗之法，其政治生涯不见得有多么痛快。王安石下台了，他最后也下台了。一场翻天覆地的变法，恰似在二人面红耳赤的争斗中结束了，北宋也很快亡国了。

# ·朱元璋滥杀功臣的真正目的何在

明王朝建立伊始，经过十几年的精心治理终于走上正轨，但太祖朱元璋并没有安下心来。他的多疑令他无法尽信江山能够稳守，唯恐有谋臣造反，只有皇权完全稳固，控制整个国家生杀之事，才能保证明王朝的千秋万代。因此而成为牺牲品的明朝将相不在少数，其中宰相胡惟庸算是最大的牺牲品。

朱元璋为何大张旗鼓地制造胡惟庸案？至今以来都是一个谜，没有人能够触摸到它的真相，很多事情都是后人的分析与猜测。

关于胡惟庸获罪的原因，历史上有两种说法：

一说是胡惟庸位高权重，心生他意，同倭寇与旧元勾结，意在弑君，结果事情败露。

另一种说法是胡惟庸引朱元璋来家里观看醴泉，这被认为是天赐的祥瑞之事，所以朱元璋欣然前往，结果在路上被一个宦官拦住，诉说胡惟庸谋反的阴谋。但这两种说法都疑点重重，真实情况已无从考证。但是胡惟庸谋反一事，却使许多人受到株连。开始是他的家人，被诛了三族，连同同谋及告发者一并斩首。随后朱元璋借此大案，一举撤销中书省，不再设丞相。随后又追查了依附胡惟庸的官员和六部官属。结果此案迁延十余年，大小官员被处死者多达3万余人，朝野震动。

钱穆在《中国历代政治得失》一书中分析道：自古以来，中国的皇权和相权是划开的，即使两种权力的比重不同，相权对皇权有一定的制约，并不是皇帝一人专制。而政府真正由一个皇帝来独裁，则是在明清两代，始作俑者，就是这位明太祖朱元璋。他废止宰相一职，并严格规定子孙们永远不准再立宰相。殊不知世上的事情是没有永远的，从明朝中后期的事情来看，皇帝们总是滥用手里的权力，为所欲为，最终没能守住祖宗的这份基业，在祖宗这里也许能够找到根由。

胡惟庸一案的血流成河，并没有让朱元璋放心，因为宰相虽然没有了，还有很多劳苦功高的大臣，难以保证他们不会起异心，于是他又举起了屠刀。洪武二十六年（1393年）正月，蓝玉案起。蓝玉以谋逆罪被杀，连坐被诛杀者达1.5万人。

纵观中国历史，开国皇帝与功臣之间总会有不和谐的音符。其中唐太宗李世民处理得最为妥当，这是因为他气量恢宏；宋太祖赵匡胤"杯酒释兵权"，也自有其合理之处，而汉高祖刘邦和朱元璋都是大杀开国功臣。其实两者也有区别，朱元璋身边的人都是他的同乡，和他出生入死，与他的交情非同一般。建国之后如果让他们恪守君臣之礼，或永不起异心，这是任何人都不能保证的。因此，为了给以后的子孙扫清道路，他选择了斩草除根。

据史书记载，太子朱标对朱元璋大开杀戒曾数次劝谏。一次，朱元璋命人找来一根长满尖刺的荆棘放到朱标面前，让他去拿，朱标畏惧不敢伸手。于是朱元璋说："汝弗能执与，使我润琢以遗汝，岂不美哉？今所诛者皆天下之险人也，除以燕汝，福莫大焉！"意思是说，我杀人就像去掉荆棘上的尖刺一样，这样你将来才可以安坐天下。这话说得倒也在埋，朱标无可反驳。

但是朱元璋的屠戮如此耸人听闻，也与他本人的性格有关，清代史学家赵翼说过这样的话："独至明祖，藉诸功臣以取天下，及天下既定，即尽取天下之人而杀之，其残忍实千古所未有。盖雄猜好杀，本其天性。"

无论如何，经过胡蓝案，宰相一职取消了，开国功臣也被屠戮殆尽。从此皇帝身兼君主与宰相，行使着皇权和相权，集吏、户、礼、兵、刑、工六部职责为一体，控制了一切生杀大权。

不过，明王朝自朱元璋死后，其子孙"圣贤、豪杰"者少，"盗贼"性者多，从而造就了大明一朝十几位个性鲜明的皇帝，在是非、人伦颠倒中，左右了明王朝200多年命途。

## ·朱元璋为什么将沈万三满门抄斩

沈万三在民间的知名度很高，据《明史》记载，他当年帮朱元璋修筑了三分之一的南京城，功不可没。后来他又自告奋勇地要出资犒劳军队，结果惹恼了朱元璋，认为他是故意展示财富，有谋反之心，之后在马皇后的求情下，才免其死罪，将他发配到云南。

《明史》中，记载了朱元璋与沈万三这样一段对话：

朱元璋问："朕有百万军，汝能遍济之乎？"

沈万三说："每一军犒金一两。"

朱元璋说："此虽汝至意，不须汝也！"

有真相有细节，似乎沈万三真的是在朱元璋的打击下才被流放至死的，但事实上沈万三与朱元璋并不相识，早在明朝还未建立时，沈万三便病死了。一个已死的人是不可能出资修建京城，更不可能被流放的。

不过沈万三与朱元璋虽没有关系，沈家却千真万确是遭到朱元璋的打击而没落。明朝初期，朱元璋大肆屠杀开国功臣，令沈家触了霉头。在胡惟庸案上，沈万三的女婿陆仲和被扣上了"胡党"的罪名满门抄斩。

这一点在朱元璋亲手编写的《大诰三编》里有着记录：这位做了18年粮长的富翁，不但谎报灾荒还出钱收买官吏。所以，在查明真相后，朱元璋便将他斩草除根了。

而在洪武二十六年（1393年）的蓝玉谋反案里，沈家遭到了彻底的、毁灭性打击。之所以斩杀蓝玉，朱元璋最初的动机是为了保护年幼的皇长孙朱允炆登基后不受到那些豪杰的威胁，所以，他一面铲除最有威胁性的功臣，一面斩断民间富豪的根，不幸的是，沈家被朱元璋列入了名单之内。

俗话说"君叫臣死，臣不得不死"。皇帝没有理由也可以杀人，更何况沈家已经卷入蓝玉的关系网中，为朱元璋名正言顺地铲除沈家留下了理由。而制造这个机会的，是一个名叫王行的教馆先生，是他将沈家罗织进了蓝玉一党中。

王行曾在沈家做过很多年的教馆先生，后来又去蓝玉家做教馆先生。沈家为了攀附权贵，便想通过王行为自己搭上蓝玉这艘大船，结果反而是给了朱元璋一个借口，令沈家满门抄斩。

沈万三一手创下的巨大家业就此画上了一个句号。虽然沈万三与朱元璋之间的纠葛是伪造的传奇，但依附在这些传奇上的历史却是真实可寻的。之所以沈万三帮助朱元璋修筑南京城的传说会一直流传，与明初朱元璋大肆强行迁徙江浙地区的富户来"充实都城"有关。

朱元璋的仇富心理很极端，他为了修筑自己的帝国，强行对富户们采取迁徙手段，将苏州、杭州、嘉州、湖州等地4000多家富户集体迁往南京，美其名曰是为"京城繁荣"，实际上是将大批富豪连根拔离本乡，变相地掠夺他们的财富。

沈万三的典故便是出于这个背景。至于说沈万三充军云南，也是因为朱元璋自洪武十五年（1382年）平定云南后，便不断将内地居民迁往云南。这项行为实际上也是对富户变相的打击报复，因为这些移民当中，百分之六十都是富户。

明代人谢肇淛的《滇略》一书，就对此有过记载："高皇帝既定滇中，尽徙江左良家闾右以实之……故其人土著甚少，寄籍者多。衣冠、礼法、语言、习尚，大率类建业……"可见在传说中，沈万三只是这些富豪们的一个影子而已。

沈万三作为一个毫无身份地位，靠自己双手白手起家的平民财神，被杜撰到这样的故事中，无疑表露了明朝人当时对朱元璋的极大不满，从故事中的沈万三的遭遇就可以看到当时明朝富豪们的悲惨命运。

而对于这些历史，当时的记载却语焉不详："当是时，浙东、西巨室故家，多以罪倾其宗。"一句话便将受到牵连的富户打发了，而沈家也正是在这样的不公正待遇下，走向穷途末路的。

在这样的大背景下，即便沈万山活到明朝，也是难逃一死，因为朱元璋对于明朝帝国的设计蓝图中，是不允许巨富们存身的。这个贫农出身，苦了半辈子的农民皇帝认为富人们会损害他的统治，妨碍他对帝国的掌控。所以，沈万三的败亡探秘到最后，揭晓出来的不过是皇权制度下的帝王好恶罢了。

## ·宋高宗杀死的是真柔福帝姬吗

南宋高宗时期曾经有一宗真假公主案，虽然最终官方的结论是真正的公主早已亡故，在朝堂之上的确实是他人假冒的，最终这名假公主被皇帝赐死了。但是民间一直传闻说公主为真的，只是因为一些原因才导致皇帝不得不杀她灭口的说法。

事情的起因可以追溯到靖康元年的冬天，那时东京汴梁第二次被金兵围攻汴京。徽、钦二帝以及众多的妃嫔、皇子、公主、宗室贵戚、大臣都成了金兵的阶下囚，一起被押送回北方。在这些金兵的俘虏中有很多的女子，这些女子大多身份显赫，其中有宋徽宗的皇后郑氏、宋钦宗的皇后朱氏、宋高宗赵构的生母韦氏、宋高宗的发妻邢氏，以及公主柔福帝姬等。

这些身份显赫的女子在金国受尽了凌辱和折磨，她们被关进上京中名为浣衣院的官方妓院，在那里她们成了金人寻欢作乐、发泄欲望的工具，其中也包括赵构的发妻邢秉懿和赵构的生母韦氏。

在这些女性当中有一位公主，她就是柔福帝姬，那年她17岁，是未出阁的公主中年纪最大者，她虽然原本是金兵打算进献给金太宗的，但是一路上也难免被金兵凌辱，虽然凌辱她的金将最终被处死，但是受到长期的欺凌使得柔福帝姬十分孱弱，所以当她被献给金太宗吴乞买时，金太宗并没有将她收为侍妾，而是将她送到了浣衣院为奴。自此，柔福帝姬开始了她的屈辱生活。

几年后柔福帝姬落到了盖天大王完颜宗贤的手里，同样地，完颜宗贤并不喜欢柔福帝姬，但是他还算善待她，将她嫁给了五国城中的一名叫作徐还的汉人。之后，按照正史的记载，柔福帝姬在南宋绍兴十一年（1141年）去世，享年31岁，被追封为和国长公主，她到死都没有回到大宋。

但是，本应在金国受苦的柔福帝姬，在南宋高宗建炎四年却回到南宋，这在当时也是轰动一时的事情。

这件事的起因是一次剿匪行动。当时被宋官军俘获的土匪家眷中有一女子告诉官兵们自己是皇帝的妹妹柔福帝姬，她是历经千辛万苦从金国逃回来的。事关皇族，所以这名女子立刻被送到临安。

对于这名女子的身份，当时的宫人考证宋徽宗确实有一个叫嬛嬛的女儿，是宋徽宗和懿肃贵妃生的，而她的封号也确实是叫作柔福帝姬。经过一系列的询问调查，最终认定这名女子确实是柔福帝姬，再加上她能够一口叫出宋高宗的乳名，这就更加让宋高宗相信她确实是公主了。于是宋高宗将她册封为福国长公主，并将她赐婚给了永州防御使高世荣，赐予嫁妆一万八千缗。此后宠渥有加，先后赏赐达四十七万九千缗。

后来南宋与金国签订了"绍兴和议"，在金国的高宗生母韦太后得以回国。她回国后的第一件事就是告诉宋高宗柔福帝姬已经死在了金国，现在在国内的这个是假冒的。于是宋高宗立即拘捕了柔福帝姬，将她交大理寺审问，在严刑拷问之下，这名自称是柔福帝姬的女子承认自己是假冒的。

她说自己叫静善，原本在汴京流浪，汴京被攻破之后，她也被金兵抓住被带往了北方。在路上她认识了柔福帝姬生母乔贵妃的宫女张喜儿，从张喜儿那里她听到了许多宫闱秘事，因为自己的相貌、气质都和柔福帝姬非常相似，所以她就开始刻意地模仿柔福帝姬。后来在多次被拐卖之后，她被迫嫁给了一名小土匪。当这些土匪被清剿之后，宋官军打算以匪眷的名义将她杀死，她为求活命才自称是柔福帝姬的，没想到真的被她成功蒙骗了过去，一晃就过了十多年。

当一切都审查明白之后，假的柔福帝姬立刻被下令处斩，作为驸马的高世荣也被削夺了驸马都尉的爵位，之前指认柔福帝姬是真的的宫人也全都受到了牵连。

一件真假公主的案件至此就水落石出了，但是这些就一定是事实的真相吗？民间一直有一种说法，认为根本就没有什么假的柔福帝姬，被处斩的其实就是真正的公主。这是因为在那个年代，皇权是至高无上的，没有人胆敢欺瞒皇上。再加上事关皇族，人们一定会很小心谨慎，如果不是有十足的把握，那些宫人绝不敢断定公主是真的。

那么，为什么宋高宗要杀死自己的妹妹呢？很多人认为，这是因为宋高宗的生母韦太后在北方曾和柔福帝姬一起受到金人的凌辱，她害怕自己在北方被凌辱、被糟蹋的丑事被柔福帝姬说出来，宋高宗为了保全母亲的名声才不得不杀死柔福帝姬。

事情到底是怎样的？柔福帝姬到底是不是真的？这一切的真相早已淹没在了历史的长河里。

# ·朱元璋将孟子逐出孔庙的真实原因

明太祖洪武五年的一天，朱元璋在翻看《孟子》时，突然大发雷霆。紧接着，他命令人将孟子逐出孔庙，不得配享。并狠狠地说上一句："（诸大臣）有谏者以不敬论，且命金吾射之。"接到这个圣旨，满朝文武皆惊恐不知所措。

朱元璋对《论语》爱不释手，十分敬佩孔子。而孟子是发挥孔子仁义思想的"亚圣"，为什么他如此讨厌孟子呢？归结起来，可能有两方面的原因：

第一，朱元璋的个人经历致使他对文人十分反感。

朱元璋出身贫寒，放过羊，做过和尚，当小军官，成大将领，一步一步，终于一朝国家在手，走向权力的巅峰。他深知自己是武夫，没有学识，若要统一文人的思想，巩固统治地位，就需从文化下手。但他天生对文人、文化有一种抵触情绪，从骨子里看不起儒生。如他命令"有司造成均，凡士人肄习案座，皆以独木为之"，人问其故，朱元璋回答说："秀才顽，使之坚厚，毋败吾案。"从中可以看出，文人在朱元璋眼中没地位可言。

第二，孟子的"民本"思想使朱元璋感到如芒在背。

众所周知，孟子有句名言"民为贵，社稷次之，君为轻"，意思是人民的地位、国家的利益高过君王。君王作为国家的统治者理应为人民服务，为江山社稷着想。

与孔子提倡的"仁"相比，孟子所说的"仁"，主要是对"民"来说的。孟子阐述，如果天子想得到天下，保有四海，就必须施行仁政，爱护人民，不要把人民厌恶的东西强加给他们。正所谓"得其民有道，得其心，斯得民矣。得其心有道，所欲，与之聚之；所恶，勿施尔也"。

孟子在《孟子·离娄下》中阐述："君之视臣如手足，则臣视君如腹心；君之视臣如犬马，则臣视君如国人；君之视臣如土芥，则臣视君如寇仇。"也就是说，在孟子心中，君臣关系是相对的，根本不存在绝对的天子权威。而是认为谁能保护人民，谁就一定能称王。如果谁残害百姓，谁就是孤家寡人。这种人不配得到天下，即使得到天下，也应该被打倒。推翻这样的天子，不是犯上作乱的弑君行为，正如周武王"诛一夫纣"，推翻殷纣王的统治一样，是为民除害。可见，孟子不主张天下百姓效忠于一人。

孟子的"民本"思想完全从平民的角度告诉国君应该做什么，不应该做什么。这大大触怒了本是一个和尚，后来却坐了江山的朱元璋，再加上他由于自身的文化劣势对知识分子所形成的先天嫉恨，自然要把孟子的牌位撤出文庙了，于是发生了开头的那一幕。

但是孟子毕竟是"亚圣"，是儒生们心中的圣人，岂容他人玷污？即使是皇帝也不可以。于是他们使了一个心眼，第二天就对朱元璋说，他们夜观天象，发现文星暗淡，天象有异。皇帝都是迷信天命的，得罪了上天可是一件了不得的大事，朱元璋于是马上想到大概是因为孟子的缘故，无可奈何之下恢复了他的牌位。但是他还是搞起了另一手：删书，把孟子的书删掉了三分之一左右，可视为"思想的腰斩"，其手段不可谓不狠。

## ·朱棣派遣郑和下西洋的真实目的

明朝时期，"马六甲"作为一个王国而独立存在，这里之所以闻名于世，是因为它拥有一条著名的海道——马六甲海峡，是连通东方与西方交的海上要塞。如今的马六甲，仍能看到郑和当年下西洋的痕迹，那里有郑和当年宝船的复制品，有悬挂着无数中文招牌的店面，有各种各样的玉器、字画和木雕工艺品在出售，还有长长的中国街，以及祠堂这类在中国已经很难觅其踪影的古老建筑。据说，这里居住的华人正是当年郑和下西洋时留下来的一些船员，他们在此开枝散叶，一代代的后人都没有回过家乡，却能用纯正的汉语说自己是中国人。

郑和七次下西洋，是中国古代航海史上最辉煌的事迹。明成祖下令远航，此举更是在后世被人所称颂。不过，我们可以考察当时明史中对航海政策的描述，就知道明代海禁甚严。那么，明成祖为何要派遣郑和下西洋呢？有人考证说，成祖此举是为了寻找下落不明的建文帝。

靖难之役后，建文帝的尸体一直没有被找到，所以有人推测他可能是南下或者流亡海外。由于建文帝不但得到中土百姓的爱戴，更得到了中国周边国家的认可，视之为正统的中国皇帝。因此朱棣登基以后，生怕民间说他乃乱臣贼子，所以他势必要找到建文帝，令后者给予自己以名正言顺的皇帝资格，以便朱棣统治中土江山，同时与周边各国建立睦邻友好关系。

郑和下西洋寻找建文帝的这种说法还有待商榷，因为如果单纯是为了寻找退位皇帝，明成祖朱棣没有必要吩咐郑和带着大量中土的特产和财物四处赠予东南亚、南亚国家。仔细考察明成祖的行为，就可以看出他的动机在于笼络这些周边国，一方面令其了解到中国的皇帝已经易主；另一方面是为了促进中国的外交事业，与已经和明朝政府丧失联系的海外诸国重新建交。不过，建交目的只是其一，成祖真正想制造的效果是"万国顺服"的国际形势。

从永乐三年（1405年）至宣德八年（1433年），郑和率领着当时世界上最大、最先进的船队七下西洋，访问了印度洋、阿拉伯、东非各国，航程十万余里，最南到爪哇，最北到阿拉伯半岛，最西到非洲东海岸。百艘战舰以及万名官兵，航行在茫茫的太平洋和印度洋上，来往于马六甲海峡，如此庞然大物，足可称霸沿海各国。这番阵仗，不是成祖真的想要侵略周边各国，而是威慑式的外交战略，以彰显大明国威，令万国对明室不敢小觑。如果有意倾向明室者可以年年朝贡，无意者则不敢对明室轻举妄动，其中以锡兰国为典型。

郑和第三次航行时路过小国锡兰，国王贪婪，欲抢郑和的财物，于是让王子缠住郑和，并派兵5万劫掠船队。情况十分危急，郑和却艺高人胆大，仅以2000人的力量攻占了王宫，活捉了锡兰国王，送回大明。结果国王并没有被杀，反而被送回锡兰，从此这个小国成了明朝的忠实拥趸。

本着人不犯我、我不犯人的外交策略，郑和七番航行确确实实达到彰显国威，宣扬中土的效果。与此同时，也加强了中国海外贸易的发展，还间接促成马六甲及东南亚长达一百年的繁荣。而额外的收获，则是使当时中国人的眼界大为开阔。随从郑和航行的马欢著有《瀛涯胜览》，费信著有《星槎胜览》，巩珍著有《西洋番国志》，上面记载了所经各国的风土人情。这七次下西洋的过程中，郑和命人绘制的航海图——《自宝船厂开船从龙江关出水直抵外国诸番图》蜚声中外，有重要的学术价值和地理价值，虽然其中不乏错误之处，但却对今人了解古代亚非国家地理情况起了重要的作用。明成祖大概也未想到自己的创举竟能影响海外数百年之久。

## ·万历皇帝为什么包庇谋杀太子的宠妃

古代金碧辉煌的宫廷广厦，其实是一个充满血腥的角斗场，多少或明或暗的血腥争斗在这里上演。

明朝当然也不例外，深宫谜案、凶案无数。明万历四十三年（1615年）五月初四，黄昏时分，一名身材高大的陌生青年男子手持一根粗大的枣木棍，闯入太子朱常洛居住的慈庆宫，逢人便打，击伤几名守门官员和太监，一直打到太子就寝的大殿的房檐下。一时呼喝声、喊叫声连成一片。宫里的侍卫们闻讯赶到，将持棍男子抓获。这就是明朝有名的"梃击案"，堪称"明末第一案"。

这桩"梃击案"背后的真相如何？究竟是什么人想谋害明太子？

太子朱常洛是万历皇帝长子，却不是皇后之子，而是一名宫女被临幸后所生。可是万历皇帝并不喜欢这名宫女，所以对太子朱常洛分外冷落。万历帝喜爱和宠幸的是皇贵妃郑氏以及郑贵妃所生的朱常洵，他希望继承皇位的儿子不是朱常洛而是朱常洵。朱常洛之所以能被册立为皇太子，是皇室祖训所致，并非万历帝的本意。于是，万历皇帝和郑贵妃都处心积虑地想废掉朱常洛而立朱常洵为太子。但是，迫于祖训的威严以及皇太后和朝臣的压力，万历皇帝一直也不敢轻举妄动，只是找各种借口为难皇太子。朱常洛大婚之后移居慈庆宫居住。慈庆宫名义上是太子的寝宫，实际上还比不上宫里的一般宫殿，不仅破陋不堪，而且防卫甚差，万历皇帝仅派几名老弱病残的侍卫防守。在慈庆宫服役的宫女太监也很少，仅有几个随朱常洛一块长大的几个贴身太监。慈庆宫的情况与皇三子朱常洵所居住的宫殿相比简直是天壤之别，好像他才是真正的皇太子似的。但是，郑贵妃一伙人还是不死心，千方百计地要除掉皇太子，好让自己的儿子朱常洵取而代之。就在这种情况之下，万历四十三年（1615年），慈庆宫上演了开头那一幕"梃击案"。

事情发生后，万历皇帝大惊，急忙派人提审这名行刺的男子。这名闯宫的男子名叫张差，是蓟州井儿峪的百姓，语言颠三倒四，看起来有点癫狂，也有点狡猾。御史刘廷元和刑部郎中胡士相等官员先后对其进行审问，可是前后审问的结果却大相径庭。胡士相等人认为张差"癫狂症"发作，持武器乱闯宫殿，应马上问斩。然而，这种供词和处理的结果引起了一些官员的怀疑，他们认为事情并非如此简单，恐怕有人在背后操纵谋害太子。为了皇太子的安危，刑部王之案决定彻查此案，验证了此前的猜测，确实有宫里的人在背后指使，目标就是皇太子，这里的指使人矛头暗指郑贵妃。

案子线索也逐渐明确，事情可能与郑贵妃有关，万历皇帝却像有什么隐情似的，优柔寡断，举棋不定。因为，郑贵妃毕竟是他的第一宠妃，并且自己也曾许诺过要立她的儿子朱常洵为太子。即使郑贵妃真做出这样的事情，自己也不好说什么。最后的结果是，在郑贵妃的祈求和万历皇帝的开脱下，太子朱常洛答应将事情化小，只有张差被凌迟处死。

案子就这么有头无尾地结了。但是今天看来，这个案子仍存在诸多疑点，因此成为史上的又一充满迷雾的疑案。

# ·离奇"红丸案"背后的阴谋

明代末年，宫廷接连发生离奇的三大案与神宗、光宗、熹宗祖孙三人密切相关，也和朝廷派系斗争紧紧纠缠在一起。三案成为明末政坛关键，各种势力纷纷介入，案件无法正常审理，因此变得扑朔迷离。著名的"红丸案"便是其中之一。

泰昌元年（1620年）八月二十九日，在乾清宫，明光宗召见辅臣方从哲等13员文武大臣。诸臣向皇帝请安过后，皇帝开始询问册立皇太子之事。方从哲说："应当提前册立皇太子的日期，完成贺礼，皇上也就心安了。"光宗又让皇长子出来见大家，看着他对大家说："你们日后辅佐他，务必使他成为历史上尧舜那样的圣帝贤君，朕也就心安了。"方从哲等人还想说什么，光宗却开始问道："寿宫（皇帝的墓地）修没修好？"辅臣回答说："先帝陵寝已经修好，请皇帝放心吧！"光宗指着自己说："那就是朕的寿宫吗？"方从哲等人齐声回答："祝皇帝万寿无疆。"皇上仍然叮咛不止，反反复复，语无伦次，最后上气不接下气地哭泣着说："朕已经自知病重，难以康复，或者不久于人世。"说到这里，已是气息奄奄，用颤抖的手勉强挥一下，让众臣退朝，只将方从哲留下。

皇上问方从哲道："有鸿胪寺官（掌礼仪之官）要进药吗？人在哪儿呀？"方从哲回答说："鸿胪寺丞李可灼，说有仙丹妙药，臣下不敢轻信。"皇上听后，命宫中侍人立即传唤李可灼到御前，给皇帝看病诊脉，等他谈到发病的原因以及医治的方法时，皇帝非常高兴，命令进药，让诸臣出去，并令李可灼和御医们研究如何用药。结果御医们一直定不下来，辅臣刘一燝说："我有两乡人同用此丸，一个失效，一个有效，此药并非十全十美。"礼部官员孙如游说："这药有用与否，关系极大，不可以轻举妄动。"后来皇上再次催促众人配药，于是诸臣又回到御前，李可灼将药物调好，进到皇上面前，皇上从前喝汤都喘，现在服了李可灼的药，就不再气喘了。皇上反复地称道李可灼忠心可鉴，此时诸臣在宫门外等候。

约一个时辰过后，有宫中内侍急报说："圣上服药后，四肢温暖，想进饮食。"诸臣欢呼雀跃，退出宫外，李可灼和御医们留在宫内。到了傍晚，方从哲放心不下，又到宫门候安，正遇见李可灼出来，急忙打听消息。李可灼回答说："服了红丸药，皇上感觉舒畅，想要再给服一丸，如果效果好，圣体就能康复了。"诸医官认为不宜吃得太急，但皇上催促进药非常急迫，众人难违圣命。众臣即问服第二丸药后的效果如何，李可灼说："圣躬服后，和前一粒感觉一样安稳舒适。"方从哲等人才放心离开。谁承想次日早晨，宫中紧急传出圣旨，召集群臣速速进宫。一时间，各位大臣慌忙起床，顾不上洗脸漱口，匆匆地穿上衣服，急奔宫内。但是当群臣将要跑入宫中时，就听传来一片悲哀哭号之声，明光宗于早晨归天了。这是大明泰昌元年（1620年）九月初一日。

对于这突如其来的变故，满朝舆论哗然，在感到惊愕的同时，人们联想到新皇帝登基一个月来的遭遇，不约而同地都把疑点转到了郑贵妃身上。郑贵妃给光宗献美女，指使崔文升进药，大家有目共睹，但李可灼是否受她指使，却没有实据。本来，光宗当时已病入膏肓，难以治愈，但因为吃了江湖怪药，事情就变得不简单了。最后，此案不但追查到郑贵妃，而且方从哲也被迫辞职，李可灼被充军，崔文升被贬放南京。但究竟幕后有无主使，主使到底是谁，现在也不得而知。

# ·明末"移宫案"真相

在明朝有这样三件谜案，它们发生在万历末期至天启初年，都牵扯到了皇帝的后宫，同时都和泰昌帝朱常洛有所关联。这三件案子除了万历年间和谋害太子朱常洛有关的"梃击案"，导致朱常洛登基30天就死亡的"红丸案"以外，还有一件关于李选侍的"移宫案"。

泰昌帝朱常洛死后，天启皇帝朱由校登基为帝，但是他的登基过程却是困难重重的，移宫案就发生在这段时间。

朱由校和其母王才人一直受到李选侍的欺凌和虐待，最终王才人被凌虐致死，而独自面对李选侍的朱由校也就养成惧怕李选侍的软弱性格。

朱常洛登基为帝之后，朱由校与李选侍一起搬进了乾清宫。当朱常洛死亡之后，居住在乾清宫的李选侍立刻控制了乾清宫，她联合太监想要挟持朱由校，把持朝政。

当时，杨涟、刘一燝等朝臣在皇帝驾崩之后就直接来到了乾清宫，要求皇长子朱由校出来，李选侍虽然百般阻挠，但最终还是让朱由校见到了群臣。杨涟、刘一燝见到朱由校之后立刻将他带离了乾清宫，朱由校在文华殿接受了群臣的礼拜，同时商讨决定在当月六日举行登基大典。

之后朱由校一直住在太子宫，李选侍后来又提出一系列的要求，想要挟持朱由校，把持朝政，都被大臣们拒绝了，同时李选侍拒绝搬出皇帝居住的乾清宫，这就使得当时的矛盾十分激化，最终在朱由校登基的前一日，因为李选侍仍然拒绝移宫，内阁的诸大臣就都站在乾清宫门外，叫嚷着让李选侍迅速移出乾清宫，同时朱由校的东宫伴读太监王安也在乾清宫内驱除她，万般无奈的李选侍只得带着自己的女儿八公主离开了乾清宫，移居到了哕鸾宫。就这样朱由校才能在九月六日如期登基。

由于时间仓促，李选侍在移居哕鸾宫之后，遭遇了一场大火灾，当时宫人们拼尽全力才将李选侍母女救了出来。对于这次火灾，一些反对移宫的官员认为是朱由校主使的，目的就是为了除掉李选侍，认为他违背孝悌之道。对此，朱由校表示他并没有做这样的事情，同时他也表示会善待李选侍母女。就这样，一场"移宫"风波暂时告一段落了，至于那场大火到底是谁放的，就没有人知道了。

# ·魏忠贤靠什么一路高升

将权力玩弄于股掌之上，呼风唤雨之势无人能及，陷害忠良之举无人敢挡，他就是明末阉党首领魏忠贤。

同样是400年前，一个博览群书、精通文史，胸怀凌云之志，立誓救国救民的刚毅青年，在而立之年考中进士，开始了他的漫漫仕途。由于政绩卓著，他被升为内阁大臣，参与朝廷内部大政方针。之后出任左都御史，负责监察百官，政治生涯达到辉煌时期。他便是东林党首领左光斗。

一个是文盲小人，一个是博学大家，就是这样的两个人，在宦海浮沉中却斗得你死我活。待到风平浪静时，争斗结果令人扼腕叹息。刚正不阿、忧国忧民的左光斗，被奸邪狡诈、醉心于操弄权势的魏忠贤陷害入狱，酷刑加身回天乏术，惨死于狱中。

在这场忠与奸、正与邪的较量中，魏忠贤何德何能，赢得如此嚣张？

### 1.勾结皇帝乳母

魏忠贤虽为阉人，但体形魁梧，个人魅力犹在。因缘际遇间，与熹宗皇帝朱由校的乳母客氏暗生情愫，更为此与情敌大打出手，惊动了熹宗。客氏虽为皇帝的乳母，但两人情同亲生母子，客氏深受皇帝敬爱。当熹宗皇帝得知客氏意属魏忠贤，又岂有不为之"加官晋爵"之理？于是，魏忠贤在坐拥紫禁城里最有权势的女人的同时，也得到了司礼监秉笔太监的职位。

### 2.对君主投其所好

魏忠贤作为熹宗皇帝的玩伴，终日陪伴左右，不仅将其心思摸得一清二楚，更能不遗余力地投其所好。可以说，在熹宗皇帝玩物丧志的过程中，魏忠贤发挥了推波助澜的作用。他深知，当朝皇帝心中根本装不进天下大事，终日沉浸于自己的木匠工艺世界之中，他关心木匠活计胜过一切。正因如此，熹宗皇帝需要一个心腹为其挡住外界的干扰，代他处理日常事务。而魏忠贤，就是皇帝心中最适当的人选。

既然如此，何不趁零距离亲近帝王的优势，代行皇权之事？也许魏忠贤并不是处心积虑夺取皇权，但他的确得到了这样的机会，不可不谓之"小人得志"。

### 3.网罗党羽，狼狈为奸

天启初年，魏忠贤刚刚跨进司礼监大门的时候，大明帝国的文官集团，正面临着前所未有的内讧与分裂。崛地而起的"东林党"，将文官之间的意见交锋猛然上升至正邪之争。以君子自居的东林党人，几乎把自己看作正义的化身，与之作对者皆为小人。那些被东林党人的道德权杖逼得近乎窒息的"邪恶小人"，不得不转向尚无权利冲突并且深得皇帝信任的宦官首领魏忠贤。一时之间，送礼恭维者络绎不绝，将魏忠贤推上了"九千九百岁"的高位，一人之下，万人之上。

此时此刻，与既得皇权，又得人心的魏忠贤作对，无异于与虎谋皮，与天争辉，下场可想而知。为人清廉正直的左光斗，读圣人之书孜孜不倦，却在黑暗的官场斗争中一败涂地。恪守君臣之礼并无不妥，耿直处事治国也无过错。然而在那个皇权至上的年代，面对昏庸皇帝为阉人操纵的时局，仍旧知难而进，妄想以独木撑起将倾之大厦，又岂有不枉死之理？

## ·康熙帝为何将避暑山庄建得如此朴素

避暑山庄是清代皇帝夏宫，为康熙皇帝授意所建。这座宫殿位于距离北京市200公里的河北承德市武烈河西岸一带狭长的谷地。避暑山庄前后建造了87年，始建于康熙四十二年（1703年），建成于乾隆五十五年（1790年），占地面积达564万平方米，规模之庞大为现存古典皇家园林之最。避暑山庄最大的特色是山中有园，园中有山，分为宫殿区、苑景区两大部分。其中苑景区分为湖区、平原区和山区，有殿、堂、楼、馆、亭、榭、阁等100多处建筑，并有历朝皇帝钦定景致72处。

清代宫廷建筑以金碧辉煌、恢宏大气为主，避暑山庄可说是其中的异类。它舍弃了故宫、颐和园等传统皇家建筑标志性的红墙黄瓦，一律以灰瓦罩顶。避暑山庄的设计建造者敢于在建筑过程中作如此大的改革，与下令建造这座园林的康熙皇帝是分不开的。

康熙皇帝即使放在整个中国帝王史上衡量，也是一位难得的明君。他学识丰富、文武双全，胸中有远见卓识。康熙帝16岁即擒除鳌拜党羽亲政，在其长达61年的漫长执政生涯里，宣布永远停止圈地、平定三藩、统一台湾、平定噶尔丹叛乱、打击沙俄入侵势力……康熙皇帝持国有道，深知节俭的重要，他总是以"勤俭可以兴邦，奢侈可以亡国"的道理自勉。所以在修造避暑山庄时，他才会提出用灰瓦罩顶，想要彰显的就是"勤俭"理念。避暑山庄动工时，康熙帝曾专门指示营造司就地取材，说"陶甓于冶，取材于山，工用无输挽之劳，金钱无逾侈之费"。

最能体现康熙皇帝"勤俭"理念的是避暑山庄楠木殿。这座宫殿为纯楠木结构，天花板及门窗也使用楠木雕刻，顶部铺盖着灰瓦。所谓楠木殿只是俗称，所指的是避暑山庄正殿"淡泊敬诚殿"。诸葛亮《诫子书》中有"非淡泊无以明志，非宁静无以致远"的句子，深得康熙帝心意。于是康熙帝就以"淡泊敬诚"为宫殿命名。所谓"淡泊"指寡欲清心，没有过多的奢求；"敬诚"指唯有在宁静的心态下才能修身养德，追求远大的目标。

除了受康熙帝的个人偏好影响，避暑山庄选择灰色的屋顶，在美学角度上也是非常有意义的。这片宫殿地处山野，如果选择红墙黄瓦的设计，与天然野趣格格不入，选择灰色屋顶则要协调美观得多。

一些曾经参观过避暑山庄的游客感到疑惑不解，一座皇家行宫修得如此朴素，为什么与行宫同时修建的、位于行宫东面、北面的外八庙却如此金碧辉煌？

这些宫殿拥有汉、蒙、藏不同风格，一个个恢宏壮丽，高大巍峨，装修规格甚至超过了皇宫。康熙帝舍不得给自己的行宫花钱，"工用无输挽之劳，金钱无逾侈之费"，为什么舍得给这些寺庙涂上金漆、彩画，铺上琉璃瓦甚至金瓦？清朝统治者十分重视各民族关系，他们希望宗教能成为维系各族关系的纽带，以此减少战乱，所以在当时有修庙不修长城之说。这也就是为什么会有这么多金碧辉煌的寺庙矗立在朴素的避暑山庄旁，形成了如此鲜明的对照。

# ·为何顾命大臣常被新皇杀掉

所谓顾命大臣，就是皇帝在临终之前，亲自挑选任命的辅佐还未能主持朝政的小皇帝的臣子。这些人通常是那些德高望重、出类拔萃、忠心护主的高官。古代被挑选为顾命大臣的官员，领着先皇的遗命，代替小皇帝掌控朝政，在朝廷之中可谓一人之下、万人之上，虽不是皇帝，但同样一言九鼎，甚至可以决定是否废除幼主。不过，凡事有利自有弊，顾命大臣的无限风光背后往往也同样伴随着巨大的危险。

以南朝宋武帝刘裕临终前托付的顾命大臣为例。刘裕在临终前任徐羡之、谢晦、傅亮等人为顾命大臣，嘱托他们辅佐少帝义符。刚开始的两年里，少帝年幼，几位顾命大臣可以对他进行教育指导，可以代为治理朝政。可是随着少帝逐渐长大，几位顾命大臣对他的影响越来越小，于是几人联合废了少帝义符，随后立宋武帝第三个儿子义隆为宋文帝。第二年，这几位顾命大臣奉表归政，文帝亲政。第三年，亲政后的文帝就先后诛杀了这几位顾命大臣。

顾命大臣为什么要废掉先帝所立皇帝，去立一个新的皇帝？为什么被立的皇帝最终却又要把这些将自己捧上皇位的顾命大臣赶尽杀绝？像南朝这样的例子是必然的还是偶然的？这其中有多层因由。

顾命大臣本为先帝选出的忠心为国的大臣，多德高望重，为人耿直。由于古代封建思想的灌输，多数少帝在小的时候因为是太子的缘故，很少有人敢管教他们不得当的行为，这样一来就造成了他们无法无天的本性，小的时候他们不参政，这样的本性不会影响到国家利益，但随着年龄逐渐变大，其性格中的劣势自然会影响到国家存亡。顾命大臣这时候出于对国家安危的考虑，就会废旧立新。另外还有一种原因，就是有些顾命大臣习惯了高高在上的地位后，当小皇帝长大要亲政时不想让出手中大权，于是就设计陷害幼帝，再重新立一位年龄小的傀儡皇帝，使自己得以继续把持朝政。

可是为什么被顾命大臣们册立的新皇帝往往都会反过来杀掉他们呢？

新立的皇帝虽然很感谢顾命大臣给了他们当一朝天子的机会，但是，旧帝被废或是被杀的场面在新帝心中产生了更大的影响。新帝为了防止顾命大臣以同样手段对付自己，就先下手为强，杀了这些权臣，一来可以替曾经受制于顾命大臣的臣子出口气以笼络人心，二来可以杀鸡儆猴，树立威信，可一说是一箭双雕之计。

所以，千百年来的顾命大臣虽然表面上看来风光无限，但是背地里要承担的风险更胜。一句"既涉太行险，斯路信难陟"就贴切地概括了顾命大臣的命运，是悲惨还是风光，只有他们自己才清楚。

# ·乾隆帝修《四库全书》的背后目的

《四库全书》是中国古代最大的一部官修书，也是中国古代最大的一部丛书，分经、史、子、集四部，故名四库。经部，主要是孔子、孟子讲授的学问和后人研究这些学问的书籍；史部，主要是历史、地理著作；子部，主要是诸子百家的一些哲学著作和百科知识著作；集部，主要是一些文学著作。

那么，乾隆编修如此卷帙浩繁的《四库全书》的起因是什么？

1772年，安徽学政朱筠提出《永乐大典》的辑佚问题，得到乾隆皇帝的认可。但是乾隆帝认为范围太小，应当把全国的藏书都搜集汇总起来，编制一套《四库全书》。这样，由《永乐大典》的辑佚便引出了编纂《四库全书》的浩大工程，成为编纂《四库全书》的直接原因。

乾隆三十八年（1773年），清廷下谕开馆修《四库全书》，至乾隆五十八年（1793年）全部完成。全书按照传统的经、史、子、集四部分类法编纂，每大部分又分若干类，类下细别为属。全书除收录中国历代各种典籍外，还有朝鲜、越南、日本，以及印度和明清之际来华的欧洲传教士的一些著述。全书共抄录7部，分别贮于北京内廷文渊阁、京郊圆明园文源阁、奉天故宫文溯园、承德避暑山庄文津阁，合称北四阁。又在江浙地区的文宗阁、文汇阁、文澜阁各存抄本一部。鉴于全书卷帙繁多、翻阅不便，当时曾选录其中一部分，计463种，编为《四库全书荟要》。后又作《四库全书总目提要》200卷。其编简本称《四库全书简明目录》。

全书内容丰富，包罗宏大，中国文、史、哲、理、工、医……几乎所有的学科都能够从中找到它的源头和血脉，几乎所有关于中国的新兴学科也都能从这里找到它生存和发展的泥土和营养，不愧为中国古代思想文化遗产的总汇。

事实上，编纂《四库全书》的过程也是大兴文字狱的过程。据记载，当时有个浙江举人徐述夔被老鼠咬坏了衣服，气愤不过，写下了"毁我衣冠真恨事，捣除巢穴在明朝"的诗句。不巧的是他诗集中又有"明朝期振翮（翅膀之意），一举去（到）清都"的句子，乾隆帝就说"明朝"（明天）暗指明王朝，"大逆不道"，结果连徐述夔的孙子都被处死。

乾隆帝修《四库全书》的目的固然是为了夸耀大清文治盛世，用以巩固清王朝的历史正统地位。但出于政治目的考虑，乾隆帝是想借此机会对历代作者写的书籍作一次全面审查，清除反抗清朝的思想，也就是采用编写丛书的办法掩盖和达到他禁毁图书的目的。据统计，在乾隆编纂《四库全书》时销毁的书籍数量约为13600卷，焚书总数共计15万册，销毁版片总数170余种、8万余块。即便被收录到《四库全书》中的很多古籍也经过了篡改，连一些涉及契丹、女真、蒙古的文字也被修改得失去了原貌。

即便如此，《四库全书》的编纂无疑是中国文化事业的一大巨献。它保存了相当多的我国古代典籍，在国际上被称为"中国人修造的文化长城"。

# ·杨秀清"逼封万岁"是真是假

清朝末年轰轰烈烈的太平天国运动曾经盛极一时，然而"天京变乱"使得太平天国由盛转衰，进而在中外反动势力的联合绞杀下彻底失败。东王杨秀清成为"天京变乱"的第一个牺牲品，多数人认为是因为他在变乱18天之前的"逼封万岁"之举激怒了洪秀全，从而招来杀身之祸。

对于杨秀清的死因，本就众说纷纭，而关于他"逼封万岁"一事，更是争议非常。在史学界几乎已成定论的杨秀清"逼封万岁"之说，现如今遭到越来越多的批驳，甚至有人认为，此事已可以下定论予以彻底否定。

首先否定的，便是记载此事的史料来源。最早记载"逼封"事件的是知非子的《金陵杂记》与张汝南的《金陵省难纪略》，书中较为详细地记载了"逼封万岁"的经过及之后发生的洪秀全与杨秀清之间的冲突。然而所述内容不仅多有荒诞之处，而且"此卷系近日情形，告闻之于遇难播迁之人，及被掳脱逃之辈，方能知之最详，言之最确，复为成一编，参以己见"。不仅不是亲眼所见，还加上了自己的看法，如此叙事，岂可尽信？此外，太平天国的后起之秀，忠王李秀成写的《李秀成自传》中，也提到确有此事。然而"天京变乱"发生时，李秀成正在句容一带作战，对于在此之前的"逼封"之事，只能是道听途说，更难以此为据。与上述史料来源相比，无论是太平天国的内部文书还是清朝的官方文书，均无关于此事的记载，由此不得不令人怀疑此事的真实性。

其次，若杨秀清真的曾经"逼封万岁"，那他是为了什么？此时的杨秀清，已经集神权与军权于一身，只要他"代天父传言"，就连洪秀全都不得不从，为何不直接借天父之言命令洪秀全让位于他，反而多此一举地"逼封万岁"，既没有改变他与洪秀全的实际地位，又暴露了他意欲夺权的野心？杨秀清并非泛泛之辈，此等权谋策略，他不可能不知，更不可能做出如此愚蠢之事。

第三，在杨秀清死后没多久，洪秀全便大张旗鼓地为其平反，甚至将杨秀清被杀之日定为东升节。洪秀全在《赐英国全权特使额尔金记》中说道："爷遣东王来赎病，眼蒙耳聋口无声，受了无尽的辛战，战妖损破颈跌横。爷爷预先降圣旨，师由外出苦难清，期至朝观遭陷害，爷爷圣旨总成行。"由此可见，洪秀全也认为杨秀清之死是遭人陷害的。如此一来，杨秀清"逼封万岁"激怒洪秀全而招来杀身之祸的说法，便被彻底否定了。

最后，若真无"逼封"之事，那么此说从何而来呢？既然没有足以令人信服的史料记载，也没有合情合理的事实依据，就不能不说这只是谣言。而这个谣言的最大受益者，便是因"逼封"而"受尽委屈"的洪秀全。杨秀清不仅曾因"代天父传言"而杖责过洪秀全，而且在朝中独揽大权，自恃功高盖主，飞扬跋扈。以他的军事才能与政治权谋，足以威胁洪秀全的统治地位，洪秀全要除掉他是必然的，只是需要一个合理的说法以稳定军心、平抚民意罢了。而"逼封万岁"之举足以让杨秀清"死有余辜"。

如此看来，"逼封万岁"的确子虚乌有。然而，对上述批驳产生质疑的，也大有人在。

其一，太平天国的内部文书中没有关于"逼封"事件的记载，很可能是因为此事涉及领导集团内部的矛盾纠葛，不宜载入史册。而且天京陷落时天王府被大火烧毁，导致许多文书档案付之一炬，所以无法找到相关记载。

其二，"天京变乱"时，李秀成已是地官正丞相，后又被封为忠王，在太平天国后期与陈玉成同掌军政。以他的身份和地位，他对天京事变的内情必有所了解。虽没有眼见为实，但也不至于信口开河。

其三，洪秀全在杨秀清死后不仅不揭露他"逼封"之罪，反而为其平反，并深表怀念之情的做法，并不足以证明"逼封"之事子虚乌有，而是洪秀全施展的政治手段。不仅可以撇清他指使韦昌辉杀害杨秀清的罪名，而且可以拉拢东王党羽为他所用。之后洪秀全掉转矛头直指韦昌辉，便可看出他笼络东王党羽的高明之处，起码能够免除后顾之忧。

上述所列，仅是呼声较高的几种说法，实难包罗万象，尽数百家之言。

# ·慈禧为什么不废掉光绪帝

百日维新后，慈禧发动政变，将光绪帝囚禁在西苑的瀛台，它四面环水，实为一小岛，唯一通向陆地的通道是北部的木桥。光绪帝被软禁后，服侍光绪帝的太监，均经李莲英亲自挑选，对光绪帝名为服侍实为"管教"。据说某年冬季，南海水面已经结冰，一日光绪帝微服出行，谁知刚走不远，便被守门人发现，即被"跪阻"。慈禧太后得知后，居然命人将冰凿开，以防其逃走。这似乎还不足以泄愤，在政变后的几天里，慈禧又陆续把过去侍奉光绪帝的太监全部发落，对珍妃更是痛下狠手，将她囚禁在冷宫中，就是今日故宫珍妃井西边的山门里。

虽然慈禧已经将光绪帝变为囚徒，但她依然心存隐忧。毕竟自己垂垂老矣，而光绪帝只是几近而立，一旦自己百年，光绪帝就可以名副其实地成为大清皇帝。因此，她有了废掉光绪帝皇位的计划。

首先，折杀光绪帝在臣下面前的威严。慈禧指挥镇压了变法以后，多次组织大臣围攻和训斥光绪帝，为光绪帝罗织罪名。在苏继祖《清廷戊戌朝变记》中较为详细地记载了政变当天光绪帝被围攻和惨遭训斥的场面。

其次，大肆制造皇帝患病的声势。这引起朝野上下的震动，光绪帝四月份还在雷厉风行地主持变法，此间未曾听说身体不适，缘何慈禧在镇压变法的同时突然昭示天下：皇上已患有重病，连太医都不可医治？

再次，选择宗室近支之子立为大阿哥，为同治帝立嗣。要废黜在位的皇帝，就必然要确立一个新皇帝。

光绪帝患"重病"以及立端郡王之子为大阿哥的消息散播以后，朝野上下议论蜂起，慈禧企图废帝的阴谋也随之被人揭穿。但两种势力的反对，使慈禧陷入被动的泥沼，也迫使慈禧废掉光绪帝的计划破产。

首先，国内工商界人士联名反对慈禧罢黜光绪。

慈禧决定"立端王载漪之子为大阿哥"的谕旨颁发以后，上海于次日下午获悉，将诏谕刊登在日报之上。于是上海一时人声鼎沸，上海的电报总办经元善联合上海绅商市民1200余人，立志谏阻慈禧废黜光绪帝的企图与行为，力求保皇。经元善之举在全国各地得到了响应。无疑，给慈禧施加了巨大的社会舆论压力。

其次，列强反对强烈。

变法失败以后，顺其自然是以慈禧为首的顽固复旧势力全面控制朝局。出于维护在中国利益的需要，列强认为，支持光绪帝建立一个较为开明的政府对自己在中国利益更为有利。于是，当获悉光绪帝"患重病"的消息后，他们一再要求觐见，力图摸清光绪帝病情的真伪与皇帝本人的下落。在光绪二十四年（1989年）九月初四日，一位名叫多德福的法国使馆医生，提着自己的药箱，走进了紫禁城皇宫大门，此行此举非比寻常，他不仅仅以西方医学之代表的身份来为中华帝国的皇帝检查身体，更代表了列强的意愿。这样的行为也是不合常理，史无前例的。没有史料记载慈禧为什么会同意西医来给光绪帝诊病，但多半是出自于她对列强势力的无奈。

多德福诊病的结果是病势无大碍，唯患血虚之病。

自此，慈禧感受到了列强的强硬态度，不能不有所顾忌。于是，暂且收敛了废帝活动。

# 硝烟背后的军事之谜

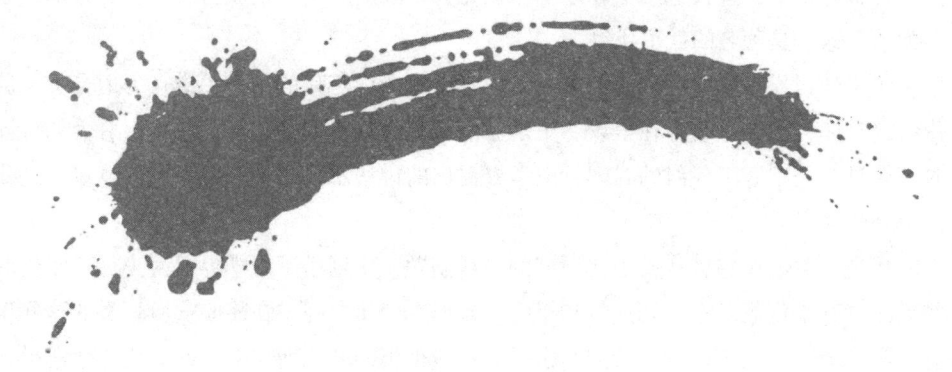

# ·武王伐纣到底发生在何时

商纣王后期，昏庸无道，过着穷奢极欲的生活。他耗费巨资建鹿台，造酒池肉林，致使国库空虚，又听不进任何反对意见，杀贤臣，宠奸佞小人，渐渐失去人心。这时候，周武王伺机而动，联合西方11个小国会师孟津，对商朝发起了进攻。周武王在进军到牧野的时候，举行了誓师大会，他列举商纣王的诸多罪状，鼓动军队与商纣王决一死战。牧野离商都朝歌仅70里距离，而直到此时，商纣王才意识到了自己的危险，他停止享乐，召集诸大臣商议对策。由于此时商朝的军队主力不在都城，而且一时也调不回来，所以，纣王只好将大批的奴隶和俘虏临时组织起来，开到了牧野。由于这些奴隶和俘虏非常痛恨纣王，所以一到牧野，他们就集体倒戈，转而杀向纣王。纣王当然无法抵挡，在牧野大败，连夜逃回了朝歌。已知无力回天的纣王登上鹿台放火自焚，周武王攻下朝歌。这就是著名的武王伐纣。

武王伐纣发生的时间处于商周交界，是中国历史年代的一个关键点，但是关于武王伐纣的具体时间，一直存在争议。史学家们众说纷纭，但是却都无法给出有力的佐证。时至今日，关于武王伐纣的时间，史学界提出的说法不下20种，但是说法越多，越让人觉得扑朔迷离。

历史学家胡厚宣曾在《古代研究的史料问题》中列举了史学界对武王伐纣年代的一些说法，基本都集中在公元前1130年到公元前1047年之间。在胡厚宣所列举的这些年代里，影响最大的应该是日本天文学家新城新藏提出的公元前1066年的说法，他所提出的这个年代曾被范文澜的《中国通史》和齐思和的《中外历史年表》等采用。除此之外，梁启超所提出的公元前1027年的说法也曾在史学界流行一时，他主要是根据《史记·周本纪》裴因《集解》所引的年代推算的，他的说法曾被陈梦家的《西周年代考》、郭沫若的《中国史稿》、翦伯赞的《中国史纲要》等引用。

之后，关于武王伐纣的时间问题又有过好几种说法。1979年，黄宝权和陈华新提出武王伐纣发生在公元前1029年。之后不久，天文学家张钰哲根据《淮南子·兵略训》，结合对哈雷彗星出现历次时间的推断，提出是公元前1057年。1981年，何幼琦通过对《小盂鼎》和《瘦嬴鼎》铭文的研究，提出了公元前1039年的说法。

在何幼琦提出前1039年的说法之后，赵光贤连续发表了好几篇文章，推翻了他之前所认定了公元前1057年说，而提出了公元前1045年的说法。他找了非常多的资料为自己的观点进行论证，其中包括古本《武成》、今本《逸周书·世俘》、《尚书·召诰》、《尚书·顾命》、金文《何尊》、《令彝》、《小盂鼎》、《五把卫鼎》、《九年卫鼎》等。1990年4月21日，北京文物局召开了新闻发布会，会上，北大教授侯仁之就采用了何幼琦所提出的这种说法。

1995年，"夏商周断代工程"被列为"九五"重大科研项目。5年之后，发布研究成果的时候，研究者们提交了一个范围和三个结果。一个范围是公元前1050年至公元前1020年，而三个结果则是公元前1046年、公元前1044年和公元前1027年，其中最倾向于公元前1046年。而曾参与研究的中国科学院国家天文台副研究员李勇最近又对这种说法提出了质疑。经过对一些资料的研究和分析，他认为武王伐纣的年代范围应该为公元前1040年至公元前1030年。他坦言，尽管这一结果可能不是绝对的，但是他首创的两种新的天文年代学方法却一定能在类似的研究中起到非常大的作用。

上古时期史料的匮乏，给今天史学界对武王伐纣年代问题的研究造成了许多的困难，至今史学界依然难以统一说法。

## ·秦始皇军团兵器铸造的真相

河南省西平县是战国时期韩国的遗址，考古人员在这里发现了大量古人炼铁的遗迹，这些遗迹证明铁器的生产在当时的韩国已经有了一定的规模。然而，从秦始皇陵中出土的四万件兵器却都是用青铜铸成的，这有点让人匪夷所思。

关于荆轲刺秦，《史记》中有这样一段描述：

轲既取图奉之，发图，图穷而匕首见。因左手把秦王之袖，而右手持匕首揕之。未至身，秦王惊，自引而起，绝袖。拔剑，剑长，操其室。时恐急，剑坚，故不可立拔。

是说荆轲拿着匕首刺秦王，秦王绕柱逃跑，试图拔剑反击，但是因为剑太长，没有拔出来。青铜材料非常容易折断，所以青铜剑不宜做得太长。秦国人难道连这么简单的道理都不懂吗？

1974年，考古人员在秦始皇陵兵马俑坑中发现了大量兵器，通过研究这些兵器，人们开始逐渐了解秦军强大的秘密。在这些兵器中，有一把青铜铸的长剑，它的长度超过了91厘米。可见，司马迁在《史记》中对秦王拔不出剑的原因的解释是有一定道理的。

在以近距离博斗为主的古代战争中，长剑显然会比短剑更有优势。但是，秦国人是怎么解决青铜剑易折断的问题的呢？研究者通过对秦剑进行化学定量分析发现，秦剑的铜锡配比非常好，这种配比恰巧可以让青铜剑的柔韧度和硬度达到一个最好的状态。

统一六国之后，为了对付剽悍的匈奴骑兵，秦国人使用了一种叫弩的兵器。弩的射程非常远，与弓不同的地方是弩上弦的时候是用脚蹬的。有人估计，弩的射程能达到300米，而且在150米之内都具有很强的杀伤力。而发射弩的扳机也非常精巧，弩的扳机运用了一套非常灵巧的机械传递，凶牙在放箭瞬间会忽然下沉，所以使用者用很小的力气就能扣动扳机。扣动扳机所用力气的大小对射击的准确率有很大的影响，秦国人所设计出的这种扳机让弩相对于弓来说有了很大的优势。

在兵马俑坑中，考古人员还发现了很多箭头，这些箭头几乎都是三棱形的，拥有三个锋利的棱角。与其他箭头不同的是，秦军的箭头没有翼面，这样的箭头虽然不如带翼面的凶狠，但是却比带翼面的更加精确，因为翼面容易受风影响而使箭头偏离目标。研究人员对秦军所用的箭头分析之后发现，这是一种近乎完美的流线型箭头，它的三个弧面几乎完全一样。子弹外形的设计是为了降低飞行中的阻力，而秦军所用的箭头轮廓跟子弹几乎一样。以此可以判定，古代的秦国人已经掌握了关于空气阻力的一些规律。

秦国的兵器不仅在设计上非常精巧，在制作上也非常规整。从出土的兵器中研究者发现，不管是弩还是箭头，秦国人都是批量生产的。由于有统一的标准，秦军兵器的部件可以互换。在战场上，士兵所用的兵器某部分如果损坏了，那么他只要换掉坏的部分就可以继续使用了。

研究人员在出土的兵器上发现很多文字，这些文字大都是人名。秦朝宰相吕不韦编撰的《吕氏春秋》上说：物勒工名。所以，这些兵器上的人名应该都是它们制造者的名字。而巧合的是，兵器上出现最多的人名就是"相邦吕不韦"，所以当时作为丞相的吕不韦应该是兵工业的最高监管人。而据相关研究人员推测，在兵器上刻上制造者的名字也是为了方便找到有质量问题的兵器的负责人。

秦军之所以可以一统天下，除了将士本身的英勇善战之外，在很大程度上也得益于秦国高超的兵器制造水准。在那个科技尚不发达的时代，秦国人就以他们的智慧创造出了令后世感到震惊的兵器制造业。

## · "明修栈道，暗度陈仓"是怎么回事

西汉大将军韩信从一个家境贫寒的无业青年，逐步成长为了用兵如神的大将军。他用卓越的军事才能帮助刘邦取得了一次次胜利，可以说，如果没有韩信的帮助，刘邦早已被项羽所灭。

入关中之后，为了控制刘邦，项羽分封他为汉王，封给他汉中之地。汉中属于偏远之地，刘邦想要在这种地方有所作为，很难！即使刘邦入汉中之后，项羽仍格外提防刘邦，因此，项羽还把章邯、司马欣、董翳分封到关中去，目的很明显：监视汉王刘邦。章邯、司马欣、董翳这三人是秦旧部，投奔项羽后，分封到关中，把关中一分为三，称为三秦。刘邦想要回归关中，首先就必须要经过三秦。

这也十分合三人之意，尤其是章邯。一来，三秦靠近秦朝旧都咸阳之地，二来，章邯从秦朝的大将军变成了今日的雍王，地位也更显尊贵。想他从一个将军一跃成为雍王，心里应该是多么喜悦，更何况封地还靠近秦旧都。三来，章邯自己也十分清楚项羽的目的是要自己监视刘邦，这对于一直看不起刘邦以及其麾下大将的章邯来讲，是一件十分轻松的差事，他当然也乐意完成。另外，章邯对项羽也是心存感激，因为自己为在秦朝拼死卖命几年之后，没有得什么嘉奖，反而差点送命，无奈之下投靠项羽，但是项羽却不计前嫌（章邯杀了项羽的叔父项梁），反而重用了他。对于项羽杀死了自己带来投降的20万大军，虽然也一度心有不满，但是在章邯的心中，项羽仍是值得效忠的明君，当然这其中也包含了走投无路的成分。现如今，即便知道这是项羽拿自己来当挡箭牌，但封王封侯，功成名就，也有莫大的满足。

与其说章邯对刘邦过分轻视，不如说他自视过高。他曾评价说："樊哙，一介武夫，有勇无谋；夏侯婴，一介小吏，有谋无勇；韩信，一介乞丐，曾受过胯下之辱，无勇亦无谋。"相反，他却十分肯定自己在军事上才能，当年他就能在逃亡之际，反戈一击，让连胜追击的项梁暴尸荒野，更何况现在受制于人的刘邦？所以张良火烧栈道之后，他就一厢情愿地认为刘邦早已无东归之心，放松了警惕。当听说刘邦只派了几百人在修栈道时，只是轻蔑地说了一句："这样修下去，猴年马月才能把栈道修好呢？"

"明修栈道，暗度陈仓"这个典故，就此诞生。这些正在修补栈道的几百人完全吸引了章邯的注意力，但是汉军的主力却正以夏侯婴和樊哙为开路先锋，韩信为帅攻打陈仓。这个消息虽然让章邯十分震惊，但也并不害怕。震惊的是汉军是如何到达陈仓？并不害怕是因为章邯认为夏侯婴和樊哙以及韩信这些无勇无谋的人，怎么能和自己相比？可是，当章邯率兵悠然到达陈仓之时，他才现自己错得有多么离谱。训练有素的汉军早已摆开阵形在等他的到来。一件他原来以为可以轻松拿下的功绩，转瞬间变成了一场困难的攻坚战。但是，仗还得要打，更何况硬碰硬就是章邯的拿手好戏。自然，章邯现在面对这支汉军的雄壮威武之师，硬碰硬已经不管用了。

此外，章邯的军队凝聚力不足，将士们对于章邯本来就有莫大的恨意，因为章邯把自己的20万大军献给了项羽，以至于被项羽全部屠杀而死。这让很多关中将士们失去了亲人，根本毫无心思打仗，他们战斗力也明显不如以前的秦军。然而，思乡心切的汉军却是勇猛无比。章邯也在此时意识到了形势的急剧转变，逃吧。逃亡中的章邯并没有灰心，在溃逃的间隙，还能稳住阵脚，组织好手下人马进行反击。可惜章邯再一次估计错误，因为这次他遇到的对手是他看不起，但实际军事才能上远胜于他的韩信。韩信并不傻，他当然知道章邯要干什么，所以当他见章邯掉转马头，就马上改变了阵形，军队时散时合，时攻时守，变化无穷，章邯的绝地反击战毫无作用。章邯这时也意识到了自己轻敌的下场，也心服口服地评价韩信："用兵如神！"

## ·井陉之战中，韩信排兵布阵的奥秘何在

在以近距离交锋为主的冷兵器时代，排兵布阵是每个希望有所建树的军事将领的必修课，因为科学地排兵布阵对战争的胜负起着极其重要的作用。井陉之战让韩信千古留名，后世军事家们对其争相模仿，但是大部分却都只落得了战败身死的结局。那么在井陉之战中，韩信究竟是如何排兵布阵的呢？

井陉关是太行山北部的重要军事关隘，它位于石家庄以西大约40公里的地方，"四方高，中央下，如井之深，如灶之陉"，自古就是军事家们排兵布阵、生死对决的"生死攸关"之地。此地"一夫当关，万夫莫开"，而韩信带着区区3万新兵要攻克的正是这道被20万赵军把守的险关。

素以"用兵多多益善"著称的韩信，在面临多于自己好几倍的赵军时就已经压力颇大了，更何况，赵军又守着天险，可谓占据了天时、地利之宜。面对这样实力雄厚的赵

军，打持久战显然是不明智的，因为赵军比他们耗得起。所以，韩信选择了速战速决。

井陉关口有两条河，一条南北流向，一条东西流向。这两条河在井陉关前交汇，形成了一片状如半岛的平坦地带，而这块平坦地带的正面正好朝向赵军所在的方向。韩信以为，如果直接攻打赵军，不说人数上的优势，赵军光是依靠地理上的优势就能让韩信败兵了。所以只有把赵军引到井陉关前的平坦地带，让他们丧失地理上的优势，韩信一方才有获胜的可能。而且如果把赵军引到半岛地带决战，对韩信来说，还能消除来自侧翼和后方的威胁，这是极为有利的。

还有另外一个很重要的原因也决定了决战地点必须选在半岛地带，那就是他所带领的那些没有作战经验、作战能力不强的新兵。他认为指挥这些新兵就像"驱市人而战之"，面对这些"市人"般的新兵，他当然不能不忧心忡忡。一旦开始作战，这些士兵的士气如何激发，军心如何安抚，这些都是非常棘手的问题。而且还有很关键的一点，如果留有退路，这些士兵会不会因为畏惧而选择逃跑？如果有人逃跑，韩信一方就必败无疑了。

出于这些问题的考虑，韩信将决战地点定在了半岛地带。为了诱敌下山，他先暴露他的主帅身份，等赵军下山之后，他又佯装失败，一直后退，直到把敌人引入半岛地带。

就这样，韩信在这场战争的开局，就通过对地形的利用巧妙地化不利为有利了。赵军的陈余进入半岛地带不久，就意识到了韩信背水之阵的厉害。首先是那些背水之兵，个个都非常拼命，顽强奋战。自己所带的赵军数量虽远远多于背水之军，但是由于战场非常狭长，赵军无法从侧面包围韩信军队，所以真正能跟韩信一方交锋的战士其实非常少，赵军完全显现不出人数上的优势。意识到自己的军队处于不利的地位，陈余决定收兵回营，想选在别的地方再战。但是，出乎他意料的是，韩信事先在抱犊山上埋伏了两千名轻骑兵，早在他带领赵军倾巢出动以后，这些轻骑兵就偷袭占领了赵军位于井陉关的大本营。

陈余眼见赵军大本营遍插汉军军旗，一时无法判断汉军到底有多少人，不知如何应对。而他的士兵们此时见前方无法突破背水阵，后方老巢又被占领，觉得大势已去，纷纷四散奔逃。就这样，韩信取得了井陉之战的胜利。

井陉之战充分展现了韩信的军事才能，也为他后来拿下赵国创造了非常好的条件。

## · 王莽大将巨毋霸是否真有其人

巨毋霸是汉朝王莽时的一位巨人，他不仅力大无比，而且能役使猛兽。关于他，史书上是有一些记载的，但是尽管如此，长期以来，人们对历史上是否真有巨毋霸这个人却还是始终抱着怀疑的态度。

据《汉书·王莽传》记载，新莽六年，天下大乱，匈奴扰乱边境，国内又义军四起。值此危难时刻，任夙夜太守的韩博向王莽推荐了一名大将，韩博告诉王莽："有奇士，长丈，大十围，来至臣府，曰欲奋击胡虏。自谓巨毋霸，出于蓬莱东南，五城西北昭如海濒，辂车不能载，三马不能胜。即日以车四马，建虎旗，载霸诣阙。霸卧则枕鼓，以铁箸食，此皇天所以辅新室也。愿陛下作大甲高车，贲、育之衣，遣大将一人与虎贲百人迎之于道。京师门户不容者，开高大之，以视百蛮，镇安天下。"

根据韩博的说法，巨毋霸身高一丈，腰围有十围，一般的车子他坐不下，三匹马拉他拉不动，一般的门他也进不去。这样的身材，简直可以称得上是个巨人。汉朝时，一丈约合现在的231毫米，而一围则是用手指围成圈的长度，大约为20厘米。这样说来，巨毋霸的身高大约为2米31，腰围大约为2米，确实是个又高又壮的巨人。这种身材，即便是今天也很少看到。而这也是人们怀疑他是否存在的一个原因。

后来，据《后汉书·光武帝纪》记载，他不仅身材高大，而且还能役使猛兽。新莽地皇四年，王莽的政权风雨飘摇，纵观全国，四处都是揭竿而起的义军，其中以绿林军和赤眉军的队伍声势最为浩大。绿林军推举汉朝宗室后裔刘玄为王，并竖起了光复汉朝的旗帜。王莽非常恐慌，害怕不尽快消灭绿林军的话，会有更多人聚集在复辟汉王朝的旗帜下。于是，他组织了一支40万的大军开始向绿林军主力进攻。据记载，这支队伍是以巨毋霸为垒尉的，同时他还赶了虎、豹、犀牛、大象等猛兽来助威。后来司马光编写的《资治通鉴》也引用了这条史料，由此可见，史学家们是承认巨毋霸的存在的。

但是《汉书·王莽传》中关于韩博推举巨毋霸的另外一段描述似乎又否定了他的存在。当时王莽欲独霸天下，他倒行逆施，引起朝野上下的不满，而此时义军四起。这时有很多人对王莽忠言直谏或者暗寓相讽，而韩博就是对王莽暗寓相讽的人之一。王莽字巨君，而"巨毋霸"三个字合起来，就是"巨君不要霸占着天下"的意思。也正是因为这层理解，王莽非常厌恶韩博，并下令将他逮捕入狱，后又以"非所宜言"为罪名将他斩首弃市。这一段记载又表明巨毋霸是韩博凭空捏造的，实际上并无此人，否认了巨毋霸的存在。

而关于巨毋霸能役使猛兽的说法也颇值得怀疑，当时王莽攻打绿林军的时候，组织了一支40万人的军队，这支军队的垒尉就是巨毋霸，而且巨毋霸还赶了虎、豹、犀牛、大象等猛兽来助威。这史料虽然言之凿凿，但也不是不令人怀疑，巨毋霸任垒尉之职，他的主要职责是负责修筑营垒，驱使野兽冲锋杀敌的工作并不在他的职责之内。

巨毋霸到底是不是历史上的真人，他究竟有什么才能，过着什么样的生活？对于这些问题，言之凿凿的正史资料都相互矛盾，只能留下千古的疑团了。

## ·官渡之战是"以寡敌众"吗

建安元年（公元196年），曹操把汉献帝挟持到许昌，从此开始"挟天子以令诸侯"。后来，他又相继消灭袁术、吕布，势力范围得以扩大。曹操控制了黄河以南，淮、汉以北的大部分地区，在黄河下游，与袁绍形成了南北对峙的局面。据说当时袁绍的兵力远在曹操之上。

建安五年（公元200年）一月，袁绍组织了一支10万人的部队南下，而此时曹操"兵不满万"，双方在官渡大战，曹操以少胜多，从此袁曹双方力量转变，中国北方由分裂走向统一。但曹操真的用这么少的兵战胜了袁绍的10万大军吗？官渡之战中袁曹双方的力量真的如此悬殊吗？这其实是个值得怀疑的问题。

官渡之战中，曹操采取的是弧形防御阵线，他派臧霸入青州，占领齐、北海、永安等地，并派程昱驻守鄄城，防止袁绍方面从东边袭击许昌；派卫觊镇守关中；派魏种镇守河内；派曹仁占领射犬；然后又派于禁、刘延屯驻延津、白马，正面迎敌。到九月份的时候，曹操返回许昌，又布置了一些兵力，镇守官渡。试想这么长的战线，如果"兵不满万"，曹操怎么能做得到？

关于官渡之战前曹操拥有多少兵力的问题，也可以从史料中找出一些具体的资料。裴松之为《三国志》所做的补注中对官渡之战中曹操的兵力有这样一段描述："魏武初起兵，已有众五千，自后百战百胜，败者十二三而已矣。但一破黄巾，受降卒三十余万，余所吞并，不可悉纪；虽征战损伤，未应如此之少也。夫结营相守，异于摧锋决战。《本纪》云：'绍众十余万，屯营东西数十里。'魏太祖虽机变无方，略不世出，安有以数千之兵，而得逾时相抗者哉？"

这段记载对袁曹双方兵力悬殊的说法提出了质疑。他推算，曹操起兵的时候有5000人，之后百战百胜。单破黄巾军之后，接受了30余万的降军。虽然后来征战有所损耗，但是也不应该这么少。

再说，曹操在打败了青州黄巾军以后，又打败了汝南、颍川的黄巾军，接受降军数万，所以曹操的兵力肯定不止区区几千人，至少也有好几万。裴松之认为，就算曹操再厉害，也不可能以数千兵力打败袁绍的十万之师。

为了防止腹背受敌，建安五年，曹操用了半年时间东征刘备。而在曹操东奔西走的半年，袁绍居然没有趁机攻打曹军，这不得不让人感到疑惑。曹操本来就只有数千人的兵力，而且还分散出了一部分攻打刘备，袁绍如果此时进攻曹军，胜利简直唾手可得。但是他却费力地去联合刘表、张绣等，希望形成南北夹击的局面，用了一种比直接攻打要复杂很多倍的方法去达到胜利的目的。袁绍也是善用兵力的人，他之所以没有趁机攻打许昌，只能表明曹操当时有足够抵挡他进攻的兵力。

据《三国志·魏武帝传》记载，建安五年八月，"绍连营稍前，依沙塠为屯，东西数十里。公亦分营与相当，合战不利。时公兵不满万，伤者十二三。绍复进临官渡，起土山地道。公亦于内作之，以相应。"连营数十里，数千的兵力怎么能够做得到？

以少胜多的战役大都速战速决，因为把战役时间拉得很长的话，对兵力不足的一方非常不利，而官渡之战却持续了八九个月。能够抵抗这么久，即使最终曹操兵败，他的兵力也不会比袁绍差多少，更何况曹操最终还取得了胜利。

官渡之战中曹操的胜利固然与他灵活的战术分不开，但是肯定也不是在兵力悬殊那么大的情况下获得的。《三国志》中对官渡之战的描写显然是夸大史实的。

# ·曹军赤壁战败，是不是因为被火攻

汉献帝建安十三年（公元208年），曹操率大军攻打东吴，孙权与刘备结盟抗曹。由于知道魏军大都不谙水性，诸葛亮和周瑜决定用火攻。假意投奔魏军的庞统建议曹操，把魏军的船只用铁索连在一起，曹操接受了他的建议。周瑜打黄盖，黄盖假意投降魏军。黄盖在孔明推测出东风将至的时候，带着数十只装满了柴草的船去投奔魏军，接近魏军的船只时，黄盖点燃了船上的柴草，火借着东风向魏军烧去，不谙水性的魏军死伤无数。

一般人认为遭遇火攻是曹军失败的主要原因，在《资治通鉴》中司马光说，黄盖"乃取蒙冲斗舰十艘，载燥荻、枯柴，灌油其中，裹以帷幕，上建旌旗，预备走舸，纱于其尾。去北军二里余，同时发展，火烈风猛，船往如箭，烧尽北船，延及岸上营落"，可见司马光是倾向于相信曹军兵败的原因是因为火攻的。

但是，《三国志》对赤壁之战却又是另外一番描述。《三国志·蜀书·先主传》中说："权遣周瑜、程普等水军数万，与先主并力，与曹公战于赤壁，大破之，焚其舟船。"按照这种说法，曹军是先败兵，然后船只才被烧的，而不是因为船只被烧而败兵。

那么，曹军败兵的原因到底是什么？

曹操本人并不承认赤壁之战失败的原因是因为遭遇火攻，这从他后来写给孙权的一封信中可以看出："赤壁之役，值有疾病，孤烧船自退，横使周瑜虚获此名。"《三国志·魏书·武帝纪》中描写赤壁之战，也没有提到曹军遭遇火攻败兵这件事。据它记载，曹军大败是因为一场瘟疫。曹操到了赤壁以后，与刘备、孙权联军作战，一直不占上风，后来发生了一场瘟疫，死了很多士兵，曹操看得胜无望，就班师回朝了。而除此之外，《三国志·吴书·吴主传》中也提到了曹操自己烧船这件事："曹公烧剩余船而败退。"

《三国志》的编写者陈寿生活在西晋，离三国时期最近，其记载应该更为准确。那么，没那么，昆明，这种导致曹操败兵的瘟疫究竟是什么？经研究人员推断，这种瘟疫应该是血吸虫病。

血吸虫病从很早之前就有了，公元7世纪初成书的《诸病源候论》中就有关于它的记载。在中国，只有南方才有血吸虫病，且以湖南、湖北最为严重。秋季是急性血吸虫病的高发期，而曹操恰恰是在秋季开始训练水兵的。所以，感染血吸虫病的士兵肯定不在少数。而血吸虫病一般又有一个月左右的潜伏期，赤壁之战是在秋末冬初的时候开始的，那个时候正是士兵们的血吸虫病开始全面发作的时候，曹军怎能全心应战？

而这种疾病之所以对吴蜀联军没有影响，则是因为他们基本上都是在长江流域一带活动，熟悉水性，士兵们对血吸虫病有一定的抵抗能力。但是曹操的军队以前基本上都是在北方活动的，士兵们没有感染过这种疾病，当然没有任何免疫力和抵抗力了。

血吸虫病的说法虽然有些依据，但也非常有争议，因为曹操当时训练水军是在邺城，邺城不是血吸虫病的疫区，所以感染的可能性不大，而且曹操烧船退军虽确有其事，但是发生的地点却不是赤壁，而是曹军兵败后撤退到巴丘的时候。

遭遇火攻导致败兵的说法不可信，血吸虫病的说法也有漏洞可寻，曹军赤壁之战败兵的原因至今扑朔迷离。其实即使抛却血吸虫病和火攻，曹操的军队也是有一些问题的。首先就是士兵们对水上作战环境的陌生，这就导致他们在作战过程中很被动。而同时，曹操的军队中有很多士兵是之前攻打荆州时不战而降的刘琮手下的士兵，所以，曹操的军队本身也不太团结。

赤壁之战的过程中究竟发生了什么？曹操大军到底为何兵败？我们现在仍无从知晓。但无论曹操兵败的原因是什么，赤壁之战的意义都不可忽视，它奠定了魏、蜀、吴三足鼎立的基础。

# ·关羽败走麦城，刘备为何不救

东汉建安二十四年（公元219年）七月，驻守荆州的蜀将关羽，因受到刘备取得汉中的胜利的鼓励，而意图攻打襄樊，扩大战功。

八月，适逢襄樊两地洪水泛滥，曹操派来增援襄樊的于禁七军被淹，关羽趁机将驻守樊城的魏将曹仁围困在城内。

在此紧要关头，曹操与孙权联合，孙权先是佯装派陆逊前来参战，使得关羽掉以轻心，抽调荆州守军，结果中途陆逊急转至夷陵以防刘备增援，东吴大将吕蒙则趁机直取荆州，策反了蜀将傅士和糜芳，并切断汉水以防关羽由水路逃走。襄樊这边，曹操派出张辽、徐晃增援曹仁，徐晃到前线时设计动摇蜀军军心，大破关羽，曹仁又趁洪水退去的时机出兵切断关羽粮草供应线，战场上的形势出现大逆转。

十月，关羽撤兵西回，率残部驻守麦城。当时军中人心惶惑，孤立无援，关羽只得坚守麦城，孙权派人诱降关羽，关羽假意称降，在麦城城墙上伪造守军森严的假象，自己带领十几个兵士跟随，逃出麦城。

当关羽逃至临沮时，不幸被吴将抓获，并立即被处死。

历史上著名的大将关羽，就这样在一场败仗中结束了自己的一生。后人大多为这位盖世英雄感到欷歔惋惜，然而仔细思考这场战役的背后，一些不那么英雄，不那么光彩的真相却渐渐浮现了出来。

在建安二十四年七月到十月期间，关羽先是水淹七军，大破魏军，然后又大意失荆州，败走麦城，最后弃城逃跑，半路被杀。长达三个月的时间，却没有看到刘备有任何增援的行动，被派去阻拦刘备的陆逊也没有遇到刘备援军从蜀地前来增援。

那么，是什么原因致使刘备在三个月的时间里都没有派兵增援他的二弟关羽呢？这个问题只要稍微向前追溯一下，就可以找到一些蛛丝马迹了。

刘关张三人，自桃园结义之后便同甘苦、共进退，于乱世之中奔袭四方，创建功业。然而在刘备借用东吴荆州之前，他们并没有一处足以立足发展的根据地，直到刘备取下汉中，这才有了长足发展的资本。而这时，刘备的首要任务是整顿内部，建立一个比较稳定的政治集团。不过，马超、赵云、黄忠、诸葛亮这些人都好说，本来一开始就是幕僚，现在直接转换为臣属就可以了，而与刘备拜过兄弟的关张二人则不是那么好处理。

张飞还比较好办，虽然是刘备三弟，但是还是很尊敬刘备的，名为兄弟，实为臣属，相比之下，关羽就不那么好定位了。当时关羽镇守的荆州，虽然并不是什么富庶之地，局势也比较复杂，但这是刘备在取得汉中之前的大本营，刘备将如此重要的地方交给关羽驻守，足见关羽在刘备集团内部的地位超群。只是，这种地位，在刘备没有称王之前还是可以存在的，刘备称王之后，其他人都成为臣子，关羽的地位就有些危险了。

这一点，从刘备给关羽的封号就可以看出端倪。

刘备称王之后，拜关羽为前将军、黄忠为后将军、张飞为左将军、马超为右将军。表面看来关羽位于四位将军之首，而实际上，关羽的地位和黄忠、马超是一样的。对此，张飞没有什么异议，关羽却不满意了："大丈夫终不与老兵同列！"

对于关羽的这种不满，刘备并没有作出妥协，这就说明，在刘备称王之后，暴露了他"家天下"的帝王思想。

所谓帝王思想，就是臣子必须忠诚于君王，天下是君王的天下，臣子不过是君王的家仆而已。在这种思想影响下，刘备手下的这些文臣武将都要服务于刘备这个君主，不可以出现与他地位同等的人。关羽生性骄傲自负，恐怕没有考虑过刘备的这种心理，在刘备称王之后，仍然以为他与刘备的地位平等，这本身就不是人臣该有的想法，而刘备如果顺应了这种想法，给关羽一个高出众将的名衔，则会大大不利于他自己的团队建设，因此不管关羽如何不满，怎么发牢骚，刘备都不会妥协。

另外，刘备称汉中王的时候，已经是年近六十的人了，对于王位传承的问题也多有考虑，幼主刘禅并无大才，如果刘备死后出现强臣夺权的事件，那么刘家的天下很容易就会易主。出于这个目的，刘备也不可能抬高关羽的地位，为自己儿子将来的统治造成阻碍。

因此，刘备对于关羽出兵襄樊的举动并不是很赞成，主要是因为不希望关羽扩大战功，建立威望，那么在关羽失掉荆州，腹背受敌的时候，袖手旁观，坐等关羽铩羽而归，威名受损也是自然而然的举动。

而作为刘备的重要臣子的诸葛亮，在揣摩到主公的心思之后，自然也就三缄其口，对关羽的危难不闻不问了。

只是，战争一旦开始，总是有很多变数，刘备虽然不希望关羽建立军功，但是还不至于想害死他而自损羽翼，结果关羽竟被吴军斩获，应该也是出乎刘备所料的吧。

## ·淝水之战真的是以少胜多吗

十六国时期，前秦统一了北方政权。南方由司马睿建立起了东晋，盘踞江左一带，南北双方形成了对峙的局面。公元383年，前秦与东晋在淮南淝水展开了一场"规模惊人"的大战，史称淝水之战。在淝水之中，前秦百万兵马居然输给了东晋十万兵马，在历史上颇为罕见。

前秦天王苻坚统一了北方各族之后，就开始积极准备南征东晋。公元383年五月，苻坚不顾前秦丞相王猛临终遗言以及群臣的反对，决意攻取东晋。苻坚甚至扬言以此强兵百万，"投鞭可以断流"。八月，苻坚以苻融、张蚝、慕容垂等步骑25万为前锋南下，苻坚随后率百马兵马从长安出发，全军有步兵60万、骑兵27万，旗鼓相望，前后千里，东西万里，水陆并进。崔鸿《十六国春秋》记载："八月戊午，遣……步骑二十五万为前锋。甲子，坚发长安，戎卒六十余万，骑二十七万，前后千里，旌鼓相望。"

面对前秦的来势汹汹，东晋任命谢石为征讨大都督，谢玄领北府兵为前锋都督，与谢琰、桓伊等共同率领8万之众抵抗秦军，又另派将领胡彬领5000水军增援寿阳（今安徽寿县）。十一月，谢石、谢玄和刘牢之在谢安的计策指挥之下，由刘牢之率北府精兵5000人强渡洛涧，袭击梁成军营，临阵斩杀梁成等10员将领，又分兵截断退路的渡口。秦兵步骑一时崩溃，落水而死的就有15000人，晋军缴获了秦军丢弃的大量军资器仗。强渡洛涧，取得大胜的晋军乘胜追击，水陆并进，声势大振。全军推至淝水东岸，与秦兵隔河对峙。苻坚在寿阳城上目睹晋军布阵严整，心中暗暗吃惊。又见淝水东面八公山上草木摇动，以为都是埋伏的晋兵，不由连连感叹："此亦劲敌，何谓弱也。"当秦晋两军夹淝水布阵之时，为速战速决，谢玄便派人向苻融提议说："两军隔河对峙并非长久之计，不如将军往后退一步，让我军能渡过淝水，一决胜负，如何？"苻坚认为我众敌寡，想要乘晋军渡江之时，向晋军发动进攻，必能取胜。于是同意了谢玄的提议。但是当秦军下令后退时，全军军心大乱，众多秦军将士都以为是前锋战败，顿时间秦军争相逃命，自相践踏。谢玄、谢琰、桓伊等率领晋军渡河猛攻。晋军一鼓作气，追击秦军至寿阳30里外的青冈。一路逃亡的秦军听到风的吹拂声与鹤的呼叫声，都以为是追兵到了，昼夜不敢停息，最后只有10多万人逃回北方。淝水之战，以少胜多，从此扬名于中国军事史。

但是近年来，史学家们通过对史册的研究，对淝水之战以少胜多提出许多新的观点。

1.前秦百万军队是否真的有100万人？史学家认为百万只是一个虚数，实际数量并无百万。第一，虽然苻坚已经统一北方各少数民族，但是从人口总数估计，拥有百万雄师的可能性并不大；第二，假设前秦真的拥有百万军队，也不可能全部派往前线，至少要留一些驻守各地重镇；第三，这年五月，苻坚就派遣儿子苻叙率兵进入襄阳和蜀地以抵抗晋军，苻叙由此带走了前秦的一部分兵力。所以百万之师的说法值得怀疑。

2.真正参加淝水一战的前秦军队有多少人？淝水之战中，结集在淮、淝一带的秦军其实就只有苻融率领的30万军队。这30万人还被分布在了郧城至洛涧的500里战线之上。也就是说，真正驻扎在淝水的军队也不过10万人。但是反观南方，晋军的8万人几乎都参加了淝水一战，再加上晋军本来就在长江中游地区布置了很雄厚的兵力，因此真正与前秦交战的晋军在人数可能达到十二三万人左右，要比前秦军队的十万人多出很多。所以，历史上所谓的"以少胜多"其实并不可信，应该是"以多胜少"。

## ·瓦岗军为何灭不了隋朝

瓦岗军是隋末农民起义军队中战斗力最强的队伍，曾给隋朝以重创，但最终并未能夺取政权，而是军队溃散，降于唐朝。

大业七年（公元611年），东郡韦城县人翟让因犯罪而被下狱，狱吏黄君汉私自释放了他。翟让逃亡瓦岗，聚众起义，同郡的单雄信、徐世也都纷纷加入，势力加强。他们在永济渠沿岸劫夺来往船只，以致"资用丰给，附者益众"，起义队伍逐步扩大起来。

大业十二年（公元616年），贵族出身的李密在参加杨玄感起兵失败后，投奔瓦岗军。李密较有政治眼光，他建议翟让积极发展势力，扩大影响。翟让重视李密的建议，首先攻取了荥阳。荥阳是中原的战略要地，向东是一片平原，向西是虎牢关。虎牢关以西的巩县有隋的大粮仓洛口仓。取得洛口仓不仅可以得到大量的粮食，而且已逼近东都洛阳。夺取荥阳是瓦岗军发展势力的重要一步。

面临强大的瓦岗军，荥阳太守杨庆无可奈何，隋炀帝特派"号为名将""威震东夏"的张须陀为荥阳通守，镇压瓦岗军。李密认为张须陀勇而无谋，遂建议翟让与张须陀正面对战，佯装败北逃走。李密率精兵埋伏在荥阳以北的大海寺附近，张须陀紧跟翟让十余里，到大海寺以北的林间时，李密伏兵四起，隋军陷入重围。张须陀本来掉以轻心，突如其来的强兵使他措手不及，战败被杀。此役一败，隋军"昼夜号哭，数日不止"。可见，这次瓦岗军的胜利是对隋炀帝政权的沉重打击。

大业十三年（公元617年）二月，瓦岗军攻取洛口仓，随后开仓济贫，贫苦农民大量参加起义军。隋朝在洛阳的越王杨侗派遣虎贲郎将刘长恭率军2.5万人前往镇压瓦岗军。翟让、李密预先侦知了隋军的动向，作了周密的部署。刘长恭对瓦岗军的情况则一无所知，看到瓦岗军表面上人数不多，遂麻痹大意起来。瓦岗军乘隋军初来乍到，饿饥疲惫之时，大举进攻，致使隋军大败，死者十之五六，刘长恭仓皇逃回东都。瓦岗军缴获大量的辎重器甲，力量壮大，声威大振。

同年四月，瓦岗军逼近东都城郊，攻破回洛仓（在今河南洛阳东北），致使东都粮食缺乏，陷入困境。九月，瓦岗军又攻破黎阳仓，开仓济贫，起义军增加了20多万。这时，瓦岗军有数十万之众，控制了中原广大地区，达到了鼎盛时期。瓦岗军还公开宣布了隋炀帝的十大罪状，明确表示要推翻隋炀帝政权。

由于李密在屡次作战中所发挥的作用较大，其威望也就越来越高，翟让遂主动把领导权让给了李密。后来，翟让的哥哥翟弘以及王儒信等人又劝翟让夺回领导权。如此一来，瓦岗军的内部矛盾开始日益激化，以致最后李密不得不杀了翟让。

武德元年（公元618年）六月，宇文化及率江都隋军北上，瓦岗军虽然在应对宇文化及的作战中取得胜利，但也损失惨重。九月，东都隋军乘机发动进攻，瓦岗军全面失败，李密走投无路，于十月奔赴长安，向李唐投降。瓦岗军虽然失败了，但由于它是当时最强大的一支农民军队伍，在中原消灭了大量的隋军，割断了江都与洛阳的联系，迫使隋炀帝陷入江都孤岛，不能控制全国，间接促成了隋朝的灭亡。

由此观之，正当瓦岗军日益强大的时候，领导集团内部的矛盾激化，军队被无形分裂，自我力量削弱，最终把自己逼上了末路。

# · "陈桥兵变"的历史真相

公元959年，后周世宗柴荣英年早逝。周恭宗即位，年仅7岁。朝中大权落在了殿前都点检、归德军节度使赵匡胤手中。公元960年元旦，传来北汉联合大辽南下攻打后周的消息。慌乱之中，后周符太后与宰相范质决定派赵匡胤出征迎战。赵匡胤率大军出发三日之后，到达开封东北的陈桥驿，并在此驻军休息。当晚赵匡胤醉酒而卧，而有拥立之意的将士却环立待旦。次日黎明，四周叫啸呐喊，声震原野，士兵们高呼："诸军无主，愿策太尉为天子。"部下高德怀把一件黄袍披在了赵匡胤的身上，拥立他为皇帝。赵匡胤在勉为其难之中提出了同意当皇帝的几个条件：回开封后，对后周的太后和小皇帝不得惊犯，对后周的公卿不得侵凌，对朝市府库不得侵掠，服从命令者有赏，违反命令者诛族。得到将士们的答复之后，赵匡胤班师回朝。回到开封后，赵匡胤得到守备京城的禁军首领石守信、王审琦的帮助，不费一兵一卒，夺取了后周帝位，建立大宋。

从史书记载来看，赵匡胤在整个陈桥兵变事件之中一直处于被动的位置，似乎是情非得已才坐上皇帝宝座。但是，经过后人仔细研究发现，陈桥兵变其实是一场由赵氏家族预谋已久的篡权事件。

第一，在后周得知辽国与北汉联军南下攻打后周，满朝文武无不慌乱。宰相范质请赵匡胤出征之时，赵匡胤却以兵少将寡为借口推脱，最后范质只得把朝廷最高兵权交给赵匡胤，所以，陈桥兵变时赵匡胤手中几乎掌握了后周全国兵马。

第二，据《涑水纪闻》等书记载："及将北征，京师喧言，出师之日，将策点检为天子。故富室或挈家远避于外州，独宫中未之知也。"由此可知，陈桥兵变不会是一次偶发事件，而是有预谋的。赵匡胤大军离开后不久，后周京城谣言四起，说赵匡胤才是真命天子。谣言的力量不可小觑。在后周世宗在位之时，赵匡胤就曾利用谣言，使驸马张永德被免去了殿前都点检的职务而由他接任。这次故技重施，使得后周朝廷文武百官慌作一团。这也是赵匡胤的杰作，就是为了造成朝廷的慌乱，同时也使得自己在军队之中更有声望。

第三，皇袍从何而来？古诗有云："黄袍不是寻常物，谁信军中偶得之。"古代私藏皇袍是死罪，如果不是预先准备好，军中怎会临时有皇袍？

第四，赵匡胤陈桥兵变，黄袍加身之后，就马上班师回朝，可是他此次出征的目的是迎战汉辽联军，怎会如此轻易就回朝呢？"千秋疑案陈桥驿，一着黄袍加身便罢兵。"史书中既没有记载关于辽兵入侵的任何结果，又没有记载此后北宋出征的任何情况，这一场所谓的战争也奇迹般地消失在史册里。由此可以认定，汉辽联军入侵的军情有可能是为了配合赵匡胤兵变自立而谎报的。

第五，《宋史·杜太后传》记载，杜太后得知其子黄袍加身后，没有因为这欺君罔上，诛灭九族的大罪而感到惊慌，反而还说："吾子素有大志，今果然。"司马光《涑水纪闻》也记载，杜太后说："吾儿生平奇异，人皆言当极贵，又何忧也。"这个"大志"，应该就是做皇帝。

第六，以当时的历史条件分析，后周皇帝年幼无知，根本没有能力带领部下一统江山。对于将士们来说，就算拼死拼活立了大功也无人知晓。他们迫切需要推选出一个有威望的人，而且是能够真切地体验到他们劳苦的人出来带领他们。赵匡胤显然是具备了条件的人：他是军人，能够体验将士们的劳苦；他有威望，能够使人信服；他掌握着禁军的领导权，手里有军队。

所以，陈桥兵变的发生并不是偶然的，它既是赵匡胤故意为之，又是历史发展的必然。

## ·唐岛之战，宋军为什么能以寡敌众

唐岛之战，南宋水军以3000非正规军、120艘战舰迎击金军7万水军、600艘战舰的庞大水师，一战全歼金军水师，创造了古代海战的神话。

那么，创造这次海战神话的原因都有哪些呢？仔细分析，不难发现，金军除了装备精良、兵将众多这两个优势之外，其他决定战争胜利的因素无一具备，而宋军除了人数少、战舰少这两个劣势之外，可谓占尽天时、地利、人和，这场历史上以少胜多的著名战役在一开始的时候就已经分出胜负了。

南宋时期，宋高宗不思进取，只想向金朝称臣纳贡以求苟且偷安。然而，在秦桧陷害了抗金名将岳飞之后，民间的抗金情绪反而空前高涨，朝野上下一片主战呼声。另一方面，金朝皇帝完颜亮积极备战，并不满足于南宋的划地赔款，进献银绢，而是妄图全面占领东南土地，将南宋赶尽杀绝。在这样虎视眈眈的劲敌面前，一向主和的宋高宗也只得被迫开战了。

南宋绍兴三十年（1160年），金海陵王完颜亮准备伐宋，抓紧时间筹建60万海陆军士，建造战舰，妄图从水陆两方面同时进军，在百天之内全面攻下南宋。

宋高宗这边也只得紧急征调几万军队，从水陆两方面调遣将领，奋力迎敌，水军方面派岳飞旧部李宝率领3000弓弩手、120艘战舰驻扎在平江，用以抵抗金军水师。

南宋绍兴三十一年（1161年），完颜亮全面发起伐宋战争，除在陆上向南宋大规模进军外，还命苏保衡和完颜郑家奴率领7万水军、600艘军舰进军南宋，由海路直取南宋都城临安，金军水师行至松林岛，因海上风大而停驻于岛间。

八月，宋将魏胜趁金军南侵之际，起兵收复了海州，完颜亮暴怒，为保障金军后方，迅速调集几万军队将海州围困起来。此时，李宝正由平江北上至东海，得知魏胜被围，立即登陆支援。

临战前，李宝用自己的佩剑指着脚下的土地，鼓舞士兵道："这块土地就快不是我们大宋疆土了，能不能保住它，就看大家能否力战金兵了。"当时宋军将士士气高昂，李宝身先士卒，力战金军，终于将金军击退，解除了海州的围困。

金军撤退后，魏胜出城相迎李宝军队，并为其修缮战船，犒赏三军，李宝军中将士更加坚定了击退金军的决心。至此，在与金军水师交战之前，南宋水军的战斗热情就已经被调动起来了，可谓先占了"人和"这一优势。

十月下旬，李宝舰队北上抵达石臼山，遇到前来投诚的几百名从金军中逃亡出来的水兵，这些水兵一听说李宝是抗金将领，纷纷将自己知道的信息禀告给他。李宝了解到金军内部的一些情报，又得知此时他们正停泊在距离石臼山几十里外的唐岛，便立即制订作战计划，打算出其不意，以火攻敌。于是马上起锚扬帆，北上奔袭金军，军中将士更是迫不及待要与金军正面交战，保家卫国。

李宝在接近金军之前得到敌军情报，做好充足准备开始战斗，这又占了"地利"的优势。

十月二十七日晨，风向由北转南，李宝军队又占"天时"之利，乘风疾驶，不多时就已经见到金军舰队了。金军大多都是北方人，本不惯海上作战，因此连日行船，都住在船舱里，甲板上的水手都是他们强行抓来的。当水手们远远望见李宝舰队时，便将剩余的少数金军骗进船舱，为李宝军队接近敌军争取了宝贵的时间。趁此良机，李宝一鼓作气，下令全舰出击，原本平静的海面上霎时间喊声震天，战鼓齐鸣，船舱中的金军听到宋军突袭，全无准备，惊慌失措，慌乱间，战舰挤作一团，根本无法迎敌。李宝趁金军混乱之际，下令发射火箭药，由于事先了解到金军战舰的船帆和船舱均由油布制成，所以不出宋军所料，发射火箭药之后，金军几百艘战舰瞬间陷入一片火海。有几艘金军战舰侥幸没有被点燃，仍想负隅顽抗。李宝沉着指挥，宋军舰队插入金军舰队之间，令他们不能相互照应，宋军将士跳上敌舰奋勇杀敌，金军舰上的水手也临阵倒戈，与宋军共同杀敌。最后，金军7万将士、600艘战船，只有苏保衡一人逃走，其余全军覆没。宋军水师彻底地粉碎了金军妄图从水路攻打都城临安的战略计划。

唐岛战役的胜利，配合内陆上的采石之战的胜利，使宋朝免于金朝的侵袭，保证了南宋的平安。这场海战，充分证明了人心向背的力量，将领审时度势的智谋等重要因素对战争胜负成败的决定性作用，也是这场以弱胜强，以少胜多的著名海战为今人提供的宝贵经验。


# ·宋朝为何不大规模饲养战马

宋太祖赵匡胤建立北宋政权之后，积极地把国家军事的统领之权收归皇帝所有，因而发生了"杯酒释兵权"的事件。"杯酒释兵权"虽然有利于北宋国家政治统一、防止内乱，却也大大削弱了国家战斗力。因此一直以来，人们都把它当成了宋朝军事力量弱小的主因。

但是，仔细分析宋代历史和环境，会发现宋军不堪一击的背后，还有另外一个重要的原因——宋朝没有大规模饲养战马，也没有组建一支强大的骑兵军团。可想而知，在冷兵器时代，骑兵在机动性和冲击力都对于步兵形成了天然的优势。南方农耕民族的步兵在面对具有先天军事优势的北方游牧民族的骑兵战团之时，几乎是不堪一击。既然骑兵具有如此大的作用，那么强敌环绕，渴望一统天下的宋朝为何不养马呢？

首先，宋朝国境之内，没有适合养马的场地。饲养战马，必须要具备三个条件：一是饲养场地必须辽阔，需要大片的牧场供马生长繁衍；二是必须饲养体力较好的成年公马；三是，饲养战马需要比较寒冷的气候。三个条件缺一不可。在古代中国，适合养马的主要地区有两个：西北和东北。汉、唐两朝都曾在西北大规模饲养战马，因此汉对匈奴、唐对突厥的战役之中，中原王朝都能取得重大的胜利。但是，对于主要领地在黄河以南的宋朝来说，气候湿润温暖，并不适合养马，国土境内已经找不到合适的大片牧场饲养战马。真正适合养马的西北和东北地区早已被其他少数民族政权所占领。北宋王朝只有先夺回这两片地区才有可能建立大规模养马场。但是，军事实力弱的北宋王朝，没有骑兵军团的帮助，仅靠步兵又如何能赶走这些强悍的骑兵战团呢？

其次，生态环境的破坏。相对于汉唐两朝的养马场地来说，宋王朝疆土之内确实没有适合养马的场地。然而实际上，靠近西北地区的甘肃东部地区和陕西大部地区，也是北宋的疆土，汉王朝就曾在这片地区养过马。关中平原这片地区在历史上占据了巨大的作用。许多王朝都曾在这片地区建都，最为著名的就是汉、唐长安城。作为一个国家的首都以及其辐射之地，关中平原曾经的繁华富庶可想而知。可是繁华背后是以巨大的资源消耗为代价。生活在这里的达官贵族为了维持生活水平，必然需要消耗大量的粮食、燃料和草料，这就造成了周边地区植被严重破坏。如此密集的人口消耗输出，必然导致生态环境的严重破坏，生态系统自我修复功能也逐渐降低。关中地区的生态环境被破坏之后，恢复相当困难。而且汉朝曾在这里大规模养马，养活一匹马相当于养活6~7个人，如此大的投入和产生，就给关中地区的粮食供应带来巨大压力，这种压力表现在生态环境之上，就是大规模开垦，对生态环境的破坏可想而知。经过历代王朝的破坏，以及汉代、唐代养马的消耗，到宋朝时，关中周边的植被破坏很可能已经达到了无法容忍大面积养马的程度。

综上，宋朝之所以不养马，既是由于北宋版图之内没有适合养马的地方，也是由于关中平原的养马潜力早已被历代王朝消耗殆尽，生态环境的破坏不再适合养马。

## ·辽国大将萧达被射杀是意外吗

宋真宗景德元年（1004年），宋辽两国以举国之力，宋朝由宋真宗御驾亲征，辽国由萧太后统帅三军，在澶州等地进行了一场决定两国百年命运的战争，战争的结果是签订了一个历史上著名的盟约"澶渊之盟"。

澶渊之盟的内容主要是：宋朝向辽国缴纳岁币十万两白银，二十万匹绢；两国结为兄弟友邦；两国约定在边境各驻守军，各守疆界；两国边境的百姓不得互相侵扰，如果有盗贼在边境流窜，两国军队没有得到对方允许不得越境追捕；两国固有的城池可以仍旧归本国驻守，不可以另建新城，开拨河道。

乍看来，宋朝向辽国缴纳大笔的岁币，澶渊之盟是以宋朝的屈辱让步达成的，但是，仔细思考的话，不难发现，如此大规模的战争，辽国得到的结果仅仅是一些钱财，却要放弃此后百余年入侵宋朝边境，大肆掠夺的权利，似乎并不划算。

由于宋、辽两国长期征战，致使国家经济发展受到阻碍，且宋军以步兵列阵为主，善守城，不善奔袭；辽军以轻骑兵为主，善奔袭，不善守城。两军交战，边境城池频繁易主，却并没有什么实质性的土地得失，如此长年累月，就连两边的将领也出现了厌战情绪。

面对这种局面，宋辽两国君主都有一种一劳永逸的想法，因此，这场战争能够动用两国君主亲征，全国军事主力出动，就足以说明战争的目的不在于谁把谁灭掉，而在双方有个足够的理由谈判，商量出一个两国相处的方法。

那么，向来觊觎宋朝富庶的辽国，怎么会以如此低的价码答应议和呢？这其中的原因究竟是什么？需要仔细研究探寻。

表面看来，很多人认为是辽国名将萧达的阵亡，使得辽军士气低迷，就连萧太后也在回朝之后罢朝五日，以悼念萧达的殉国。但是，萧达的死亡，真如历史上记载的那样简单、偶然，仅仅因为在其督军作战的时候，被一个宋军中的小兵用床弩射中额头，抬回军营之后不久就气绝身亡了吗？

任何历史的偶然，都有其深层次的必然。萧达作为辽军主将，却死得如此轻而易举，实在让人匪夷所思，这其中应该另有原因。

早在澶渊之战发起之前，宋辽两国另一个战场就已经硝烟弥漫了。历史上，任何一场正面战役，都离不开暗中的谍战交锋，宋辽两国的这场战役自然也不例外。

当时，宋朝情报网已经相当完善，暗中截获了大量的辽军作战情报，这从当时战争开始之前，宋军调动其战略预备队"广锐军"1.5万余骑前往河北这一举动，就可见其早已获知辽军要进军南下的战略意图。

当然，辽国也派出了大量的间谍潜入宋朝军队及朝廷各处，但是，在战役中辽国的情报头目马珠格勒被擒，使得辽国情报网被大面积地摧毁。在《续资治通鉴长编》中记载，马珠格勒被擒后，供出了他手下的很多间谍，随后被宋朝方面斩杀。

这一事件，是宋辽两国谍战势力对比的分水岭，从此后，辽国间谍网基本上已经不能和宋国谍报机构抗衡了。按照《辽史》中的记载，辽对宋的间谍抓捕行动收效甚微，只是零星地抓获几个不重要的小角色，真正的宋朝大间谍则一直潜伏在辽国内部，甚至就在统治集团内部的小圈子里。

在澶州战役爆发前，曾有这样一件小事，当时的宋真宗近卫军中有一个不在编的小军官张皓，被指派到大将石普手下出任传令官的职务，在赴任途中，张皓被辽军活捉了，不过被俘的张皓并没有受到什么虐待，反而在萧太后的授意下，被很好地招待了一番之后放回宋朝，并让张皓将辽国希望与宋朝议和的信息传达给宋朝官员。

张皓回到宋营，遇到主管宋军西北方面军的内侍周文质，周文质在听到张皓的禀报之后，立即连夜与宋军的指挥官李继隆、秦翰商讨对策，而李继隆等也对此作出了积极的应对，将军士整军列队，并安排强弩手把控潜伏在各个军事制高点上。

至此，事情的端倪就露出来了，只是一次小军官被敌军俘虏后放归，传达敌方议和信息的小事件，为什么会受到内侍周文质以及宋军指挥官们的如此重视，是否是这个小军官在敌营被俘期间接到了潜伏在辽国内部的宋军间谍的情报？由于史籍中记录不明，具体情况无法证实，但是，张皓曾对周文质说过辽军要在第二天发兵："言设谋以迟明来袭。"从这一句话中，可以确定张皓确实是带着辽军的军事情报来找周文质汇报的。

果然，次日辽军对宋营三面合围，轻骑兵由宋军的西北方向突进。要知道，在军事战斗中，主攻方向是非常重要的军事机密，非决策内部人员而不得知，而周文质正是负责宋营西北方向防守的官员，这种巧合的偶然性实在是微乎其微。

在辽军主力进攻宋营的时候，萧达亲自督战，结果正中宋军埋伏，被一个小小的威虎军头张瓌用床弩一箭毙命。

一系列的巧合，足以说明事情是"非巧合"，正是宋军情报网的得力工作，使得辽国名将萧达凛命丧沙场。正因如此，辽宋两国的和谈得以快速达成共识，澶渊之盟因此签订。

## ·忽必烈东征日本屡战屡败的实际原因

忽必烈雄心勃勃，南征北战，想将全世界都踩于脚下。1274年，忽必烈率兵想要征服日本，但因在海上遇到了强台风，无功而返。回到中国后，不甘心失败的忽必烈于1281年第二次东征日本，没想到这次依然遭遇台风，无法登陆，忽必烈只得再次返回。如此，日本逃过一劫。

后来，日本民间流传开来这样一个故事，说在元朝时期，蒙古入侵者的船只在"神风"的阻挠下，才没有进入日本。所以日本对神风顶礼膜拜，数百年间，他们一直认为是"神风"救了他们。

但是在英国《新科学家》周刊的一项考古文章中，科学家们却提出，当日阻拦忽必烈的并非是什么"神风"，而是元朝船舰的拙劣的造船工艺和设计，令元朝船队在海上行驶时，葬身大海。

忽必烈第一次东征日本时，他命人以900艘战船、1.5万名士兵，远征日本。一开始，元军势如破竹，很快占领了对马、壹岐两岛，继而侵入肥前松浦郡。日军节节败退，眼看就要守不住阵地了，但是当日军退到大宰府附近时，元军却在一次夜间的暴风雨中，军舰被海浪打翻了200余艘。按说军舰应当是最坚固的材料制造，暴风雨应当不会对其造成什么影响。但当台风来临，暴雨倾盆的时候，元军将舰队停泊在博多湾口，船只在风雨中飘摇，无法保持平衡而相互撞击，使得许多船只破损，进而导致了沉没。那次之后，元军死亡兵卒达1.35万人。兵力大损的元军不得不退回本土，日本这才逃过一劫。日本将那次战役称为"文水之役"。第二次的东征，依然是相同的原因，元军在最后关头功亏一篑。

看似是上天帮助日本，但从后来对打捞上来的蒙古战舰的残骸研究中可以发现，这些战舰做工粗糙，质量十分低劣。很多战舰上的铆钉过于密集，这就说明这些材料是反复利用过的，需要加固才不至于碎裂。而根据史料记载，这些战舰大部分都是忽必烈命令被占领民族建造的，人们并不热衷修建战舰，他们认为修建战舰会增重他们的兵役，因此建造军舰时并不认真，很多情况下都是敷衍了事，质量自然不能保证。

军舰粗制滥造，无法抵御海浪的冲击，再加上台风来袭，暴风雨加剧，更让这些本就脆弱的船只无法进行战斗。忽必烈估计一定没有想到，他的雄心壮志最后竟然是破灭在"豆腐渣工程"上的。

# 出人意料的后宫内幕

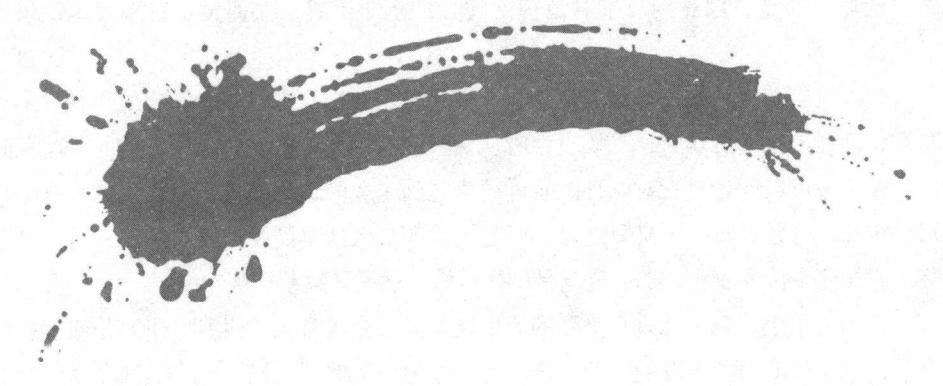

# ·夏朝覆灭，是妹喜祸国还是君王误国

　　与妲己、褒姒、陈圆圆等人相比，妹喜的名气显然不够大，但每逢提到"祸国红颜"，她往往首当其冲。然而，著名作家柏杨先生却在《皇后之死》中这样介绍妹喜："施妹喜是个可怜的女孩子，她的身份是一个没有人权的俘虏，在她正青春年华的时候，不得不离开家乡，离开情郎（假如她有情郎的话），为了宗族的生存，像牛羊一样地被献到敌人之手。"

　　史书中对妹喜的记载极为有限，现有的材料只能证明她是夏朝有施氏部落的女子。当时夏桀率领军队攻打有施氏，无力以暴制暴的有施将领们只好用"美人计"止战，美女妹喜就成了这场战争中的关键人物。虽然史书并没有详细记载妹喜的容貌，但想必她一定非常漂亮，漂亮到夏桀对她一见倾心，立即停战，左拥美女右率大军快乐地回了夏都。

　　为了讨得美人欢心，夏桀劳民伤财、大兴土木，造"琼室瑶台"，妹喜日日不离其左右，甚至连批阅奏章时，夏桀也会听从妹喜的意见（《列女传·孽嬖传》）。民间还有一种传说可以印证夏桀对妹喜的宠爱简直达到了登峰造极的地步：据说妹喜有一种特别的嗜好，妹喜欢听"裂帛"之声，于是夏桀便命人从早到晚地撕扯缯帛，以博美人一笑。假如这个传说属实，那么究竟是妹喜可憎，还是夏桀荒唐呢？

　　《国语》中记载"妹喜亡夏"的罪证还与另一个人有关：伊尹。伊尹是商朝初期的重臣，也是辅助商汤灭夏的关键人物，他是作为商汤的"间谍"被安插到夏朝内部的。按照《竹书纪年》的记载：夏桀曾经派兵攻打岷山国，岷山国无力抵挡，于是便效仿有施部落，将美女琬与琰献给了夏桀，从此夏桀对妹喜的宠爱大打折扣，妹喜被弃置在洛河流域。妹喜失宠落寞之时，伊尹乘虚而入，不仅博得了美人芳心，还探得了诸多军事情报，为商汤灭夏铺垫了一条明路。

　　但是这段记载也存在疑点：当时妹喜根本不在夏都，且备受冷落，如何得到军事情报？想必伊尹也不会把自己的"间谍"身份告诉妹喜，所以即使他从毫无防备的妹喜口中刺探到了什么，这也不能成为妹喜亡国的"如山铁证"。

　　当人们将亡国的罪责压在妹喜身上时，却往往忽略了背后的真相——若不是夏桀昏庸好色，将相腐败无能，又何至于国破为奴？历史文献中的夏桀，横征暴敛，荒淫无度，极尽奢侈，重用的权臣又多是趋炎附势的唯诺小人。大臣关龙逢曾向夏桀进谏，指出夏桀若再不收敛，必然亡国。夏桀听闻大怒："日有亡乎？日亡而我亡。"夏桀自比永恒的太阳，并杀了耿直的关龙逢。很多家破人亡、走投无路的百姓痛恨无道的夏桀，他们指着太阳咒骂："时日曷丧？吾与汝偕亡！"

　　事实无数次证明，那些自命将"与天地同在，与日月齐晖"的王朝和君主最终都无法逃脱历史规律的制约。在夏朝统治的四五百年间，阶级斗争从来没有停过。到了第十四代君王孔甲时期，由于孔甲乱政，各部落与王室的关系极度恶化，氏族内部的纠纷也日益激烈，奴隶或争相逃亡，或起而暴动，夏王朝逐渐衰落。再到夏桀时，夏桀的穷奢极欲与暴虐嗜杀更使得夏朝的统治江河日下，国势衰微。

此时，妺喜的出现不过是使夏桀为自己的贪婪与残暴找到了一个新鲜的理由，他无限制地征用民力，一心淫乐而荒废朝政，暴虐地屠杀反对自己的大臣，残酷镇压奴隶和平民。夏朝末年，每当有部落起来反抗，夏桀采用的唯一方式就是出兵镇压，他试图以武力解决王朝分崩离析的问题，反而促使各方国部落更加离心离德。

当夏桀一味涂炭生灵以致众叛亲离时，商汤却在养精蓄锐，伺机而动。夏朝的灭亡是必然的，即使没有妺喜，换作一个叫"忧"或"愁"的美人，夏朝一样会亡。所以，这个"可怜的女俘"妺喜不仅没有亡国的胆识，甚至连掌握自己生存与自由的权利都没有。她可能是夏朝灭亡的催化剂，但绝不是亡国的根本原因。夏朝的灭亡，与其说是"红颜乱政"，倒不如说是"君王误国"。

## ·商王后妇好到底嫁了几次

最初，殷墟是借甲骨文出现在世人面前的。随后的几十年里，考古工作者对殷墟进行着旷日持久的考古与发掘。1976年殷墟妇好墓的发现，把殷墟考古工作推向了高潮。

妇好墓在宫殿区的西边。妇好墓深7.5米，在这里出土了大批随葬品，共计1928件。计有：青铜器400多件，玉器750多件，骨器560多件，以及石器、象牙制品、陶器、蚌器、海螺、海贝等，其中大量的青铜器包括祭祀用的酒具和煮肉器皿，器皿前大多刻有饕餮纹，后面刻有螺旋图案。有人认为饕餮纹发源于良渚文化，象征着从死亡到阴间生活的转化过程。所有物品制作极其精美，展现出商代所达到的最高工艺水平。该墓中出土的青铜礼器和乐器上，大部分都铸有铭文。考古人员根据铭文上出现最多的"妇好"字样，将这座墓称为"妇好墓"。

妇好是谁？为什么她的墓葬没有在皇家陵区，而是建造在了宫殿区？为什么她的墓葬如此奢华？幸好有甲骨文的记载可供查询。

妇好是商王武丁的妻子，她能文能武，深受武丁宠爱，多次参与国家大事，为武丁的江山社稷立下汗马功劳。

妇好文化修养较高，武丁任命她为卜官，主持各种祭祀活动。在尊崇神灵的商朝，主持祭祀是很了不起的事情。妇好还是我国历史上第一位有文字可查的女将军，甲骨文中关于她的记录有200条之多。

据甲骨文记载，某年夏天，北方边境燃起战火，敌人实力强劲，战事呈胶着状态。此时妇好主动提出去边境战斗，商王经过占卜，得到吉相，于是同意了妇好的请求。那次战斗中妇好带兵大破敌军，威名大振，从此后一发不可收，接连与20多个小国战斗都取得了胜利，成为远近闻名的骁勇战将。妇好墓出土的文物中，有一柄大铜钺，长39.5

厘米，刃宽37.5厘米，重9千克。钺上饰有双虎扑噬人头纹，并铸有"妇好"铭文。能挥舞着如此沉重的兵器在战阵中拼杀，妇好的勇武可见一斑。

妇好在商王的六十几位妻子中格外受宠爱。当时的战斗规模普遍不大，动辄不过上千人，可据记载，妇好在攻打羌方的时候动用了1.3万人的兵力，相当于全国兵力的一半，可见商王对她的信任。

甲骨文上称妇好为"大元帅"，不仅记载了她的彪炳战功，也记载了她与商王武丁的绵绵情意。武丁信任她、宠爱她，当妇好怀孕生子时，武丁为她担心忧虑，虔诚地向神灵祈福。由于连年征战，妇好终因积劳成疾，先于武丁而亡。武丁很悲痛，破例将她厚葬于宫殿区内，并在墓坑上精筑享堂，以作纪念。这也就解释了妇好墓为什么会如此奢华，而且为什么会出现在了宫殿区，没有按常规送入墓地埋葬。

但是曾有学者指出，妇好并不是武丁的妻子。因为有的甲骨文记载了一些卜辞：

"妇好嫁了吗？"

"大甲已经娶了妇好。"

"妇好嫁了吗？"

"成汤已经娶了妇好。"

"妇好嫁了吗？"

"祖乙已经娶了妇好。"

妇好竟然曾先后嫁给过大甲、成汤、祖乙三位商王朝先王，从时间上讲，这显然是不可能的。

另有研究人员指出，商代也有"冥婚"一说。与后世民间的冥婚不同的是，那时的冥婚似乎并不在意双方的年龄差距。武丁为了让妇好在另一世界不孤独，先后将她嫁给了三位前朝贤明的帝王，并且还向巫师求问，妇好是否已经得到了先王的照顾。作为一名痴心的爱人，武丁对妇好的爱让人感慨不已。

## ·妲己真的是祸国殃民的"狐狸精"吗

妲己是中国历史上商朝最后一位君主商纣王的宠妃，有苏氏的女儿，据史料记载："殷辛伐有苏，有苏氏以妲己女焉。"这就说明妲己是纣王讨伐有苏时获得的"战利品"，当父亲把自己当成牛羊一样的礼品献给纣王时，妲己没有反抗，而是顺从地来到敌人的阵营中，这证明妲己是一个深明大义的女子，她用自身的耻辱换来了整个部落的存活。

但是，这样一个识大体、顾大局的女性，在小说《封神演义》中，竟然摇身一变，成了令人发指的九尾狐狸精。直至现在，"狐狸精"一词似乎已经完全遮掩住了妲己的真实面目，那么，"妲己亡纣"一说是否能够经得住历史的推敲呢？

据史料记载，商纣王"爱妲己，妲己之言是从"，这似乎只为了证明纣王是由于对妲己言听计从才导致亡国的。但是，妲己是以求和的俘虏身份来到朝歌，商纣王怎么会对这样一个俘虏出身的弱女子言听计从呢？也许有人会说，妲己完全是凭借自己的美貌来迷惑纣王，但是在商朝，人们迷信鬼神，商王室的一切行政和日常事务，都要进行占卜以探询鬼神的意旨，在这样一个崇尚迷信的王朝里，甚至连纣王都不能完全控制局势，妲己这样一个弱女子又怎么能够掌控全局？

但有一点不得不承认，古代书写历史的人皆是男子。所以，后人在史书中很容易看到那些慷慨悲歌、逐鹿中原、图霸天下的热血沸腾之人，却很难洞悉一个女子的悲欢情仇、生离死别或爱恨悲歌。其实，就连与商纣有关的历史资料在他生活的朝代都鲜有记载，更何况是帝王身边的女人？后人的一再演绎使他们与本来面目的脱轨越来越严重。

史书对这些女子的有限记载为后人的文学演绎或凭空杜撰提供了巨大的空间。文学的影响往往是深远的，如小说《封神演义》对纣王和妲己的妖魔化处理深刻地影响了他们的历史形象，甚至掩盖了其真正的面目。

## ·文姜的真实形象

在中国古代历史中，有许多人都行走在风口浪尖之上，而春秋时代齐僖公的次女文姜，就是这样一个饱受争议的人物。

文姜，姓姜，无名，其以才华著称于当世，所以被称为"文"。正所谓"一千个人笔下会出现一千个哈姆雷特"，对于这样一个才华绝伦、美艳惊人的女子，史书上也有着不同的记载，例如，在《诗经·有女同车》中，对她的评价是"彼美孟姜，德音不忘"；而在《诗经·南山》中，对她的评价却变成"鲁道有荡，齐子由归"，那么，历史上的文姜到底是一个怎样的人？

齐僖公出任齐国国君时，国力已经变得非常强盛，再加上公主的美艳绝伦，其都城临淄自然就成为诸侯王子必到的相亲之地，在众多的追求者中，能让文姜动心的只有郑国世子姬忽，两国也因此缔结了婚姻。

但是，没过多久，姬忽却听信文姜生性淫荡的传言，以"齐大非偶"为由，单方面撕毁婚约，对于文姜来说，这个消息无异于晴天霹雳。从那时起，她开始变得自怨自艾，以现代医学观点来看，当时的文姜很可能患上严重的抑郁症。

一个人在感情脆弱、心情郁闷的时候，最大的希望就是在别人那里得到心灵的慰藉。这时，文姜同父异母的哥哥姜诸儿乘虚而入，每日对她嘘寒问暖，体贴入微，时间长了，两人之间的兄妹之情竟然逐渐转变为儿女私情。

纸终究包不住火，这段乱伦之恋很快就传到了齐僖公的耳中，虽然在春秋时代，民风自然，对妇女还没有三从四德的束缚。但是，兄妹之间产生私情，在当时还是会受到道德家的谴责，因此这个消息让齐僖公伤透了脑筋。

恰在此时，鲁国国君鲁桓公派人来求亲，齐僖公大喜过望，立刻把文姜嫁到鲁国，并禁止她再回到齐国。

文姜在鲁国过了几年安分的日子，虽然心中对姜诸儿充满了思念，但是父命难违，她只能把无尽的思念深深地埋藏在心中。

到了鲁桓公十八年，文姜终于等来与姜诸儿重会的机会。四年前，齐僖公早已一命归西，姜诸儿以世子身份即位，史称齐襄公，他邀请鲁桓公到齐国赴会，文姜自然陪同夫君一同回到齐国。

在齐国，文姜和姜诸儿旧情复燃，却被鲁桓公察觉，为防止事情败露，齐襄公派出力士彭生击杀鲁桓公。

得知鲁桓公的死讯后，鲁国宗室虽然怀疑其中必有阴谋，却也不敢出兵攻打齐国，这主要有两个原因：一是他们目前只是怀疑，对于国君的死因查无实据，自然也就出师无名；二是鲁弱齐强，假如贸然出兵，无疑是鸡蛋碰石头。在万般无奈之下，鲁国只好先稳定国内局势，由世子姬同继位，史称鲁庄公。

丈夫死了，文姜却不愿扶柩回鲁，而是希望暂住在边境地区，日后再返回鲁国。出于孝道，鲁庄公只好派人在禚地建造宫室，供母亲居住。齐襄公听说后，也派人在禚地附近的阜建造离宫，供她来游玩，至于两个人为什么这么做，那自然是醉翁之意不在酒。

然而，两人在一起厮守的日子并没有维持多久，齐襄公十二年，大夫连称、管至父伙同公孙无知将齐襄公杀害，逃亡在外的公子小白返回齐国，被立为国君，史称齐桓公。

政治上发生巨变，心上人也死于非命，文姜不得不返回鲁国，辅助儿子处理国政。这时，她表现出与其他那些被视为"淫女"之流所不同的一面，她在政治上表现出敏锐的洞察力，在外交上显现出左右逢源的智慧，在军事上也表现出过人的才能，正是因为有了文姜这样政治领袖型人物的存在，才使鲁国从一个人见人欺的小国，逐渐变成军事、经济强国，在诸侯战争中屡战屡胜，甚至在长勺之战中，一举击溃了强大的齐国，使齐桓公争霸斗争史上出现了一次少有的挫折。

因此，在人们因为文姜与哥哥的一段乱伦之恋而对其进行唾骂时，却不得不让人承认，她的确是一个外秀内慧的奇女子。

## ·皇帝也有一夫一妻的

自古帝王多情，三宫六院七十二嫔妃，皇宫之中总是美女如云。有些皇帝喜欢收集美女，但是也有些皇帝偏偏反其道而行，一生仅有一位妻子。

明孝宗也许是中国历史上唯一一个始终坚持一夫一妻制的皇帝。他没有后宫无数，对于自己的皇后张氏，他非常忠贞，每天都和她在一起，终其一生都没有再纳任何其他的嫔妃，即使当张皇后一直没有生育孩子，大臣们纷纷上书要求皇帝纳妃时，他也没有让其他的女子介入到他和张皇后之间。后来张皇后终于为他生了一个儿子，明孝宗十分高兴，给这个孩子起名为厚照，意为"四海虽广，兆民虽众，无不在于照临之下"。

齐高帝萧道成13岁时娶了17岁的高昭皇后刘智容，他和刘智容一起生活了33年，期间完全忠于刘智容，完全没有沾染过其他女人。直到刘智容病逝，萧道成称帝后，他才又娶了几位妃子。

北周孝闵帝宇文觉也是一个对妻子忠贞不二的人，他立元氏为王后，婚后宇文觉和元氏感情十分甜蜜，宇文觉自从有了元氏，对其他女子就连看都不再看了，后来宇文觉被暗杀，元氏就出家为尼，怀念亡夫。

隋文帝杨坚也是一名维持一夫一妻的皇帝，但是他虽然喜爱独孤皇后，同时也怨恨独孤皇后的嫉妒心，虽然有时他也想要宠幸其他女子，但是无奈权大势大的独孤皇后总是如影随形，而惧内的隋文帝只能和独孤皇后共度一生了。

唐高祖李渊在称帝之前对于自己的妻子也是忠贞不二的，因为李渊的妻子窦氏是定州总管神武公窦毅与北周武帝的姐姐襄阳长公主所生的女儿，她温柔贤淑，有着一头美丽的长发，李渊总是和她如胶似漆。可是窦氏在45岁时去世了，而李渊在登基为帝之后也就再没有一夫一妻的想法了，可见皇权是能够改变一个人的。

在史上留下很多骂名的"儿皇帝"后晋高祖石敬瑭虽然为人残暴，不得民心，但是即使是他这样一个人品低下的人也是有可取之处的，这就是他对待妻子的态度。他认为作为一个男人就要善始善终，一辈子只能娶一个妻子。他的妻子就是后唐明宗的女儿永宁公主。

辽太祖耶律阿保机对爱情的忠贞也是让世人感动的，耶律阿保机作为一代英雄，在他55年的生命之中，他只有述律氏一个妻子。

历史上还有一些并没有实行一夫一妻但实际上却过着一夫一妻的生活的皇帝，这些皇帝有些是自愿的，有些则是迫于无奈，唐高宗就是一个典型的例子。他的朝政完全把持在武则天的手中，他虽然有四妃、九昭仪、九婕妤、四美人、五才人、八十一御妻，但是这些在武则天的面前都形同虚设。

## ·吕后变成"毒妇人"的历史真相

刘邦曾是有名的街头混混，吕雉是出名的刁妇恶女，他们两个的结合，也算得上是"门当户对"。刚开始，刘邦与吕雉的感情的确不错，毕竟是共患难走过来的，彼此之间有着一份惺惺相惜的情感。但事情往往就是在交好运的时候，开始急转直下的。

刘邦夺了天下之后，便开始广泛搜罗天下美女，其中他尤为宠爱的是戚夫人。比起其貌不扬的吕雉，戚夫人可谓是年轻貌美，莺声燕语，颇能让刘邦赏心悦目。刘邦渐渐开始嫌弃吕雉，虽然他立吕雉为皇后，但却放置一旁，不理不睬，反倒是让戚夫人随时随地都陪同在他的左右。

吕雉不甘被抛弃，便与戚夫人明争暗斗地展开了较量。开始的时候，戚夫人总是占上风，有刘邦的撑腰，她总能占得几分便宜。作为嫡长子，吕雉的儿子刘盈被立为太子是天经地义的事情，但戚夫人偏偏想要虎口里夺食，让她10岁的儿子如意当太子。

她仗着自己受宠，便在刘邦耳边说刘盈的坏话，那样的话听多了，刘邦也觉得刘盈不如如意聪明，渐渐有了废太子的念头。但当他将废太子的想法拿到朝中商议时，却遭到了大臣们的反对，这才稍稍作罢。

戚夫人的阴谋没有得逞，反而让吕雉心生戒备，她精心策划，将刘盈的势力巩固起来。之后虽然戚夫人多次向刘邦提出立如意为太子的事情，但可惜刘邦年老力衰，而且吕雉的势力已经壮大，他已经无法撼动了。为了确保如意安全，刘邦只得将年幼的如意送到离京城三千里外的封地当王去了。

刘邦去世后，刘盈继位，史称惠帝，吕雉便成了皇太后，没有了刘邦的庇护，戚夫人的命运变得岌岌可危。对于既是情敌又是政敌的戚夫人，吕雉一点没有手软，她让人用火钳将戚夫人的头发通通拔光，然后还罚她去做繁重的劳作，每天要舂一石的米，如果少半升则要打她一百棍。

戚夫人每天过这样的生活，自然心中有所不满，想起之前的锦衣玉食，万千宠爱，不由得悲上心头，"子为王，母为虏，终日舂薄暮，常与死相伍，相隔三千里，谁当使告汝？"戚夫人一时感慨所说的话却没想到被吕雉听了去。

吕雉听后又心生一条毒计，她将戚夫人的儿子如意招入京城，随后下毒暗害了他，如意死的时候状貌恐怖，是七窍流血的惨状，当时的皇帝刘盈看后于心不忍，但他也在吕雉的掌握之中，无法作出任何反抗，只得用王的礼仪将自己这个同父异母的苦命弟弟埋葬了。

害死如意后，吕雉依然难解心头之恨，她将戚夫人做成了"人彘"，还邀请刘盈去参观。不知道"人彘"为何物的刘盈随着宦官走到一间茅厕里，只见一个没有四肢的血人倒在地上，眼珠被挖掉，只留下两个血窟窿，但人还没断气，身体还在抽搐着。

听到旁边的宦官说这就是当日风华绝代的戚夫人时，刘盈差点被吓晕过去。看到戚夫人半死不活的样子，刘盈从此后再也不敢和母亲作对，也不再管理朝政，每天只是饮酒作乐，昏昏度日，就这样过了7年便死了。

这期间一直都是吕雉在把持朝纲，而她也一如既往地将狠毒用在治理国家上。吕雉之所以会变成恶毒的妇人，应该说和刘邦有着直接的关系。刘邦没有处理好夫妻之间的感情，而他本人又纵欲好色，让吕雉倍感人情冷暖。吕雉的报复欲一旦被激起，那是十分可怕的，吕雉在夫妻感情失调之后，又遭受地位受到威胁的危机感，这些都可以算得上是吕雉变成"毒妇人"的缘由。

## · 汉武帝的后妃为什么难以善终

汉武帝刘彻在位54年期间，将汉王朝推向了鼎盛巅峰，作为最有建树的中国封建帝王之一，刘彻也有着冷酷、淡漠的一面。他后宫佳丽甚多，但是最终却无一人能够善终。无论是被刘彻宠幸的，还是被刘彻打入冷宫的，最终都逃不脱凄凉的悲惨结局。于是，刘彻也被冠上了"无情郎"的称号。

志怪小说《汉武故事》中写道："数岁，长公主嫖抱置膝上，问曰：'儿欲得妇不？'胶东王（即刘彻）曰：'欲得妇。'长公主指左右长御百余人，皆云不用。末指其女问曰：'阿娇好否？'于是乃笑对曰：'好！若得阿娇作妇，当作金屋贮之也。'"

这是人尽皆知的"金屋藏娇"的故事，长公主是刘彻的姑妈，她将自己的女儿陈阿娇献给刘彻，刘彻在17岁继位后，便立阿娇为皇后。二人之间的感情也曾十分深厚过，但可惜阿娇虽然貌美丽质，却无法生下子嗣，这在母以子贵的后宫，是最大的悲哀。

很快，刘彻便为此嫌弃阿娇，开始宠幸卫子夫，卫子夫聪明伶俐，能歌善舞，很讨刘彻的欢心。但阿娇面对自己的失宠，难以接受，为了夺回自己的昔日宠幸，她让巫女在皇宫里开坛设法，想要诅咒卫子夫。

刘彻最为厌恶的便是巫蛊，阿娇的事情败露后，刘彻勃然大怒，他不但将巫女杀死，一同牵连在此事中的300余人，他都统统斩杀，而陈阿娇也被废掉，打入了冷宫。据《汉书·外戚传》载，"皇后失序，惑于巫祝，不可以承天命，其上玺绶，罢退居长门宫。"

昔日的恩情统统不顾，陈阿娇就此被刘彻遗忘。刘彻与卫子夫乐在温柔乡中，陈阿娇只得在长门宫中以泪洗面，最终被幽禁至死，年仅三十八九岁，但陈阿娇的死并未换来卫子夫的幸福。

卫子夫本是刘彻姐姐平阳公主的侍女，只因歌舞了得被刘彻看中后，带回宫中，从此便开始了富贵生涯。卫子夫入宫后，生下了三女一男，刘彻喜得龙子，自然对卫子夫更是宠幸，他立卫子夫的儿子为太子，将卫子夫立为皇后。卫家很快便在一夜之间势倾全国。当时一首民谣便唱道："生男无喜，生女无怒，独不见卫子夫霸天下。"

但是树大招风，好景不长。嫉妒卫家权势的人，设计陷害太子在宫中参与巫蛊作祟，为了防止被刘彻缉拿，太子只得先下手为强，起兵去杀害诬陷他的人，但起兵失败，太子在逼迫下自缢身亡。卫子夫这时早已年老色衰，不再受刘彻宠爱，如今出了这样的事情，她只能选择亲自了结自己的生命，交出皇后的玉玺后，她在宫中悬梁自尽。

刘彻余怒未消，依然斩草除根，不但斩杀了太子的幕僚，还将卫家三族都诛灭，一场血淋淋的屠杀，令数万人倒在了血泊中。

血腥并没有让刘彻停下寻美的步伐，他的乐师李延年为了讨得皇帝欢心，便将自己的妹妹进献给刘彻，刘彻看后很是欢喜，立即封为夫人，升李延年为协律都尉。但可惜李夫人福薄命薄，为刘彻生下一子后，很快便病入膏肓，卧床不起。

李夫人深知刘彻的心，自生病之日起，便拒绝刘彻探视，她知道刘彻只是喜欢自己的美貌，如果看到她病中憔悴的模样，定当厌恶。果然，李夫人死后，刘彻为此茶饭不思，十分思念当日那个貌美如花的女子。可惜，这份思念并未延续很久，公元前95年，刘彻北巡时，遇见十七八岁的赵钩弋，见其貌美如花，光彩照人，便带回宫中，为她修建了"钩弋宫"。

赵钩弋不久后便怀孕了，14个月后生下了男婴，也就是后来的汉昭帝刘弗陵，这时刘彻已经是50多岁，老来得子，刘彻十分欣喜，还将其立为了太子。可是随着刘彻的年纪越来越大，他的疑心也越来越重，在公元前88年，刘彻找碴杀死了赵钩弋。理由是自古以来，国家大乱，无非都是因为子少母壮，女主专权，为了避免这样的事情发生，不如及早将女主杀死，杜绝后患。将草菅人命说得如此轻描淡写，刘彻的心真如铁石般硬。

# ·解忧公主和亲乌孙后的政治作为

公元前121年，汉武帝任命霍去病为骠骑将军，率兵进攻匈奴右贤王部，霍去病在陇西一带大败匈奴，匈奴从此远遁大漠。为了进一步巩固战果，汉武帝派遣使者出使西域，以求联络西域各国共同对抗匈奴。当时，西域地区最大的王国是乌孙，与匈奴相处最近，于是，张骞建议汉王朝下嫁公主，与乌孙联姻，以达到共同夹击匈奴的目的。

汉武帝接受了张骞的建议，公元前105年，武帝封江都王刘建的女儿刘细君为公主，下嫁乌孙国王昆莫（乌孙王号）猎骄靡。但仅仅过了几年，细君公主便因悲愁过度离世，为了继续保持这种政治联姻，汉武帝经过深思熟虑，决定再选派一位宗室女和亲乌孙。于是，这个重任就落在了楚王刘戊孙女刘解忧的身上。

公元前101年，被封为公主的刘解忧告别了长安，告别了亲友，踏上了和亲之路。来到乌孙后，解忧公主成为军须靡的夫人，为了使自己能够尽快融入这个游牧民族，她努力适应当地的生活习惯，积极学习乌孙语言，以尽快融入乌孙贵族的生活。

几年后，军须靡去世，他的堂兄弟翁归靡即位，按照乌孙国的习俗，新即位的国王要继收上一位国王的夫人做妻子，于是，翁归靡娶解忧公主为妻。

公元前87年，汉武帝刘彻驾崩，刘弗陵继承皇位，即汉昭帝。匈奴这时趁机卷土重来，接连进犯五原、朔方等地，而且还与车师国结盟，在公元前74年出兵乌孙。他们要求翁归靡交出解忧公主，并断绝与汉朝的一切往来。面对匈奴的挑衅，解忧公主毫无惧怕，她毅然上书汉昭帝，建议汉、乌联合出击匈奴。公元前72年，时值汉宣帝在位，汉、乌组成联军20万，东西夹击匈奴，使匈奴元气大伤，从此一蹶不振，汉朝北边的威胁基本消除。

随后，翁归靡为了发展与汉朝的和亲关系，决定立他和解忧公主的长子元贵靡为嗣。公元前64年，翁归靡上书，为元贵靡求亲。汉宣帝答应了他的请求，封解忧公主的侄女相夫为公主，前往乌孙和亲。但是当和亲队伍行进到敦煌时，却突然传来翁归靡去世的消息，军须靡的匈奴夫人所生子泥靡即位的消息，汉宣帝立刻召回了和亲队伍，单方面取消了婚约。

为了遵从乌孙习俗，更为了维护汉朝在乌孙的势力，深明大义的解忧公主作出嫁给泥靡的决定。但是，因为政见不同，泥靡和解忧公主之间的夫妻关系并不融洽，时常剑拔弩张，而且泥靡残暴凶狠，使乌孙子民怨声载道，为了使乌孙重新兴旺，解忧公主与出使乌孙的汉朝使者策划在接风酒宴上刺杀泥靡，可惜行刺武士利剑刺偏，只击中泥靡右膀，受伤的泥靡仓皇逃命，藏匿深山。

经过汉王朝的几经调停，乌孙国最终一分为二：解忧公主的长子元贵靡任大国王；匈奴公主的儿子乌就屠任小国王。

解忧公主在乌孙生活了半个多世纪，共嫁两代三任国王，生育多个子女，除了四子鸥靡九岁夭折外，她的大儿子出任乌孙大国王，次子成为沙车国国王，小儿子当上乌孙大将；大女儿做了龟兹国王后，次女嫁给乌孙侯王，这加强和巩固了汉王朝与西域诸国的关系，

甘露三年，解忧公主回到汉朝，两年后病逝，终年72岁。由于解忧公主成功联合乌孙与汉朝夹击并大败匈奴主力，使匈奴内部发生分裂，所以一部分匈奴人开始谋求与汉朝和亲，于是就有了后来尽人皆知的昭君出塞的故事。

# · 班婕妤为何争宠不敌赵飞燕

班婕妤，汉成帝的后妃，一个被后人认为是理想女性的楷模，婕妤并不是她的名字，而是汉代后宫嫔妃的称号，因其入宫后被封为婕妤，所以后世一直沿用这个称谓。

班婕妤在后宫中的贤德是有口皆碑的。当初汉成帝为她的美艳及风韵所吸引，天天同她形影不离，可谓是集万千宠爱于一身。班婕妤的文学造诣极高，尤其熟悉史事，常常能引经据典，开导汉成帝内心的积郁。班婕妤又擅长音律，常使汉成帝在丝竹声中进入忘我的境界，对汉成帝而言，班婕妤不止是她的侍妾，她多方面的才情，也使汉成帝将她放在亦师亦友的地位。

汉成帝鸿嘉三年（公元前18年），成帝在阳阿公主府中见到了体轻如燕、倾国倾城的赵飞燕，很快就被她所吸引，并将她带回宫中。在这个舞女面前，班婕妤的所有才情变得不堪一击，她从前在成帝那里所得到的宠爱，在赵飞燕进宫后，就画上了休止符。能歌善舞的赵飞燕在夺取成帝的宠爱后，又将其同样天姿国色的妹妹赵合德引进宫中，两姊妹轮流侍寝，连夕承欢，在汉成帝眼中，其他后宫粉黛全无颜色，即便是他往日最心爱的班婕妤，也被抛到九霄云外。从此，成帝的后宫便成了赵家姐妹的天下。

冰雪聪明的班婕妤知道，只要赵氏姐妹在，她就永无出头之日，所以她自请去长信宫侍奉太后，悄然隐退。

按理说，在颇重礼教的封建社会中，谁都会为拥有像班婕妤这样品貌兼具的女子而感到万分庆幸，那么，成帝为什么反其道而行，逐渐冷落她呢？

先看一看当时的政治形势，汉成帝登基后，虽然名为一国之君，但实权却是掌握在皇太后王政君和她背后强大的王氏大家族手中，汉成帝只能算是一个傀儡。没有实权的成帝自然万分苦闷，可他却无法改变这一现象，因此只能把全部精力放在女人身上，以期望能在声色犬马中释放自己的郁闷。

颇具才华的班婕妤没有看透这一点，她一心希望成帝能够成为一个有道明君。她无法帮助皇帝夺回属于自己的权力，而是以身修德，劝诫皇上把心思放在政事上。在这种外戚当权的政治环境中，成帝想成为一个明君，当然难上加难。

所以，尽管班婕妤才华横溢、庄重自持，却既不能帮成帝夺回皇权，又不能陪成帝纵情享乐，失宠也就成为必然的结果。

在长信宫的岁月里，班婕妤仍然对成帝念念不忘，因此她发挥自己的才情，写下著名的《团扇诗》，成帝死后，她自请守墓，在守护汉成帝陵园中冷冷清清地度过了她孤单落寞的晚年。

# ·丑女贾南风为什么能掌握政权

俗话说"爱江山更爱美人"，纵观中国历朝历代，那些深得皇帝宠爱的女人，不管其出身是高贵还是低贱，无不有倾国倾城的容貌。但是，西晋惠帝在位时，却偏偏选了一个"丑而短黑"的女子做皇后，而这个相貌丑陋的女子，竟然能够在钩心斗角的西晋皇宫中，运用政治铁腕与超人的权谋，逐渐把西晋王朝的权力掌控在自己手中，这无疑是值得后人思考的。

贾南风虽然长得难看，但是其父贾充却是西晋的开国元勋，在父亲的支持下，贾南风嫁给太子司马衷，被册封为太子妃。做太子妃时，贾南风头脑奸诈、心肠狠毒，甚至做出以剑戟直刺太子其他妊娠嫔妃的事情。晋武帝闻听此事后异常震怒，曾想废掉她，但外戚杨珧只对他说了一句："陛下忘贾公闾耶？"废妃之事就不了了之，由此可见，贾充在西晋政权中的确地位牢固，权势显赫，这也就为贾南风日后权倾朝野打下了坚实基础。

精于权术的贾南风在皇太子司马衷的继位问题上也曾出过很多力。例如有一次，晋武帝得知外人盛传太子"蠢笨如猪"时，感到非常忧虑，于是出了一套题考太子，以便决定是否废黜他。太子见到题目后惊慌失措，不知道如何作答，贾南风在这时发挥了巨大作用，她替太子找了一个略有文才的太监答完了这套试题。

晋武帝看过答卷后，虽然感觉太子给出的答案太过平庸，但也不至于"蠢笨如猪"，于是就打消了废黜太子的念头。司马衷在贾南风的帮助下得以保存太子之位，从那以后，自然对她非常佩服，言听计从。

公元290年，晋武帝驾崩，司马衷继位，史称晋惠帝，贾南风顺理成章地被立为皇后。当朝皇帝无能且懦弱，而皇权又是如此诱人，因此，成为皇后的贾南风唯一想要做的事就是掌控西晋王朝的大权。

但是，晋惠帝登基时，朝政大权被皇太后杨芷的父亲、太傅杨骏一手独揽，贾南风根本无法插手，这自然让追逐权欲的她心生嫉恨，两人之间也就形成了不可调和的矛盾。经过一系列明争暗斗，贾南风终于在晋宗室和诸侯王的帮助下，于公元291年三月借汝南王司马亮和楚王司马玮之手，诛杀了杨骏及其族人、党羽数千人，从而扫除了她夺权道路上最大的障碍。

随后，贾南风又拿皇太后开刀，以莫须有的谋反罪名将其贬为庶人，囚禁在金墉城，而且还把在其身边服侍的宫女全部赶走，八天不给饭吃，活活饿死了这位大晋皇太后。

这次政变后，晋惠帝拜汝南王司马亮为太宰，以卫瓘总领尚书事，共同执掌朝政。于是，一心想要权倾朝野的贾南风又把矛头指向他们。公元291年六月，贾南风又导演了一场"矫诏使楚王玮杀太宰、汝南王亮，太保、淄阳公卫瓘"的历史闹剧。随后，司马玮又被她抛出来做替罪羊，将其以"矫诏擅自杀戮大臣"罪名诛杀。

就这样，贾南风一路杀将过来，干净利落地把朝廷重臣——诛杀，从而独揽大权，晋惠帝自然也就变成了傀儡皇帝。

尽管已经手握重权，但是贾南风还有一块心病，因为她只为晋惠帝生了四位公主，所以谢才人所生的司马遹就成为晋惠帝的长子，被立为太子，贾南风担心将来太子继位后对自己不利，为了达到长期控制朝政的目的，她先是上演了一场"诈有身，内稿物为产具"的闹剧，然后又暗地把妹夫韩寿之子韩慰祖抱进宫中收养，公元299年，感到时机成熟的贾南风，阴谋废掉太子，然后将韩慰祖立为太子。

至此，贾南风消灭了所有障碍。然而，历史并没有给她太多逍遥，原太子司马遹被废黜后，贾南风仍然不肯放过他，派人将其暗杀，这一事件最终导致晋宗室怨声载道，同时也激起了宗室诸王的反抗。公元300年四月，齐王司马冏、赵王司马伦等率兵入宫，将贾南风贬为庶人，并诛杀其党羽数十人。五天后，就在贾南风饿死皇太后的那座金墉城里，赵王派来的使者威逼她喝下一杯金屑酒，从而结束了她的一生。

贾南风召宗室诸王入朝诛杀杨骏，为后来的"八王之乱"埋下了隐患。贾南风死后，西晋宗室之间开始互相残杀，不但使晋室元气大伤，更让中国历史陷入长达300年的大分裂局面。

# ·北齐灭亡是因为红颜祸国吗

南北朝时期，北齐后主高纬有一贵妃名叫冯小怜。

冯小怜本是穆皇后身边的一名侍女，由于高纬宠爱弹得一手好琵琶的曹昭仪，穆皇后心生嫉妒，便将冯小怜送给高纬以期转移高纬的感情。但是穆皇后万万没想到，高纬被冯小怜迷得神魂颠倒，最后居然因为她身死国灭。史书记载，冯小怜因为在军中干了5件事，导致北齐灭亡，让后主高纬做了亡国之君。

第一件事：当敌军北周的军队猛攻晋州的时候，北齐后主正在附近打猎，得到探子来报，本想调动军队给予增援。但是这个时候，冯小怜却玩兴正浓，于是和后主撒娇说："再杀一围。"于是后主就再杀了一围，等到这一圈游猎结束，晋州早已被北周攻破。

第二件事：冯小怜认为战争和狩猎一样好玩，看打猎还不如看打仗，于是她怂恿后主高纬亲自带兵反攻平阳。后主果然满足她的要求，并让冯小怜也戎装随行。平阳原来是北齐的地盘，北齐为收复失地出兵，于是将士个个奋勇，人人争先。等到齐军到平阳城，人马乘胜欲进城之际，后主忽然传旨暂停，请冯小怜观战。冯小怜对镜梳妆打扮，磨磨蹭蹭，等她到来时北周军已经修好塌垮的城墙，坚固难摧，结果齐军功亏一篑。

第三件事：留守平阳的北周大将梁士彦虽然率士兵拼死守城，但在北齐军队奋不顾身的冲锋下已岌岌可危。眼看胜利在望，平阳即将重返北齐手里的时候，冯小怜却认为天色已晚，她无法看到攻城之战的盛大场面，要求在第二天天亮以后再行攻城。第二天天昏地暗，北风怒吼，初雪飘落，大地渐渐一片银白，冯小怜又认为气候不佳，看不清楚，要求暂停攻城。殊不知夜暗之际或天气不佳正是军事作战进攻的最佳时机，囿于妇人之见，北齐大军竟然平白无故地丧失了两次大好时机。等到雪化天晴，北周武帝已亲率大军赶到平阳，齐军大败退入晋阳。北周占领平阳，后主居然说："只要小怜无恙，战败又有何妨！"

第四件事：平阳之战结束后，北周武帝准备乘胜追击，攻下北齐重镇晋阳。于是后主高纬命人在城中建了座高耸入云的天桥，时常与冯小怜登桥遥望，不是分析敌军情况，而是在消遣。下得桥来冯小怜为高纬献上舞蹈，让高纬欣赏她的舞蹈，以消愁解闷。高纬居然厚颜无耻地说："看了能够头脑清醒，精神百倍。"有一天，木架搭成的天桥忽然垮了下来，冯小怜认为这是不祥之兆，一再要求后主放弃晋阳返回邺城。高纬就真的听了冯小怜的劝告，回到邺城，于是北周轻而易举地夺得北齐重镇晋阳。

第五件事：北周越战越勇，于是北周武帝决定直扑邺城。其实高纬退守邺城后，还有精兵十万，是可以奋力抵抗，甚至卷土重来大获全胜的，但是两军相交正在激烈时，冯小怜忽然害怕起来，大叫："军队败了！"这位不爱江山爱美人的皇帝居然"病急乱投医"，一面祈求菩萨保佑，一面将皇位传给太子高恒，自己则带着冯小怜逃跑了，于是北周顺利地取得邺城。然而后主高纬和冯小怜都没有能逃走，最后都被擒获，于是北齐灭亡。

可笑的是，后主高纬在国破家亡之后，向周武帝提出的唯一要求就是"乞还冯小怜"。可怜的高纬最后既没有要回心爱的女人，连自己的性命也赔进去了。有此帝王，国不亡，又当如何？

# ·隋炀帝皇后被俘后命运如何

公元582年，隋朝开皇二年，本着父母之命，媒妁之言，13岁的晋王杨广娶了12岁的萧氏。而后他们一起生活，一直到了公元618年的春天，隋朝大乱，隋炀帝被部下逼迫，自缢身亡，而萧皇后便落入了当时的权臣宇文化及手中，成了战俘，养在宫中。根据《隋书》中的记载，这场婚姻被写为："化及于是入据六宫，其自奉养，一如炀帝故事。"

隋炀帝已死，萧氏的处境自然不会好到哪里去。萧氏虽然已经青春不再，但依然端庄俊美，宇文化及对萧氏自然垂涎几分。公元619年，宇文化及带着萧氏，居然跑到魏县，关起门来当皇帝。

不过可惜好景不长，皇帝并不是那么好当的，尤其是动乱年代，除非足够强大，否则只有等着被推翻。宇文化及还来不及巩固他的力量，就被窦建德率着一支农民起义军杀上门来，窦建德自称"大夏王"，口口声声为死去的杨广报仇。

宇文化及与窦建德在聊城展开了一场恶战，窦建德的军队战斗力很强，他动用了自己的战车，将石头抛上城墙，这种十分原始的"土炮"令宇文化及难以招架，聊城最终失守，落入了窦建德手中，而一同被窦建德接管的还有萧氏。

萧氏再次落入男人的手里，这次她虽然选择了自尽，但却被窦建德的部下抢救了过来，窦建德自称是杨广的拥护者，对萧氏一直以礼相待，在《旧唐书》里说："建德入城，先谒隋萧皇后，与语称臣。"

虽然如此，但萧氏也并未获得真正的自由，她一直在窦建德的军中，虽然历史中并未记载她曾被窦建德强行霸占，但从一些古代文献中，似乎可以对窦建德与萧氏的关系作出一些推断。

在《旧唐书》中有过一段记载："建德每平城破阵，所得资财，并散赏诸将，一无所取。又不啖肉，常食唯有菜蔬、脱粟之饭。其妻曹氏不衣纨绮，所使婢妾才十数人。至此，得宫人以千数，并有容色，应时放散。"

从这段历史中可以看出窦建德是个正人君子，他不会去霸占他人的妻女，而且最主要的是，窦建德的妻子曹氏十分彪悍，对窦建德看管严格，绝不允许他与别的女人有染，而且萧氏留驻时间并不长，约两三个月后，她又转到了突厥人的手里。

突厥对于中原人来说是个心惊肉跳的词汇，突厥人粗犷豪迈，而且突厥人的"胡俗"更是令从小受儒家教育的中原人无法接受：在没有血缘的前提下，儿子可以继承父辈的女人，弟弟能够再娶兄长的妻妾。在突厥，女人就好像是牲口一般，被人接管，毫无感情可言。萧氏之所以会去突厥，是因为嫁到突厥的义成公主从窦建德手上要走了她。

这位义成公主被杨坚嫁给了启明可汗。后来，她的丈夫死了，她便又改嫁"儿子辈"的始毕可汗、处罗可汗和颉利可汗。对于萧氏入突厥这段历史，《隋书》一笔带过："突厥处罗可汗遣使迎后于洺州，建德不敢留，遂入于虏庭。"

不论萧氏当时是否情愿跟义成公主去突厥，总之她一个毫无依靠的寡妇只能听从别人的安排，没有自己做主的权力。去到突厥后，萧氏随同义成公主一起纳入了处罗可汗的寝帐。后来，处罗可汗死了，姑嫂两个又顺理成章地嫁给他的弟弟——颉利可汗。

在突厥生活的萧氏早就断了回中原的念头，一直到公元630年，突厥大败，义成公主死了，颉利可汗遭擒。她这才回到长安，但此时的她依然是"战俘"的身份，回到长安后，虽受到了大唐的礼遇，但她却深居简出，独自生活了18后，孤独终老。

《资治通鉴·唐纪》里说："〔贞观二十二年（公元648年）三月〕庚子，隋萧后卒。诏复其位号，谥曰愍；使三品护葬，备卤簿仪卫，送至江都，与炀帝合葬。"萧皇后死后，她与隋炀帝合葬在了一起，夫妻二人也算是最终相守在了一起。

# · 上官婉儿为何甘心侍奉仇人武则天

上官婉儿，唐代名臣上官仪的孙女，在其出生不久，武则天以谋反的罪名，将其祖父上官仪和父亲上官庭芝处死，因其母亲郑氏是太常少卿郑休远的姐姐，母女才得以免死，被配入皇宫内庭。上官婉儿与武则天有灭族之仇，但她后来却成为武则天的心腹笔杆，终生听命、侍奉于一代女皇。那么，上官婉儿为何不嫉恨武则天呢？

初入宫时，上官婉儿还在襁褓之中，出身名门的郑氏自然不希望女儿从此为奴，荒废一生，因此上官婉儿逐渐长大后，便让她进入宫学馆接受宫廷教习，在母亲的严格要求下，上官婉儿在十三四岁时，便能博古通今，文才出众，而且性情聪敏灵动，在宫中名声大噪。

武则天非常爱惜人才，史料记载她"政由己出，明察善断，当时英贤竞为之用"，因此，当上官婉儿的才名传到武则天的耳中时，武则天马上召见了她。对于武则天提出的问题，上官婉儿一一作答，且不卑不亢、态度从容、谈吐儒雅。虽然上官婉儿在一首七言诗中透着对武则天的愤恨，但武则天并不计较，反而赞赏这首诗文辞优美，情真意切。永昌二年（公元689年），武则天正式登基，她把起草诏书和批阅奏章等事务全都交给上官婉儿处理，这时，上官婉儿实际上已经成为武则天的首席秘书。

上官婉儿精心地侍奉武则天，曲意迎合，深得她的欢心。对于上官婉儿的这种做法，有的史学家认为她始终怀有为父祖报仇之心，因此才在武则天身边忍辱负重，并多次伺机刺杀武则天，但武则天每次都将她饶恕，她对武则天的不杀之恩心存感激，所以甘愿一生听命。但这种说法并不可信，虽然武则天爱惜人才，但是她更加爱惜自己，假如上官婉儿真的多次刺杀她，她一定不会宽恕上官婉儿的，这一点从骆宾王的事件中就能看到。

从圣历元年（公元698年）开始，武则天又开始让上官婉儿帮助自己处理百司奏表，参决政务，上官婉儿这时权势日盛，武则天对她的信任和依赖程度远非一般王公大臣能够相比的。

从一个罪臣孤女成长为一代女皇的"贴身秘书"，从一无所有到享受不尽的荣华富贵，这一切都是武则天赐予上官婉儿的，而且武则天政绩显著，深得当时民众的拥戴，上官婉儿对武则天的仇视也就慢慢地消除，进而死心塌地拥护这位能够真正懂她的伯乐。

武则天死后，李显即位，史称唐中宗，上官婉儿更是得到极大的信任，中宗不仅将她册封为昭容，还让她继续专掌起草诏令，并代朝廷评品天下诗文。

公元710年，临淄王李隆基发动政变，起兵声讨韦皇后及其党羽，上官婉儿因为受到牵连被杀，一代才女从此香消玉殒。

在唐朝的政治舞台上，上官婉儿虽然没有丞相之名，但却有丞相之实，并且一度享尽荣华与权力，但她最终还是做了皇权争斗的牺牲品，这个中甘苦恐怕只有她自己知道了。

## · 揭秘古代帝王们的跨国恋情

跨国恋情并不是现代才有的，早在古代，不少帝王就已经过了一把"中西合璧"的瘾。

以风流著称的唐玄宗李隆基就在后宫姬妾中，有过"洋贵妃"。著名的文史专家曾提出，唐玄宗有过一个胡旋女，还有一个来自中亚的妃子。唐玄宗目前记录在案的后宫嫔妃大约有刘华妃、赵丽妃、钱妃、皇甫德仪、武惠妃、柳婕好等20人，还有一些嫔妃的档案遗失，但根据其他的线索，可以得知，唐玄宗确实有过洋妃子。

在《新唐书》的《诸帝公主传》中记载："寿安公主，曹野那姬所生。"在隋唐时代，"姬"是人们用来称呼年轻貌美女性的，而所谓的"野那"是外来的意思，"曹"作为一个姓氏是出身中亚曹国的粟特人来到中国后改用汉姓时常用的姓氏。

那么这名姬妾是否是来自中亚曹国的人呢？学界长期无考，只能依据当时的风俗文化来进行推断。那时随着丝绸之路的开通，东西方文化的交流日渐平常，西方人来到中国也不是难事，那么，唐玄宗娶中亚女子为妃也是平常的事情。那么这名外国女子是如何来到中国，又如何接近唐玄宗的呢？

根据历史文献的线索和学者们对粟特文化的深入研究，他们认为来中国的中亚女性的来源主要有三种：一是靠胡婢的贩卖；二是中亚人不断迁徙中原；三是来源于中亚粟特人进贡的女人。

不管怎么说，唐玄宗作为一代风流帝王，而且"善歌舞，晓音律"，给了能歌善舞，仪态万方的漂亮异族女子很大机会，所以，曹氏应该是开元年间曹国进贡的胡旋女，因为才艺色德兼备而得到了玄宗的喜爱。

另一位与异域女子有过情爱纠葛的就是明成祖朱棣，朱棣是大明王朝第三代皇帝，明太祖朱元璋第四子，发动政变后，登基做了皇帝，这位帝王凶残暴虐，但同时也有文治武功，文韬武略，是一个难得的治世之才，但朱棣让人鲜为人知的是他与朝鲜女子的一段恋情。

来自朝鲜的女子权妃，是朝鲜李朝工曹典书权永钧的女儿，出身名门望族，漂亮聪明，是难得一见的有才又有貌的女子。从元朝开始，朝鲜就被迫向中国朝廷进献美女。明初也是如此，朱元璋的后宫里就有不少朝鲜的妃嫔，传说成祖朱棣便是朝鲜人硕妃所生的朱门之后。

大概是为了能从朝鲜美女身上看到自己母亲的身影，朱棣的后宫里也有不少朝鲜妃嫔，权妃最为成祖朱棣宠爱。第一次见到她的时候，朱棣便被权妃的清丽吸引，更为权妃的箫声折服。从此后权妃不仅宠冠后宫，而且很少离开成祖身边。

后来朱棣北征，他带着权妃随行军中，在大军走到山东临城时，权妃突然不幸身得重病，最后不治身亡，朱棣为此十分伤痛，甚至还听信谣言，认为权妃死于毒害，便杀了后宫几千人，酿成了一起大冤案，但也足以看出，朱棣对权妃的爱有多深。

## · 唐玄宗为何不愿立皇后

唐玄宗李隆基即位后，一开始立下折冲府的一位姓王的果毅都尉的女儿为皇后，果毅都尉是五品的武官，所以这位皇后也算是将门之女。最初王皇后凭借过人的胆识和她将门虎女天生的气魄，协助李隆基扳倒韦皇后，斗赢太平公主。可以说，李隆基之所以能够当上皇帝，功劳里有王皇后的一半。

渐渐的，李隆基与王皇后之间的感情便越来越淡了。王皇后读书不多，胸无点墨，而且没有子嗣，这让李隆基对她越发不满。之后，李隆基宠幸起了一位姓武的妃子，王皇后为挽回李隆基的心，只要一有机会，她便会在李隆基面前说那位妃子的坏话。

可是事情并没有像王皇后期盼的那样发展，李隆基不但没有远离姓武的妃子，反而是对王皇后日渐心生厌烦，逐渐产生了废黜皇后的想法。

王皇后为了挽回唐玄宗的感情，不敢再有强硬的态度。俗话说一日夫妻百日恩，何况王皇后与唐玄宗是共同患难，一路走来的。虽然唐玄宗一直有废黜王皇后的心思，但一时找不到理由，也没有动作。

一日，唐玄宗去探望王皇后，王皇后乘机诉苦："陛下独不念阿忠（阿忠是王皇后对其父亲的称呼）脱紫半臂易斗面，为生日汤饼邪？"这里是提到当日唐玄宗还是临淄王的时候，一次过生日去到了王皇后家里，正巧王皇后的父亲好赌，将家里积蓄都输光了。为了不怠慢李隆基，他便将自己身上的紫半臂脱下来当了，买了面回来给李隆基做了一碗长寿面。

既然王皇后都提到了这样的往事，李隆基自然不好再提废后的事情。可惜王皇后生性不够隐忍，看到得宠的武氏儿女成群，她忍不住去求神灵帮忙，找到一个名叫明悟的和尚做法求子。

李隆基顿时大怒，这下不论王皇后再怎么辩驳，都无济于事，李隆基将王皇后打入冷宫，从此再不过问。不过两年，王皇后便郁郁而终。皇后的位子空了出来，按理说，应当立最得宠的武氏为皇后，可是李隆基却迟迟没有动作。原因便是这一幕与之前的武则天当皇后的一幕太相似了，废王立武，这一切似乎都是70年前的历史重演。所以大臣们纷纷阻挠立后一事，理由有三：其一，武家与李家有不共戴天之仇，如何还能让武姓母仪天下？其二，太子已立，武氏若当皇后，必然想立自己的儿子为太子，朝廷难免动荡。其三，不愿意历史重演。

大臣们担忧的也有道理，唐玄宗便放弃了立武氏为皇后的念头，最后，他只得封武氏为惠妃，算是补偿。而后，从此便打消了立皇后的念头。

## · 辽道宗萧皇后被杀真相

由于辽道宗听信小人谗言，相信萧皇后与人通奸，便命其自尽，造成了堪称辽国历史上最大的冤案，史称"十香词冤案"。

萧皇后原名萧观音，16岁时嫁梁王为妃，次年，梁王登基为辽道宗，萧观音被册封为皇后。精通汉文化的萧皇后，常常吟诗作赋，弹古琴，且写得一手漂亮书法。才貌双全的萧皇后深得辽道宗喜爱。

此时，有个叫耶律乙辛的人权倾朝野，萧皇后深感忧虑。于是劝说道宗不要将国事全部委托耶律乙辛，以免发生"功高盖主"的事情。萧皇后的进言引起了道宗的重视，便下旨让太子参与朝政，取代乙辛。得知事实真相的耶律乙辛对萧皇后怀恨在心，发誓要报仇，因此格外关注萧皇后的动向。

道宗毕竟是一国之君，岂能专心喜欢皇后一人？丈夫对自己的宠幸越来越少，深感寂寞的萧皇后便写了一首情意绵绵的《回心院》，希望改编成歌曲唱给道宗听。当时，宫中伶官中只有赵唯一一人能把这首词谱成乐曲，而且他的嗓音条件最好。为了尽快让道宗知晓自己的心意，萧皇后常常命赵唯一进宫演奏。不想，这却给了耶律乙辛报仇的机会。一方面，他收买皇后身边的丫鬟单登，另一方面派人写了一首感情真挚却很露骨的《十香词》。

有一天，单登向萧皇后恳求道："这首《十香词》为宋国皇后所著，但笔迹拙劣。如果皇后能抄写一份送与奴婢，奴婢将感激不尽。"萧皇后答应了单登的请求。全诗如下：

青丝七尺长，挽出内嫁妆，不知眠枕上，倍觉绿云香。
红绡一幅强，轻阑白玉光，试开胸探取，尤比颤酥香。
芙蓉失新艳，莲花落故妆，两般总堪比，何似粉腮香？
蜷蛴那足并，长须学凤凰，昨宵欢臂上，应惹领边香。
和羹好滋味，道语出宫商，定知郎口内，含有暖甘香。
非关兼酒气，不是口脂芳，却疑花解语，风送过来香。
既摘上林蕊，还亲御苑桑，归来便携手，纤纤春笋香。
凤鞋抛合缝，罗袜卸轻霜，谁将暖白玉，雕出软钩香。
解带色已战，触手心愈忙，那识罗裙内，销魂别有香。
咳唾千花酿，肌肤百和装，元非噀沉水，生得满身香。

当《十香词》抄好后，受其内容感染，萧皇后又即兴写了一首怀古绝句：

宫中只数赵家妆，败雨残云误汉王。
唯有知情一片月，曾窥飞燕入昭阳。

见时机成熟，耶律乙辛让单登向辽道宗揭发萧皇后和赵唯一"通奸"的事情，物证就是《十香词》和《怀古》。尤其是《怀古》一诗，里面含有"赵唯一"三个字，这就成了"铁证"。况且，现在赵唯一已经被耶律乙辛屈打成招，对他与萧皇后通奸的事情供认不讳。

被怒气冲昏头脑的辽道宗，立即下令处死萧皇后。于是，宫人捧着一匹白绫，来到萧皇后寝宫。萧皇后死后，辽道宗仍未解气，命裸其尸体，裹以芦苇席，送回萧家。

一代皇后竟然被冤枉致死，不得不令人扼腕叹息。

## ·揭秘慈禧太后的奢华马桶

宫廷中的贵妇人们，虽然身份高贵，但是总也是凡人，总要解决一些个人问题，对于她们是如何如厕的，史上记载的并不多，但是从零星的关于慈禧太后的"出恭"的史料上来看，即使是"出恭"，其豪华度和排场也是人们难以想象的。

慈禧太后每天的生活十分规律，她清晨四五点钟时起床，在梳洗完毕之后开始用早膳。然后吸足烟，等这些都做完之后再由宫女帮忙穿戴整齐，然后就在宫女太监的簇拥之下去养心殿接见王公大臣们，两个小时后再回到自己的寝宫。这时的慈禧一般会在换过衣服，吃过点心之后，去厕所。

慈禧的便盆叫作官房，虽然和普通百姓一样都是用来装粪便的东西，但是慈禧的官房做工精致，极尽奢华。

在古代，常见的官房大多是用陶瓷做的盆子，但是慈禧的官房却使用了上等的檀香木为原料。慈禧的官房被雕刻成一条大壁虎的形象，其动作像是要捕捉猎物，这只壁虎雕刻得栩栩如生。

壁虎的四只爪子狠狠地抓地，它们就是官房的四条腿；壁虎的肚子鼓鼓的，像憋足了气似的，这样壁虎的肚子就成了官房的盆屉；壁虎的尾巴紧紧地卷了起来，尾梢折回来和尾柄相交形成一个8字，这就成了官房的后把手；壁虎的头高高地翘了起来，向后微仰着，紧贴在了官房肚子上，壁虎的下颌稍稍凸出，和后边的尾巴平行而立，正好适合用手托住，于是壁虎的下颌就成了官房前把手；壁虎的头往后扭着，两只镶着红的宝石的眼向上注视着骑在自己背上的人，嘴微微张开一条缝，缝内恰好可以衔着手纸，所以壁虎的嘴就成了盛纸器；壁虎的脊背上正中间的位置以一个盖子，在盖子上卧着一条螭虎，作为提手，只要打开这个盖子，慈禧就可以坐在上面"出恭"了。

为了不让慈禧看到污浊物和闻到臭味，宫人们会在壁虎的肚子里放上香木的蓬松细末，这样当便物下坠之后，会立刻被香木末包裹住，完全不会让人看到任何脏东西或闻到什么气味。

每当慈禧要传官房时，宫女太监们就要分头行动起来，他们各有各的差事。有的去叫管官房的太监，有的要去拿铺垫，有的要去拿手纸。

当慈禧从养心殿回来之后，管官房的太监就要一直待命，做好随时都会被召唤的准备。这名太监要把用绣云龙黄布套裹着的"官房"顶在头上恭恭敬敬地送到太后的寝宫门外，在给慈禧请过安之后，将"官房"从黄布套中请出来，由宫女捧进送进净房——专门为便溺准备的房间，这时慈禧便已经脱完了衣物。宫女必须迅速把油布铺在地上，然后将官房放在油布上，再把手纸放进壁虎嘴里，这样准备工作就做完了，慈禧可以安心地出恭了。

慈禧非常喜欢这只大壁虎，每次使用"官房"时，都喜欢用手纸抚着它玩。慈禧用的手纸都是由宫女特制的：宫女们裁开一张白绵纸，再向这些纸上轻轻地喷水，当这些纸变得发潮发蔫之后，宫女们会用铜熨斗轻轻在这些纸上熨烫两遍，最后再将这些纸裁成长条，垫上湿布。这样制成的纸光滑细腻又很柔软，慈禧非常喜欢。

当慈禧出恭完成之后，宫女们把官房捧出寝宫。负责管理官房的太监要再次用黄云龙套将它包好，然后和来时一样要用头顶回去走回去。回到自己的地方之后，还要负责将官房清洗干净，再次给它填充上香木末。

这只是慈禧在宫中所用的马桶，出了宫，羁旅途中上厕所的过程当然不能如此烦琐。而且在外面，也不方便举着官房端来端去的。1903年，慈禧想试试坐火车的感觉，于是，便下令给她在火车上特制了一个卧房。这个卧房没有用车上原有的床和被褥，因为太后认为在车上原有的这些东西上吸食鸦片不太舒服。所以卧房的铁床、被褥枕头都是另外配置的。除了豪华舒适的床和被褥枕头之外，这个卧房里还有一件东西不得不提，那就是马桶。

慈禧太后在车上所用的马桶叫作如意桶。对于如意桶，清史专家孟森有这样一段描述：

车中备铁床、裀褥枕被，花车原有卧榻置不用，计吸鸦片烟非此不适故耳。床横置，面车窗，以幔围之，床身购诸肆，嫌柱稍高，截其脚而移高其床面。床侧一门，启之即如意桶。如意桶者，便溺器也，底贮黄沙，上注水银，粪落水银中，没入无迹，外施宫锦绒缎为套，成一绣墩。车身亦（遍）套黄绒，而以缎贴里。

如意桶的外面用宫锦绒缎，乍一看上去就像一个绣墩。里面铺满黄沙，黄沙上又灌了一层水银。上厕所的时候，粪便落入马桶中就会被水银和黄沙掩埋。这种如意桶在当时的卫生设备里可谓登峰造极，恐怕也只有皇家才能用得上这样的马桶了。

## ·末代皇帝无奈离婚的真相

1921年，已经退位但仍然保留帝号的溥仪要选皇后，亡国之君自然不能再像盛世之时的祖上一样在全国"选美"，但是溥仪选后的消息还是让很多人异常兴奋，毕竟，皇后那顶华丽的桂冠还是很有吸引力的。文绣的父母和五叔决定将她的照片送入宫中应选，起初文绣誓死不从，但最终也只好无奈地接受了这个事实。

溥仪圈中的人正是文绣，但由于当时文绣的家族已经衰落，光绪帝的遗孀坚决反对立她为后。最后，满洲正白旗郭布罗氏荣源家的女儿被立为皇后，也就是婉容。由于"皇上已经圈过文绣，她是不可能再嫁给臣民了"，所以文绣被立为"淑妃"，和婉容一起进了宫。

就这样，13岁的文绣嫁给16岁的溥仪，成为末世皇帝的妃子。

表面看上去，家境贫寒的文绣就像是幸运地得到了水晶鞋的穷丫头，可惜，她所嫁的并不是骑着白马的王子，而是爱抽大烟的溥仪。这位年轻的亡国之君，既无力逆转历史的走向，心里又充满穷途之哀，只能日复一日注视着大清王朝与天际的夕阳一起陨落。

文绣入宫之初，溥仪对她十分眷恋。但对于古代的帝王而言，女人往往只是工具或者玩物而已，他们需要的是那种俯首帖耳、唯命是听的女子，连有名无实的皇帝溥仪也不能例外。然而，文绣却偏偏不是这种女人。从进宫的第一天起，她心里就对这莫名其妙的命运充满了抵抗情绪。她的不安与反抗开始表现出来，甚至偶尔会流露出要求自由与平等的"非分之想"。溥仪渐渐疏远了文绣，以至于后来她与皇后婉容发生矛盾时，溥仪也表现出了明显的偏袒。

1924年11月5日，冯玉祥发动北京政变，溥仪被赶出了皇宫。几个月之后，文绣随溥仪搬到天津，并在静园中郁闷地过了6年多。

1931年，在一次与溥仪争吵之后，文绣心中的委屈与愤怒终于爆发了，她离开了静园，并向溥仪提出了离婚要求。皇帝的妃子要离婚！这在当时引发了极大的轰动，少数思想开化者对这场"妃子革命"表示支持，但大多数守旧者发疯般地围攻"淑妃"，指责她大逆不道。

事态愈演愈烈，多番沟通后溥仪自知再也无法劝回文绣，又不想把帝王家的家事闹上法庭，只好同意离婚并签订了和解议案。文绣终于离婚了，但离婚的议案中却有一道符咒：文绣必须承诺"永不再嫁"。

为了挽回体面，1931年9月，溥仪在京津沪的报纸上刊登了"上谕"："淑妃擅离行园，显违祖制，撤去原封位号，废为庶人，钦此。"离婚的事实被冠以"废妃"的名号，清朝皇室的体统与尊贵似乎得到了保全，但在今人看来，这样局促的窘态似乎更加可笑。

比文绣更加悲惨的是，皇后婉容最终落了个疯癫的下场。作为中国封建社会的最后一代皇后和皇妃，她们既是帝制时代的牺牲品，更是近代社会巨变的缩影。

# 不可不知的历史怪圈

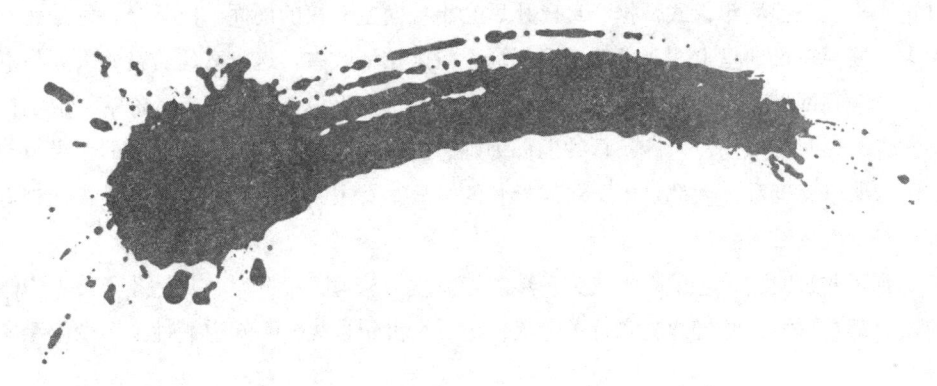

## · "儿当太子母需死"的伦理怪圈

在古代宫廷，通常情况下都是母凭子贵，嫔妃的地位与能否为皇帝生下皇位继承人有很大关系。为了让自己的儿子当上太子，很多嫔妃之间都进行着你死我活的明争暗斗。若儿子当上皇位继承人，那嫔妃的地位必然迅速提高，成为令人羡慕的皇后、太后，如王政君、武则天、孝庄太后、慈禧等。

但是也有例外，有的嫔妃并不愿意生太子，因为她们不但不能母凭子贵，而且还会因此惹来杀身之祸，如北魏时期就是一个典型。在北魏的法律里有一条很严格的立子杀母制度：立某皇后或嫔妃的儿子为太子后，即赐太子母亲自尽。

此做法始于汉武帝。汉武帝年事已高，欲立年幼的刘弗陵为太子。但是刘弗陵的生母钩弋夫人正值盛年，武帝担心自己死后会出现女主专权的局面，便下令将她处死，钩弋夫人脱掉首饰向皇上叩头求恕。武帝命令将她拉下殿去，送入宫廷监狱，夫人临下殿时，还频频回首，希望皇上能回心转意。武帝却挥挥手说："赶快走，你活不成了！"钩弋夫人死时暴风扬起尘沙，百姓们都为她感到忧伤。但是汉武帝对周围的人说："从前国家所以有变乱，大都是由于君幼母壮的缘故。女主骄慢放肆，无人能禁止，难道你们没有听说过吕后吗？"

到了北魏时期，立子杀母成为一项法律制度。从道武帝开始，凡是儿子被立为储君的嫔妃都要赐死，并且此制实行了七代，历一个世纪之久，不知道牺牲了多少位无辜的母亲。

道武帝的宠妃刘氏，生长子拓跋嗣，拓跋嗣被立为太子后，刘氏即被赐死。拓跋嗣思念母亲，悲伤哭泣。道武帝安慰他说："过去汉武帝将立太子，先杀其母。现在你既为太子，为了避免女主干政的后患，我也不得不效法汉武帝。"太子听后，仍然悲伤不能自抑，被气恼的道武帝赶了出去。

在北魏的历史发展过程中，"子贵母死"的旧制发展到了鼎盛。这跟拓跋旧制有很大的关系。当时北魏尚未确立一套父子传承的嫡庶长幼继承制度，储君的策立和登基往往依赖于母族的强大，可谓"母强子立"。到道武帝时，这种状况有了改变。道武帝先用战争手段强制离散母族贺兰部、妻族独孤部、祖母族慕容部等大部落，后来还先后逼死自己的母亲贺兰太后，赐死太子拓跋嗣的母亲刘皇后。立子杀母的旧制虽然换得了北魏稳定的君位传承秩序，促进了拓跋部的稳定，但却是由牺牲无辜的母亲换来的。

孝文帝拓跋宏的父亲信仰佛教，对政治不感兴趣。在拓跋宏才五岁的时候，就把皇位让给了拓跋宏。由于拓跋宏的母亲李氏在他被立为太子时就被赐死了，所以年幼的拓跋宏由冯太后抚养。可是冯氏对小皇帝非常不好，经常杖罚幼小的拓跋宏。有一次甚至在大冷天里，把穿着单衣的小皇帝关在一间空屋子之中，三天不给饭吃。

后来，孝文帝的爱妃林氏，因为生下的儿子拓跋恂被立为太子，林氏也被赐死。妃嫔们"相与祈祝，皆愿生诸王公主，不愿生太子"，使得孝文帝只留下孝明帝一根独苗。孝文帝曾求当权的冯太后废除旧法，但被拒绝。

宣武帝元恪时，他笃信佛教，不忍杀生，"立皇子诩，始不杀其母"，"子贵母死"的制度终于被取消，后宫的妃子们不再为此而人人自危，"矫枉之义不亦过哉"！

## ·外戚干政屡禁不绝

外戚又称"外家""戚畹"，乃帝王的母族、妻族一脉。若是外戚安分守己，作为帝王的亲戚，自然享尽荣华富贵。可惜历数千年中华历史，偏偏是外戚的野心最为膨胀，甚至远远超过乱臣贼子，其干政乃至篡权的现象屡禁不绝，让帝王之家头痛不已。

外戚干政，尤以汉代为甚，确切地说是东汉。大多数史学家都认为，东汉外戚干政颇多有两个原因，一个是小皇帝过多，一个是尚书台的设置。

幼帝登基，难以从政，是历史的必然。东汉的幼帝所以繁多的历史根源，应当从秦始皇算起。秦王嬴政确立皇位继承制之后，希望自己的子孙统治万世，虽然秦朝未能昌盛千年，但嫡子继承帝位的规矩却被汉代完全吸收。因此一旦遭逢皇帝英年早逝，其子嗣不管多么年幼，都要继承皇位。虽然西汉时期的帝王大多中年以后方才死亡，但到了东汉却连续遭遇几代皇帝30余岁便死亡的情况，幼帝频繁出现，后宫的势力便不可遏止地膨胀起来。

后宫女性不能直接干政，自然是通过扶持本家的势力来掌握政权。外戚的力量就因此而飞速蹿升。然而在汉代，外戚不只是有后宫势力可以依靠，他们还有一个很大的优势，便是大多出自对国家有贡献的功臣。东汉的外戚，主要有"马、窦、邓、梁"四大家族。东汉明帝的马皇后，是功臣马援的女儿；章帝的窦皇后，是功臣窦融的曾孙女；和帝的邓皇后，是功臣邓禹的孙女；顺帝的梁皇后，是功臣梁统的后代。四大家族既是功臣又是外戚，封地广大，势力雄厚，他们慢慢地蚕食东汉的江山。

幼帝繁多只是导致外戚干政的原因之一，另有一个重要的因素便是光武帝刘秀遗留的历史问题——尚书台的设立。光武帝刘秀建立政权之后，为了稳固皇权，遏制相权，虽然保留了过去的宰相"三公"之职，即司徒（丞相）、太尉、司空（御史大夫），但却将三公的实权抽走，徒留地位和俸禄。而刘秀另外设置了名为"台阁"的尚书台，将国家实权完全交由尚书台管理，由自己直接指挥。

最早尚书是相对外部朝廷的内部朝阁，由皇帝统管，相当于机要秘书的工作单位，通常工作者为下级官吏。汉武帝刘彻在位时期，尚书被私下称为"内朝"，与三公九卿的"外朝"相对应，基本上没有什么实质的执政权。但是光武帝却将尚书机构的地位抬高至超过"外朝"的地步，使得尚书台内的官员品阶不高，反而比"外朝"中人更有权力。但是很快这样的弊端就凸显出来。一旦皇帝早夭，幼帝登基，如何有能耐管理尚书台？自然掌管尚书台的"重任"就落到了后宫、外戚的手里。

光武帝的做法，就这样令东汉江山一点点划入他人囊中。而外戚专权的直接后果，招来的便是宦官权力的膨胀。因为幼帝长大之后，唯有后宫宦官近侍可以依靠，宦官在帮助皇帝重夺皇权之后，受到土地、俸禄上的巨额封赏，势力便迅速增长，俨然有超过外戚的威势。东汉末年的"十常侍之乱"，便是由此引起。

# ·名士为何大多是隐士

仕与隐的矛盾一直是中国古代文人志士的一大困扰，由此矛盾产生的隐逸心态也随之盛行。其实，生长于中国名士身上的"隐逸之风"自古以来就一直存在，他们或身归于山林，或朝野于庭而隐于内心。其实，隐逸之风之所以盛行，归根结底还是政治矛盾激化的原因。

魏晋时期政局极不稳定，战乱导致生灵涂炭，士人的性命更是朝不保夕。这个战马嘶鸣的时代，也是名士仕与隐矛盾冲突表现得最为强烈的时期。大一统王朝一去不复返，生长于战乱年代的魏晋文人将何去何从？魏晋风流们又能在怎样的境界与状态之中找到自己的归宿？

在黑暗的政治形势逼迫之下，在连性命都不可保的日子之中，魏晋名士不可能强烈地持有儒家积极入世的观念。但由于对中国仕途文化长期的耳濡目染，魏晋名士也不会完全采取老庄的无为之思。中庸之举，就是将积极入世与无为之思想结合，身在山野而心向国泰民安，抑或是身在朝廷而心归于山林。

"少有异才，文章冠世。伏膺儒术，非礼不动。"这是被钟嵘誉为"太康之英"魏晋名士之一：陆机。由于受到父辈思想的灌输与熏陶，陆机一生执着于功名的追逐，然而政治的黑暗却将他为国效劳的忠心一再地打入牢底。他的这种不得入世的苦闷多首诗歌中表现了出来，如《遨游出西城诗》道："靡靡年时改，冉冉老已及。行矣勉良图，使尔修名利。"当入世之心被政治权力所阻挡之时，陆机的隐逸思想就跳了出来，他在《幽人赋》中就写道："世有幽人，渔钓乎玄渚，弹云冕以辞世，披宵褐而延伫，是以物外莫得窥其奥，举世不足扬其波，劲秋不能凋其叶，芳春不能发其华，超尘冥以绝绪，岂世网之能加？"虽然陆机思想中的隐逸层面还未表现得过于强烈，然而他出世与入世的心理变化也能够代表魏晋时期名士仕与隐的矛盾心理了。

为了保住身家性命，也为了在清明的政治势态到来之前能够暂时退却，魏晋名士多数选择了归隐山林。

鲁迅先生曾经讲过："据我的意思，即使是从前的人，那诗文完全超于政治的所谓'田园诗人''山林诗人'是没有的。完全超出人世间的，也是没有的。既然是超出于世，则当然连诗文也没有。诗文也是人事，既有诗，就可以知道于世事未能忘情。"

风云变幻，朝代更迭。昏暗的政治时局终不会持久，大一统的国富民强时代也终究要来临。中国文人历来所具有的入世之心也会在这政治贤明之际再度出野，正所谓"穷则独善其身，达则兼济天下"。骨子里的入世之心最终还是要显露于山水之中，而山清水秀的隐林生活也只是多数名士想要大展宏图的一个过渡阶段。因此，虽然有名士终身归隐于此，却有更多的仁人志士最终还是走出了山林。

## ·商人为何长期地位低下

中国古代"士农工商"的社会定位长期延续，成为中国传统社会一个固定不变的模式。商贾虽然掌握着巨大的社会财富，但是他们的社会地位极为卑贱，从事商业的人是不被看得起的。这其中为什么产生如此大的反差？是什么原因使商贾既是财富的宠儿又是地位的弃儿？

商人卑贱的地位与封建王朝"重农抑商"的经济政策是分不开的，封建王朝极为重视农业，农业是本业，所以历朝历代都把"重农抑商"作为国家最基本的经济指导思想。

商鞅变法有关重农抑商政策有这样的规定：土地可以买卖；家里有两个成年男子不分家的，加倍征收他们的赋税；粟帛生产得多的，受到免除徭役的优待；经商及因怠惰而贫穷的，连同妻子儿女没入官府当奴隶。

重农抑商的政策在封建社会之所以得到大力的继承和发扬，与统治阶级的经济基础和阶级利益是分不开的。中国封建社会的经济基础是自给自足的自然经济，这就要求有固定的人依附于土地。农民便是依附于土地的群体，他们对国家承担税、赋、役三重义务，而其中任何一项都要求人员有相对固定的住所以及较为顺良的性格。人员固定使得税收方便收取，劳役便于支派，封建国家的户籍制、保甲制都是为了限制人员的自由流动而制定的。商人以追求经济利益为主要目的，其天然的流动性必然不受统治阶级的欢迎。

农民从事农业生产，其劳动特质决定了这个群体的相对稳定性和极强的灾难承受能力，而商人追逐利益的本性和冒险精神都使这个群体难以忍受统治阶级的盘剥。与此同时，私人工商业主通过商品交换以及高利贷盘剥农民，还有就是商业活动的风险性和收益性会吸引一部分农民舍本求末，这些都会削弱封建王朝的统治基础。

封建社会人们的经济思想落后。他们只看到商人在流通领域高卖低买，赚取差价，便认为商人狡诈，不事生产而徒分其利。这样就产生一种思想——那就是，商人并没有直接去创造价值，反害农桑，故重农轻商。

社会心理的影响。在统治阶级不怀好意的描述下，商人在社会大众中的职业印象日渐沉沦，商人成了唯利是图的代名词，商人本身有限的话语权无法为本阶层正名，加之国人久已有之的仇富习惯，更加使得商人整体阶层地位低下。

"财富的宠儿，地位的弃儿"，商人在中国长达2000年的封建社会里都与这一制度相始终，其原因就是中国的封建社会相当完备，它有雄厚的经济基础和较为固定的阶级利益，而商人在这样的时代无疑会成为统治阶级打压的主要对象，虽然他们在财富的积累上得到社会的认可，但是其卑贱的地位始终没有改变。

# ·内廷怪圈：宦官为何能专政

宦官，也就是人们常说的太监。古时帝王需要人手充实皇宫，照顾自己和后妃们的起居，又怕他们对后妃"照顾"得太过分，就割去这些人的生殖器，造就了本不是女人，后来也说不上是男人的太监。一方面，由于身体的残疾，太监在人群中饱受歧视，非常可怜；可是另一方面，有些太监因为接近皇帝，渐渐就有了超越一般人的威势，非常骄横，更有部分太监窃据了行政大权，覆雨翻云，只手遮天，顺之则昌，逆之则亡。这就是所谓的"宦官专政"。

由于身体残疾，饱尝白眼，又没有子孙为继，丧失了天伦之乐和下半生的希望，所以绝大多数太监有些变态心理，这表现为外忍而内猜，刻毒而无情，只注重物质的享乐而没有能力体验精神生活的愉悦。又因为太监多是贫苦人家的子弟，因为实在没法才辱及先人，入宫去做太监，所以很难受到完整的教育；而他们自小就"脱离俗世"，长期囿于深宫之中，所以他们所熟悉的不过是钩心斗角的所谓"宫廷政治"，对社会本无了解。更可怕的是，由于耳濡目染尽是人与人诬害相斗的丑恶事情，很少有太监还能在心中保留着判断是非善恶的道德准绳，所以他们做事，多是出于私欲——谁对我好，便是好人，谁反对我，便是坏人——而非出于公心，更难有从天下苍生的角度作出长远的考量和规划。所以中国古代，凡有太监专权干政，都受到世人的唾骂和指责，这不能说是没有道理。

既然太监的社会地位如此低下，在人们眼中是如此不堪，那么"宦官专政"的权力又是如何得到的呢？

当然是皇帝给的。皇帝总要保持高高在上的姿态，保持自身的神秘，让人难以测度，让人在他面前倍感压力。可是，皇帝有血有肉，也需要伙伴，这样的伙伴自然是与他同长于深宫，朝夕相对、形影不离的太监。尤其是东汉中后期，皇帝多是幼年登基，大权遂旁落于太后手中，太后一个妇道人家不得不依靠父兄来支撑局面，久而久之，外戚权重朝野，人们只知有外戚而不知有皇帝，这叫渐渐长大成人、名为天下之主而实为外戚傀儡的皇帝情何以堪？不得已之下，皇帝只有联合宦官，重夺大权。皇帝倚重宦官，则群臣奏事莫不要经宦官之手，这就是宦官权力的由来。

虽然，宦官专权的根子都在皇权专制，但历代的宦官专权却各有特点。比如，汉代的宦官多是因为皇帝为了对付外戚而有意扶植，明代的宦官专政多是因为皇帝怠慢政事而致大权遗落宦官手中。汉、明两朝的宦官专政，情况虽严重，后果也可怕，但若追本溯源则可发现，只要皇帝强势一点，对朝政多花些心思，多与大臣亲近——诸葛亮的说法是"亲贤臣，远小人"——则可杜绝宦官与权力的那丝联系。比如明朝，崇祯帝一道圣旨就叫魏忠贤死无葬身之地。

最猖狂的要数唐朝的宦官，安史之乱后，宦官李辅国因为扶持肃宗登位有功，渐渐掌握军权。李辅国以后的宦官更加嚣张跋扈，自鱼朝恩开始，竟掌控了当时的中央禁军神策军，以至于皇帝成了包围在宦官和他们领导的军队中的"笼中小鸟"，"稍有差池"则被宦官随意废黜，到了这一步，国家之兴亡、宗庙之断续，已不问可知。

## ·最巅峰的宋朝为何被评为最贫弱的朝代

中国几千年的封建历史中，宋朝的经济、文化和社会算是最为发达的了。仅从铸币数量就可见一斑，据史籍记载，自宋太祖时代开始，铸币的数目到了每年500万的数量。其两年的铸币数就要超过400年后明朝276年所铸造的总和。中国的四大发明有三项在宋朝，唐宋八大家也有六位在宋朝。

然而令人匪夷所思的是，这样一个社会、文化、经济都高度发展的朝代，却一直处于被动挨打的局面，饱受临近少数民族政权的欺凌。宋朝名义上统一了中国，却远远没有完成一个强大朝代应该完成的大一统局面。特别是南宋，仅仅坐拥半壁江山苟延残喘。

追溯根源，有很多原因，最主要的是宋王朝从建国开始就重文轻武。赵匡胤立国便是因为兵权在握，从而简单地废掉了后周小皇帝，自己黄袍加身。他亲身经历唐朝藩镇割据导致灭亡的历史，又知道自己是如何夺得皇权的，所以一开国就将军事权力高度中央化，令文官大抬其头。因此宋朝的文治传统深厚，国家俨然一副书生模样。但是宋朝却不幸恰逢强敌环绕的时代。周围的少数民族政权对中原虎视眈眈，所以，以文率武直接导致宋朝积弱的状态。

虽说中国每个朝代难免受到少数民族的骚扰，从秦汉时的匈奴到唐代的突厥，但这些少数民族大多都被中原王朝抵御在外。即便遇到再强大的少数民族，中原王朝也能保证在防守状态下不失时机地进行反击，特别是唐朝全盛时期，曾一度令周边各少数民族政权都向其俯首称臣。然而，宋朝虽然富裕，武将辈出，可却偏偏总是被少数民族政权逼得走投无路，割地赔款。

这些，都源自宋朝重文轻武的思想。是"重文轻武"导致了国家最高统治集团内部文臣群体的"恐武症"，及由此而形成的核心价值观念。宋代最高统治集团对武将无孔不入的高度防范，文官集团对武将群体的极度鄙薄与蔑视，直接绞杀了王朝的锋芒，这样的大宋如何能够强大？

宋朝在当时可谓超级富国，在那个时代已经与南太平洋、中东、非洲、欧洲等地的50多个国家通商。《清明上河图》描绘的繁华景象，千年后仍让世人惊叹不已。但富并不简单地等同于强。精神落后一样要挨打，这样一个没有尚武精神、没有强大国防作后盾的朝代，即使经济再强大繁荣，也同样会丧权辱国。

幽云十六州是后晋之后包括宋代在内的中原子民心头的一个痛处。公元936年，后唐河东节度使石敬瑭反唐自立，向契丹求援。契丹出兵扶植其建立晋国，辽太宗与石敬瑭约为父子。公元938年，石敬瑭把幽云十六州之地献出来，使得辽国的疆域扩展到长城一线。宋朝的统治者多次想收复幽云十六州，但几次准备或攻打未果后不得不放弃了。景德元年的澶渊之盟，宋朝本是胜利一方，竟然承认契丹占有幽云十六州的合法性，还每年送银二十万两、绢十万匹，开创了岁币的恶例。

历朝历代，没有武功，哪有文治？没有武备，经济再繁荣、文化再灿烂，也会成为一堆瓦砾。汉唐的文治就是建立在武功的基础上的。然而，宋代却彻底颠覆了这个传统，如何能不亡？

# ·战争怪圈：冷兵器为什么能征服热兵器

火药是中国的四大发明之一。早在宋朝，中国人就围绕着火药开发一系列的热兵器，称为火器。火器威力奇大，因此当时的宋、金、蒙都争先添置。

当时，较为著名的有类似今日炸弹的"震天雷"和如今枪械类武器的始祖"突火枪"。而那时候，西方人尚不知火器为何物。

震天雷出现于北宋末年。从外面看，它与一个普通的大铁球没什么两样，但它的上面插了一根大铁球所没有的引信，而它的里面塞满了火药。震天雷爆炸后，无论是四处飞散的铁片，还是它燃起的火焰，都足以伤人。震天雷可以用投石器投掷，所以引信的长短要看投掷目标的远近。金天兴元年（1232年），蒙古人攻打汴京，金守将赤盏合喜，"其守城之具有火炮名'震天雷'者，铁罐盛药，以火点之，炮起火发，其声如雷，闻百里外，所爇围半亩之上，火点着甲铁皆透"。

与震天雷相类似的，是"霹雳炮"。霹雳炮是北宋首都开封的火药制造厂"火药窑子作"生产的武器。靖康元年（1126年），金人围攻汴梁，宰相李纲坚守不屈，"夜发霹雳炮以击贼，军皆惊呼"。

金朝的女真人和蒙元的蒙古人，都是马背上的民族，他们打仗，多以骑兵为主。若将震天雷、霹雳炮等投入马队、马阵中，胆小的马儿必定被吓得长嘶短叫，四蹄翻飞。因此，无论是赤盏合喜以之对付蒙古人的骑兵，还是李纲以之抗击金人骑士的攻城，都必然收到奇效。

除震天雷外还有突火枪。突火枪与今天的枪械类武器非常相像，当然，它非常粗糙，不可能如同AK-47那样精巧。现在的枪械都是金属制造的，可是突火枪的枪身却是一个巨竹筒。把子窠（类似今天的子弹）装进突火枪内，再通过引信点燃火药，在火药的冲力作用下，子窠就从筒内飞出，打伤、打死敌人。如果火药的量加得合适，突火枪的射程可达150步（230米），比之一般的弓箭要强上不少。不过，突火枪的缺点也是非常明显的，因为装火药比引箭上弦费时、费力得多，所以它被采用、上战场的机会非常少。

到了明代，火器有了长足的发展，式样也多了起来，主要的火器，除了突火枪的进化版鸟铳和火铳以外，竟然还出现了威风赫赫、威力无比的远程武器——火炮。

无论是体型还是口径，火炮都远远大于鸟铳。火炮的内部，可以填充石、铅、铁等"实心弹"，也可以填充"爆炸性"的弹丸。鸟铳的射程只有数百步，火炮却可以击中几里以外的目标，对敌人是很大的威胁。一般来说，火炮都是给架在城墙上用来守城的，但把它放在车上，也可以用于野战，而把它放在船上，则可以用于海战。火炮的出现，使得很多战争的结果发生了逆转。明朝末年的时候，努尔哈赤统领的八旗军是当时欧亚草原上最强大的骑兵，战无不胜，攻无不克。不过当他率领剽掠如飞的八旗军南下攻打明朝时，却被守在山海关的蓟辽督师袁崇焕一炮轰伤，不久便死去。这口轰死清太祖的大炮叫作大将军炮，匠人改进工艺，给它的炮管外增加了铁箍，所以它发射起炮弹来，就不会那么容易炸膛了。

明朝虽然一直实施海禁，却也没有完全与外界断绝联系，他们从国外引进了一种非常厉害的炮类武器——红衣大炮。红衣，其实是"红夷"的谐音，所谓红夷，就是指荷兰人。那时候，西欧已经开始资本主义进程，无论是工业还是科技都爆发出巨大的能量，造出红衣大炮这种可怕的武器并不奇怪。

在此之前，中国人自己也能制造火炮，其原理与红衣大炮毫无差别。但因为中国的火炮多是用质软的铜金属制作的，炮管又薄，所以很容易在发射炮弹的过程中遇热变形、炸膛。红衣大炮就不同了，它的炮管厚度是旧炮的几倍——从炮口到炮尾逐渐加粗——管身也更加长，又配备了可以用来调整射击角度的炮耳和用来瞄准的准星和照门，无论是在设计上还是工艺上都大大优于中国自己制造的火炮。传说，红衣大炮最远的射程可达十里，在那个时代，这个数字可说是非常惊人。

论单体攻击力，热兵器要远远强过冷兵器。不过，由于工艺和技术的原因，与冷兵器相比，热兵器的数量还是太少，而且其连射的速率也大大赶不上骑兵的机动性，是否使用热兵器还不足以决定战争的胜负，所以宋、明两朝虽然有着更加灿烂的文明，也有着"领先于时代"的热兵器，但还是挡不住蒙古人、女真人来去如风的进攻，最终丢了江山。

## ·论资排辈始于何时

说到论资排辈，不得不提及它的由来。据《魏书》第六十六卷《崔亮传》载："寻除殿中尚书，迁吏部尚书。时羽林新害张彝之后，灵太后令武官得依资入选。官员既少，应选者多，前尚书李韶循常擢人，百姓大为嗟怨。亮乃奏为格制，不问士之贤愚，专以停解日月为断。"这几句话的意思是朝廷之中武官为多，权势庞大。太后又下令要选武官在中央和地方任职。官位名额有限，应选的人很多，前任的吏部尚书按照原来的办法进行选拔遭到了世人的怨恨。现任的吏部尚书崔亮这才上奏太后，要求不论才气，只论年龄辈分来任命官员。

顾炎武在他的《日知录》中谈论此事时也写道："今之言停年格者，皆言起于后魏崔亮。今读亮本传，而知其亦有不得已也。"所谓"停年格"指的是北魏自孝明帝之后开始实行的选拔官吏的制度，这种选官方式不理会治理才能，而是以年龄资历的深浅来作为选拔的对象。

原来"论资排辈"始于崔亮。但是顾炎武又说，崔亮当初也是有着不得已的苦衷才以论资排辈的方式选拔官员。那么，他到底有何难言之隐？

当崔亮"论资排辈"的选官方式开始实施的时候，他的外甥刘景安对这种做法非常不理解，于是写信给崔亮想要劝说，然而崔亮却回复他说自己另有苦衷。

崔亮说："汝所言乃有深致……今勋人甚多，又羽林入选，武夫崛起，不解书计，唯可彍弩前驱，指踪捕噬而已。忽令垂组乘轩，求其烹鲜之效，未曾操刀，而使专割。又武人至多，官员至少，不可周溥。设令十人共一官，犹无官可授，况一人望一官，何由可不怨哉？吾近面执，不宜使武人入选，请赐其爵，厚其禄。既不见从，是以权立此格，限以停年耳。昔子产铸刑书以救弊，叔向讥之以正法，何异汝以古礼难权宜哉！仲尼云：德我者亦《春秋》，罪我者亦《春秋》。吾之此指，其由是也。但令当来君子，知吾意焉。"

崔亮之意是：当今这个时代，有很多人的功绩都建立于战争之中，习武之人势力庞大。但是他们又不懂得文字，也不会写写算算，这样的人怎么能够将国家打理好呢？由于官员名额有限，而朝廷又不同意给武官封爵加禄，我才只好出此下策，用年龄来限制他们进入官场把持朝政，其实也只是权宜之计。

说到这里也许大家都会恍然大悟了，原来崔亮是为了限制武夫掌管国事才谋了"论资排辈"之策，他可谓用心良苦。

然而崔亮却不曾想到，他的权宜之计居然会世代流传，经久不衰。"论资排辈"的方式不仅在古代层出不穷，即使是到了现代社会，这种现象仍然存在。

## ·为何说"当官不如为仓，为仓不如从粮"

库吏粮书，向来都是肥缺。流传已久的"当官不如为娼，为娼不如从良"其实应该是"当官不如为仓，为仓不如从粮"。

在古代，库吏吃库是非常常见的现象。吃库的方式也是多种多样，挪用库银放债、将实物以次充好等都是他们所常用的手段。据《鹤林玉露》记载，北宋时期，张咏在崇县做县令，一天从库房经过时，他看见一个库吏从里面走了出来，那库吏鬓边挂着一枚库钱，但是看到他却全然不惧。张咏看他偷拿国家库银，态度还如此傲慢，抬手拔剑就斩了他。

这件事固然可以表现出张咏的刚正不阿，但是从库吏的一些行为中，我们也可以看出一些问题。库吏拿了库钱，但是看到作为县令的张咏之后却丝毫没有畏惧之色。可见，库吏吃库在当时是一个公开的秘密，很多官员也不敢拿他们怎么样。因为如果这些官员不去碰库吏，那么到他们离任办移交的时候，库吏就会给他们做一个与实物相符的账目。而如果得罪了库吏，那么这些库吏极有可能在他们的账目上做手脚，以这种方式捅这些官员一刀。所以，对于库吏的亏空，州县的官员们不仅不敢催，甚至还得想方设法帮他们瞒着。因为事情一旦败露，首先受到威胁的不是库吏，而是官员们头顶的乌纱帽。

对于那些贪官来说，要捞钱，勾结库吏更是非常重要的一步。有些贪官甚至被一些狡猾的库吏玩弄于股掌，最后还要为库吏所留下的亏空埋单。元朝时，长州县的陆县尹就是因为贪婪而被库吏玩弄于股掌。开始时，他与县衙库吏叶景初相互勾结，监守自盗。当他偷偷挪用库款达到一万多两时，叶景初按照他支用的日期，将账目上的数字做了一些改动，改动后的数字是实际数据的好几倍。后来，有人来巡查官员的不正之风，叶景初将假账目交了上去，自己带着赃款逃跑，留下陆县尹给他背黑锅。

连官员们都要看库吏的脸色行事，不敢得罪他们，所以，当官当然"不如为仓"了。而"为仓不如从粮"之说则是因为，相对于库房，粮房可做手脚的地方更多。

将粮仓里的好谷卖了，然后买一批贱谷以次充好，或者谎称好的谷物霉变，把好谷当作贱谷卖掉，这都是粮库书吏经常干的事情。同是监守自盗，"为仓不如从粮"还有一个原因，那就是粮库书吏所做的事情更不容易败露，因为从账目上来讲，粮库书吏所有的账目都能对得起来。

虽然粮库书吏是一份风险小收益大的肥缺，但是却也不是谁都能做得了，能够做得了这种工作的一般是一些老奸巨猾的人。相传，光绪年间，庐江刘知县因为常向当时的粮库书吏陈运昌要钱，而陈不能及时供给，便撤了他的职。这时，一个叫唐端的米商贿赂刘知县，刘知县便把这个职位给了他。唐端以为滚滚财富就在眼前，非常高兴，却不曾料到，来年春天的第一次征赋就搞得他倾家荡产了。按照惯例，春天的这次征赋是由里胥出面向粮食大户借粮代缴的。到秋收以后，农民还这些粮食大户的时候，就要加一定的利息。而这笔利息，对于粮库书吏、里胥和粮食大户来说，都是一笔可观的收入。唐端不知道这其中的猫腻，而他的同事和里胥们既不告诉他，也不肯帮助他。最终，刘县令催得越来越紧，春赋又收不上来，唐端只好吞鸦片自杀。不仅没得到好处，还丢掉了自己的性命，唐端真是"赔了夫人又折兵"。

除了库吏、粮书之外，盐房、关吏、狱吏等也是地位不高但却收益不少的肥差，这些所谓肥差的所得其实大都不是通过正常手段得来的。

# · 为何古代文人偏爱"小脚"

有人似乎认为女人缠足的历史由来已久，是伴随着封建王朝，从古时候代代流传下来的一种畸形文化。但当考古学家挖掘开1000多年前的古墓时，竟然诧异地发现，1000多年前的女尸脚骨并不弯曲，是天足。到底裹脚的历史应该从哪里开始算起呢？

元末明初的文人陶宗仪在《南村辍耕录》中写道，南唐后主李煜在唐人对"弓鞋"痴迷的审美基础上，又独具匠心地将弓鞋用长长的布帛缠起来，代替袜子，还让他的妃子亲身试验，满足他的变态审美欲望。也就是从那之后，开创了女子缠足之法。

但还有一种看法认为缠足是起源于唐朝。那时的波斯人舞蹈中有过缠足跳舞的惊艳表演，所以大唐的男人们便受到熏染，让女人开始缠足。不论大唐还是南唐，时间相去不算远，姑且可以认为是同一时代。

缠足成为一种风尚，然后又流传了这么多年，在男人们高呼"身体发肤受之父母"的时候，他们又称赞女人的小脚如何销魂。在不少文学作品中都提到过小脚，"瘦欲无形，看越生怜惜""三寸金莲""柔若无骨，愈亲愈耐摩抚"。

林语堂在他的文章《中国人·缠足》中写道："观看一个小脚女人走路，就像在看一个走钢丝绳的演员，使你时每刻都在被她揪着心。"

古人将女人的小脚形容为"两轮弯月"，在吴承恩的《西游记》中，救苦救难的观世音菩萨甚至都是小脚的，"玉环穿绣扣，金莲足下深"。在明朝，男人们择偶的标准之一就是女人的脚一定要够小，明清时代，许多文学作品中，都对女人的小脚进行过描述。

例如清朝有个叫方绚的，自称"评花御史"，又称"香莲博士"。他就对古代女子缠足有着多方面的研究，他认为女子缠足能够给文人充满丰富联想意会和封建历史积累的"审美欣赏""审美感受"及"审美要求"。可见在古代，女人缠脚，其实就是为了满足男人们的视觉享受而已。

古代男子对女人的小脚按照品相高下，还做了细致的分类，例如有"四照莲"，这种小脚便是在三四寸之间，端正无比，瘦削可人。还有一种称之为"锦边莲"，是四寸到五寸之间的苗条小脚。"钗头莲"，即瘦削而更修长的小脚。"单叶莲"便是类似于树叶一样瘦长弯弯的小脚。"佛头莲"，类似于佛头挽髻形状般的小脚。

关于小脚的称谓还有许多，古代男人们对于小脚的痴迷程度，令许多女性们为了造就这两朵金莲，而饱受痛苦。她们为了缠足，往往在还未成年之时就要用白绫将自己的脚层层包裹，那个过程漫长而又痛苦。等到她们成年后，再放开白绫，那时她们的脚已经因为长期的禁锢而变形。

曾在中国生活了多年的英国传教士阿绮波德·立德用文字记录下了这一过程："在这束脚的三年里，中国女孩的童年是最悲惨的。她们没有欢笑，可怜啊！这些小女孩重重地靠在一根比她们自己还高的拐棍上，或是趴在大人的背上，或者坐着，悲伤地哭泣。她们的眼睛下面有几道深深的黑线，脸庞上有一种特别奇怪的只有与束脚联系起来才能看到的惨白。她们的母亲通常在床边放着一根长竹竿，用这根竹竿帮助女孩站立起来，并用来抽打日夜哭叫使家人烦恼的女儿……女儿得到的唯一解脱要么吸食鸦片，要么把双脚吊在小木床上以停止血液循环。中国女孩在束脚的过程中简直是九死一生。"

小脚虽然让男人们欣赏，却失去了基本功能，三四寸的小脚，站都站不稳，更不用提走路了，而男人们却认为这是一种美的象征。两朵金莲像一个咒语，诅咒了中国历史上无数的妇女，一生都活在痛苦之中。

# 名士的另一张脸谱

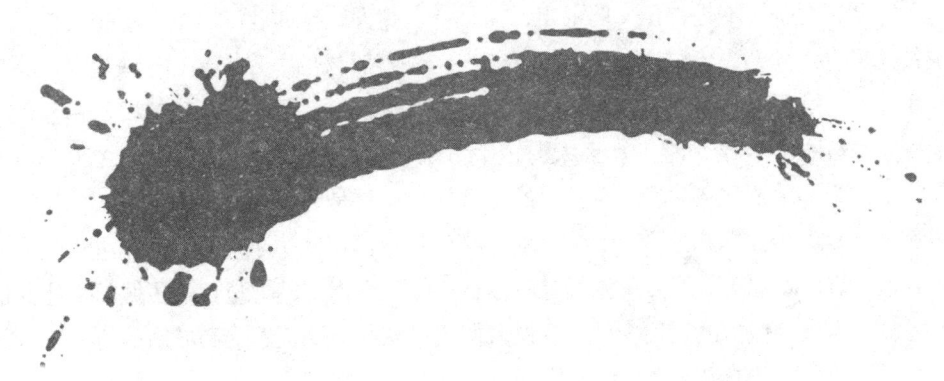

# ·孔子会武功吗

在中国历史上，由人而圣而神，受历代人不断拜祭的只有一位，那就是孔老夫子。不过，由于年代久远，资料匮乏，所以人们对孔子的了解并不多。在许多人的心目中，只有一个孔子的牌位，而没有一个有血有肉的活生生的具体的人。

孔子作为儒家学说的立派祖师，其"道德文章"上的成就自不消说：传说得了半部即可治理天下的《论语》，孔门七十二贤哲，以及日后影响巨大、在传承古代知识和文化发挥重大作用的各个儒家流派，都是明证。可是，孔子的本事似乎不止于此，有人就说他的武功也很厉害，是真真正正的"文武双全"，这可大大地超出一般人对孔子的想象和评价了。这种说法有什么根据呢？

原来，孔子并不是一位文弱书生，而是一个高大威猛的壮汉。史书上记载说，"孔子长九尺有六寸，人皆以'长人'而异之"。先秦时候的一尺，相当于现在的0.66尺，推而算之，孔子的身高当在2.20米开外，比之姚明、王治郅等"移动长城"相差也不是很多。这样一个巨汉，气力不会太弱，手上也该有点功夫吧？又，孔子之所以长这么高，是因为继承了父亲的遗传。孔子的父亲叔梁纥，是一位带兵打仗的军人，传说，他的身高在2.4米以上，勇猛非常，有一次他率领的鲁国军队中了埋伏，刚刚进入敌人的一座城池，城门忽然落下，叔梁纥遇乱不惊，只身纯以肉体的力量扛住了城门，让其他战士先行。今天的城门已经很少见了，但人们仍可从影视剧里感受到城门的迫人重量。所以，孔子的父亲叔梁纥实在可以算作一个"万人敌"的高手。

"虎父无犬子"，人们不禁要猜想，有这样一位父亲，孔子的功夫应该也不差。甚至《淮南子》里，干脆就把单肩扛门的男主角说成是孔子，又说他虽然勇力盖世，但"不肯以力闻"。

此外，儒家的课业里，最基础的乃是六艺——传自周代贵族教育——即所谓"礼、乐、射、御、书、数"。这里面的"射"即射箭，"御"即是驾车。这两样是"全武行"，后世的书生手无缚鸡之力，根本不会。孔子不仅传授六艺，他本身就是以六艺闻名于天下，可以肯定，孔子对射箭和驾车肯定非常擅长。

"以不教民战，是谓弃之。"这是孔子的名言，意思是平时不对老百姓进行军事训练，一有事就仓促征召其上战场，这无异于叫他们白白送死。所以，虽然主张"仁"，倡导和平、反对战争，但孔子内心深知，在那个乱世，自己的苦口婆心是收不到什么效果的，因此他对"足食足兵"都非常重视。季氏是鲁国大夫，孔门弟子冉有曾为他将兵打仗。胜利归来，季氏问冉有："先生的兵法是跟谁人学的？"冉有说："自然是跟老师学的。"这表明，孔子是懂兵法的，而且还很可能是一位大行家。

然而，以上种种虽能证明孔子文武双全，但他肯定也不能像武侠小说里的大侠那样飞檐走壁，更不会有什么神奇的内功心法。事实上，身处乱世，又遭人轻贱讥讽，孔子却几乎没有"亲自下场"教训别人的机会，这不光是因为他生性仁厚，"不肯以力闻"，更重要的是，这些事都由秉性天真、脾气火暴、武艺高强的子路代办了。自从子路入了门下，孔子"恶言不闻于耳"。

与练武强身，除暴安良相比，孔子更关心的是社会人生，天命所向，他俯仰天地，心胸开阔，容纳万物，时时刻刻牵挂的是天下太平、百姓富足和乐。与这些相比，那些争勇斗狠的匹夫之勇实在不算些什么。

## ·蔺相如忍让廉颇的真正目的

"将相和"的故事一直流传至今。一直以来，人们都认为"将相和"是蔺相如为赵国着想，面对廉颇的挑衅，处处忍让。然而真相真是这样吗？其实不然，"将相和"隐藏着更深刻的内涵，不仅关系到廉颇、蔺相如的个人仕途，还关系到整个赵国的外交路线。

首先，战国时期，赵国是东方强国，国内文有蔺相如，武有廉颇。但是，不管是廉颇还是蔺相如，他们在赵国是权重之臣，却并不是位高之人。因为战国时期，一个人在政治上成就的主要标志并不在于封将拜相、担任国家的重要军政职务，而是封君命侯、获得贵族爵位。廉颇战功卓著，但是面对赵国边将难封的政治现实，他也用了30年才得以封君。相比之下，战功远不如廉颇的乐毅、赵奢，甚至赵括都早早地封君，甚至连外国降将都能轻易地封君拜侯。为赵国出生入死的廉颇，却远不如这些人，这让廉颇的心里颇为难受。对蔺相如而言，他的政治生涯更为辛酸。因为他曾是赵国宦官缪贤的舍人，是通过缪贤的举荐才能进入赵国政治中心的。即使蔺相如十分得宠于赵王，但是他还是受到赵国贵族的歧视，蔺相如要封君命侯，路途比廉颇更为艰难。一开始，廉颇也挺瞧不起蔺相如，所以处处挑衅，但是聪明的蔺相如却发现，与自己处境相同的廉颇极有可能成为自己政治上最大的盟友，同是天涯沦落人之感也油然而生。廉颇也意识到了这一点。他们出于共同的利益和政治需要，结为盟友，才能与赵国贵族竞争。

其次，"将相和"与赵国的外交路线有关。可说这是一场由赵王主导的改革，是对赵国政治结构的一次全新布局，更进一步而言，是对联秦和抗秦两种外交路线的融合。

廉颇是赵国军事的主要将领，曾经攻打过燕、齐、魏，都取得了巨大成功。但是，廉颇对秦国的战争却只有长平一战，而且还消极应战。显然的，廉颇并不想与秦国结怨，他属于联秦派。至于蔺相如，可以从他的众多行为之中看出他对秦的态度是抗秦。著名的"完璧归赵"的故事中，蔺相如戏弄了秦王一番，宁愿以赵国的大量土地和人民作为代价，也要把和氏璧送回赵国。另外，蔺相如是缪贤的舍人，缪贤与燕王交好，燕国是最大的抗秦国，那么作为缪贤谋士的蔺相如无疑也是抗秦派。初始，廉颇和蔺相如之间不和，也极有可能是因为相关政治外交路线的不统一。

廉颇处处挑衅蔺相如，蔺相如处处忍让，还把廉颇与秦王作比较，其实也是别具深意。他告诉了廉颇一个道理：虽然我们的政治外交路线有异，并不代表我害怕你。因为我们的目的一样——都是要使赵国强大起来，只有我们合作才能达到这一目的。这也是赵王的旨意。

当廉颇明白这层含义之后，就有了"负荆请罪"的典故。

这就是赵王高明的地方。他清楚地意识到，如果想要让自己统治下的能人既形成合力，又互相制约，那么实现派系间的平衡布局就非常重要。不论是联秦还是抗秦，都必须要相互制衡，不能让任何一方过于强大。联秦，与秦国走得太近，会引起其他各国的反感。抗秦，也会引起秦国的反击。只有综合这两种势力，才可能各方都不得罪。而且在必要的时候，赵国面对其他各国才能有人才可用。例如，在赵孝成王继位之后，秦国攻打赵国，赵国决定向齐国借兵。由谁出面借兵呢？最佳人选——蔺相如。因为在此5年之前，蔺相如带兵攻齐，作为抗秦派的蔺相如主动向齐言和，这也成了此次借兵的基础。再比如说，长平之战，秦攻赵，秦、赵之间实力悬殊，如果硬攻，赵国胜利的机会并不高。此时最佳的将领就应该是属于联秦派的廉颇。廉颇也的确是这么做的，消极应战。"将相和"的最终目的也得以实现，需要红脸就推出红脸，需要白脸就推出白脸。

时过境迁，当蔺相如病死之后，"将相和"的局面也被打破，老将廉颇已经不能再为赵国在七国之间寻得立足之地，赵国逐步走向灭亡。这从反面论证了赵王一手主导"将相和"的局面，是出于赵国的生存发展而不得不做的局。

## ·魏晋名士潇洒背后的痛处

人们对名士的印象历来是那些追求自身解放与实现人生价值的知识分子，因为他们掌握着普通人没有掌握的文化知识，他们是精英阶层，也是推动社会改革的中坚力量。他们有着高尚的情操和远大的理想，他们本着"达则兼济天下，贫则独善其身"的儒家经典立于世。但是在中国古代有这么一群名士，他们却避谈政治和民生，给人们的印象是其放浪形骸和饮酒无为的举止。

他们为什么会这样？这其中有着怎样的社会背景呢？

这其中缘由还得从"党锢之祸"讲起，东汉中期以后宦官乱政，其党羽横行乡里，祸害百姓，致使民不聊生，大批名士齐聚洛阳，讨论朝政得失，关心政治和民生，这就是历史上的"太学清议"，但是宦官、外戚当道，最终酿成了党锢之祸。太学生们的爱国之心就这样被深深地伤害了，他们从没有意识到关心国计民生会遭到厄运。他们纷纷返乡，转而选择了追求自身精神世界的解脱，开始信奉道家无为的黄老思想，在自然的呵护下抚平内心的愤懑和不满。玄学成为盛极一时的学问，现实既然不容谈论，那么他们只有看着海市蜃楼聊以自慰。他们不断地用酒精麻醉自己的神经，只有这样才能得到片刻的安宁。

加之当时社会动荡不安，大家都生活在集体恐惧当中，这些名士们在追求精神世界解脱的同时开始思考人生和生命。生命原来很脆弱、很短暂，他们试图通过某些手段使得生命可以延长。他们服用一些化学药丸，这些药丸吃下去以后会全身发热以至于连衣服有时候都不敢穿，而且这些药服用以后必须通过行走来散发，不然淤积会使服用者中毒。这样大家常常会看到一些人赤膊行走在乡间小道上。

魏晋时候这些知识分子怪异的举动让后来人觉得很潇洒，其实这些都是表象，其实他们内心何尝不想过正常人的日子？

饮酒也是这些知识分子摆脱内心苦闷的方法之一，当时你会看到有一个人坐在车子上，上面还摆着一缸酒，他坐在车子上喝酒，并告诉仆人你们这样拉着我走，我什么时候喝酒喝死了，你们就把我就地埋了就行了。"竹林七贤"之一的阮咸，有一次，他的亲友在一起喝酒，他也来参加，不用酒杯，而是用大盆盛酒，喝得醉醺醺的。当时有一大群猪走来饮酒，阮咸就和猪一起喝酒。他一面饮酒，一面鼓琴，真是不亦乐乎。于是"与豕同饮"就传为笑话。

这足见当时苦难的知识分子不拘一格的品质，同时也反映了人们在苦难的边缘并不会在乎所谓的礼仪和形象，他们常常会当着客人的面捉虱子。他们过着放纵的生活，这种放荡不羁的背后隐藏的却是忍辱偷生，装疯卖傻也行是在这样的乱世苟活于世的法宝。

纵观中国古代，魏晋的知识分子过得最痛苦，他们从来没有得到过当局者的尊重，他们心中的苦痛只有通过这种生活来发泄、来掩饰。

## ·薄情刘备总是置妻子于不顾

"朋友如手足，妻子如衣服"是刘备的名言。刘备是不是一个好色之徒我们不得而知，后世对他的感情生活记载也十分稀少。但是从他的话中我们依然可以看出，对于他来说，对待朋友是要像对待手足一样珍惜，而妻子却如同衣服一样可以随时替换。

刘备一生之中有多位夫人，史料可查的只有四位。这四位夫人跟随刘备连年征战，但是几次危难时刻，却都被刘备抛下。

刘备起兵后不久到达豫州小沛，纳当地有名的美女甘氏为妾。在甘氏之前，刘备已经娶了好几位妻子，但都不幸丧生。年轻貌美的甘氏是三国时著名的美女之一，玉质柔肌、态媚容冶，如同月下凝聚的白雪一样。甘氏嫁给刘备之后以嫡妻身份掌管内事，并生下儿子刘阿斗。甘夫人陪伴刘备的岁月中，在危难时刻多次都被刘备抛下。比如，建安元年（公元196年），吕布袭取徐州下邳，张飞因嗜酒误事，导致邳失陷，刘备就留下了甘夫人和儿子独自逃命，最终弄得两手空空。吕布得徐州之后，便做了个顺水人情归还了甘夫人。后来当阳桥长坂一役，刘备再一次丢下老婆孩子跑了，赵云单枪匹马进曹营，才保得甘夫人和阿斗一命。

甘夫人侥幸几次死里逃生，但是刘备的另外一位夫人糜夫人就没有那么幸运了。糜夫人是刘备继甘夫人之后的第二位夫人，是商人糜竺的妹妹，家境十分富有。刘备失下邳和甘夫人之后，糜竺倾尽家财相助，并且还把自己貌美如花的妹妹嫁给了刘备，刘备与糜夫人共结连理之时，甘夫人却身陷吕布营中。建安三年（公元198年）春，吕布再次攻打刘备，刘备不敌而向曹操求救。来救的曹军和刘军联合依然不敌吕布，被吕布痛击，全军陷落，甘、糜二位夫人又被吕布劫去。直到曹操亲自率军与刘备联合打败吕布，刘备才找回了甘、糜二位夫人。建安五年（公元200年），曹操打败刘备，甘、糜二位夫人再一次被抢走，关羽也被擒。关羽听说了刘备流落到袁绍那里，遂带着二位夫人离开曹营回到刘备的身边。曹操夺取荆州之时，刘备逃向江陵，途中在当阳长坂被曹军追上，刘备又再一次扔下了老婆孩子，是役，糜夫人死于曹营之中。

糜夫人死后一年，受惊过度的甘夫人也离开了人世，年仅22岁。看来当刘备的夫人不容易，甘、糜二位夫人一生跟随刘备东奔西走，三番两次被丈夫丢下，被他人抢走，几乎没有享过什么福。

继甘、糜二位夫人之后，刘备的第三位夫人是孙夫人。孙夫人就是"赔了夫人又折兵"故事中的孙权的妹妹孙尚香。建安十四年（公元209年），孙权为了夺回借给刘备的荆州，假意许婚邀刘备到东吴，刘备有意联吴，便遵从了东吴的婚议，由赵云、孙乾陪同进入吴境。到达吴境的刘备真的娶了孙尚香。新婚一个月之后，刘备带着孙夫人回到荆州。这位孙夫人出身名门，从小嗜武，依仗着兄长的势力，很不把刘备放在眼里。刘备入蜀之后，孙夫人从东吴带来的一批吏卒在蜀地纵横不法，谁都无法约束，刘备也要时时提防孙夫人的刀剑，不敢违逆孙夫人的意思。孙权为了牵制刘备，以母亲生病为由劝孙夫人带着刘阿斗回东吴，途中刘阿斗被诸葛亮设计救回，孙夫人一人回到了东吴，从此孙夫人就留在了东吴，再也没有回到刘备身边。他们的夫妻生活大约总共持续了三年。

刘备在孙夫人之后又迎娶了吴夫人。建安二十四年（公元219年），刘备称汉中王，立吴夫人为汉中王后，章武元年（公元221年）夏五月，刘备称帝立吴后为皇后。延熙八年（公元245年），吴后去世。

## · 诸葛亮真是"千古名相"吗

三国争雄的烽烟已消散在历史的长河之中，脍炙人口的《三国演义》似乎已将诸葛亮定位成了千古名相。然而，诸葛亮因其用人不善与谋略上的失败，在跻身名相行列的道路上艰难地徘徊……

诸葛亮身为蜀汉丞相，才智过人，工作勤恳，处事谨慎，"自校簿书"，"罚二十以上亲览"，以致积劳成疾。他每次出征必亲自领兵，对于军中、朝中一切事务都亲自打理，这不仅反映出其用人无方，更反映出其不善权谋。

凡事亲力亲为，并非为官之道。为官重在善用贤能，官阶越高，就越要学会宏观掌控全局，任用贤才扬其长补其短。诸葛亮给全国上下展示了一代忠臣鞠躬尽瘁的典范，却忘了为各方将领留下一展所长的机会，忽略了将国运寄于一人之努力的危机，从而导致了蜀国的整体实力得不到充分发挥，危难关头有才之士湮没于草莽的惨状。这便是诸葛亮不注重培养人才的后果，任其生前雄才大略，一旦英灵入土，曾经耗尽其心力的蜀国便陷入人才匮乏的危机而难以自拔。

**1.用人不善，岂止痛失荆州、街亭**

当年刘备打算调诸葛亮入川，诸葛亮便留下关羽守荆州。可关羽为人骄傲，拒绝执行诸葛亮联吴抗曹的战略，结果导致了大意失荆州的悲剧。错用关羽守荆州，诸葛亮付出了惨重的代价，对蜀汉对外政策几乎是毁灭性的打击。

马谡"失街亭"，令人扼腕叹息的不仅是街亭之失带给蜀汉的惨败，更是诸葛亮再一次用人不善的悲剧。刘备在世时就已看出马谡为人不踏实，也曾叮嘱诸葛亮"此人言过其实，不能派他干大事，仍需要好好观察"。刘备认识到马谡作为一个高级参谋是很合适的，但并不适合做一个将领。诸葛亮却意识不到这一点，也没有把刘备的叮嘱放在心上。街亭一役，派马谡当先锋，王平做副将，最终"街亭失而几使孔明无退足之处矣"。

**2.谋略不当，耗尽心力泪满襟**

诸葛亮在《隆中对》中提道："待天下有变，则命一上将将荆州之兵以向宛、洛，将军身率益州之众以出秦川，百姓有不箪食壶浆以迎将军者乎？"荆州、益州，相距千里之遥，两地分兵的做法必然让刘备军团难以集中兵力上的优势。其结果，关羽镇守的荆州被孙权军团偷袭成功，关羽父子亦命丧孙权手中。

诸葛亮不愧为忠臣的表率，以其"鞠躬尽瘁，死而后已"的铿锵誓言立下了英魂的丰碑。但他是否堪称"千古名相"，仍为后人留下了深思。

# ·关公如何从猛将走向"万能之神"

关羽其人，不论是从正史，还是演义之中，都可以一句话来总结：关羽是一个盖世英雄。

刘关张桃园结义，刘备显示了其作为领导的才能，关公则是拥有作为武将的天赋，而且还是一个忠肝义胆的人，这些都可以从他日后的事迹看出。

《三国演义》就曾写到"美髯公千里走单骑，汉寿侯五关斩六将"，这是他勇的表现。《三国志》中记述："及羽杀颜良，曹公知其必去，重加赏赐，关羽尽封其所赐，拜书告辞，而奔先主于袁军。左右欲追之，曹公曰，'彼各为其主，勿追也'。"曹操曾下重金挽留关羽，但是关羽不为所动，曹操的部下想要趁机杀掉关羽，但是曹操放了关羽一马。而在华容道事件之时，面对忠与义的选择，关羽还是义字当先放了曹操，这是关羽义的表现。忠肝义胆固然值得敬佩，可是这与"万能之神"还是有差距的，而这个鸿沟的跨度还并不小。那么，在史海中沉浮千年，关羽是如何由一个武将变为现代的"万能之神"？

"万能之神"所谓何意？万能之神就是指关羽是关圣帝君、伽蓝菩萨、武财神、"武圣"等，与"文圣"孔子齐名。从魏晋南北朝开始，人们开始崇拜关公，到了明代，当关羽成为武庙主神，与孔子"文庙"并祀之时，关羽从一名武将最终"飞升"为人们共同崇拜的大神。人们信奉关公，认为他能够主宰人们的寿、禄，古代科举之前也要拜关公，除此之外，他还能治病除灾、驱邪避恶，这些全能的法力，也是人们对他顶礼膜拜的主因。

仔细分析一下关羽的这些封号。

首先，关羽作为武将，后世人们给他"武王"或是"武圣人"的尊号，并不奇怪。其次说他能驱邪避恶，治病除灾，这可能也与关羽身为武将有关，因为他能带给别人一种安全感，而且关羽"丹凤眼，卧蚕眉，面如重枣，五绺长髯"这样的面相，也能给人一种威慑力。但是有关科举和寿禄，则相差太远。

除此之外，关羽作为"万能之神"，他还有一个令许多人羡慕的神号，那就是财神。中国古代的财神主要分为文财神和武财神。文财神是陶朱公范蠡，这并不奇怪，范蠡作为一个经商能手，成为财神并不为过，他的职司即保佑人们能够多赚钱财。另外还有几个武财神，关羽即其中之一。关羽，一介武将，又如何能与财富扯上关系？其实，这也与关羽忠义的武将形象有关，因为人们都敬佩和害怕他的威名，商贾们都敬佩关公的忠诚和信义，希望关公作为他们发财致富的守护神，而人们也希望商贾坚守诚信进行交易。于是关公成为诚信的维护者，他那把青龙偃月刀从不离手，时刻在警示世人：君子爱财，取之有道。

关羽从武将到"万能之神"的跨越，并不是一蹴而就，而是不断地升迁。虽然历代都在不停地为他进封，但是他头衔依然只是"王"，这与孔子"文圣"还有很大一段差距。真正让关羽成就"武圣"是在明朝，万历二十二年（1594年）关羽被晋封"协天护国忠义大帝"。万历四十二年（1614年），又改封为"三界伏魔大帝神威远镇天尊关圣帝君"，此时他的封号是"帝"。明朝末年，关羽才真正成为武圣，这时他已经有了万能的化身。

关羽在明代又为何能有如此的跨越呢？元末明初，外族当政，文人备受欺压，社会需要一个维护正统道义的有力形象来维持皇权正统学说，而关羽自身的智勇忠义的原形可塑性很强。于是关公在沉寂了几百年后，被罗贯中以一部小说的形式重新推到了史海的浪尖之上。关羽忠信礼义具备的全才形象无形之中成为人们的精神支柱，人们把他万能化也并不足为奇。

## ·武圣关羽真的不好色吗

"关公自到许昌，操待之甚厚：小宴三日，大宴五日；又送美女十人，使侍关公。关公尽送入内门，令服侍二嫂。"以上内容出自《三国演义》第二十五回"屯土山关公约三事，救白马曹操解重围"，这历来被认为是关羽忠义仁厚，不近女色的证明——面对曹操的热情款待，关羽不为所动；面对曹操送来的十名美女，他也能毫不动心，并把美女送去服侍甘、糜两位夫人，其为人之忠义、心念之坚定令人心生敬意。

但是，《三国演义》是一部"七分写实，三分虚构"的历史小说，本质上还是文学作品，不能完全当作史实对待，且这部作品在某种程度上存在人物性格单一化的弊病，如诸葛亮的"智而近妖"（鲁迅语）。在现实里，"金无足赤，人无完人"，关羽固然是个忠义的大英雄，却未必是个没有缺点，如神一般的完美英雄。走下神坛的关羽也只是一个凡人，可能也有好色的毛病。

根据陈寿《三国志》的《蜀书》和《魏书》记载，建安三年（公元198年），刘备和曹操在下邳合力围攻吕布，吕布有一名部下叫秦宜禄，据说他的妻子杜氏天生美貌，实乃人间尤物。关羽向曹操请求："妻无子，下城，乞纳宜禄妻。"意思是说妻子一直没有生下孩子，倘若此次能攻下城池，请求曹操把秦宜禄的老婆赏赐给自己。曹操最初答应了关羽的请求，但似乎并没有太放在心上。于是，攻城之前，关羽又数次向曹操提起此事，这便引起了曹操的好奇。城破之后，曹操令人把杜氏带来让自己先看看。这一看就看出了问题，杜氏果然是个国色天香、倾国倾城的美人！素来好色的曹操被杜氏的美貌乱了心神，忘了之前对关羽的承诺，"（曹操）先遣迎看，因自留之，羽心不自安"，曹操竟然自己把这妇人留下了。此事之后，曹操和关羽之间就生了嫌隙。

虽然以此断定关羽是个好色之徒，显得过于武断，但是长期以来人们对关羽不好女色的判断也是缺乏说服力的。

在民间传说和《三国演义》中，关羽一直被塑造为一个忠义勇猛的大英雄，古来名将成百上千，能像关羽一样被尊为帝、奉为神的却仅他一位，历朝历代的皇帝对他屡加封号，宋徽宗封他为"忠惠公"，明神宗封他为"关圣帝"，清道光皇帝封他为"忠义神武灵佑仁勇威显关圣大帝"。从遍布世界的关帝庙就可以看出关羽的地位之重，对后世的影响之大。"英雄难过美人关"，古来如此，如果关羽贪慕美色也实属正常，无可厚非，但后人在描述这位英雄时，难免会下意识地突出他的优点，掩饰他的缺点；历代帝王对关羽的加封无不在"忠义"二字上下功夫，表面是为了表彰忠臣义士，实则是宣传对本朝统治有利的思想，借以巩固政权。

关羽好色与否其实并不重要，但这段常常被人忽略的史实却提醒人们：要以辩证的态度对待历史，要对已被盖棺定论的历史人物保持清醒客观的认识。

# · 尉迟敬德为什么在大殿上打架

黝黑的皮肤，钢针般的胡须，铜铃般的大眼睛，黑洞洞的鼻孔和愤怒地喷气，这就是一般人对大唐名将尉迟敬德的漫画式想象，其实，这与《三国演义》里的莽张飞和《水浒传》中的李逵没啥两样。

尉迟敬德是鲜卑族人，他名恭，敬德是他的字。早年间，尉迟敬德并不在李世民麾下，而是在刘武周那里效力。后来李世民击败刘武周，没有杀掉屡屡击退唐军的尉迟敬德，而是给他松开绑缚，说："愿意就留下来，不愿便走了吧。"敬德为李世民的心胸所折服，从此便心甘情愿地为他效死力，在与窦建德争雄、玄武门之变和鏖战突厥中立下不世功劳，授朝散大夫。

由于多次救驾，敬德深得李世民的信任。后来，李世民建凌烟阁，在里面挂起24位功臣的画像，以表彰其功绩。尉迟敬德被封为鄂国公，也是24人之一，而且高居第七位，比平定萧铣、扫灭突厥的一代战神、大唐卫公李靖还高出一位，可想见他在李世民心目中的地位。

可是，这位猛将却有些小心眼，喜欢争风吃醋。不过，他吃的不是老婆的醋，而是太宗李世民的醋。因为在他看来，凌烟阁排第七也还是太低，根本不足以向后人昭示自己的功劳——若排在凌烟阁首席那还差不多，谁立的功能与自己相比呢？所以他常常在上朝的时候，当着太宗和满朝文武的面，指责他看不顺眼的人和事，还总是跟当朝宰相、国舅，凌烟阁首功之臣长孙无忌过不去，就差把"老子天下第二"的字刻在脸上了。

君子动口不动手，将军动口又动手，而且更喜欢动手。一次，太宗在宫中宴请群臣，尉迟敬德也在受邀之列。宴会的座次不是随便排的，而是要充分考虑到与会人的身份地位。在尉迟敬德看来，普天之下，除了李世民，恐怕没谁有资格坐在他的上首了，谁知他昂着头走进宴会，却低头瞠着看见一人坐在"他的位子"上与人谈笑，登时怒不可遏，须发奓张地冲将上去，高声大喝："尔何功，坐我上？"

原来，此人正是任城王李道宗。李道宗是皇室宗亲，但他不是一般的宗亲，他父亲是高祖李渊的堂兄弟。而且，道宗之荣也并非仅仅是因为血统，更重要的是，自李渊父子太原起兵以来，道宗一路上屡屡献计建功，他坐在首位，可说是实至名归。不过，尉迟敬德却不管对方是谁，他的悍劲儿涌将上来，于是一拳击在李道宗的脸上，李道宗顿时鼻血横流。

这不是市井小民打架斗殴，而是一代功臣拳打一个功勋赫赫的皇亲。宴会并没有因此鸡飞蛋打，而是陷入一种难堪的沉默。李世民暗怒，当即撤了宴席，铁青着脸把尉迟敬德单独留下，说道："汉高祖时候的功臣鲜有善终的，此前我读史时总是难于明了，今天看到你的所言所行，才终于知道韩信、彭越之辈自有其取死之道。你回家好好反省一下吧，否则将来后悔，我纵然想要保全你，恐怕也有心无力了。"一番话说得尉迟敬德冷汗直冒，立时清醒了一大半。

后来，尉迟敬德果然知道进退了，甚至到了晚年，在家闭门享受，"谢宾客不与通"，过着神仙一般的日子，一直活到了74岁。这样的高寿，对他这样上战场的老将来说实在是难得，即使放在贞观群臣里，也是数一数二的。

## ·唐太宗竟然砸毁魏徵墓碑

唐太宗李世民和魏徵的故事曾被世人所称道，并传为千古美谈。唐太宗曾说："以铜为镜，可以正衣冠，以古为镜，可以知兴替，以人为镜，可以明得失。"魏徵死时他还很伤心地说自己失去了一面宝贵的镜子。可是谁又能想到，魏徵死后不久，李世民就亲自砸了魏徵的墓碑，变脸比翻书还快。

魏徵，河北人，曾是太子李建成的重要谋士。玄武门之变以后，李世民在审问魏徵时问道："你为什么为李建成出谋划策，与我作对？"他神情自若地说："如果太子早听从我的意见的话，就不会有今日之死。"李世民非但没有怪罪于他，而且还对他委以重任。

唐太宗初登基，踌躇满志，励精图治，常常把魏徵带到寝殿里，跟他讨论自己为政的得失。魏徵原本就是经国济世之大才，此时喜逢知己之主，当然竭诚辅佐，知无不言，言无不尽。唐太宗也欣然采纳魏徵的意见，还夸奖魏徵说："人家都说魏徵举止粗鲁，我看这正是他妩媚可爱的地方！"魏徵性格耿直，敢于犯颜直谏，前后共劝谏唐太宗200余次，为唐初社会经济繁荣局面的出现，作出了重要贡献。

有一次，唐太宗准备对关中地区16～18岁的男子实行大规模征兵。魏徵极力反对，他说："如果把水抽干而捕鱼，今年是能捕到好多鱼，可是到明年就捕不到鱼了。如果把森林烧了抓野兽，那么到第二年就没野兽可抓了。如果现在连16岁的青年也要征来当兵，那么势必会造成将来劳动力减少、农田荒芜、赋税无源、财政空虚的后果。"唐太宗采纳了魏徵的谏言。

还有一次，唐太宗在群臣的怂恿下，准备到泰山封禅祭天，以炫耀自己的德行。但这种行动不仅浪费人力、物力，还将给沿途百姓带来沉重的负担。魏徵很明确地劝告唐太宗："隋末以来，全国战乱频繁，大片土地荒芜，各地受到的严重破坏到现在还没有恢复过来。如果皇帝去封禅，必然会带大批官吏和卫队，那么一路上将给老百姓造成多大的负担呀！"唐太宗由此想到隋朝灭亡的教训，立即取消了封禅计划。

又有一次，唐太宗问魏徵："为什么历史上的君王有明君和昏君之分呢？"魏徵说："兼听则明，偏信则暗。"他还列举了历史上尧、舜贤君和夏桀、秦二世等昏君的例子说："治理天下的君王，如果能够采纳来自下面的意见，那下情就能上达，就不会受到蒙蔽。"魏徵还经常劝谏唐太宗要居安思危，自始至终保持兢兢业业的治国态度。后来，他觉得唐太宗不像早先那样节俭朴素、体恤百姓、勤于治国了，就写了一份谏书提醒唐太宗。唐太宗看后，觉得他提得很对，就把他的谏书贴在墙上，时时观看，以便提醒自己不要松劲。

公元643年，魏徵病死。唐太宗非常难过，流着泪对身边的人说："魏徵就是我的一面镜子，他总是告诉我哪儿做错了。现在他死了，我从此失去了一面镜子！"

可是在魏徵死后不久，发生了让人瞠目结舌的变化。由于魏徵死前秘密推荐的杜正伦因罪被罢免，侯君集参与谋反被斩首。于是李世民就开始怀疑魏徵这位看似老实的人有结党营私的嫌疑。

后来，唐太宗又得知魏徵曾把谏书给记录历史的褚遂良观看，更加怀疑魏徵是故意博取清正的名声，心里很不高兴，并下旨解除魏徵长子魏叔玉和衡山公主的婚约。到后来他越想越恼火，竟然亲自砸掉了魏徵的墓碑，一段君臣佳话，竟以此为终，让人叹息。

# ·李白结交名士的真实目的

李白斗酒诗百篇，长安市上酒家眠。

天子呼来不上船，自言臣是酒中仙。

这是杜甫的《饮中八仙歌》中描写李白的部分。

这首诗歌里明显暗含着李白并不迷恋官爵的意思，但是真实的李白对官爵是否迷恋？姑且从他进京前的一些经历说起。

李白出生于盛唐时期，可以说他在一个安逸的环境中度过了自己的童年，年仅24岁，他便只身离开家乡，开始自己的"求仕历程"。李白希望结交名士，干谒社会贤达以求得到引荐，从而实现自己的政治理想。

第一站：终南山。唐代李氏天子尊老子李耳为祖先，这使得道教在唐代盛极一时。于是，一些想入朝做官的人，纷纷隐居名山，扮成道士或隐士，等着当朝天子诏见。人们可以通过"终南捷径"典故的来历窥见一斑。当时的终南山聚集了一大批隐士，这些隐士大都是一些名士，朝廷有时就会在这些名士里择优录用或者由这些人引荐其他人当官。李白在这里并没有得到引荐，遂离去。后有李白诗作《下终南山过斛斯山人宿置酒》，进一步证明了李白在这里曾经待过，而且还有熟人朋友即隐士斛斯。

第二站：山东孔巢父。孔巢父是唐代重臣，有着深厚的政治基础，李白想借其影响力为自己的政治历程添上一笔，"竹溪六逸"就是他们当时谈诗论赋的见证。但是孔巢父当时一心向往田园生活，对仕途并不迷恋，李白无奈又离开了山东。

第三站：浙江吴筠。唐玄宗当时迷恋黄老之术，这个吴筠就是当时很有名的道士，唐玄宗闻其名，就召他觐见。就这样吴筠带李白进京，把李白引荐给自己的同乡贺知章，这个贺知章当时为太子右庶子，还是唐玄宗的侍读。两人见面后，贺知章感叹李白的才气，遂把李白引荐给唐玄宗，李白就这样进入了自己梦想的政治田野，等待他将是更加复杂的生活……

纵观李白的游学历程，人们大致发现这样一个规律，他的拜访具有一定的目的性和针对性，有隐居的山人，如果你能耐得住寂寞，在"隐居界"隐出名声，做官指日可待。但是年轻浪漫的李白怎肯独守寂寞而不语？于是他去找有政治基础且喜好辞令的孔巢父，希望得到引荐，但是当时已经辞官的孔巢父对政治的兴趣明显小于归隐，他还劝李白不要出仕，和他一起吟诗作赋岂不快哉！李白哪里肯留！当时唐玄宗喜好道教，他便去寻当时的"名道"吴筠，功夫不负有心人，他在吴筠这里真的就等到了机会——他认识了贺知章，凭借贺知章的引荐，他顺利地进入了仕途，可仕途真的适合他这样的人吗？答案是否定的，李白是一个极富浪漫主义情怀的人，浪漫的人就比较钟爱幻想，他要求世界择贤而用，唯才是举，可真实的世界是这样吗？李白想要在政治上大展拳脚终究是黄粱一梦。

## ·唐玄宗为什么被称为"梨园领袖"

唐玄宗李隆基,是唐朝第七个皇帝,唐睿宗李旦第三子。因其谥号为"至道大圣大明孝皇帝",故也称为唐明皇。唐玄宗在位初年,社会安定,政治清明,经济空前繁荣,呈现出"开元盛世"的繁荣景象。

许多人都不知道唐玄宗和现在的戏班、剧团有着密切的关系。人们习惯上称呼戏班、剧团为"梨园",戏曲演员为"梨园弟子",而唐玄宗却被称为"梨园领袖"。人们不禁要问,"梨园"是怎么和戏曲艺术联系在一起的?唐玄宗又怎么会成为"梨园领袖"?这和唐玄宗自身对音乐艺术的喜爱有关。

唐玄宗酷爱音乐。他6岁的时候就能歌善舞,显露出音乐资质。少年时就在府中自蓄散乐一部以自娱。他精于多种乐器演奏,如琵琶、横笛等,羯鼓的演奏技艺尤为高超。唐玄宗还是一位少有的作曲大师,他一生中参与创作的音乐作品很多,其中大部分是器乐独奏曲、合奏曲和大型歌舞曲。唐南卓《羯鼓录》曾说他:"若制作曲词,随音即成,不立章度,取适短长,皆应散声,皆中点拍。"

唐玄宗前期,大唐经济繁荣,文化昌盛,许多外国的使臣、学者、商人纷纷会集长安。在中外文化交流的影响下,唐朝的音乐得到空前发展。在这个时候,唐玄宗对唐代的音乐制度也作了多次重大改革,调整了原九部乐、十部乐为坐、立部伎,促进了音乐艺术的发展与提高。

后来,唐玄宗又设立梨园,扩充教坊,培养了许多优秀的音乐艺人,同时吸收和容纳外来音乐。对此,史料上有相关的记载。《旧唐书》记载:"玄宗于听政之暇,教太常乐工子弟三百人,为丝竹之戏,号为皇帝弟子,又云梨园弟子。以置院近于禁苑之梨园。"《新唐书·礼乐志》则说:"玄宗既知音律,又酷爱法曲。选坐部伎子弟三百,教于梨园。声有误者,帝必觉而正之,号'皇帝梨园弟子'。"从此,在唐玄宗的带领下,"梨园"成了唐代一个重要的艺术活动中心。于是,后人们习惯上就称呼戏班、剧团为"梨园",戏曲演员为"梨园弟子",而唐玄宗也因此被称为"梨园领袖"。

对于梨园的性质,《辞海》中认为是"唐玄宗时教练宫廷歌舞艺人的地方",《中国大百科全书·戏曲曲艺》中则说"唐玄宗时,宫廷内专门训练乐工的机构","主要职责是训练器乐演奏人员"。

要是你去戏院、剧团看戏,可千万别忘了这位"梨园领袖"唐玄宗。

## ·历史上真实的"八仙"是什么人

虽然"八仙过海,各显神通"的故事流传几百年,但人们心中始终充满疑惑:八仙究竟是凭空杜撰出来的人物,还是确有其人?经过学者多年来的研究发现,"八仙"其实是将历史上的某些人物模拟化,他们有真实原型。

铁拐李：铁拐李的原型名字叫李颜二，是唐代惠安的一位道士。传说有一天，李颜二的母亲染上重病，他在给母亲煎药时发现柴火烧到一半就没有干柴了，恰好这几天阴雨连绵，无处取得干柴。孝顺的李颜二为了给母亲治病，情急之下就将腿伸入灶中，代替柴火。等到药煎好，他的右腿却跛了。站起来时，他顺手从灶中抽出烧火的铁棍当成拐杖。后来，李颜二出家当了道士。

吕洞宾：众学者一致认为，吕洞宾出生于唐朝末年，姓吕名岩。宋代罗大经的《鹤林玉露》、洪迈的《夷坚志》及《集仙传》等书对其身世均有记载，只是说法不同。一说他是京兆人（今陕西西安一带），唐咸通中及第，曾当过两任县令。一说他是九江人，原为唐宗室，姓李，因避武后之祸，易姓为吕。

张果老：原名"张果"，由于他在八仙中年纪最大，遂被人们尊称为"张果老"。从文史资料来看，历史上确有张果其人，但并非真的神仙道士。张果不过是一位有些心虚的老朽江湖术士，充其量不过会些幻术而已。

钟离权：有关钟离权的记载，约出现在五代、宋初之际。《宣和年谱》、《夷坚志》、《宋史》等书均有他事迹的记述。他留世的诗题为《题长安酒肆避三绝句》，其中有"坐卧常携酒一壶，不教双眼识皇都""得道真仙不易逢，几时归去愿相从"等句，著作有《还丹歌》、《破迷正道歌》等。

韩湘子：普遍的说法，韩湘子是唐代著名文学家韩愈的侄子，《新唐书·宰相世系表》、《西阳杂俎》、《太平广记》、《仙传拾遗》等书都有关于他的介绍。又有人称韩湘子是韩愈侄孙，历史上韩愈确有一个叫韩湘的侄孙曾官大理丞。

蓝采和：其原型本是一江湖流浪汉，由于他的行为癫狂，又好周济穷人，因此深得人们喜爱而被神化成仙。

何仙姑：关于何仙姑的真实原型，历来说法不一。但主流观点认为，何仙姑又称何二娘，唐朝人。据《太平广记》记载，何二娘是位以织鞋为业的农妇，后因嫌家居太闷，游于罗浮山，在山寺中住下，经常采集山果供众寺僧充斋。一次，远在四百里外的循州山寺僧来罗浮山寺，称某日曾有仙女去彼山采摘杨梅果子，经查实那天正好是二娘采果的日子，再加之大家又不知二娘从何处采来这众多山果，便认为二娘即为循州山寺采果之仙女，从此二娘远近闻名，她也不再寄居山寺了。

曹国舅：《宋史》中有关于曹国舅原型的文字记载：曹佾，字公伯，曹彬之孙，曹皇后的弟弟。他性情和易，通晓音律，喜爱作诗，封济阳郡王，身历数朝而一帆风顺，年七十二而寿终。曹国舅和宋仁宗的曹皇后有关。因系皇室外戚，故有"国舅"之称。

八仙是真实的历史人物，只不过在流传过程中，人们根据各自的理解，展开想象，赋予他们神的身份，塑造出了这些个性鲜明、性格突出的艺术形象。

## ·为何寇准不招人喜欢

宋景德元年（1004年），辽军大举侵宋，寇准力主抵抗进而促成"澶渊之盟"，稳定了暂时的局面，也为北宋之后100多年的和平发展提供了保障。此后，寇准受到了真宗的高度礼遇与信任。

然而，寇准的仕途跌宕坎坷，四起四落，最终难逃被贬至雷州（今广东海康）司户参军的厄运。究其原因，六字记之曰：偏离"正"，过于"直"。《宋史》中说到寇准最多的就是"正直"二字。寇准的确"直"得令人佩服，但说他"正"，就见仁见智了。

"澶渊之盟"的功绩让寇准的权力欲望达到巅峰，使他能够毫无顾忌地独揽大权，肆无忌惮地插手丞相本无权过问的人事任免，更时常咄咄逼人地左右皇帝的决定。不仅如此，对朝中同僚亦是气焰凌人。寇准被贬之后得以重回权力之巅，出任西府枢密正使，宰相王旦的力荐功不可没。然而寇准根本不把这位晚于他为相的同僚放在眼里，不仅不通力合作，还处处针锋相对，一有机会就想方设法挑其毛病，上报皇帝。然而王旦"宰相肚里能撑船"，认定寇准是难得的人才，不仅没有设计报复，反而多番在皇帝面前极力推荐，劝皇帝对其委以重任。

寇准毕竟不是圣人，偏离正道亦不足为奇。然其至死不改的倔强耿直，着实令人叹服。他为人太过正直，在官场行走就难免处处树敌。无论是对同僚，还是对皇帝，寇准较真起来丝毫不让，非论出个是非对错不可。

一次殿上议事，寇准言辞过于激烈，宋太宗几次打断都无法阻止寇准的放肆狂言，一气之下，猛然起身离去。寇准见状，一步上前拉住宋太宗的衣角，硬是将其拉回坐下。幸好寇准争得在理，免了一次杀身之祸。然而，他并不是次次都在理，次次都走运的。

寇准第一次被贬，就起因于他与政敌的无理争吵，互揭其短。一日，寇准和温仲舒骑马并行，突然冲出个疯子挡住去路，向寇准大呼万岁。此事被寇准的政敌张逊得知后，派人向皇帝密告，揭发寇准有异心。寇准以温仲舒为证人，为自己辩护。由此在太宗面前引发了一场激烈争吵，使得太宗龙颜大怒，当下撤了张逊的职，同时也把寇准贬去了青州。

寇准最终被佞臣丁谓陷害，落得惨淡收场，溯其源头便是他那句直白的讽刺："参政，国之大臣，乃为官长拂须耶？"当年，寇准与丁谓关系亲密，在一次宴会上，丁谓见寇准的胡须上粘了些饭粒，便起身替他拂去。结果好心没好报，反而遭来寇准一句冷言，丁谓由此记恨心中，最终"大仇得报"，将寇准赶到了雷州，终结了他跌宕起伏的坎坷仕途。

## ·包拯是否当过宰相

中国历史上判案铁面无私、为官公正严明的"包相爷"，在世人的心目中堪比"青天"。然而这位以为民申冤、造福百姓为己任的青天相爷，却未曾获得丞相之名，"相爷"之称实乃误传。

秦腔《铡美案》一剧把包拯称为"相爷"，秦香莲有唱词道："相爷替民伸屈冤。"然而，综观北宋一朝的官制和包拯一生的仕途，不难发现，包拯并未为相。

在宋朝时期的政治体制中，宰相制度处于所谓的"调整期"，正副宰相同设，多相并行，编制并不固定。这明显是在集中皇权、分散相权，以缓和皇权与相权之间的矛盾。

北宋前期，中书门下的长官为正宰相，称为"同中书门下平章事"，副宰相称"参知政事"。后来参知政事与正宰相基本无异，更加分散了正宰相的权力。宋太宗后，一相四参或二相二参是常有之事。但无论怎样调整宰相制度，皇权与相权之间的矛盾都无法得到彻底解决。

包拯是北宋天圣五年（1027年）的进士。中进士后，因父母年迈，不忍远去为官，直到双亲相继去世，守孝完毕，才在亲友的劝说下步入仕途。

宋景祐四年（1037年），包拯任天长知县，颇有政绩，后调任端州知州。回京后，任监察御史，为"言事官"，对处事不当、行事不法的官僚，都可以进行弹劾。包拯曾七次上书弹劾江西转运使王逵，并严厉批评宋廷的任官制度，朝野为之震动。

嘉祐元年（1056年），朝廷任包拯权知开封府。在短短一年多的时间里，包拯把开封府治理得井井有条，赢得了百姓的爱戴和敬仰。

嘉祐六年（1061年），包拯官至枢密副使，次年五月病逝，"京师吏民，莫不感伤"，叹息之声，大街小巷皆可闻之。

包拯为官20余载，最高任职枢密副使。而枢密院是管理军国大事的最高国务机构之一，枢密使的权力与宰相相当。由此看来，包拯的职权与副宰相无异。然而宰相的名号却始终没有落在这位铁面无私的判官头上，这是个不争的事实，也算是北宋王朝的一大遗憾吧。

# ·欧阳修为什么诋毁狄青

北宋仁宗时期的著名将领狄青含冤而死，这一悲剧给北宋的政治和军政带来诸多负面影响。在两宋军事史上，狄青是屈指可数的军事奇才之一。他身先士卒、运筹帷幄，为北宋王朝建立了卓越功勋。

在这一悲剧的酝酿及演变过程中，欧阳修扮演了十分重要的角色。众所周知，在北宋的政坛、文坛及学术发展上，欧阳修均有重大建树和影响。然而，就是这样一位出色的文臣，竟以种种诬蔑之辞三次上疏宋仁宗诋毁狄青，对狄青被贬乃至其身死产生了决定性影响。一代名臣无端陷害一代名将，实在是匪夷所思。

据现有史料看，欧阳修曾三次上疏诋毁狄青，分别为见于宋仁宗至和三年所上的《上仁宗乞罢狄青枢密之任》、是年七月《上仁宗论水灾》第一状及同月《上仁宗论水灾》第二状。这三次上书中，欧阳修对狄青极尽污蔑陷害之词，言语上也多有蔑视和不敬，究竟是私人恩怨还是另有原因使他对狄青如此深恶痛绝呢？

可以说，欧阳修对狄青之贬产生了决定性行为。但是，他并没有置狄青于死地的想法。欧阳修之所以大骂狄青，都是北宋最高统治集团内部的"恐武症"在作祟。

人们都知道宋代江山是如何而来的，因此，两宋历代帝王出于防止赵姓江山易手的考虑，在制度上对武将的防范无所不在。特别是从宋太宗后期开始，随着北宋治国方略的改变、内部政治形势的变化，以及随着宋辽、宋夏关系的演化，全力防范武将逐渐为所有士大夫及最高统治集团的核心价值观念。在这种价值观的影响和支配下，北宋的武将不管立下什么丰功伟绩，也不能摆脱文官的蔑视和反感。但是，宋仁宗时期，仁宗对狄青十分青睐，原因其一，宋仁宗统治期间，军政弊端已经毕显无遗，表现在战场上便是武将怯战避战的现象屡见不鲜，而狄青却充分表现出其出色的军事才能与战争智慧，为赵宋王朝立下了赫赫战功；其二，狄青不仅功勋卓著，且对宋王朝忠心耿耿，即文彦博所说的"忠谨有素"。因此，行伍起家的狄青在短短十余年间一跃成为枢密使，得到皇帝的宠爱。可是，这一事实却与文臣的核心价值观产生了严重冲突，最终，狄青成为文臣眼中欲除之而后快的眼中钉。

在这种大背景下，欧阳修在其奏疏中频频使用鄙薄、蔑视狄青之语，也就不足为奇。北宋这种畸形的文武关系，造成狄青郁郁而终的悲剧，也造成了北宋军事实力屡弱，使其经常处于被动挨打的局面。同时也不得不感叹，欧阳修如此聪慧之人，仍旧摆脱不了封建专制统治的枷锁和时代的局限，成为专制统治的工具。

## ·丘处机为什么不远万里觐见成吉思汗

王重阳于1167年创立全真教，其教义主张儒释道三教合一。其弟子丘处机，生于1148年，金代山东栖霞人，字通密，号长春子，后赠号长春真人，与丹阳子马钰及其妻子清静散人孙不二、长真子谭处瑞、广宁子郝大通、玉阳子王处一、长生子刘处玄合称全真七子。作为王重阳第一位弟子，他因虔诚、机敏、好学深得王重阳器重，在王重阳病逝后更是继承全真大业。此后6年一直隐居磻溪穴，外出必戴蓑笠，所以世人又叫他"蓑笠先生"。随后，他又赶赴宝鸡龙门山隐居潜修7年，成为全真龙门派创始人。丘处机主张三教平等、相通、互融，主张修道应出家，断绝一切尘缘，认为清心寡欲是成仙之本，著有《鸣道集》、《摄生消息论》、《磻溪集》、《大丹直指》等书。

丘处机原本只是一名全真教的道士，就算后来接任掌门人一职，也是一名修行之人，怎么会跟成吉思汗扯到一起呢？

时局动荡，金人入主中原之后，百姓的生活可谓是水深火热，这个时候人们往往需要一个精神寄托来支撑。全真教可以说是应时应景地创建了，人民视其为黑暗之中的光明，对其极其信赖。统治者需要一个能帮助他们安抚民心的人，而这一时期，丘处机的声望是极高的，成吉思汗自然也知晓了丘处机。

当时成吉思汗的军事力量日益壮大，他规划着统一大业应该如何实施，自然希望贤能之士越多越好，能助他打天下。在得知丘处机博古通今，才能超群后，成吉思汗十分想招其为国师，为自己安邦治国。于是先后两次派遣使者传召丘处机，哪知丘处机隐居山林，深居浅出，对他的使者根本是避而不见。但成吉思汗没有放弃，又于1219年第三次派遣侍臣刘仲禄备轻骑素车、携带手诏请丘处机出山，心之诚不亚于当年三顾茅庐的刘备。丘处机也终于被成吉思汗的诚意所打动，于1220年，西行拜见成吉思汗。其实对于丘处机来说，作出这个决定不仅是被成吉思汗的诚意所打动，还有另一个想法，就是试图通过此次西行游说成吉思汗"放下屠刀"，早日撤军。

丘处机率18名弟子万里西行，在中亚的撒马尔罕等地，他利用成吉思汗赐予自己的粮食熬粥施舍给饥民。丘处机所到之处，得到了各州县和行省文武官员的迎送，受到了热烈欢迎和隆重接待。而当成吉思汗看到丘处机鹤发童颜、仙风道骨的样子后，更是认为此人是助自己一统天下的贵人，对待丘处机自然是犒赏大增。

这便是成吉思汗不远万里、三次诚心召见丘处机的原因。

## ·犯颜直谏的海瑞靠什么平安无事

嘉靖年间，海瑞抬棺上疏，直言进谏。"抬棺上疏"是后人对海瑞冒死进谏的叹服之词，虽有些许夸张，但也不算过分。

历代王朝，多的是直言进谏之忠臣良将，为何独海瑞上疏而名声大噪？不得不从嘉靖皇帝的独断专横说起。

嘉靖皇帝朱厚熜，本为藩王长子。1521年，明武宗朱厚照染病身亡，膝下无子，也无亲兄弟，于是身为武宗堂弟的朱厚熜被群臣迎接至京师，登基为帝，年号嘉靖。即位后，嘉靖皇帝想追封亲生父亲兴献王为皇帝，而众大臣却坚持认为嘉靖皇帝应过继到明孝宗膝下，以保证嫡系即位的正统不受歪曲。一边是至高无上的皇帝，一边是维护正统的群臣，谁也不肯作出让步。嘉靖三年（1524年），吏部侍郎何梦春、修撰杨慎带领200余名朝臣冒死进谏，长跪左顺门下嚎哭不起。嘉靖皇帝不仅不为所动，反而令侍卫将群臣逮捕，施以廷杖之刑，更将18人杖死，毫不留情。

嘉靖帝在位期间，直谏敢言之臣不是被杀就是被贬，剩下的，尽是敢怒不敢言之辈。如此一来，海瑞的大胆进谏就成了非常时期的非常之事。

嘉靖四十三年（1564年），海瑞任户部主事。他对嘉靖时期的"君道不正，臣职不明"深感忧虑。当时的嘉靖皇帝已经20多年不上朝，整天深居西苑不出，斋醮玄修，妄求长生不老。海瑞忧国忧民，眼看国力日衰，不得不冒死向皇帝呈上《治安疏》，直言不讳地批评嘉靖皇帝迷信道教，大兴土木，竭尽民脂民膏；不视朝政，以至法纪废弛；听信道士妖言，不与皇子们相见，以至父子之情淡薄；在西苑深居不回宫城，导致夫妇之情淡漠；正是这些荒唐的举止，导致"天下不直陛下久矣"！

海瑞果然胆识过人。面对如此蛮横的皇帝，语气稍重都得提心吊胆，更何况句句铿锵，言之凿凿，直指皇帝的为政弊端。就连海瑞自己也预计到上疏之后难逃一死，事先安排好了后事。然而，结果却出人意料。

虽然嘉靖皇帝看后勃然大怒，命随侍的宦官"趣执之，无使得遁"，然而在得知"此人素有痴名。闻其上疏时，自知触忤当死，市一棺，诀妻子，待罪于朝，童仆亦奔散无留者，是不遁也"之后，嘉靖皇帝沉默良久，拿起奏疏反复阅读。最终只命人将海瑞关押入狱，并未执行死决。

对于嘉靖皇帝没有立斩海瑞的原因，后人作出了不少推测。一说海瑞官职虽小，却有清正刚直之名。其居官清廉，刚直不阿，救济黎民，有"海青天"之称，深得百姓尊敬与爱戴。若杀海瑞，则天下震动。二说嘉靖皇帝欣赏海瑞，认为可以让他"作治贪之利器"。三说嘉靖帝为向天下人展示其虚怀纳谏的帝王气量，故放海瑞一条生路。

当然，也有人另辟蹊径，从《治安疏》中寻找答案。海瑞上疏，开篇即将嘉靖皇帝比为汉文帝，更言"陛下天资英断，过汉文远甚"。在此前提下，才开始列举当今朝政之弊端，并将弊端之源归于"陛下误举之，而诸侯误顺之，无一人肯为陛下正言者，谄之甚也"。尽显"皇帝英明"而罪在他人之意。尤其是奏疏的结尾，海瑞又将嘉靖皇帝与"尧、舜、禹、汤、文、武"并列，只要"陛下一振作间而已"，则"天下何忧不治"？如斯谏言，只要有机会让皇帝静心细读，便能体会其中的用心良苦，可免杀身之祸。这正是海瑞的过人之处。

上疏之事，让海瑞天下闻名，流芳千古。史说"上自九重，下及薄海内外，无不知有海主事也"。值得一提的是，海瑞入狱不到两个月，嘉靖皇帝驾崩，新君即位后便下诏释放海瑞。若非如此，恐怕海瑞躲得过阎罗王的召见，也逃不过不见天日的牢狱之灾了。

# ·李自成为什么要杀谋士李岩

明末李自成农民起义军中，有一位著名的谋士名为李岩。此人"上马打天下，下马治天下"，且忠心不二，最后却落得个鸟尽弓藏、兔死狗烹的下场，陨落为历史中的一粒微尘。对李岩的结局，《绥寇纪略》中作了记载：定州失败后，有人说河南全境都向明朝军队投降了。此时，李岩要求亲率两万精兵，赶到中州，这样就可以令附近的郡县不敢再轻举妄动，就是有敢暴乱者，也能及早收拾。当时闯王当时没有回答，反而私下认为李岩另有所图，就在闯王起疑时，牛金星向闯王进言，要寻找机会除掉李岩，得到闯王首肯。第二天，牛金星以李自成的名义召李岩到军营中饮酒，安排伏兵在营中隐蔽处，李岩和他的弟弟李年同时被擒杀。

历代帝王登基后，屠杀大臣，无非怕的是功高盖主。只是李自成这样，皇位还未坐热就杀害大臣，显得太急功近利了。从史料记载看，李岩出身显赫，与农民起义军本来就是不同的阶级出身。最初，由于他的才能出众，得到闯王的赏识，可是随着才华的显露，闯王逐渐对他感到不快。对于李岩的猜疑一步步加深，最终动了杀机。

但是，这样解释李岩被杀的原因未免过于敷衍。首先来看看李岩其人。有人说，他是河南杞县人，乃明朝兵部尚书李精白的儿子，这是完全不对。根据记载，杞县没有这个人，李精白也不是杞县人，明朝末年举人、乡宦记事录更没有李岩的名字。据考察，李精白有两个儿子、一个姑娘。有一个儿子早夭病死；另一个儿子崇祯十五年（1642年）被袁时中杀了。所以说，李岩根本不是李精白的儿子。关于李岩其人，史料没有确切记载。但可以肯定的是，李岩是个读书人，且是有大智慧的读书人。

古往今来，功劳巨大却又能全身而退，安度余生的不过范蠡、张良、郭子仪、姚广孝等寥寥数人。这几人都有一个共同点，就是出世情节。何谓出世情节？就是虽然跟着皇帝打天下来了，但是天下太平时，都迫于无奈选择隐居。所以皇帝会念及昔日之情，放这些人解甲归田。那是不是说李岩缺乏这样的大智慧呢？当然不是，可是李岩是个读书人，拥有以天下为己任的济世精神，这以天下为己任的信念让他宁可死也不想逃避。

这样的李岩，很难取得李自成的理解，最终只能成为时代的牺牲品，死在屠刀之下。

# ·郑板桥为什么想"糊涂"

郑板桥，清代著名画家、书法家，号称"诗书画"三绝，位列"扬州八怪"之首。他留给后人的《糊涂经》却成为人们做人、经商的指导思想。《糊涂经》到底有怎样的魅力呢？

"聪明难，糊涂难，由聪明转入糊涂更难。放一着，退一步，当下心安，非图后来福报也。"这就是郑板桥的《糊涂经》。它告诉人们，一个真正聪明的人在别人看来是糊涂的，而糊涂的人其实是聪明的，但一个看起来聪明的人未必能达到糊涂的境界。

世事不如意者十之八九，如果事事都争强好胜、争名夺利，到头来终究会落个一场空。还不如糊涂一些，这样我们在面临困难和挫折的时候就不要那么认真，人生难得糊涂。糊涂了，你也就释然了。你会在糊涂中浑然大悟，会在糊涂中超越自我，会在糊涂中得到人生的真谛。

郑板桥在山东为官时写下了"难得糊涂"的字幅，因为一向刚正不阿的他，在面对同僚的排挤和打压时，无能为力。他一面嬉笑怒骂，一面却心灰意冷。他写"难得糊涂"，或许是他当时心情的真实体现。

其实"难得糊涂"是一种人生阅历，只有经历过人情冷暖、岁月沧桑的人才能体会到这种糊涂的智慧。心中有大目标的人自然会"大行不顾细谨，大礼不辞小让"。有这样底蕴的人，常常以平常心对待周围的人和事，他们懂得"非淡泊无以明志，非宁静无以致远"，他们也看透了事物、看破了人性，在纷繁复杂的世事里，能够坦然地以糊涂之心对待世界，何尝不是一种大智慧？这种智慧还有另外一个名字，那就是大智若愚。

# ·曹雪芹祖父的真实身份

雍正帝是一个生性多疑的帝王，他继位后，为了提防臣子有野心，便安插遍布了许多眼线，这些眼线会将大臣们的一举一动都向他汇报清楚。在清人赵翼的《檐曝杂记》中记载过这样一件事情：

雍正帝在位的某一年，刚过完新年，掌修国史的翰林院修撰王云锦在上完早朝回到家中后，因为觉得十分无聊，便请了几个朋友到他家中打牌玩游戏，玩过几局后，忽然发现有一张纸牌找不到了。众人翻遍了四周也没有找到这张纸牌，因为缺少纸牌，游戏无法继续，大家只得悻悻散场。

过了一阵子，早已经将此事淡忘的王云锦向雍正帝汇报完工作后，雍正帝忽然问起了那一天王云锦在干什么。

回忆一番后，王云锦老老实实地告诉雍正帝，他那天在家里玩牌，雍正帝听后显得很满意，他夸赞王云锦诚恳实在，然后雍正帝从袖子里掏出了一张纸牌，王云锦一看，正是当日家里丢失掉的那张纸牌，顿时惊出一身冷汗。

假如刚才王云锦说了谎，那可能就会换来杀身之祸。可见王云锦一直是处于雍正帝的监视之中的，至于监视者是当天一同玩牌的友人，还是家中的仆人，抑或是躲在暗处的某个卫士，根本不得而知。

为雍正帝卖命的情报人员来源于各个阶层、各个地方，不要认为替皇帝当情报员的都是无名小民，其中也不乏身份显赫的政要。清代值得一提的大密探应该算是曹雪芹的爷爷曹寅了。曹雪芹因为一部《红楼梦》名垂千古，曹雪芹的祖父曹寅却是鲜为人知。不过在当时，曹寅要算是皇室的红人。

曹寅作为康熙皇帝的伴读，二人从小一同长大，康熙帝对他十分信任，在康熙帝继位后，便任命曹寅为江宁织造。这个职务是个肥差，是内务府里最有前途，也最能捞油水的职位，除了为宫廷采办购买各种御用物品之外，曹寅还有一个十分重要的隐蔽职责，便是暗中查访民众的意愿、社会风气等，相当于一位皇室秘密调查员。

曹寅除他每日日常的工作外，还要负责将他调查到的各种消息和舆论动向，还有各级的官吏治理政务的绩效，等等大小事宜，通通整理好汇报给朝廷，换句话说，也就是担任了皇帝的耳目，是一名密探。

能担当此重任的必然受到皇帝的青睐，所以曹家显赫一时也不足为奇了，但仗着皇恩浩荡发达起来的曹家，自然也就避免不了皇恩尽失后的衰败。

在《海滨人物抄存》中有这样一个故事：天津人周人骥是雍正丁未的进士，曾任礼部主事一职，后来他到四川考察学务三年。在任职期间，周人骥勤勤恳恳，遵守礼法，操守廉洁，政绩十分优秀。就在他任期将满，即将要回到京城的前夕，他的一位仆人向他辞行，周人骥感到很奇怪，跟仆人说：“我马上也要回京城，向皇上复命，我们可以一起动身，你何必急于这一时就离开呢？”

那个仆人说道：“我也要回到京城复命，而且必须要比你早回去。”在周人骥的追问下，这个仆人才说自己原来是大内的一名侍卫，是在周人骥要来四川任职前，朝廷派来监视他的。这次回京，仆人就是要把周人骥的表现向朝廷汇报，以便于朝廷进行奖惩。

由这个故事可以看出，清代雍正时期的官员时刻处于一种高压威慑的环境之中，如果稍有不慎，就可能被潜伏在四周的告密者告密，从而招致杀身之祸。曹雪芹这个大家族的衰败也是因为告密者的告密造成的。

清朝的官员在高压政策下，都逐渐失去了自己的人格尊严，普遍怀揣着一种畏惧不安的心理，首先想到的是迎合上司，见风使舵。当时一个名叫李祖陶的人对社会风气进行了准确而生动的描述："人情望风觇景，畏避太甚，见鳝而以为蛇，遇鼠而以为虎，消刚正之气，长柔媚之风，此于人心世道，实有关系。"

## ·李卫真的是乞丐出身吗

凭借一部热播电视剧《李卫当官》，雍正年间的大官李卫又火了一把。电视剧中那个要饭出身的李卫幽默诙谐，颇受好评，但历史上的李卫真是这样吗？

历史上，李卫确有其人。李卫，字又玠，江苏徐州人，生于康熙二十六年（1687年），卒于乾隆三年（1738年）。他身材魁梧，膀大腰圆，臂力过人，貌似于一起赳武夫，与电视剧中的形象十分不符，而且历史上的李卫也并非要饭出身，他的出身极好，拥有非常殷实的家境，这也是他能够当官的原因。他没有走科举之路，最初的监生资格是家里花钱给他买来的。

雍正帝刚即位的时候，下诏清查各省钱粮亏欠情况，官员们非常惶恐。时任浙江总督的李卫决定主动上奏，请皇上派钦差大臣来彻查浙江的亏欠情况，同时以钦差大臣初到地方为由，要求协助处理清查事宜。雍正接到他的奏折后，同意了他的提议。

之后，他又以过生日为由将所有州县的官员召集到了一起。生日筵席吃到一半的时候，他将官员们召进了密室，并向官员们示意他有化解的办法，让他们老实交代亏空状况。恐慌的官员们立刻造册登记了他们所在州县的情况。

时任户部尚书的彭维新被雍正任命为钦差大臣，赴浙江彻查亏空事宜，他到了浙江以后，李卫便设宴为他接风，酒过几巡之后，李卫非常为难地告诉彭维新，他的性子急，喜欢与人争辩，不知道怎么跟彭大人合作。彭维新听后提出了分县清查的建议，正中了李卫的下怀。

李卫提出抓阄决定州县的分配问题，却在纸团上做了手脚，最后大部分亏欠的州县都被李卫拿了，那些问题不大的则全给了彭维新。彭维新认真清查，却没有发现任何亏欠，李卫则命那些亏欠的州县尽快设法弥补。就这样，李卫暗度陈仓填补了亏空。最后，两人均称没有查到任何问题，于是一起奏明朝廷，说浙江没有亏欠。雍正听后大喜，将李卫加封为太子太保，对浙江的其他官员也各升一级，结局可谓皆大欢喜。

李卫非常聪明机智，但是他身上也有一些毛病，他的脾气非常不好。有一天，李卫让一个叫田芳的幕僚写奏折给皇上，请皇上给他家封典，而且要求封五代。田芳以封典最多三代为由不肯写。李卫大怒，骂了田芳一顿。田芳也毫不示弱，说李卫是仗着皇上对他一时的宠爱昏了头，连朝廷都不放在眼里了。而且告诉李卫他好心劝导，却被臭骂一顿，心里非常不服。李卫从来没有碰到过敢这么跟他说话的手下，非常愤怒，反问田芳："你不服，又能怎么样？"田芳告诉他，不能怎么样，但是大人之威能强加到小吏的身上，但向大人直谏却是小吏的责任，然后，头也不回地走了。李卫被他说懵了，半天没有回过神来。

当天晚上，李卫派人把田芳叫了过来。田芳以为李卫是要杀他，非常恐慌，进去的时候双脚发抖，面如土色。跟李卫吵完架回去以后，田芳想了想，自己确实太冲动了，那样跟大人说话不是不要命了吗？田芳以为自己肯定死定了，却没有想到李卫走上前一把握住了他的手，笑着说道："你确实有点胆识，做小吏可惜了，我借你点钱去买个官当当吧，以后做了官要正直，好好为民做事。"田芳听后，对李卫千恩万谢。后来他果真做了个县令，为官时名声很不错，非常受百姓爱戴。

历史上的李卫虽不像影视剧中所描述的那样，但也是个非常有意思的人，是个非常有意思的官。至于他一生具体的经历，就只有那段已经流逝的岁月知道了。

## ·乾隆帝为什么会宠信和珅

清朝以来，名君屈指可数，乾隆帝是其中较为突出的一个，但令人奇怪的是，在这样的一个贤君身边，竟时刻跟随着一个大贪官，这个大贪官就是和珅，民间有"和珅跌倒，嘉庆吃饱"一说。然而为什么这样的贪官会受到乾隆帝的宠信呢？

有人认为，是因为和珅善于揣摩乾隆帝的心思，乾隆帝六下江南就是他鼓动而成的。一次，主仆二人说起江南的秀丽风光、繁华都市，乾隆帝道："朕也想重游江南。但顾虑南北迢遥，劳民伤财，朕所以未决。"和珅道："圣祖皇帝六次南巡，非但未招致民怨，反而被颂为圣君。古来圣君，莫如尧舜，《尚书·舜典上》也说'五载一巡狩'，可见自古巡览就是胜典。但凡圣君，道本相似，何况国库殷实，金银充足，区区巡游不会耗费多少库银。"和珅这一席话，正好逢迎了皇上仿效先祖、学尧舜的喜好，乾隆帝遂降旨预备南巡。和珅亲自为皇上监督龙舟等南巡的设施，华丽奢侈之极，库银如流水般地挥霍掉了。和珅也因此更加得到皇上的宠信，被升为侍郎。

有种观点认为，和珅论文论武，都没有什么才能，但因为他善玩心理战术，逢迎皇上，才受皇上的恩宠。乾隆五十五年（1790年），有个叫尹壮图的官员向皇上呈奏，各省库金银亏空。和珅对其怀恨在心，上奏请皇上命尹壮图再去查实，暗中派了自己的亲信前往。结果尹壮图被降职，原因是所奏不实，和珅更得宠信。官库虽然空虚，但和珅却以各种名目进行搜刮，所以皇帝不愁没银子花，而和珅也更加受宠。

然而，关于和珅受宠的原因，还有另外一种说法，据说，在乾隆帝还是宝亲王的时候，曾钟情于马佳氏，而这马佳氏正是雍正皇帝宠爱的妃子。宝亲王时年17岁，情窦已开，常在没人的时候和马佳氏调笑。一天，不知为何，马佳氏误撞到宝亲王的眉际，被皇后看见，以马佳氏调戏皇子为名，下令将马佳氏牵到月华门勒死。宝亲王听后，流着泪到月华门前，此时的马佳氏已奄奄一息，宝亲王便放声哭道："我害了你。"然后便咬破自己的指头，滴一点血在妃子的颈上，说："我今生无力救你，来生以红痣相认。"话至此，马佳氏淌了两行眼泪便魂归西天。宝亲王又仔细端详了马佳氏的脸面，吩咐用上好的棺木盛殓，并买通宫女把马佳氏贴身的衬衣脱下来，日日同眠。他登基后，这件事便渐渐淡忘了。

后来乾隆帝见到和珅，发现他酷似马佳氏，而且颈上也有一颗鲜红的血痣，因此认为和珅是马佳氏转世，于是便对他万千宠爱，常在御书房与他同榻而眠。而和珅也做出百般娇媚的样子，使皇帝更加相信他就是第二个马佳氏。

除此之外，和珅还很善于揣摩乾隆帝的心意。据说和珅当侍卫的时候，有一次随侍乾隆皇帝在园中游玩，这时有人递来奏章说"云南急奏，缅甸要犯逃脱"。乾隆看过奏章，不悦地引用《论语》中的一句话责问："虎兕出于匣，龟玉毁于椟中，是谁之过欤？"

众大臣听了都面面相觑，不敢出声，于是和珅用《论语》中的下文朗声答道："典守者不能辞其责耳。"乾隆听到有人知晓自己的意思，又见和珅才思敏捷、口齿伶俐，便觉得很舒心，从此注意了这个侍卫。

以上种种推测真实与否还有待商榷。但和珅作为中国历史上的一个大贪官，早已为民众所认同。

# 令人惊叹的文人私密

## ·孔子的身世之谜

孔子的影响力使他成为后世人们尊称的"至圣"。2008年北京奥运会开幕式文艺表演的主线就是"乐礼善学，尚中贵和"的儒学精髓。又一次把这位儒家学派的创始人推到了历史的巅峰，各个国家相继创设孔子学院更是其影响力的体现。

这位伟大的思想家和教育家的出身却一直以来没有确切的定论，虽然英雄不问出处，但是作为世界文化名人，他的出身也是大家较为关注的话题。

第一种说法，孔子是"私生子"。

《史记·孔子世家》中这样记载：孔子生鲁昌平乡陬邑。其先宋人也，曰孔防叔。防叔生伯夏，伯夏生叔梁纥。纥与颜氏女野合而生孔子，祷於尼丘得孔子。鲁襄公二十二年而孔子生。生而首上圩顶，故因名曰丘云。字仲尼，姓孔氏。蔡尚思主持编著的《孔子思想体系》一书中提到孔子的母亲颜氏一直向孔子隐瞒有关其父的情况。孔子也曾对弟子们说"吾少贱也"，从上面我们可以得出孔子是私生子并不是空穴来风。

第二种说法，"不合规矩的结合：谓之野合"。

孔子的父亲为叔梁纥，母亲为颜徵在。叔梁纥是当时鲁国有名的武士，人品出众，建立过两次战功，因曾单臂托住悬门让冲进城池的部队撤出而闻名。曾任陬邑大夫。叔梁纥先娶妻施氏，生九女，无子。又娶妾，生一子，取名伯尼，又称孟皮。孟皮脚有毛病，依照当时的礼仪不宜继嗣，于是又与年轻女子颜徵在生孔子。

从这个说法，可以知道，叔梁纥结了两次婚，生了9女1男（不包括孔子在内），这样他的年龄已经很大了，但是为了传宗接代必须还得生一个健康的儿子，他必须再结一次婚，这样他就找到了颜氏，然后生下了孔子。司马贞《史记索引》记载："今此云野合者，盖谓梁纥老而徵年少，非当壮室初笄之礼，故云野合，谓不合礼仪。"

第三种说法，"祈求赐子""梦孕而生"。

据《论语撰考谶》称，孔子是黑帝之后，"叔梁纥与徵在祷尼丘山，感黑龙之精，以生仲尼"。另外在这本书里还提到有关颜氏在梦里怀孕生下孔子的说法。这些说法固然不靠谱。但是为了增加神秘色彩，这些言论在古代也有一定的作用。

孔圣人的出身大致有这几种不同的观点，在这里提出来供大家品鉴。

## ·墨家组织的真实面目

墨子，鲁国人，战国时期著名的思想家、教育家、军事家、社会活动家，墨家学派的创始人。

墨子的活动概括起来就是传道、授业、解惑。为了宣扬他的思想和主张，墨子广招学徒，并建立一个组织，称作墨家。墨家是一个有着严密纪律和组织的团体，最高领导人称作"巨子"，所有的墨家成员都是"墨者"，墨者必须服从巨子的指挥，为了达到目的完全可以舍身成仁。按照当时的说法就是"赴汤蹈火，死不旋踵"。墨家的这个组织提倡爱，不光是爱，还要兼爱。而且墨子最初的目的就是要消灭战争。

墨家这个社会组织具备这样的特征：一是墨家形成了比较稳定的组织，而且人数较多，有明确的组织者、领导者（巨子），骨干成员基本固定（亲信弟子达到数百人之多）。二是墨家有组织地通过各种方式获取经济利益，具有一定的经济实力，支持该组织的运行。墨子将所有的墨者培养成技术精湛的工人，他们小到做家具，大到搞建筑，都是专业人士，而且收费便宜，童叟无欺，于是墨者成为当时受百姓欢迎的手工业者。他们还制造武器，但是这些武器不卖给侵略的一方，只卖给防守的一方。这与墨子兼爱、非攻的思想极为符合。上述墨者自力更生的社会劳动活动获得了大笔经费，使得墨家的活动在经济上得到了保障。

墨家在鼎盛的时候有墨者千余人之多，其在战国的影响力可见一斑。墨家要求每位墨者都要有一技之长，他们平时要是有买卖就去做，如果没有他们就聚在一起进行一些技能训练，以备不时之需。墨者大都来自社会下层，他们"串足胼胝，面目黧黑"，如果有弱国遭遇攻打，百姓有难，他们就前往救苦救难，当时的墨家成为弱国和弱者的保护神。

"兴天下之利，除天下之害"，墨子的这句话是说，对天下有利的事情，墨家是支持发扬的；对天下有害的事情，墨家是坚决反对的，而且是一定要消灭的。这就说明墨子建立的这个组织是以拯救黎民苍生为己任的。他们的理想是人人兼爱，人人非攻，只有这样才能换来和平。

我们从墨子的思想中还可以看到其朴素的江湖道义，"无言而不信，不德而不报，投我以桃，报之以李"。意思是说，没有什么话不答应，没有什么恩德不报答，你投我桃子，我用李子回报。

墨子在战国那样一个乱世宣扬兼爱、非攻，还创立了宣扬和维护这种理想的组织。我们从他的思想里可以看出其类似于江湖帮会的组织机构和江湖道义，也许墨子是中国古代最早的江湖帮会首领。

# ·屈原为何选在"鬼节"投江

纵观屈原一生，不得不感叹一位政治家与改革家的失败，同时也不得不为他那崇高的理想与伟大的事业而惋惜。他忧国忧民、行廉志洁的人品被誉为后世楷模，而气魄宏伟、辞章瑰丽的诗歌堪称世界文学殿堂的瑰宝。

屈原早年曾受楚怀王信任，任左徒，常与怀王商议国事，参与法律的制定，主持外交事务。屈原主张与齐国联合，共同抗衡秦国。在他的努力下，楚国国力有所增强。但由于自身性格耿直，加之他人谗言诽谤，屈原逐渐被楚怀王疏远。屈原竭力反对楚怀王与秦国订立黄棘之盟，未能如愿，反而于楚怀王二十四年（公元前305年）被逐出郢都，流放汉北。后又因小人的谗言被楚顷襄王再次逐出郢都，流落江南。

奸佞小人的中伤、昏庸帝王的放逐让屈原有志难舒，面对楚国之危难、民生之多艰而无可奈何，屈原唯有带着满腔愤懑，投身汨罗江中。

屈原投江之日，正是楚顷襄王二十一年（公元前278年）五月五日，楚郢都被秦攻破的日子。而据专家考证，屈原在世时，农历五月是楚国南方的凶月，五月初五是凶日和鬼节。为何屈原会选择这么不吉利的一天了结性命呢？

有专家认为，屈原早已萌生了"忽乎吾将远行"的离世思想。在《离骚》中，屈原两次说到要像彭咸那样投水而死。彭咸为殷朝贤臣，当年因进谏不成而投水自尽。此后，屈原在《思美人》、《悲回风》中同样多次提到"彭咸"。专家认为屈原的投江自尽，是"经过长达十多年的深思熟虑，当然会有一番精心安排"。

这位专家所说的"精心安排"，便是屈原追随舜帝而去。屈原在《离骚》开篇便以"帝高阳之苗裔兮，朕皇考曰伯庸"来表明自己是古帝高阳氏的后裔。而舜帝是楚人的太阳之神和光明之神，并且楚人同样是在五月五日祭拜舜帝。屈原在创作《涉江》时，就想象自己跟随舜帝畅游昆仑瑶圃，"与天地兮同寿，与日月兮齐光"。屈原有意在舜帝的祭日投江，以便与冉冉上升的太阳融为一体，与心仪已久的先帝尧、舜以及彭咸等忠臣共聚首，去完成他在人间无法实现的抱负与理想。

此说不过是后人研究所得。也有人认为屈原是听闻郢都被秦攻破，一时悲愤交加，感慨万千，既然有志救国却回天乏术，唯有以己之死祭奠国之亡魂。

然而事实究竟如何，除了已在汨罗江底沉睡的屈原外，又有谁能明了呢？

# ·白居易晚年沉迷歌舞的原因是什么

唐朝出了许多名留青史的大诗人，他们留下了许多诗篇，被后人所敬仰，其中白居易便算是一位。白居易字乐天，号香山居士、醉吟先生，祖籍太原。他是唐代宗大历七年（公元772年）正月二十日生于河南新郑东郭宅，他从小就展露出了非凡的个人才华，他生下来只有六七个月的时候，家里人指着"之"和"无"两个字给他看，本来是想逗他玩儿，没想到他就把这两个字记住了，之后再有人跟他提这两个字，他都能准确无误地指出来。

才几个月大，便能如此聪慧，身边人都很叹服。后来白居易逐渐长大，他的才能也是与日俱增，五六岁就可以作诗了，到了九岁的时候便熟悉了声韵。天资聪颖，而且加上后天的努力用功，白居易很快就在诗坛展露了头角。为了寻求更多的发展，白居易前往长安去拜访名家，希望能够得到指点。

他来到了声名赫赫的顾况府上，希望能够得到顾况的提携，可是顾况目中无人，看不起眼前这个小子，便出言讽刺："京城的米价可是贵得很啊。"他意思是长安城不好混，让白居易知难而退。

但当他看到白居易的诗歌时，他立刻又改口了说道："但是像你这样有才华的人，一定能够在长安待下去的。"后来果真如顾况所言，白居易在长安城声名鹊起，诗名日盛。白居易的诗歌浅显易懂，意境清新，所以获得了普通老百姓的喜爱。他的诗歌在街头巷尾都很流行，男女老少都在吟诵。

会吟诵白居易的诗歌，还能自抬身价，当时有一名歌妓，她为了多挣一些银子，就想出了一个办法，在客人面前吟诵白居易的《长恨歌》，这招果然很奏效，这位歌妓的身价就果真被抬起来了。此事传到了白居易的耳朵里，他知道后颇有几分得意，在给朋友的信中，还提到此事，炫耀了一番。

白居易在诗坛的地位是不可撼动了，可是做一个成功的文人似乎不是他的终极理想，他还想要更大的发展。古时男子自然是想在仕途上有一番作为，白居易也不例外，他也渴望能够建功立业，成就一番伟业。

白居易生活的时代，正好是唐朝晚期，处于衰败走下坡路的时候，这个时期，最需要有勇有谋的人站出来施展才华，白居易就在这个时候，面对藩镇割据，政局动荡的局势，发表自己的高见。他发表的言论虽然都是忠言，但有一些谏言由于过分激烈，时常会惹得皇帝不高兴。

比如他上奏皇帝，希望皇帝能够精简后宫，遣散部分宫女，以减少开支。皇帝听后很生气，对白居易很是不满。可是白居易遇到他看不过去的事情，还是会继续直言，渐渐地，他招惹了不少敌人。这些人都在暗中使劲，希望能够扳倒他。

后来有一次宰相被刺杀，白居易要求追捕主谋。可是其他官员却乘机说白居易越权，然后他们在皇帝耳边进谗言，白居易就这样被贬到了江州做司马。仕途遭遇到了不顺，白居易却还是不甘心就这样认输，他在江州期间，一直在等待机会，希望能够重返京城。而这个机会最终也被他等到了，再一次重返京城，白居易逐渐在残酷的政治斗争中学会了忍让，他不再像之前那样据理力争，得理不饶人了，而是学会了谦和、躲避。

看到自己一心想要大展拳脚的地方已经是让自己如此失望，白居易渐渐死了心，他不想再待在京城。找了一个机会，他自愿去外地做官了。在白居易的晚年岁月，他过着悠闲自在的日子。

在外地当官的日子，白居易真正做到了享受生活，那个时候，他虽然已经年迈，但却开始在家里蓄养大量歌姬，让这些女子学习乐舞，供他享乐。而且白居易还十分喜新厌旧，在十年之内，他就换了三批歌姬。因为他觉得原来的家姬年纪大了，不水灵了，可是那个时候的白居易自己也已经67岁了。

对待女人，白居易似乎并没有他在诗歌中表现出来的那么怜惜，相传他有一位好友，好友有一个小妾名叫关盼盼。白居易的好友死后，关盼盼寡居十年，没有再嫁，白居易后来写了一首诗送给关盼盼，意思是谴责关盼盼没有以死殉夫，对不起亡夫。看到这首诗之后，关盼盼便绝食而死。

后来，白居易生过一场大病，好了之后，性情似乎有所转变了，他先是遣散了自己府中的歌姬，随后对其他女子似乎也有了点悲悯之情。逼死好友小妾的这个故事虽然未必是真，但白居易晚年沉迷声色却是确有其事。

# ·唐代诗人为什么流行"追星"

"锦瑟无端五十弦，一弦一柱思华年。庄生晓梦迷蝴蝶，望帝春心托杜鹃。沧海月明珠有泪，蓝田日暖玉生烟。此情可待成追忆，只是当时已惘然。"这是唐朝著名诗人李商隐的《锦瑟》，李商隐是非常著名的诗人，他的那些富有情意绵绵的爱情诗打动了很多人的心，很多女子都是他的忠实读者，也可以说是他的"追星族"。

"追星族"虽然是一个新名词，但是在古代因为崇拜偶像，想和偶像见面的人确实不少。中国的追星族，最找可以追溯到唐朝。

那时有一名年轻人叫作魏万，他非常崇拜诗仙李白，为了一圆自己想亲眼目睹李白的风采的愿望，他不远千里从河南济源的王屋山下开始，追寻着李白的足迹。他锲而不舍地追踪，最终得到了回报，在半年之后，他在扬州追上了李白，这时他已经跋涉三千余里地，当他见到李白时已经风尘仆仆，但是即使这样，他也感到十分满足。

杜甫的崇拜者中有一个著名的诗人，他就是张籍。张籍崇拜杜甫已经到了痴狂的地步，他曾经把杜甫的诗集焚烧成灰烬，之后他又在这些在这些灰烬中加入膏蜜，然后他像喝十分珍贵的补药一样，把它们喝了下去，并且坚持每顿必饮。张籍之所以这么做是因为他坚信，吃什么就能补什么，他想通过喝杜甫的诗来让自己变得和杜甫一样。

唐代的许多著名诗人，即使落魄了也是有很多人崇拜的对象。王昌龄在被贬谪到龙标时非常落魄，他经常要和老仆人一起沿路捡拾落叶枯枝当柴烧，但是即使这样，擅长七绝的王昌龄还是经常遇到民众在路边向他跪拜，向他求诗。

苦命诗人贾岛，他身后也有很多的追慕者，其中最为疯狂的就是晚唐诗人李洞。他崇拜贾岛到了盲目的地步，人们都称之为李洞"酷慕贾岛"。李洞的头巾上放有刻有贾岛头像的铜片，平时他经常手持佛珠，但是他并不是祈祷自己的平安，而是在为贾岛祈福。当他跟人交谈时，他一定会宣扬贾岛的好，当人们告诉他自己也喜欢贾岛时，他就会十分高兴地亲手抄一份贾岛的诗赠给对方，并告诉对方，要阅读贾岛的诗一定要心存敬意，焚香沐浴叩拜之后，才能阅读，就像阅读佛经一样。

宋朝著名的大词人苏轼也是备受人们尊崇的。他对当时及后世人们的影响力是十分巨大的，苏轼在杭州时，就有女子因为仰慕他，不顾公婆丈夫的反对，来到他和朋友喝酒的彩船上，为他弹筝一曲。当苏轼离开海南时，有成千上万个仰慕者来为他送行。人们不但喜欢他的词，他的为人，甚至连他的生活习惯和生活情趣也加以模仿，这也是现在人们都喜欢吃的美食"东坡肉""东坡饼""东坡鱼"等流传至今的原因。苏轼在有着悠久制壶传统的江苏宜兴小住的时候，当时就出现了风靡全国的"东坡壶"。人们崇拜苏轼到了即使是士大夫们也会争相模仿苏轼所戴的高筒短檐帽的地步，并将这种帽子称为"子瞻帽"。

以上这些追星的例子都比不上白居易，他既有疯狂的追星族，同时自己也是一名追星者。

当时在荆州有一个叫作葛清的人，他狂热地迷恋白居易的诗，为了表达他对偶像的崇拜，他在全身都文上了白居易的诗，一共有30余处，并还为这些诗配上图画，如此疯狂的追星实属罕见。

而白居易本身也是一个地道的追星者，他所崇拜的对象正是以情诗著称的李商隐。

白居易晚年回家休养时，看到了李商隐的诗，他非常喜欢李商隐的诗文，于是他常常对人说："我死之后，来世能做李商隐的儿子就知足了！"通过这句话可以听出白居易对李商隐到底有多么地推崇。

白居易去世几年之后，李商隐生了一个儿子，他想起了白居易的话，感念前辈对自己的推崇，就将自己的儿子取名为"白老"。但是白老是一个木讷的孩子，并没有半点诗情。于是温庭筠就经常拿白老开玩笑，说："让你做白居易的后身，不是辱没了他吗？"

## ·李商隐成党争牺牲品的历史真相

中国科举制度是中国历史上通过考试选拔官员的一种基本制度。它源于汉朝，创始于隋朝，确立于唐朝，消泯于清末，而唐朝可以说是科举制度真正发展起来的时期，它对汉代到魏晋南北朝的选士经验、教训进行了总结和汲取，比较详明严密地开创了考试取士的规模，具有一定的客观标准，也就是选贤任能。在当时的历史条件下，一般出身低微的知识分子就有了打破旧的严格的封建等级界线，进入仕途的机会。

然而，任何事情都是双面的，有利必有弊。庶族们的平步青云让养尊处优的士族们感到强烈的心理失衡。于是，止当文人才子们都在寒窗苦读，为挤过这道狭窄的入仕之门而争得头破血流的时候，一场政治斗争在文人间展开了。这就是"牛李党争"的时代背景。在当时，有两个书生牛僧孺、李宗闵，他们一门心思想着如何中举，却在不知不觉中踏入了党争的泥淖。

唐宪宗元和三年（公元808年），长安举行制科考试，举人牛僧孺、李宗闵在策论中批评时政，得到考官的赏识，但因为二人的考卷中抨击了宰相李吉甫，于是李吉甫从中作梗，对二人久不续用。此事却引致朝野哗然，争为牛僧孺等人鸣冤叫屈，谴责李吉甫嫉贤妒能。唐宪宗迫于压力，只得将李吉甫贬为淮南节度使，另任命宰相。至此，朝臣分成两派，互相对立。但真正的"牛李党争"，是在牛僧孺和李林甫之子李德裕上台之后开始的。

唐穆宗在位期间，牛僧孺曾一度为相，一次科举考试由牛党人物钱徽主持，其中牵涉李宗闵等人。时任翰林学士的李德裕指斥李宗闵等人主持科考舞弊。结果李宗闵等人被贬官，党争逐渐趋于复杂化。就这样，朝廷中形成以牛僧孺、李宗闵为首的"牛党"和以李德裕为首的"李党"两派，相互倾轧40余年。牛李两党的政治主张截然不同，主要表现在：李党力主抑制藩镇割据势力，恢复中央集权；牛党反对用兵藩镇，主张姑息妥协。

可是自长庆以后，党争的内容已经丝毫看不到有意义的内容，而完全是一些能将对手打倒在地的鸡毛蒜皮的小事。这时的党争已经完全演变成了一场争权夺利的政治斗争，这正是唐代党争的实质所在。

那么，牛李党争之事与晚唐著名才子李商隐又有何干系呢？为什么说李商隐是牛李党争的牺牲品呢？原来，这一切都与牛党的令狐楚有关。据《旧唐书·李商隐传》的记载，李商隐少富文采，儒雅风流，深受当时镇守河阳的令狐楚的赏识。在令狐楚的引荐下，李商隐的仕途必将一片辉煌。可不巧的是，镇河阳侍御史王茂元也对李商隐青睐有加，并将自己的女儿嫁给了李商隐。王茂元是李党领袖李德裕的亲信，李商隐娶了王茂元的女儿，无形中就是靠拢了李党。此事被令狐楚知道后，大骂李商隐背信弃义，任李商隐多次找令狐楚解释自己并无心与牛党为敌，仍得不到令狐楚的原谅。

由于处境尴尬，李商隐既没办法与牛党交好，失去了被引荐的机会，又不想借着岳父的关系走入政坛。再说李党对于李商隐曾与牛党亲密接触的事情始终有所忌惮，更不可能举荐他。结果满腹经纶、才情高绝的李商隐一生备受冷落，黯然而终。或许对于李商隐而言，他的心中并没有党派之分，不然他也不会结交文人从不过问对方党属。不过，他的心坦荡自然，并不等于别人也同样拥有君子之心，所以凭君子之心结识小人，又如何能得善终呢？

唐朝的朋党之争畸形可笑，这种斗争只会使一个国家越来越贫弱，而不是通过激烈的碰撞，擦出新的火花，更没有正义与邪恶可言。所以说，处在此类夹缝环境的李商隐，尽管有再大的才华，于这样的斗争中也注定要成为牺牲品。

## ·循规蹈矩的欧阳修为什么写"艳词"

欧阳修确实是词作的集大成者，他的词作承前启后，不光量大而且种类风格林林总总，数不胜数。他的词中有大量的所谓艳词，但是这些词作的作者并不全是欧阳修。而且编纂欧阳修词集名目繁多，有《近体乐府》、《六一词》等，有可能在收编的过程中出现大量的误收之作。由于宋词的高度繁荣，所以在宋词当中张冠李戴的现象很频繁，如果人们对一些艳词主观臆断认定是欧氏所作，那就违背了做学问的精神。

"见羞容敛翠，嫩脸匀红，素腰袅娜……半掩娇羞，语声低颤，问道有人知么。强整罗裙，偷回波眼。"（《醉蓬莱》）从表面看，这显然是北宋很普遍的艳词，但对于欧阳修这样的大儒来讲，这首词显得过于轻浮、淫荡。

"江南柳，叶小未成荫……恁时相见早留心。何况到如今。"（《望江南》）这首词描写的是幼年相识的少女，语句中有暧昧之句。此词如若出现在柳永这样的词人身上，想必读者不会惊奇，但如若把这词托名于欧阳修这样的词作大儒身上，就会令人惊诧。宋代文人追求自由开放的词风，文人风流也是当时的时代潮流，欧阳修年轻的时候估计也有风流韵事。如此，作一些戏谑游戏的词作也属正常，但是没有如《醉蓬莱》之淫荡,《望江南》之暧昧。有史为证:曾慥在《乐府雅词序》中有这样的记述:"欧公一代儒宗,风流自命,辞章窈眇,世所矜式。乃小人或作艳曲,谬为公词。"又有,蔡绦所著《西清诗话》中道:"欧阳词之浅近者,谓是刘辉伪作。"《名臣录》亦谓欧阳修知贡举,为下第举子刘辉等所忌,以《醉蓬莱》、《望江南》词诬之。

欧阳修确实写过大量的艳词,但是人们怎样才能正确地认识这些艳词?只有把它放在特定的历史时期,才会得到真实合理的结论。欧阳修的诗文以现实主义为主,但是其诗作以风流为主。这与宋朝的社会风气有很大的关系,宋朝的文化定位其实很开放,追求自由,喜欢适情任性如醉翁的欧阳修,写出大量别具风情的艳词也就很正常了。

欧阳修的艳词尽管引来一些非议,但是就从词作的发展来说其意义非同小可。其细腻的描写,婉转优雅的词风,语言清新质朴,词中对男女情爱生活的表现手法独特,是宋词的发展迈向了新的台阶。

正如前文所讲,欧阳修的艳词是特定历史条件的产物,是宋词中难能可贵的奇葩,不可单纯视为糟粕,更不能为贤者避讳。艳词非但不会降低贤者的社会影响力,相反其更能真实地反映当时士大夫阶层的生活。

# ·苏轼在"乌台诗案"中被诬入狱的真相

北宋熙宁年间,宋神宗重用王安石,令其大张旗鼓地变法,后来变法失利,政府开始改制。就在变法到改制的转折期间,元丰二年(1079年),苏轼被贬谪,不料突然遭遇诬陷入狱,史称"乌台诗案"。那么,"乌台诗案"到底是因何而起的呢?

在奉调时,苏轼依例向宋神宗上表致谢。本来这种谢表送到朝廷,也不会有太多人留意,偏偏苏轼义名满天下,义章一出,凡人莫不争相一睹为快,就连苏轼的谢表也格外引人瞩目。他在表中写出了略带牢骚的"知其生不逢时,难以追陪新进;查其老不生事,或可牧养小民"一句。由于"新进"是暗指王安石引荐的新人,结果惹怒了一些尚在当政的新进们。他们指责苏轼以"谢表"为名,发泄对新法的不满,于是苏轼就被扣上了诽谤朝廷的罪名。实际上,天下不满新法的人大有人在,苏轼这一句牢骚也不是太大的罪名,但对新进者却不然。为了置苏轼于死地,新进们开始有预谋地整治苏轼,御史李定、何正臣、舒亶等处心积虑地从苏轼的其他诗文中找出个别句子,断章取义地给苏轼罗织罪名。这就是乌台诗案的始末。

宋神宗赵顼少有变革之志。然而,推行新法的过程中,阻碍重重,使得宋神宗有了强烈的挫败感。他决定拿出皇帝的权威,以更为强硬的手段来推行新法,对于那些反对变法的保守派大臣,要毫不留情地予以严惩。所谓杀一儆百,苏轼刚好做了出头的椽子,立在了风口浪尖上。在这样的政治背景下,北宋中期新旧两党明争暗斗,苏轼是站在旧党一方,与以王安石为代表的新党属"敌对"状态,所以苏轼遭到政治打击也是迟早的事情。再加上,苏轼本人乃一代大文豪,豪放不羁,行文间常见讥讽与尖锐的言辞,很容易被人抓到把柄,乘机陷害。

当然，苏轼未被判重罪，与正直人士的仗义相救紧密相关。宰相吴充上书直言："陛下以尧舜为法，薄魏武固宜，然魏武猜忌如此，犹能容祢衡，陛下不能容一苏轼何也？"连身患重病的曹太后也出面干预："昔仁宗策贤良归，喜甚，曰：'吾今又为吾子孙得太平宰相两人。'盖轼、辙也，而杀之可乎？"如果没有他们的及时相救，这样一位集词人、诗人、画家、书法家于一身的艺术天才，也只能淹没在政治斗争的黑暗漩涡里。

苏轼在御史台的大牢里被关押了四个月零十二天，司马光、苏辙等30人也受到株连，苏轼的文章诗词被大量毁掉，"比事定，重复寻理，十亡其七八矣"！

乌台诗案后，苏轼并未因此一蹶不振。到黄州的贬谪生活，使他讽刺的苛酷，笔锋的尖锐，以及紧张与愤怒，全已消失，代之而出现的，则是一种恬静清丽的笔触。醇甜而成熟，透彻而深入。"着时自有输赢，着了并无一物"，"夜凉吹笛千山月，路暗迷人百种花。棋罢不知人换世，酒阑无耐客思家"，"天地之间，物各有主，苟非吾之所有，虽一毫而莫取"。在地方的生活，令苏轼文如泉涌，写下了无数的好文章留给后世。

# ·女词人李清照善赌吗

宋代人好赌，赌博方法也有很多，赌球、赌棋、掷骰子、斗鸡、斗蟋蟀等都是宋代人经常玩的。看过《水浒传》的人都知道，高俅就是因为踢蹴鞠踢得好而投宋徽宗所好，从一个市井流氓一跃成为手握重权的高太尉。民间传说，宋太祖赵匡胤跟道士陈抟赌博，结果输掉了整个华山。而宋徽宗和宋钦宗被金兵俘虏的时候，虽然非常慌乱，但是却居然还没忘了带上象棋。由此可见，宋代赌博的风气有多严重。受宋朝赌博风气的影响，辽朝也非常好赌。辽道宗甚至在朝堂上通过掷骰子来决定谁可以升官。

而寇准的嗜赌甚至影响了宋朝的命运。相传，真宗景德年间，辽兵大举入侵，攻到了离都城开封不远的澶州城下。宋真宗非常害怕，准备接受大臣们的建议，赶紧逃跑。在这种紧要关头，丞相寇准居然不见了。宋真宗问了之后才知道，寇准当时正在家里喝酒赌博。大家都以为宋真宗听了肯定非常生气，却没想到听到寇准在家喝酒赌博的消息以后，宋真宗却好像吃了一粒定心丸，觉得寇准肯定对击退辽兵这件事胸有成竹。后来寇准劝宋真宗御驾亲征，结果上了战场的宋真宗依然六神无主，非常惶恐。这时候他又派人去看寇准在做什么，手下回来禀报说，寇准在营地里喝酒赌博，宋真宗瞬间就变得非常镇定。结果这次御驾亲征果真非常成功，宋真宗大胜而归。寇准的"好赌"对这次胜利起到了非常重要的作用，他的"好赌"赶走了宋真宗内心的恐惧，试想如果宋真宗一开始逃之夭夭了，那么宋军的士气必然会受到很大的影响，都城也就很有可能被辽兵攻破了。

赌博从来不输的人常被称为"赌神"，相传，宋代女词人李清照也是一位赌神。她迷恋赌博，深陷其中，但却从未因赌博而后悔过。这并不是因为她过于执迷不悟，而是因为她赌博时从来没输过。

"打马"是宋朝的一种赌博方法。据考证,"打马"就是人们现在所玩的麻将的前身。李清照是"打马"桌上的常客,她特别喜欢"打马"。她曾在《打马图序》中写道:"夫博者无他,争先术耳。故专者能之。予性喜博,凡所谓博者皆耽之,昼夜每忘寝食,但平生随多寡未尝不进者何?精而已。"意思是:"赌博没有别的诀窍,就是找到抢先的办法而已。所以只有非常专注的人才能在赌博时立于不败之地。我天性喜欢赌博,只要一赌博我就沉迷其中,不分白天黑夜,甚至废寝忘食。不管多少,每次赌博我都能赢钱回来,这是什么原因呢?其实就是因为我对赌博精通罢了。"每赌必赢,这要多精通赌博才能达到啊。

除了喜欢"打马"之外,其实李清照还是"依经马"的发明者。在《打马图序》的最后一段,李清照写道:"予独爱依经马,因取其赏罚互度,每事作数语,随事附见,使儿辈图之。不独施之博徒,实足贻诸好事。使千万世后,知命辞打马,始自易安居士也。"制定游戏规则并令子侄记录下来,让后世都知道,命辞打马是李清照发明的。这足以看出李清照对于赌博的迷恋程度,不仅好赌,而且还爱研究新的赌博方法。《古今女史》中甚至称她为"博家之祖"。

北宋灭亡之后,兵荒马乱,李清照随丈夫南下逃难,后来丈夫去世,前半生积蓄几乎丢光。在生活如此艰难的时候,她还对赌博这件事念念不忘。据传,她从逃难的船上下来以后,刚租了房子安顿好,就找出了赌具,要过一过赌瘾。

虽然宋代人好赌,但是宋代其实并不提倡赌博,对赌博的处罚甚至很严厉,有的人甚至因为赌博而被杀头。虽然政府管得很严,对赌博的处罚力度很大,但是赌博之风却依然盛行,甚至越来越昌盛,这足以看出宋代人对赌博的迷恋已经到了什么程度。

## ·陆游与唐琬到底是不是表兄妹

陆游,南宋著名爱国诗人,自言"六十年间万首诗",今尚存9300余首,是我国现有存诗最多的诗人之一,生前就有"小李白"的美誉。他的一生遭受了太多的打击,仕途上遭受当权派的排挤,爱情上也给世人留下了一声叹息。

唐琬,字蕙仙,生卒年月不详。她是陆游的第一任妻子,后因陆母的原因,两人被迫分离。

陆游与唐琬是否是表兄妹?学界一直也是争论不休,莫衷一是。

《齐东野语》记述:"陆务观初娶唐氏,闳之女也,于其母夫人为姑侄。"《后村诗话续集》、《耆旧续闻》亦有关于二人关系的记载,大致结论就是,陆游的母亲和唐琬的父亲是兄妹,也就肯定了陆游、唐琬的表兄妹关系。

但从《宝庆续会稽志》里我们可以查证:唐琬祖籍山阴,唐琬的父亲是唐闳、爷爷是唐翊。但陆母是唐介的孙女,祖籍江陵。两地相隔较远,况且两家并无宗亲关系,所以陆游和唐琬并不是表兄妹关系。

从陆游的《渭南文集·跋唐修撰手简》、《宋史·唐介传》以及王珪《华阳集·唐质肃公介墓志铭》找到一些线索，陆母是江陵唐氏，陆母的爷爷是北宋三朝元老，所以唐介以下都有正史记载，唐介的孙子的名都是以下半从"心"字命名，即懋、愿、恕、意、愚、谰，并没无"心"的唐闳，也就是说，表兄妹的关系无从谈起。

在刘克庄的《后村诗话》有这样的记述："某氏改适某官，与陆氏有中外。"意思是唐琬与陆游被拆散后，嫁给一个叫赵士程的人。这个赵士程和陆家有亲戚关系。从陆游的《渭南文集·跋唐昭宗赐钱武肃王铁券文》、王明清《挥麈录》以及《宋史》中可以知道，陆游的姨母唐氏是宋仁宗女儿秦鲁国大长公主的儿媳，赵士程是秦鲁国大长公主的侄孙，所以表兄妹之说实属讹传。

但人们可以仔细地分析，如果陆游和唐琬确实是从小一起长大，而且青梅竹马，在封建社会一个女子要在别人家长大，不可能没有任何关系。就像林黛玉进大观园一样。那么可以推出一个结论，陆家和唐家必定是有一定关系的，那么表兄妹之说也就有其成立的可能性了。

从陆游的晚年的诗作《剑南诗稿》中我们可以得知，导致陆唐二人分离的原因是唐琬不能生育。这里也有情理不通的地方，不能生育可以纳妾，为何非要弄得生离死别。这样也从另一个侧面反映了唐琬可能不是陆母的侄女，因此表兄妹之说又陷入泥潭。

"世情薄，人情恶，雨送黄昏花易落；晓风干，泪痕残。"

这是唐琬的《钗头凤》中的语句，从中可以反映出，唐琬在横遭不幸的时候说了句"世情薄，人情恶"，这从另一个侧面反映了表兄妹之说纯属子虚乌有。陆游生性豪放，如若和唐琬从小一起长大，在其诗词中必有可查之作，但人们没有找到这样的诗篇。

在这里大致把各种关于"陆游与唐琬是否是表兄妹"的说法概括于此，则可知他们可能并非表兄妹。

# 不忍细看的历史"绯闻"

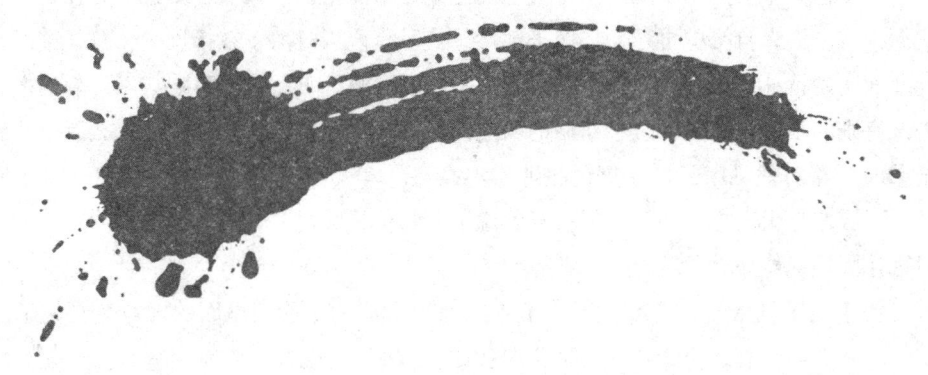

## ·孔子为何要见名声不好的南子

关于女子，孔子曾有一句非常经典的论断："唯女子与小人难养也。"千百年来，这句话几乎成了被男权主义者们奉为真理的至理名言。孔老夫子对女子如此评价，他应该对女子很不屑吧？其实不然。史书上有一段关于"子见南子"的记载，"子见南子"只有寥寥数语，记载了孔子见南子的经过，但就是这寥寥数语，引发了人们对孔子与南子之间关系的猜测。

南子是卫灵公的夫人，宋国人，生得十分漂亮，但是她的名声并不好。据传，南子早年在宋国就与人私通，为了她，卫国甚至发生过争斗。孔子去见的是这样一个女人，这就可以理解人们对他们关系的种种猜测了。

《史记》中关于"子见南子"过程的记载非常简略："夫人在絺帷中。孔子入门，北面稽首。夫人自帷中再拜，环佩玉声璆然。"是说当时南子在絺帷中，孔子进门，对着北面向她行礼。南子还礼，引得她身上所带的环佩、玉石发出声响。声音响过之后就再没别的了。正是这种过于简略的描述使人们怀疑之后是不是发生了什么事情。而孔子弟子子路对他见南子这件事情也非常不高兴。"子路不说。孔子矢之曰：'予所不者，天厌之！天厌之！'"孔子重复着说了两句"天厌之"，他对这件事的反应太剧烈了，让人怀疑他是心虚。

关于孔子见南子，还有一个细节不容忽视，那就是他们见面的地点是在南子的卧室。卧室会面，总是会给人一种暧昧的感觉。而孔子虽是圣人，却首先也是个人。既然是人，就有七情六欲，那么人们对他与南子关系的质疑当然就有道理。而孔子与南子究竟有没有发生什么事呢？

先来看看孔子见南子的目的。促成"子见南子"这件事的其实是南子，她三番五次地召见孔子，但是孔子一开始总是极力推辞，即使后来也是"不得已而见之"。孔子是个注重名声的人，他知道去见南子肯定会饱受争议，但是后来还是接受了南子的邀请。这其中除了"不得已而见之"之外，应该还有其他原因，他接受南子邀请肯定是经过深思熟虑的。当时儒家学派的思想还处于宣传起步阶段，没有被各国广泛采纳。而南子是卫国的王后，深得卫灵公的宠爱，所以，孔子见南子多半是想向南子宣传他的思想。他可能是想通过对南子施加影响，影响卫灵公乃至整个卫国对儒家学派的态度。

对孔子见南子非常不悦的子路是个什么样的人？据《史记》记载，"子路性鄙，好勇力，志伉直"，可见子路是个粗人，他非常豪爽，但也有些鲁莽。所以他对孔子见南子表现出不悦，极有可能是觉得南子名声不好，孔子去见这样一个人有辱斯文，而不是孔子真的与南子做了什么事。

把南子名声不好与孔子见她一面就会发生什么事等同起来显然是不合适的。首先，南子虽然名声不好，但是孔子却是极其重视自己的名声的，他应该不会做有辱自己名声的事情。其次，据《史记》记载，孔子是个身高"九尺有六寸"的大高个，而且"生而首上圩顶"，他并不是一个非常英俊的人，南子之所以想见他更多应该是出于对他才学的敬重和仰慕。"子见南子"应该是在非常和谐的气氛中进行的。而且，从"环佩玉声谬然"这句话也可以看出，南子当时的穿戴是非常整齐庄重的。

人们向来认为《史记》的记载非常严谨，这也是《史记》中的观点被普遍采纳的原因。"子见南子"肯定不是太史公自己凭空捏造的，这次会面应该有事实依据。《史记》对这件事的记载虽然只有寥寥数笔，但是却包含了很多细节。这说明孔子见南子时应该是有其他人在场的，因为只有这样这些细节才能被记录进而被流传。既然有其他人在场，孔子就更不可能跟南子发生什么事情了。

种种迹象都表明，孔子和南子之间是清白的。

## ·俊朗诸葛亮为什么要娶丑妻

诸葛亮的名字家喻户晓，成为智慧忠贤的化身，他辅佐刘备共图大业，最终使蜀汉政权成了三国鼎立的一方。他的一生，奇闻轶事很多，"孔明择妇"便是其中之一。

诸葛亮不仅有才，而且相貌俊伟，据《三国志·诸葛亮传》记载，诸葛亮"身高八尺，犹如松柏"。但他却选了一位"瘦黑矮小，一头黄发"的丑女阿丑为妻，诸葛亮为何要娶丑女呢？传统观点认为，诸葛亮重才不重貌，是注重人的内在美。阿丑自幼才识过人，颇有心计，诸葛亮早在成婚前就有所耳闻。这不无道理，但并非全部。其实，诸葛亮娶阿丑，是出于一种政治上的考虑。《三国志·诸葛亮传》裴松之注所引《襄阳记》记载："黄承彦者，高爽开列，为沔南名士。谓孔明曰：'闻君择妇，身有丑女，黄头黑色，而才堪匹配。'孔明许，即载送之。时人以为笑乐，乡里为之谚曰：'莫作孔明择妇，正得阿承丑女。'"

另一种说法是诸葛亮家境贫寒，出身卑微，自幼丧父，少年时代便过着流离转徙的生活，吃尽军阀混战的苦头，深受强宗豪族的压迫。后来跟着在南昌做豫章太守的叔父诸葛玄生活。14岁时，叔父因官被削而投靠了刘表；17岁那年，叔父死了，他从此没了依靠，就在襄阳城西20里的隆中定居。他虽然住在乡下，但他不想无声无息地隐居一辈子，他时刻关心着国家的盛衰，有着为国家尽忠的抱负，怀着如此壮志雄心，他立志要登上政治舞台而建功立业。

这种政治上的考虑无疑会影响到诸葛亮的婚姻大事，甚至还牵涉到了家人的婚事。为此，他在家庭婚姻方面，做了三件事：第一，他把姐姐嫁给了荆州地主集团中在襄阳地区颇有名望的首领人物庞德公的儿子，庞德公对其赏识备至，称他为"卧龙"，从此，他就在荆州站稳了脚跟。第二，诸葛亮为弟弟娶了荆州地主集团中在南阳地区数得着的人物林氏之女为妻。第三，也是最重要的，他自己择妇结亲，当然要服从既留荆州又能结交望族这一政治目的，这也就是诸葛亮在荆州而不到其他地方去的原因。所以，诸葛亮娶了那个丑女黄氏。

诸葛亮为何不怕众人耻笑，而娶丑女黄氏呢？换作别人也许他会犹豫，但是黄氏之女他就娶定了，一是因为黄承彦在当地有相当声望，二是因为黄妻蔡氏和刘表的后妻是姐妹关系，做了黄家的女婿，就攀上了刘表这门皇亲。

据传说：当黄承彦当面问及诸葛亮时，他当即"拜谢泰山"，一锤定音，把从未见过面的阿丑娶了过来，从而为诸葛亮进入地主集团开了"绿灯"，他是无论如何也不会放弃这个"进身之阶"的。

从封建文化来说，正妻要相夫教子，帮助丈夫治理家业，诸葛亮深受传统文化的熏陶，在自己的婚姻上，自然遵循"正妻乃贤妻"的风俗，而据《三国志》记载，诸葛亮其后确实又娶过一妾。诸葛亮娶丑女的动机仍有争论，待后人再研究探寻吧。

# ·李白与杨贵妃究竟有没有瓜葛

唐朝大诗人李白，以诗仙的形象写出了许多脍炙人口的诗歌。李白曾多次随侍唐玄宗、杨贵妃身边，奉旨写出了许多诗歌以娱唐玄宗、杨贵妃游兴。

天宝元年（公元742年）八月，李隆基让李白做了待诏翰林，虽然这只是一个候补官职，却让李白有了接近皇帝的机会。李白凭待诏翰林的身份曾多次跟随李隆基、杨贵妃出游。从天宝元年十月唐玄宗携杨贵妃往骊山泡温泉开始，唐玄宗每次携杨贵妃游玩，都会让李白跟随左右，以吟诗佐兴。《侍从游宿温泉宫作》、《宫中行乐词十首》、《龙池柳色初青听新莺百啭歌》、《清平调词三首》、《白莲花开序》、《春日行》、《阳春歌》等诗，李白的才华让唐玄宗刮目相看，优礼异常。李白进宫，给奢侈而沉闷的宫廷生活吹进了一股清新的空气，出现了后世记载的"御手调羹""贵妃捧砚""力士脱靴"等典故。这份官职持续一年多之后，李白就被唐玄宗逐出了长安。

在李白跟随唐玄宗、杨贵妃到处游玩的一年里，才子李白与美人杨贵妃必定相识，李白也曾用"云想衣裳花想容""可怜飞燕倚新妆""名花倾国两相欢"，来形容杨贵妃的美貌。虽然李白与杨贵妃在当时并未传出什么绯闻，但是后人往往都喜欢把这样的才子佳人放在一起，许多人也愿意相信其实李白与杨贵妃之间还是有瓜葛。

李白曾有一年的时间接近唐玄宗，仕途通达也不是不可能。但是事情往往没有绝对，天宝三载（公元744年），也就是李白入京一年之后，李白就被朝廷放逐，离开了长安。对于正受宠的李白被放逐的原因，后世也有多种说法。其中一种说法就与杨贵妃有着很大的关系。《新唐书·李白传》记载，李白被逐出长安是由于杨贵妃和高力士在皇帝面前诋毁李白。但是这种说法很快遭到反驳。因为，第一，《新唐书》记载，高力士曾摘出李白诗中以赵飞燕影射杨贵妃的句子挑拨杨贵妃，说李白是在影射和揭发杨贵妃跟赵飞燕一样留下恶名。这种说法让人难以相信，李白还不至于大胆到如此直接、露骨的影射这种敏感事件。此外，杨贵妃虽然"集三千宠爱于一身"，但是唐玄宗还没有被爱情冲昏头脑，杨贵妃干政并不可能，历史证明，杨贵妃也并没有干政。所以杨贵妃诋毁李白的说法并不能成立，况且李白与杨贵妃之间并没有什么重大的利害关系，彼此之间才子佳人惺惺相惜的可能性倒是比较大。

再者于高力士，唐玄宗也不允许宦官干政，高力士自然是十分清楚。如果说是因为一次李白酒醉后在玄宗等人面前写诗，让他脱靴，让他在唐玄宗面前说李白坏话，可是当时李白正受皇宠，对于高力士这样一个内官来说，难道他会不知道其中的利害关系？

既然李白被逐与杨贵妃和高力士无关，那么真正的原因又是什么？《唐左拾遗翰林学士李公新墓碑序》记载："玄宗甚爱其才，或虑乘醉出入省中，不能不言温室树，恐掇后患，惜而逐之。"李白被逐的真正原因是李白爱喝酒、易喝醉，害怕他酒后吐真言，担心李白酒后泄露宫闱秘闻，所以唐玄宗打消了任命李白为中书舍人的念头而逐其离京。

## ·宋徽宗与李师师的惊世之恋

在男权统治下的古代社会，娼妓制度一直沿袭下来。妓女作为社会中的特殊群体，与社会各阶层的人都有来往，下至贩夫走卒，上至达官贵族甚至皇帝。

李师师是宋徽宗时的名妓，自幼家贫，四岁丧父，无依无靠的李师师由李姥扶养，学着女工和琴棋书画。李师师还师从著名音乐家周邦彦，因此李师师的唱曲也唱得很好。李师师慢慢成长为一个拥有迷人资色和高雅才艺的一代名妓，轰动京城。

李师师的名声日高，多少王公贵族都不得见。深处深宫内苑，讲求奢华、追慕风雅而又极尽声色犬马之乐的徽宗赵佶也听说了李师师的艳名。宋徽宗第一次见面李师师的情形，也有两种说法，一种是宋徽宗由高俅、杨戬陪伴，通过早已与李师师相识的高俅引见，宋徽宗见到了李师师，被李师师的美貌和才艺吸引，从此开始了李师师长达十数年的情缘。另外一种说法是，当时宋徽宗身边有个叫张迪的宦官，张迪未入宫之前就常流连于汴京青楼妓馆，当然也知道李师师的艳名。于是在张迪的带领之下，宋徽宗趁天黑之时，乔装来到镇安坊，见到了李师师。

不论宋徽宗是如何见到李师师的，但是有一点可能肯定，就是宋徽宗与李师师结识，并且十分喜爱李师师，而且第一次见到宋徽宗的李师师并不知道自己面前这个男子的真实身份。李师师有一种怪癖，凡是到她这里来的人，只要略通文墨，便得留诗词一首。宋徽宗正好又是一个多才多艺的风流皇帝，自然不会推辞。于是宋徽宗欣然提笔，用他那独一无二的"瘦金体"书法写了首艳词。

宋徽宗与李师师再次见面是四个月之后。宋徽宗由王黼陪伴再一次来到镇安坊，王黼也是李师师的旧交，自然知道王黼位高权重。李师师见到这位公子一次由高俅陪伴，一次由王黼陪伴，并且两人都对他礼遇有加，心里大概也明白了几分。于是更加承欢，宋徽宗也更加喜爱李师师。从此以后，宋徽宗就常常趁夜偷偷出宫来见李师师。

张迪看到宋徽宗对李师师的眷恋，加上对皇帝夜行的安全考虑，于是就给宋徽宗出了个主意，从宫中向东挖了一个二三里的地道，直接通到镇安坊。徽宗此后经常通过地道，来到镇安坊，和李师师在一起。

自从李师师与宋徽宗在一起之后，李师师的院子就大兴土木，建得美轮美奂，宋徽宗还亲自提名"醉杏楼"。李师师与宋徽宗深交，引起了朝廷之中的大臣的反对，就连皇后也说："皇帝行娼，自古所无，再加上昏夜出行，保卫工作也不周全。"但是深深迷恋李师师的宋徽宗又怎么能听得进去？多年来，宋徽宗赏赐给李师师大量的金银财宝，竟有十万两之多。

金兵的铁蹄踏破了大宋的歌舞升平，靖康之难之后，宋徽宗被金俘虏。当金兵包围了汴京之时，李师师把多年来积聚下来的财货全部奉献给国家作为抗金的军费。相传李师师独自逃到了慈云观作了女道士，后来被金军找到，因李师师不愿意侍奉金主，就乘人不备的时候吞金自杀了。一代名妓李师师，这位被徽宗宠爱的宫外美人，就这样悲壮不屈地死去。

# ·永乐皇帝失败的求婚史

历代妃子为争夺皇后之位往往斗得你死我活，被万人之上的九五之尊选为皇后更是莫大的荣耀，但是有人居然不愿意当皇后，还敢对皇上说："我不做你的皇后！"也许很多人会觉得这是小说里胡编乱造的，但是历史上的确存在这样一位美女，她就是徐妙锦。

徐妙锦是明朝开国元勋徐达的三女儿，才华出众，美丽动人，其才貌超过了她的姐姐仁孝皇后。正因为她锦心玉貌，所以仁孝皇后于永乐五年（1407年）去世后，朱棣便对新皇后不作第二人选，一心要把徐妙锦迎进宫去，填补她姐姐留下的那个空位，从此母仪天下。

此时徐达早已过世，徐妙锦的母亲、徐达的继妻谢夫人婉拒道："我的女儿，只怕是配不上皇上吧。"朱棣听了冷笑道：夫人的女儿不愿嫁给朕，还想要选择什么样的女婿呢？

于是，徐妙锦递上一封情词哀恳的书信，婉言谢绝了朱棣的"美意"。徐妙锦熟读史书，深知暴君如虎，一旦被激怒，便会六亲不认，大开杀戒。因此她巧妙设辞，反复强调自己从小虽生长于豪门大户，但性甘淡泊，而且一心向佛，宁愿远离红尘俗世，长伴古佛青灯，以此了却余生。清词丽句中透着淡然的悲切，谦辞敬语中带着傲然的尊严。

徐妙锦不肯与君王同眠，一生姻缘就此断送，谁敢娶皇帝看上的女人呢？为防朱棣的再次逼迫，徐妙锦削发为尼。而朱棣也是一个奇皇帝，小姨子表示不愿意后，他不但没有强迫，反而决定从此不再册立新皇后。

据说，徐妙锦死后，朱棣命人按照皇后的礼节把她安葬在皇家墓地。徐妙锦当年出家的尼姑庵就是南京人俗称的皇姑庵，地点在今天雨花台后山上，现已无迹。

在古代社会，当皇后可以说是很多女子梦寐以求的愿望，更何况是皇帝的亲自求婚，但是徐妙锦宁愿出家当尼姑也不愿意当皇后，甚至还让永乐帝朱棣自此再也没有册立新皇后，这多少有点令人意外。

## ·明代公主为什么屡次被无赖骗婚

明代的皇室有一个奇怪的规定，便是公主婚配，所选取的夫婿必须是民间优秀的男子，不许和文武大臣的子弟结成夫妻。原因很简单，依据前朝之鉴，明朝皇帝害怕外戚干政，自己的江山落入异姓之手。便要堵死"强强联姻"这条路，来断绝大臣们干涉朝政的威胁。

这个规定令明朝出现许多平民驸马爷，虽然杜绝了外戚干政的威胁，却引来了另外一个隐患。因为公主虽然只能"下嫁"给老百姓，但毕竟是金枝玉叶，皇家的血脉，所选的夫婿一定要德才兼备，品行端正，能够配得上皇室的尊严才行。

可是皇家总是深处深宫之中，无法亲自到民间去挑选乘龙快婿，为公主选女婿这件事情，就只能交给下人去办，而最得力的助手就是宦官。托人办事总是不太稳妥的，其中多少会有些差池。遇到心地良善的宦官，自然会尽心尽力为公主挑选一个称心如意的驸马爷。但如果遇到一个唯利是图，贪图便宜的宦官，那他就会以权谋私，从中收受贿赂，看谁给的钱多，便帮谁说好话。

这样就给民间男子通过贿赂宦官，向皇室骗婚提供了可乘之机。出点小钱，将来娶了公主可就能一辈子大富大贵了，这笔买卖在当时看来十分划算，于是，许多民间骗婚之辈便打着挂羊头，卖狗肉的旗帜通过贿赂宦官，诈娶公主，谋求富贵。而且这种事情在明朝居然屡禁不止，堪称历史奇闻。

明弘治八年（1495年），民间有个大款叫作袁相，他想成为皇亲国戚，便贿赂当时负责公主婚娶的太监李广，请他帮自己说说好话。李广收了钱，自然便在弘治皇帝面前大说袁相的好话。弘治皇帝没有怀疑李广的话，便同意招袁相为女婿，将德清公主嫁给他。

正当袁相欢欣雀跃的时候，有人向皇帝告发了袁相和李广之间的事情，上当的弘治皇帝立刻找人调查，果然发现这个袁相并没有李广说的那么好，骗皇帝的女儿当老婆，这犯的可是欺君之罪。当下恍然大悟的弘治皇帝恼羞成怒，他严惩了这两个欺骗他的人，但公主的婚期已经说定，就算不嫁给袁相，也要另选新驸马才行。

于是，弘治皇帝又赶紧全国物色，替公主另外寻觅下了一个德才兼备的驸马，才算了结了这场闹剧。这次皇室被骗案及时告破，也算是有惊无险了，但之后的嘉靖皇帝的公主就没有这么幸运了。

嘉靖六年（1527年），永淳公主要招选驸马，经过太监们的一致推荐，皇室选中了一个名叫陈钊的民间男子，就在永淳公主即将"下嫁"的前几天，嘉靖帝忽然得知了一个消息说，陈钊的母亲是二婚，而且还是别人的小妾。

让堂堂的大明公主嫁给一个小妾的儿子实在是有失体统，于是嘉靖二话不说马上悔掉了这门亲事。但公主的婚期已经昭告全国了，皇帝一言九鼎，说出话的就不能反悔了，要想推迟婚期总要给老百姓一个理由，如果说皇帝被一个小妾的儿子骗了，那岂不是很滑稽吗？

为了挽回皇室的尊严，嘉靖效仿弘治皇帝，开始进行全国海选，想要挑选一位如意驸马，一番千挑万选之后，终于挑中了一个叫谢昭的男子。这次，嘉靖皇帝亲自接见他。谁知这个谢昭居然是个秃顶的丑八怪，不知道他对多少太监进行了贿赂，才能被推荐过来。

但婚期不等人，再去民间选驸马已经来不及了，迫于无奈，嘉靖帝只得将女儿嫁给了这个谢昭。这桩婚事，举国震动，当时的老百姓编造了一曲民谣，专门列举了当时十件好笑的事情，最后一句便是嘲弄皇室招驸马："十好笑，驸马换个现世报。"

## ·陈叔宝与张丽华的恋情揭秘

陈朝自武帝开国之后，天下渐安，到了后主陈叔宝之时，已经可以称之为富庶了。陈叔宝"生于深宫之中，长于妇人之手"，他不懂民间疾苦，只喜欢美色，在陈叔宝还是太子的时候，一名叫作张丽华的歌姬入宫为婢，被当时正得宠的太子宠妾孔妃选中，做了自己身边的宫女。

张丽华国色天香，一日，陈后主看到后惊为天人，他感慨道："此国色也。卿何藏此佳丽，而不令我见？"孔妃说张丽华年轻太小，恐微葩嫩蕊，让陈后主安心等待。张丽华随着年纪的增长，出落得愈发美丽动人。她发长七尺，光可鉴人，更为主要的，她不但容貌出众，才能也很出众，她有着敏捷的才辩及过人的记忆力，陈叔宝是越看越喜欢，到了张丽华大一些的时候，他便将张丽华纳为妃子。

陈叔宝对张丽华很是宠爱，每日都要与张丽华形影不离，就算是他上朝，要听百官启奏国家大事的时候，他也要把张丽华抱在怀里，一起决定天下大事。后来，张丽华又为陈叔宝生下了龙子，陈叔宝更是宠爱张丽华了，很快立张丽华的儿子为太子。

陈叔宝除了宠爱张丽华，当时还有龚贵嫔、孔贵嫔、王、李二美人。还有张、薛二淑媛，等等。陈叔宝为了这些妃嫔大兴土木，在皇宫里修建豪华的寝宫，专门用来当作他和众位妃嫔欢愉的地方。

他还命人建造"临春""结绮""望仙"三阁，十分壮观，都是高耸入云的建筑，而且其中的窗户栏槛，都是用沉香檀木制成，十分奢华。陈叔宝和众位妃嫔倚窗而立，衣裙飘飘，很有当神仙的感觉。

陈叔宝就每日这样醉生梦死，沉醉在温柔乡里，他还召集一班文学大臣进宫，和自己一起饮酒作乐，征歌逐色。偶尔诗兴大发，陈叔宝也会吟上几句，那首著名的亡国之音《玉树后庭花》就是在这个时候创作的：

丽宇芳林对高阁，新装艳眉本倾城，

映户凝娇乍不进，出帷含态笑相迎。

妖姬检似花含露，玉树流光照后庭。

花开花落不长久，落红满地归寂中。

就在陈叔宝日日笙歌的时候，隋文帝已经是整装待发，准备灭掉陈朝，一统大业了。当时大臣都纷纷上奏，希望陈叔宝能够警醒一些，提防隋朝的入侵。可是陈叔宝却对此不以为然，他认为："王气在此，役何为者耶？"当时还有一些奸佞小人，为了讨陈叔宝的欢心，也随声附和："长江天险，限隔南北，今日虏军，岂能飞渡耶？"

隋文帝当时派出50多万的兵马，由晋王杨广节制，分进合击，直接奔着陈朝的都城建康而来。隋朝大军浩浩荡荡地杀了过来，以势不可挡之势很快就攻破了建康。

当隋朝大军攻入皇宫之后，见不到陈叔宝本人，便四处搜寻，隋朝将士搜遍了后宫，就差后花园的一口枯井了。隋朝士兵在井口大声喊叫，但是井里无人响应，隋朝士兵打算拿大石头把井填满的时候，井里才传出了讨饶声。

于是，士兵用粗绳系一箩筐坠入井中，然后大家一起用力拉绳索，只觉得十分沉重，一开始士兵们以为是陈叔宝龙体不同凡人，可是当他们将箩筐拉上来的时候，才发现，箩筐里是陈叔宝、张丽华、孔贵嫔三人。

众人一见哈哈大笑，擒到了陈叔宝的消息传到了杨广的耳朵里，他十分高兴，而且听说还生擒了张丽华，更加高兴。他早听说张丽华国色天香，便想占为己有，他派高颎先行入城，除了接收府库还要留下张丽华。

高颎——照办，唯独最后一条，他没有照办，他认为张丽华是祸国殃民的女人，不能留下，于是便将张丽华于清溪旁处斩。

一代美人就这样香消玉殒，杨广因为没有得到张丽华，后半生一直思念。


## ·唐代才女薛涛为何终身不嫁

唐代出诗人，例如李白、杜甫，但是，要说起唐代著名的女诗人，首先进入视线的必然是才女薛涛。

薛涛，字洪度，祖籍长安，"安史之乱"后其父举家迁居成都，她从小就受到良好的教育熏陶，幼年时就习晓音律，8岁便能吟诗作对。

在薛涛14岁时，她的父亲去世，只留下她与母相依为命，迫于生计，她只好凭着自己的国色天姿和通晓诗文、擅长音律的才情，在风月场所侍酒赋诗、弹唱娱客，没过多久，她就成为一个名动一时的歌妓。

唐德宗时，剑南节度使韦皋听说薛涛诗才出众，便有心验证，他让薛涛当众赋诗一首，薛涛略作思索，便写下《谒巫山庙》这首诗，韦皋读后大加赞赏，甚至要奏请朝廷让薛涛担任校书郎，这个官职虽然没有什么实权，但却是文人墨客非常向往的职位，在男尊女卑的封建社会，从来没有女性担任校书郎这一官职，但韦皋竟然想开此先例，由此可知薛涛当时的盛名和影响力。虽然韦皋的愿望后来没有实现，但"女校书"之名已经不胫而走。

当时，与薛涛交往的名流才子甚多，如白居易、牛僧儒、杜牧、刘禹锡等，这些人都与薛涛有过诗文酬唱，并且无一例外地对她十分青睐和敬重，然后，薛涛虽然周旋于蜂蝶之中，却一直洁身自好。

在薛涛42岁那年，她迎来了生命中的春天。时年31岁的监察御史元稹，奉圣命出使蜀地，并与薛涛相识。虽然薛涛要比元稹年长十多岁，但是两人却一见钟情，这一次，薛涛放弃了自己的原则，与元稹见面的当天夜里，她就把自己毫无保留地献给了心爱的人；此后郎情妾意，两人在蜀地如胶似漆地共度了一年时光。后来，元稹离蜀返京，两人天涯两分，而这段缠绵缱绻的情感，最终也成一场幻影。

元稹离开后，薛涛对他的思念是刻骨铭心的，她始终坚信元稹会信守离开时所说的话，他会回成都看自己。但是，元稹何曾想过要与薛涛携手一生？返回京城后，元稹又出任浙东观察使，在越州，他遇到了江南女艺人刘采春，虽然采春的诗咏不及薛涛，但是却年轻貌美，而且嗓音婉转动人，因此深得元稹赏识，于是，元稹很快就把薛涛抛到九霄云外。可怜的薛涛，竟一直对元稹念念不忘，空等十年。

薛涛终生未嫁，晚年时，她已经看透人情冷暖，品够世味辛酸，因此时常感到孤鸿只雁，身世凄凉。唐文宗太和五年（公元831年），薛涛抱恨而逝，时年62岁。薛涛一生都没放弃过对真挚爱情的追求和幸福生活的向往，但由于她遇人不淑，导致她的种种理想，终归幻灭。

## ·唐伯虎真的"点"过秋香吗

唐伯虎，又名唐寅，明朝人，此人博学多能、吟诗作画样样皆通，自称江南第一才子。很多人印象中的唐伯虎妻妾成群，家财万贯，少年风流，又有"唐伯虎点秋香"这样美丽的传说，那么真实的唐伯虎是不是民间传说的这样呢？

唐伯虎出身商贾之家，其自幼聪明好学，唐伯虎的一生可谓命途多舛，在其20岁的时候父母、妻子、妹妹相继去世，家境从此衰败，幸得好友资助这才得以用心学习。工夫不负有心人，29岁时唐伯虎参加乡试，以优异的成绩中得乡试第一名即解元，民间有称唐伯虎为唐解元就因此而来。30岁赴京参加会试，命运又一次捉弄了唐伯虎，他无端因科考舞弊案牵连，唐寅心灰意冷，誓不踏入仕途。

就在唐伯虎最绝望的时候，他相识了苏州名妓沈九娘。她虽然来自烟花之地，但渴望真爱，也仰慕唐伯虎的才气，俩人相见恨晚，有情人终成眷属。但天不遂人愿，沈九娘也不久于人世，唐伯虎悲痛欲绝，发誓再不续弦。

"唐伯虎点秋香"这个故事最早出自明代王同轨的小说《耳谈》，但是故事的主角不是唐伯虎而是苏州才子陈元超，此人性格放到不羁，风流倜傥，与秋香不期而遇，秋香对陈公子嫣然一笑，遂暗生情愫，就产生了陈元超点秋香的故事。但是到了冯梦龙的手里，就成了人们熟悉的《唐解元一笑姻缘》。

故事主角的变化，其实有着深刻的社会背景原因。众所周知，唐伯虎生活在明朝经济高速发展的时期，而苏州恰是经济、文化的会聚地。经济基础决定上层建筑，经济上的繁荣在文化就有相应的表现，当时的中下层知识分子有着强烈的叛逆感，他们期望得到精神上的自由。思想的反传统，礼法的不拘束，他们更需要一个在精神上能给予他们向导的人，这样的人必须具备勇于叛逆的精神，而唐伯虎本身天然地具备这些特点，所以各种文艺作品都把一些不拘礼法、放浪形骸的蓝本演绎成唐伯虎的故事。

历史上也确有秋香其人，她也是生活在明朝中期，但是她的年龄至少要比唐伯虎大20岁，这两人之间要发生风流之事实难理解。秋香是何许人也？秋香实名林奴儿，是金陵名妓。据明代《画史》中记载："秋香学画于史廷直，王元父二人，笔最清润。"一个是当世才子，一个是江南名妓，如果两人发生这么一个点秋香的故事，那么其爆炸性、影响力可见一斑。

与秋香接触过的另外一个人其实和唐伯虎也有一些关系，这个人就是唐伯虎的绘画老师沈周，按年龄推算，秋香和沈周这两个人倒也相仿，据《金陵琐事》记载，秋香曾拜师于沈周学画。

不管是小说笔下的陈元超变为唐伯虎还是冯梦龙的《唐解元一笑姻缘》，都是人们期望通过唐伯虎这样的具有反叛精神的青年来传递中下层知识分子渴望自由、追求个性解放，警示人们要为自己的理想而奋斗，只有这样才能取得成功。

## ·戚继光为何遭到发妻"休弃"

民族英雄戚继光有一位极其贤惠的妻子，她与戚继光在穷困中相扶相伴，但却在戚继光抗倭成功，名利双收之后，毅然决然地"休掉"了在一起很多年的丈夫。到底是什么样的原因让她这样一个公认的贤惠妻子居然做出"休夫"这样在当时人看来不可思议的举动？

这要从戚继光和她的婚姻说起。戚继光的妻子王氏是万户南溪王将军之女。她13岁和戚继光定亲，18岁的时候被戚继光迎娶进门。进门以后，她非常贤惠，无微不至地照顾着戚继光的生活。当时他们的生活十分穷困，为了招待客人，王氏甚至不惜卖掉自己的首饰，遇到好吃的东西，她也总是留给戚继光。相传有一次吃鱼，王氏把肥美的鱼身给了戚继光，她自己只吃了鱼头和鱼尾，戚继光当然非常感动。这样的妻子是每个男人一生最应该珍惜的宝贵财富。但就是这样一位妻子，最终却"休掉"了自己的丈夫，是戚继光对她不够好吗，还是有什么其他的原因让她觉得不可忍受？

原来，王氏有一个在当时看来十分严重的缺陷：不能生育。在那个时代，传宗接代，延续香火对一个女人来说是非常重要的一件事情。36岁的时候，戚继光为自己纳了一个小妾，这时候王氏虽然非常伤心，但是也很快接受了这个现实。要顾全大局，毕竟自己不能生育，不能完成为戚家传宗接代的使命。再怎么说也不能让戚家断了香火，所以就接受了戚继光纳妾的事实。本来如果到此为止，王氏还会像以前一样全心全意地爱着戚继光。但是戚继光非但没有到此为止，后来又纳了两个妾，这严重伤害了结发妻子王氏的感情，王氏一时心灰意冷。

性情刚烈的王氏终于不能再忍受丈夫的不忠。后来，对丈夫绝望的她终于收拾自己的东西，回了娘家。"囊括其所蓄，辇而归诸王"，主动和戚继光毁了婚书。在那样保守的时代，"离婚"对于一个女人来说，需要多大的勇气我们可想而知。

虽然对丈夫的照顾无微不至，但王氏却并不是一个小女人，她相当有勇有谋。据传，戚继光率领部队抗倭的时候，戚家家眷所在的新河城守军很少。有一天，大批倭寇忽然突袭新河城，将新河城团团围住，城内的居民都非常惊恐，一时不知如何应对。这时，王氏献上一计，她说服守城官兵，让城中所有老幼妇孺都穿上戚家军的军服，站在城上，做出戚家军主力部队在此的假象。城外的倭寇果真上了她的当，他们看到城墙上密密麻麻到处都是军人，以为戚家军就驻守在城中，当然不敢进攻，倭寇全体后撤，新河城恢复了安宁。

后来，戚继光带着自己的部队回来的时候，看到倭寇居然早已退去，非常震惊。当得知不费一兵一卒就使倭寇退兵的是自己的妻子时，这位身经百战的骁勇战将也不得不为妻子的胆识和智谋所折服。

在生活上尽心尽力地照顾丈夫，在事业上全心全意地辅佐丈夫。戚继光的这位发妻在他的成功之路上给予了他巨大的帮助。后来，戚继光彻底打败倭寇，被朝廷封为大将军，并被调到蓟北，镇守长城要塞，可谓名利双收。

但名利双收之后，他就开始肆意伤害跟他从困苦中一路走来的妻子了。三番两次地纳妾，让发妻对他越来越失望。最终，不愿意在已死的婚姻中沉沦、挣扎的王氏，义无反顾地"休掉"了这个她爱了一生的男人，这个被万千光环所笼罩，再也不复当初的男人。

从一开始她就不是一个"安分"的小女人，在爱情里，她希望丈夫拥有像她一样的忠贞。如果没有这样的忠贞，她宁愿放弃这不完美的爱情，也不要苦苦挣扎。她在历史上留下的"敢爱敢恨"四个大字，蕴藏了一个内心强大的女人对爱的希冀和绝望。

# 历史名人的死因新解

## ·西施结局如何

提到西施，人们首先想到的就是她的美貌。西施位居中国古代四大美女之首，后世常用"沉鱼"来形容她，这是因为美貌的西施在溪边浣纱的时候，水中的鱼被她的美貌所吸引，看她看得太过入迷以至于忘记了游泳，结果都沉入了水底。

公元前494年，吴王夫差大败越军，越王勾践退守会稽山，被吴军包围。勾践被迫向吴国求和。除了勾践夫妇作为人质去吴国当奴隶以外，勾践针对夫差好色的特点，将越国美女西施经过一番训练之后，献给了吴王夫差。西施自此入吴。此后直到吴国灭亡之前，西施一直生活在姑苏城内，这是她一生中最好的时光。据记载，吴王夫差专宠西施。为博美人一笑，他为西施建造春宵宫、馆娃阁、灵馆等。因为西施擅长跳一种叫作"响屐舞"的舞蹈，夫差就给她建了一条排列着数以百计的大缸的长廊——"响屐廊"。

公元前473年，吴国都城姑苏被越军攻破，吴国灭亡。史料中关于西施的记载也就此戛然而止，她的人生似乎随着吴国的灭亡而淹没在了历史之中。那么风光过后，西施的下落究竟如何呢？她的后半生又是怎样度过的呢？

有人说，吴国灭亡，西施被勾践处死。勾践灭吴之后凯旋，并带回了西施。他在归国当晚就要求西施侍寝，西施拒不同意，他便以"抗君之罪"将西施处死。如果这种说法成立的话，那么勾践真的是一个只能"共患难"不能"同富贵"的小人，居然用这种方式来对待一个在他复国过程中起了决定性作用的功臣。

而据东汉袁康的《越绝书》记载："西施复归范蠡，同泛五湖而去。"说吴国灭亡之后，西施为国复仇的任务完成，与越国大夫范蠡泛舟江湖，最终不知所终。后人又对袁康的这种说法做了一些加工，说西施原本就是范蠡的恋人，吴亡后，她又回到范蠡身边，范蠡带她一同归隐山林。

比西施生活的年代稍晚的墨子，关于西施结局却有另外一番说法。《墨子·亲士》中说："西施之沈，其美也。"在先秦古文中，"沈"通"沉"，也就是说，西施是沉江而死的。后汉赵晔的《吴越春秋》也有相同的说法："吴亡后，越浮西施于江，令随鸱夷以终。"按照赵晔的说法，西施不仅是沉入水底死的，而且是被越国人沉入水底而死的。后来《东坡异物志》中记载："扬子江有美人鱼，又称西施鱼，一日数易其色，肉细味美，妇人食之，可增媚态，据云系西施沉江后幻化而成。"这除了是对西施美貌的肯定之外，也是对西施沉江而死说法的一种肯定。那么，到底是谁溺死了西施呢？

据《东周列国志》记载，溺死西施的人是越王勾践的夫人。勾践打败吴国，凯旋的时候，将西施从姑苏带回了越国。勾践夫人不知是怕美貌的西施威胁到她的地位还是真的觉得红颜祸水，怕西施给越国带来灾难，她以"亡国之物，留之何为"为由，让手下把西施骗了出来，然后绑上大石头沉入江中。

还有一种说法是，西施是被吴国的百姓溺死的。吴国灭亡之后，吴国百姓非常愤怒，认为是西施对吴王的勾引，导致吴王不理政事，并最终使吴国灭亡。他们将吴国灭亡的罪责全都归结到了西施身上，于是，西施被吴国愤怒的百姓们用锦缎层层裹住之后，沉入了江心。

除此之外，还有人说，吴王夫差自杀之后西施重新回到故乡，过上了普通人的生活。后来在一次浣纱时，不幸落入水中，溺水而亡。

斯人已逝，对于吴亡之后西施的结局，我们只能猜测，却永远无法清楚地知晓。

## · 项羽之死的真相

南宋词人李清照一首《乌江》道尽了项羽的英雄气概："生当为人杰，死亦为鬼雄。至今思项羽，不肯过江东。"项羽的确是中国历史上的一代霸王，关于他的传说数不胜数，乌江畔自刎也是其中最为悲壮的一幕。项羽生性暴戾，坚韧过人，如果当时渡了乌江，那么绝对可以重整旗鼓，总有机会可以卷土重来，可是为什么称霸一世的他会选择自刎乌江这个令无数后人惋惜、哀叹的结局呢？关于项羽乌江自刎的原因，民间有几种不同的说法。

最早提出的一种说法：项羽在乌江自刎是因为无颜面对江东父老。《史记》中就有这样的记载，项羽在楚汉战争中败给刘邦，之后带领800人马杀出重重包围，直至乌江畔，这时乌江亭长劝项羽赶快渡江，日后东山再起，一雪前耻。但项羽却笑着说："天之亡我，我何渡为！且籍与江东子弟八千人渡江而西，今无一人还，纵江东父兄怜而王我，我何面目见之！纵彼不言，籍独不愧于心乎！"于是拔剑自刎而死。大概意思就是说：上天要我死，我为什么还要渡江，本来是要同这八千名兄弟渡江西上，但现在大家都阵亡了，就算江东的父老再可怜我，再把我当作他们的君王，我自己又有什么颜面见他们呢？于是遂拔剑自刎。这是司马迁记载的项羽自杀的原因，因为跟项羽死的年代较为接近，描写得又真实生动，后世又流传最为广泛，所以认为关于项羽自杀的原因是无颜面对江东父老的人是比较多的。

还有一种说法认为，项羽是因为想结束战争给百姓带来的伤害才会自杀。富有戏剧性的是，这一种说法也是《史记》中记载的，说在楚汉战争中，刘邦和项羽难分高下的时候，项羽对刘邦说："天下匈匈数岁者，徒以吾两人耳，愿与汉王挑战决雌雄，毋徒苦天下之民父子为也。"大概的意思就是说，想把这场战争想变成过两个人的决斗，不想让天下百姓都跟着受牵连。这种可怜天下苍生的情怀使得他在突出重围来到乌江时，想到了万千百姓还要因为新的战争而又一次陷入水深火热当中，着实不忍，所以选择牺牲自己来求得天下太平。

这第二种说法带有太多的感情用事，与项羽的好战性格不符。项羽当年曾经坑杀20万秦兵，火烧阿房宫三个月，是一个非常暴虐的人，不大可能为了免除百姓疾苦而至自杀身亡。他之所以要约刘邦单打独斗、一决胜负，很可能是出于一种计谋，因为以项羽的个人能力，打败刘邦简直就是易如反掌，不过刘邦也没有上当。当项羽失败逃至乌江时，万念俱灰、狼狈不堪，心中不免感慨万千，此情此景下重新唤起他可怜天下苍生，愿意以一己之死来结束战争的念头也有可能，但这顶多是项羽走投无路又放不下脸面时的一种自我安慰，将它视为项羽自杀的主要原因却是不妥的。

不管是无颜面对江东父老，还是不忍天下百姓遭受战乱之苦，都不符合项羽一世霸王的个性。项羽杀出重围一路向西，就是为了渡过乌江卷土重来，重新打败刘邦，到时候衣锦还乡怎会无颜面对江东父老？如果他是一个可怜苍生的君主，那攻下秦宫后近乎屠杀的行为又作何解释？

于是，第三种说法产生了。项羽并不是像李清照说的那样"不肯过江东"，而是他根本没有机会过江。著名学者冯其庸在《项羽不死于乌江考》中详细论证了《史记》、《汉书》、《楚汉春秋》关于项羽之死的描述，指出《史记》中除《项羽本纪》里有"于是项王乃欲东渡乌江，乌江亭长檥船待"两处涉及乌江外，其余全部文字无一写到项羽乌江自刎。反倒明确提到：项羽"身死东城"，"使骑将灌婴追杀项羽东城"等。如今，支持这种观点的人越来越多，计正山先生通过《史记》、《汉书》中的"灌婴传"的分析，更确认项羽在定远东城就被"搏杀而死"，而东城距乌江有120公里，所以说项羽根本没有渡江的机会，也不是自刎而死。

项羽自杀的真相虽然令后人对这样一位大英雄少了一些哀叹，但其称霸一世的英雄气概，仍然会被后人所传颂。


# ·是李斯害死了韩非吗

有生有死，有开始有结束，这就是人生。可是有些人却死得不明不白，叫人难以给出一个说法。

一直以来，韩非之死都是众说纷纭，但其中最著名的是史籍上的两种说法。一种认为，韩非是因为同门师兄李斯出于妒忌将其杀害，一种则认为，韩非之所以不得善终，是因为他向秦王进了姚贾的谗言，结果害人不成，反而赔了自己的性命。

韩非与李斯是同门，两人一个善于撰述理论，是理论家，一个善于政治谋划，是政治家，都是法家的集大成者。但这两个法家人物的老师却是战国时代的最后一位大儒——荀子。

韩、李两人同在荀子门下求教，朝夕相对，对彼此的身世、才能和缺点都非常了解。李斯是楚国上蔡人，早年只做了一名小吏，他发现，厕所里的老鼠瘦骨伶仃，见人就跑；而仓库里的老鼠却脑满肠肥，人来了也大摇大摆，丝毫不"怯场"，于是发出感叹："人之贤不肖，譬如鼠矣，在所自处耳！"奋发之心溢于言表。

韩非本身就是韩国宗室，自幼养尊处优，聪颖而饱读诗书，唯一可惜的就是天生的口吃，说起话来磕磕绊绊，所以即使在道理上清楚明白，可总是让人感觉底气不足，没有说服力。好在，韩非嘴上不行，笔下却生花放彩，他想象无穷，尤其善于以寓言的形式讲述复杂深奥的道理，且文风雄健，汪洋肆恣，读来鼓荡人心。先秦诸子里，除了庄子能在文章上与他一较高下之外，其他人根本不是对手。李斯把这一切都看在眼里，他对这位同门师弟既佩服，又有些恐惧。这就叫作"既生瑜，何生亮"。

韩国经年积弱，到了战国末年，已经成了七雄里的末流国家。学成之后，满怀一腔报国志的韩非回到了故乡韩国，他看着祖国江河日下的情势，心急如焚，于是多次上书韩王，希望他能采纳自己的"法、术、势"相结合的治国理念，让韩国强大起来，重新光耀祖先的威名。不过，韩王和他的国家一样，已经到了"虚不受补"的膏肓阶段，把韩非的金玉良言都当成了驴鸣狗吠。韩非无奈之下，将满怀的忧愤都倾注笔端，写下了《孤愤》、《五蠹》、《说难》等旷世名篇，共计有10万多字。先秦经典中，《老子》只有几千字，《论语》不过一万多字，所以韩非的著述，在当时可谓是"长篇巨著"。

墙里开花墙外香，这些韩王看不入眼的废话，却被将来统一天下的盖世雄主秦王嬴政看到了，他手不释卷，日系揣摩，看到精彩处忍不住击节赞赏，渐渐地爱屋及乌，对韩非这个人也"思念"起来。他常常对侍从说："若能与韩非先生一起散步，纵论天下，哪怕叫我立时死去，也心甘情愿。"而那时，李斯早已凭着自己灵敏的政治嗅觉来到了秦国，并经由吕不韦的推荐，慢慢地做到了秦国的高官，也备受秦王嬴政的尊敬和倚重。

后来，秦王终于发动大军攻打韩国，他的目的只有一个：让韩王送韩非赴秦，与秦王相见。因一个人而发动一场战争，可以想见韩非的魅力。

闻名不如见面，韩非果然没让秦王嬴政失望，他与秦王卧膝长谈了几个昼夜，说得秦王时而深思，时而大笑，完全不知疲倦。可是，这却遭到了师兄李斯的嫉妒，他担心，若让韩非这么"表现"下去，恐怕将来秦国再无自己的立锥之地。于是向秦王进谗，说韩非此人有经天纬地之才，胸藏百万雄兵，可是他一心向着自己的祖国韩国，断然不会为我所用。这样的人，留在世上，岂非是给我大秦将来统一天下留下一个天大的麻烦？

"一言点醒梦中人"，豺狼之性的秦王翻脸便将韩非下狱，最终韩非被李斯逼死狱中。

另一个说法是，韩非与姚贾交恶，于是向秦王说他的坏话。可是姚贾的舌头比韩非利索得多，一番剖心挖肺，终于让秦王感动，相信他的无辜。而韩非反因构陷不成而为秦王所弃，最终身败名裂。

此外，民间也有说韩非本是韩人，却为秦效力，甚至还为秦国灭掉韩国出谋划策，是"韩奸"，所以他的横死乃是遭了果报。这种说法实在是有些迂腐了，因为战国时候，各国人才自由流动，根本不会囿于一姓一地。

关于韩非之死，恐怕根本原因还是在他自己的身上，胸藏百万雄兵，徒有高等的智慧，却无高等的情商，在战国这种乱世当中，确实是难以生存下来的。

# ·霍去病英年早逝是谁之过

霍去病，一代战神，17岁随军出征，功冠全军；21岁纵横漠北，成为三军统帅。多次出兵匈奴，以寡敌众，却能大胜而归，他创造了作为武将的一个传奇。但是，这样一个勇猛战将、天之骄子，其生命却在23岁这样的美好年华画上了休止符，实在令人为之扼腕叹息。

关于霍去病的死因，史上却没有详细的记载。那么，一代战神霍去病的死又是为何？

《史记》中记载，霍去病是在出征匈奴之前突然死亡，朝廷公布的死因是病死。那么，霍去病真的是病死吗？其实，这个可能性不大。因为17岁从军，逐渐成为一代名将，作为一个勇猛的沙场武将，肯定拥有过硬的身体素质，而且在23岁这样风华正茂的年纪患病而死，这似乎不太可能。

那么，霍去病的真正死因是什么？不是病死，那么就是非正常死亡。为什么深深器重霍去病的汉武帝却没有深究这种非正常死亡的原因呢？

霍去病从卫青的军队之中脱颖而出，漠北大战之后，得到汉武帝的赏识，如日中天。他逐渐脱离了卫青的军队，形成了以自己为中心的军事集团。这个集团中的重要人物也几乎都是霍去病一手选拔的匈奴降将，或是能骑善射的低级军官，个个英勇善战。更重要的是，这些人的重心都在战场之上，与皇亲国戚以及世家贵戚却没有一点关系或牵连。

反观卫青，一代大将军却日渐衰落。他的身上担负着太多人的利益，势力庞大。武帝为了扼制这股势力，采取的手段便是以霍制卫。卫、霍集团之间就形成了一种尖锐的矛盾。当这种矛盾激化时，必然是要以牺牲一方为代价，因此从不参与政治斗争，只着眼于沙场的霍去病就成了卫部保全自己利益的牺牲品。这也可以从一些史实当中窥其一二。

如果说卫部利益集团最大的保护伞是卫青，那么他们实现利益的最重要的保障就是卫太子。虽然卫太子当时年幼，不太可能参与复杂的政治斗争，但是作为利益成员的卫氏家族以及相关人员却是在尽全力保全这种利益。卫、霍之间的较量，更多的是在朝堂之上的地位和权利的竞争。

此时，朝廷有三种势力不容小觑：一是以卫青为核心的卫氏利益集团，二是以霍去病为核心的军事集团，三是以李广为核心的李氏家族，李广的从弟李蔡已身为丞相，也是整个家族利益集团的核心。

公元前119年，漠北大战，李广自杀，李敢刺伤卫青。但是卫青为人谦恭有礼，温和大度，他把这件事隐瞒了下来。虽然这件事在当时并没有传开来，但是却为李氏家族埋下了祸根。公元前118年三月，李蔡以侵占了先皇陵寝的一块地的罪名畏罪自杀。这简直就是一个莫须有的罪名！身为丞相的李蔡岂会冒着死亡的风险侵占一块皇家陵地？

也就是在这一年，霍去病突然因为李敢行刺卫青，在甘泉宫狩猎场当着武帝的面射杀了李敢。值得注意的是：李蔡死后，太子太傅庄青翟继任了丞相之位，那么这其中的最大受益者莫过于卫太子所在的卫氏集团。此外，霍去病猎杀李敢的时间、地点值得深究。如此明目张胆地射杀李敢，难道霍去病就不担心无法对皇帝以及众家将士交代吗？而且李敢当时身为郎中令，也就是九卿之一，霍去病没有私自处决他的权力。从射杀李敢的时间而言，此时距离李敢刺伤卫青已经很长一段时间，那么霍去病为什么要现在才猎杀李敢呢？因此，这不可能是这霍去病蓄谋已久的杀害。也就是说，这是一件突发事件，霍去病是在狩猎之前才临时得知李敢曾刺伤卫青的。李蔡、李敢叔侄死期相近，在相当短的一段时间内，李氏家族被连根拔起。霍去病与李氏家庭结下仇怨，引起武帝不满。那么，从整个事件来看，受益最大的还是卫氏集团。

公元前117年三月，霍去病一再上书请刘彻分立三位皇子为王，可谓是朝廷之中的风云人物。霍去病又为何要两次三番地要求封三位皇子为王呢？他与这件事又有何关系呢？其实，没有什么关系，因为这对霍而言没有丝毫好处，他只是当起了这个事件的发起者和带头者，然而当事件发展到声势浩大，满朝文武都加入了进来的时候，他却并没有参与其中。最终，公元前117年四月，武帝无奈册立三王，武帝宠姬王夫人病死。表面上，卫氏集团并没有参与到这件事情之中，但是细看之下，册封三王受益最大的是卫太子，他的危险得以解除，而王夫人病死，卫皇后地位得保，卫氏集团仍是最大的受益者。公元前117年九月，霍去病死去。

自此，与卫青有仇的李氏家族已垮，与太子争嫡的三王分封离开了，与卫子夫争宠的王夫人死了，威胁着卫青地位的霍去病不在了，整个朝廷之中的三股力量，已经消除两股，最大的受益者却是卫氏家族。

霍去病在这场政治斗争之中失去甚多，但是他真正的死因为何？从霍去病的性格分析，他少年孤独，寡言少语，心高气傲，缺少朋友。亲情对他来说是十分重要的。最后连曾经视如亲人的卫青也远离了他，性格倔强孤傲的少年最容易走入极端，他虽然少年显贵，但是未必快乐。人言不仅可畏，有时候还可以杀人，其高明处远胜刀剑毒药。

## ·专宠后宫的赵飞燕姐妹为何双双自尽

"环肥燕瘦"这个成语指的是唐、汉两大美女，前者说的是唐明皇的妃子杨玉环，后者则是指本节要讲的主要人物，汉成帝的皇后赵飞燕。成帝在时，赵飞燕和妹妹赵合德风光无限，经常联手与后宫诸妃，甚至朝臣争斗，成帝死后，她们却被迫先后服毒自杀，其族人也受到牵连，被发配到辽西一带，那么，为什么会出现这两种截然不同的情况呢？

整件事情的缘由需要从赵飞燕的出生说起。

相传赵飞燕的母亲是江都王之女，属于没落士族，嫁给中尉赵曼。由于汉代的礼教不是很严格，所以赵飞燕的母亲与江都王府中的舍人冯万金产生私情，并生下一对双胞胎姐妹。

赵曼得知自己被戴了绿帽子后，大发雷霆，将这一对刚出生的姐妹扔到野外，可能是求生欲望过强，三天过去了，她们竟然还顽强地活着。赵曼得知消息后很是吃惊，便决定将她们收养，长女取名赵宜生，次女取名赵合德。

稍大后，姐妹二人被送入阳阿公主府做侍女，开始学习歌舞，她们的天赋极高，尤其是赵宜生，以身轻如燕而闻名，因其窈窕秀美，凭栏临风，有翩然欲飞之美，所以人们多以"飞燕"誉之。久而久之，竟然渐渐忘记了她的本名，而称她为赵飞燕。

一次，爱好游玩的汉成帝刘骜微服私访，来到阳阿公主家，当他看到赵飞燕的舞技和容貌后，甚是喜欢，便将其召入宫中，封为婕妤。赵飞燕受宠后又让成帝召她的妹妹赵合德入宫，以图通过姐妹并宠做保障，以弥补家族势力的不足。公元前18年，汉成帝废掉原来的许皇后，两年后，立赵飞燕为皇后，从那以后，赵氏姐妹专宠后宫，权倾一时。

关于这段经历，在《汉书·外戚传》中有这样的记载："孝成赵皇后，本长安宫人。初生时，父母不举，三日不死，乃收养之。及壮，属阳阿主家，学歌舞，号曰飞燕。成帝尝微行出。过阳阿主，作乐，上见飞燕而说之，召入宫，大幸。有女弟复召入，俱为婕妤，贵倾后宫。"

虽然被封为皇后，并且在宫中有妹妹的辅助，但是姐妹两人却并没有为成帝生下一男半女，成帝为此事时常忧心，便开始偷偷招幸其他宫人，这让赵氏姐妹感到她们的地位受到了严重威胁。为了避免失宠，她们开始对有孕嫔妃进行令人发指的摧残，不仅要杀死怀孕者，甚至连刚出生的婴儿也不放过，要把他们掐死，以至于当时民间盛传"燕飞来，啄皇孙"的民谣。

对于赵氏姐妹的疯狂行为，成帝只能无奈地默许，为了抓住成帝的心，姐妹二人开始轮流侍寝，导致本来体质强壮、状貌魁梧的成帝逐渐变得身体羸弱，不得不依靠补药满足这种淫乱的快乐。由于长期服用补药，并且不断增加剂量，终有一天，成帝在纵欲之后，倒在赵合德的床上气绝身亡，从此长留"温柔乡"。

成帝死后，一直飞扬跋扈的赵氏姐妹立刻成为朝臣攻击的对象，外戚王莽首先发难，对赵合德进行拷问，赵合德只能无奈地服毒自尽。

因为成帝无子，于是经过朝臣商议，由定陶王刘欣即位，史称汉哀帝，新帝感激赵飞燕在其即位问题上曾尽过力，仍尊她为皇太后，但哀帝在位仅仅6年就驾崩，刘衍随即登基，史称汉平帝。这时，赵飞燕彻底失去依靠，被贬为孝成皇后，迁居到北宫，没过多久，她又被废为庶人，大司马王莽以其杀害皇子之罪，迫其自尽，至此，赵飞燕就这样香消玉殒了。

## ·蔡伦自杀的原因是什么

蔡伦，我国古代四大发明之首造纸术的缔造者。在"影响人类历史进程的100名人"中，蔡伦位列第七。但是很少有人知道这位天才发明家的人生轨迹，而他的结局也不为人们所熟悉。

蔡伦在永平末年被选中入宫做宦官，年仅13岁。蔡伦虽说年幼但是却很早熟，他自从进宫那天起就处处小心、事事留意，因此深得内廷总管的赏识。第二年他便升为小黄门，不久，蔡伦又被提拔为黄门侍郎，其重要工作就是负责宫里宫外诸事的传达及引导、安排人朝见皇帝等工作。这个工作的好处就是他能经常接触王公大臣及后宫嫔妃。久而久之，他就卷入了后宫的明争暗斗。

在封建社会的后宫，嫔妃要想不至于失宠，就必须明白一个道理："母以子贵，子以母贵。"而且两者是相辅相成的。汉章帝的皇后窦氏因为不能生育，所以凡是有嫔妃生了皇种，她就极为嫉妒，暗地里要想方设法将这些嫔妃打倒，以维护自己的地位。蔡伦迫于窦皇后的淫威成了帮凶，为了杀一儆百，她第一个下手的就是太子刘庆的母亲宋贵人，于是就指示蔡伦诬陷宋贵人通过一些邪门歪道蛊惑皇帝，于是宋贵人被贬黜，根据宫廷母子关系，刘庆被废为清河王；后来窦皇后又威逼梁贵人，把尚在襁褓中的刘肇认作自己的儿子，并让皇帝立刘肇为太子。

蔡伦因为协助窦皇后拔掉了其"眼中钉、肉中刺"，于是加官晋爵不在话下。尤其在公元88年，章帝驾崩，10岁的刘肇顺理成章地即位了，窦太后垂帘听政，独揽大权。蔡伦被委以重任，负责陪伴小皇帝，必要时可以参与国家大事。

10年之后，窦太后去世，蔡伦依附于新主子——刘肇的皇后邓绥。由于邓皇后是一个喜欢吟诗作赋的才女，因此她需求一个比帛纸质地好的纸张来写字作画。蔡伦知道自己的机会来了，他总结先人造纸经验，自己再加以改进，终于发明了造纸术，受到邓皇后的高度表扬。

就在蔡伦还在沉浸在自己发明的喜悦当中，一个消息传来——汉和帝刘肇英年早逝，留下邓皇后和不满两岁的幼帝。祸不单行，不久邓皇后的幼帝不幸夭折，国不可一日无主，在精挑细选之后，邓太后决定立自己的皇侄子刘祜为太子，虽然刘祜只是摆设，因为邓太后仍握有实权，但这个消息也着实把蔡伦吓了个半死，因为刘祜就是当年被窦太后和蔡伦陷害的清河王刘庆的儿子，宋贵人的孙子。

由于得邓太后的宠，蔡伦仍过着一人之下万人之上的日子，他还被封为"龙亭侯"，他发明的纸就是"蔡侯纸"，可见当时的蔡伦是多么风光，这还没完，邓太后又给他一个官职：长乐太仆。这个官职的意思就是说在太后无暇处理公务的时候，蔡伦可以合法地代其处理。所谓"日中则移，月满则亏"，就在他权倾朝野的时候，一个对蔡伦来讲绝对是地震式的噩耗传来——邓太后病卒。

安帝刘祜亲政的第一件事就是反攻倒算，为自己的父亲还有奶奶出口恶气，主谋窦太后早已不在人世，那么这笔债总得有人来偿还，于是蔡伦就被革职查办。蔡伦深知死罪难免，为了体面地死去，他选择了服毒自尽。

纵观蔡伦的一生，他作为一个科学家却参与了政治斗争，政治斗争使得他成为牺牲品。但是他的历史功绩必然永载史册，被后人广泛传诵。

# ·三国名将吕布死因新解

《三国演义》生动地说明了汉末三国争霸、风起云涌、变幻莫测的局势。《三国演义》的前部分，诸葛亮出场之前，刘备、曹操、关羽主导了整个形势，其中以关羽的篇幅最重，但接下来戏份最多的不是刘备，也不是曹操或袁绍，而是吕布。这与吕布一生的传奇经历和个人神勇才能有很大关系。尽管《三国演义》也带有强烈的历史因素，但是毕竟也只是演义，写得再好，也不能代表全部的史实。演义中的描述大大加强了吕布的传奇色彩，也有虚构的场面，如三英战吕布等，这些虚构的场面不仅加强了戏剧效果，也给了读者吕布武勇天下第一的概念。

那么，真实的吕布又是怎么样的人呢？他短暂的生命为何而结束？

吕布幼年聪颖好学，又处处强于其他同龄之人，逐渐养成了他以自我为中心的优越感。后来，他随父亲投靠并州刺史丁原，丁原惜才，任命吕布为主簿，丁原对吕布极其亲厚和器重。汉灵帝去世之后，丁原与董卓开始争夺对汉王朝的控制权。时局骤变，吕布也开始了他不断投靠与背叛的生涯。吕布选择了董卓，不顾丁原对他的知遇之恩而杀死丁原。之后，在王允与董卓之间，吕布又投靠王允，杀死董卓。董卓死后，又因董卓旧部属李傕和郭汜等人杀回京城，吕布不敌，仓皇出逃，因而投靠袁术。后又投靠河内太守张扬，又因张扬部下的反对而改投袁绍。却因袁绍准备杀死他而投靠了曹操，但是吕布又背叛了曹操，自立为徐州刺史，又联系袁术攻打刘备，使得刘备投奔了曹操，最后吕布被曹操所俘。自此，吕布六次易主，可谓是把汉末群雄争霸这一摊浑水搅得更混。

吕布的如此缺乏诚信的一生，与生长环境和个性不无关系。从小父母的溺爱和优越的家境，造就他以自我为中心的性格，而出众的才华，使得他不懂得诚信的重要性，而且凡事只为自身的意愿和利益考虑。这种少信寡诚、急功近利，而且贪小利而忘大义的性格也是他最终身首异处的原因之一。例如，丁原、董卓两人之死，给了吕布相当大的好处，但是也给了他极大的骂名。当吕布被曹操所俘之后，又想联手曹操共打天下，但是曹操并不傻，丁原和董卓血淋淋的例子摆在眼前，他又怎么会去步他们的后尘呢？更何况，吕布曾经得到兖州地方势力的支持，起兵对抗曹操，一度把曹操逼至险些无家可归的境地。所以，曹操最终下令杀死吕布。

另外一个重要的原因是，吕布骄纵无礼，目中无人，纵容属下。吕布投靠袁术之时，袁术因其杀董卓有功，而对其礼遇有加，但是吕布却纵容属下惹得民怨沸腾，令袁术对他非常不满。吕布后来跟随袁绍之时，也犯了同样的错误。

吕布另外一个缺点，也是最大的问题，即不会用人。高顺是吕布的手下大将，为人忠诚善战，吕布也知其为人，但是却不重用高顺。吕布重用了魏续，然而魏续却背叛了吕布。郝萌之乱，郝萌部将曹性检举陈宫同谋，吕布因为陈宫是手下重将而不追查，但是临到重要关头，又疑心陈宫，不能用其计策。

不可否认，吕布有才，但是他却不懂得修身。吕布短暂的一生，可谓是跌宕起伏，传奇而具有戏剧性。从丁原到董卓，再从袁术最后至刘备，他把汉末这么多风云人物如曹操、刘备、袁绍、袁术都得罪光了，先不论其好坏，但要做到这一点着实不易。

## ·谋士许攸因何而死

"官渡之战"中曹操以少胜多，击溃袁绍的十万之师，奠定了他统一北方的基础。在这场大战里，起了关键作用的就是谋士许攸，是他一手铺平了曹操的崛起之路。

"官渡之战"开始的时候，许攸是以袁绍谋士的身份出场的。袁绍与曹操相持不下的时候，许攸向袁绍献计，从另外的道路偷袭许昌，将汉献帝接走。这样做可以使曹操失去"挟天子以令诸侯"的优势，并断掉曹军的后路。然后，再继续与曹军相持，时间一久，曹军必会因粮草不足而投降。这是一条曹操听了以后都觉得心惊肉跳的计谋，但是袁绍却没有采用，结果"许攸怒"。但是这一怒还不至于使他背叛袁绍投奔曹操，那么真正使他下决心投奔曹操的是什么呢？

《三国志》记载："绍谋臣许攸贪财，绍不能足，来奔，因说攻击琼等。"这种说法是有问题的。如果说许攸投奔曹操是因为他贪财，而且到了袁绍不能满足的地步，那么他应该早就走了，为什么还要等到官渡之战？而且从前面许攸向袁绍所献的计谋也可以看出，他对袁绍还是很死心塌地的。导致许攸叛变的原因其实是因为他的家人。《三国志》中记载："审配以许攸家不法，收其妻子，攸怒叛绍。"可见，让许攸投降曹操的，并不是计谋没有被采用，也不是贪欲得不到满足，而是家人被收押。

许攸转投曹操门下，后人作诗感叹袁绍失去了一位得力的谋士：

本初豪气盖中华，

官渡相持枉叹嗟。

若使许攸谋见用，

山河争得属曹家？

许攸投奔曹操门下，告诉了曹操之前向袁绍所献的偷袭许昌之计，曹操听完感叹真是毒计，还好袁绍没有采用。后来许攸又向曹操献上一计，他建议曹操烧掉袁绍大军的粮草，这样袁绍必败无疑。曹操听后大喜，然后命人装成袁军去烧粮草，结果袁绍的万石粮食被烧尽。之后，曹操一举击败十万袁军，取得了官渡之战的胜利。

官渡之战胜利后，许攸居功自傲，狂妄无礼。有一天，许攸在冀州东城门遇到许褚，他先是自我炫耀一番，说夺取冀州完全是他的功劳。许褚严辞驳斥说，众将士舍生忘死夺得城池，怎么会是许攸一个人的功劳？许攸闻言大骂许褚，许褚非常愤怒，拔剑将许攸杀死。

杀死许攸之后，许褚去见曹操，曹操下令"深责许褚"，并要求"厚葬许攸"。许褚杀掉曹操的谋士，曹操居然没砍他的头而只是"深责"他。这足以证明许攸在自己不知情的情况下其实已经得罪了曹操，而且曹操很生气。许褚显然不敢随随便便杀一个曹操身边得宠的谋臣，杀许攸这件事许褚很可能是提前已经得到了曹操的指示。

而许攸得罪曹操，恐怕是因为他的狂妄。他自恃是曹操儿时的朋友，而且又替曹操打赢官渡之战，所以说起话来口无遮拦，毫无顾忌。他称曹操为奸雄，大庭广众之中直呼曹操乳名。尽管公开场合曹操对他非常客气有礼，但是私下里对他肯定是十分不满的。

许攸高估了自己的能力，也高估自己在曹操心中的地位。他以为，像他这样有才能的人对曹操是非常重要的，却不知对曹操来说"才"虽然重要，但是涉及自己的尊严和利益的时候却也决非不可舍弃。许攸虽然有些才能，但是绝不是听话懂事的下属，这样的人曹操用得上他才能的时候当然会百般讨好，但是用不上的时候却也会最快踢开。许攸对"主公"的"胸怀"和"仁义"抱有太多不切实际的幻想，他没有摆正自己的位置，一再触碰曹操的底线，曹操当然无法忍受。所以，许攸之死其实并非偶然。

也许荀彧对许攸的评价最为贴切：许攸贪婪，但是没有智慧。

# ·曹操除掉杨修的真实原因

三国鼎立时代，有一位才子名叫杨修，他才思敏捷，聪明过人，学识超群，曾得到一代枭雄——曹操的赏识和重用，被任命为"总知外内"的主簿，成为曹操身边的一位不可多得的高级谋士。然而就是这样一位人才，却因为小小的"鸡肋事件"，最终被曹操杀掉。显然，区区"鸡肋事件"不足以解释杨修被杀的原因，理由不充分。那么我们不禁要问：曹操当年草草除掉杨修，是因为妒忌杨修的才能，还是别有他因呢？

第一种观点认为杨修之所以被杀，是因为其主公曹操生性凶残，心胸狭隘自私，总爱嫉妒，忌讳自己下属的才能与自己相当，甚至超越自己。罗贯中在《三国演义》"曹孟德忌杀杨修"中说："操平生为人，虽然用才能之人，心甚忌之，只恐人高如已。"可以证明这一点。除杨修之外，曹操嫉贤妒能性情下的冤死鬼，还有孔融。

第二种观点认为杨修之死恰恰印证了那句话老话："聪明反被聪明误。"最终惹来杀身之祸，丢了自家卿卿性命。他总是自作聪明，恃才放旷，举止轻狂，导致曹操心中对其暗存芥蒂，暗暗忌之戒备之。拿"鸡肋事件"来说，当时曹操作战失利，正为是否退兵之事举棋不定时，随口说了"鸡肋"二字。二字一出，杨修竟擅自根据曹操的以往行事规律，推断出主公必定决心退兵，并在军中泄露和散布退兵言论，私自命士兵收拾行囊，开始做撤退的准备。杨修这一举动涣散了军心，动摇了将士们的斗志，无论放在古代还是现代，这都是绝对不允许发生的。最终，曹操为了严肃军纪，秉公办事，杀了杨修。

第三种观点认为杨修的死与他参与曹操家庭内部争宠夺位的斗争中有关。杨修为了让自己的好朋友曹植当上曹氏接班人，竟全然不顾及曹操的感受，千方百计地帮助曹植，曹植与曹丕间的矛盾也因此不断被激化。这破坏了曹操希望儿子们团结亲近的美好愿望，也引来了杨修的杀身之祸。

第四种观点认为由于杨修是袁术的外甥，曹操怕养虎为患，于是借"鸡肋事件"将他斩草除根，以解后患之忧。

最后一种观点认为杨修之死展示了中国古代封建社会里统治者与知识分子之间、主人与奴仆之间的关系本质，是人们的个性活力在封建专制意识形态下的悲剧。历朝历代的封建统治者对待知识分子具有极重的疑惧心态，但为维持其统治体系的运转，又不得不对这种矛盾的状态加以利用。杨修"恃才放旷"不过为表面现象，内在的关键是他冲撞了固有的、神圣不可侵犯的封建等级秩序，最终酿成悲剧。

杨修死因究竟如何，可能连他自己至死也没有弄得十分清楚。古人已经远去，身后只留下了团团迷雾。

# ·造反不成的骆宾王究竟结局如何

鹅鹅鹅，

曲项向天歌。

白毛浮绿水，

红掌拨清波。

一首《咏鹅》让骆宾王成为家喻户晓、妇孺皆知的诗人。

作为"初唐四杰"之一，他诗文并茂，留给我们也有比如《帝京篇》等名篇，让他名扬天下的就是其起草的讨伐武则天的檄文《讨武曌檄》，就连武则天看到这篇檄文后也不由得感叹："宰相安得失此人？"

公元683年，这时候的骆宾王在其老家浙江的临海县当一个普普通通的县官，这一年冬天，长期生病的高宗扶鸾而去，遗诏立太子李显为皇帝，因为高宗在位的时候，武氏已代替高宗掌握朝政几十年，她无法放弃这至高的权柄，终于自己独掌大权。为了巩固皇权，她下令排除异己并大肆诛杀唐室勋臣，并设立间谍机构，当时人人以告密自卫，整个帝国陷入了惶惶不安之中。这时的骆宾王亲眼目睹了武氏集团犯下的种种恶行，心中愤懑不已，于是他就联合当时仍握有兵权的徐敬业起事伐武，就诞生了《讨武曌檄》这样义正词严，气势恢宏的檄文，并确立了"拥戴李显，匡扶唐室"的政治主张，起义军开始形势很好，后因徐敬业没有抓住有利战机，被武则天派兵围剿。

公元684年，这场历时仅3个月的起兵就在扬州城下宣告失败。

起失失败后，骆宾王、徐敬业等准备连夜坐船逃亡外国，但是由于徐敬业的部下叛变，徐敬业被杀，但是骆宾王的去向却不为人所知。

说法一：诛杀。

《资治通鉴》明确地记载了起兵失败后徐敬业、骆宾王被叛军诛杀的场景；《旧唐书》也肯定了诛杀骆宾王的事实。

说法二：逃跑。

《新唐书》却记载了是骆宾王在兵败后逃跑。

在武则天死后，李显复位，为了表扬骆宾王为大唐江山作出的牺牲，他下令郊云卿在全国各地搜集有关骆宾王的诗作,并要求对其兵败后的下落作出严密的调查,在兵败后他接触了哪些人,还有遍访骆宾王的好友,起初郏云卿认为骆宾王可能已被叛军诛杀,但是随着调查的深入和得到的线索越来越多,他便提出了逃跑这个说法。

说法三:出家。

初唐著名诗人宋之问在杭州灵隐寺碰到一个老和尚替他对了两联妙句:"楼观沧海日,门听浙江潮。"据说此人就是骆宾王。但是后有人去找再也没有找到。

2005年,中央电视台《见证发现之旅》栏目播出专题片《骆宾王》。浙江师范大学中文系教授、骆宾王研究专家骆祥发向媒体公布了自己这么多年研究骆宾王下落的结果,他说骆宾王兵败被诛杀的论证值得怀疑,因为官方的史册完全出现两种不同记载,这本身就值得商酌。他还提到在他家的宗谱上面也有关于骆宾王逃出后隐身在江苏南通一带的芦苇荡,辗转一段时间后,客死南通、埋骨黄泥口的记载,终年70岁左右。

# ·永泰公主是被祖母武则天杀害的吗

永泰公主李仙蕙是唐中宗李显的第七个女儿,是唐高宗李治和女皇武则天的亲孙女。她是一位很薄命的公主,死于武则天大足元年(公元701年),死的时候年仅17岁。关于永泰公主的死因,一直众说纷纭,扑朔迷离。

据《新唐书·则天顺圣武皇后纪》记载:大足元年九月初三,武则天下令杀死了邵王重润、永泰公主以及永泰公主的丈夫武延基。而《资治通鉴·则天顺圣皇后》中也有类似的说法:太后年事已高,大部分政事都交给张易之兄弟处理。邵王重润和他的妹妹永泰公主、妹夫魏王武延基偷偷议论这件事,张易之告诉了太后,九月初三,太后下令逼他们自杀。

正史的记载基本都是说永泰公主跟他的丈夫武延基、哥哥懿德太子李重润都是因为议论武则天的男宠张易之、张昌宗兄弟胡作非为的事,而惹怒武则天,被她"逼令自杀"的。史学界对此也从无争议。但是1982年从永泰公主墓中出土的墓志铭却推翻了这种说法。

《永泰公主墓志铭》中说:"自蛟丧雄锷,鸾愁孤影,槐火未移,柏舟空泛,珠胎毁月,怨十里之无香;琼蕈凋春,忿双童之秘药。女娥篪曲,乘碧烟而忽去;弄玉箫声,入彩云而不返。呜呼哀哉!"这段墓志铭的说法与正史大相径庭。在九月三日,太后杀了武延基,但是没有杀永泰公主,武延基死后,永泰公主为他守寡,孤独地活着。她的死是因为难产,而非武则天直接杀害。而且墓志铭中还说,永泰公主"以大足元年九月四日薨,春秋十有七"。她是九月四日死的,与《新唐书》、《旧唐书》、《资治通鉴》等记载的"九月壬申"不符。

有人根据永泰公主墓出土的十一块骨盆碎片,对永泰公主的骨盆进行了复原。复原之后,经对比发现,永泰公主骨盆各部位跟同龄女性骨盆相比起来确实都要狭小,所以,死于难产这种说法其实有一定的可信性。但即便如此,关于永泰公主之死仍然存在很多疑点，因为墓志铭的一些记载也有问题。

首先，是永泰公主死亡时间的问题。永泰公主虽然没有死在武则天杀李重润及武延基的"九月壬申"，但根据墓志铭上的记载，她的死亡日期"九月初四"也仅比李重润、武延基的死期晚了一天。既然只晚了一天，那么墓志铭上说武延基死后，永泰公主为他守寡，孤独地生活的部分就显得有点虚。

其次，她是议论张易之兄弟事情的参与者之一，既然另外两位参与者都被赐死了，那么武则天为什么单单对她手下留情？唯一的解释是她怀孕了。唐朝律法中确实有对犯罪的孕妇执行缓刑的规定，所以她当时没死并不等于惯于刑杀的武则天对她手下留情了，而只是对她判了缓刑而已。

判了缓刑之后，永泰公主没有被立斩或者杖杀，但是却又在很短时间内突然流产而死了，这其中的原因就很难分辨了。所以有理由相信她是因为丈夫被杀害，精神受到打击而流产病亡的。但是，却也不得不对她的祖母武则天产生怀疑。因为她的死亡日期离太后诛杀李重润和武延基的日期相隔太近了，所以有理由相信她的死跟李重润和武延基的死是有一定关系的。会不会是武则天看她怀孕不能诛杀，先对她判了个缓刑，然后又暗地采取了其他手段使她很快因流产而丧生？

永泰公主之死的真实原因究竟是什么？史学界至今仍无定论，期待考古学家能早日揭开谜底，还历史一个真相。

## ·马谡是诸葛亮斩杀的吗

随着《三国演义》的深入人心，诸葛亮挥泪斩马谡的故事也因此而家喻户晓。

《三国演义》第九十五回描写，诸葛亮为夺取天下大业，于公元228年，发动了一场北伐曹魏的战争。此次战役诸葛亮兵分三路，一路是由赵云、邓芝带军占据箕谷；一路由诸葛亮亲率十万大军突袭祁山；另外一路由马谡镇守战略要地街亭。

马谡出兵街亭之前，曾立下军令状，表示"若有差失"，则"乞斩全家"。但是，马谡率兵到达街亭之后，忽视了诸葛亮"靠山近水安营扎寨"的嘱咐，不顾副将王平"魏军断我水源"的警告，屯兵于山头。反而还自信地说：兵法有云"居高临下，势如破竹"，"置之死地而后生"。最终，马谡被曹魏名将张郃围困于山头，断其水粮，马谡兵败而回。马谡失守街亭，战局骤变，使诸葛亮被迫退回汉中。诸葛亮的北伐曹魏计划也随之破产。为此，诸葛亮下令将马谡革职入狱，斩首示众。斩首之时，全军落泪，诸葛亮亦失声痛哭，这就是有名的"诸葛亮挥泪斩马谡"。

但是，根据正史《三国志》记载："谡逃亡，朗知情不举，亮恨之，免官还成都。"马谡兵败街亭之后，并没有回营领罪，而是畏罪潜逃了。

《马谡被杀真相》一文中指出，马谡被斩的主因就是失街亭。马谡在战争关键时刻，忽视军纪，自作主张，以至于最后惨败而归，并直接导致此次出击祁山的战果——陇右三郡得而复失，无奈之下大军退回汉中。对于一个军队来说，军纪的重要性可想而知。"军纪如山",违反军纪的人必须被处死。况且,按照军中的法规,如果将士临阵脱逃,也是必须要被处死。马谡所犯的错误并不是一个小小的失误。虽然胜败乃兵家常事,从来都不会有常胜将军,但是马谡的失败来源于对军纪的藐视,再加上兵败潜逃之罪,所以"罪在必诛"。

对于这个观点,许多人并不认同。他们认为诸葛亮斩马谡的主因不在于失街亭,失街亭也只是一个导火索而已。真正的原因在于马谡在战前、战时、战后的各种表现综合的结果。马谡战前立下军令状,表示若失街亭,自愿领罪而死。战时颐指气使,妄自吹嘘,骄傲轻敌,违背军令,致使街亭失守。战后明知事态严重,还畏罪潜逃。一个必死的军令状,加上违背军令、畏罪潜逃,这对于军纪如山的军队来说,都是致命性的硬伤。而马谡偏偏都犯了。

此外,史学界对诸葛亮斩马谡的真实性也提出了质疑。据《诸葛亮传》记载,诸葛亮"戮谡以谢众";《王平传》中又载,"丞相亮即诛马谡及将军张休、李盛"。可知,马谡的确是诸葛亮下令处死的。但是据《马谡传》记载,"谡下狱物故,即病死狱中",马谡被下令斩首,但是在斩首之前就病死狱中。

# ·司马昭处死嵇康的真实原因

嵇康缘何被杀?两晋的史学家都有记载,却是偏颇一词,不足全信。从论证的角度给读者一个独立思考的空间,让历史带人们去了解嵇康的生前死后。

第一种说法是:祸起吕安一案,后遭钟会陷害。

鉴于嵇康在魏晋时期的影响力,钟会欲借嵇康之名提高自己在名士中的地位,但嵇康深恶此人,便对钟会不予理会,由此钟会便怀恨在心,伺机报复。偏不凑巧,嵇康的好友吕安有个漂亮的妻子,其兄吕巽垂涎弟妻美色已久,趁吕安外出,将弟妻灌醉进而奸污,并陷害其弟不孝曾殴打母亲,使得吕安身陷囹圄,嵇康为了向官府说明真相也被传召至官府。在庭审的时候,一个在幕后等了很久的小人钟会出现了,他告诉司马昭:"嵇康,卧龙也,不可起。公无忧天下,顾以康为虑耳。"又说,当年曹氏心腹将领毋丘俭起兵造反的时候,嵇康就极力支持,嵇康、吕安这些人平时言论放荡,不拘礼法,有违孝道。做皇帝切不可留这样的人,应尽早除之。"帝听会言,遂杀嵇康"。

这个说法有很多逻辑不通的地方,第一,告吕安不孝,需要有足够的证据,魏晋以孝治天下,不孝乃是大罪,不可妄下结论,必须有吕安母亲的证词才可定罪。第二,就当吕安不孝,但是有阮籍在母亲服丧期间曾饮酒吃肉,司马昭并没有追究之事在前,到了此案为何一定要治吕安死罪呢?这就有失司法的公正性。

另外,钟会陷害嵇康之词也有不通之处。第一,毋丘俭反叛的时候,嵇康已移居山阳,也就是说嵇康有不在场的证据。第二,魏晋时代名士们大都蔑视礼法,狂放不羁,强调精神自由,展现个性的可爱。如若按此定罪,当诛者何止吕安一人?

第二种说法:政治斗争的牺牲品。

嵇康有个特殊的身份，他是曹操的孙女婿，嵇康曾在山阳一住就是十几年，其他地方也无所谓，山阳这个地方司马氏就比较敏感，因为汉献帝被贬以后就曾在这里居住过，嵇康难道是思故主？这个罪名可不轻啊，够杀嵇康一千回的。

嵇康从来都不与司马氏往来，好友山涛举荐其出任吏部郎，他不光拒绝还写了与山涛的绝交书。司马昭曾欲借嵇康的影响力为自己正名，但嵇康却以"非汤、武而薄周、孔"拒绝，这在名义上已经表达了对司马氏篡位的驳斥。更为要命的是，嵇康在当时太有影响力了，在因吕安案被捕入狱以后，3000太学生请愿，而且说如不释放嵇康他们愿意和嵇康一起坐牢，这下把司马昭给镇住了，他没有想到嵇康在文士中有如此之高的影响力，这严重地威胁到了他执政的基础，于是司马昭下定决心必除嵇康而后快。也算是杀一儆百！

综上可以看出，嵇康的死有两条线，一明一暗。明的一条是吕安一案，暗的是嵇康不与司马氏合作并且反对司马氏篡曹魏天下，两条线都注定嵇康必遭杀身之祸。诸多两晋的史学家掩耳盗铃，替司马氏掩饰罪行，而是把嵇康的死归罪于钟会的诬陷，这就导致很多迷信正史的人，对嵇康的死因不加怀疑，从而没有看到事实的真相。

# ·花蕊夫人香魂飘落之谜

花蕊夫人，后蜀主孟昶的贵妃，五代十国的女诗人，擅长宫词。

苏轼说："冰肌玉骨，自清凉无汗。"又有"花不足以拟其色，蕊差堪状其容"。

"花蕊夫人"天资聪颖，风华绝代。尤以她的诗作清新婉转，留给后人许多佳作。

后蜀主孟昶少年风流，不谙朝政，专爱遍访世间美女，偶见花蕊夫人，视为珍宝，赐贵妃位，封号花蕊夫人。整日沉迷后宫的蜀主不知天下大势风云变幻，公元964年，赵匡胤发兵攻至后蜀都城，蜀军无一人能战，都跟随孟昶投降。国破家亡，花蕊夫人也随即被宋兵押解至开封。

有词为证：

初离蜀道心将碎，离恨绵绵。春日如年，马上时时闻杜鹃……

写了一半她已泣不成声。

到了开封，宋太祖对花蕊夫人之名神往已久，下令召见。不见则已，一见倾心，他被花蕊夫人的花容月貌所迷倒，几近失态，后故作镇定地假装指责花蕊夫人："真是红颜祸水，堂堂后蜀竟毁于一个妇人之手？"花蕊夫人严词道："当皇帝的不知善理朝政，沉迷酒色，以致国家衰败，而又把这罪名强加给弱女子，是何道理？"于是当场作诗：

君王城上竖降旗，妾在深宫哪得知。

十四万人齐解甲，宁无一个是男儿！

花蕊夫人的这首《述亡国诗》，悲愤中带着不卑不亢的气节，当时后蜀有兵14万，竟被赵匡胤的几万兵打得落花流水。弱女子的几句诗让多少须眉汗颜！

传闻宋太祖非常欣赏花蕊夫人的美貌和才气，把她收纳入宫。7日后，孟昶意外死亡，花蕊夫人伤心不已，在宫中看着孟昶的画像独自涕零。后来宋太祖驾崩，赵光义即位后，垂涎花蕊夫人的美丽，欲要占有她，但花蕊夫人不肯就范，遂被恼羞成怒的赵光义一箭射死。

关于花蕊夫人的死因，众说纷纭。

一是"因怨成疾"说。宋太祖对花蕊夫人有别一样的爱惜，打算立花蕊夫人为后，但因其是亡国之宠妃，不足以立后；后宋太祖立宋氏女为后，并且因此怠慢花蕊夫人，花蕊夫人本就无亲无故，再加上长期的冷宫生活使她再也无法忍受被人遗弃的痛苦，因此产生怨疾，郁郁而终。

二是其怀念故主孟昶，招致杀身之祸。据说花蕊夫人在开封深宫里，每当深夜便拿起孟昶的画像痛哭流涕，以表思念之情。宋太祖知道此事后严加追问，花蕊夫人告诉说这是送子的张仙，这也就是民间把花蕊夫人称为送子娘娘的由来，后来宋太祖还是知道了此事，怒而杀之。

花蕊夫人倒在了她生前最喜欢的芙蓉花中，鲜血把芙蓉花染得格外艳丽，人们欣赏她的才气和气骨，又感叹她对爱情的忠贞不渝，民间有把花蕊夫人尊为"芙蓉花神""送子娘娘"的传说。花蕊夫人的死因人们已经无从考证，但是覆巢之下，安有完卵？她的命运注定是个悲剧。

## ·李白是捞月而死的吗

"诗仙"李白是继屈原之后我国最为杰出的浪漫主义诗人。但是关于李白之死，却一直扑朔迷离，存在着很大的争议。

唐末进士王定保在《唐摭言》中说："李白著宫锦袍，游采石江中，傲然自得，旁若无人，因醉入水中捉月而死。"这是最早称李白是因醉酒捞月而死的说法。后来，元代祝成辑在他的《莲堂诗话》中说："宋胡璞，闽中剑南人，曾经采石渡题诗吊李白：'抗议金銮反见仇，一坏蝉蜕此江头，当时醉寻波间月，今作寒光万里流。'苏轼见之，疑唐人所作，叹赏不置。"而苏轼本人对于李白之死的态度，也偏重于认为李白是捞月而死的。这从他曾经赠给潘谷的一首诗中可以看出："一朝入海寻李白，空看人间画墨仙。"除此之外，北宋初期的梅尧臣也在他的《采石月下赠功甫》一诗说："醉中爱月江底悬，以手弄月身翻然。"可见，古代很多文人大都认为李白是醉酒捞月而死的。但是事实真的是这样吗？

关于李白之死，还有很多人持另外一种观点，他们认为李白是病死的。李白族叔李阳冰在《草堂集序》中说："阳冰试弦歌于当涂，心非所好。公暇不弃我，乘扁舟而相顾，临当挂冠，公又疾亟，草稿万卷，手集未修，枕上授简，俾予为序。"李白死后29年，刘全白在作《唐故翰林学士李君碣记》也说李白是偶游到采石江之后，因为疾病去世的。而皮日休则给出了更为具体的说法，他在《七爱诗》中说李白是"遭腐胁疾，醉魄归八极"。

现代学者从皮日休的"腐胁疾"中得到启示，对李白之死从医学角度作了推测。李白61岁时，李光弼在临淮镇压叛军，李白想从军报国，却在走到金陵的时候发病了，最后只能返回。第二年，李白死在了族叔李阳冰处。对这个过程进行分析后，有学者认为，李白在从军路上发病的时候，他的"腐胁疾"还是初期，应该是脓胸症，后来李白在当涂静养，此时脓胸症开始恶化，并最终导致胸壁穿孔，李白死于当涂。

关于李白的死因，除了上述两种说法之外，还有一种认为李白是因年老体衰，饮酒过度而死的。李白的嗜酒成性是出了名的，"烹羊宰牛且为乐，会须一饮三百杯""大笑同一醉，取取乐平生年""高谈满四座，一日倾千觞""开颜酌美酒，乐极忽成醉"……从李白的这些诗句中，我们就能闻到浓浓的酒香。而李白也正是因为这满身的酒香，才得了"醉仙"的称号。酒抚慰了李白孤寂的心灵，李白因酒而变得洒脱。李白的死会不会与他过度饮酒有关呢？抚慰他心灵的"朋友"是不是也是最终杀死他的恶魔呢？

据《全唐书·李白传》记载，永王李璘图谋造反，起兵失败之后，李白被流放到夜郎。后来遇到大赦才得以回来，但最终却因为饮酒过度而醉死在宣城。

以上关于李白之死的说法都没有直接而有说服力的佐证。李白死在宣城，而非当涂，所以，死于醉酒捞月的说法根本不可信，这种说法体现出的更多是文人的浪漫主义情绪。而死于"腐胁疾"的说法，仅仅是学者根据皮日休的说法所作的一个推测，这个观点和"饮酒过度致死"一样，缺乏有力的证据。

但是，可以肯定的是，无论李白是怎么死的，他的死都与永王起兵谋反有着密不可分的关系。正是李璘谋反失败，导致李白被流放夜郎。

大鹏飞兮振八裔，中天摧兮力不济。

余风激兮万世，游扶桑兮挂石袂。

后人得之传此，仲尼亡兮谁为出涕。

这是李白临终之前所作的《临终歌》，"古来圣贤皆寂寞"，寂寞的他用了自己的一生去追逐那些他认为美好的东西，但是这些东西却都如泡沫般一一幻灭，遇赦后不久，李白便在痛苦和失意中结束了他的一生。

# ·杨贵妃有没有死在马嵬坡

公元756年，"安史之乱"爆发，安禄山的叛军大举攻入长安，唐玄宗李隆基带领嫔妃及贴身侍卫连夜仓皇出逃，于第二天到达马嵬坡，此时随行的将士骤然发起兵变，杀死了当朝宰相杨国忠，随后又将矛头指向唐玄宗最为宠爱的杨贵妃。众将士神情激愤，一定要杀杨贵妃以绝后患，万般无奈之下，唐玄宗不得不"命力士赐贵妃自缢"。

有人说，杨玉环可能死于马嵬驿的佛堂。《旧唐书·杨贵妃传》记载：禁军将领陈玄礼等杀了杨国忠父子之后，认为"贼本尚在"，请求再杀杨贵妃以免后患。唐玄宗无奈，与贵妃诀别，"遂缢死于佛室"。《唐国史补》记载：高力士把杨贵妃缢死于佛堂的梨树下。陈鸿的《长恨歌传》记载：唐玄宗知道杨贵妃难免一死，但不忍见其死，便使人牵之而去，"仓皇辗转，竟就死于尺组之下"。

杨贵妃也可能死于乱军之中。此说主要见于一些唐诗中的描述。杜甫于至德二年（公元757年）在安禄山占据的长安作《哀江头》一首，其中有"明眸皓齿今何在，血污游魂归不得"之句，暗示杨贵妃不是被缢死于马嵬驿，因为缢死是不会见血的。还有人说她是吞金而死。总之，各种说法不尽相同。

一年后，唐玄宗派宦官改葬贵妃，结果去的人只带回了贵妃生前携带的香囊，从此民间流传出贵妃遗体失踪，贵妃可能没死的惊天奇闻。于是，1000多年来，人们纷纷猜测杨贵妃自缢是由其侍女代替的，而贵妃本人却乘机化装潜逃到了别的地方活了下来，甚至有人说杨贵妃是随遣唐使逃到了日本。今日的马嵬坡上重建的贵妃墓也只是一座衣冠冢，四川天国山脚下的红梅村有一座千年古墓，村里人世代流传着这是一座贵妃墓，经过挖掘，事实与村民的传说相去甚远。1000多年前的马嵬坡上究竟出现了什么意外？贵妃遗体失踪，贵妃可能没死的传闻是真的吗？

关于墓中的香囊，人们在查找史料的时候发现了新、旧唐书两种不同的记载。在《旧唐书》里说：肌肤已坏，而香囊犹在；而《新唐书》里却只有：香囊犹在。也就是说只有香囊，而不见了贵妃的遗体。

倘若兵变的将士没有在杨贵妃死后去检验杨贵妃的遗体，那是否预示着1000多年前的马嵬坡上真的会有什么意外的情况出现呢？那件神秘的挖墓事件所产生的疑惑一直困扰着人们：贵妃的遗体为何消失得无影无踪了呢？倘若她的肌肤已坏，去的宦官为何不改葬她，却只带回了她生前佩带的香囊？

关于杨贵妃东渡日本的说法也是传得沸沸扬扬：当时，在马嵬驿被缢死的，乃是一个侍女。禁军将领陈玄礼惜贵妃貌美，不忍杀之，遂与高力士合谋，以侍女代死。杨贵妃则由陈玄礼的亲信护送南逃，行至现上海附近扬帆出海，飘至日本久谷町久津，并在日本终其天年。

日本山口县"杨贵妃之乡"建有杨贵妃墓。1963年，有一位日本姑娘向电视观众展示了自己的一本家谱，说她就是杨贵妃的后人。2002年，日本著名影星山口百惠在接受媒体记者采访时，竟然声称她是杨贵妃的后裔。对于这个爆炸性的新闻，人们感到无比震惊，杨贵妃的后人怎么可能跑到日本去呢？当年的贵妃莫非真的逃离了大唐转道东瀛了吗？更多的人宁愿相信这只是山口百惠的炒作行为。

随着时间的推移，关于杨贵妃之死的传说越来越生动。如今有许多学者都试图想解开杨贵妃的身死之谜，甚至花费了大量的时间、财力和精力，但事情已经过去1000多年了，杨贵妃早已灰飞烟灭化成了泥土无处可寻，"云想衣裳花想容，春风拂槛露华浓""回眸一笑百媚生，六宫粉黛无颜色"的历史已经一去不复返了。

其实，杨贵妃是生是死的传闻之所以相持不下，一方面是因为史料的记载粗略不详，另一方面许多文人墨客的浪漫描述给世人带来了无限的希望与幻想。

# ·黄巢究竟是自杀而死还是被人杀害

"待到秋来九月八，我花开后百花杀。冲天香阵透长安，满城尽带黄金甲。"这是黄巢诗兴大发，借咏叹菊花来形容势不可挡的义军力量。透过那盛开的黄色菊花，仿佛让人看到那威武雄壮的黄金铁甲军，即将攻破长安的磅礴气势。

英雄不问出处，谁能想到一个贩盐的人仅用5年的时间就把唐僖宗赶出长安？之后黄巢却在还没有巩固新生政权的基础上就做了一件愚蠢的事情，那就是宣布称帝，他沉醉在大明宫春风得意、烟花缭绕的美酒当中，却浑然不觉唐朝的军队已经悄然逼近了他。仓促应战的结果可想而知，他带着残兵败将逃到了山东，自此没有任何音讯。但是在历史上，关于黄巢死因的记述却出现两种截然不同的说法，一个是被杀，另一个是自杀。

《旧唐书·黄巢传》中有关黄巢死因的记述是这样的："巢将林言斩巢及二弟邺、揆等七人首，并妻子皆送徐州。"也就是说，是在黄巢兵败后看到生还无望便让他的外甥林言把自己杀掉。同时这样记载的史书还有《资治通鉴》、《桂苑笔耕录》、《北梦琐言》。林言是黄巢身边的禁卫队首领，他是黄巢最亲密的人，林言拿着黄巢的首级去投唐，这是一个事实，其中又有怎样的故事却不为人知。如果并不是林言杀的黄巢，那么林言就沉甸甸地背了卖主求荣的千古骂名。

而《新唐书》对于黄巢的死却是这样记载的：在黄巢兵败狼虎谷后，他见大势一去，生还无望，为了保存反唐血脉，他让自己的外甥林言拿着自己的首级去投唐，但是林言不忍心杀掉自己的舅舅，于是黄巢自刎却没有死，林言随后就斩下黄巢的首级去降唐军，不料中途遇到沙陀人，沙陀人求功心切遂将林言也杀了，将两人的首级一同献给唐军。

《新唐书》成书于北宋年间，唐史在五代后晋时就有官修的版本，后世为了区别两者，遂把五代时期的《唐书》称为《旧唐书》，而把北宋欧阳修主持修编的唐史称为《新唐书》。由于成书时间的差异以及时代背景的不同，《旧唐书》成书于乱世，成书仓促，书中大有疏漏之处，而欧阳修主持修编的《新唐书》，不仅内容丰富，而且对于史料的收集也是极为全面的，《新唐书》秉承春秋的笔法写史，因此研究历史的人大都会参考《新唐书》的相关记载。

历史往往在探索中发现，在发现中我们有时会无意中得到历史的本来面目，从敦煌莫高窟发现的敦煌文书中有一部《肃州报告黄巢战败等情况残卷》，里面有这样的记载："其草贼黄巢被尚让杀却，于西川进头。"尚让是何人？尚让是黄巢起义军的二号人物，其早年追随王仙芝，后投奔黄巢，黄巢在长安称帝后任命的四个宰相当中就有尚让。后来遇到唐军反扑后，黄巢带余部到达今河南境内，却遭遇沙陀兵的突袭，伤亡无数急需救援，但是这时的尚让却背叛黄巢反投唐军。那么，黄巢死于尚让手下也不是没有可能了。

有关黄巢的死牵扯到两部正史的不同记载，但是《肃州报告黄巢战败等情况残卷》里又有尚让杀黄巢的记述，究竟哪个是历史的本来面目？留待后人评判。

## ·权相蔡京为什么会以饿死收场

蔡京，宋徽宗时权倾一时的当朝宰相，曾拥有着一人之下万人之上的权力，曾霸占过可与国库相比的金银珠宝、家宅田产，曾无比风光地陪伴着徽宗皇帝游戏人间。但最终，蔡京以极其不可思议的方式，被全国人民齐心协力地活活饿死，不可不谓之"苍天有眼"。

蔡京可称为徽宗时期"六贼"之首。"元祐更化"时，他力挺保守派司马光废免役法，获重用。绍圣初年，蔡京转而支持变法派推行免役法，继续获重用。如此首鼠两端，见风使舵，实乃恬不知耻之辈。徽宗即位后，因其声名狼藉，削其相位，贬居杭州。其时，宦官童贯搜寻书画珍奇南下，蔡京想方设法笼络这位内廷供奉，得以重新入相。蔡京无所不用其极，投徽宗所好，使得徽宗对他言听计从，无论蔡京如何打击异己，陷害忠良，窃弄权柄，恣为奸利，徽宗总是对其宠信有加，不以为疑。

蔡京的所作所为，引起群臣不齿，弹劾之言数不胜数。蔡京搜刮民脂民膏，聚敛私财，更使黎民百姓身陷水火而难以为生，民怨四起，却难达上听。无奈昏庸无能的徽宗皇帝，对这个与他"志趣相投"的奸佞小人，包庇纵容到了无以复加的地步。直到金兵铁骑踏来，徽宗让位于儿子赵桓，上至群臣下至百姓，讨伐蔡京之声震天动地，终于"钦宗即位，连贬（蔡京）崇信、庆远军节度副使，衡州安置，又徙韶、儋二州。行至潭州卒，年八十"。

如蔡京这般作恶多端却只是贬徙流放，实在难消天下百姓心头之恨。正如《宋史》所载，"虽谴死道路，天下犹以不正典刑为恨"。于是乎，多年的积怨化作一股复仇的力量。蔡京迁徙途中的各地百姓，无一人卖其食粮，供其住宿，任这位八旬老翁饥肠辘辘，作词悲叹："八十一年往事，三千里外无家，孤身骨肉各天涯，遥望神州泪下。金殿五曾拜相，玉堂十度宣麻，追思往日谩繁华，到此番成梦话。"

蔡京此时如梦初醒，腹中的饥肠辘辘却已为他罪孽的一生敲响了丧钟。真可谓"天作孽，犹可恕。自作孽，不可活"！

## ·岳飞被杀的历史真相

根据传说，奸相秦桧嫉妒岳飞军功显赫，于是诬陷岳飞谋反，怂恿高宗赵构连下十二道金牌召回岳飞，将其冤杀于风波亭。据说与岳飞私交不错的元帅韩世忠曾经质问秦桧朝廷以什么罪名处死岳飞，秦桧答曰："飞子云与张宪书虽不明，其事体莫须有。"可是这样的说法是真的吗？岳飞真的是因为秦桧几句话的陷害而被处死的吗？

事实上，在宋朝，皇帝不能随随便便处死臣子，更不用说像岳飞这样的重臣，若是没有皇帝的许可，秦桧是绝对无权杀他的。明人文徵明为秦桧翻案的咏史词《满江红》中，一句"笑区区一桧亦何能"，写出了秦桧所处的尴尬处境。当年岳飞正是赵构一手提拔的大将，襄阳大捷之后，皇帝赵构和宰相张俊对岳飞十分倚重，在解除刘光世兵权后，有意把这支部队并到岳家军中，并在《御札》中提出以"将雪国家之耻，拯海内之穷"的重任交给岳飞。

其实岳飞被杀的主要原因是因为他功高盖主，手握兵权，这是古时任何一个封建皇帝都会担心的。而岳飞奏请立储更是让赵构心生忧虑。

1137年，岳飞奏请没有亲生儿子的宋高宗立储，触犯了赵构的心病，令赵构十分不满，一个武将，干预皇帝的"家事"，况且他手握重权对高宗的地位也构成威胁。作为拥有众多兵马的武将，干预立储之事确实超出了一个武将的职责范围。从人性的角度讲，赵构不可能不多想。从"一天下十二道金牌"等一些事情上可以看出，岳飞不爱听命令，而且是经常发生的，当有些要求没得到满足（如合并淮西军和强令撤军）时，岳飞就上疏抗议。

更何况宋朝的皇帝最害怕的就是武将专权，酿成唐朝藩镇之祸那样的危害，虽然在外患重重之下，不得已将大部分的兵权交给岳飞，并且耗费大量粮食、物资、金钱来供养军队，但是对于岳飞难免猜忌。在这种情况下岳飞竟然还不知收敛，任凭自己手下的军队打出"岳家军"的旗号，使公众只知岳家军百战百胜之名而不知大宋官军英勇，只知岳元帅善战，而不知朝廷运筹帷幄。岳飞这种变相地将大宋官军变为私人武装的行为，将会给遭受兵乱流离、草木皆兵的高宗赵构带来怎样的胁迫感？不知岳飞是没有想到还是根本不屑去想。

就这样，岳飞一而再、再而三地犯了赵构的忌讳，赵构对岳飞从最初的喜爱到不满、到失望、到忌讳，最后则是愤恨，甚至后来因为恨"岳"这个字，把岳州都改名为池州，可见他对岳飞的态度。

根据一些说法，认为秦桧还想救岳云一命，他曾以刑部大理寺的名义上书，主张保全岳云的性命。"岳飞私罪斩，张宪私罪绞，岳云私罪徒（徒就是流放）。""奉圣旨，合取旨裁断。"但赵构对岳飞已是恨之入骨，结果是全杀。由此看来，秦桧只是傀儡，真正的幕后指使人是皇帝赵构，是他导演了这出戏。

## ·徐达是因吃蒸鹅而死吗

徐达是明朝的开国功臣，朱元璋登基后，为了防止功臣们抢夺他的天下，便将功臣一个一个找理由杀死了。而徐达在一次生了背疽时，朱元璋特地送去御赐蒸鹅一只，表达慰问之情。据说，生背疽之人，吃蒸鹅立刻会死。但皇帝御赐蒸鹅，不得不吃，徐达只得当着使臣的面，泪流满面地将蒸鹅吃光，当夜便毒发身亡。

这个故事一直被当作真实的史料流传，在《明史·徐达传》中记载道："十七年，太阴犯上将，帝心恶之。达在北平病背疽，稍愈，帝遣达长子辉祖赍敕往劳，寻召还。

明年二月，病笃，遂卒，年五十四。"

洪武十八年（1385年），徐达死于背疽，成为板上钉钉的事实，但从现代医学的角度来分析，得背疽的人吃蒸鹅就会死亡，并无科学依据。蒸鹅的主要成分是蛋白质和脂肪，吃蒸鹅不但不会致死，反而会增加患者营养。

再者从史料文献角度来看，蒸鹅害死徐达也靠不住脚。所谓的"朱元璋送蒸鹅"一事并未在《明史》中提到。徐达死于背疽似乎确有其事，但被蒸鹅加重病情，却似无稽之谈。在明初的一本笔记《翦胜野闻》中，略微提过朱元璋赐食徐达，但并未提到过赏赐的是什么食物。

后来在清代《四库总目提要》说，《翦胜野闻》一书不可信，"书中所记，亦往往不经"。反驳了徐达死于吃蒸鹅一说。而且徐达死后，朱元璋追封他为中山王，谥武宁，赐葬钟山之阴，配享太庙、功臣庙，位皆第一。死后享受如此显贵，朱元璋对徐达的器重可见一斑，赐蒸鹅一事，也不足信。

更主要的一点是，徐达的墓碑高8.95米，是明朝功臣墓碑中最大的一块，朱元璋亲自为他撰写碑文，可见朱元璋对徐达的情分还是不浅的。朱元璋死后，他的碑文为朱棣亲自撰写，这块碑位于大金门正北70米处，高8.78米，比徐达墓神道碑还矮了17厘米。

皇帝比臣子的墓碑矮，这实在让人想不通。加之民间流传御赐蒸鹅的故事，徐达与朱元璋之间的恩怨是非更是让人摸不着头脑，这其中的纠葛，还要留待日后探究。

# · 方孝孺被"诛十族"的历史真相

"诛九族"的罪名是古代族诛连坐的最高刑罚。什么是九族呢？一种说法是就是从当事人起，往上数四代而至高祖，往下数四代而至玄孙，这八代人，如此再加上自己这一代，正好是九族。所谓"诛九族"，就是将这九代人杀得干干净净，一个不留。按常理说，诛九族是将当事人和其亲属杀光，直到杀无可杀，已经算是刑法之极。但是明成祖朱棣却发明了"诛十族"。

朱棣是朱元璋的第四子，传闻他并非马皇后所生的嫡子，但在诸子中，要数他的样貌秉性最像乃父，所以最得朱元璋的喜爱。可惜，因为投错了胎——或说投晚了胎——他没能坐上太子的位子，这位子由他的长兄朱标坐了。朱标为人温厚恭谨，对兄弟也友爱照顾，被朱元璋视为守成之君的不二人选，所以朱棣虽然略有不服，但也没什么机会，于是安安心心地做自己的藩王，戍守北京城去了。

后来朱标因病身死，英年早逝，他留下了一个儿子朱允炆。说实话，朱元璋不是没有考虑过在诸子中再选一个继承人，甚至也不是没有考虑过让朱棣继承大统。不过，朱允炆与父亲朱标实在太像，他们一样温厚，一样仁爱，最重要的是，朱允炆长期生活在祖父朱元璋的身边，对他十分孝敬。朱元璋老了，他实在是需要有个孙子在身边承欢膝下，所以他简直离不开朱允炆，最后也自然而然地将大位传给了他，这就是建文帝。

朱允炆年幼，政治上并不成熟，才干也不如叔叔朱棣，可是他是名正言顺的九五之尊，号令天下，而朱棣不过是偏居一隅的北国藩王，所以他虽然看不上这个侄子，对他不服气，倒也没有"妄兴篡逆"的念头，他后来的造反，实际上乃是"逼上梁山"，不得已而为之。因为朱允炆身边的齐泰、黄子澄等人不断地强调，如今藩王遍天下，正如汉初的时候，乃是有重演"封建"、裂土分疆的危险。于是大力撺掇朱允炆削藩。朱允炆依其计行事，于是被削掉爵位、入罪下狱的藩王一个接一个，看得北边的朱棣胆战心惊。不久，朱棣终于起兵造反。

刚开始，以一隅敌全国的朱棣屡战屡败，因为他手上的筹码实在太少了。不过因为建文帝不懂武略，所以中央军的指挥调度屡屡出现重大失误，所以才给了朱棣机会，后来他终于打入南京，而丢了天下的建文帝则下落不明。

当了皇帝，朱棣开始对原先反对他的人进行大清洗。如齐泰、黄子澄等人都采取诛族刑罚，而抵抗最久、屡屡将朱棣打败的铁铉则被割下耳鼻，毁坏肢体，又将他的尸身投入油锅，惨不堪言。齐泰等人的妻女也给朱棣没为官妓，供士卒随意凌辱。但是，齐、黄等人的遭遇，与一代名士方孝孺比起来，已经算是小巫见大巫。

原来，方孝孺才名响遍天下，朱棣也十分爱惜，不忍杀害。而方孝孺的正直名声也可以给自己的新政权加分，于是百般拉拢。可是，方孝孺对这些都不为所动。朱棣对他说，我本无心于皇位，现在打入京城，不过是效法周公辅佐成王而已。方孝孺抬头瞪视："成王在哪里？"这成王自然是指建文帝。朱棣做无奈状说："他已经不见了。"方孝孺仍不肯罢休，接着问："为何不立成王之子？"朱棣说："他并无后。"方孝孺上前一步，大喝道："那成王的弟弟呢？"朱棣的耐性终于消失殆尽，冷冷道："这是朕的家事，不劳你来多心！"于是叫他起草登位诏书。没想到方孝孺只是写了"燕王篡位"四个大字。朱棣问："你不怕我杀了你？"方孝孺说："你杀了我，我也不会与你同流合污。"朱棣冷笑道："哪有那么容易，我要诛你九族，让你看着自己的亲人一个个惨死身前！"方孝孺怒喝："你便诛了我十族又怎样？"

这句话引了一个大灾难，心狠手辣的朱棣果然诛了他的十族。这第十族哪里来呢？原来就是方孝孺过往的好友。在朱棣称帝的第八天，他特意在南京的聚宝门设刑台，开始诛杀方孝孺的十族。方孝孺一代国士，对自己的死根本不放在心上，但眼睁睁看着自己的亲友在自己面前被人诛杀，心里之痛实在难以述说。不过，他并没有屈服于朱棣的淫威，只是等着自己死亡那一刻的来临，对他来说，那已是解脱。

方孝孺兄弟三人，他排行老二，哥哥方孝闻早年已经病逝，而弟弟方孝友却被押赴刑场。不过，方孝友并不怪罪哥哥，反而在死前不断地安慰开释。这次大屠杀一共持续了7天，死者多达800余人。最后一个死的当然是方孝孺，他大骂不止，嘴巴被朱棣割裂至耳，又被割下舌头，处以凌迟。

人之所以为人，不在于其生命的长短，而在于其有所坚持，为自己的信念努力奋斗，不屈不挠。方孝孺忠于建文帝，也许不过是对帝王的愚忠，但他为此付出了生命的代价，这就是他的诚之所在。方孝孺是读书人，手无缚鸡之力，但他内心的力量不知比那些贪生怕死、卖主求荣的人要强大多少。

# ·袁崇焕被杀的原因

崇祯三年（1630年），一件影响明朝命运的大事发生了——镇守边关的辽东巡抚袁崇焕因"谋叛"罪被皇帝处死了，他的家人均被流放。此事一出，天下哗然，人们对于崇祯帝杀袁崇焕的行为十分不理解，大都感叹国家将亡了。袁崇焕是中国历史上著名的大英雄，他的死，一直被人们认为是和岳飞被杀一样的冤案，人们每次提起袁崇焕的死都会说这是自毁长城的行为，令人惋惜。然而袁崇焕真的是完全被冤枉的吗？这个问题还需要仔细地探究一下。

在为袁崇焕鸣冤之前，要先弄清楚崇祯帝的为人。崇祯帝并不是一个荒淫无道的君主，甚至可以说他是一个难得的明君，他励精图治，想要复兴明朝的繁荣。这样一个勤于政事的皇帝，为什么会无缘无故地错杀袁崇焕呢？

袁崇焕的死可以说袁崇焕和崇祯帝双方都有责任。

首先崇祯帝生性多疑，刚愎自用，凡事都喜欢以自我为中心。这样的崇祯帝在即位的时候，面对的是一个已经衰败不堪的国家，朝堂上结党营私，民间义军蔓延。这样的国家现状让崇祯帝十分愤怒，他立志要振兴国家，但他偏激的性格让他认为一切都是因为士大夫误国，他渴求人才，对大臣们寄予极大的希望，这些希望有些已经超出大臣们的能力，所以一旦崇祯帝对这些大臣感到失望，他就会对他们十分怨恨，想要杀掉他们，正是因为这样，崇祯帝在位的17年中被他斩杀的大臣不计其数，崇祯帝曾感叹说满朝无可撑局面之人，其实这种局面在某种程度上也是他自己造成的。

在对待袁崇焕方面，崇祯帝也是同样的态度，最初他对袁崇焕寄予了厚望。袁崇焕在面见崇祯帝时，对他说在5年之内就能够收复辽东，这让崇祯帝十分高兴，但是这只是袁崇焕想要安抚崇祯帝的说辞，后来袁崇焕在许誉卿的提醒下，更改了自己的说法，这让已对袁崇焕寄予了厚望的崇祯帝感到十分失望，袁崇焕因为自己的不谨慎为自己埋下了祸根。

袁崇焕有时行事鲁莽，也让崇祯帝感到十分不愉快，其中最有代表性的就是袁崇焕杀了毛文龙。毛文龙虽然是一个贪功、冒饷、不肯受节制、难以调遣的人，但是他的存在确实起到了牵制清兵的作用，袁崇焕杀毛文龙之后，从鸭绿江到旅顺的主要城镇、海港、海岛以及属国朝鲜，都先后被后金占领了，明朝痛失了大片的领土。毛文龙的部下尚可喜、耿精忠更是到处作乱，最后更是投降了大清。这些都足以让崇祯帝更加不满袁崇焕了。

历经多次战败的明朝，需要的是休养生息，这时最好的办法就是防守，但是一贯以天朝自居的明朝是不会接受这样的建议的。所以当袁崇焕提出议和时，想当然地使崇祯帝反感，后来虽然袁崇焕小心翼翼地争得了崇祯帝的认同，但是崇祯帝并不希望被人知道自己和后金在对话，这会让他觉得颜面无光，所以袁崇焕和皇太极关于和议的书信都是私下往来的，这样的行为是非常容易让人抓住把柄，大做文章的。

崇祯三年十月发生的一件事让崇祯帝对袁崇焕更加感到不满，这就是皇太极攻打了明朝的京师。这次事件本和袁崇焕无关，因为皇太极是率精骑十万，绕道察哈尔避开袁崇焕把守的锦远防线，进入中原，在他们攻占遵化之后，得到消息的袁崇焕急忙赶来救援，于是后金的军队改道进攻了京师。袁崇焕又急忙来到京城，历经艰苦的抗争，袁崇焕终于赶走了皇太极的大军，但是护城有功的袁崇焕并没有被人们所理解，他们认为后金大军是因为袁崇焕的失职才得以攻入中原，更有人传言正是袁崇焕将清兵引到京城的。对于这些传言，袁崇焕没有很好地应对，这也就加深了崇祯帝心头的猜忌。

这些加在一起，已经使得崇祯帝对于袁崇焕十分不信任了，这时皇太极的反间计更是将崇祯帝的怀疑推到了最高点。但是反间计只是导致崇祯帝杀死袁崇焕的导火索，因为袁崇焕从下狱到处斩共用了9个月的时间，崇祯帝虽然偏激，但并不昏庸，他不可能察觉不到这是皇太极的反间计，但是此时他已经对袁崇焕失望透顶了，对他来说即使有袁崇焕在，他的边疆依然不安稳，清兵依然能够大模大样地绕过山海关骚扰边境，这些都让他感到十分愤怒，再加上袁崇焕没有兑现他的5年承诺，这一切都成了崇祯帝处死袁崇焕的原因。

处死袁崇焕之后，在人们的痛斥之下，崇祯帝也冷静地思考了很久，他在崇祯八年八月、十四年二月、十五年闰十一月、十七年二月，先后四次下诏，可以说他对于自己的行为也是有些后悔的，但是生性多疑的他始终无法做到与将士共甘苦，最终他只能在满朝无人，群臣负我的想法中迎来了明王朝的覆灭。

# ·郑成功的死亡真相

郑成功（1624~1662年），福建南安人。隆武帝曾赐姓朱，因此后人也多称其为"国姓爷"。郑成功是伟大的民族英雄，1662年初，他将荷兰侵略者赶出了中国台湾，维护了国家主权和领土完整，不仅是中国人民崇拜的民族英雄，而且是全世界人民共同崇敬的历史名人。

然而郑成功收复台湾不久，却突然暴病而亡，年仅38岁。关于郑成功的死，有这样的说法：郑成功在收复台湾的同时，也接到凶信，说他父亲被家奴伊大器告发，伊大器称已降清的郑芝龙和郑成功之间不时有书信往来，图谋不轨。清廷震怒，将郑芝龙全家处死。郑成功听到消息后，捶胸顿足，望北恸哭。不久郑成功又得知，叛将黄梧在自己家乡挖了郑氏祖坟，郑成功更是捶胸拍案，整天哀伤恸哭。

然而，后来又发生了一件让郑成功震怒的事。郑成功的部下唐显悦告发郑成功的儿子郑经与乳母通奸，郑成功顿时气塞胸膛，立刻派人到厦门，欲斩郑经与其所生婴儿及乳母陈氏，但留守厦门的众将不执行命令。郑成功天天登高眺望澎湖方向有船来否，因而患上风寒，到了第八天，突然发狂地喊叫道："吾有何面目见先帝于地下也？"既而用两手抓面而逝。

对于郑成功之死的记载，同时代人如李光地、林时对、夏琳等人的笔记都很简单，一般是说"伤风寒""感冒风寒",《台湾通志》上也说郑成功是死于感冒风寒。但一个正值壮年的人怎会轻易地被"风寒"夺去生命?

根据郑成功临终前的异常情况和当时郑氏集团内部斗争的背景,有人认为郑成功是被人投毒杀死的,这一说法目前最引人注目。此说主要的依据有:

第一,郑成功死前的情形与中毒后毒性发作的症状极似,另外,夏琳《闽海纪闻》中记载郑成功临终前,都督洪秉诚调药以进,成功将药投之于地,然后成功"顿足扶膺,大呼而殂"。郑成功大概察觉出有人谋害自己,但为时已晚。

第二,郑氏集团内部暗藏着一些危险因素。郑成功用法严峻,郑氏部下,包括他的长辈亲族因过被处以极刑者很多,众将人心惶惶,其中很多人在清廷高官厚禄诱惑下叛逃,郑氏集团内部关系极其紧张。有传说清廷收买内奸刺杀郑成功,因此,如果说台湾岛上一直有人企图谋害郑成功,极有可能是以清廷作为背景。

第三,一个重大疑点是马信神秘地死去。马信是清降将,后来成为郑成功的亲信,郑成功去世当天,由他荐一医师投药一帖,夜里郑成功死去,他本人也突然无病而卒。照李光地的说法,马信在郑成功去世的第二天就死去。因此马信可能直接参与谋害郑成功的活动,但后来又被人杀害以灭口。

假如郑成功是被人毒死,那么作案者是谁呢?当然,清政府有重大的嫌疑,同时,还有人认为作案者是郑成功兄弟辈的郑泰、郑鸣骏、郑袭等人,特别是郑泰。

郑泰对郑成功早存异心,对郑成功出兵收复台湾曾极力反对。郑成功去世后,郑泰等人伪造郑成功的遗命讨伐郑经,并抬出有野心但无才干的郑袭来承兄续统。最后,他们的阴谋被郑经挫败,郑泰入狱而死,郑鸣骏等率部众携亲眷投降清朝。据此分析,策划谋害郑成功的有可能就是郑泰等人。

郑成功死后,郑经先是忙于对付郑泰的叛乱,后又追讨郑泰存在日本的巨款,他本人又因犯奸险些被郑成功杀死,对郑成功之死也许心存侥幸,因此郑成功的死因在当时没有被深究。海天茫茫,一代民族英雄的死因需要更多的史料发现来证实了,这也可能是一个永远都解不开的谜了。

## · 名妓柳如是自缢的真实原因

在明清易代之际,曾出现过一位著名的歌妓才女,她气质高雅,才色并茂,有着强烈的民族气节,在明王朝面临危难之际,她尽全力资助和慰劳抗清义军,因此名气很大,她就是柳如是。

柳如是生于明万历末年,幼即聪慧好学,但由于家贫,从小就被卖给一个名妓做养女,妙龄时流落青楼,崇祯十四年(1641年),她嫁给了东林党领袖钱谦益,康熙三年(1664年)五月二十四日,钱谦益去世,随后几天,柳如是也悬梁自尽。结束了自己的一生。那么,这位才艺双绝的明末名妓自缢的原因到底是什么呢?

有些史学家认为,因为受到他人逼迫,柳如是才选择自尽,这种说法是有一定道理的。柳如是嫁到钱家时，钱谦益的原配陈氏还在，另外还有几房侍妾，但是，随着柳如是的到来，钱家的经济大权逐渐掌握在她的手中，这自然会引起钱氏族人的不满。所以，钱谦益刚刚去世，攘夺家产的斗争也就随即爆发，这就是"钱氏家变"。

钱谦益尸骨未寒，族人却要瓜分他的财产，并且聚众大闹，原配陈氏与其他侍妾失宠多年，早就对柳如是恨之入骨，因此趁着这个机会，每日堵门叫骂不绝，虽然柳如是散尽千两白银，但众人还是喧闹如故。柳如是几经斡旋，终不成功。

丈夫去了，柳如是失去了依靠，而族人的无理取闹，也让她失去了生活的希望，于是她吮血立下遗嘱，然后解下腰间孝带悬梁自尽，追随钱谦益于九泉之下。

另外，还有一些史学家认为柳如是与钱谦益的感情深厚，因此殉节而死。但是，从史料中可知，在某些事情上，柳如是对丈夫的做法是极其不满的。例如，当清军兵临城下时，柳如是想要钱谦益与其一起投水殉国，钱谦益先是沉默不语，然后才走下水池试了一下水，说："水太凉。"柳如是则"奋身欲沉池水中"，最后被钱谦益硬托住而获救。

清朝统一天下后，钱谦益作为明朝遗臣，又是一方名士，必定会引起新政权的注意，于是柳如是再次劝钱谦益以死保节，但钱谦益犹豫再三，最终答应了清廷召他入京为官的要求。

钱谦益的一生中有许多污点，虽然他后来辞掉官职，不再为清廷效力，但柳如是对他的这些所作所为仍然耿耿于怀，当钱谦益晚年不得意说"要死"时，柳如是甚至嘲讽说："当初不死，现在已经晚了。"所以，柳如是为钱谦益殉节一说并没有多少说服力。

# ·名妓陈圆圆魂归何处

山海关战役后，吴三桂从李自成手中夺回陈圆圆。随后他被清政府封为平西王，陈圆圆也跟着他去了云南。那么，之后的陈圆圆经历了哪些事情？她的结局如何呢？

史学界流传的一种说法是，陈圆圆年老色衰，好色的吴三桂对她产生厌倦，转而疼爱"四面观音""八面观音"（吴三桂宠妾的绰号）。看破红尘的陈圆圆立意吃斋念佛，不与他人争宠。虽然她还住在吴三桂的寝宫，但独处一室，常年吃素，与外事隔绝，与"出家"无本质区别。

当清兵攻破昆明城时，吴三桂之孙吴世璠服毒自杀，而吴世璠妻子与陈圆圆均自缢而亡，或说陈圆圆绝食而死。清代文人孙旭在《平吴录》中记载："（吴三桂叛乱失败时）桂妻张氏前死，陈沅（圆）及伪后郭氏俱自缢。一云陈沅不食而死。"《平滇始末》也说："陈娘娘、印太太及伪皇后俱自缢。"又有人说，陈圆圆在吴三桂兵败后，没有自杀或者绝食而亡，而是在昆明归化寺出家做尼姑，法名"寂静"。

直到1983年，贵州岑巩县的考古工作者提出"陈圆圆魂归岑巩"的说法。据考古学家称，在岑巩县水尾镇马家寨狮子山上有一个土堆，便是陈圆圆的墓。墓碑上刻有

"故先妣吴门聂氏之墓位席，孝男：吴启华。媳：涂氏。孝孙男：仕龙、仕杰。杨氏。曾孙：大经、大纯……皇清雍正六年岁次戊申仲冬月吉日立。"原来，马家寨的人全部姓吴，是吴三桂的后代。当年，吴三桂将败，其爱将马宝将陈圆圆与吴三桂的儿子吴启华偷偷送至思州（今岑巩）。后来，吴启华为纪念马宝的救命之恩，也为躲避清朝政府的追杀，就改姓马，其居住的寨子就叫马家寨。陈圆圆死后，家人不敢明目张胆地写着她的名字，便采用暗语。"先妣"指已经去世的母亲；"吴门"既指代吴家，也表明这里所藏之人是苏州人，古时候苏州亦称吴门；"聂"可看作"双耳"，陈圆圆本名姓邢，后跟养母姓陈，邢和陈都带有"耳"字旁，且"双"字含有美好、团圆之意，因此"聂"暗指陈圆圆；"位席"有正妃之意，表示其地位崇高。于是墓碑上"故先妣吴门聂氏之墓位席"可以理解成"母亲苏州人氏陈圆圆王妃之墓"。但后来有人根据史书记载马宝在楚雄继续对抗清廷，最后兵败被俘，被押送省城，终被凌迟致死，认为马宝没有去过思州。

一代美女陈圆圆究竟是看破红尘出家为尼，还是为吴三桂殉情，抑或吴三桂兵败后她隐姓埋名生活数年？至今，史学界没有定论。

## ·纳兰性德因何英年早逝

世间男子最完美的人生是什么样子的？生于钟鼎之家，从小锦衣玉食，成年后娇妻美妾相伴，自身还才华横溢，举世闻名……这些因素普通人只要占上一两样就该感到非常满足了，如果这些令人艳羡的条件全都集于一人身上，那这个人不知要让天下男子如何嫉妒了。恐怕会有人怀疑，世上真的有如此幸运的人吗？答案是：有！这个人就是号称清代第一词人的纳兰性德。

纳兰性德，字容若，叶赫那拉氏，清朝正黄旗人，父亲是纳兰明珠，官至武英殿大学士。纳兰性德17岁时入太学读书，18岁就考中举人，康熙十五年（1676年），年仅22岁的纳兰性德就考中进士，官拜乾清宫侍卫，随侍于康熙帝左右，因其素有才名，很受康熙帝的看重。

然而，如此顺遂的人生，纳兰性德却只活到了31岁。如此短命，不仅让当时爱才惜才之人为之唏嘘不已，或许也让那些心中不平的世俗之人暗自感叹上天的公平。

纳兰性德因承袭满人传统，自小便善于骑射，身体素质应该很好。可是，他却在31岁时，因一次与友人饮酒，偶感风寒，随后便一病不起，最后离世了。这不仅让人产生疑惑，究竟是什么原因，让这个弓马娴熟的贵族公子在这么年轻的时候就病故了呢？

有人不禁暗自揣摩，是不是纳兰性德的二妻二妾都貌美如花，所谓"妻美寿短"，"色多伤身"，纳兰性德本身又是一个多情种子，于是年纪轻轻便把自己的身体搞垮了，然后偶感风寒就死掉了呢？

恐怕这一说法只能是世人的恶意揣摩，事实上，与其说"色多伤身"，不如说是"情深折寿"。

纳兰性德20岁时，娶了两广总督卢兴祖的女儿卢氏为妻。卢氏当时年方十八，相貌端庄，举止娴雅，且精通诗文，颇能与纳兰性德吟诗赋词，问答应和。可以说，在与卢氏相伴的日子里，纳兰性德是非常快乐的。但是，好花不常开，好景不常在，卢氏嫁给纳兰性德三年后，就因为产后调养不当而香消玉殒了。

卢氏的死，对纳兰性德的打击很大，虽然他后来又续娶了同样娇美的官氏，身边也有一个美丽的侍妾颜氏，却再也没有享受过那种红袖添香，赌书泼茶的乐趣了。

纳兰性德平生创作的300余首词中，有大概百余首是描写爱情的作品，而这百余首爱情词中竟然有近50首是追悼亡妻卢氏的相思之作。纳兰性德的词向来以"真"字称颂于文坛，词风婉丽，大有花间余韵，其缠绵悱恻，凄婉绝伦的创作基调，若不是因他对卢氏念念不忘，一往情深，一定写不出如此感人至深的词作来。

如果仅仅认为纳兰性德是因情而死，还嫌片面。堂堂七尺男儿，哪能困扰于儿女情长之间？纳兰性德另一个生活中的不顺之事，应该是他在仕途上无法施展作为，因此内心抑郁，却还要为康熙帝终日鞍前马后地随行侍驾。

纳兰性德22岁中进士之后，就被康熙帝破格点为三等侍卫，不久后晋升二等侍卫，后又升为一等侍卫。纳兰性德以年少武官的职务，在康熙帝身边以文会友，拉拢了大批文化名士。

究其根本，纳兰性德仅仅是康熙帝的一个诗文宠臣，供皇帝闲暇时间吟诗作赋，取乐消闲的近侍而已。

因为久居皇帝身边，对官场上的尔虞我诈看得清清楚楚，生性淡泊的纳兰性德因此更加厌恶自己所处的地位。虽然他的地位备受世人羡慕，但是他自己却并没有感到丝毫的成就感。

所以，纳兰性德以一个情感细腻、才华横溢的文人内心，饱受着爱情失意、仕途不顺的痛苦煎熬。虽然他是世人眼中上天的宠儿，实际上却体会不到任何生活的乐趣。最后因为一次风寒而离世，只不过是他内心厌世的诱因而已，真正导致他死亡的原因，可能是无法治愈的抑郁症。

## ·大将年羹尧被杀的真实原因

年羹尧是清代康熙、雍正年间人，进士出身，官至四川总督、川陕总督、抚远大将军，还被加封为太保、一等公。年羹尧曾运筹帷幄，驰骋疆场，立下赫赫战功。雍正二年（1724年）入京，深得雍正帝的特殊宠遇，位极人臣。然而短短一年时间，惊涛骇浪迭起，92条大罪，一丈白绫，便断送了这个曾集高官显爵于一身的大清功臣。究其原因，众说纷纭。

说法一，拭功自傲，引火烧身。

有人认为，年羹尧自恃功高盖世，不把天子和朝臣放在眼里。在一次庆功宴上，雍正帝出于爱将之心，多次要求将领们将铠甲卸下，却无人敢动。唯等年羹尧发话之后，众人才敢卸下铠甲。年羹尧俨然将国之将领训练成了家之兵丁。

除此之外，年羹尧还把朝廷派来的御前侍卫当作奴仆使唤，对雍正帝的恩诏不行三跪九叩之礼，甚至在知道雍正帝打算亲笔为《陆宣公奏议》撰序的情况下，都敢以不愿烦扰圣驾为由，自拟序言，更要求雍正帝公诸天下。如此飞扬跋扈，雍正帝岂能容他？

对于雍正帝大力整顿吏治一事，年羹尧处处干预，诸多阻挠。其贪敛财富，结党营私，任人唯亲到了无以复加的地步。即便是被贬职上任，仍大运财产，更带数千亲兵同往。此时的雍正帝，严惩贪官及违法乱纪者是势在必行，行之必厉。而年羹尧可谓是雍正帝的宠臣，位高权重，拿他开刀，对于彰显雍正帝彻底改革的决心，再适合不过了。年羹尧不知收敛地撞在这风口浪尖之上，正好给了雍正帝杀一儆百的机会。

说法二，飞鸟尽而良弓藏，国已定而谋臣亡。

亦有人认为，年羹尧参与了雍正帝夺位之事，他的死正是一代帝王为巩固帝位而上演的"鸟尽弓藏"的悲剧。据说康熙帝原本指定皇十四子继位，而雍正帝篡改诏书夺取帝位，并且得到年羹尧助其一臂之力，牵制了拥兵于四川的皇十四子，使其无法兴兵争位。雍正帝既登帝位，又有雄才大略，治世贤能，若留下年羹尧这个知其篡位阴谋的功臣，实乃一大掣肘。加之年羹尧一旦得势就不知收敛，功高盖主而不自知，迟早落个丢官丧命的下场。

说法三，觊觎帝位，自取灭亡。

更有甚者认为，年羹尧之死是因其自立为帝的计划败露。有人认为，"羹尧妄想做皇帝，最难令人君忍受，所以难逃一死"。《永宪录》中也提到年羹尧曾与静一道人、邹鲁商谈做皇帝的事。《清代轶闻》一书更记载了年羹尧失宠之后，"当时其幕客有劝其叛者，年默然久之，夜观天象，浩然长叹曰：不谐矣。始改就臣节。"由此可见，年羹尧似乎真有称帝之心，只因为"事不谐"，不得不"就臣节"。

年羹尧堪称一代功臣，却难逃一死。从权力的巅峰急转直下，跌至生命的低谷，个中原因扑朔迷离，耐人寻味。


## ·和珅被杀的真正原因

频频出现在电视剧里的和珅，让人们记住了这个乾隆帝跟前的红人、清朝的军机大臣、史上第一大贪官。和珅以贪而闻名于世，但三尺白绫夺其性命，却不只是因为他贪尽天下之财，而是他在权力转移的过程中顾此失彼，从而导致了大半生的功名利禄，随着乾隆大帝的驾崩而烟消云散。

和珅的贪，不是朝夕之间，更不是不可告人，而是长此以往且甚为猖狂的。以乾隆皇帝治世之英明，不可能觉察不到。然而乾隆帝对和珅的倚重有增无减，便可知和珅虽贪，却也的确对皇帝尽忠、为国家出力，其才智不在与其同朝且多为后人称颂的纪晓岚之下。

和珅仗着乾隆帝的倚重，难掩飞扬跋扈之势。虽善于察言观色，笼络人心，然排除异己亦不遗余力。在位高权重的和珅眼中，除了高高在上的乾隆皇帝，其他人根本不足为惧，甚至连已位入储君之列的十五皇子颙琰，也备受他的压制。

乾隆五十九年（1794年），为了不超过祖辈康熙帝执政61年的历史，乾隆帝决定立太子。和珅深知一朝天子一朝臣，未免自己的权势受到打压，极力恭维乾隆帝定能"万万岁"，不必急于立储让位。和珅一席劝，一下就把乾隆帝那二十几个盼着皇位望眼欲穿的皇子们都得罪了，尤其是不久之后被乾隆帝指定为皇位继承人的十五皇子颙琰。

1796年，既是嘉庆元年，又是乾隆六十一年。两个年号的并存，反映了嘉庆皇帝上位却有名无权的事实。此时已是太上皇的乾隆帝，虽说从龙椅上走了下来，但他对帝国权力的控制却从未放松，而帮他实施这一控制的，便是他的得力宠臣和珅。就在这种嘉庆帝有名无权而乾隆帝有权却不便出面的情况下，和珅的权势更甚从前。嘉庆在位的前三年，处处受到和珅的掣肘，有志难舒，自然对和珅恨之入骨，不除不快。

一向机敏的和珅被权势蒙蔽了双眼，忘记了他即使地位再显赫，也不过是皇室的臣子。也许和珅已想到，迟早有一天乾隆帝会离他而去，迟早有一天嘉庆会大权在握，但那一天的到来，比他想象的要快得多。而他，还未想好应对之策，就从权势的巅峰跌下了黄泉。1799年的正月初三，乾隆皇帝驾崩。嘉庆帝对和珅的反击以异乎寻常的速度进行。两天后下旨逮捕，三天后抄家，十天后送去三尺白绫。乾隆帝驾崩不过短短十五天，和珅便随之而去了。

有人考证嘉庆帝对外公布的和珅的罪状，虽达20多项，但最致命的并不是贪污受贿，而是对乾隆帝的大不敬之罪。以和珅在乾隆帝心目中的地位，他的贪不过是睁一只眼闭一只眼的事，只要不谋反作乱，根本不致以死罪论处。嘉庆帝势要和珅彻底垮台，既然和珅没有谋反作乱之实，就定他大不敬之罪，毕竟和珅仗着乾隆帝的倚重，的确做过不守君臣之礼的僭越之事。在封建社会皇权至上的年代，对皇帝稍有不敬都可能掉脑袋，更何况大不敬！嘉庆帝终于成功地发泄了抑制在心中长达三年的怨气。

## · 慈安太后是被慈禧毒死的吗

慈安太后原是广西右江道穆扬阿的女儿，在咸丰帝没有登基之前，她就与其结成夫妻。咸丰帝驾崩后，她晋封为慈安太后，地位在慈禧之上。1881年4月8日，一向健康无病的她突然暴毙宫中，年仅45岁。对于慈安太后的死因，朝野上下议论纷纷，因为在其死后，两宫共同执掌朝政的格局变成了慈禧一人垂帘听政，所以人们就将她的猝死与慈禧联系到一起。

据野史记载，咸丰皇帝在临终时曾给慈安秘密留下一道遗诏，要她监督慈禧，并指示她"若慈禧安分守己则可，否则汝可出此诏，命廷臣传遗命诏除之"。咸丰帝死后，慈禧曾宠爱过一个姓金的京戏演员，有一次，慈禧生病，慈安到其住处探视，却发现慈禧与这个京戏演员同床共眠。慈安大怒，对慈禧"痛数责之"，并将咸丰留下遗诏之事说出。慈禧闻听大惊失色，赶紧连连认错，并命人将金某杀死，这才获得慈安谅解。从那以后，慈禧就想方设法讨好慈安，终有一天，慈安被慈禧的假面目蒙骗，在慈禧面前将密诏烧毁，后来慈安偶染小疾，慈禧派人送去一服药，慈安吃后在当晚暴毙。

对于慈安的死因，其他野史也有不同记载，在《清朝野史大观》中有这样的记载："或曰慈禧命太医院以不对症之药致死之。"意思是说，慈安在患病之后，慈禧命御医故意给慈安配置不对症的药，慈安因此被害死。在《清稗类钞》中却说在光绪七年（1881年），慈禧身患重病，因此不能过问朝事，慈安在这段时间独视朝政，这让慈禧感到非常不满，于是就诬陷慈安贿卖官爵，干预朝政。慈安感到非常气愤，但是因为言语木讷，争辩不过慈禧，因此吞咽鼻烟壶自杀。

从上面的记载可以看出，不管慈安是被"毒死""错药致死"还是"自杀"，所有的矛头都指向慈禧，慈禧将慈安谋害似乎已经证据确凿。但是，有的学者却倾向于"病死"的说法。

这些学者指出，在《翁同龢日记》中曾经记载过慈安的两次病史。一次是慈安26岁时，"慈安皇太后自正月十五日起圣恭违豫，有类肝厥，不能言语"，这次疾病共生了24天，按照现代医学观点，"有类肝厥，不能言语"应该被视为脑供血不足，属于中风先兆，另一次是慈安33岁时，"昨日慈安太后旧疾作，厥逆半时许"。这次所谓的"厥逆"依然是脑供血不足的再次发作。

由此可见，慈安患有脑血管疾病，而且在她猝死的前段时间，由于慈禧生病，一直是她独理朝政，不善于管理朝政大事的她自然感到身心疲倦。而在其暴卒当天事朝时，许多大臣都看到她两颊微红，犹如醉色，这说明连日的劳累与压力已经使她的血压升得很高，当晚如果没有好好休息，很可能会诱发脑出血，导致死亡。

朝廷光绪七年三月初十日发布的正式哀告中，也证明慈安是正常死亡，报告中写道："初九日，慈躬偶尔违和，当进汤药调治，以为即可就安。不意初十日病情陡重，痰壅气塞，遂致大渐，遽于戌时仙驭升遐。呼抢哀号，曷其有极。"这份报道详细记载了慈安从发病到死亡的整个过程，也宣告了慈禧谋害慈安的说法并不可信。

# 颠覆常论的史实新探

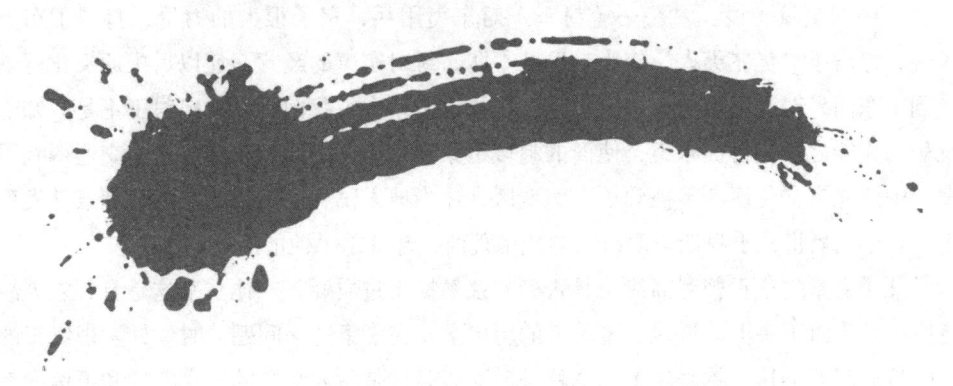

# ·商纣王真的是昏君吗

家喻户晓的《封神演义》讲述了一段在武王伐纣的历史背景下，正邪斗法，神妖混战的神话故事，这一故事在民间广为流传。书中的主要人物商纣王是人人恨之入骨的残暴君王。他好酒、淫乐、宠妲己，甚至建酒池肉林，奢靡腐化，残忍暴虐，荼毒四海，不敬祖先，亲奸佞远贤臣，等等，罪行罄竹难书。最终，牧野之战，将士们临阵倒戈，失去民心、军心的暴君商纣王被武王所打败，一把火将自己烧死在宫殿之中。

然而，历史上的商纣王和传说充满了矛盾。

纣王名字中的"纣"其实是"残义损善"的意思，这也是后人对他的贬损评价。《史记·殷纪》记载："帝纣资辨捷疾，闻见甚敏，膂力过人，手格猛兽，知足以拒谏，言足以饰非，矜人臣以能，高天下以声，以为皆出己之下……"由此可见，商纣王是个有文武才能的人，不仅才思敏捷，勇力过人，而且还颇有辩才。

《中国史稿》说："……（纣王）对东夷用兵，费了很大的力量，打退了东夷的扩张，俘虏了'亿兆夷人'作为自己的军队，纣对东夷的经营，使以后中原文化逐渐发展到了东南，对我国历史有一定贡献。"从这段话中，我们可以看出纣王不是只知吃喝玩乐的无能之辈，纣征东夷，使商的疆域扩张到东南，中原和东南一带的交通得到了开发，中原先进文化逐渐传播到了东南地区，让当地人民利用优越的自然地理条件发展了生产。然而后世几乎只谈论商纣王的残暴荒淫，却抹杀了他的历史功绩。

孔子的学生子贡曾对商纣王是否确实残暴提出过质疑。在他看来这是有心之人故意将罪行加诸纣王头上。近代一位著名的历史学家在考察这一问题的时候，发现纣王的罪行随着时间的推移，越来越多。也就是说这些罪行是后人编造的，真实性和可信度都大打折扣。

那么，为什么要刻意丑化商纣王？怀疑的学者们认为有三个原因。

一是他的政敌别有用心的宣传。如奢靡腐化、残暴荒淫、镇压反叛、剪除异己，等等，这些是很多帝王的共性，并非是纣王独有。但是这些劣行表现在商纣王身上却是如此骇人听闻、令人发指。

二是将罪恶的源头引到女人身上。妲己本是纣王剿灭部落的战利品，也是帝王的玩物，但后世却认为是她导致商朝灭亡。其实在男尊女卑的封建社会里，本性凶残的帝王我行我素、独断专权，并不可能受女子所左右。

三是为了抹杀纣王的历史功绩，这在上文中已经给予阐述。历史上真实的纣王究竟是什么样的，这些在目前还没有明确的定论，还有待后世之人进一步研究发现。

# ·赵国长平之战惨败的真实原因

在多如繁星的战国武将中，赵括一直是后世记住的典型。因为几千年来，他已经成为军事中"纸上谈兵"最具代表性的反面教材。然而，几千年来的讥讽，是否就能说明赵括只是一个不注重实际经验的草莽将军呢？

长平之战是战国时期有名的战争，那是一段极具悲剧性的、波澜壮阔的、血腥而且具有转折性的历史。长平之战，相持三年，赵军落败，40万赵国将士的生命消逝，赵国由盛转衰，历史也把这样的重责推到了赵括身上。当我们正视这段历史时就会发现，赵括这样一个以身殉国的忠勇军人，被钉在这样一根耻辱柱上是极不公平的。

那么，赵括是否应该为这样的历史悲剧背上责任？赵军失败的原因到底在哪里？赵括在战争之中起到了什么作用，又犯了哪些错误？

一次战争的失败，并不是偶然的结果，必有其内在原因。量变引起质变的原理大家都懂，当人们在给赵括定罪的时候，必然要先要了解这场战役的前因后果。

长平之战之始，赵国以廉颇为将对阵秦国，可以说这场战争的开始与赵括没有多大关系。廉颇出战，人心所向，因为他沉稳持重，无懈可击，人们对廉颇也都心存佩服。但是，在长平之战中，他却犯了一个严重的错误。战争初始，廉颇主动采取坚守战的战略，以图与秦军拼消耗，让秦军知难而退。这种战略与赵国的地理环境、战略环境极不符合。赵国是战国时期有名的军事强国，赵军在与对匈奴的战争中，练就了强大的战场突击力量，赵军最擅长的就是进攻战，最不擅长的就是消耗战。因为消耗战不仅是时间的消耗，也是粮食、人力以及军械的强大消耗，对赵国而言，消耗战其实相当不利。然而，赵国的政治集群却没有充分认识到这一点。另一方面，秦军却是最擅长防守战。所以当廉颇在战争之初采取消耗战的战略方针时，他就已经丧失了自己在战场上唯一的优势，以自己的弱点去拼敌人的长处，相当于以卵击石，战争形势已经完全顺着秦军的脉络在走，这场战役赵国一开始就处于下风。

秦、赵两国长期的消耗战，最后赵国增兵近50万，在物资、军队、军械上的重大损耗，给赵国政治群体脆弱的心灵再一次沉重的打击。让赵国贵族失望的廉颇被替换下阵，只是时间的问题了。此时，赵括作为长平之战的重要人物出场了。因为赵括最擅长的就是进攻战，所以当赵国政治群体看到廉颇的消耗战并没有给赵国带来意想中的胜利之时，他们就果断地换上了赵括，希望以另外一种完全相反的方式重新改变战争形势。然而他们没有考虑到的是：临阵换将给主帅和战士带来的巨大心理压力，以及当时已经完全形成的对垒战形势，秦军气势大盛，赵国却在强大的消耗战面前早已气势渐短，战争形势早已形成定局，岂是一个赵括就能改变的！赵括入主赵军，已先输一筹，这并不是赵括的错。这样的形势，使赵括入主长平后，只有一个选择，就是进攻。赵国不能再继续消耗，需要尽快结束战争，守不得，退不得，所以只能选择主动进攻。

另外，赵括失败与其轻敌有很大关系，他轻视了"常胜将军"白起的能力。长平之战之始，秦国以王龁为将，后来秦王与白起密谋换将，让赵括以为与自己对阵的只是战略进攻上弱于自己的王龁，而不知自己真正的对手是战神白起。所以才敢如此轻敌，才敢明知山有虎，偏向虎山行。这给赵军覆灭埋下了伏笔。赵括带军深入，抵死反击，给秦军带来了极大的伤亡和损失，但最终仍逃不了失败的结局，以身殉国，这是值得后人敬佩的。但也是这样的绝地反击，使秦国在骗降赵军以后，报复式地屠杀赵军以泄愤。

从以上可以看出，长平之战的失败，并不在于赵括一个人军事上的失误，赵国在战争之始已经陷入了严重的战略错误之中，廉颇用兵失误，赵括接替他继续战争，形势已定，并不是他个人能够扭转的，而赵括只不过是代替廉颇品尝了惨败的苦果。

## · 王莽改制真的没有作用吗

作为一个反面人物，王莽被看作盗国贼，一个失败者，被绿林起义军斩首的倒霉者，在中国的历史上，王莽被摆在了一个十分尴尬和难堪的位置上，供人们嘲笑。

但《汉书·王莽传》中的王莽与历史中为人们所熟知的王莽大相径庭："莽群兄弟皆将军五侯子，乘时侈靡，以舆马声色佚游相高，莽独孤贫，因折节为恭俭。受《礼经》，师事沛郡陈参，勤身博学，被服如儒生。事母及寡嫂，养孤兄子，行甚敕备。"

王莽并没有沾染中国人传统上"一人得道、鸡犬升天"的恶习，他做官后，严于律己，从不用特权，以权谋私。而且他的亲人犯了罪，他一样不容情，但可惜，这些都是他当皇帝之前的作为。

传闻王莽才德兼备，并非是个一无是处的人，也正是因为如此，王莽才能有机会进入西汉末年朝廷的权力核心，获得最大的权力。当上皇帝的王莽，并不穷奢极俗，而是千方百计为国家富强、百姓富裕而想办法。

王莽改制第一个作为就是停止土地和奴婢的买卖，缓解当时社会日益尖锐的矛盾，但他的这些做法触犯了当朝达官贵人的利益，他们集体上奏，逼得王莽不得不中止这项举措，他托古改制的条例刚一实行就遭到了挫败。

不过王莽继续改制，他希望能振兴经济，于是就通过"五均六筦"节制商人们对农民的过度盘剥，制止高利贷者的猖獗活动。但同样的，这也是触犯了富商巨贾的权益，他们极力阻挠，导致王莽后期推行了几次的货币改革都没有成功，这非但没有缓解社会矛盾，反而引起了更大的社会动乱。

与此同时，王莽新建立起来的政权也岌岌可危，终于在农民起义中垮台了，但历史上篡位的并不止是王莽一个人，东汉末年的曹丕篡汉称帝，建立魏国，废汉献帝为山阳公。可后人并未对曹丕加以恶评。还有之后的司马炎夺取魏朝政权，建立西晋。唐朝李世民发动"玄武门之变"，宋朝赵匡胤"黄袍加身"，明朝永乐帝朱棣抢夺侄子的江山，这些人都被历史上说得堂堂正正，唯独王莽却被污名化了，追溯根源，大体是有以下这三方面原因：

第一，中国封建历史上，传统的观念是皇家史观容不得篡位者的事迹载入史册。一般篡位者都是想尽办法要将自己在历史上树立起一个光辉灿烂的形象，因为篡位者是会留下万世骂名的。同样，对其他朝代的篡位者也会给予丑化和贬低，一般做过皇帝或具备同等地位的人，在史书中都被传之以"本纪"，而王莽作为一个做了15年皇帝的人，却被列入一般大臣名士的"传记"之中，不承认王莽的皇帝身份，可见东汉的统治者对王莽所持的态度。

第二，王莽之所以能被后人肆意篡改，是因为王莽政权的后继无人，王莽没有机会像李世民、朱棣等人，在篡位后巩固自己的政权并传之于后代子孙。他在位时，天下大乱，他被攻入京城里的起义军所杀，还没来得及巩固、发展自己的政权，就戛然而止。这样一来，自然没有人会为他扳回正名。

第三，被当作反面教材的王莽几乎成了每个朝代都要提的历史，代代相传，王莽被污名化的命运便是逃不掉的。而且古人一向都很崇尚秩序，深受儒家教化的古人在思维上形成了一种定式，认为秩序不应当被打破，谁打破了这种秩序，谁就是罪人。

王莽篡位，就被人们认为是打破了原有的秩序，即使他再有能力，也只能被钉在历史罪人的耻辱柱上。从王莽的种种表现来看，他并没有当皇帝的才能，虽然他一心想要将天下治理好，但最后的结果不但丢了天下，也丢了自己的性命，更是背上了千古骂名，遗臭万年。

# ·光武帝刘秀有没有滥杀功臣

汉光武帝刘秀在东汉时期创造了"光武中兴"的盛世局面，使得当时的政治、经济、文化等获得了一定程度的发展，在中国历史上是一位称得上有所作为的皇帝。然而如此勤政为民、为后世所称赞的皇帝，在他的人生中也有不完美，居然被认为是贪图酒色、滥杀功臣之人。那么历史究竟如何？关于光武帝的"不白之冤"，要从与他有关的两个戏剧入手来谈。

一个是《上天台》。戏剧中说道，开国元勋姚期的儿子姚刚打死了仗势欺人的国丈郭太师，而郭太师是刘秀宠妃郭氏的父亲。刘秀念姚氏父子有功于国，于是便从轻发落，将姚刚发配湖广，留姚期在朝中继续为官。然而郭妃觉得不公正，为了给老爹报仇，于是便设计将刘秀灌醉，刘秀醉酒后听信郭妃的谗言，错斩了姚期。因此，刘秀贪图酒色、滥杀功臣的罪名就被世人所流传。

另一个是《打金砖》（又名《兰逼宫》或《二十八宿归天》）。姚刚将国丈郭太师打死后，姚期便绑子上殿请罪。可是不巧的是刘秀喝醉了酒，于是便传旨立即将姚期满门抄斩，文武百官惊恐，都上殿保本，也被一并杀害。后来开国功臣马武手持金砖闯入后宫，威胁如不改旨意就要拍死刘秀，刘秀被迫答应赦免姚期，可是为时已晚，于是马武就用金砖击顶自杀身亡。刘秀酒醒之后，愧疚难当，加上阴魂现身索命，一命呜呼。

上面两则戏剧，尽管剧中主要人物都是历史上的真实人物，但戏中所演故事和人物性格，都和真正的历史不相符合。

首先，戏中说刘秀宠爱郭妃，稍通晓历史的人都知道这并非事实。刘秀一辈子只有三个女人：阴丽华、郭圣通和"无宠"的许美人，而他一生只爱阴丽华一个女人。刘秀长期征战，身边没有一个女人，与阴丽华初次见面时，他发出感叹"娶妻当得阴丽华"。几年之后，刘秀终于如愿以偿，娶阴丽华为妻，那时刘秀已经28岁了。可是后来因为政治上的一些原因，刘秀不得不娶郭圣通。刘秀称帝后，本想立阴丽华为后，但是阴丽华坚决推辞："困厄之情不可忘，而况郭贵人已经生子。"他不得已才立郭圣通为皇后。此后，刘秀每次出征都将阴丽华带在身边，尽可能减少阴丽华独自在宫中的机会，避免皇后的轻慢。最终，刘秀还是废掉了郭圣通，立已经40岁的阴丽华为皇后。刘秀先于阴丽华去世，阴丽华死后，与刘秀合葬在他的陵寝之中。不得不说，光武帝刘秀是个痴情的帝王，怎会因贪图美色而枉杀忠臣呢？

其次，光武帝刘秀是东汉"中兴明主"。他与臣子之间的关系是非常和谐的，他对功臣是从不猜疑的。《后汉书》中曾称赞他"明慎政体，总揽权纲，量时度力，举无过事"。

当时的大将冯异，手握重兵，专守关中，独当半壁江山。因此有人上奏章说他"专制关中，斩长安令，威权至重，百姓归心，号为'咸阳王'"。当时冯异感到十分恐慌，于是上书谢罪，而光武帝却对他说："将军之于国家，义为君臣，恩犹父子，何嫌何疑，而有惧意？"还有大将朱鲔，曾对抗过刘秀的军队，而且参与过谋杀刘秀哥哥的活动。光武帝称帝后派人说降："举大事者不忌小怨，鲔今若降，官爵可保。"朱鲔降服于刘秀后，光武帝拜他为平狄将军，封为侯爵，传封累世。可见刘秀是明事理之君，同时也是爱才之人，并不会因为奸佞之人的挑拨就会诛杀忠臣。

那么，光武帝刘秀为何会蒙受"不白之冤"？其实这与那些戏剧产生的历史背景有一定关系。《上天台》、《打金砖》等戏取材于《东汉演义传》，是明朝万历年间学者谢诏所作。明朝初年，朱元璋大肆诛杀有功之臣，导致很多士人不满，可是碍于法律森严，人们只能敢怒而不敢言。到了明朝中后期，法禁稍微有所松弛，于是一些文人志士便采取移花接木的手法，用前朝皇帝为主人公，编成小说、戏剧，借古讽今。这样既可以避免当时朝廷的追究，又可以抒发心中郁结之气，于是文人们就根据演义故事，发挥想象，扭曲了刘秀的真实历史，编造出了上面的戏剧。

# ·周瑜并非"善妒小人"

"既生瑜，何生亮"，这一声叹息，几百年来一直回荡在民间。这是《三国演义》对于周瑜最大的感叹。同情之声清楚地表现了他的形象，雄才大略，但是在面对蜀汉集团的中心人物时，又不得不退一射之地。对于那些中心人物，周瑜只能是陪衬。这样一个矛盾结合体，却与正史之中周瑜的形象大相径庭。

正史《三国志》详细地描述了三国那段英雄辈出、荡气回肠的历史，诸葛亮、庞统、司马懿、周瑜并称为卧龙、凤雏、幼麟、冢虎，冢虎即周瑜。周瑜是一个完美的化身，不论是政治军事上，还是人品修养上，都可谓高人一等。"英隽异才，文武韬略，可谓万人之英", 再加上上天的厚爱, 给了周瑜俊美的外表, 风度翩翩的周瑜就是一个无可挑剔的文武之才。

周瑜还具有良好的政治眼光。他少年时就送钱粮资助孙策, 并一起攻打江东, 可谓是少年风光。随后与孙策南征北战, 为东吴政权的建立立下了汗马功劳。

在军事上, 周瑜胆略兼人, 智勇双全。赤壁大战, 力主抗曹, 以少胜多, 大败曹操。之后, 又高瞻远瞩, 准备攻打蜀汉政权, 与曹操二分天下。

个人修养上, 周瑜情趣高雅。孙策死后, 面对比自己年幼的孙权, 他极为恭敬。陈普曾与周瑜不合, 时为将军的周瑜折节下交, 终令陈普折服, 并说: "与周公瑾交, 若饮醇醪, 不觉自醉。"周瑜精通音律, 文学作品中还有一个典故"曲有误, 周郎顾"。大致就是说即使是喝醉了酒, 如果有人的音律有误, 周瑜还是能听得出来, 而且还能纠正其错误。

可是, 就是这样一个雄才大略, 又如瑾似瑜的人物, 后人对他的评价却是越来越低。到最后却成了一位心胸狭隘, 毫无才华可言的庸才。周瑜在民间的形象, 一落千丈, 面目全非。

这也是一个长期发展的过程。东晋时期, 蜀汉政权被视为封建皇权的正统, 那么偏安江左、失去了半壁江山的东吴政权就遭人诟病, 首当其冲的就是大将周瑜。习凿齿的《汉晋春秋》就对周瑜进行了贬低, 周瑜就从英雄成了"小人"。唐朝时期, 诗词繁荣, 自由的文化氛围使大量唐诗开始涉及正统之争。不论是杜甫还是杜牧, 都在诗词中表现出了对蜀汉政权的偏好, 在诗文中也不断地不加掩饰地调侃周瑜。此时, 历史在文学之中也出现了偏差。到了宋代, 文人政客间的朋党之争, 使得人们在思想政治上的较量更为惊心触目。当然, 关于三国之争也不有幸免。当朱熹的理学占了历史的上风, 尊刘贬曹已经开始成了定局。为了达到尊刘的目的, 那么曹魏、东吴政权自然成为贬低的对象, 周瑜作为东吴最具代表性的人物, 也不可幸免。在宋代民间话本《三国事略》中, 周瑜的形象已是不堪入目, 鼠目寸光, 好大喜功, 心胸狭隘。到了明代, 出现了举世瞩目的《三国演义》。这部演义文学将周瑜的形象完全改变。作者为了美化诸葛亮而贬低周瑜, 把周瑜这个一代名将贬低为小心眼的代名词。然而《三国演义》对人物进行了大量的艺术处理, 不可当真, "三气周瑜"当然就更是毫无历史根据, 历史上的周瑜最后病逝于出征途中。此外, 不论是草船借箭, 还是赔了夫人又折兵、智激周瑜、借东风等问题, 从正史考察下来, 其实都与周瑜本人无关。

在《三国演义》之中, 周瑜作为一个配角出现, 自己的人性光辉也面对主角的时候被磨去棱角, 这种演义小说的畅销也是使得周瑜遭到后世贬斥的主因。

## · "莽张飞"的真实形象

随着《三国演义》的流传, 张飞的形象被人们定格为一个有着鲜明个性、有些鲁莽的赳赳武夫, 压根儿就不会把他同文化扯在一起。实际上, 真实的张飞不但文武兼备,而且素有才情，是个很有名的书画家，尤喜欢画美人，还写得一手漂亮的草书。

明代卓尔昌的《画髓元诠》载："张飞喜画美人，擅草书。"清代《历代画征录》记载："张飞，涿州人，喜画美人。"

如今，涿州人说涿州鼓楼北墙上的《女娲补天图》就是张飞所画，张飞故里附近房树村万佛阁的壁画，据说也出自张飞笔下。

关于张飞会书法的记载最早见于南北朝陶宏影的《刀剑录》，说张飞拜新亭侯，亲书刀剑铭文："新亭侯，蜀大将也。"明代《丹铅总录》还记载："涪陵有张飞刁斗铭。其文字甚工，飞所书也。"可惜这些物证已殁，无从考证。

大约在明代时，在四川流江发现了一处摩崖石刻。这便是《张飞立马铭》，又叫作《八蒙摩崖》。《三国志》载，建安二十三年（公元218年）秋，刘备与曹操争夺汉中，曹操命张郃领兵3万进犯巴州。刘备令张飞率卒万人迎击于蒙头（即八蒙山，在今四川渠县）。张飞以少胜多，把名将张郃打得大败而逃。

当时张飞非常高兴，便乘着酒兴，用丈八蛇矛在崖壁上以石代纸刺凿下两行隶体大字："汉将军飞，率精卒万人，大破贼首张郃于八濛，立马勒铭。"以示纪功勉士并兼羞曹军。其字为隶书，笔力十分雄健，今川东渠县尚存摩崖，虽经千年风雨剥蚀，字迹尚依稀可辨。对于此事，清纪晓岚有诗赞曰："哪知拓本摩崖字，车骑将军手自书。"

细观碑刻的拓本，笔画丰满遒劲，气势刚健凝重。横画"蚕头"暗藏，"燕尾"明显，极具婉转圆通的韵味。中锋藏锋如锥画沙，很是精妙。整体布局不杂一丝浮躁之气，极为认真，没有丝毫的鲁莽气息。

阆中桓侯祠张飞塑像两旁有一副著名诗人流沙河写的名联："园谢红桃，大哥玄德二哥羽；国留青史，三分鼎势八分书。"这对联是流沙河看了张飞庙后有感而发写下的，评价张飞是个文武兼备的英雄，对联讲到的"八分书"就是指当年张飞镇守阆中时留下的书法佳话。汉时的隶书叫作"汉八分"，"八，背也，言其势左右分布相背"。

元吴镇《张翼德祠》诗作云："关侯讽左氏，车骑更工书。文武趣虽别，古人尝有余。横矛思腕力，繇像恐难如。"车骑便是张飞，他于章武元年（公元221年）拜车骑将军。吴镇的意思是，张飞的书法很有造诣，连三国时著名书法家——魏国的钟繇恐怕也比不上。这是对张飞书法艺术的高度评价。

据说张飞还会写诗作赋，在打败张郃后，他率部巡游真多山，不禁诗兴大发，写下了《真多山游记》："王方平采药此山，重子歌玉泸山涧。雪，住宿方行。"19字的游经，情景交融，言简意深，无形中就透着一股美感，体现了张飞内在的文学修养。

另外，张飞有两个女儿，先后嫁给后主刘禅，一个为妃，一个为后。能够当上皇后，以古代讲究后妃德行美貌的标准以及刘阿斗贪图美色的特点来看，她们的修养、相貌至少应该算是不错的。根据现代遗传学的说法，气质和相貌都是会遗传的，若张飞真是《三国演义》中那样的粗人，又如何能生出这样的女儿？

由上可知，真实的张飞其实是一个很有文化修养的文武全才，可是人们为什么还一直叫他"猛张飞"甚至"莽张飞"呢？这恐怕与《三国演义》开头的描写以及野史、民间传说和戏曲的渲染造成的先入之见有些关系。

《三国演义》的开头，介绍张飞的相貌，用了"豹头环眼，燕颔虎须"，身份又是个杀猪沽酒的屠户。后世之人，一般都喜欢在自己的行业上寻根问祖，比如木匠奉鲁班为祖，鞋匠奉刘备为祖，做毛笔的奉蒙恬为祖，做豆腐的奉淮南王刘安为祖，杀猪的便奉张飞为祖，还编了故事说，张飞杀猪，只杀一刀，号称"张一刀"，如果那猪不死，就用手活活掐死，粗鲁得叫人咋舌。在《三国演义》中，张飞一出场就动不动要杀人。如此粗鲁没文化的形象与真实儒雅的张飞实际上是大相径庭的。

## ·为什么说刘禅并非"扶不起的阿斗"

刘禅，小名阿斗，是三国时期刘备的长子。公元223年刘备病故后，刘禅继位，史称刘后主。刘禅在位41年后，蜀汉被魏国灭亡。在后世人眼中，刘禅的形象始终是碌碌无为的庸主一个，更有甚者称之为"亡国之昏君，丧邦之庸人"。现在人们口中所说的"乐不思蜀""扶不起的阿斗"都是从刘禅身上来的。

然而刘禅是否真是"扶不起的阿斗"？近些年来，一些学者们对此提出了质疑。假若刘禅真是扶不起的阿斗，如此昏庸之辈又何以在位41年？所以其中很多人认为刘禅虽没有雄才大略，可也谈不上是十足的昏君。

刘禅能领导蜀国41年，其实还是有他的过人之处。在刘禅漫长的政治生涯中，曾有诸葛亮、蒋琬、费祎、姜维等大智大勇之人相继辅佐过他，生活在刘备、诸葛亮这样巨星环绕的环境里，刘禅即使是有光也发不出来了。《三国志》记载，刘备临终前曾嘱咐刘禅："汝与丞相从事，事之如父。"所以诸葛亮在世时，刘禅对他十分敬重，视孔明如父，委以诸事，不加干涉，基本上都是"就按丞相说的办吧"。后来诸葛亮要北伐，刘禅即使自己在心中对诸葛亮一味北伐有成见，但也都憋在心里不说，充分体现了他严格执行刘备的教导以及对长辈的尊重。从这件事上，我们还可以看出，刘禅不和诸葛亮争执，其实一直都是在保持统治阶级内部的稳定，从而最终得到实惠的还是平民百姓。诸葛亮去世后，刘禅仍能继续领导蜀国30年。就单凭能让皇权维持这么长时间而又没出什么大乱子这一点看，刘禅并非如史评的那么昏庸。

再看中国历史，人们都知道历代末代帝王，几乎都是横征暴敛、政治腐化、宦官专权，使得战争不断，民不聊生。可是刘禅没学他们，同刘禅相比较，南唐后主李煜除了会写诗词之外，估计连阿斗的一半都不如。

刘禅生活腐化时，学者周谯和老臣董允上书劝束，刘禅最多也就是无可奈何，而不是一怒之下大开杀戒。后主刘禅可能是中国历代帝王里，对大臣动刀最少的一个了，这点非常难得。

公元263年，当魏国三路大军兵临城下的时候，刘禅选择了投降。虽然大多数人觉得这是因为刘禅懦弱，愧对列祖列宗，但从另一个角度看，刘禅此举是为了让百姓免受战火之苦。投降之后，刘禅便被世人嘲笑为"乐不思蜀"。作为一代君王，即使再昏庸也不该愚蠢到这个地步。其实，刘禅是通过超高水平的伪装让晋公司马昭放松警惕而已，明哲保身，躲开杀身之祸，毕竟留着青山在，不怕没柴烧。然而在这样的伪装背后，每当想起西蜀的那片土地，想起父亲的亡灵，刘禅又为此流下了多少次眼泪？他的个中伤感又有谁人知晓？

刘禅领导的蜀国一直处于弱势，然而却能在乱世中存在41年，这又岂是扶不起的阿斗所能为之？

## ·华歆真的是利欲熏心之人吗

说到华歆，因为一则"管宁割席"的故事，再加上京剧《受禅台》（又名《献帝让位》）中的精彩片段，给世人留下了贪慕虚荣、为虎作伥的奸臣形象。然而华歆真是为虎作伥的奸臣贼子吗？

《世说新语·德行》中记载："管宁、华歆共园中锄菜，见地有片金，管挥锄与瓦石不异，华捉而掷去之。又尝同席读书，有乘轩冕者过门，宁读如故，歆废书出看。宁割席分坐，曰：'子非吾友也！'"然而人活于世，德行高低的标准本就尚无定论，见到片金拾起，遇到热闹观望，在今天看来可谓人之常情，实难因此而说华歆贪慕虚荣。

京剧《受禅台》中，献帝刘协，挂白须，着素衣、手捧玉玺，满怀亡国之痛，唱腔凄惨；太尉华歆，金冠玉带，翎羽高挑，按剑逼帝，挥来使去，一副奸臣模样。正是这副"盛气凌人、气焰嚣张"的奸邪模样，使得华歆被世人认定为助魏篡汉、助纣为虐的千古罪人。翻查正史，并未找到关于华歆如何逼献帝让位的记载，而是在《三国演义》中有"华歆谄事魏，故草次诏，威逼献帝降之"的描述。舞台形象取材于此，岂不冤哉？

事实上，《三国志》注引华峤《谱叙》时说，华歆在曹丕受献帝禅位时，并非气焰嚣张，而是面露忧色。曹丕对此不满，问尚书陈群："我应天受禅，诸侯群后，无不人人喜悦，其形尽现于声色，唯独相国（指华歆）和你脸有不豫，这是为了什么呢？"陈群答曰："臣与相国曾为汉朝之臣，内心虽为陛下感到喜悦，但在义理上，臣等的神色实应畏惧，甚至憎恨陛下才对。"曹丕遂打消疑虑。

华歆归附曹操后，曾任议郎、尚书、侍中、尚书令，赤壁之战时任军师，曹丕即位后拜相国，一路官运亨通，并非趋炎附势，而是乱世之中不可多得的治世之才。他主张重农非战，重视文教德化。太和初年，魏明帝派兵攻打蜀汉，华歆上疏坚决反对，并指出："为国者以民为基，民以衣食为本"，应先治理好本国事务，"以征伐为后事"，"兵不得已而用之"，切不能舍本逐末。时值秋雨连绵，不利于战，明帝采纳了他的建议。

华歆位极人臣，却始终廉洁自奉。当年他受曹操征召将行，"宾客旧人送之者千余人，赠遗数百金"。华歆推辞不过，就暗自在礼品上做记号，事后一一送还。魏文帝时，华歆官拜相国，但"歆素清贫，禄赐以振施亲戚故人，家无担石之储"。

华歆无论在做人还是做官方面，都并非大奸大恶，一切骂名皆因参与了汉禅位于魏的改朝换代而易其主。史书《三国志·武帝传》注引《曹瞒传》中记载，皇后伏氏曾写信给父亲伏完，言及曹操"残逼之状"，并"令密图之"。此事泄露，曹操大怒，派华歆"勒兵入宫"。华歆"坏户发壁，牵后出"。华歆因此遭世人非议。

身逢乱世，帝王之位有能者居之，治世之才如良禽择木而栖。若有才不为国家所用，有力不救民于水火，只顾清高，明哲保身，又岂能为世人敬仰、万代流芳？华歆本是一代名相，结果却落下一世骂名，实在是受文人杜撰所累，不可妄信之。

## ·隋炀帝是昏君还是明君

隋炀帝杨广是隋朝第二代皇帝，年号"大业"。隋炀帝在位14年，最后死于部将手中，隋朝也被李渊所灭亡。"炀"是唐朝给予杨广的谥号，《谥法》说："好内远礼曰炀，去礼远众曰炀，逆天虐民曰炀。"所以，千百年来，在世人眼中，隋炀帝已经成为商纣般的暴君人物。

隋炀帝自恃国富民强，好大喜功，在他即位后不断发起战争，亲征吐谷浑、攻打高句丽；而后又营建东都洛阳、开发运河、修筑长城，造成天下死于役的惨景；几乎每年都远出巡游，大肆营造离宫，掠夺地方，造成社会生产力下降……在很多人看来，隋炀帝是一个几乎集中了人类所有邪恶品种的大恶人：淫荡、贪婪、狡诈、阴险、自私、冷血、残暴、血腥、昏乱……他犯下了几乎人类所有能犯下的罪行："谋兄""淫母""弑父""幽弟""逆天""虐民"……简直可以说"磬南山之竹，书罪未穷；决东海之波，流恶难尽"。然而历史真的是这个样子吗？隋炀帝真的是一个十恶不赦的大暴君吗？让我们拨开历史的重重迷雾，重新认识杨广的真实面貌。

从唐朝开始，就有历史学家指出来，所谓的隋炀帝"好色""淫逸""淫母""弑父"这些罪名，绝大多数都是由野史作者们强加在他头上的，在正史中并没有任何证据可言。假如仔细阅读并且推敲史料，人们不难发现，其实杨广还是有可取之处的。

杨广14岁时，同大贵族之女萧氏结婚。一直到他去世，他们两人始终相敬如宾，举案齐眉。而且杨广就只有三个儿子，像这样感情专一的君主，就连历史上有名的贤君估计都比不上。

隋文帝时，杨广亲自指挥完成祖国统一，"天下皆称广以为贤"，从而结束了几百年来中国分裂的局面，使中国进入了和平、强盛的时代。

在杨广看来，南朝的灭亡主要的原因是"江东诸帝多傅脂粉，坐深宫，不与百姓相见"。因此在他统治的14年里，除了待在宫里的4年时间之外，其余大部分时间是花在巡游的路上。

隋炀帝在位期间修建南北"大运河"，将钱塘江、长江、淮河、黄河、海河连接起来，当时运河上"商船旅往返，船乘不绝"。大运河不仅使南方的物资能够顺利地到达当时的洛阳和长安，还加强了隋王朝对南方的军事与政治的统治，同时南北方的文化交流也得到了有力的加强。如此浩大的工程，利于千秋万代，隋炀帝为中国后代子孙带来了巨大的好处。只是可惜，这样巨大的工程，实在是太劳民伤财，隋炀帝为此付出的代价也很大，导致身死国灭。

隋炀帝还创立科举制，开设进士科，以考核诗赋为主，选择"文才秀美"的人才。这种制度削弱了门阀大族世袭的特权，为选拔下层优秀知识分子提供了极好的机会，对后世产生了深远影响。

除此之外，隋炀帝还有掘长堑、置关防、开驰道、筑长城、置粮仓，大修文治、制定新制度等许多功绩，这都是功在当代、利在千秋的大事业。在其统治的前期，曾多次普免钱粮，连续4次大赦天下，可是国家的财富依旧是越来越多，人口也不断增长。《资治通鉴》也说："隋氏之盛，极于此矣。"

以此看来，那些关于隋炀帝是十恶不赦的暴君的野史传说，就显得荒诞而不可信了。隋炀帝虽然也有不足之处，可是他的半生功业，却很少被人提起。平心而论，就隋炀帝在中国封建社会历史上的建树，他也堪称是一位有作为的帝王。这也给我们以启示：在评论历史人物时，不能只看其一，要正视历史，功就是功，过就是过，功不折罪，瑕不掩瑜，最终我们要看他在历史活动中有没有推动历史的进步。

# ·太子李建成是无能之辈吗

史书记载中，大唐太子李建成是一个不光彩的失败者，而我们对建成太子的印象建立于《贞观政要》、《旧唐书》、《新唐书》这类书的基础上。相反，李世民却是一个顶着历史光环的贤明君主。可是这个所谓"贤明"君王的英明之处，不在施政方面，而在于他修改了历史史实。据记载，李世民曾经先后三次要求亲自观看高祖李渊和他本人的《实录》。然而，粉饰的历史终究掩盖不了真相。翻开各类史料，从各种自相矛盾的记载中，人们清楚地看到，建成太子并非史书所说的那番不堪。

从人品修养上来讲，史书将李建成丑化成"喜酒色游猎"之徒，无疑是为了粉饰李世民夺位的合理性。事实是怎样的呢？《资治通鉴》里说，李建成"性仁厚"，这一点倒是平实可靠。其实，若真提到好酒色、游猎，李世民倒是有些这类事迹。据史书所载，有一次，李世民随李渊到齐王府，李元吉暗伏刺客欲于席间击杀李世民。反而是李建成心地仁厚，怕因此而惊吓了李渊，及时制止了他的行动。事后李元吉埋怨说："我不过是为大哥你着想罢了，这对我又有什么好处？"这一句话很妙，从上文的语气来猜测，此时李元吉为自己的行为辩护时说的，完全是一派"此地无银三百两"的情景，这就令人不得不疑心到他深层次的动机。而在玄武门事变前夕，又是李元吉向李渊进言，要求诛杀李世民。而李建成的反应，史书却没有记载，若他有比李元吉更激烈的主张，史书一定会大书特书，以显示他是何等不念兄弟之情，但却从未出现李建成欲杀李世民之事。这只能说明，李建成远不像李元吉那样，急于要置李世民于死地。因此，说李建民是个宅心仁厚的太子可谓有理有据。

说到军事才能，有历史学者说："作为李渊的长子，李建成在唐帝国未建时所立功勋是卓著的。可以这样讲，如果李渊没有建成，就很难成为唐高祖。也就是说，有了李建成才有了后来的唐帝国。"建唐初期，晋阳起兵、定西河、下绛县、驻永丰、入长安等军事活动中，李建成冲锋陷阵，战功卓著。攻破长安也是李建成所为，这奠定了唐朝号令天下的军事基础。

除了在军事上卓有成效外，李建成也擅长政治，且不逊色于李世民。李建成招贤纳俊，一度网罗了魏徵、王珪等人才，这些人后来都成了贞观年间的一代名臣。他在第二次对刘黑闼作战中，采纳魏徵的建议，以怀柔为主，武力为辅，更显示出他的政治和军事完美结合的才能。在李建民成为太子之后，他辅佐李渊处理政务，可谓有条不紊，也表明他有较强的处理政务的能力。

与李世民相比，李建成并非如史书所说得那样不堪，他与李世民都是人中之龙，都有经天纬地之心。而李建成更是名正言顺的开国太子。只是，李世民先下手为强，最终杀了亲哥亲弟，登上皇位。

# ·武则天到底有没有掐死亲生女儿

一直以来，"武则天为夺取后位，掐死了自己的亲生女儿，嫁祸王皇后"的说法在民间广为流传，这个说法也得到了许多正规史学著作的认同。但是，最近学者孟宪实提出，从种种迹象和史料来看，武则天其实并未"振喉绝襁褓之儿"。

武则天在中国历史上横空出世，是一个历史奇迹。但是，成功地获得皇位的武则天，也为此付出了很大的代价。作为一个女皇帝，在男权至上的古代社会里是很让男人们恐慌和不平的。

因此把武则天视为妖魔的思想一直占据着传统史学的主流地位，"武则天掐死了自己的亲生女儿"这种说法就是一个典型事例，并且还越传越真实了。

但是，翻开当时的史籍记录，不论是《唐会要》还是《新唐书》，多是强调小公主之死给王皇后带来的危机，而没有直接说小公主就是被母亲武则天杀死的。并且，王皇后的危机也不是从小公主之死开始的，而后来王皇后被废，也没有证据显示公主之死发挥了作用。

其实，王皇后的危机，早在武则天入宫之前已经显现。王皇后虽然出身名门，但是她跟高宗的关系似乎从很早开始就存在问题。高宗与萧淑妃连续生育一儿两女，《唐会要》里说"时萧良娣有宠，王皇后恶之"。武则天能再次进宫，全拜王皇后所赐，而王皇后的动机主要就是为了利用武则天打败萧淑妃，即"欲以间良娣之宠"。但是事与愿违，武则天"既入宫，宠待逾于良娣，立为昭仪"。王皇后引狼入室，萧淑妃因此失宠，武则天后来者居上，王皇后依然不得宠爱，反而添加了劲敌。

唐高宗不喜欢王皇后，才是王皇后真正的危机所在。也正是因为皇后有如此的危机，她的舅舅柳奭才迫不及待酝酿立太子的事情。《新唐书》中说："王皇后无子，后舅柳奭说后，以忠母微，立之必亲己，后然之，请于帝。又奭与褚遂良、韩瑗、长孙无忌、于志宁等继请，遂立为皇太子。"

皇帝李治开始并没有同意皇后的请求，但是迫于长孙无忌等朝中重臣的压力，只好妥协同意。文字记载得很清楚，立李忠为太子，就是为了稳定王皇后的地位。而这个时候，武则天与唐高宗的第一个儿子尚未出生，更不要说公主之死了。

确立李忠为太子，并没有解除王皇后的地位危机。就在太子确立后不久，唐高宗与武则天的第一个儿子出生。这个儿子被命名为李弘，而李弘这个名字本身就意味深长。南北朝以来，道教兴盛，社会上一直盛传"老君当治""李弘当出"的谶语，宣传李弘为真命天子。唐高宗和武则天给自己的儿子命名为李弘，就有应谶而为的意思。而当时李忠已经被立为太子，这不正暗示着对李忠的不认可，对王皇后的某种不承认吗？与其说王皇后的地位危机来自武则天的攻击，不如说来自唐高宗很久以来对她的冷淡，而唐高宗给儿子起名为李弘，其实已经预示着皇后有更大的危机。明确地说，这个时候，唐高宗很可能已经有了换皇后的念头。

在《唐会要》、《旧唐书·武则天本纪》和《新唐书·王皇后传》的记载中，在描述双方斗争的时候，立场有所不同，但是武则天的胜利却是公认的。所以，废黜王皇后在唐高宗这里根本没有感情障碍，障碍只在朝中大臣而已。对于唐高宗感情脉搏了如指掌的武则天，对于已经失败的王皇后的继续打击，有必要付出亲生女儿的生命这样沉重的代价吗？

何况，唐高宗采取步骤推动皇后被废的时候，申诉的理由是"皇后无子"，从来没有一句谈及皇后杀死公主的事情。

后来，李敬业在扬州起兵时，骆宾王声势浩荡的《讨武曌檄》里并没有提及武则天掐死小公主的事情。如果确有其事，哪怕仅有一点点传言，骆宾王会手下留情吗？这说明在李敬业起兵讨伐武则天的时候还没有这种传言。

另外，在唐宪宗时期成书的《大唐新语》和被公认为对唐朝历史写得最客观的《旧唐书》里，压根儿没有提到什么公主被谋杀的事，关于这位小公主的死亡，只是记载她是武后的长女和死亡的事实而已。更奇怪的是，小说里明明绘声绘色描述武则天偷偷掐死自己的女儿，偷偷地溜出去，整个过程没人发觉，既然没人看见那作者又是怎么知道的？

因此，关于武则天掐死自己亲生女儿的事情是后人丑化武则天的结果，不可全信。

## ·拆散白素贞和许仙的和尚其实不叫法海

在家喻户晓的神话故事《白蛇传》里，法海是个很可恶的和尚，心胸狭隘，公报私仇，狗拿耗子——多管闲事，拆散了许仙和白素贞的幸福家庭。其实，这也不全是神话传说，历史上的确存在过法海这样一个人。

明吴郡陈谦的《讷庵随笔》说："余考法海，金陵人，见颜鲁公《湖州乌程县杼山妙喜寺碑》。"清末民初编纂的《丹徒县志摭余》也说："法海洞在京口金山，原臆其为裴头陀栖隐之地。然法海之名见于稗说，女孺皆知。丹徒县志及金山诸寺'方外'一门独佚其人。……又杨秉把《杂录》云'缪雪庄（谟）有《题法海禅师像传》'。"

唐朝李华的《润州鹤林寺径山大师碑铭》中也说，法海是径山大师（俗姓马，名元素，延陵人）的同门师弟，他们都是南京牛头山（今南京市郊牛首山）威法师的传法弟子，这一辈的僧名都带个"法"字。

民国时期出版的《人名大词典》中"法海"条目写道："法海，丹阳张氏子，字文允。少出家于鹤林寺，该通外学，圆入一性，擅独悟之名，剖不决之义。……天宝中，预扬州法慎律师讲肄，与昙一，灵一等同推为颜冉。复与杼山画公为忘年交。"

因此，真正的法海其人，俗名张文允，丹阳人，是唐玄宗天宝年间的一个名僧，精通佛理，年少时出家于润州鹤林寺。

《白蛇传》是综合明末冯梦龙编纂的《警世通言》中的《白娘子永镇雷峰塔》话本，后经过民间艺人的再加工而成。法海的原型不是历史记载中的法海，而是金山寺的祖师裴头陀。《金山志》上曾记载："蟒洞，右峰之侧，幽峻奇险，入深四五丈许。昔出白蟒噬人，适裴头陀驱伏获金，重建精蓝。"宋朝诗人张商英有诗道："半间石室安禅地，盖代功名不易磨，白蟒化龙归海去，岩中留下老头陀。"这首诗被制成楹联，如今还挂在法海洞中。说的是裴头陀初来金山寺时，寺宇倾毁，杂草丛生，半山崖有一条白蟒蛇经常出来伤人，百姓不敢上山烧香。裴头陀曾勇敢地与白蟒斗法，将白蟒赶入江里。他立志修复古刹。在僧徒和周围群众的支持下，修寺盖屋，重继香火。

后来，裴头陀和法海经民间艺人一捏合，合二为一了。就这样，裴头陀降服白蟒的传说转到了法海名下，白蛇故事中选用法海代替了裴头陀。

## ·《韩熙载夜宴图》是谍报图吗

中国历史上的画作闻名遐迩者不在少数，《韩熙载夜宴图》正是其中一卷。此画卷分多幅，如同一幅连环画，绘制了南唐著名官员韩熙载在家开宴行乐的场景，包括琵琶独奏、六幺独舞、宴间小憩、管乐合奏、夜宴结束五幅画卷。画中无论人物、事物，皆笔法细腻，活灵活现。整幅长卷线条准确流畅，工细灵动，充满表现力，设色端丽雅致，层次分明，神韵独特，简直是神来之笔。

这样一幅绝世画作，在得到千年盛誉的同时，却也有人提出，其实如此名画是一份"谍报"。为什么名画竟成了谍报图呢？这要从画作的由来谈起。

《韩熙载夜宴图》所画的既然是南唐名臣韩熙载，图画的背景当然就是南唐。李唐末年，各路节度使、太守、军阀趁势而起，将大唐江山撕分食之。其中，偏居于江西、浙江一带的南唐国，自称为李唐正统遗脉。韩熙载就生活在南唐国君李煜在位时期，那时韩熙载已经是权倾朝野的大臣。若说李煜与韩熙载的关系，只能用微妙来形容，却不能说二人关系紧张，因为韩熙载还是忠于国家、忠于国主的人，只不过他时常顶撞李煜，叫后者对他的防备之心越来越盛。

时值国势衰微之际，李煜新娶小周后，大臣们纷纷恭喜，没有一个人敢说李煜沉迷酒色，韩熙载却写了一首讽刺诗。李煜看了之后也是无奈。韩熙载此人颇有诤臣和谏臣的风范，为人耿直，李煜对他是又爱又恨，升了他的官又想踢他下台。

不久，赵宋于中原兴盛起来，南唐岌岌可危，满朝文武均知大势已去，想必韩熙载也是意识到了这一点，于是再也不上朝，而是终日在家饮酒作乐，夜夜笙歌。此事传到李煜耳中，顿时气不打一处来，于是叫了两个非常有名的画家去参加韩熙载的夜宴，并将夜宴的场景细细刻画出来。

经过几个月的功夫，李煜接到了在未来遐迩中外的《韩熙载夜宴图》，欣赏来欣赏去，最终吩咐人将此画送给了韩熙载。此时这位李后主的行为不禁叫人诧异，他明明派人做间谍去韩熙载府上参加晚宴，又花了数月的功夫等人将《韩熙载夜宴图》画好，如此大费周章，怎么还要把夜宴图送给韩熙载呢？

其实，仔细一想，如果李煜真的想要找人做间谍监视韩熙载，只要派身手矫健的探子盯着后者就行，没有必要派人参加晚宴，还命人作画。他之所以这样做，就是想借画告诉韩熙载：你作为重臣如此堕落，国家怎么能再次兴旺起来？

不过，韩熙载似乎并未领会李煜的用意，依然过着放荡不羁的生活，李煜在失望至极之下决定将韩熙载迁至洪州。韩熙载这才知道李煜并不是软柿子，慌忙借此机会告老还乡，再不干政。李煜念在他对南唐江山有功的份儿上，只将他放逐出了金陵。

《韩熙载夜宴图》是否真的是份谍报图，没人能肯定地回答。不过这幅画的历史价值和文艺价值，会被人们永记在心。

# ·秦桧是金国奸细吗

"三十功名尘与土，八千里路云和月。莫等闲，白了少年头，空悲切！"

抗金英雄岳飞的《满江红》，气势磅礴之音言犹在耳，精忠报国之人却已魂归西天，唯留下满腔热血的英雄气概，在悠悠历史中荡气回肠。后世之人对这位精忠报国的赤子忠魂难以忘怀，无限感慨，同时也为他报仇雪恨，用历史的骂名将当年那个用"莫须有"的罪名害死他的奸佞小人——秦桧，牢牢地钉在了耻辱柱上。

世人眼中的秦桧，一生作恶无数，窃权弄柄、里通外国、无耻求和、屠害忠良、贪污索贿，坏事干尽，天良无存。岳王庙一副对联"青山有幸埋忠骨，白铁无辜铸佞臣"，表达了多少代人为岳飞抱憾，恨秦桧入骨的刚烈情怀。然而，无恶不作、陷害忠良的奸佞小人秦桧，真如世人所咒骂的那样，是金人放回的奸细吗？

认为秦桧是金人放回的奸细，出自朱胜非的《秀水闲居录》中记载："秦桧随敌北去，为大帅达资任用，至是与其家俱得归。桧，王氏婿也。王仲山有别业在济南，金为取千铢解其行，然全家来归，婢仆无故。人知其非逃归也。"

先说朱胜非其人，靖康之耻后，金人欲立张邦昌为傀儡皇帝，秦桧坚决反对，并

"进状争之"，而朱胜非正是张邦昌的友婿，他与秦桧之间早有矛盾。秦桧执政时，朱胜非被废居八年。他写的《秀水闲居录》中认定秦桧不是从金国逃归，很难排除是为了对秦桧打击报复而擅自作出的臆测。

再看《秀水闲居录》所言之事，疑问颇多。为何"全家来归，碑仆无故"就能"人知其非逃归也"？以秦桧在官场中跌爬滚打多年所历练出的奸猾伎俩，也许真有办法逃脱也未可知。其中细节史书中均无记载，后人不详；当时朱胜非不在现场，又从何得知？可见一切皆属推断、臆测，难免夹杂主观情感，有失公允。

说秦桧是金人的奸细，也许的确冤枉了他。但不得不说，这是他咎由自取，怨不得别人。秦桧回国后的所作所为，实难让人不误会其名为宋朝宰相，实为金国奸细。秦桧先是力主与金人议和，其后用"莫须有"的罪名置岳飞于死地。客观地说，以南宋当时的奄奄之势，议和也许比死拼到底更有利于南宋王朝日后的发展；而陷害岳飞，若无高宗皇帝的默许与纵容，若无"岳家军"的名望震慑到皇帝的至上权威，恐怕秦桧再奸邪，也难有这天大的本事。

然而人之所以为人，正应了"情感动物"一词。岳飞的死，增加了世人对秦桧的痛恨，甚至可以说，岳飞因秦桧而死于一时，秦桧因岳飞而遗臭万年。一句"人在世间羞名桧，我于坟前愧姓秦"，可见秦桧纵使能在史书典籍中得以平反，但在世人的心目中，他仍然不能从岳飞墓前站起身。

## ·朱元璋的真实形象

故宫南薰殿中共收藏了中国历代的皇帝、皇后肖像75幅，其中画像最多的是明太祖朱元璋，他一人就有13幅画像。让人迷惑不解的是，这些画像一种是相貌堂堂，另一种是丑陋不堪。朱元璋到底长什么样呢？

朱元璋出身草莽，又当过和尚，其长相如何在民间有多种版本。传说他额头和太阳穴隆起、颧骨突出、长下巴、大鼻子、粗眉毛、金鱼眼、满脸麻子等。甚至有传说他曾召集三名画师为其画像，前两位据实画像的画师都为其所杀，第三位在形似的轮廓上刻意美化才博得朱元璋欢心。

民间朱元璋画像中，常有阔长宽广的大嘴巴，有些甚至比例不当地在其脸上画上斑点，以突出民间传说的"三十六颗红麻子"。这些图像线条粗陋，有的服饰冠带不合明朝规制，显然是民间艺人的信手涂鸦之作。

真正的朱元璋长相极有可能是面貌一般但有些特征较为独特，譬如大嘴巴等让人印象深刻。民间画像只不过夸大了这一特征而已，就像现代人的漫画化。

有学者虽然认同民间传说的"脸面有皱纹而痘点斑斑，颚部突出"，但也对民间丑化朱元璋的那些画像表示了质疑，认为那些画像是基于画师的故意丑化，提出"太祖和其他皇帝一样英俊"。

从故宫所藏历代明朝皇帝的长相看，从成祖到崇祯皇帝面貌大抵相若，而他们和宫藏的朱元璋像也都有几分相像。从明朝世系相传的面貌特征看，朱元璋并非丑得吓人。

统治者都想给后人留下一个好印象，朱元璋当然也不愿意自己在后人眼中成为一个丑陋的皇帝。为了维持神秘感和高高在上的形象，中国历代统治者都很少出现在公众面前，与百姓进行沟通交流，但是这种做法往往适得其反。接触不到真相的大众常常会根据一些道听途说的小道消息加上大量的想象，在市井之间随意塑造统治者的形象，于是朱元璋就这样背上了"丑"名。

# ·吴三桂降清的历史真相

吴三桂归降清朝，使清军不费一兵一卒占领山海关，改变了整个中国历史的进程。吴三桂忠明叛明，联李破李，降清叛清，因此吴三桂是叛徒的盖棺定论，得到了大多数人的认同。但是，学术界对于吴三桂降清还有颇多争议。

1644年，李自成攻破北京，崇祯帝自杀，吴三桂放弃山海关，引清兵入关击退李自成。清政府成立之后，吴三桂被封平西王，管理云南、贵州地区。吴三桂当时也被贴了叛臣贼子的标签。

近年来，经史学家考证，当年李自成十万大军到达山海关下，吴三桂确有向清朝求援的举动，但是吴三桂当时是否降清，还有待商榷。

广为传颂的"冲冠一怒为红颜"的故事，历来被人们认为是吴三桂降清的主因。其实，吴三桂降清与否的疑点还是颇多。大多数人认为吴三桂主动投降清朝，依据主要在于：清政府成立之后，给了吴三桂王爵，吴三桂作为明朝降将，为何会被清政府封为平西王呢？极有可能是因为吴三桂投降，献出山海关，让清军能顺利通过山海关，入主中原。吴三桂的投降对清朝统一天下的大业作出了重要的贡献，因此清政府以封王来奖励吴三桂。此外，明朝灭亡以后，南明政权曾多次要拉拢吴三桂反清复明，吴三桂却采取了追杀南明永历帝的举动，这无疑成为吴三桂背叛明朝的铁证。

但是，也有不少人持相反的观点，认为吴三桂当时并未降清，而是形势所迫。吴三桂的确向清政府借过兵马以攻打李自成。关键在于他所借兵马的人数——1万人。为何只是区区1万人呢？难道吴三桂就能够因为多了这1万清兵就能打败李自成？这显然是不可能的。战场何等残酷，并不是区区1万人就能改变形势。况且，李自成10万大军兵临山海关下，虽然吴三桂只有5万兵马驻守山海关，但是这并不代表吴三桂怕了李自成。因为吴三桂这5万兵马都是长年南征北讨而组成的精锐之师，李自成虽然在人数上占优势，可是他的大军战斗力并不强。所以，从战斗力上来说，吴三桂的大军并不输给李自成。既然吴三桂并不害怕李自成，那么他为什么还要向清军借兵呢？他又是如何向清军借兵呢？这就涉及与吴三桂和清朝都有密切关系的两个人，即降清明将洪承畴和祖大寿。洪承畴是吴三桂的老上司，祖大寿则是吴三桂的舅舅。当初洪承畴降清时，被俘明军有3000人，而祖大寿降清之时，被俘明军有7000多人，两组人数相加正好是1万人。与吴三桂借兵1万正好吻合。在祖大寿与洪承畴的配合之下，吴三桂想要借得这1万人马也极有可能。然而，吴三桂真正的目的并不是借兵，而是要收回这1万兵马，并借此摆脱清军的威胁。吴三桂能想到的，多尔衮当然也能想到。即使如此，多尔衮还是必须要拉拢吴三桂。吴三桂与多尔衮商定，清军由中协入关，与吴军配合，两面夹击李自成。当战役开打之时，清军14万支援大军却直扑山海关而来。形势对吴三桂极为不利，吴三桂不得不让出山海关。换一个角度，如果吴三桂一开始有就有意降清，那么他也没有必要向清军借兵，甚至发动对李自成的战役，最后还让本来已经落入自己圈套的李自成逃走，而害死了自己的亲人。

其次，还有问题在于，吴三桂打退李自成的大顺农民军之后，南明小朝廷曾经为了表彰吴三桂打退李自成的功绩，特封吴三桂为蓟国王。如果吴三桂降清，南明朝廷也不可能封赏一个背叛自己的叛将。这也说明吴三桂当年并未降清。

从吴三桂的性情来说，他当时也可能不降清。山海关之战，多尔衮背弃了与吴三桂的信约，让14万大军直扑山海关而来，吴三桂与多尔衮双方已经失去信任感。因此在多尔衮执政期间，吴三桂不愿降清，吴三桂真正降清也应该是在多尔衮去世之后。

## ·鳌拜为什么能成为顾命大臣

近年来，随着各种清代题材历史剧的热播，康熙帝智擒鳌拜的故事成了人们津津乐道的话题，鳌拜也以大奸臣的形象家喻户晓。实际上，鳌拜后期虽然对小皇帝飞扬跋扈，但想当年鳌拜也还的确是个忠勇之臣，早年南征北战，屡建奇功，忠于故主，始终不渝，是功臣也是忠臣。这是他不该被忘记与抹杀的功绩。

鳌拜，生年不详，卒于康熙八年（1669年），满洲镶黄旗人。鳌拜出身将门，精通骑射，武力非凡，他从其青年时代起就效力军中，屡立大功。他还曾跟随清太宗皇太极攻察哈尔部、征朝鲜，均有战绩。

在皮岛之战中，鳌拜主动请缨，并向阿济格立下军令状："我等若不得此岛，必不来见王。誓必克岛而回。"胜败关键时刻，鳌拜第一个冲向明军阵地，冒着炮火与敌人展开近身肉搏。清军遂一举跟进，攻克皮岛。

在松锦会战中，鳌拜冲锋陷阵，一马当先，五战皆捷，因功晋爵一等梅勒章京。

顺治元年（1644年）十月，鳌拜随靖远大将军、英亲王阿济格取道陕北，攻陷四城，降三十八城，随即挥师南下，直逼西安。李自成被迫放弃西安，退往湖广。阿济格奉旨率军剿除"流寇余孽"，鳌拜等遂分翼出师，水陆并进，于河南邓州和湖北承天、德安、武昌等地前后十三战，重创大顺军。

打垮李自成之后，顺治三年（1646年）正月，鳌拜又随肃亲王豪格等率军进攻张献忠大西农民军。鳌拜再次充当先锋，率领先头部队前往狙击。两军相遇，鳌拜等人又是身先士卒，往前猛冲。狭路相逢勇者胜，昔日威风一时的大西军抵挡不住而溃败，张献忠也于此役中被杀。打败大西军主力之后，鳌拜等又继续深入，基本上肃清了四川一带张献忠余部。击破大西军，鳌拜实居首功。

由上可见，鳌拜早年无论是在关外与明军的反复交锋中，还是在入关定鼎中原后巩固统治的大小战斗中，出生入死，转战南北，都立下了汗马功劳，是当之无愧的清初开国功臣。

鳌拜不仅是战场上的一员骁将，也是皇太极忠心耿耿的心腹。崇德八年（1643年）八月初九，皇太极逝世，满洲亲贵在帝位继承上出现矛盾。皇太极长子肃亲王豪格与皇太极之弟多尔衮争立。皇太极生前统领的正黄旗与镶黄旗拥立豪格，而多尔衮自领的正白旗与镶白旗则拥立多尔衮。双方争持不下，形势极其严峻。

八月十四日，代善于崇政殿召集会议讨论继承人选。鳌拜于当天清晨与两黄旗大臣盟誓于大清门，坚决拥立先帝（皇太极）之子，并命两旗精锐护军全副武装环卫崇政殿，做好了不惜兵戎相见的准备。当会议之中争论不休时，鳌拜与效忠于皇太极的一批将领纷纷离座，按剑而前，齐声说道："我们这些臣子，吃的是先帝的饭，穿的是先帝的衣，先帝对我们的养育之恩有如天高海深。如果不立先帝之子，我们宁可从死先帝于地下！"在这种形势下，多尔衮不得不作出让步，提出拥立皇太极第九子、6岁的福临继位，由自己和郑亲王济尔哈朗一同辅政。这一折中方案最终为双方所接受。

顺治帝亲政后闻知鳌拜、索尼等人曾经盟誓"一心为主，生死与共"，忠心耿耿，遂对鳌拜极为敬重，视为心腹重臣。从此，鳌拜随侍顺治帝身边，直接参与管理国家各类事务，如商讨本章批复程序，联络蒙古科尔沁部，调和太后与皇帝之间的关系，祭奠过世王公妃嫔，协助会审案狱，并倡议"大阅以讲武"，自教武进士骑射，等等。应该说，鳌拜对顺治帝还是忠心耿耿的。正是由于这个原因，顺治帝对他也十分关心和信任。顺治十三年（1656年），鳌拜旧伤复发，卧床不起，顺治帝亲临鳌拜府邸去看望慰问。顺治十四年（1657年）冬，孝庄太后病重，顺治帝朝夕侍候。鳌拜昼夜于宫中侍候，都顾不上自己休息吃饭，深获顺治帝的赞赏。

鳌拜忠心事主，始终不渝，在皇太极去世后坚决拥立其子为皇位继承人，甚至不惜与对手兵戎相见，最终争得福临继位。他为此与睿亲王多尔衮结下怨仇，在后者摄政期间，多次遭受残酷打击，三次论死。故主皇太极既已去世，其子福临也得以即位，鳌拜此时完全可以为谋求个人利益而迎合多尔衮，这在古往今来的官场上是司空见惯之事。但鳌拜面对如此险恶处境，却仍然不屈不挠，始终没有迎合多尔衮。就此而言，鳌拜作为清初一员骁将，其性格是耿直倔强、敢于抗争的。他对故主皇太极忠心耿耿，一片赤诚，而对顺治帝也始终坚守臣节，称得上是一个难得的忠义之臣，由此才能在顺治帝死后成为顾命大臣。

# 被误读的历史新证

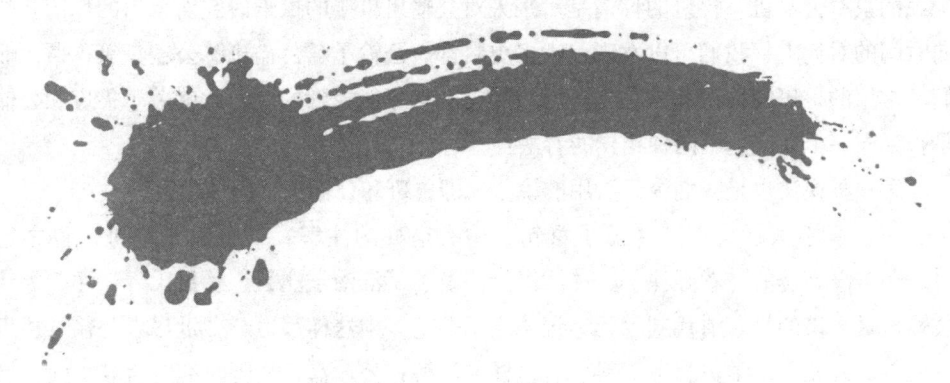

# ·鲁班和公输班是同一个人吗

鲁班之名耳熟能详，俗语经常说"班门弄斧"，"班"就是指鲁班，他生活在春秋战国时期，出身于工匠世家，从小就参加社会劳动，逐渐掌握了许多土木建筑工程方面的方法和经验。

他还是我国古代最杰出的土木建筑工匠、著名的发明家，长期以来受到劳动人民的尊敬，从事工匠工作的人都把鲁班尊为"匠师之祖"。东汉史学家班固的《汉书》之《古今人表》中的人物排位：孔子、鲁班、墨子，从这个排位足见人们对鲁班的尊崇之情。另外我国设的"鲁班奖"就是国内建筑行业工程质量方面的最高荣誉奖。

从文献资料里我们找不到在鲁班生活的那个年代对他有"鲁班"这个称谓，而历史记载的只有公输班，鲁班的称谓是后来人对公输班事迹的探索研究而得出的称谓。从纵向时间的对比上，我们可以发现，大多史料都有公输子、公输班、公输盘等称谓，而我们经常用的鲁班的称谓却是在先秦以后的文献中才能找到的。因此就关于鲁班和公输班是否是同一个人产生了两种相异的看法：

第一种说法也是我们今天沿用的说法，即鲁班和公输班是同一个人。

东汉经学家赵歧在其《孟子章句》中有这样的注解："公输子鲁班，鲁之巧人也。"东汉高诱的《孝经注》、《战国策注》、《淮南子注》、《吕氏春秋注》等认为公输班是鲁班的号。清代刘献廷笔记《广阳杂记》中这样写道："世尽以公输、鲁班为一人"。《先秦文学史参考资料》有这样的注解：公输盘，战国时期的著名工匠，另一个名字叫鲁班。盘在古代有"般"的写法，也就是说在古代"盘"和"般"是通用的，古人有同音字假借的习惯，因此后世称鲁班也不足为奇。另外《鲁班经》记载："师讳班，姓公输。"

《辞源》对鲁班的解释也是，鲁班即鲁般；鲁般见公输班；《辞海》对鲁班的解释是：鲁班，春秋之巧匠。班，亦作般。以上都可以说明鲁班和公输班其实是一个人的不同称谓而已。

第二种说法：公输班和鲁班不是同一个人。从《礼记·檀弓》中记载，"季康子之母死，公输若方小。敛，般请以机封……"其中提到的季康子和孔子都是生活在春秋年代，那么公输班自然也应是同一个年代的人。如果这个推论成立，那么《墨子·公输》及《战国策·宋卫》所提到的公输班在时间上不符。这样很多学者认为公输班和鲁班其实是两个不同的人。

我们从鲁班的成就可以看出鲁班是一个优秀劳动人民的代表，他一生涉足多个行业、不同学科，并在这些行业都有很多重要的发明和创造。最早并未有"鲁班"这个称呼，而真实的称谓其实是"公输班"，之所以出现鲁班这个称呼，其实来源于民间百姓流传，但是是同一个人的不同称谓。

## ·柳下惠"坐怀不乱"真有其事吗

古人以"坐怀不乱"一词，形容男子在两性关系方面作风正派。所谓的"坐怀不乱"者，指的便是春秋时期鲁孝公之子公子展的后裔柳下惠。事实上，"柳下"是他的食邑，"惠"则是他的谥号，所以后人称他"柳下惠"。

柳下惠曾被孟子尊称为"和圣"，因其道德学问深厚，名满天下，在当时受到很多名门贵族的推崇。有一段时间，柳下惠任鲁国大夫，后来遭人排挤，遂隐遁成为"逸民"。有许多贵族招揽他，但都被他拒绝。《孔子》曾记载过他不再出仕的理由："直道而事人，焉往而不三黜？枉道而事人，何必去父母之邦？"言下之意是说，自己在鲁国之所以屡被黜免，是因为坚持了做人的原则，如果不改原则，到了哪里都会遭到黜免。倘若真的可以委曲求全，何必舍近求远，在鲁国就能够得到荣华富贵。

柳下惠如此德行，自然深受诸子推崇，也正因为其品德谦厚，对礼学深有研究，于是在《诗经·小雅·巷伯》的西汉毛亨传本里，记载了这样一段与柳下惠有关的故事：

鲁国有男子名为颜叔子，独居一室，邻居独居一寡妇。一天夜里，暴风雨大作，寡妇的房子被摧毁，遂来到颜叔子这里请求庇护。颜叔子不让妇人进门，妇人问何故？颜叔子说："我听说男女不到60岁不能同居一室。如今我年纪轻轻，你亦如此，我怎可放你进来。"妇人说："你为何不像柳下惠那样，用身体温暖来不及入门避寒的女子，而别人也不认为他有非礼行为。"男子说："柳下惠可以开门，我不能开门。所以我要以'不开门'来效仿柳下惠的'开门'。"

看罢该则典故，人们应当发现，柳下惠"坐怀不乱"是从西汉学者毛亨传《诗经》的本子中提及的，且"坐怀不乱"典故出于颜叔子之口，而真正的春秋时期并没有关于柳下惠"坐怀不乱"的实际记载。直到元时的胡炳文（1250~1333年）在《纯正蒙求》卷上才记录道："鲁柳下惠，姓展名禽，远行夜宿都门外。时大寒，忽有女子来托宿，下惠恐其冻死，乃坐之于怀，以衣覆之，至晓不为乱。"

从春秋到元代，时隔1000多年的时光，纵观整个春秋史，根本没有柳下惠"坐怀不乱"之说，乃至西汉始有提及，元代方才形成真正的故事。原来人们对柳下惠在男女关系上正派的想法竟是一个天大的误会。

那么，究竟是谁杜撰了柳下惠"坐怀不乱"的故事呢？有人认为，元人应当是受了宋代程朱理学"存天理，灭人欲"的影响，为了彰显儒家传统道德，教育世人洁身自好，所以借古人做话题。而柳下惠因为是古代著名的道德学者，素有"以礼治邦""执法以平""治国以德"的美名，再加上西汉毛亨传《诗经》本中提到了柳下惠的有关内容，自然就被元人拿来大大地夸张一番。不过，西汉的毛亨作为著名的训诂学者，为何也会讲柳下惠"坐怀不乱"呢？

或许，是柳夫子高贵品行给了世人过多美好的想象，才造成了后世诸多的误解，不过这个误解尚算理想，也算是评价男子品性的标准之一。

# ·端午节并非纪念屈原

农历五月初五的端午节，又称重午、浴兰节、夏节、天中节等，是我国最隆重的传统节日之一。端午节在我国已延续了几千年，每到这一天，人们都喜欢吃粽子、饮雄黄酒、赛龙舟、挂菖蒲……

我国一直有这么一个传说：楚襄王二十一年（公元前278年），秦将白起攻破郢都，屈原悲愤难挨，遂自沉汨罗江，以身殉国。屈原死后，楚国百姓哀痛异常，纷纷涌到汨罗江边去凭吊屈原。渔夫们划着船只，在江上来回打捞他的真身。

有位渔夫拿出为屈原准备的饭团、鸡蛋等食物，"扑通、扑通"地丢进江里，说是让鱼龙虾蟹吃饱了，就不会去咬屈大夫的身体了，人们见后纷纷仿效，一位老医师则拿来一坛雄黄酒倒进江里，说是要药晕蛟龙水兽，以免伤害屈大夫。后来为怕饭团为蛟龙所食，人们想出用楝树叶包饭，外缠彩丝，后来发展成粽子。

自此以后，在每年的五月初五，人们就以赛龙舟、吃粽子、喝雄黄酒等风俗来纪念伟大的爱国诗人屈原。

由于屈原的伟大人格和自杀殉国的事迹让每一个中国人为之动容，所以大家都愿意用这一天来纪念屈原。然而事实是，端午节的习俗并非起源于纪念屈原，早在屈原投江之前就已经存在了。南朝梁的文人宗懔在他的笔记《荆楚岁时记》中就指出：竞渡是"东吴之俗，不关屈平也"。

端午的来历可以追溯到周代，周代忌讳"五"字，民间认为五月是毒月，初五又是毒日，有五毒，即蛇、蜈蚣、蝎子、蜥蜴和癞蛤蟆，此月多灾多难，甚至生孩子都会夭折，因此必须采取各种方法来避五毒之害，端午节划龙舟就是古代人驱邪避疫一类的宗教活动。仔细想想，粽子的主要原料糯米、雄黄酒、菖蒲、艾叶等其实都是古代的辟邪之物。《山堂肆考·宫集》卷十一记载：古人"端午以艾为虎形，或剪彩为虎，粘艾叶以戴之"。这种艾做的老虎，古人叫"艾虎"。佩戴艾虎，就是希望借老虎的神威来驱邪避疫。在这天吃煮熟的大蒜也有避疫的意思。

这些举动实质上是来源于古代人们在生产生活实践中的经验总结，他们发觉，农历五月时序已交夏令，蚊蝇孳生，百虫出洞，人的身体很容易受到毒虫的侵害，所以想出这些办法来祛毒除病、防身健体。雄黄是一种矿物，中医用为解毒、杀虫药；蒜头含有大蒜素，具有杀菌、抗滴虫作用，中医一直用蒜作为散寒化湿、杀虫解毒药；菖蒲和艾草也都有驱虫作用。

随着时间的流逝，端午已作为一个节日固定下来，可见，在端午节的形成过程中，各时、各地都会产生各种习俗，并赋予它不同的意义。除了有端午纪念屈原之说，还有纪念伍子胥、纪念孝女曹娥救父投江等说法。

# ·越王勾践"卧薪尝胆"属实吗

"有志者、事竟成,破釜沉舟,百二秦关终属楚;苦心人、天不负,卧薪尝胆,三千越甲可吞吴。"对于蒲松龄的这段话,大多数人都不陌生,而这段话中的"卧薪尝胆"一词更是家喻户晓的经典成语。

春秋时期,越王勾践在一次战争中被吴王夫差打败,带领所剩的5000兵马逃到了会稽,还是被吴军围了个水泄不通。于是越王只能向吴国屈辱求和。在吴王的威逼之下,勾践到吴国宫廷中服了三年的苦役,过着牛马不如的生活。勾践被释放回国之后,为了奋发图强报仇雪耻,他睡觉躺在硬柴上,坐卧饮食都要尝一下苦胆,告诉自己不能忘记国家败亡的痛楚,激励自己的勇气和斗志,经过休养生息和不懈努力,他最终战胜了吴国。这就是我们今天所熟知的典故"卧薪尝胆"的来历。现在人们常用这个成语表达刻苦自励、奋发向上的决心。

然而关于越王勾践是否真的曾经卧薪尝胆,却是众说纷纭。有的说他从来没有卧薪尝胆过,有的说他"卧薪"而没有"尝胆",那么事实到底是怎样的呢?难道这个流传千古的帝王发愤图强的典故,竟然是个欲盖弥彰的大谎言?

《左传》和《国语》是现存最早的记载吴越争霸和勾践事迹的历史典籍,但这两本史籍都没有讲到越王勾践卧薪尝胆的行为。

到了西汉,史学家司马迁在《史记·越王勾践世家》中曾说:"吴既赦越,越王勾践返国,乃苦身焦思,置胆于坐,坐卧即仰胆,饮食亦尝胆也。"但这段话中并未提到"卧薪"二字。那么司马迁笔下的"苦身"是不是就是指的"卧薪"呢?可惜的是,司马迁并没有给出更为详细的交代。之后的一些著作皆以先秦史料为基础,对此没有更深描述。

而最先将"卧薪""尝胆"两个词连在一起使用的人是北宋的苏轼。他在《拟孙权答曹操书》这一书信中说:"仆受遗以来,卧薪尝胆。"苏轼在这里指的是孙权,与越王勾践完全无关。

真正将"卧薪尝胆"用在勾践身上并使之广为流传的是众多的文学作品。明朝末年,梁辰鱼在《浣纱记》中对越王勾践"卧薪""尝胆"的事情进行了大量的描写。后来冯梦龙在其刊刻的历史小说《东周列国志》中多次提到过勾践"卧薪尝胆"的故事。清初的吴乘权也在《纲鉴易知录》中写道:"勾践叛国,乃劳其凝思,卧薪尝胆。"正是这些文学作品的描述,从此使越王勾践"卧薪尝胆"的故事家喻户晓、广为流传,但其真实性还需进一步考证。

"卧薪"的记载最早出现在宋代,有些学者表示不能认同。他们认为东汉《吴越春秋》中记载越王勾践"用蓼攻之以目卧"就是"卧薪"的意思。所谓"蓼"清代马瑞辰解释为"辛苦之菜"。这种蓼菜积聚得多了,就成为"蓼薪"。勾践那时日夜操劳,眼睛疲倦得想睡觉(目卧),就用苦菜来刺激。"卧薪""尝胆"分别是让视觉和味觉感到苦。后人把"卧薪"说成是在硬柴上睡觉，是一种曲解。

虽然要弄清楚"卧薪尝胆"的真相颇费周折，但是相信谜团总有真想大白的一天。

## ·赵高根本不是太监

赵高，一个在秦始皇魂归西天之后篡改诏书逼死长子扶苏、拥立幼子胡亥称帝的秦朝官吏，由中车府令一路升迁至当朝丞相，他操纵傀儡皇帝，玩弄至上皇权，巧取豪夺，陷百姓于严刑酷法、赋税徭役的水深火热之中，为官十数载，赵高处心积虑陷害忠良，苦心筹谋篡夺王位，其结果是他在距离王位一步之遥处，死于非命。

可是，就是这样一个坏事做尽的奸佞小人，居然也有被人冤枉的时候。世人的误读给赵高扣上了"宦官"的帽子，使他成为中国历史上宦官亡国的第一人。然而，在司马迁的《史记》中，并没有赵高列传，而是在《秦始皇本纪》、《蒙恬列传》、《李斯列传》中零散地记述了一些赵高的生平行事，即便如此，也没有提及"赵高是宦官"之类的说法。遍寻东汉以前的史籍文献，也没有明确指明"赵高是宦官"。那么，赵高究竟是如何成为"宦官"的呢？

说赵高是宦官，一是出于对"隐宫"一词的曲解，二是出于对"宦"字的误解。

《史记·蒙恬列传》中有记载："赵高兄弟皆生隐宫。""隐宫"一词，语义并不明确。东汉以后，一位为《史记》作注的刘姓人士不知从何得知此词的含义，竟将"隐宫"之"宫"解释为宫刑，进而说赵高的父亲受了宫刑，母亲与他人野合生下赵高兄弟。后因赵高兄弟冒姓赵，也受宫刑而成了宦官。如此以讹传讹，"赵高一家都是宦官"逐渐成为"事实"，唐代以后几乎成了一种固定的说法。

秦史专家马非百先生曾根据《睡虎地秦墓竹简》指出，"赵高兄弟皆生隐宫"的"隐宫"，实际上是误写。《张家山汉墓竹简》出土后，"隐宫"的意义清楚明了，即"刑满人员工作的地方"，同时也用来指称"刑期已满的人"。此词无论如何都与宫刑毫不相干。除此之外，从句意上看，倘若将"隐宫"注释为"宫刑"，那"皆生隐宫"的解释将牵强拗口，相比之下，若注释为"刑满人员工作的地方"，则句意清晰，一目了然。由此可见，此说有其合理性，并非标新立异的突兀之说。

除"隐宫"一词使赵高蒙冤外，最致命的要数后人对"宦"字的误解了。《史记·李斯列传》有记载，说赵高是"宦人"，有"宦籍"。根据新出土的《张家山汉墓竹简》，"宦"，意为"在宫中内廷任职"；"宦人"，就是"任职于宫内之人"，相当于皇帝的亲近侍卫。"宦籍"，即"用来登记出入于宫门者的登记册"。秦汉时代，被施以宫刑去势的男人称为"奄（阉）人"，在宫中任职的阉人被称为"宦奄（阉）"。由此可见，赵高是任职于宫中的宦人，即皇帝的近臣，而不是后人所理解的"太监"宦官。

字词上的误解，只是赵高蒙冤的源头，而源远流长的骂名，则依附于历朝历代接连不断的由宦官专权、扰乱朝纲引起的改朝换代、亡国灭祖的祸患。无论是朝臣抑或百姓，都对宦官的恶劣行径痛恨不已，在文献记载的误读之下，联系史籍中赵高的所作所为，"赵高是宦官"的流言经久不衰，也可谓"情理之中，意料之内"了。

## ·陈胜、吴广不是贫农出身

在我们所接受的历史知识中，陈胜、吴广领导的起义被称为"中国历史上第一次大规模的农民起义"，他们揭竿而起，点燃了人们心中抗秦的怒火，一时间"云集响应"，最终推倒了秦王朝的"大厦"。

陈胜、吴广是率先举起反秦大旗的功臣，至于他们的身份，自然也是处于秦王朝最底层的贫苦农民了。

原因在于司马迁在《史记》中写的两句话：一是"陈涉少时尝与人佣耕"，还发出了"苟富贵，毋相忘"的自我宽慰与愁叹；二是"二世元年七月，发闾左谪戍渔阳，九百人屯大泽乡，陈胜、吴广皆次当行"。

秦时的建筑，闾左住的是贫民，闾右住的是富人。古时，有"凡层以富为右，贫弱为左"的说法。

"屯长"一词很关键，从此词可以推测出陈胜与吴广当时的身份和地位。

《正韵》说："勒兵而守曰屯。"《陈胜传》注："人所聚曰屯，其为长，帅也。"即一屯之主将或统帅，是秦代军队中的下级军官，属于秦二十级爵位中的第五级爵位大夫，职俸是二百石，是仅次于县尉的带兵干部，这样看来，这个"屯长"绝不是一般贫苦农民可以担任的。在秦代，当官为吏必须有爵位，秦律法，基层官吏是由豪帅担任的，不会随随便便从闾左贫民中随意挑出充任，一般贫民也没有资格出任任何官职，陈胜、吴广被任命为屯长，说明他们要么是地方豪强，要么是有爵位的人。

在《史记》的一些细微之处，也透露出了陈胜、吴广与普通农民间巨大的身份差别，起义前，陈胜的第一句话是"公等遇雨……"这个"公"字，在古文中对自己来说是一个谦词，表示对别人的敬重，"等"字则点明了人数较多。同时它还表明了，陈胜与他的对话者的身份，是根本不同的。接下来"藉弟令毋斩……"中的"藉"字的含义，应与今天我们常用的"即使""即令"相通，有表示退让的意思；而"弟"字则更是在众人面前对自己的谦称，从而说明陈胜的身份与戍边农民是有区别的。这段话的完整意思应该是：诸位遇到天降大雨，戍边已经失期，按法律都得杀头，即使兄弟我下令不斩，你们的前途也十分悲惨，因为戍边的死者占十分之六七……"藉弟令毋斩"中的"令"字，没有一定权势是说不出来的，更何况还是"令毋斩"！

从中人们可以梳理出他们的人生轨迹：城邑平民出身，有冠还有字（刘邦当时便没有字），有特殊背景，掌握着900名戍边农民的命运，绝非无地、无宅、无地位的贫苦农民这样简单。

# · "桃园"何曾"三结义"

"刘焉出榜招募义兵。榜文行到涿县（今河北省涿州市），引出涿县中一个英雄。那人不甚好读书；性宽和，寡言语，喜怒不形于色；素有大志，专好结交天下豪杰；生得身长七尺五寸……次日，于桃园中，备下乌牛白马祭礼等项，三人焚香再拜而说誓曰：'念刘备、关羽、张飞，虽然异姓，既结为兄弟，则同心协力，救困扶危；上报国家，下安黎庶。不求同年同月同日生，只愿同年同月同日死。皇天后土，实鉴此心，背义忘恩，天人共戮！'誓毕，拜刘备为兄，关羽次之，张飞为弟。"

此段截取自《三国演义》第一回：宴桃园豪杰三结义，斩黄巾英雄首立功。讲的是东汉末年，由于朝廷日益腐败堕落，民不聊生，正值黄巾军作乱，刘备正为无路报国慨叹时，偶遇张飞、关羽二位豪杰，于是三人在一个桃园之中结为兄弟，结拜之时，正值春光灿烂之日，桃花遍天飞、满地落。三人在这样美好的季节和情景之下确立了共同的人生目标，同甘苦，共患难，准备为天下百姓的生存奋斗，故名"桃园三结义"。

不求同年同月同日生，但求同年同月同日死，"桃园三结义"的流传得益于《三国演义》，这个流传千古的感人立志之说也是《三国演义》所讲述的第一个故事。然而文学作品中的讲述又是否真实？历史上刘备、关羽和张飞三人真的有过结义之举吗？且作以下分析：

"寝则同床，恩若兄弟"，据《三国志·张飞传》载，关羽和张飞在刘备招募有识之士之前就已经投奔于刘备。三人关系密切得像兄弟一般，但是关羽和张飞对平原相刘备还是以主仆相称。"少与关羽共事先主，羽年长数岁，飞兄事之。"这句话的意思是说，张飞与关羽共同侍奉先主刘备，由于关羽年长于张飞，所以张飞把关羽当哥哥看待，此句话也并没有说明张飞和关羽与刘备是义兄弟的关系。

关羽被曹操捕获之后，曾说："吾受刘将军厚恩，誓以共死，不可背之。"以"刘将军"称呼刘备，可见关羽并没有以兄弟与刘备相称，而是以君臣相称。后来关羽被杀害后，魏文帝问朝臣刘备会不会出兵为关羽报仇，有人回答："刘备和关羽'义为君臣，恩犹父子'，关羽被杀害，如果刘备不能为他报仇，对关羽的恩义就不算全始全终了。""义为君臣""恩犹父子"，刘备与关羽的关系始终没有提及兄弟之情，可见，兄弟结义之说不能信以为真。

再者，关羽生年不详，但是有两种说法：一种是说大概在公元159年；另外一说是公元160年。而刘备出生于公元161年，可见，关羽年长于刘备。这么说来，桃园三结义中的大哥，也就是刘备，年龄比关羽小，那么刘备又何以为大哥呢？

由以上分析看来，"桃园三结义"与史料所记载有诸多不吻合之处，那么罗贯中应该是借助史料进行了发挥创作，毕竟文学作品意在想象，三分实，七分虚的《三国演义》也并非全部都可考可据。

## · "三顾茅庐"只是文人演绎

"三顾茅庐"这一典故在中国千古流传，至今已是耳熟能详。罗贯中在其小说《三国演义》中对这段故事进行过大笔墨的渲染，刘备礼贤下士、广纳贤才的仁君风范和诸葛亮雄才大略、韬光养晦的卧龙形象因此也更加深入人心。然而，历史上究竟是刘备"三顾茅庐"，还是诸葛亮"毛遂自荐"？今天仍是一个颇有争议的历史疑案。

正方认为历史上刘备的确曾三次拜访诸葛亮，请他出山辅佐帝业，理由有二：其一是此事被史料记载下来，有史可考，证据确凿，陈寿的《三国志》有记载："凡三往，乃见。"诸葛亮本人在《出师表》也说过："臣本布衣，躬耕于南阳，苟全性命于乱世，不求闻达于诸侯。先帝不以臣卑鄙，猥自枉屈，三顾臣于草庐之中，咨臣以当世之事。由是感激，遂许先帝以驱驰。"对于此事，诸葛亮不可能冒欺君之死罪的风险，无中生有。其二是从当时的局势来考虑，刘备正面临着曹操几十万南征大军的威胁，确实急需像诸葛亮这样的人才辅佐于他，走出困境。

反方的观点是刘备"三顾茅庐"是假，诸葛亮"毛遂自荐"才是真。依《魏略》来看，刘备屯兵于樊城时，曹操方已统一黄河以北，下一步计划是攻击荆州。诸葛亮带着自己的预测，北行见刘备，刘备与诸葛亮初次相见时，看诸葛亮年纪轻轻，没有重视他，以诸生对待之。后来，诸葛亮通过谈论对当时政局的对策，才逐步改变了刘备对自己的冷淡态度。最后，刘备才"以上客礼之"。西晋司马彪《九州春秋》也作过相同的记载。

换个角度思考，当年天下刘备三顾于茅庐之中，应算是轰动之举，各家史书理应争相记载和"爆料"。事实上，纵览整个三国史料以及相关历史人物，除陈寿一家外，竟无一人提及刘备三顾于诸葛亮茅庐之事，这在现在看来是无法想象的。

再说，当时的诸葛亮只不过是个27岁的青年，正为满腹才略无用武之地忧愁。与其说刘备需要诸葛亮，还不如说诸葛亮更需要刘备。相反，刘备则是个有声望的政治家，"天下谁人不识君"。刘备不可能去三次拜访诸葛亮，诸葛亮向刘备自我推荐倒很有可能，这符合他积极进取的性格：寒窗苦读，剖析天下之大势，待时机成熟，主动求见刘备。

《三国演义》之所以对"三顾茅庐"予以浓墨重彩，无非是为增加小说的精彩度罢了。

"三顾茅庐"的故事，在教材书本里是不朽的经典，在民间百姓口里是不老的传说。不论真假如何，"三顾茅庐"的精神是永远不可能被否定的，故事本身会因此永放光芒。

## · 周瑜没有打过黄盖

"周瑜打黄盖——一个愿打，一个愿挨。"这句中国千古流传的歇后语，早已人尽皆知。经常有人在类似的情境中，将施害于人者视为周瑜，将甘愿受苦者视为黄盖，并评价"一个愿打，一个愿挨"。

"周瑜打黄盖——一个愿打，一个愿挨"这一歇后语背后的故事情节大概是这样的：三国时期，曹操百万大军挥师南下，锐不可当，孙权和刘备联合起来大败曹军于赤壁，即史上有名的"赤壁之战"。这次战争过程中，为了让曹操上当，周瑜决定使用苦肉计，黄盖奋勇当先。于是，在军事会议上，黄盖假装与周瑜意见不合，甚至出言甚有轻视之意，周瑜借口怠慢军心，下令将黄盖斩首，众将苦苦求情，于是周瑜将处罚改为笞刑，将黄盖打得皮开肉绽、卧床不起。这"苦肉戏"是演给诈降吴营的蔡瑁、张允看的，阚泽还为黄盖献诈降书，蔡瑁、张允又恰好将这一假情报传回了曹营。等黄盖来曹营诈降时，曹操便深信不疑，以至于后来惨败。

然而，历史上周瑜却不曾打过黄盖，黄盖也不曾设什么苦肉计。依《三国志·周瑜传》的记载来看，赤壁之战开始后，经周瑜同意，黄盖借用十多艘轻便的战舰，将其全部装满柴草，浇上膏油，裹上帷幕，竖起牙旗，且在大船后系上小船。随后，派人送投降书至曹营，说要向曹操投降，然后浩浩荡荡驾船北上而去。曹操的军史、士兵纷纷从营房里伸出头来观望，都以为是黄盖投降来了，在离曹营还有二里时，黄盖放开大船，同时放火，当时东南风正急，一时往船如箭，火烈风猛，不但烧了曹操的水营船只，火势还蔓延到岸上，烧了岸上的营落。随后周瑜率轻锐之军快速进击，曹兵只好大败而退。

《江表传》还记载了当时黄盖的诈降书，大意是说，黄盖受孙氏厚恩，经常为将帅，待遇并不薄，但从天下大势看，江东六郡人马抵挡中原百万大军，实在寡不敌众，这是海内所共见的。江东的将史，不论愚智，都知道这一点，只有周瑜、鲁肃忠厚浅薄，固执己见，从现实考虑，实在只有投降。到交锋之日，我黄盖便为前部，当随机行事，为曹公效命。《江表传》记载，曹操得到书信，还特地召见了送信的人，秘密盘问了许久，说："只怕其中有诈，黄盖如果真的投降，建立大功，来日封爵受赏，一定在众人之上。"曹操虽有怀疑，但还是相信了黄盖，最终引"火"上身。

## · "三英战吕布" 真有其事吗

《三国演义》中虽然刻画了众多英雄形象，但是被评为最顶尖的人物却是一个认贼作父，又善于背叛旧主的吕布，所谓"人中吕布，马中赤兔"就是极力赞誉吕布的武功高强，为天下英雄中的翘楚。在书中第五回里，更是极尽渲染之能事，描写了一场著名的战争打斗场面——三英战吕布。

《三国演义》第五回中，讲述的是天下群雄并起，共讨汉贼董卓，在虎牢关下，董卓义子吕布独挡各路英雄，马上横戟，无人能敌。面对猖狂叫阵的吕布，阵中张飞胸中激愤，拍马上前与他交战，二人大战八十回合，不分胜负，关羽见此情景也上前夹击吕布，三人激战五十回合，关张二人仍不能斗倒吕布，此时刘备也加入战斗，吕布见三人合力围攻他一人，便虚晃刘备一招，拔马回营。

这就是著名的"三英战吕布"的大致经过，书中将这一段战斗描写得风起云涌，气贯长虹，既突出了吕布的勇猛，又描写了刘、关、张之间的情谊，是全书众多战争场面中最精彩的片段之一。

然而，被罗贯中描写得如此精细真切的"三英战吕布"在历史上真的发生过吗？仔细翻阅相关史书，却很难找到让人信服的证据，那么这场战斗的真实性也就非常值得人们怀疑了。

《三国演义》的创作时间是明代，正是市井文化繁荣，平话小说大量创作的时代，罗贯中以西晋史学家陈寿所作的《三国志》为基础资料，辅以民间传说、戏剧话本的相关内容，加上自己平时积累的生活经验，对社会的认识等，创作了《三国志通俗演义》，后被清朝康熙年间的毛纶、毛宗岗父子二人删改整理成现代通行的一百二十回《三国演义》。

既然是演义小说，就不免有夸张虚构之处，《三国演义》中，有很多事件在史书中能够找到原型，但是这场精彩的"三英战吕布"并没有找到让人信服的历史证据，用以证明其真实性。

《三国志·吕布传》中确实有提到吕布与讨伐董卓的关东义军交战的事件，但是却没有一字提及刘、关、张三人，纵观《三国志》全书，刘、关、张三人是比较重要的人物，如果历史上确实有"三英战吕布"的事件发生，则不会没有记录。

另外，在《三国志·先主传》中，也没有提到刘备参加过关东义军去讨伐董卓，相反，在讨伐董卓的时间里，刘备跟随大将军何进去丹阳招募新兵，在下邳遇到乱贼，于是刘备奋力剿贼，立下军功，官拜下密丞，不久后出任高唐尉，随后又调任为高唐县令。高唐县被黄巾军攻破之后，刘备只得奔逃到中郎将公孙瓒的帐下。

看刘备这段时间东奔西跑，根本没有去参加讨伐董卓的战役，这就从根本上杜绝了"三英战吕布"的可能。

## ·历史上另一个"孔明"

蜀国丞相诸葛亮，以其过人的智慧、高尚的德行，千百年来备受世人的尊敬与推崇。众人皆知诸葛亮字孔明，殊不知，在那个群雄并起烽烟弥漫的三国时代，还有一位才德兼备的"孔明"——胡昭。

胡昭，字孔明，魏国颍川（今河南禹县）人，生于公元161年，卒于公元250年。胡昭幼读经史，学识渊博，尤其精通典史，善于书法。他师承大书法家刘德升，与钟繇齐名，不相伯仲，素有"尺牍之迹，动见模楷"的美誉。胡昭更因弱冠之年就有绝世之才华而被世人称颂。

胡昭生逢乱世，却厌恶出仕为官，宁可隐居陆浑山中（今河南嵩县东北），在当地开馆办学，教授贫苦百姓读书识字，明辨是非。不仅使当地的教化之风得以改善，还以理相劝，帮助百姓解决械斗之争，使社会风气日渐好转。

胡昭的办学颇有成效，很多世家子弟都前来求学，其中就包括河南温县的世家大族子弟司马懿。胡昭看出司马懿聪慧过人，机智敏达，料定此人将来必成大器，于是竭尽所能，倾囊相授。胡昭对司马懿，不仅有传道授业之义，更有舍命相救之情，司马懿虽敏于学却傲为人，与他人结怨，遭人追杀，幸得胡昭历尽艰辛赶往劝说，司马懿才得以死里逃生。

胡昭志不在朝野，却生不逢时。时值东汉末年，权臣涉政，群雄并起，各路诸侯为了增强实力，争夺地盘，纷纷广发英雄帖，招揽人才。

求贤若渴的曹操得知胡昭是才德兼备之人，且在当地颇负盛名，于是多次派人请胡昭入仕为官，胡昭不为所动。然曹操不厌其烦，屡次相邀，逼得胡昭无奈之下亲自前往拜见。即使直面当朝丞相，胡昭仍态度坚决，自言"一介村野民夫，无军国之用，早已习惯于躬耕樵读的田园生涯，做官入仕，非我辈所为，断不从命，还望丞相见谅，准许息隐山林"。曹操深知人各有志不能强求，虽求贤若渴，也留不住拒他于千里之外的胡昭。

袁绍亦听闻胡昭才华盖世，韬略过人，不惜降尊纡贵，多次登门拜访，请胡昭出山，辅佐自己争霸天下。胡昭本就不齿于官场的争名逐利，更看透袁绍嫉贤妒能之心，对袁绍的邀请"坚辞不就"。为防袁绍设计加害，胡昭悄悄逃离冀州。几日之后，袁绍果然颁下缉拿令，然胡昭已遁入山林，得以逃过一劫。

胡昭对各路诸侯接连不断的辟召避之不及，才不得不迁居陆浑山中。其后迁至宜阳（今河南省宜阳县境内）居住，仍难免魏帝曹芳的"公车特召"。而胡昭正是在这一年病逝，终究没有入仕为官。

于是，悠悠千年的中国历史上，便只留下了诸葛孔明的"鞠躬尽瘁，死而后已"，而隐没了胡昭的"尺牍之迹，动见模楷"。

# ·赵州桥不是鲁班所造

赵州桥，位于河北省赵县城南五里的洨河上，建于隋朝，距今已有1000多年的历史。它由1000多块石块砌成，每块石料重达一吨左右，桥身全长64.4米，宽9米，净跨37.02米、弧长7.23米，是世界上现存最古老、单孔跨度最大、保存最完整的一座敞肩形石拱桥。

对于赵州桥的建造和设计者，在民间有这样的传说。相传从前在河北省赵县城南五里的地方，有一条大河，名叫洨河。每逢夏秋两季，大雨来临，雨水和山泉一并而下，沿途又汇合几条河水，于是就形成了汹涌的洪流。因此，洨河两岸的居民和来往的行人都感到非常不便。

赵县人民的这个困难，被著名的工匠祖师鲁班知道了，于是他特地赶来，施展出卓越的技术，一夜之间就造好了这座大石桥。

赵州桥一夜造好的消息，很快地传遍了四方。远近居民都怀着惊喜的心情，争先恐后地前来参观，这个奇迹甚至惊动了"八仙"之一的张果老，于是他就和柴王爷一个倒骑毛驴，一个推着小车前来祝贺，二人问鲁班，这座大桥是否能经得住他们通过，鲁班毫不在意，便请二人上桥。不料，张果老带着的褡裢里装着太阳和月亮，柴荣推着的小车上载着五岳名山。二人一上桥，桥便开始摇晃。鲁班一见不妙，便跳进水中，用手撑住大桥，两人才顺利过了桥。

从此，桥上便留下了几处人们津津乐道的"仙迹"：张果老的驴蹄印和斗笠颠落压成的圆坑；柴荣因推车力过猛，一膝着地压成的膝盖印和车道沟；还有鲁班托桥的手印。后来，由于桥东侧塌毁，手印已经不见，其余的"仙迹"都留存下来。

但是，传说终归是传说，赵州桥究竟是谁造的？真的是鲁班吗？

根据唐朝中书令张嘉贞为赵州桥题写的"铭文"记载，赵州桥其实是由隋朝工匠李春所造的。可是，由于史料的缺乏，李春的生卒年月、生平事迹，到现在没有人知晓。因为李春的身世不为人知，而且他的技艺实在过于精巧，于是便有传说，赵州桥是由鲁班所造。虽然举世瞩目的赵州桥见证了李春精巧的技艺，但是他是否在其他相关方面也有突出成就，就成为无人能解的历史谜团。

后人经过研究发现，八仙之一的张果老是唐朝人，柴荣是几百年之后的后周皇帝，而赵州桥却是建于隋朝，所以赵州桥是鲁班修建的传说，仅仅是人们为了表现赵州桥的坚固而编出的一个神话故事，这也从侧面反映出李春建桥技艺的高超。

根据专家、学者的推测，隋炀帝继位之初，天下繁盛，为了沟通南北交通，隋炀帝便下令在各地修桥铺路、开掘运河。于是工匠李春受命前往赵县，为洨河修建一座大型石桥。经过实地勘察、精心设计，李春带领工匠们终于建成了这座举世瞩目的赵州石桥。

## ·隋唐英雄们的真实形象

隋末唐初是一个群雄逐鹿、英雄辈出的乱世，而《隋唐演义》给人们描绘了这一时期一群英雄好汉为了一个共同的目标——推翻隋炀帝暴政而发生的故事。隋唐演义中的大部分英雄人物在历史中都有原型，但是有些人物却不是"演义"中所描绘的那样，也就是说有些人物在我们固有的认识里出现了误读的现象。

李元霸，历史上并没有那个打遍天下无敌手的李元霸，李元霸的形象来自李渊的第三子李玄霸，16岁便英年早逝，所以演义中对李元霸英雄形象的描绘是不符合历史真实的。

柴绍，出身将门之家。从《旧唐书·柴绍传》中我们可以得知，柴绍年少时便"矫捷有勇力"，可见其并不是"演义"里那个文弱书生的形象，他是大唐的开国功臣，为打下和稳固李氏江山立下了汗马功劳，但是在唐高宗初年，因其参与谋反，被赐死。

杨林，历史原型是杨坚（即隋文帝）的异母兄弟杨爽，杨爽长得很俊美，仪表非凡，此人亦有为将之才，可是不幸25岁便英年早逝。并不是"演义"里那个垂垂老矣仍统领大隋天下兵马，鞠躬尽瘁死而后已的靠山王。

苏定方，年少时便跟随其父保护乡里，阻杀流寇，深得百姓爱戴，后来到贞观年间，苏定方先后跟随李靖、程名振、程知节等大唐名将南征北战，屡立战功，是一位名副其实的常胜将军，官拜左武卫大将军，76岁病逝。当唐高宗知道苏定方逝世后无不感叹地说："苏定方于国有功，例合褒赠，卿等不言，遂使哀荣未及。兴言及此，不觉嗟悼。"而"演义"中的苏定方却是一个阴险奸诈的鼠辈，曾设计陷害罗艺父子，后被罗氏后人所杀，显然与历史不符。

罗成，历史上并没有关于罗成事迹的记载，而人们对于罗成的理解大部分是参照罗士信。据《新唐书》记载：开始的时候，罗士信和裴仁基归降李密，又跟随过王世充一段时间，后来不齿于王世充的为人就投靠了李渊。后因征讨刘黑闼，罗士信守卫洛水城，不料天降大雪，孤军奋战，被乱箭射死，死时年仅28岁。这一点正符合了"演义"中罗成的角色。明代诸圣临的《大唐秦王词话》中有这么一段："吾乃姓罗名成，字士信。"另外京剧《罗成叫关》有这么一句唱段："黑夜里闷坏了罗士信，西北风吹得我透甲寒。"这也印证了罗士信当时战死的状况。可见罗成的历史原型很有可能是罗士信。

《隋唐演义》中的英雄人物快意恩仇，驰骋疆场，可谓个个英雄豪杰，但是历史的真实却不能给人们以误导，民间传说和历史故事终究只是故事。

# · "杯酒释兵权"并不存在

纵观中国历代王朝，宋代王朝独具一格。宋朝改变了从秦汉以来的政治局面，采用了以文治武的政治策略。这里的以文治武，主要表现在对武将权力的制约，所以在整个北宋乃至南宋王朝都很少有兵变这类事情。宋太祖赵匡胤在武将权力过渡上所做的成就，历代皇帝都不能望其项背。

陈桥兵变后，黄袍加身的赵匡胤深知兵权对国家的重要性，就像宰相赵普所说："唐末以来，兵战不息，国家不安，其原因不是别的，而是武将兵权太重，君弱而臣强。治理办法也只有夺其权力，收其精兵，控其财政。"为了从那些与自己同甘共苦、出生入死的兄弟兼臣子手中和平拿回兵权，宋太祖想到一个妙招——杯酒释兵权。

建隆二年（公元961年）七月，赵匡胤邀请石守信等人入宫宴酒，酒酣之时，赵匡胤突然叹息着说："朕的江山是靠你们打来的，可是朕做天子也太艰难了，倒不如当节度使来得快活。"大臣们听完急问为什么，赵匡胤又说："唉！这个皇帝的位子谁不想坐呢？"石守信等人听了，也明白了：皇帝是担心他们夺权篡位，暗示他们交出兵权。于是石守信等人慌忙跪下说："臣等愚昧，请陛下给一条明路吧！"赵匡胤从容不迫地给他们指出条明路："人生好比白驹过隙，所好者也无非就是富贵百年，造福子孙。你们何不释去兵权，出外当个地方官，再多买些良田美宅，以终天年？朕再与你们结成儿女亲家，这样一来，君臣相安，两无猜忌。"第二天，石守信等人都纷纷请求离职，赵匡胤也批准了他们的要求。

宋太祖赵匡胤就是这样用酒宴、金钱和婚姻和平地解除了高级将领们的兵权。千百年来，"杯酒释兵权"也作为典故被人们熟知。然而，有学者指出，"杯酒释兵权"不是真实的历史事件，而是出自后人的杜撰和演绎。

首先，关于杯酒释兵权的时间记载，北宋史书毫无说明，直到南宋李焘的《续资治通鉴长编》才记载此事发生于建隆二年七月，但是，这年六月，宋朝皇宫发生了一件大事，杜太后病逝。按照习俗，六月至七月应该是国丧期间，禁止饮酒作乐，那么作为孝子的宋太祖又怎会在皇宫之中宴请大臣呢？显然不可能。

此外，赵普在整个事件中充当了幕僚的角色。根据《涑水记闻》以及《续资治通鉴长编》记载，此事发生在赵普任宰相期间，但是赵普第一次出任宰相是在乾德二年（公元964年），而公元961年的赵普并未当上宰相。这也自相矛盾。

有人也对此提出反驳。据《宋史》记载，皇太后死后，皇帝以日易月服丧，共25日。也就是国丧期从六月二日开始，至多至六月二十七日结束。到了七月，服丧期早已结束，皇帝宴请臣下也无可厚非。

有学者还提出了一个疑点，即宋代有关此事的记载，是由北宋到南宋逐渐发展，"杯酒释兵权"最早的记载是宋真宗年间，宰相丁谓的《谈录》，内容相当简单，只提到了"释兵权"的问题，但对于"酒宴"只字未提。宋仁宗时，宰相王曾《笔录》也有所记载。虽然提到了宴酒的事情，但情节简略，并没有那么戏剧性。宋神宗时，司马光的《涑水记闻》才出现了现在所看到的详细生动、充满戏剧性的故事，但依然没有时间记载。直到南宋李焘《续资治通鉴长编》才有了详细时间记载。这样由粗到详的发展，极有可能是经过后人不断歪曲加工而形成的故事。

此外，这样一件国家大事，北宋官方文书却没有记载。后来人们关于此事的记载都来源于《谈录》、《笔录》、《涑水记闻》。

对此，反驳者认为《谈录》的历史价值并不高。《四库全书总目提要》记载，《谈录》其实是由丁谓的外甥或余党对丁氏谈话的追述，而刚正不阿的王曾所著的《笔录》更接近历史事实。

因此，"杯酒释兵权"的记载从简单到复杂，从无宴酒、无时间记载到有宴酒、有时间记载的发展过程，这其中有可能经过后人的夸张和渲染。"释兵权"的确存在，有没有用宴饮来达到这个目的则不能确定了。

## · "狸猫"岂能"换太子"

清末小说《三侠五义》中描写了一个"狸猫换太子"的故事，其中主人公的传奇经历几乎家喻户晓，妇孺皆知。

故事发生在北宋真宗年间。在真宗晚年，他的两个妃子刘氏、李氏同时怀孕，为了争当正宫娘娘，工于心计的刘氏将李氏刚生下的孩子换成了一只剥了皮的狸猫，并污蔑李氏生下了妖孽。真宗大怒，将李氏打入冷宫，而将刘妃立为皇后。后来，李妃所生男婴在经过波折后被立为太子，并登上皇位，这就是仁宗。在包拯的帮助下，仁宗得知真相，寻回流落民间的母亲，母子团圆，仁宗加封包拯，团圆结局。而刘氏也得到了应有的惩罚。

这个故事流传很广，近年来又有内容相近的电视剧重现这段故事，善良的人们在为李氏的不幸掬一把泪时，也不知不觉走进了一个误区，对这段故事深信不疑。殊不知，这则故事经过剧作家们的"戏说"，与历史的真实已相去甚远。

宋仁宗赵祯，在位42年，是两宋时期在位时间最长的皇帝，在他的统治时期，国家安定太平，经济繁荣，科学技术和文化得到了很大的发展，他在位时期名臣辈出，人才济济。总体而言，仁宗算是一个有作为的皇帝。

关于他的身世，世人众说纷纭，仁宗究竟是真宗皇后刘氏之子，还是妃子李氏亲生？无论是小说，还是戏曲，几乎众口一词，认定仁宗是李妃所生，而非刘皇后之子。

据《宋史·后妃传》记载，李氏本是刘后做妃子时的侍女，庄重寡言，被真宗看中，成为后宫嫔妃之一，生下仁宗后，进为才人，后为婉仪。在李妃之前，真宗后妃曾经生过5个男孩，都先后夭折。此时真宗正忧心如焚，处于无人继承皇位的难堪之中。当时仁宗刚生下，还在襁褓之中，即被刘德妃抱走，并把仁宗认为自己的儿子，和杨淑妃共同抚育。

而李婉仪却失去了亲自抚育儿子的资格。宋仁宗即位后，李氏"默处宫中，与众婢无异"。其他人因畏惧刘太后的威势，也不敢对仁宗道出真相。因此，仁宗一直以为自己是刘太后所生，呼之为"大娘娘"，称杨淑妃为"小娘娘"。母子间一直感情融洽。

直到明道元年，李氏病重，才被封为宸妃，不久即病故，享年46岁。

1034年，刘太后死后，24岁的仁宗才开始真正执政，这个秘密也就逐渐公开了。至于是谁最早告诉仁宗实情的，有两种说法。一说是杨太妃（此时已为章惠太后）劝他说："此非帝母，帝自有母。"杨太妃自仁宗幼年时期便一直照料其饮食起居，仁宗对她也极有感情，杨太妃在那样的政治环境中说出实情是极有可能的。

另一种说法是皇叔赵元俨告诉仁宗："陛下乃李宸妃所生，妃死于非命。"赵元俨自真宗死后，过了十余年的隐居生活，闭门谢客，不理朝政，在仁宗亲政之际，赵元俨突然复出，告以真相，也应该是情理之中。

总之，仁宗了解了自己的身世，在愤怒、悲伤的同时，马上派兵包围了刘太后亲属的住宅，要查清事实真相后作出处理。他怀疑自己的母亲死于非命，一定要打开棺木查验。当棺木打开，只见以水银浸泡、尸身不坏的李妃安详地躺在棺木中，服饰华丽，仁宗这才叹道："人言岂能信？"随即下令遣散了包围刘宅的兵士，并在刘太后遗像前焚香祷告。

其实，刘太后在李妃死后，最初是准备用一般宫人的礼仪治丧，但宰相吕夷简力劝刘太后，要想保全刘氏一门，就必须厚葬李妃。刘太后这才意识到问题的严重性，决定以皇后的服饰装敛、发表，并用水银宝棺。生母虽然厚葬，却未能冲淡仁宗对李氏的无限愧疚，他把刘氏追谥为庄献明肃皇太后，把李氏追谥为庄懿皇太后。

至此，真相大白，在这场"夺子案"中，刘妃、李妃确有其人，但其事绝非传说的那样，也没有出现狸猫的影子，只是后人对刘太后的做法进行进一步加工，才有了后来"狸猫换太子"的传奇。

另外，在仁宗认母这一事件的整个过程中，其实并没有包拯的参与，因为这件事发生在仁宗明道元年（1032年）以前，而此时的包拯还是一个布衣百姓。直到仁宗景祐四年（1037年），29岁的包拯考中进士，在大约40岁时才离家去天长县任职，在很长一段时间里，他都没有去过京城，怎么能帮助仁宗寻找生母呢？

## ·穆桂英并不真实存在

穆桂英这个名字，在中国人的心中，是巾帼英雄的代名词。战场上的她英姿勃发，武艺超群，就像一丛绵里藏刺的霸王花；居家时的她温柔贤淑、善解人意。以她为主角的《穆桂英挂帅》、《杨门女将》、《战洪州》等都是诸多剧种的看家戏。

穆桂英的故事随着杨家将的广泛流传而家喻户晓，于是，人们对这一个人物的真实性深信不疑。

但是，穆桂英可曾实有其人？她的故事是否是人们虚构的？

十分遗憾的是，小说和电视剧里大名鼎鼎的"穆桂英"，在正史中却只字未提。《宋史·杨业传》中只收录杨业及其子延昭等七人、其孙文广一人，并无一字提及女眷。倘若穆桂英确曾有过的话，那么，专收"义妇节妇"之事迹的《烈女传》也会有记载。但《宋史·烈女传》中共收了近40名"奇女子"，却没有穆桂英的名字。

穆桂英这一女将形象，首次出现在民间小说《杨家将演义》中，而到了元初，小说家徐大焯在《烬余录》中，把穆桂英"嫁"给了杨宗保。小说的写法虚虚实实，不足为信。

穆桂英的名声之所以越来越大，在很大程度上归因于老百姓对杨家将的感情。

古人说："豹死留皮。"杨家将说的是杨业、杨延昭、杨文广祖孙三代忠勇报国、一个个战死疆场的悲壮感人的故事，如杨令公血洒陈家谷，杨延玉随父战死，杨七郎被万箭穿心，等等。这些故事在民间已深入人心，其人物形象已经基本定位，不可能作更多修改。要进一步塑造杨家将，只有在他们的遗孀身上做文章，把杨门女将也塑造成抗辽英雄。

这也是老百姓表达爱憎的一种方式。

## ·武松没有上过梁山

大家都知道，武松是个英雄，功夫也十分了得，他的故事至今让人津津乐道，"赤手空拳打虎""醉打蒋门神""大闹飞云浦"等，每一个故事都脍炙人口，让人拍手称快，他的行侠仗义给人们留下了深刻的印象。

《水浒传》是一部小说，所以大家可能会把武松当作小说中的人物，认为武松在现实生活中是不存在的，他的英雄事迹是作者杜撰出来的。

其实不然，历史上确实有武松这样一个人。经历史考证，武松是今河北省邢台市清河县人，生活在北宋年间，身怀武艺、有勇有谋，他是一个下层侠义之士，崇尚忠义、快意恩仇。

虽然他在小说中的事迹是杜撰出来的，但他的确是一个为民除害的英雄。

《临安县志》、《杭州府志》、《浙江通志》等史籍中都有关于武松的记载：武松，原系浪迹江湖的卖艺人，"貌奇伟，尝使技于涌金门外"，"非盗也"。杭州知府高权见武松武艺高强，人才出众，就邀请他来知府当都头。不久，因有功被提升为提辖，成为知府高权的得力助手。后来，因高权得罪权贵，被奸人诬陷而罢官。武松也因此受到牵连，被赶出衙门。

继任的新知府是太师蔡京的儿子蔡鋆，是个大奸臣。他倚仗其父的权势，在杭州为非作歹，横行霸道，百姓怨声载道，给他起了个外号叫"蔡虎"。武松对这个"蔡虎"恨之入骨，决心拼上性命也要为民除害。

一日，他身藏利刃，藏在蔡府附近，等到"蔡虎"前呼后拥回来的时候，便箭一般地冲上前去，向蔡鋆猛刺数刀，当即结果了这个坏蛋的性命。官兵蜂拥前来围住武松，武松终因寡不敌众被官兵捕获。后惨遭重刑死于狱中。

从这里可以得知，武松除害后在狱中"遭重刑"而死，并没有上梁山。

杭州的老百姓"深感其德"，为了纪念这位好汉，将他葬于杭州北山街西泠桥畔，面对着秀丽的西湖。后人立碑，题曰"宋义士武松之墓"。

如此侠义之人自然成了小说家笔下完美英雄的化身，其中尤以施耐庵通过艺术加工，将他塑造成了《水浒传》中的武松的形象，至于武松最后的结局，《水浒传》也写到他成了清忠祖师，得享天年，实在是一种符合老百姓心愿的、美好的艺术处理。

## ·岳母从未刺字

孟母三迁，岳母刺字，这些都是民间流传下来的小故事，有很深的教育意义。不禁让人觉得，凡是一心为国的大英雄，都必然有一位深明大义、知书达礼的母亲。那么，岳飞的后背上是否刺有"尽忠报国"四个大字呢？如果有，真的是岳母亲手刺上去的吗？

很多史书都对岳飞背后的刺字作出了记载。首先来看《鄂国金佗粹编》中第九卷《遗事》中的一段文字："先臣天性至孝，自北境纷扰，母命以从戎报国，辄不忍。屡趣之，不得已，乃留妻养母，独从高宗皇帝渡河。河北陷，沦失盗区，音问绝隔。先臣日夕求访，数年不获。俄有自母所来者，谓之曰：'而母寄余言：为我语五郎，勉事圣天子，无以老媪为念也。'乃窃遣人迎之，阻于寇攘，往返者十有八，然后归。先臣欣拜且泣，谢不孝。"而在《宋史·何铸传》中描写岳飞被审问的时候提道："飞裂而示之背，背有旧涅'尽忠报国'四大字，深入肤理。""深入肤理"这四个字说明尽忠报国四个字已在岳飞背后多年，结合上面一段古人留下的文章，岳飞的母亲要求他为国家效力，其间托人转告，勿念家中老小，并未提及刺字一事。转而到了岳飞被审问，背上的尽忠报国就已经"深入肤理"，刺字的时间上首先出现了疑问。

其次，就刺字这件事而言，岳飞之母虽深明大义，但毕竟只是一名村妇，中国自古讲的是"女子无才便是德"，不要说刻字，可能连字都不识。对于刺字这门手艺，也不是谁都可以的，这一点从《水浒传》中就可以得到证实。《水浒传》第八回中说道林冲要被在脸上刺字发配充军的时候，有这样的文字"唤个文笔匠，刺了面颊"；第十二回说到杨志被判刑的时候也提及"唤个文墨匠人，刺了两行金印，迭配北京大名府留守司充军"。可见，刺字这件事的确不是谁都会的。

那么，岳飞背上"尽忠报国"四个大字到底是谁刻上去的呢？

明朝末年，冯梦龙所撰写的《精忠旗》一书给了人们一个答案。书中第二折"岳侯涅背"就告诉了我们岳飞背上的字到底是谁刻上去的。后人摘录出这样的文字：生说："张宪，你把刀来，在我背上深深刻'尽忠报国'四字。"生"解袍露背介"，末说："怕老爷疼痛。""生大怒介"，说："唉，我岳飞死且不惧，怕什么疼痛！"末说："既如此，小人大胆动手了！""作刻介"，末说："刻完了。"生说："与我以墨涅之。""末应涅介，外与生穿衣"，末说："老爷固然立志报国，何苦忍此疼痛？"生说："张宪，如今为臣子者，都则面前媚主，背后忘君，我今刻此四字于背上呵，唤醒那忘主背君的，要他回顾。"这里的"生"指的就是岳飞，而末指的就是张宪，也就是说，岳飞背上的"尽忠报国"并不是他的母亲刻上去的，而是张宪刻的。刻这四个字的目的也不是像后人流传的那样，是岳母为了时刻提醒岳飞要尽忠报国，而是岳飞要给背上忘君的人敲一个警钟。

而岳母刺字的传说则是直到康熙五十三年（1714年），《如是观传奇》的问世才出现的。这本书中第一次出现了岳母为岳飞刺字的情节，说岳母刺字是为了提醒岳飞要时刻记得尽忠君主。并且这时已将先前的"尽忠报国"讹传为"精忠报国"。

此后清朝与岳飞相关的各个版本的书籍都会以此为鉴，添加岳母刺字这一段，场面描写也是越来越具体，越来越激昂悲壮。自此，岳母刺字的故事就这么被大家误传开来。

## ·金兀术不是被牛皋气死的

"牛皋气死金兀术"一说，因风靡一时的《说岳全传》而为世人所知。岳飞屈死风波亭，令人悲叹不已；而牛皋气死金兀术，则大快人心。世人因此为岳飞之死找到了些许安慰，万没有想到，这不过是小说的精彩杜撰，并非历史真相。

清代长篇历史小说《说岳全传》第七十九回"施岑收服乌灵圣母，牛皋气死完颜兀术"，描述了牛皋策马追杀兀术，两人厮杀之时跌下马，牛皋正好跌在兀术身上，"跌了个头搭尾"。兀术回头看到牛皋,怒吼一声"气死我也",口吐鲜血而亡。牛皋大笑不止,一口气接不上,竟笑死于兀术身上。这便是"虎骑龙背,气死兀术,笑杀牛皋"的故事。

历史上,牛皋和兀术皆可谓战场上的猛将。牛皋精练武功,于绍兴三年(1133年)加入岳家军,深得岳飞器重,在对金作战中屡立战功,被誉为抗金名将。而兀术即金太祖完颜阿骨打的四子完颜宗弼,善骑射,胆略过人,是宋金对峙时期杰出的军事家、政治家。

牛皋在岳飞麾下,骁勇善战,所向披靡。绍兴十年(1140年),兀术率兵南侵,《宋史·牛皋传》记载:"飞命皋出师,战汴、许间,以功最,除捧日天武四厢都指挥使、成德军承宣使,枢密行府以皋兼提举一行事务。"然牛皋是否直接迎战兀术甚至与他短兵相接,却未曾明说,而《金史·宗弼传》中亦未提及。

当年战场上的情形已无从得知,然牛皋与兀术的离世却在史书中有明确的记载。根据《宋史·牛皋传》,牛皋是在绍兴十七年,即1147年,被都统制田师中下毒害死的,也有可能是秦桧指使田师中所为。而《金史·宗弼传》中载兀术是"皇统八年薨",即死于1148年。由此得以证实,"牛皋气死金兀术"纯属笑谈。

# · "独臂神尼"不会武功

在民间传说中,有一位武功超凡的独臂女尼,乃是明末崇祯皇帝的女儿长平公主,曾与袁崇焕之子有过婚约,但因为国破家亡,被父亲砍去手臂后流落民间。怀着深仇大恨的公主从此斩断儿女情丝,遍访名山,拜师学艺,终于练就了一身过硬的武功,誓要为父母报仇雪恨。人称独臂神尼九难,即《鹿鼎记》中的九难。

传说独臂神尼九难收了八个天下无敌的徒弟:了因、黄仁父、李源、周浔、白泰官、路民瞻、甘凤池、吕四娘。吕四娘后来潜入深宫,刺杀了雍正皇帝,辗转为师父报了家国之仇。这八个了不起的徒弟,被称为"清初八大侠",威震天下!

可事实上,真实的长平公主并没有这么好的命,袁崇焕也没有这么好的命,他死的时候,儿子还没有生出来,上哪里去跟长平公主订婚约?

历史上真实的长平公主生于1628年,是崇祯皇帝的第二个女儿,也是六位公主中唯一长大成人的一个,16岁时被封为长平公主。崇祯帝对女儿很疼爱,虽然国事繁重,但还是为她挑选了驸马——状元周显。由于处在大明王朝的风雨欲倒的动荡之际,长平公主与周显的婚期一拖再拖,始终没能举行婚礼。

李自成攻破北京城的时候,崇祯帝为了不让宫中后妃和公主受到凌辱,决定杀死她们。在用剑砍杀长平公主之时,悲曰:"汝何生我家!"崇祯帝一剑砍下,长平公主用左臂一挡,左臂顿时被砍断,立时昏厥。崇祯帝以为其死,就没有再砍第二剑。随后,崇祯帝自缢于北京煤山的一棵树上。

清军入关后,为了笼络人心,多尔衮下令为崇祯帝哭灵三日,上谥号怀宗端皇帝,后来又改称庄烈愍皇帝。与此同时，将他和周皇后的棺木起出，重新以皇帝之礼下葬，葬在昌平明皇陵区银泉山田贵妃陵寝内。

看着父母终于入土为安，国破家亡的长平公主也有了一丝安慰。但是，在清顺治二年（1645年），长平公主知道自己的弟弟"太子慈烺"在南京被堂兄朱由崧监禁的消息后，再次陷入绝望，遂向顺治帝上书，说："九死臣妾，蹋蹋高天，愿髡缁空王，稍申罔极。"希望自己能够出家为尼，断绝这尘世间的哀伤悲痛。

然而，为了让汉人归心，以反衬弘光帝虐待崇祯帝子嗣的恶行，顺治帝不但不许公主出家，而且还让她与崇祯帝为她选定的驸马周显完婚，并且同时赐予府邸、金银、车马、田地。身不由己的长平公主接到这道诏命后泪如雨下，痛哭流涕。但是，不管她愿不愿意，隆重浩大的婚礼还是如期进行。

婚礼之后，仅仅过了几个月，长平公主又得到南京城破、狱中"朱慈烺"乃是假冒的消息，心灵重度受创，苦苦支持她的精神支柱瞬间彻底崩溃。几个月后，长平公主便在万念俱灰的哀怨中病逝。时为顺治三年（1646年），年仅18岁，死时尚有5个月的身孕。

长平公主短暂的人生就到此结束，她一生没有做过什么好事，但也没干过什么坏事，只是她的命运起伏太大，超出了她能够承受的范围。终归而言，她也只是一个时运不济的弱女子。她一生都没有踏出过北京城一步，而且缠了一双小脚，也就不可能修习高超武功，更不可能在《鹿鼎记》中教韦小宝武功了。

## ·康熙帝不曾"微服私访"

关于康熙帝微服私访的电视剧真的是屡见不鲜，电视中皇帝都穿得跟老百姓一个样，甚至比老百姓还要差，说是这样才能融入民间，体察民情。历史上的康熙皇帝真的像电视上一样微服私访过民间吗？

据史书《清圣祖实录》记载，康熙帝确实是中国历史上到地方上巡察次数最多的皇帝之一。他进行的巡查东至山东，西至陕西，南至江浙，北至塞外，京城之内更是巡视频繁。其中虽然不乏一些名胜古迹、风景秀丽之处，但康熙帝主要是出于政务的考虑，而不是游玩。不管出于什么目的，康熙帝每次巡查真的都是微服吗？按照史书记载可知，康熙皇帝作为专制君主，是不可能深入民间接近群众的，出行巡查是真，但微服私访只是后世戏说而已。

微服私访虽然是后人的戏说，但是康熙帝在巡行时的确十分注意，尽量避免骚扰到百姓。他要求巡行用的东西，要一切从简，要用到的东西也不许当地官吏从民间收取，一律按照市面上的价格采购。一同巡行的官员也不准接受别人的任何理由的馈赠，一经发现，处以重罚，他甚至还到处张贴告示以安民心，告诉大家只要发现收受贿赂的官员，必定重罚。要求所有经过的地方，百姓还要像平常一样的生活，不要因为避讳而搬走，因为这样反而会打扰了大家。从这一系列大张旗鼓的行为就可以知道，康熙帝并没有微服私访，相反，每次巡行恐怕是全天下人都知道的。但是康熙帝一心为民的思想还是值得肯定的。

其实，康熙帝巡行并不是不见百姓，他到了扬州一带，男女老少都奔走杂沓，瞻望恐后，有的甚至被挤掉到水里，后来康熙帝提出要求，如果想一睹龙颜，就要"止于夹道跪迎，毋得紊乱追趋，致有诸患"。他巡视山东时，所经之处人们便扶老携幼，夹道欢迎，康熙帝还顺势询问道路旁百姓的收成情况，人们都说"连岁顺成，民生稍得安业"。总的来说，康熙帝的每次巡行，男女老少都是夹道欢迎，康熙也会对百姓们嘘寒问暖，其间气氛不是紧张严肃的，有的时候大家甚至笑声连连，遇到露宿街头或是流离失所之人，康熙帝也会表示关切，甚至立刻施以帮助。

巡行使康熙帝了解了很多民间的情况，对于行政决策起到了良好的作用。例如，各省督抚上奏编审人丁数目，其实并未将增加的数全部上报，说是只要是康熙帝巡行到的地方，问到的人家如果有五六个人，那么只一人交纳钱粮，如有九到十个人，那么就只二三人交纳钱粮，其他人都不收取。在西南平定以后，人口越来越多，为掌握人丁的实数，决定从康熙五十一年起，新增加的人口不会再增加赋税。

康熙帝在巡视中的所作所为给人们留下了良好形象，百姓认为他是一个勤政爱民的好皇帝，更为以后的帝王树立了榜样。关于康熙皇帝微服私访的很多故事，都是百姓出于对他的爱戴而自己添加的，而后一传十，十传百，就这么流传至今。

## · 董鄂妃不是董小宛

明末秦淮名妓的爱情故事不知被后世演绎了多少次，故事被民间加工得跌宕起伏却又极具传奇色彩。比如引得吴三桂冲冠一怒为红颜的陈圆圆；跳水殉城的柳如是；还有一位更戏剧化的人物董小宛。董小宛如此有名，除了她本身作为秦淮名妓艳名远播之外，最重要的是后人还把她与清世祖顺治皇帝联系在了一起，认为董小宛就是清史上记载的与顺治帝情投意合的董鄂妃，即那个让少年天子顺治帝出家的女主角。

与顺治帝倾心相爱的董鄂妃，真的是董小宛本人吗？其实把顺治帝与董小宛联系起来实属无稽之谈。

董小宛是明末秦淮名妓，名白，生于1624年，卒于1651年。是冒襄（辟疆）的妾。冒襄是当年江南的四大公子之一，他曾经与秦淮河畔的另外一位风云美女陈圆圆还有过一段风花雪月的交往。后来冒襄又同与陈圆圆齐名的董小宛交往，董小宛虽然是秦淮河畔的美女，才色双全，但是她的出身也注定了她为妾的命运。冒襄曾作《影梅庵忆语》以及《如皋冒氏严书·家乘旧闻·亡妾董小宛哀辞》来描述董小宛，这是历史上唯一有关董小宛的记载。

至于顺治皇帝，《清史》等正史之中有详细的记载。顺治帝即清世祖爱新觉罗·福临，是清太宗皇太极的第九个儿子。皇太极去世之后，皇太极长子豪格与皇太极之弟多尔衮陷入帝位之争，但是双方实力相当，最后在不得不妥协的情况下选择了年仅6岁的福临继承帝位。称帝后的福临在摄政王多尔衮的帮助之下，一跃成为君临天下的帝国之主，少年皇帝的名字可谓是实至名归，上天的确给他两个贵人，多尔衮和吴三桂。多尔衮代替他征战南北，吴三桂一怒为红颜，使多尔衮的部队能够不费吹灰之力越过山海关，占领了北京。

顺治帝与董小宛这么一个美女又是如何被联系在一起的呢？

误会还起源于大文豪龚鼎孳《贺新郎》中"难倩附书黄犬"这句词。《贺新郎》这首词是龚鼎孳读冒襄《影梅庵忆语》而作的观后感。人们认为"黄犬"就是清廷太监，据此推测出董小宛曾入宫。其实"黄犬"最先出自《晋书·陆机传》，"初，机有骏犬，名曰黄犬，甚爱之"。所以"黄犬"也只是一个典故罢了，根本不是指太监。

其次，生于1638年，6岁继位的顺治皇帝，由母亲孝庄文太后亲自教养，在摄政王多尔衮的主导之下，把孝庄文太后的侄女、蒙古科尔沁部卓礼克图亲王吴克善之女册立为皇后。但是他们的感情并不好，时有摩擦发生。后来顺治帝与常到后宫入侍的董鄂氏相恋，董鄂氏因此被封为皇贵妃。人们把董小宛与顺治联系起来，可能是由于董鄂氏与董小宛同姓董，而且都是才色双全的美人。但是，冒襄《如皋冒氏严书·家乘旧闻·亡妾董小宛哀辞》记载，董小宛"痰涌血溢，五内崩舂""脾虚肺逆"，也就是说董小宛死于痨疾，即肺结核。冒襄在《如皋冒氏严书·家乘旧闻·亡妾董小宛哀辞》的前文小叙中记载："小宛自壬午归副室，与余形影丽者九年，今辛卯献岁初二日长逝。"因此，人们可以肯定董小宛的确死于冒襄家中。而壬午就是明崇祯十五年，亦即1642年，辛卯系清世祖顺治八年，亦即1651年。所以董小宛于1642年嫁给了冒襄作妾，1651年因肺结核而死于冒襄家中。

根据两人的生卒年月，生于1624年的董小宛比生于1638年的顺治皇帝整整大了14岁。而董小宛1651年去世之时，顺治皇帝才13岁。那一个13岁的少年天子如何与一个27岁的成熟妇女相恋，还谱出了一曲生死恋曲？

之所以把顺治帝与董小宛连接起来，只不过是好事者们发动文学想象力的结果罢了。

## ·建宁公主的悲剧婚姻

在古代平民百姓看来，公主贵为皇室金枝玉叶，荣华富贵享之不尽，风光无限。然而，这不过是她们生活的光鲜表面而已，其实，这些光环的背后藏匿着鲜为人知的惨淡与痛苦。清太宗皇太极的小女儿建宁公主就是一位颇具代表性的可怜人，因其公公吴三桂，一生痛苦不已。

驻防云贵的吴三桂作为三藩之首，位高权重，连万人之上的皇帝也畏惧他三分，坐立难安。为了缓解吴三桂这块心病，一统海内，顺治十年（1653年），顺治帝将妹妹建宁公主许配给了平西王吴三桂的儿子吴应熊，封吴应熊为十四额驸，并生得一子吴世霖。本以为利益联姻可以稍稍牵制吴三桂，然而，事实却并非如此简单，吴三桂的嚣张气焰不降反涨。

为了阻止吴三桂叛乱，形势进一步恶化，吴应熊和建宁公主都是努力试图劝阻吴三桂安分守己，心向朝廷，以免弄得家、国都不安宁，但于事无补，吴三桂最终还是主导了"三藩叛乱"。

康熙十二年（1673年）春，康熙皇帝作出撤藩的决定。吴三桂首先于这年十一月杀云南巡抚朱国治，自称天下都招讨兵马大元帅，提出"兴明讨虏"，将矛头指向朝廷。吴三桂军由云、贵开进湖南，几乎占据湖南全省。进而进犯四川，四川官员纷纷投降。福建、广东、广西、陕西、湖北、河南等地都有藩王或将领响应。

为了打击吴三桂的气焰，康熙在十三年（1671年）四月十三日下令处死吴应熊及其子吴世霖。吴三桂在起兵反叛前，曾派人到京城去秘密接吴应熊及其子吴世霖去昆明。虽然不可能劝说自己的父亲放弃起兵反叛的罪恶之念，但吴应熊也没有为了苟全性命而犯下叛逆之罪。按照大清的律例谋反大逆是要株连亲属的，作为吴三桂的儿子将被处以极刑，这一点吴应熊心知肚明。即便这样，他也宁愿留在京城接受惩处，到死也要做大清的子民。

"为叛寇所累"的额驸及其子吴世霖为三藩之乱付出了生命的代价，顷刻间建宁公主失去了丈夫和儿子，失去了家庭。这一年她才33岁，其悲伤和心碎之痛可想而知。建宁公主在以后独自支撑的30年中，虽然康熙帝多次下诏安慰在三藩之乱中受到巨大伤害的姑母，然而，这又怎么能够治愈建宁公主的创伤呢？

# ·康熙帝不可能爱苏麻喇姑

在《康熙大帝》里，贯穿整本书的就是康熙和大他几岁的美貌少女苏麻喇姑之间缠绵忧伤的爱情故事。在很多电视剧里，都把苏麻喇姑塑造成康熙帝的初恋，是康熙帝的忧伤情人。特别是《少年康熙》里面，那个皎皎如白玉兰一般的苏麻喇姑，那个立在一树白花下微笑和铰发时断然坚定的苏麻喇姑，让人久久不能忘怀。但是，苏麻喇姑和康熙帝真的有过一段如此唯美的爱情吗？

其实，对比一下他们的年龄差距，就知道他们之间不可能发生姐弟恋。

苏麻喇姑，蒙古族人，出身于科尔沁大草原一个贫苦牧民之家，出生年大约在明万历四十年（1612年）前后。原名索玛勒，意思是毛制的长口袋，自幼在蒙古科尔沁贝勒宰桑家当使女。1625年二月，年仅13岁的孝庄文皇后嫁给皇太极的时候，她作为贴身侍女，一同被带到宫中，此后在皇宫中一住就是80年。顺治晚期或康熙年间改称苏麻喇姑，意思是"半大口袋"。康熙四十四年（1705年）以九旬高龄在清宫作古。

康熙帝，清圣祖玄烨，清朝入关后第二代皇帝，姓爱新觉罗氏，顺治帝福临第三子。母佟佳氏，汉军都统佟图赖之女。顺治十一年（1654年）三月十八生于景仁宫。福临去世后，以8岁孩稚继承皇位。改次年为康熙元年（1662年）。二年二月，生母去世，由祖母孝庄文太后抚育。他自幼苦读，好学不倦，身体强健，骑射娴熟。14岁亲政，在位61年，一生勤奋治国，开创了一代盛世，是中国古代杰出的英明帝王。

根据历史事实可以看出，苏麻喇姑1612年左右出生，康熙祖母孝庄皇后1613年出生，苏麻喇姑和孝庄是同辈人，即是康熙的祖母级人物。康熙1654年出生，比苏麻喇姑小整整42岁。康熙即位时虚龄只有8岁，此时苏麻喇姑已经50岁了，怎么可能还是如花少女？试想，一个8岁的孩童怎么可能与一个跟她祖母一样年龄的人发生暧昧关系？

再者，苏麻喇姑在生活上有一个与人不同的特点：终年不浴。只有到年终最后一天即除夕之日，才用少量的水洗一洗身体，然后再把这些用过的脏水喝掉。试想，一个普通人都难以接受这样的习惯，更何况是九五之尊的皇帝？

其实康熙帝幼年曾经患上天花绝症，根据当时的规矩，他避痘离宫，离开亲人到福佑寺里养病，在这段艰难的日子里，正是苏麻喇姑一直守在康熙帝身边无微不至地照顾着他，直到他彻底康复。

因此可以说，苏麻喇姑是康熙帝的生命守护神，是康熙帝一辈子都感激的人，他们之间有的是类似亲情的东西，但绝对不是爱情。

## ·清宫选秀女和选宫女是两回事

现在很多以清宫为题材的影视作品中经常会出现"选秀女""选宫女"这样的情节，很多人误以为选秀女时被选中的女子会成为皇帝的妃嫔，而落选的则成为宫女。事实上，选秀女和选宫女是两种完全不同的选拔制度，无论从筛选范围，选拔标准，以及入选后的归属都相差甚远。清朝入关之前，仍然处于马上民族的生活状态，他们的婚配制度并没有什么辈分差别、血缘限制之类的规定。这种情况直到清军入关之后，才逐渐改变。

清代宫廷的选秀女活动每三年举行一次，选择范围在清八旗内部甄选。户部将八旗家庭中年龄在15岁到17岁之间的女孩子记录在册，待到选秀之年，户部请示皇帝是否选秀，获准后就把批文下发到八旗各族以及符合规定的八旗家庭中，各处要将符合条件的八旗女子送入京中候选。八旗家庭中的女子在候选之前均不得订婚，只能是等到入宫选秀结束后，落选回家的女子才可以自行婚配。

候选的秀女待到入选之日，先是每人坐一辆骡车，车前挂着两盏灯，分别写着候选秀女的旗属，父母姓名等基本资料，车行至神武门，秀女们依次下车，行至顺贞门外等候，然后五人一组，由太监带进殿中，由皇帝或者皇太后们进行挑选，此为初选。

初选时被选中的秀女会被留下名牌，然后送回家去，定期再入宫复选。如果有初选入围的秀女复选时逾期不入宫参选的，则终身不得婚配。复选淘汰的秀女可以放回家中自行成婚，入选的秀女则留在宫中，或者被皇帝封为嫔、妃、常在、答应等名分，或者指给皇子、亲王等皇室男子成婚。

当年慈禧太后就是通过选秀女进宫，进而得到咸丰帝的宠爱，生下皇子，母凭子贵的。

因此，选秀女实际上是从八旗贵族女子中选择皇帝后妃和皇室男子的配偶，秀女基本上都是"主子"。而选宫女，则彻彻底底是选"奴才"了。

按清宫惯例，宫女每一年就要征选一次，主要从内务府三旗包衣家庭的女儿中选取，即满洲正黄、镶黄、正白三旗佐领、管领的女儿，及回子佐领，健锐营番子佐领的女儿。内务府是专门服务于皇室家族的组织机构，包衣是满族的奴仆制度，因此这些家庭中年满13岁的女孩子都要参加清宫宫女的候选，在候选宫女之前，任何女子不得订婚，落选后方可成亲。

选宫女的场地在皇宫里的御花园，只选一次，选中的留在宫里，落选的放回家中。宫女的选拔与秀女的选拔在时间上是分开的，因此落选的秀女不会再被留在宫中成为宫女。

宫女入选后，要先经过宫中年长宫女的调教，知晓宫中礼仪，接受宫女训练，然后分往各处当值，正式从事宫中仆役的工作。一般来讲，清朝宫女的待遇不错，平日的吃穿用度都有一定的配给定额，也有一定的薪俸，等到宫女25岁时，还可以被放还家中。也有一些特别受主子宠爱的宫女，会一直当差到35岁，或者出宫之后又被重新召到宫中当差。

当然，身为宫闱之中的女子，如果常在皇帝身边服侍，也有可能被皇帝看上，成为妃嫔；或者被皇帝赏赐给大臣做姜室；再有就是等到年龄满25岁被平安放出皇宫回家，这些都是宫女比较好的出路。

但是还有很多宫女的命运并不好，她们或者被分配到皇宫内偏远的地方当差，生活质量很差，还要时常受到年长宫女和太监的欺压；或者遇到那些性格残暴的主子，受到主子的虐待，因此惨死；还有些宫女因为侍奉公主，最后随公主远嫁，离开家园的；甚至在清初还没有废除殉葬制的时候，有些宫女会因为主子的死亡而为之陪葬。

总之，宫女和秀女虽然只有一字之差，但是无论从出身、入宫后的地位以及最后的结局，都是天地之差，和影视剧中的模糊表达不同，清宫的选秀女和选宫女完全是两回事。

# 尘封千年的史料新考

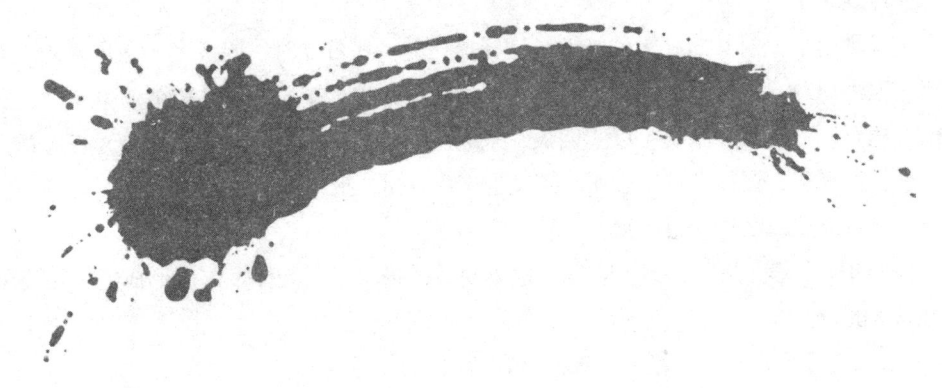

# · 女娲真的曾经补天吗

"女娲补天"一直被认为只是传说，但是，中国地质学家经过对白洋淀的考察后得出，"女娲补天"有一定史料依据。

地质学家认为，白洋淀地区的地理面貌是由于远古时代一次陨石雨降落而形成，大约发生在4000年前。根据现场考察，当时的情景可能是：一颗彗星进入地球轨道，在山西北部的上空冲入大气层并在高空爆炸。瞬间形成规模宏大的陨石雨，降落在从晋北到冀中这一广大地区。陨石雨降落，致使地面形成大大小小的撞击坑，后经过雨水的冲刷、河水的流淌，以及人们的改造，逐渐形成了今天白洋淀的地理面貌。

地质学家对陨石雨降落地球的场景推测与《淮南子》中记载"女娲补天"的情形相似度达到90%。

《淮南子》对女娲补天的神话是这样描述的：往古之时，四极废，九州裂，天不兼覆，地不周载，火滥焱而不灭，水浩洋而不息，猛兽食颛民，鸷鸟攫老弱。于是，女娲炼五色石以补苍天，断鳌足以立四极，杀黑龙以济冀州，积芦灰以止淫水。苍天补，四极正；淫水涸，冀州平；狡虫死，颛民生；背方州，抱圆天。

经过对比，结果一目了然：

1.四极废，九州裂，天不兼复，地不周载：描绘小型天体爆炸后形成的大规模陨石雨降落的情景。

2.火滥焱而不灭：小型天体爆炸后在地面上引起的火灾。

3.水浩洋而不息：假设小型天体是彗星，而彗星成分主要是陨冰。陨冰融化后形成大量的地表水，即出现此结果。

4.杀黑龙以济冀州，积芦灰以止淫水。苍天补，四极正，淫水固，冀州平，蛟虫死，颛民生：神话传说编撰于汉代，当时，冀州是古代河北省一带，也就是说这一段描述了灾害平息之后河北平原的景象。

但是，地质学家也不能百分之百肯定。那么，女娲补天到底只是个传说，还是有其他解释，至今仍是未解之谜。

# · 鲧是被冤杀的吗

上古神话说中，鲧其实是普罗米修斯式的一个悲剧英雄，他是有先见之明的神，他帮助人类摆脱灾难的困扰，在他就要成为治水英雄的时候，天神嫉妒鲧的伟大而使鲧被杀，但是鲧却没有放弃解救人类苦难的夙愿，他给人类留下了另一个继承治水大业的英雄——禹。

大禹治水，功绩显赫，天下人皆知，然而又有多少人知道鲧的故事？

据《山海经·海内经》记载："洪水滔天，鲧窃帝之息壤以堙洪水，不待帝命。帝令祝融杀鲧于羽郊。帝乃命禹卒布土以定九州。"

又有《左传·昭公七年》曰："昔尧殛鲧于羽山，其神化为黄熊，以入于羽渊，实为夏郊，三代祀之。"

另一种说法是，鲧由于治水不成功而被身为帝王的尧下令处死。据《史记·夏本纪》载："禹之父曰鲧，鲧之父曰帝颛顼，颛顼之父曰昌意，昌意之父曰黄帝。"原来鲧即是治水功臣禹的父亲，不仅如此，鲧还是黄帝的曾孙。可见，鲧是皇家子弟，是名门之后。只可惜，鲧赶上了一个悲剧的时代。

鲧在生年之时，正值洪水连年泛滥之际。当时尧身为天子，治水之心非常急切。由于鲧平日里才华横溢，很多大臣都推荐他去治水。虽然尧有"鲧为人负命毁族"的想法，但是由于民心所趋，最终还是让鲧上任了。鲧上任领导治水九年，历尽艰辛劳苦，终不得将洪水赌退。最后他想出了偷偷用"息壤"堵水的办法。

息壤据说是一种可以自己生长的神土，鲧就是治水心切，才不得已偷了天帝的宝物。

屈原在《天问》中疑问道："顺欲成功，帝何刑焉？"又问道"永遏在羽山，夫何三年不绝？伯禹腹鲧，天何以变化？"鲧用息壤治水就要成功的时候却被尧发现了，尧收回息壤，又派人将鲧杀死在羽山之上。传说鲧死后，其尸体三年不见腐烂，在有人用刀将他的尸体解剖之后，大禹出生，而鲧则化作黄能升入天空之中。

鲧由于治水失败而根据问责制度被处死，他可谓是一位蒙受冤屈且一生悲壮的人物，但是，鲧的死却似乎又是历史的必然。正是由于鲧的牺牲，才促使大禹在他的治水生涯中能够殚精竭虑，三过家门而不入，终得治水成功。可见，大禹治水是踩在鲧的肩膀之上，借着鲧用生命换来的宝贵经验才最终成功的。

## ·殷墟告诉你一个真实的商朝

据《竹书纪年》记载："自盘庚迁殷，至纣之灭，二百七十三年更不徙都。"殷墟，商朝晚期国都的遗址，位于今河南省安阳市洹河南岸，即小屯村一带，距今大约有3300多年的历史，总面积超过36平方公里；因王陵、宫殿、甲骨文以及青铜器等古物的出土而受到世界的瞩目。2006年7月8日，第30届世界遗产大会在立陶宛首都维尔纽斯召开，7月13日，中国安阳的殷墟被正式列入世界文化遗产名录。

殷墟在甲骨文的卜辞中被称为"商邑""大邑商"，古时也被称为"北蒙"，它在当今世界的闻名与甲骨文的发掘密不可分，最早要追溯到清代光绪年间。甲骨文最早被人们称作"龙骨"，是当时农民在土地上耕作时发现的一种化为石块的骨片，后来将这些骨片卖给药店，并当作药品服用。直至1899年，一个叫王懿荣的金石学家发现了"龙骨"片上的玄机，他认定上面的图形是一种古老的文字，之后他不惜重金收购了京城药店中大部分"龙骨"。后来王懿荣将这些甲骨交与刘鹗研究，终于在20世纪初，刘鹗首次确证了甲骨文的年代，它是殷商时期为了记录日常事件而篆刻于龟甲和牛骨上的文字。

由于之前人们不知道这种骨片原来是珍贵的文物，大量的甲骨文被当作良药食用，因此也损失了很多珍贵的史料。而且当时中国正值没落之际，战乱不断，外国列强的入侵也造成了大批甲骨文的流失。后来经过政府以及各界人士的不懈努力，至今被发掘的甲骨文已经达到15万片，总文字数达到将近5000，其中有2000多个单字已经被解读。虽然甲骨文的研究已经达到了很高的层次和水平，但是仍然有一些难解的谜团等待人们发掘。例如一些甲骨文字需要用几倍的放大镜才能看得清楚，那么在古老的殷商时期人们究竟有着怎样的篆刻技术？

甲骨文对中国人所产生的影响是不言而喻的。首先，它经过了金文、篆书、隶书以及楷书等不同字体的发展，而且保留了字形、字音、字义等最基本的方法，是中国汉字的源头。其次，甲骨文中记载丰富，充分反映了殷商时期人们的科学文化水平。例如殷商时期，人们就已经采用了十进位制，并且有了个、十、百、千、万等数字的概念。殷商人还可以准确地记录日食、月食等多种天文现象，我国现在使用的农历纪年法也是殷商时期就出现的殷历法的沿用。此外，甲骨文所记载的一些推测和占卜活动，还能够体现殷人思维以及逻辑推理的能力。最后，甲骨文内容（文字）与形式（骨片）的统一，更是一种美的呈现，对中国书法有着深远的影响。

除了甲骨文之外，殷墟的光环还源于其他文物的照耀。在1978年的考古发掘过程中，殷墟出土了将近4000余件青铜器物，甚至在后来还发掘出一个铸造青铜器皿的工场。除了青铜器之外，玉器、石器以及原始瓷器，也是数不胜数，精美绝伦。另有8000多座墓葬也是在殷墟之上被发掘，其规模之壮大，葬品之多，世界罕见。宫殿宗庙遗址和王陵遗址都是殷墟的重要遗迹，闻名遐迩的后母戊大方鼎就是在王陵以东出土的。

"中原文化殷创始，观此胜于读古书"，这是郭沫若在访殷墟之后所发出的感叹。的确如此，殷墟遗址有着无比重要的历史文化价值，它不仅让古文献中关于商朝的记载有了实际可考的对象，并且确证了中国古代历史的新框架。可以说，甲骨文的出土以及殷墟遗址的发掘，使得源远流长的中华文化更加光鲜照人、辉煌夺目。

# ·孔子墓为何叫"孔林"不叫"孔陵"

孔子曾被封为"大成至圣文宣王"，孔子葬地称陵完全是有资格的，为何却称为"孔林"呢？这要追溯到原始的丧葬制度。

在原始社会初期，并不存在丧葬事宜，人自然而然地生，自然而然地死，有的随意掩埋，有的只是听之自朽，既不封土，也不植树。直到春秋时代晚期，才出现了坟丘形式的墓葬，据《礼记·檀弓上》载：孔子的父亲叔梁纥、母亲颜徵在去世后，孔子将父母合葬在防（今山东曲阜城东防山之北）的时候，曾对弟子们说："古也墓而不坟（无高土隆起）。"由于孔子常年率弟子周游列国，为了回到故乡拜祭父母时能找到墓地，于是孔子"封之，崇四尺（筑了四尺高的坟丘）"。据现有文献来看，孔子是有明确记载的封土为坟的第一人。

孔子死后，弟子们为他选择什么样的墓式煞费苦心。子夏回忆道：从前孔子讲过，看到几种不同式样的坟墓：有的四方而高，像建筑的高堂一样；有的狭长而高，像"坊"一样；还有的四方广阔而两旁向上尖削，如同斧的刃部一样，这种形式又像马鬣（马颈上的一排刚毛），叫作"马鬣封"。孔子赞成后一种。于是，孔子墓的"马鬣封"的制式得以确立，成为封建社会一种特殊尊贵的筑墓形式，影响很广。

也许弟子们出于对老师的尊敬，或是担心日后找不到老师的墓地，故不约而同地带着树种来到孔子葬地，围绕着墓地种植下树木，以为老师墓地的标志。与此同时，不少弟子还为老师守墓。比如孔子的得意门生子贡，是春秋时期了不起的外交家和富商。他在老师墓前盖了一座茅屋，为老师守墓6年。

东汉桓帝时，朝廷以官方名义修了孔子墓。此后历代帝王不断赐给祭田、墓田，重修和扩建，才形成了现在的古木参天、遮天蔽日的孔林规模。

## ·孟姜女哭倒长城真有其事吗

据说，在秦始皇的时候，有一对新婚的夫妇，男的叫范喜良，女的叫孟姜女，结婚刚3天，范喜良就被征去修长城，不久因饥寒和劳累而死去。孟姜女历尽艰辛，万里寻夫到长城，得知丈夫已死，便放声大哭，哗啦一下就哭倒了长城800里。这就是我国古代著名的民间传说——孟姜女哭长城。然而，历史上到底有没有孟姜女哭长城的事？故事流传到现在已2000多年了，仍是一个谜。

有人认为，孟姜女哭长城的故事，纯属虚构。因为山海关所存的长城是秦朝以后才筑起的，而秦始皇时代所筑长城距山海关北去数百里。历史上有过哭倒城墙的记载，但故事发生的时间比秦统一六国要早得多，因此和秦始皇根本风马牛不相及。

另外，孟姜女故事经历了2000多年的流传和演变，其故事本身内容差异，说法不一，如何看待这一故事，则更是众说纷纭，莫衷一是。

考证史籍，"哭城"一事首见于《左传》：春秋初期齐庄公时（公元前749～前781年在位），齐国人杞梁在攻莒（今山东莒县）战役中阵亡。杞梁没有儿子，他的妻子无依无靠，扑在杞梁的尸体上，在城下痛哭，哭了七天七夜，城墙也哭塌了。这大概就是"孟姜女哭长城"的原始资料了。看来孟姜女哭长城是由杞梁妻哭城演变而来的，而故事最后形成大致是在北宋年间。

也有人认为，孟姜女哭长城是根据历代时势和风俗的不断变化而变更的。战国时，齐都中盛行哭调，杞梁战死而妻迎枢是悲剧的材料。西汉时，盛行天人感应之说，杞梁妻的哭城便成了崩城和坏山的感应。它的故事是顺应了文化演变而迁流，承受各时各地的时势和风俗而改变，凭借民众的情感和想象而发展的。

但也有人否定孟姜女即《左传》中的"杞梁之妻"。有的认为在封建社会的中国，战事连绵，民不聊生，哭夫的题材十分常见，《左传》中也不无记载，因此单凭哭夫这一论据，不能令人信服。有的说，好端端的长城，竟然被一位妇女哭塌了城墙，未免流于荒诞。再说，把齐国的杞梁妻捏造成秦国的孟姜女，把攻莒城改为修筑长城，是有意往秦始皇身上栽赃。

总之，孟姜女哭长城的真伪，至今尚难断定。

# ·西汉也有"女外交家"

西汉时的冯嫽才貌双全，曾多次往返西汉与乌孙之间，解决了不少政治、外交难题，成为中国历史上最早的女外交家。

汉武帝时，汉朝为了结成对抗匈奴的联盟，与西域诸国中最强大的乌孙国联姻。于是，解忧公主下嫁给了乌孙国王，随行侍者冯嫽嫁给了乌孙权位很高的右大将。冯嫽胆识过人、才干出众，被当地人尊称为"冯夫人"。

乌孙国王去世后，原国王的匈奴夫人生的儿子乌就屠，杀了新即位的国王，聚集一部分人马上了北山，并扬言要请匈奴兵来乌孙。为此，汉朝派1.5万名士兵进驻敦煌，密切注视着乌孙的动向。西域都护郑吉知道冯嫽的丈夫右大将与乌就屠关系很好，又了解冯嫽的才干，便请冯嫽去劝说乌就屠。冯嫽不顾生命危险，亲至北山面见乌就屠，向他陈说利害，乌就屠不得不请冯嫽从中斡旋，并希望汉朝加给他一个封号。

后来，汉宣帝征召冯嫽万里入朝，冯嫽侃侃而谈，宣帝对她十分器重，正式任命她为出使乌孙的使节。冯嫽乘锦车，持汉节，率人前往乌孙。到乌孙后，冯嫽代表皇帝，诏令乌就屠前来，正式册立解忧公主的儿子元贵靡为"大昆弥"（昆弥即国王），乌就屠为"小昆弥"，并赐二人金印绶带。至此，乌孙的动乱得到了圆满解决。

公元前51年，因解忧公主年老，思归故土，冯嫽随同她一起返回长安。这时，乌孙大昆弥元贵靡的儿子星靡代行大昆弥事，由于星靡性情怯弱，国内又不稳定。于是，年逾花甲的冯嫽又一次踏上万里西行的征程。

作为一个女子，冯嫽几次被朝廷任命为正式使节，出使异邦，这在几千年的封建社会中是绝无仅有的。

# ·造纸术是蔡伦发明的吗

造纸术是中国四大发明之一，其为推动世界文明史的进程作出了巨大贡献。在一般大众的印象中，造纸术是由东汉蔡伦发明的，我们的历史教科书也是这么写的。可是近年来，蔡伦造纸的说法遭到了有力的挑战，这到底是怎么回事呢？

蔡伦造纸的说法出自南朝宋人范晔所著的《后汉书》：

"自古书契多编以竹简，其用缣帛者谓之纸。缣贵而简重，并不便于人。伦乃造意，用树肤、麻头及敝布、鱼网以为纸。元兴元年，奏上之，帝善其能，自是莫不从用焉，故天下咸称'蔡侯纸'。"

元兴元年，也就是公元105年，蔡伦这一年向汉和帝献纸，人们也就把这一年当作蔡伦发明纸的纪年。

而范晔著《后汉书》，多取材于东汉的官修史书《东观汉记》，所以学界普遍认为，《后汉书》里蔡伦造纸的说法是源于《东观汉记·蔡伦传》的记述。

《东观汉记》是汉明帝刘庄（公元58～75年）时由大学士刘珍、班固等人编著而成。而蔡伦是公元75年才入宫为宦的，所以当时的《东观汉记》并没有提到蔡伦。到了桓帝时的公元151年，崔寔、延笃等人继续修史，才在桓帝的命令下，补写了《蔡伦传》。而这时，蔡伦去世才不过30年。崔寔等人与蔡伦处于同一时代，所以《东观汉记·蔡伦传》的记述应该是可以相信的。

可是，现存的《东观汉记》乃是《四库全书》里的辑本，因为年代久远，古书传抄有所讹误，所以这个辑本保留了两种微有差异的说法：

其一是"（蔡）伦典上方造意用树皮……造纸"；其二是"蔡伦典尚方作纸"。

所谓"典"，就是主管、负责的意思。而说法一中的"上方"和说法二中的"尚方"相同，意思是宫廷中专为帝王服务的作坊。所以问题的关键就在"造意"二字。所谓"造意"，就是发明创造的意思。一个说蔡伦发明了造纸的方法，并领导"上方"造纸，一个只说他领导"上方"造纸，却没说造纸术是他蔡伦所发明。孰是孰非？

当单凭史籍无法给出答案的时候，就要借助考古的手段了。

1933年夏，考古学家黄文弼在丝绸之路上的新疆维吾尔自治区罗布泊汉代遗址里发现了一片西汉纸。黄文弼是这样描述这个惊人发现的："麻质，白色，作方块薄片，四周不完整"，"质甚粗糙，不均净，纸面尚存麻筋，盖为初造纸时所作，故不精细也。"

黄文弼发现的这个"方块薄片"是纸吗？

造纸专家刘仁庆说，"（判断）是不是纸，要看其纤维。如果是动物纤维，那么就是丝织品，如果是植物纤维，那么就可以断定是纸。"

"麻质"，麻是植物纤维，因此可以断定，黄文弼发现的的确是纸。

可惜的是，这个首次为"蔡伦前有纸说"提供实物证据的麻纸，在武汉文物展展出时，被日军的飞机炸毁了。即使没有炸毁，很多人也对"蔡伦之前有纸"表示怀疑，因为这片麻纸毕竟只是一个"孤证"。夏鼐曾在1955年表态："西汉有纸证据不足，尚不能作出否定（蔡伦发明纸）的结论。"当时，学术界正有一场关于蔡伦前有纸与否的大争论。

不过，事情很快出现了新的情况。1957年，考古学家在陕西省西安市郊的灞桥古墓里发现了一叠后来引起广泛争议的"灞桥纸"。经专家证实，这个古墓的时间至少不迟于汉武帝时期。

西汉有纸的说法再次热了起来。1958年的《中国青年报》就曾对灞桥纸的发现进行报道："我国发明纸的年代还要上推好多年"，"据现在我们的历史知识来判断，蔡伦对造纸事业曾经起了巨大的发展作用，他曾经改进了造纸的原料，推动了造纸的事业，但他并不是第一个发明纸的人。"

## · 灞桥纸真的是纸吗

直到1974年到1975年间，经过造纸专家刘仁庆与中国科学院植物研究所形态细胞研究室的通力合作，才测出灞桥纸的成分——大麻纤维。由此证明，灞桥纸的确是纸。

在灞桥纸之后，陕西、甘肃一带又陆续出土了金关纸、中颜纸、马圈湾纸等西汉古纸，不过这些"古纸"并没有结束蔡伦前是否有纸的争论，反而使争论愈发激烈起来。直到1986年，甘肃天水放马滩的古墓里出土了一张"又薄又软"的纸，学界中人才齐齐闭上了嘴，将目光集中到这个新发现。

放马滩纸的年代比蔡伦要早上300年，它证明，早在西汉初期，纸已经被用于绘图和书写，故而"纸的历史提前至西汉初期"。

20世纪90年代初，甘肃敦煌悬泉置遗址又出土了一批550张的古纸，其中有297张西汉纸，而且部分西汉纸上还写有字迹。

至此，蔡伦以前有纸说似乎没有什么疑点了，不过蔡伦对造纸术改进作出的贡献仍然不可小觑，他理应获得人们的赞誉和怀念。

## · "公主琵琶幽怨多"说的是谁

白日登山望烽火，黄昏饮马傍交河。
行人刁斗风沙暗，公主琵琶幽怨多。
野营万里无城郭，雨雪纷纷连大漠。
胡雁哀鸣夜夜飞，胡儿眼泪双双落。
闻道玉门犹被遮，应将性命逐轻车。
年年战骨埋荒外，空见葡萄入汉家。

看了这首李颀的《古从军行》之后，很多人都以为"公主琵琶幽怨多"指的是王昭君。因为据说王昭君曾被册封为公主，而且最擅弹琵琶，并且她的故事流传千古，为大多数人所熟知。其实，中国历朝历代和亲的公主成百上千，又何止王昭君一个？

只是，很多和亲的公主都湮没于浩瀚的历史烟尘之中。这首诗里的公主也是一位远嫁的汉朝公主，这位公主不仅有美丽的名字，还有美丽的容貌，《汉书·西域传》里还有关于她的记载。

她叫刘细君，江都王刘建的女儿。元封六年（公元前105年），汉武帝封其为公主，远嫁乌孙国王昆莫猎骄靡，为右夫人。婚礼的风光并不能掩盖政治联姻的实际用意，尽管此时的西汉王朝已相当强盛，经过大将军卫青、霍去病的彻底打击，匈奴已经远离漠北，可是汉武帝仍不得不采用怀柔兼武力的办法积极打通西域各国，联合防御匈奴，乌孙国就是主要的争取对象。《汉书·西域传》记载："乌孙国，去长安八千九百里……不田作种树，随畜逐水草，与匈奴同俗。民刚恶，贪狼无信，多寇盗，最为强国。汉元封中，遣江都王建女细君为公主，以妻焉。赐乘舆服御物，为备官属宦官侍御数百人，赠送甚盛。"

就这样，一枝深宫里的牡丹注定要在西域的浩渺风沙中摇曳，没有人眷顾她有多么地娇弱无助，没有人思量她有多么地恋恋不舍，满朝文武都在赞颂天子高瞻远瞩的英明决策。面对父母之邦的冷漠，细君公主只有将哀怨抛向苍凉的大地。不过，她留下了她的琵琶，还有她的幽怨，让史书枯涩的记载变得鲜活生动起来。

相传，细君精通音律，妙解乐理，乐器琵琶创制的直接原因，就是细君远嫁乌孙。晋人《琵琶赋·序》云："汉遣乌孙公主，念其行道思慕，使知音者裁琴、筝、筑、箜篌之属，作马上之乐。"唐人《乐府杂录》中记载："琵琶，始自乌孙公主造。"

《汉书·西域传》里抄录着她的悲歌："吾家嫁我兮天一方，远托异国兮乌孙王。穹庐为室兮旃为墙，以肉为食兮酪为浆。居常土思兮心内伤，愿为黄鹄兮归故乡。"

这首诗传到汉地，连汉武帝也感慨万千，于是时常派特使携带珍贵礼物去慰问细君，想必细君只有一声叹息，惨然苦笑，金银珠宝怎抵思乡情深？

细君远嫁的第二年昆莫猎骄靡就死了，其孙岑陬军须靡继位。按照西域风俗，新国王将继承前任国王的妻妾。细君上书汉武帝，表示自己不愿再嫁他人，而天子却赫然命令"从其国俗，欲与乌孙共灭胡"。自始至终，细君虽名为公主，但终究只是一枚任人摆布的棋子，为了大一统这个冠冕堂皇的理由，作为政治的祭礼，牺牲了自己的青春年华。细君公主在大漠悄然陨落了，她只能祈祷她的灵魂能够回归故乡，实现那个"愿为黄鹄兮归故乡"的梦想。

人们读历史，对许多英雄人物熟记在心，如卫青、霍去病、李广等，人们读惯了"但使龙城飞将在，不教胡马度阴山"，但念一念"公主琵琶幽怨多"，也别有一番滋味在心头。毕竟，历史不仅流淌着男人的血，也曾经流淌着女人的泪。

## ·三国人物为什么多用一字单名

翻看东汉、三国长达300多年的历史，会发现一个惊人的"巧合"：这一时期内的人物，绝大部取的都是单名，除了一些有个性的隐士如庞德公，和一些乳名如刘盆子外，要想在有身份、地位的人中找到名为双字的可能性微乎其微。

这是巧合，还是另有原委？原因得从王莽改制说起。

西汉末年，王莽篡夺了政权。为了保证统治地位和强调政权的合法性，他大搞迷信，大搞复古，以此为核心，还推行了一系列所谓的"新政"，从土地制度到用人制度，从货币到地名，几乎无孔不入，当然也涉及了人名。

在这一系列"托古改制"的改革中，王莽对"名"特别重视，他一上台，就大刀阔斧对事物的名称进行改革。首先把中央各级官名改了，以表示新朝代的"新"，然后是大改地名。今天改了，明天又改回来，朝三暮四，弄得人不知所措。后来，甚至将"匈奴"改成"降奴"，"单于"改成"服于"，由此引发了民族战争。王莽对姓名更是特别在意。他对自家的"王"看得十分重要，对许多刘姓皇族和有功部下赐姓"王"，以示恩宠。

在这期间发生的一件事，可以看出当时王莽对姓名的改革。

《汉书·王莽传》中有这样的记载：王莽的长孙叫王宗，他对皇帝的宝座向来有野心，如果他有耐心，是有机会当皇帝的，可他性子实在太急了，就"自画容貌被服天子衣冠，刻铜印三颗，与其舅合谋，有承继祖父大统的企图。事发，宗自杀，仍遭罪遣"。虽然人死了，但"政治权力"也要剥夺，王莽作出这样的处理："宗本名会宗，以制作去二名，今复名会宗。"这道命令的意思是"制作"就是法令，王宗本来名是两个字，叫"王会宗"，是依法令后改成的"王宗"，现在犯了法，得再改回去，还叫原来的"王会宗"。从王莽这道命令可以看出三个问题：第一，王莽之前的人名字数不受限制。第二，王莽上台后，曾经下过"去二名"的"制作"，也就是以法律形式规定不准用双字名。第三，只有良民才有资格用单字，用双字是一种惩罚。

王莽对姓名的改革影响了后世，人们为了显示自己是良民，是有地位的人，纷纷取单字，这也就是东汉、三国时期人名单字多的原因。

# ·华佗到底是不是中国人

华佗，字元化，沛国谯县（今安徽亳州）人。他是古代著名的医学家，精通内科、针灸和外科手术，并发明了一种麻醉药剂"麻沸散"。还模仿虎、鹿、熊、猿、鸟的动作，创造了健身操——五禽戏。

因为他医术高超，所以千百年来，他一直深受人们的崇敬和爱戴。

然而，国学大师陈寅恪宣称：华佗并不是中国人！他的证据主要为以下两点。

第一，他认为，天竺语（即印度梵语）"agada"是药的意思，旧译为"阿伽陀"或"阿羯陀"，为内典中常见之语。"华佗"二字古音与"gada"相适应。"阿伽陀"省去"阿"字者，就好比"阿罗汉"可以省略仅称"罗汉"一样。华佗的本名为"敷"而非"佗"，当时民间把华佗比附印度神话故事，因称他为"华佗"，实以"药神"视之。他的意思很明显，"华佗"这个名字的字和音的来源于印度神话，是当时中国的好事者将印度神话在民间传播，以致最后被陈寿等拿到了中国的历史之中。其实，华佗的真名应该叫"元化"或"敷"。

第二，他认为，华佗的原型可能曾在中国存在，也可能真是沛国谯县一带人，甚至也有可能"通晓"一些养生之术。但此人后来变成了"华佗"，则完全是将印度之"佗"（药王神）强加到了这位中国人身上的缘故。这位中国人由此成了人们敬仰的神秘人物。

陈寿的《三国志》记载，华佗治病时，会对不同的病症施以不同的治疗，比如病人必须动手术的，便让他服下麻沸散，然后再破腹取出患结。病患如果是在肠子里，就切开肠子进行治疗，再把腹部缝合，在伤口敷上药膏，四五天后伤口便痊愈了，不再疼痛，病人自己也没有感觉，一个月左右，伤口就会完全长好。这个故事其实来自耆域治拘闪弥长者儿子的病。

又如，华佗治广陵太守陈登的病时，他让陈登服了两升汤药，吐出了大约三升虫，虫被吐出体外时，它们红色的头还在蠕动，半截身子像是生鱼片。这个故事其实和神医耆域的故事也有类似之处。

而日本学者松木明知则认为，"华佗"二字是波斯文的谐音，其含义为主或神。所以华佗不是人名，而是主君、阁下、先生的意思，引申到华佗个人的职业应是"精于医术的先生"之义。同时，他指出，波斯（古称安息，今之伊朗）国人经"丝绸之路"而东渐，华佗即经此路而游学徐土（今徐州）的波斯人。

关于华佗的身世众说纷纭，但他是中国历史上被神化、被理想化的神医，这一点是没错的。

## ·谁是第一个到西天取经的僧人

《西游记》中的唐僧是以玄奘为原型塑造出来的，历史上的玄奘是一位有着多重贡献的高僧，他把梵文佛经翻译成汉语，又把汉语著作介绍到外国，丰富了我国佛经，也促进了国际文化的交流，所以，他的名气是很大的。不过，你可能不知道，还有比唐僧更早的西天取经之人，而且不止一人。

历史上第一位去西天取经的人是高僧法显，他是现在的山西襄丘人，俗姓为龚，在家中排行第四。当时父母怕养不活他，就把他送进仙堂寺去做小沙弥，希望他能得到佛光的庇佑。

几十年的修炼，使他对佛学的研究和探索达到了炉火纯青的地步，成为当地学问最深的僧侣。当他发现现存经书有很多错误和残缺时，为了矫正时弊，年近古稀的他萌生了西行取经求法的念头。

一天，他在洗脸时，突然看到自己映在水中的衰老面容，便长叹一声道："若再犹豫，我的夙愿就要化为泡影。"于是，在东晋隆安三年（公元399年）的三月，年已62岁的法显同慧景、道整、慧应、慧嵬四人一起，从长安动身，向西进发，开始了漫长的西行。次年，他们到了张掖（今甘肃张掖），在这里又有一批僧侣加入。

他们沿着古代"丝绸之路"西出阳关，进入白龙滩大沙漠。法显一行不畏艰苦，冒险前行，经过17个昼夜，行程1500里，终于走出了这片死亡之海。

之后，他们沿塔里木河向西北行进，到乌隶国（今新疆维吾尔自治区北部），又折转南下，进入塔克拉玛干大沙漠。法显在回忆这段行程时写道："行路中无居民，沙行艰难，所行之苦，人理莫比。"

公元404年，法显和道整终于来到了印度佛教发祥地，相传这里是佛祖释迦牟尼生前居住说法最久的地方。公元410年，法显踏上了归国的征途，他的最后一个同伴道整留居印度不走了，他却大志不改，孤身一人前行。回国后，他被当时江西庐山东林寺的著名高僧慧远接到南京讲经和译经。他历时5年译了经典6部，共63卷，计100多万字。后来，已近暮年的法显迁往荆州，于公元422年圆寂，享年86岁。

第二位取经人是高僧昙无竭，他本姓李，幽州黄龙人（今辽宁省朝阳市）。据《高僧传》记载，昙无竭很小时就在龙翔佛寺出家，他潜心修炼，遵守戒律，在众多僧徒中表现得出类拔萃，很快就成了龙翔佛寺僧众中的佼佼者。

在修行的过程中，他常慨叹佛经残缺不全，又听说山西有僧人法显等躬践佛国，从古印度取回真经，于是他立下誓言，决心亲赴西天取经。

公元420年，昙无竭和僧猛、昙朗等25人，携带法器、食钵等物，从燕都龙城出发，向西行进。他们先到今天的青海，再出甘肃的河西走廊，穿过新疆吐鲁番东等地，翻越雪山大漠、绝壁深渊。同行取经的25名和尚中，有12人坠崖而亡，有8人中途饿死，最终只剩下昙无竭等5人。

历经数年，最终到达现在的阿富汗、巴基斯坦和印度等地。昙无竭在印度各地礼拜佛陀圣迹，寻访名师，学习梵文经典数年后，从南天竺搭乘商船，过印度洋、南海，一行人安全抵达广州。回国后，昙无竭住在江南弘扬佛法，直至去世。他将在西天寻求的梵文《观世音受记经》译成汉文后，广泛流传于南北各地，后收录于《大藏经》中，为古今世人所传诵。昙无竭将在西天取经的游历与见闻写成《历国传记》，欲传后世，可惜此书早已失传。

他们西天取经回来，法显带回并翻译的佛经有6部24卷，昙无竭带回一部佛经，玄奘带回并翻译的经、论有75部1335卷，他们为我国佛教文化发展和古代中印文化交流而作出的贡献永远值得称颂。

# ·菩提达摩到底有没有见过梁武帝

梁武帝萧衍，南朝梁的开国皇帝，在位48年间大兴佛教，广建寺院，写经铸像，并三次舍身同泰寺，"几可谓为以佛化治国"，是中国历史上著名的好佛帝王。

菩提达摩，又译为达摩，是中国佛教禅宗的始祖，生于南印度，出身于婆罗门种姓，出家后倾心研究大乘佛教，创立了一套参悟的禅法——达摩禅学，亦称"南天竺一乘宗"。南朝时，菩提达摩泛海来到中国，经广州北上至南朝，再入北魏，长期定居于嵩山少林寺，收纳门徒，传授禅道，经嫡传弟子慧可继承、传衍，逐渐形成了东土禅宗的祖系。禅宗及其学说思想后来被儒学所吸收，成为宋明理学的有机组成部分，在中国古代思想史上产生了深远的影响。菩提达摩因而被尊奉为中国佛教史上"功业最高"者之一。

据一些古籍所载，梁武帝曾在都城建康会见过菩提达摩，请教"造寺度人，写经铸像，有何功德"？达摩答道："此有为之善，非真功德。"双方"理不契机"，不快而别。由于达摩禅法以"教外别传，不立文字"为特征，故对达摩生平缺乏记载，又因后来禅宗内部派系纷争，各自渲染、夸张始祖事迹。当时流行于世的一本关于达摩生前活动之书《景德传灯录》，虽然内容丰富，但其中掺入了许多附会、杜撰之章。所以，梁武帝究竟是否与菩提达摩晤谈过，几度引起了后世学者的争议，此事被列为禅宗"颂古百则"中的第一则公案，也成为中国佛教史上的一大疑案。

一种观点认为，历史上并无此事。持此观点的学者认为，这次晤谈的文字"全是后人伪造出来的"谬说，是"无稽的神话"。他们根据唐朝道宣所撰的《续高僧传》、唐朝净觉的《楞伽师资记》、敦煌写本《历代法宝记》和宋悟明《联灯会要》等古籍著作来推测认定：达摩"初达宋境南越"，到达的是南朝宋、齐、梁、陈四朝中的刘宋王朝，故达摩来中国最迟在刘宋灭亡以前，约于公元470年左右来中国，在中国生活约50年之久，萧齐初期已在北方传道，此时梁朝还未建立。从时间上来看，菩提达摩不可能与梁武帝有过会晤。

再者，达摩曾在洛阳瞻仰了华丽壮观的永宁寺，时间当是该寺的全盛期间，而该寺在公元526年经历大风刮落之事，此后又历遭兵灾，至公元534年毁于大火，故全盛期在公元516年至526年间。所以，对这次会见，许多记载都有"演变的痕迹"，"更杂以许多虚妄之处"。

另一种观点则认为，历史上有过此事。学者们经考证说："初达宋境南越"中的"宋境南越"是泛指中国南方地区，是地域概念而非时间概念。该句意为"达摩起初抵达中国南方境内"，并非指刘宋期间抵华；永宁寺于公元526年被大风刮落宝瓶后，马上被修复，兴盛期延续至公元534年才真正结束，达摩于公元526年前后参观该寺是可能的。另外，根据史书记载"慧可在'年登四十，遇菩提达摩游化嵩洛，可一见悦之，奉以为师'"，这一年是公元526年，由此可见，达摩不可能于公元470年或479年的刘宋期间来华，而是在公元526年前后取道广州，经建康渡江入魏。从时间、路线上看，会见梁武帝是完全可能的。

梁武帝笃信佛教，一向注重延揽名僧，不少外国高僧慕名而来，受到他热情接待。达摩来华，他必定会躬自迎接。况且梁武帝曾在《菩提达摩大师碑》、《内证佛法相承血脉谱》、《宝林传》、《传法正宗记》、《全六朝文·梁武帝文》等古籍中均收录有"见之不见，逢之不逢，今之古之"等碑文，言语间表达出与达摩语不投机而失之交臂的悔恨心情。以上这些证据都说明历史上的确有过这次晤谈。

众说纷纭且都有理有据，看来，关于这件佛教史上的疑案，学者们的笔墨官司还将是一场难以预测胜负的持久战。


## ·中国历史上的女皇有几位

在人们的记忆中，中国历史上第一位女皇帝就是武则天，她在位时，继贞观之治，启开元盛世，政绩斐然，一生唯我独尊、敢作敢当，死后又为自己立了一块没有任何文字的"无字碑"。这些都给人们留下了深刻的印象。

其实，严格说起来，武则天只能位列第三。那么，前两位会是谁呢？

历史上第一位女皇帝是北魏孝明帝的女儿元姑娘。元姑娘即位时还是个女婴，她的登基完全是她的祖母——宣武帝之妃、孝明帝之母胡太后一手安排的。

孝明帝登基后，胡太后母以子贵被尊为太后，并因孝明帝年幼而临朝听政。胡太后在政治上恣意专权，生活上又十分淫乱，引起朝臣不满，几个大臣曾将胡氏幽禁于北宫。后来，胡氏重新临朝听政，更加肆无忌惮，"为四方所秽"，当然也引起孝明帝的不满。于是母子之间嫌隙屡起。

在公元528年，据记载，孝明帝之妃生下一个女儿，当时胡太后谎称生了一个皇子，并设计毒死了孝明帝，拥立"皇子"为帝。几天后，胡太后又忽然宣布襁褓皇帝原来是个女婴，当然，出尔反尔都是为了宫廷斗争的需要，元姑娘只不过是胡太后手中的一枚棋子。小女婴虽然只做了几天的皇帝，但是，却是中国历史上第一个女皇帝。

而第二位女皇帝是陈硕真，浙江睦州青溪（今浙江淳安）人，自幼父母双亡，和一个妹妹相依为命。历经风风雨雨，尝尽人间辛酸苦辣。

当时，唐高宗在位，由于唐太宗统治后期奢侈之风盛行，劳民伤财，使部分地区的人民受到了较重的剥削和压迫。青溪位于今天浙江西北部，这里山高谷深，物产十分丰富。正因如此，统治者对其也格外关注，搜刮无度，使得这一地区的百姓负担十分沉重，怨声载道。

有一年，当地发了大洪水，百姓们流离失所，民不聊生。陈硕真看在眼里，急在心里，于是，她不顾自己的安危，毅然打开东家的粮库救济灾民，不料被管家发现，打得她死去活来，当夜被乡人救出，逃入山中隐蔽起来。

在此之后，当地百姓不断听到有关陈硕真"得道成仙"的传言，她的亲戚也到处宣传陈硕真已经成仙，从天界重回人间，现在法力无边，变化莫测，能够驱使鬼神。于是，乡民们都寄希望她能为民除害造福。

公元653年十月初六夜，陈硕真率领民众在淳安田庄里举行起义，家乡人民纷纷响应，起义队伍迅速扩充到万余人，陈硕真自立为"文佳皇帝"，带领民众曾连续攻克桐庐、睦州等地，并逼近歙州、婺州，对封建统治者造成威胁，一时间威名大震。

朝廷闻讯后，即派扬州刺史房仁裕带兵前往镇压，婺州刺史崔义玄也赶紧征集兵力对起义军进行打击。由于义军缺乏实战经验，几经浴血奋战，死伤无数，最终全军覆没。

陈硕真从起兵到兵败身亡，不过一个多月时间，但是东南震动，影响极大，可惜生不逢时。她自称皇帝，在中国历史上还是第一次。

按历史时间推算，当时武则天还是唐高宗的昭仪。陈硕真自立为皇帝的第三年（公元655年），武则天才被立为皇后。一直到公元690年，武则天才自称"神圣皇帝"，改国号为周，所以只能是位列第三。但是她掌握了政权，并且在位整整15年的时间，所以她是中国历史上"标准"的女皇帝。

## ·"昆仑奴"是什么人

时光若倒退回1000多年前的盛唐，走在繁华的长安大街上，享受着市井的喧闹，瞻仰着远古来往人群的面容与举止。迎面走来一个身材矮小、头发卷曲、面庞扁平、鼻宽嘴厚的黑人，这便是"昆仑奴"。

作为中国历史上最繁荣、强盛而开放的唐朝，它同很多国家在外交、文化、人员等方面都有往来和交流。"昆仑"是人们对东南亚及南亚群岛的一种广泛的称法，那些被作为年贡送往京城长安，或是作为奴仆被掠卖到中国，或跟随东南亚、南亚使节来到中国后被遗留的黑人大多是从那里乘船来到大陆的。而黑人又多被唐人买为奴隶，所以人们便称他们为"昆仑奴"。"昆仑"在中国便逐渐成为一个形容黑人的专有名词。

也有说法认为是由于古人发音的不准确，误将别的词发音成"昆仑"，才有了"昆仑奴"的称呼。这种看法遭到了很多学者的质疑。

虽然从古就有写昆仑奴的传奇小说《昆仑奴》、京剧传闻《盗红绡》，可是直至今天，人们还是会为当时黑人兀立在一群黑头发、黑眼睛的黄人当中的情景感到惊异。我们不禁要问，他们究竟来自何方？"昆仑奴"不可避免地同"昆仑"联系在一起的，"昆仑奴"来自"昆仑"。而"昆仑"又是哪里呢？前面已提及到"昆仑"是对东南亚及南亚地区岛屿的一种称呼，这种说法已经越来越普遍，只是有说"昆仑"来自马来西亚，有说"昆仑"来自越南，有说"昆仑"来自缅甸。

在这些说法之前，有人认为"昆仑奴"来自非洲。然而，它却遭到了后世学者的否定，因为同是黑人的"昆仑奴"与非洲人是有体型上的区别的，他们是尼格里托人，又叫"矮黑人"。一直到现在，马来半岛以南的诸多岛屿上仍旧散居着这些类似非洲黑人的部落和种族。

生活在非洲大陆的黑人们不善水性、攀爬山岩，而文学史料中记载的昆仑奴却通晓这些技巧。于是，越来越多学者认为唐朝时期的黑人不可能来自遥远的非洲，而应该是从这片东南亚的群岛而来。

对于"昆仑奴"的疑惑在我们津津乐道的同时也不断地纠缠着我们，甚至有人怀疑"昆仑奴"的真实存在，却终究没有个确定的头绪。

## ·历史上真有"女儿国"吗

在神话小说《西游记》第五十四回中有这样的描写，唐僧师徒四人取经时路过一个"西凉女国"，在这个王国里没有男人，繁衍后代都是靠喝湖中的水而受孕。虽然《西游记》是神话小说，但是人们也不禁好奇，世界上真有"女儿国"？

唐朝高僧玄奘所著《大唐西域记》里这样说："拂懔国（即东罗马帝国）西南海岛

有西女国，皆是女人；略无男子，多诸珍宝货，附拂懔国，故拂懔王岁遣丈夫配焉，其俗产男皆不举也。"

根据玄奘的说法，"女儿国"应该是存在的，那么它又在何处？

《旧唐书》中有记载："东女国，西羌之别种，以西海中复有女国，故称东女焉。俗以女为王。东与茂州、党项接，东南与雅州接，界隔罗女蛮及白狼夷。其境东西九日行，南北二十日行。有大小八十余城。"那么，东女国是否就是传说中的"女儿国"呢？

四川省社科院历史所研究员任新建经过长期研究和考察发现，今天四川甘孜州的丹巴县至道孚县一带就是《旧唐书》中记载的东女国的中心。

史书记载，东女国建筑都是碉楼，女王住在九层的碉楼上，一般老百姓住四五层的碉楼。现在四川甘孜州的丹巴县碉堡就是最好的佐证。女王穿的是青布毛领的绸缎长裙，裙摆拖地，贴上金花。东女国最大的特点是重妇女、轻男人，国王和官吏都是女人，男人不能在朝廷做官，只能在外面服兵役。东女国设有女王和副女王，在族群内部推举有才能的人担当，女王去世后，由副女王继位。宫中女王的旨意，通过女官传达到外面。一般家庭中也是以女性为主导，不存在夫妻关系，家庭中以母亲为尊，掌管家庭财产的分配，主导一切家中事务。

《旧唐书》中关于东女国的记载十分详细，但唐以后，史书对此的记载几乎中断。难道东女国的出现只是昙花一现？

唐中期，逐步招降吐蕃统治区的少数民族，将8个少数民族部落从岷山峡谷迁到大渡河边定居，东女国部落就是其中的一个。到唐晚期，吐蕃势力逐渐强大，东女国这些遗留部落，为了自保就采取两面讨好的态度。后来，吐蕃灭亡，唐朝分裂，就再没有力量管理这些部落了。

## · "泥马渡康王"的历史真相

"泥马渡康王"的故事大概是这样的：北宋末年，康王赵构被金人扣为人质，在金兵押着赵构北上的途中，赵构侥幸脱逃，当他逃到磁州时，夜色已深，于是便在附近一座名叫崔府君的庙中夜宿。令人奇怪的是，当赵构睡觉时，有神人托梦给他说金兵将至，赵构惊醒。跑到庙外看见有一匹马，遂乘马狂奔而去。这匹马居然载着赵构渡过了黄河，过河后，立即化为了泥塑之马。

"泥马渡康王"故事明显具有传奇色彩，是根据一定的历史事实编撰和发挥而成的，但它又不完全符合历史真相。赵构赴金营为人质，历史上确有其事，靖康元年（1126年）正月，金兵已经攻至开封城下，宋廷向金求和，金人要求以亲王、宰相为人质，方可退兵。宋钦宗命康王赵构前往金营，接下来的事情就与传说的内容完全不一样了。

在金营拘禁期间，赵构毫无畏惧的表现与一般人迥然不同。金人借此怀疑赵构不是亲王，因此软禁他20余天后将其遣返故国，而且，也并不是像"泥马渡康王"故事中那样，金人押解着赵构北上。所以，遣返中的赵构根本无须逃跑，更不会借助"泥马"渡江。

赵构回国后，宋钦宗只好命康王赵构的兄长、肃王赵枢代替赵构，赴金营为人质。在宋钦宗答应割地、赔款等要求后，金人暂时撤军，肃王却没有被放还，而是被掳北去，当了赵构的替死鬼。

## ·马可·波罗真的来过中国吗

一部《马可·波罗游记》不仅让西方认识了中国，更让马可·波罗成为一位家喻户晓的人物，是他的游记让世人认识了中国。可是，随着时代的发展，越来越多的人对《马可·波罗游记》产生了怀疑，那就是，马可·波罗到底有没有来过中国？

1254年，马可·波罗出生于意大利威尼斯市的一个商人家庭，他17岁时跟随父亲一起去中国。马可·波罗跟随父亲、叔叔由古丝绸之路东行，跋涉了三年，经过叙利亚、两河流域和中亚细亚，越过帕米尔高原，终于在1275年抵达元朝皇帝避暑行宫所在地——上都，拜见了元世祖忽必烈。随后在中国居留了17年，游历了许多地方。1292年，马可·波罗离开中国，1295年回到威尼斯。但不久后，意大利西部城市热那亚发生了海战，威尼斯舰队战败，马可·波罗被俘入狱。在狱中，他凭借着自己惊人的记忆力和细致的观察力，描述出在东方的所见所闻，并由狱友鲁思梯切诺记录成书，就是后来闻名于世的《马可·波罗游记》。

为什么对于马可·波罗在《马可·波罗游记》中谈到的中国之行，人们会屡次怀疑呢？其实这点是可以理解的。中国自古每个朝代都有史官，负责编纂记录这个朝代发生的较为重大的事情，如果马可·波罗真的到过中国，并且在中国一住就是17年，那么没有理由在各种史书中都找不到一点记载。

另外，如果他真的在中国生活了17年，那么凭借他惊人的记忆力和细致的观察力，书中应该有很多关于中国古代特有的时代烙印。比如说：茶叶、女人缠足、书籍印刷等这些跟古代中国人生活密不可分的事情，为什么《马可·波罗游记》中都没提到呢？可是怀疑刚刚产生，就立刻有人持反对意见，并对以上疑点一一作出解释。有教授在《永乐大典》里发现了一篇十分重要的元代公文，记载了伊利汗国的使团准备从泉州下海归国的事情，其中的亮点是，书中波斯使臣的名字和返回时间与《马可·波罗游记》中马可·波罗所记录的完全一致。虽然没有提到马可·波罗的名字，但极有可能是因为马可·波罗在元朝的职位不太高。至于《马可·波罗游记》中没有提到茶叶、书籍印刷等重要元素，则是因为：第一，马可·波罗的口述不可能面面俱到，他没受过高等教育，狱友在监狱中帮其录入，难免会有漏洞处；第二，没有提及茶叶，可能是当时的蒙古人和色目人不喝茶，而是喝马奶、葡萄酒和果子露，这也符合常理；第三，马可·波罗很少接触汉族人，不识汉字，所以对这方面比较淡漠，那么不提汉字书法和印刷术也是可以理解的。

两种说法听起来都很有道理，那么马可·波罗到底有没有来过中国，还有待进一步的考证。

## ·明朝"隆庆开海"的真正目的

明太祖朱元璋于洪武四年（1371年）诏令"濒海民不得私自出海"，标志着明朝持续200多年的海禁政策开始。该诏令一经下发，全国所有海船悉数改为平头船，出入须有官方正式手续，而民船则不能从事海运。然而，当这个禁令还在大发神威的时候，隆庆年间竟然出现了开放海关的现象，不禁叫人称奇。为什么一向施行海禁政策的明政府突然解除了海禁呢？这一切的根源都可以从倭寇那里追溯起来。

倭寇不仅仅是日本武士和流民，其中也包含元末时逃亡日本的中土武装组织。而倭寇之所以能在明朝时于中国东南海岸大肆横行，也与陆地上一部分奸商里应外合的行径有关。由于国家强制禁止海上商贸，一些民间商人遂通过走私来与外界通商，其中大的走私商贸团伙与倭寇相互勾结，劫掠船只，甚至引倭寇直接深入内陆抢劫，或与倭寇进行商贸往来。另外，这些走私商团也拥有大量的武装设备，成了朝廷的心腹大患。

为了阻止倭寇继续犯沿海边境，消除沿海商人的武装力量，明政府几代朝臣都曾向帝王提出实行开放沿海、与外通商的建议，但均被否决。直到明穆宗隆庆皇帝时期，皇帝欲重振朝纲，对内实行了一些安抚政策，同时也下令诏书，开放漳州月港一带地区的海禁，准许中国商民出海贸易。

这一举措一经实施，明政府的海上贸易事业就如火如荼地开展起来，为国家带来丰厚的财政收入，同时也有效地遏制了走私集团，倭寇也因此大大地减少。然而，对于偌大的中国海岸线，仅仅是漳州月港开放，就能够满足海上贸易的需要了吗？当然不是。不仅如此，明政府也不是真正地打算开放沿海地区，只不过通过开放一个点状地区而遏制整个负面势力。明政府的目的从"隆庆开海"的"出海船引"制度就可以看出。

所谓"出海船引"，就是凡可以在月港出海的商人，根据规定首先要在自己所在地勘报保结，然后向所在道府提出申请，经由海防机构核准后，发给商人船引。一般来说，担保人多是牙商（俗称商贸中介）和洋行（专门经营海外贸易的中介商人机构）。这道手续看似简单，实则要将商人的祖宗亲戚全部录清楚，然后把自己所贩货物丝毫不差地交代明细。除了这些手续之外，商人还要交"引税"，相当于关税性质的钱财。

关于申请海外商贸的商人户籍，政府也有严格规定。除漳州、泉州二府商人外，其余地区商人申请出海的手续更加严格，广、浙、福州、福宁等地商人，如若没有买通关系，几乎做不了海外生意。对于海外贸易地区，明政府也有明确规定，诸如禁止与日本进行贸易往来等。

明政府的所谓"解除海禁"，表面上开放，实则是为了更好地控制海上贸易。隆庆时期福建巡抚许孚远曾言："于通之中，寓禁之之法。"一语点破了明廷真正开海目的，不过是在有限开放基础上更好地实现"海禁"政策。

## ·康熙帝六下江南的目的是什么

清康熙皇帝爱新觉罗·玄烨是清王朝入关以后的第二任皇帝。康熙8岁登基，熟谙文韬武略，具有远见卓识，擒鳌拜、平三藩、平定噶尔丹叛乱，政绩斐然。在其统治时期，曾经六次下江南，而这一举动也给世人留下了颇为传奇的故事。

金庸小说《鹿鼎记》中就讲到了一代帝王康熙帝与青楼小子韦小宝之间的惺惺相惜、相互扶持的故事。然而生性不安的韦小宝终是过不了官场生活，辞官之后就到江南生活去了。于是人们就开始想象，康熙六次下江南是不是去找韦小宝？不得不说，这样的想法是没有历史依据的。韦小宝本是小说中塑造出来的人物，在现实生活中根本找不到原型。那么人们不禁要问，康熙帝六下江南到底是为了什么？

其实，康熙六下江南是为了治河、导淮、济运。然而现在的一些小说、影视为了增加娱乐性，铺陈渲染，将史实涂抹得似是而非。

早在康熙帝执政初年，对河务就很关注并有相当的研究。康熙初年黄河下游到处决口，水祸连连。接连而来的水患，引起了康熙帝的高度重视。康熙帝曾在太和殿以治河为策论试题，测试天下贡士。在平定"三藩"，国家财政仍然比较困难时，康熙帝还是下决心对黄河、淮河进行全面治理。

三藩平定、台湾统一之后，康熙帝便将河务视为首要任务。虽然治河的官员取得了一定成效，但是淮、扬水灾并未明显好转。康熙帝担心官员们没有认真行事，于是在康熙二十三年（1684年），第一次下江南，不远万里，亲阅河工，幸临清江府、淮安府、江宁等地。康熙二十八年（1689年），康熙第二次南下，到过清河县，在回京途中率领随行的大臣一起视察了高家堰一带的堤岸闸坝。

康熙二十九年（1690年）至三十六年（1697年）间，由于平定噶尔丹的叛乱之事，河工人事变更频繁，河工也日趋败坏。于是康熙三十八年（1699年），康熙帝第三次南巡，到过扬州、苏州、杭州、江宁等地方。康熙帝视察黄河南岸归仁堤、高家堰等处堤工，颁布了《修浚清口诏》、《巡视河湖酌定应办工程诏》，具体制订了新的治河方案：深浚河身、筑挑水坝、开陶庄引河、浚直河道和拆除拦黄坝。这一新的治河方略，在第二年由新任河道总督张鹏翮开始贯彻实施。到康熙四十年（1701年）底，其他各项工程也陆续完成。第二年夏天，黄河又发生了特大洪害，各项工程都经受住了洪水的考验。不得不说，这是康熙帝的功劳。

康熙四十二年（1703年），康熙帝以河工即将告成，进行第四次南巡，到过扬州、镇江、苏杭、杭州、江宁等地。他乘船到达清口，查阅天妃闸、御坝，还亲自观看陶庄引河，阅视减水坝、鲍家营、中河口等地方，对河道总督张鹏翮及在河各官亲加以奖励。

康熙四十四年（1705年）初，康熙帝认为，虽然河工已经告成，但是仍然需要察验形势，筹划善后之规，于是第五次南巡又开始了。康熙帝乘船到扬州城北高桥，对河道总督张鹏翮说道："河工已经告成，善后方略更为要紧。朕今亲临阅视，修建天妃闸，甚当。"可见，康熙帝对于河工一事是非常上心的。

然而几个月后，河工又出了问题。黄、淮再次发生多年未有的暴涨，造成古沟塘、韩家庄、清水沟几处堤岸冲决，发生水灾。康熙帝闻讯十分生气，立即降旨"今春朕欲亲视高家堰"。于是康熙帝与臣子商议新的治河方案——溜淮套方案。康熙帝对溜淮套工程十分不放心，觉得这么大的工程，若是有什么闪失，劳民伤财，后果不堪设想。于是康熙四十六年（1707年），康熙第六次南下。

康熙帝六下江南，主要是看堤防和了解东南地区的社会和民生疾苦，每次都很俭朴。而他的孙子乾隆帝也进行过六次南巡，声言他的目的和祖父一样，其实名不副实。

# ·"公主坟"葬的是哪位公主

北京复兴门外，复兴路和西三环路交界处，有个地方叫公主坟。对于这个公主坟，民间自古传说颇多。自从电视连续剧《还珠格格》播映后，人们对京西公主坟内埋葬的公主是谁，十分关注。

公主坟里埋葬的到底是谁呢？民间主要有以下三种传说：

1.降清明将孔有德之女孔四贞。这是最广为流传的一种说法。传说因明将孔有德降清后屡立战功，顺治六年（1649年）被封为"定南王"。在顺治九年，孔有德在桂林被明将李定国围困，受伤后自杀身亡。顺治母亲孝庄皇后收养其女孔四贞为义女，并封为和硕公主，成为清朝唯一的汉族公主。她死后就埋葬在京西郊。

2.元帅金泰的妻子。传说汉人金泰从小被满族人收养，因立下战功被封为元帅。在游园时与公主相遇，一见钟情。但是朝中老臣却从中作梗，令皇帝流放了金泰，贫病交加的金泰上书公主，说见信时我已不在人世了。公主见信后从容服下毒酒，追随爱人而去。皇帝无奈，于是将金泰草草葬于香山，而将公主远远地埋在了今天的公主坟。

3.乾隆帝的义女。相传，有一年乾隆帝与刘墉、和珅微服到民间。行走中不知不觉天色已晚，乾隆帝感到又累又饿，于是便在一个小村庄向一农户借宿。农户家就一位老汉和小姑娘，老汉心地善良，让乾隆帝他们免费食宿。乾隆帝很喜欢这个小姑娘，第二天出门时对老人说："老人家，你要乐意，就让您的女儿给我做干闺女吧！"老人一听很高兴，就让女儿过来拜见了干爹。乾隆帝掏出一块黄手帕，递给姑娘，"孩儿如遇急难，可拿它到京城找我，只要一打听皇……"这时刘墉哼了一声，接着说："打听皇家大院！"乾隆帝忙改口："对！对！皇家大院。"

几年后，赶上连年闹灾荒。父女俩实在过不下去了，只好到京城来找姑娘的干爹。父女俩找遍北京，也没找到干爹的皇家大院。不久，老汉就去世了，姑娘情急之下来到护城河边，想寻短见。就在这时，正好遇到刘墉，于是刘墉就将姑娘带进了宫。乾隆帝自然是忘了这回事，但是有刘墉作证，怎么赖得掉？于是便将姑娘留在宫中。可是姑娘在宫中没住多久就患病去世了。乾隆帝就准备草草埋葬了，可是刘墉却说："这位公主虽说不是万岁亲生，可却是您自己认的干女儿啊！并且留有信物，就这么草草葬了，万岁脸上可不光彩呀！"于是乾隆帝只好传旨，按公主的葬礼，把姑娘葬在了公主坟这里。

虽然对公主坟里埋葬的公主的传说有很多，而且说法各不一样，但公主坟内的公主是谁，早在1965年北京市修建地铁一号线时，文物部门就对公主坟进行了考古挖掘，并参考历史资料考证，谜底早已揭开。

原来公主坟内葬的是嘉庆皇帝的两位公主。两位公主分别葬东、西两边，东边葬的是庄敬和硕公主，她是嘉庆的第三女，是和裕皇贵妃所生，生于乾隆四十六年（1781年）十二月。她于嘉庆六年（1801年）十一月下嫁蒙古亲王索特纳木多布济，嘉庆十六年（1811年）三月卒，年31岁。西边葬的是庄静固伦公主，是嘉庆帝第四女，为孝淑睿皇后所生，生于乾隆四十九年（1785年）。她于嘉庆七年（1802年）下嫁蒙古族土默特部的玛尼巴达喇郡王。嘉庆十六年（1811年）五月卒，年28岁。

由于清朝的祖制，公主下嫁以后，死后不得入皇陵，也不能进公婆墓地，必须另建坟茔，所以北京郊区有很多公主坟，有的地方现仍叫公主坟。因和硕公主和固伦公主是同年而亡，仅隔两个月，所以埋葬在一处。两个墓葬都是夫妻合葬墓，陪葬有许多珍贵物品。墓地原有围墙、仪门、享殿等地面建筑，四周及里面广植古松、古柏和国槐、银杏等树木。地宫均为砖石结构，非常坚固。之后，由于年久没有人打理，才逐渐没落，遂不为外人所知晓。

## ·《李秀成自述》真伪之谜

说到"某某自述"，顾名思义，是某人对自身情况的陈述和说明。然而，《李秀成自述》真的是出自李秀成吗？曾国藩究竟有没有篡改和伪造《李秀成自述》？对于这一历史问题，学界的讨论异常热烈，众说纷纭，莫衷一是。

正面的说法是《李秀成自述》的确是出自李秀成之手。著名学者罗尔纲对《李秀成自述》辛苦考证了几十年，其结论是"曾国藩后人家藏的《自供》原稿确是亲笔"，主要的证据如下：

从笔迹上看，曾家所藏"原稿"和世传的李秀成真迹是出自同一人之手。有专家曾特意将流传下来的李秀成受训时的亲笔答词28字"胡以晄即是豫王，前是护国侯，后是豫王。秦日昌即是秦日纲，是为燕王"和"原稿"进行过鉴定，鉴定结果二者应该出自同一人之手。

从内容看，原稿将金田起义到天京陷落这14年的每一个过程和细节都描述得非常清楚，很难想象会是曾国藩平白捏造的。而且，"原稿"在称谓上多遵循太平天国的制度，也非曾国藩所能知道的。

从词句来看，李秀成是农民、雇农出身，文化水平不高，自传语句不甚通顺，错误字连篇，正是他的本色体现，不大可能是曾国藩等人伪造出来的。"原稿"里还有很多李秀成家乡的方言，也决非曾国藩等人所能伪造出来的。

从情理上讲，曾国藩为了保全自己的名位，必然有很多顾虑，他无此胆量伪造供词，以犯欺君之罪。而且清朝督抚和统兵大员，不是一手遮天，为所欲为，而是督、抚、提、镇、蕃、皋互相监督，如果他敢于丢掉李秀成原供而另行伪造假供，定然会被泄露，而致重谴。人们从曾国藩奏稿、日记、供词刻本按语及赵烈文日记等许多资料里都可看出，他对李秀成写的自传，作了一系列的处理，有的修改，有的删节，这是事实。但不能因此就否定"原稿"是李秀成的真迹。

再说《李秀成自述》原稿如果是假的，曾国藩为什么要把这个假东西当作宝贝传之后代呢？为什么他的第四代曾孙曾约农还要把这个易招非议的假东西公之于众呢？

反面的说法是《李秀成自述》不是李秀成的真迹，而是曾国藩修改后重抄的冒牌货，他们的理由是：

从笔迹上看，"原稿"虽然和李秀成"28字"真迹出于一人之手，但"28字"也是庞际云故意伪造的，目的是为了以防万一。

从"原稿"的间隔上说，"自述"分9天写成，中间应该有8个间隔。李秀成是每天随写随交，曾国藩也是每天随看随改，当李秀成把自述写完时，曾国藩也就删改完毕。既然要分八九天缮写，说明李秀成亲笔原稿是散页或分装成八九份的，绝对不是写在一本已经装订成册的本子上的。今天所见到的"原稿"却是写在一本完整的装订好的"吉字中营"横条簿上，这就难以使人相信它是李秀成的真迹。

"原稿"的用词该避讳的时候不避讳，不该避讳的地方却避讳了，如果偶尔笔误，可以理解，而"原稿"在这方面的笔误却多得离奇。

"原稿"的字数和记载的字数不等。据记载，李秀成共写了5万字，而"原稿"只有3.6万字。如果另外1万多字是被曾国藩毁了的，那么"原稿"的内容应该是不相衔接的，然而，今天所见"原稿"确实前后内容完全相连的。

从情理来说，李秀成被捕后，先是受到了严刑拷打，后又被关押在囚笼里，时值酷暑难当的夏天，在这种情况下，要写下这洋洋数万言的"自述"简直是不可思议的。因此"自述原稿"有可能是曾国藩派人模仿李秀成的笔迹凭空伪造的。

《李秀成自述》是真是假，曾国藩是否伪造《李秀成自述》，虽然学术界对此已有讨论，思想火花四溅，但遗憾的是目前仍没有定论。

# · 清廷为何平反"杨乃武与小白菜"案

发生在清同治和光绪两帝年间的"杨乃武与小白菜"一案是晚清四大冤案之首，历时四年才得以沉冤得雪，这个案件之中有着许多鲜为人知的真相。

杨乃武是浙江余杭县乡试的举人，自幼勤奋好学，为人正直，好打抱不平。小白菜原名毕秀姑，是葛品连之妻，长相相当俏丽。小白菜夫妇曾租住在杨乃武家的一间房子里。因葛品连在外帮工，早出晚归，而杨乃武与小白菜同住一楼，过往甚密，所以街坊邻居就传出流言，说杨乃武与小白菜之间关系暧昧。同治十二年（1873年）十月初九，葛品连突发疾病，本以为是患了流火疾，到了申时葛品连便死了。葛品连死后的第二天，尸体的口、鼻内竟流出血。因此葛品连的母亲马上向余杭县知县刘锡彤要求验尸查明死因。

刘锡彤带着仵作沈祥及门丁沈彩泉等前去勘验，勘验过程之中，沈祥用银针刺探尸体喉部，青黑色，擦之不去，不似是砒毒之征，心下疑惑，却并未用皂角水多次擦洗。就向知县禀报说是中毒身死，却未报何毒致死，而沈彩泉则说是砒毒致死。刘锡彤又联想到街坊间关于杨乃武与小白菜有奸情的流言，马上就认定小白菜有杀夫嫌疑，将小白菜带回县衙审问，小白菜最后在刘锡彤的严刑酷法之下，承认了自己用砒霜毒死了葛品连。当年的《申报》载，小白菜受的刑是"烧红铁丝刺乳，锡龙滚水浇背"。酷刑之下，小白菜供述说她是在十月五日这天从杨乃武手中得到砒霜，在十月初九这天把砒霜倒入药汤中让葛品连一起服下，以达到她与杨乃武通奸居住的目的。

得到小白菜的口供之后，刘锡彤如获至宝。因为刘锡彤与杨乃武之间本就有仇怨，杨乃武曾以滥收钱粮、敛赃贪墨的罪名举发他，刘锡彤因此而断了财路。于是刘锡彤马上逮捕了杨乃武，但是杨乃武却说自己十月二日到十月初九这段时间根本不在余杭县内，而是去余姚岳母家办事。否定小白菜供认的初五日交砒霜的事实。杨乃武拒不认罪，刘锡彤就对其严刑拷打，熬不过严刑酷法的杨乃武最后也不得不认罪。

得到杨乃武和小白菜的供认，杭州知府陈鲁以杨乃武与小白菜通奸共谋害死葛品连定案，判处两人死刑。

期间，杨乃武在狱中，书写了关于自己是被屈打成招的申诉材料，由其妻杨詹氏和其姐杨淑英向衙门申诉。经过辗转波折，惊动两宫太后和皇帝，两宫太后示意将杨乃武与小白菜案由刑部在北京重审。刑部接下此案后，便调集本案的有关证人及杨乃武和小白菜进京。审理过程中发现了大量疑点，尤其是发现杨乃武和小白菜都受过酷刑，与官员上奏中所说的并无刑讯一节明显不符。当初提供证词说卖给杨乃武毒药的艾仁堂药店的店主钱坦已经死亡。种种疑点说明这起案子极有可能是冤案，于是刑部决定重新开棺验尸。经过再次验尸，刑部仵作认为葛品连属于因病而死，并无中毒现象。冤案是由于沈祥等首次验尸不符合朝廷规定的检验要求而造成的。

杨乃武与小白菜案历时4年多，最终得到平反。朝廷下令革去了刘锡彤知县之职，并发黑龙江效力赎罪，不准收赎。沈祥以及其他相关人等30多位官员被革职、充军或查办，浙江巡抚杨昌浚、浙江学政胡瑞澜，杭州知府陈鲁一干官员100余位革职永不续用，此案也终于得以告一段落。

从最后的审判结果来看，这场案件其实是朝廷平衡湘系势力的手段而已。因为当时浙江一带的官员几乎都是出身于曾国藩的湘军，同处湘系，官员之间相互扶持，相互维护，从而致使案子迟迟难以翻案。对于朝廷来说，杨乃武与小白菜一案就是最好的削弱湘系势力的机会。

# ·义和团"刀枪不入"传说的真相揭秘

在19世纪的中国大地上发生了一场以"扶清灭洋"为口号的群众运动，就是"义和团运动"，由于义和团运动主要由社会中下层的贫苦农民和手工业者组成，这使得他们没有先进的思想武器，以至于他们把灭洋的希望寄托在刀枪不入的"神术"上面，希望借助这种力量来抵御外辱。

义和团的发展速度超过了洋人和清政府的想象，各地到处都建有拳坛，大街小巷处处有人练拳，人们头上包着红布手里拿着大刀，就连裹着小脚的女人也开始迷恋神拳。

义和团之所以有这么大的规模和影响力，最根本的原因是帝国主义入侵加深了中国民族危机，但另外还有个原因，那就是义和团号称具有"刀枪不入"的本领。

义和团的"刀枪不入"到底是怎么回事？这里固然有封建迷信的成分，但是一些有关"民间法术"的资料我们也不能忽视。

中国武术里有铁布衫这样的功夫，这种功夫极难练成。铁布衫之练法主要是通过各种硬物与身体的直接碰撞，让骨骼时常与坚硬物体接触磨炼，久而久之筋骨将渐渐坚实。然后直接用铁杆等硬物向练武者身体上不断捶打，如果坚持三五年，铁布衫功夫将小有所成。即使练成铁布衫，也只能抵挡一般的冷兵器，但是绝对不可能抵挡火枪。义和团起于习武之乡山东，据说当时著名的义和团首领心诚和尚就是练铁布衫的，慈禧太后派人去查验义和团"刀枪不入"是否真实的时候，就遇见了表演铁布衫的高手。铁布衫功夫如此难练，会这门功夫的又有几个？

山东的大刀会是义和团的重要分支，据说当时徐州道阮祖棠对大刀会练习"金钟罩"进行了实地考察，他的报告是这样的：那些练习者一般都在晚上进行，他们常常会点烛焚香，口念咒语，然后那些传授功夫的师傅们会用刀砍受业者，果然不伤。但是他发现砍的时候那些师傅们常常会在砍到身体的时候改变角度。

当然也不乏有些有武术底子的拳民，他们有较好的心理状态加上气功师傅的指点，潜能被激发，就会出现比平常的情况跳得高、奔得远的情况。有时候运气得当偶尔也会出现刀砍下去不受伤害的情况，这样他们就会认为自己是神灵附体，刀枪不入。

因为参加义和团的人鱼龙混杂，有些耍杂技的人也到义和团来表演，这就更加逼真了。据当时记载，义和团在坛上表演的时候常常会出现"漏刀""漏枪"的情况，也就是说在表演"刀枪不入"的时候不幸假戏真做了。

义和团运动的时候，有一位县令在他的著作中有这样的记述："当时街面纷传，此系真正神团，众民眼见，用抬枪洋枪装药填子，拳民等皆袒腹立于百步之外，任枪对击，弹子及身，不惟不入，竟能如数接在手里以示众，众皆称奇，以为见所未见，奔坛求教者如归市。"这个表演最后没有成功，因为有个高手当场就把这个把戏给拆穿了。

据说当时还有好多执迷不悟者，非要在洋枪下试一试自己的身手，结果可想而知……

# 误传已久的经典定论

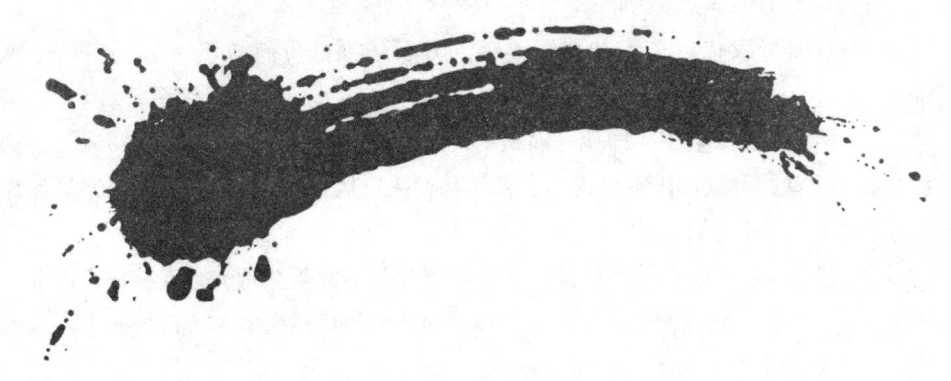

# ·《诗经》是孔子修订成书的吗

《诗经》是我国第一部诗歌总集，共收入自西周初期至春秋中叶约500年间的诗歌305篇，所以又称《诗三百》。它开创了我国古代诗歌创作的现实主义的优秀传统。由于《诗经》年代已久，关于其内容，历代既有"孔子删诗"之说，又有质疑和反对"孔子删诗"之说。

"孔子删诗"这种说法最早起源于汉代。《史记·孔子世家》载："古者诗三千余篇，及至孔于；去其重，取可施于礼义，……三百零五篇，孔子皆弦歌之，以求合翻武雅颂之音。"《汉书·艺文志》说："孔子纯取周诗。上采殷，下取鲁，凡三百零五篇。"这些文献都认为《诗经》是由孔子选定篇目的。

支持此论点的史学家认为：

1.司马迁身处汉代，离春秋战国不远，其所依据的资料自然比后人多，也更加可靠。

2.古时候大小国家近千，即使一国献一诗，也有上千首。而现存的《国风》，20个国家才采录一首，可见古诗本来很多。孔子从前人已收录的多篇诗中选取305篇编为集子作为教科书，是十分可信的。

3.所谓删诗并不一定全篇都删掉，或者是删掉篇中的某些章节，或者是删掉章节中的某些句子，或者是删掉句中的某些字。我们对照书传中所引的，《诗经》中有全篇未录的，也有录而章句不用的，可见这种情况与删《诗经》相吻合。

但是，持异议者也提出一些反驳的理由：

1.周代各诸侯国之间邦交往来，常常赋《诗》言志。如《左传·定公四年》载，吴攻楚，楚败几亡，楚将申包胥到秦国朝廷请求援兵，痛哭七日七夜，秦哀公深为感动，赋《诗经·无衣》，表示决心相救，恢复楚国。如果当时《诗经》没有统一的篇目，赋《诗》言志就无法进行。

2.《论语》记孔子说："吾自卫返鲁，然后乐正，雅颂各得其所。"孔子在自卫国返回鲁国之后，时年近七十。在此之前，他均称《诗三百》，可见在孔子中青年时期，《诗经》已为三百篇。

3.《诗经》中有不少"淫诗"，这些不符合孔子礼乐仁政思想的诗，为什么没有被删掉？

《诗经》是否为孔子所删诗而成？或许，孔子只是对已经散乱的《诗经》进行整理，然后用它来教育学生。

## · 《国语》是谁所作

我国第一部国别体史书是《国语》，全书21卷，7万余字。它按照按周、鲁、齐、晋、郑、楚、吴、越八国，分别记载了上自西周穆王征犬戎，至战国初年赵、魏、韩三家灭智氏，约500年间的部分历史人物的言论和史事。自古以来，历史学家和文学家都在探讨《国语》的作者究竟是谁，但至今没有定论。

最早提出《国语》作者为左丘明的是西汉大史学家司马迁。他在《报任安书》中说："左丘失明，厥有《国语》。"此后东汉史学家班固在《汉书·艺文志》中也记载："《国语》二十一篇，左丘明著。"按照他们的说法，左丘明为孔子《春秋》作传后，不幸失明，但他"雅思未尽……稽其逸文，纂其别说"，根据作传所剩下的材料，又编辑了一本书，即《国语》。

然而，唐宋以后，很多学者对左丘明著《国语》一事产生质疑。唐代文学家柳宗元最先提出反对意见，他写有《非国语》两篇，明确指出左丘明不是原作者。从此，宋人刘世安、吕大光、朱熹，直至清人尤侗、皮锡瑞等，也都对左丘明著《国语》存有疑问。

即使到今天，这个问题仍是文学界、史学界讨论的热点话题。虽然一直有人否认左丘明非《国语》作者，但拿不出有力的证据。在众多争论中，有一种观点普遍得到学者认同，即《国语》是由各国史料汇编而成，并非出于一人、一时、一地。它主要来源于春秋时期各国史官的记述，后来经过熟悉历史掌故的人加工润色，大约在战国初年或稍后编纂成书。

《国语》的作者究竟是谁有待进一步考证，但是《国语》在中国文学史上的地位却有目共睹。《国语》开创了以国分类的国别史体例，对后世产生了很大影响，陈寿的《三国志》、常璩的《华阳国志》、崔鸿的《十六国春秋》、吴任臣的《十国春秋》，都是《国语》体例的发展。另外，其缜密、生动、精练、真切的笔法，对后世进行文学创作有很好的借鉴意义。

## · 《孙子兵法》的作者是孙武吗

《孙子兵法》是中国历史上一部经典的、影响深远的军事著作，在北宋朝廷作为官书颁行的兵法丛书《武经七书》中被排列首位。书中充满了很多睿智的战略思想。据说滑铁卢失败后，拿破仑看见《孙子兵法》，后悔没有早点阅读，或许能免遭失败。然而《孙子》的作者是谁？到底是不是吴国将军孙武？这个问题一直困扰着历史学家。

古籍《商君书》、《韩非子》都提到"孙吴之书"是指《孙子兵法》和《吴子兵法》，但没有说明其作者就是孙武。直到《史记》问世，司马迁才明确提出《孙子兵法》为孙武所著。《史记》记载："孙子武者，齐人也，以兵法见吴王阖闾。阖闾曰：子之十三篇吾尽观之矣。"通过描述可知，《孙子兵法》成书于专诸刺吴王僚之后至阖闾三年孙武见吴王之间，也即公元前515至公元前512年，全书为十三篇，是孙武初次见面赠送给吴王的见面礼。

由于司马迁写作严谨，后世对"《孙子兵法》为孙武所著"深信不疑。但是宋代学者陈振孙、叶适提出质疑：《孙子兵法》真是孙武撰著的吗？历史上是否真有孙武其人？清人姚际恒亦赞同其说，认为《孙子兵法》为伪书。然而《汉书·艺文志》载古兵法有《膑孙子》（孙膑）和《吴孙子》（孙武），区别清楚，本为两人，实无可疑。明代宋濂的《诸子辨》、清代的《四库全书总目》等著作认为：太史公是严肃认真的史家，其记事立言，翔实可靠，本传中所叙孙武、孙膑事明明白白。

史学界还存有一种意见，认为《孙子兵法》是由孙武与其门徒们共同撰著的。这与《论语》的创作如出一辙。即孙武讲学授徒，传授军事学术。其门徒耳受笔录，世代相传，最后在春秋战国期间逐渐地形成了这部丰富的、有比较完整的体系的兵法著作。

《孙子兵法》的作者究竟是谁？这个谜题至今无人解答。

## ·《庄子·逍遥游》宣扬"绝对自由"吗

庄子的《逍遥游》以其大气磅礴、构思奇妙而成为千古佳作，但长期以来被打上"绝对自由"的标签。其实，这都是对文章内容的曲解。

在《逍遥游》中，庄子运用想象、寓言和传说，论证了"小"和"大"的区别。例如：

"北冥有鱼，其名为鲲。鲲之大，不知其几千里也。化而为鸟，其名为鹏。鹏之背，不知其几千里也。怒而飞，其翼若垂天之云。是鸟也，海运则将徙于南冥。"

蜩与学鸠笑之曰："我决起而飞，抢榆枋，时则不至而控于地而已矣，奚以之九万里而南为？"

"小知不及大知，小年不及大年。奚以知其然也？朝菌不知晦朔，蟪蛄不知春秋，此小年也。楚之南有冥灵者，以五百岁为春，五百岁为秋；上古有大椿者，以八千岁为春，八千岁为秋。而彭祖乃今以久特闻，众人匹之，不亦悲乎！"

文章着重阐述"小智"和"大智""小寿"和"大寿"的区别。这种充满辩证主义的思维方式怎么可能是"绝对"？

庄子认为，"小"和"大"本是客观存在着的事实，各有各的逍遥。要是己小却不理解"大"，甚至加以讥笑的话，那就是"小智"，是燕雀不知鸿鹄之志的悲哀。

文章向人们倡导的是"大智"，"无所可用，安所困苦哉"是突破世俗的权、势、功、名、利、禄、物、我、生、死等的束缚，顺应自然，使精神达到无记挂、无阻碍的"逍遥自在"，乃至"无己"，即"物我两忘"的境界。

庄子所说的"无待"，并非人们一直指责的不讲条件或脱离任何条件的"绝对自由"，而是顺应自然规律，把握六气变化之道，以遨游于宇宙的逍遥自在！

《逍遥游》向我们昭示的思想境界是：崇尚"大智"，崇尚像大鹏那样的雄健体魄、磅礴气度，尤其是顺应自然规律，凭借厚积的风力扶摇直上九万里，直飞南海天池的气概。能像大鹏那样展翅高飞，就可逍遥自在。大鹏之游就是庄子所提倡的"逍遥游"。

这种无拘无束的逍遥自在虽然带有理想主义色彩，但没有宣扬不讲条件的"绝对自由"！如果这也算绝对主义，那么诸葛亮的"非淡泊无以明志"，李白的"黄河之水天上来"，是否也是绝对主义呢？

## ·司马迁作《史记》的目的是什么

2000年之后看汉王朝，斯人已逝，那盛大的功业、绝代的风华和宏伟的宫殿都随之湮灭。而留给后人的最重要的文化遗产之一就是《史记》了。

《史记》是中国第一部通史，但此书的真正意义不在史而在文。司马迁说："诟莫大于宫刑。"他满腔孤愤，谱写出文字之歌，遂成《史记》。时至今日，那最不可一世的汉武帝，只留得"西风残照，汉家陵阙"，而《史记》则"光芒万丈长"。柏杨先生在《中国人史纲》中说，《史记》以简练的中国古文写出52万字巨书，成为中国史籍的珍宝。而且这种体裁，从此被史学家奉为圭臬，中国所谓"正史"，两千年来都跳不出司马迁所创立下的范畴。

确实，《史记》被称为中国第一部"正史"。自此以后，历代的"正史"修撰从未断绝，汇成一条文字记载的历史长河，堪称世界史学史上的奇迹。但是，《史记》的情况同后代正史又有很大不同。《史记》以后的各朝各代正史，除极个别的例外，都是由朝廷主持、按照君主的意识形态修撰的，是名副其实的官史。而司马迁虽然是朝廷的史官，但《史记》却独辟蹊径，并不体现最高统治者的意志。它是古代第一部由个人独立完成的，具有完整理论体系的著作。

在君主没有确立个人绝对权威前，最高统治者的权力，在某种程度上受到整个社会集团的制约。在这种大背景下，史官不仅享有较高的社会地位，而且有"秉笔直书"的权利与义务。司马迁的祖上世代为史官，他是知道这点的，但汉武帝加强个人权威，在司马迁的时代，史官已经跌落到"主上所戏弄，倡优蓄之"的地位，但他有意识地继承了古老的史官传统，并不想把自己的笔变成为君主唱赞歌的工具。

另外有一点也很重要，那就是司马迁对孔子有一种特殊的崇拜。他并不是完全服膺孔子的学说，对当代的儒士更鄙视有加，但是他跳出了儒家的怪圈，他依旧钦佩孔子的人格，尤其是孔子以普通士人的身份，而有为天下确立文化准则的宏大理想。司马迁把自己写作《史记》的工作视为孔子修《春秋》事业的继承，这就在精神上自居于很高的地位。往大了说，这也是继承了先秦诸子的理性态度和批判精神。

时代赋予司马迁以宏大的视野与全面总结历史形态的重大任务，随父亲广泛的游历经历使他对社会得到前人所未有的了解，残酷的命运又促使他更深刻地思索人生，继承先秦史官优秀的传统和诸子精神，司马迁又确立了不屈服于君主淫威的相对独立和具有批判精神的写作立场。正是在这样特殊的历史阶段和特殊的个人遭遇中，诞生出不同凡响的《史记》。

东汉班固指责司马迁"是非颇谬于圣人：论大道则先黄老而后六经，序游侠则退处士而进奸雄，述货殖则崇势力而羞贫贱"（《汉书·司马迁传》）。然而，这些恰恰是让后人觉得司马迁远比班固之辈高明的地方。正是由于司马迁对历史和社会具有独特的、极其深刻的理解，对各种人物的生存活动具有巨大的包容性，不受正在建立起来的儒家统治思想的束缚，敢于蔑视世俗道德教条，也不从某种单一的学说出发来理解人性和描写人格，《史记》方能成其丰富和博大，产生一种独特的魅力，以区别于任何一本史书。

作为史书，同样的，司马迁想为封建统治者和后人提供历史的借鉴作用，反映的是真实的历史，本着实录的精神，司马迁在选取人物时，并不是根据其官职或社会地位，而是以其实际行为表现出的影响力为标准。比如，他写了许多诸如游侠、商人、医生、倡优等下层人物的传记，使得后人得以见识前人生活的方方面面。

正因为上面所说的原因，所以《史记》真的是"史家之绝唱，无韵之离骚"。

## ·《胡笳十八拍》的作者真是蔡文姬吗

《胡笳十八拍》是由18首歌曲组合的声乐套曲，由琴伴唱，描写主人公饱受战乱之苦，抒发爱国思乡之情、骨肉分离之亲。千百年来成为我国传统音乐作品中的珍品，深受人们喜爱。据传其作者是东汉末年的著名文学家蔡文姬。

蔡文姬，名琰，是东汉末年大名士蔡邕的女儿，她自幼就聪颖过人，博学多才，尤其在文学和音律方面更是出众，是个出名的才女。父亲死后，蔡文姬孤苦无依，只好跟着难民到处逃亡。有一天蔡文姬在逃难中正好碰上匈奴兵，被其掠去。从此，她流落匈奴，后来成了左贤王的夫人。

左贤王很宠爱蔡文姬，夫妻感情很好。蔡文姬在南匈奴一住就是12年，生有两个孩子，但是仍然十分思念故乡。她靠着自己的音乐天赋创作了《胡笳十八拍》。《胡笳十八拍》歌词分为十八章，一章为一拍。第一拍点明"乱离"的背景；第二拍到第十一拍的主要内容便是写她的思乡之情；第十二拍是这种矛盾心理的坦率剖白；第十三拍起，转入不忍与儿子分别的描写，结尾一段："胡与汉兮异域殊风，天与地隔兮子西母东。苦我怨气兮浩于长空，六合虽广兮受之应不容。"全诗即在此处感情如狂潮般涌动。《胡笳十八拍》创作后，蔡文姬经常演奏，借以抒发自己的思乡之情。后来，曹操派朝臣周近出使南匈奴并赎迎蔡文姬。蔡文姬经过激烈的思想斗争，挥泪与左贤王和两个孩子告别后踏上了归乡的道路。经过长途跋涉，数月之后，她终于回到了曹操的大本营邺城。

胡笳就是胡地的笳，在汉时流行于塞北和西域游牧民族中。"笳"形似竿篥，是汉代鼓乐中的主要乐器。胡笳善于表现凄怆、哀怨的情感，富有悠远的穿透力，很符合边远游牧民族英勇强悍的个性及牧马吹奏的特色。

在汉魏历史上流传有不少运用笳声作战的故事。历史上也有不少有关笳的文章，蔡文姬的《胡笳十八拍》更为笳添加了一种感伤而诱人的神韵。

《胡笳十八拍》的艺术价值很高，明朝人陆时雍在《诗镜总论》中说："东京气格颓下，蔡文姬才气英英。读《胡笳吟》，可令惊蓬坐振，沙砾自飞，直是激烈人怀抱。"郭沫若从文学角度和语言文字学角度，对《胡笳十八拍》中歌词加以考证也断言非蔡琰莫属，并称赞说："这实是一首自屈原《离骚》以来最值得欣赏的长篇抒情诗。"

然而，自唐以来，有学者对蔡文姬创作《胡笳十八拍》提出质疑，认为这部作品的作者是唐代著名琴师董庭兰。唐代进士刘商《胡笳曲序》（《乐府诗集》卷五十九转引）序文曰：

"蔡文姬善琴，能为离鸾、别鹤之操。胡虏犯中原，为胡人所掠，入番为王后，王甚重之。武帝与邕有旧，遣大将军赎以归汉。胡人思慕文姬，乃卷芦叶为吹笳，奏哀怨之音。后董生以琴写胡笳声为十八拍。今之胡笳弄是也。"

序文中有"后董生以琴写胡笳声为十八拍，今之胡笳弄是也"，以是推断：《胡笳十八拍》乃唐代琴家董庭兰（即董生）所作。

琴歌《胡笳十八拍》作者究竟是谁？这一问题的讨论自唐代至今，文学界见仁见智，音乐学界也未有定论。但无论作者是蔡文姬还是董庭兰，抑或其他人，都不影响我们对作品的喜爱和推崇。

# ·诸葛亮写过《后出师表》吗

在中国人心目中，诸葛亮能够呼风唤雨，扭转乾坤，简直是神仙的化身。尤其是舌战群儒，草船借箭，巧借东风，大摆"空城计"，三气周瑜的故事更是被世代传颂，所以，诸葛亮在民间被奉为古今第一智慧人物。古往今来，有关诸葛亮的谜题数不胜数，其中，"诸葛亮是否著《后出师表》"的争论最为激烈。

经过多年辩论，现在绝大多数学者相信《后出师表》是他人所作，且理由相当充分。

首先，作品中最大的硬伤是"赵云之死"。《三国志·赵云传》和注引《云别传》中明确记载赵云死于建兴七年（公元229年），但《后出师表》却说赵云死在建兴六年（公元228年）。赵云身为蜀国大将军，他死于哪年，蜀国宰相应比他人更了解。何况诸葛亮一向谨慎行事，他怎么会犯如此低级的错误呢？所以，《后出师表》为他人伪作。

其次，通过分析《前出师表》和《后出师表》的内容可以看出，作者判若两人。在《前出师表》里："先主崩殂，益州疲弊，正值危急存亡之秋"，但他仍相信，只要后主"亲贤臣，远小人""汉室之隆，可计日而待""愿陛下托臣以讨贼兴复之效，不效则治臣之罪以告先帝之灵"表现出诸葛亮壮志雄心、敢于承担责任的品格。而《后出师表》里却记载："然不伐贼，王业亦亡，惟坐而亡，孰与伐之？""凡事如是，难可逆料""至于成败利钝，非臣之明所能逆睹也。"仿佛北伐之事实属无奈之举，对此一战诸葛亮充满担忧，丝毫看不见胜利的曙光。两篇作品时间间隔仅有一年，难道说，原先充满自信、雄心勃勃的诸葛亮在一年里就变得意志消沉、逃避责任了吗？再说此时的蜀国仍有一定实力，并非像文章所描写的那么悲观。

再者，刘备死后，虽有刘禅继位，但事实上诸葛亮独揽大权，管理一切国家大事。当他提出再次北伐时，没有人会质疑北伐的前景。而文中却说"议者所谓非计"，不符合蜀国当时的情况。另外，据《吴志·诸葛恪传》记载："恪遂有轻敌之心，以十二月战克，明年春，复欲出军。诸大臣以为数出罢劳，同辞谏恪，恪不听。中散大夫蒋延或以固争，扶出。恪乃著论谕众意。"这段描述与"议者所谓非计"所写相吻合。因此，一些学者认为《后出师表》为诸葛亮的侄子诸葛恪所著。只不过他假托诸葛亮之口，希望说服众人。而且，诸葛亮已死，"死无对证"，不能不令他人信服。

时隔千年，《后出师表》的作者是谁？是诸葛亮还是诸葛恪，或者其他人？现在没有统一定论。或许某一天的考古挖掘能带来新的论据，揭开这一千古之谜。

## ·《满江红》的作者是岳飞吗

长期以来，人们认为《满江红》的作者是宋代爱国将领岳飞，他在写这首词时，正值中原遭受女真铁骑蹂躏的岁月，岳飞怀着一腔热血，矢志抗金，而这首词真实、充分地反映出岳飞精忠报国的英雄气概。对此，没有人怀疑它的真实性。

但是，近些年来，有关专家对这首词的作者产生了疑问，认为它并非岳飞所作。

有专家根据对《四库提要辨证》的考证提出了两点疑问。岳飞的孙子岳珂所编《金佗粹编·家集》中没有收录这首词，而岳珂在收集岳飞的文章时不遗余力，此集从编定到重刊，历经31年，却没有收录这首比岳飞其他诗词都著名的词。《满江红》这首词最早见于明代嘉靖年间徐阶所编的《岳武穆遗文》，是根据弘治十五年（1502年）浙江提学副使赵宽所书岳坟词碑收入的，赵宽亦未说明这首词的来龙去脉，而且赵宽碑记中提及的岳飞另一首诗《送紫岩张先生北伐》经历史学家考证是伪作。在此之前，宋、元时期的相关记载和题咏中并未发现它的踪影。

此外，在岳飞的朋友和跟岳飞有交往的其他同时代人的作品中，也从来没有提到过这首词。直到400多年后，并且又是到了跟宋朝的情况有些相似的明朝中后期才发现，这是不是说明朝人为了鼓舞士气，才假托岳飞之名而伪造的呢？并且这首词的慷慨雄壮的风格，与岳飞其他诗词作品中的委婉曲折有所不同。

另外，词中有一句"驾长车，踏破贺兰山缺"，这与岳飞当时的历史情况有出入。贺兰山在今内蒙古自治区河套之西，南宋时属西夏，并非金国土地，而金国黄龙府，在今吉林省境内。岳飞不可能以在西夏境内的"贺兰山"来比喻攻打金国黄龙府的志愿，岳飞曾与将士们相约"痛饮黄龙府"，所以他进攻的方向应是今天的吉林省农安县。而实际上，明代北方部族常取道贺兰山侵扰甘、凉一带，明弘治十一年（1498年），明将王越就曾在贺兰山打了一个胜仗。

因此，有人认为《满江红》并非出自岳飞之手。

## · 《百家姓》姓氏排序有何依据

《百家姓》本是北宋初年钱塘（今浙江杭州）的一个书生所编撰的蒙学读物，将常见的姓氏编成四字一句的韵文，像一首四言诗，便于诵读和记忆，因此，流传至今，影响极深。《百家姓》的次序不是各姓氏人口实际排列，是因为读来顺口，易学好记。《百家姓》与《三字经》、《千字文》并称"三百千"，

为什么《百家姓》以"赵"姓打头呢？经考证，主要有两个原因：

1. "赵"姓由来已经，且是大姓。

根据《姓纂》记载，最初以赵为姓的人，是颛顼帝的子孙造父，他以善于驾驭，于周穆王的时候，得到了赵城这个地方为封地，就以封地的名称作为自己家族之姓，从而世代相传下来。当时的赵城，现在的位置大致是在山西省赵城县西南。后来，这个家族繁衍到今甘肃、河南、江苏一带，这是赵姓的由来。而这个家族，从一开始便十分显赫，在春秋时代，自从赵衰辅佐晋文公定霸，赵氏子孙就世代为晋国的大夫，权倾当朝。

到了春秋末期，也就是周威烈王的时候，赵家的权势更大。历史上有名的"三家分晋"，就是赵家与同为大夫的韩家和魏家瓜分了晋国，而分别自立为一个诸侯。

后来，赵国的国势越来越强，成为战国七雄之一，其都城设在晋阳，现在山西省太原的北面。可见，现在所有姓赵的人，最早都是山西人，后来才逐渐移居他处，"五百年前是一家"，以赵姓人来说，如果认真地推溯，又岂止是500年而已？

2. 宋朝的皇帝姓"赵"。

自从赵匡胤建立宋朝，"赵"自然成为"天下第一姓"。作者将"赵"姓列在首位，不免有拍皇帝马屁之嫌。但实际上，如果作者不把"赵"姓排在首位，就有"欺君之罪"，会招致杀身之祸。

《百家姓》以"百家"为名，原收集姓氏411个，后增补到504个，其中单姓444个，复姓60个。不过，在中华民族这个大家庭中，姓氏何止百家？就仅是汉族也不止这个数。据说，有记载或有据可查的姓氏，可达5600个之多，这其中有单姓、复姓、三字姓、四字姓和五字姓，浩如烟海。

## · 《西厢记》真是王实甫所著吗

元代戏剧《西厢记》是我国古典戏曲史上的一株奇葩，作者以现实主义的创作手

法，为人们描绘了落魄书生与相国女儿恋爱的故事。这为后来以爱情题材为主的文学创作提供直接借鉴，如汤显祖的《牡丹亭》、曹雪芹的《红楼梦》都从它那里吸取了反封建的民主精神，激励青年男女不畏强权，追求美好爱情。但是，谁创作了这部影响千年的戏曲名著？历来有不同的说法。

普遍认为《西厢记》为元代杂剧作家王实甫所著。元末钟嗣成的《录鬼簿》、明初朱权的《太和正音谱》都支持此种观点。也有人认为作者系关汉卿，更有人提议《西厢记》为王实甫和关汉卿合写，只不过存在"王作关续"和"关作王续"的问题。

近年来经过研究者大量翻阅文献资料，又得出新的结论：《西厢记》前四折为王实甫所作，第五折由元朝的民间艺人加工而成。

其理论依据是：一般说来，元杂剧是一本四折，每人负责唱一折，而现存的《西厢记》却有五折，打破原有限制。如果说这是王实甫力求创新的结果，但是前四折和第五折的创作风格、语言运用，甚至主题思想也大不相同。第五折所用的曲调完全打破了前四折用北曲联套的习惯，唱法也发生改变，自由运用声腔。之所以出现这种情况，是因为元曲创作阵地南移杭州，受南戏的影响，由元代后期作曲家加工整理。而且，就前四折来说，如果《西厢记》至此结束，不仅符合中国传统戏剧的结构特点，而且以悲剧结尾，改变当时戏曲作品以大团圆结局的老套戏路。无论其思想性还是艺术手法，都要高同期作品一等。所以说王实甫创作《西厢记》前四折，第五折由元朝末年民间艺人加工而成。

探究《西厢记》的作者是谁，这对正确分析《西厢记》的思想性和艺术性有重要意义，也可以帮助人们认识中国古典戏剧在元代的发展状况。

# · 是谁写作了《金瓶梅》

《金瓶梅》被许多人视为古今第一奇书，因这部书里夹杂了太多露骨的性描写，所以又被视为"秽书之首"。自它问世以来，就被历代统治者列为禁书。《金瓶梅》与《水浒传》、《三国演义》等名著完全不同。《水浒传》、《三国演义》等书是早有故事传说和话本底稿在前，又经过施耐庵、罗贯中等人的艺术加工而最终成书，而《金瓶梅》却是由文人独立创作的小说。

说起来，《金瓶梅》与《水浒传》渊源甚深，因为它本就是作为《水浒传》的补书而创作的。《金瓶梅》的男主角是西门庆，全书故事就是以西门庆为线索一步步展开的。所谓"金瓶梅"，其实就是书中的三个女主角：潘金莲、李瓶儿、庞春梅。

尽管有种种瑕疵，《金瓶梅》作为我国古代的一部现实主义杰作还是得到了许多人的赞扬，而曹雪芹写起《红楼梦》也不能不说是受了它的影响。

《金瓶梅》的作者是兰陵笑笑生，这显然是个笔名。很多人都想知道这位启发了曹雪芹的文学巨匠到底是何人，但始终未果，成了文学史上的一个悬案。

目前能找到的最早版本的《金瓶梅》是万历丁巳刻本。此本中的《金瓶梅跋》的

第一句话是"《金瓶梅传》，为世庙时一巨公寓言"。沈德符《万历野获编》则说其为"嘉靖间大名士手笔"。因此很多人就把这书往当时的文坛领袖王世贞身上贴，说他就是兰陵笑笑生。这个猜测不无道理，因为在现存的记录中，王世贞是最早的《金瓶梅》手抄本拥有者。清朝的宋起凤干脆在《稗说》中直接写道："世知《四部稿》为弇州先生生平著作，而不知《金瓶梅》一书也先生中年笔也。"这位"弇州先生"就是王世贞。王世贞官高位显，名满天下，确实当得起"巨公"和"大名士"的称号。

有人说，以王世贞的文坛地位，自然不会承认自己就是这部"黄书"的作者，所以要取一个"兰陵笑笑生"的笔名。甚至有人说，王世贞作《金瓶梅》显然不是为了以之载道，不过也绝非为了文学而文学，他真实的目的乃是为父亲报仇。

传说，王世贞的父亲王忬得到了张择端的不世画作《清明上河图》。匹夫无罪，怀璧其罪，大奸相严嵩知道了这件事，就蛮横地伸手来要。王忬心里当然舍不得，就找人做了一个赝品送给严嵩。谁知这让一个行家给看了出来，严嵩大怒，最后将王忬迫害致死。

王世贞一心为父报仇。他得知严嵩的儿子、善于揣摩嘉靖帝心意的严世蕃非常喜欢看黄色小说，于是就专门写就《金瓶梅》一书送给严世蕃。原来，王世贞早在《金瓶梅》的每一页上都涂上了少量的砒霜。严世蕃着魔似的、沾着唾沫翻看这书，自然祸从口入，当他看完全书，也就中毒身亡。

事情真是这样吗？这故事听起来未免太过机巧了。那王忬到底是怎么死的呢？原来，王忬曾抗击倭寇，屡立战功。因为当时的兵部员外郎杨继盛弹劾严嵩，结果倒严不成，反被诬陷致死。而王忬是站在杨继盛这边的，此后变成了严嵩父子的眼中钉。后来俺答汗率部来袭，直逼京城，严嵩借机奏报，说王忬防守不利，将他下狱砍头。

其实，早在1933年，才华初露的吴晗就写过一篇《<金瓶梅>的著作时代及其社会背景》。吴晗经过史料的梳理，证明了王忬并没有得到《清明上河图》，而严嵩的儿子严世蕃也并非是死于中毒。此文一出，鲁迅、郑振铎等文化界名人纷纷表示赞同，认定王世贞并非是《金瓶梅》的作者。一时间，"王世贞说"沉溺江底，再也无人提起。

不过，朱星先生和许建平教授都认为，吴晗只是证明了"王世贞为父报仇作《金瓶梅》说"的荒谬，但并未证明王世贞没有写《金瓶梅》。因此又重申"王世贞说"。

不过，也有人认为这兰陵笑笑生其实另有其人，他就是明代戏曲家、文学家屠隆。

首先，屠隆的籍贯虽是宁波人，但其祖上曾在兰陵待过。其次，屠隆曾用"笑笑先生"的笔名，这"兰陵笑笑生"岂非就是"笑笑先生"的变种？最后，也是最重要的，就是《金瓶梅》中的一段诗文，在屠隆的其他作品中也同样出现过！

如此说来，屠隆便是《金瓶梅》的作者兰陵笑笑生吗？持"王世贞说"的人提出了反对意见，他们说，王世贞主张"文必秦汉、诗必盛唐"，一生提倡复古，要他"借鉴"屠隆的诗文以"点铁成金"实在是再正常不过了。而且，《金瓶梅》中出现了大量的山东方言、华北方言和江浙方言。而山东、华北、江浙三地，王世贞都长期生活过，所以不太可能不会说当地的方言。更重要的是，《金瓶梅》里有70多条太仓当地的方言。其中意指请客提前一天做准备、在书中多次出现的"落作"，是只有当地人才懂的土话。而"落作"的压轴菜"川糟鱼"，也是只有太仓才有的"菜名"。北方语系的作家可能知道"落作""川糟鱼"这样的词汇吗？可能性极其渺茫。不仅如此，他们还拿出了一个似乎难以辩驳的细节证据。

原来，完成了划时代药学巨著《本草纲目》的李时珍遇到了出版困难，于是就把书稿送给当时的文坛盟主王世贞，请求王为他写序。可是王世贞把这部书稿留在家中整整十年，直到临终前才把推介的序文写好。这件事跟"王世贞写《金瓶梅》"有什么关系呢？原来，《金瓶梅》中曾提到产自云南的一味中药"三七"，这味药当然不会逃过李时珍的眼睛，被他收录在《本草纲目》里。而纵观整个明代，"三七"几乎不为世人所知。偏偏兰陵笑笑生在《金瓶梅》里提到三七，且把它的药性和疗效写得非常准确。试问除了王世贞，这"兰陵笑笑生"还能是何人呢？

不过，关于《金瓶梅》的作者到底是谁，争论并没有到此结束。各路学者靠着自己的研究提出了层出不穷的"证据"，可是这些"证据"只是带来了更多的疑问。不过，也许"兰陵笑笑生"到底是谁并不重要，重要的是众多学者在探究这一问题时所显示的学术功底和他们所采用的学术路径。他们或许永远也找不出"兰陵笑笑生"的谜底，但他们的这些方法对解决文史领域的其他问题却不无启发。

# ·《水浒传》的作者是施耐庵吗

在文史学家眼中，《水浒传》无论在思想性上，还是在艺术性上，都达到了相当的高度。且不说它所反映的社会背景有多么深刻，单就那形色各异、性格迥然的一百单八将，其形象之丰富，已经牢牢地刻印在人们的心中。

众所周知，《水浒传》的作者是施耐庵，但是电视剧《水浒传》原著的一栏上，写下的却是施耐庵、罗贯中两人，这不仅令许多人的脑海中浮现了问号。难道《水浒传》并不是施耐庵独立创作的吗？

其实几百年来，关于《水浒传》作者的问题在学术界始终难以统一，一般流行的说法是作者为施耐庵，这在《水浒传》雄飞馆刊本、贯华堂刊本为题号，以及胡应麟《少室山房笔丛》、徐复祚《三家村老委谈》、徐树丕《识小录》、周晖《金陵琐事》、刘仕义《玩易轩新知录》、曹玉珂《过梁山记》、王士祯《居易录》、梁玉绳《瞥记》、焦循《剧说》等书均可见。

但也有人认为《水浒传》作者是罗贯中。据考证，罗贯中的《三遂平妖传》中21篇赞词，有13篇重复出现在《水浒传》里，这证明两书的作者大有可能为同一个人。但对此有人进行了反驳，因为《水浒传》的写作风格与罗贯中《三国演义》的风格不符，不像是出自同一人之手。

部分研究学者还提出了《水浒传》的作者是郭勋的可能性。郭勋为明初开国勋臣武定侯郭英六世孙，善书法。由于最早谈到《水浒传》的文献出现在嘉靖年间，距明初

100多年，与郭勋在世时间相符，在此之前并没有人提到过《水浒传》，而施耐庵是元末明初的人，因此部分学者更加肯定《水浒传》的作者应该不是施耐庵，或者施耐庵是作者之一，又由嘉靖年间的人修订。况且，《水浒传》中提及的地名许多都是在明朝建立百年期间更名，施耐庵身处元末，如何能知道明中期的地名呢？

不管怎样，纵览大多数史料上的记载，施耐庵是《水浒传》作者之一的可能性最大。他与罗贯中合作的可能性也有，但二人具体的合作方式没有人清楚，也没有具体的史据可查。

虽然数百年，围绕《水浒传》的作者及版本问题，研究者们始终不曾停止争论，不过对于"水浒迷"来说，《水浒传》的身世越是扑朔迷离，其书也更耐人寻味。

## · 《红楼梦》是曹雪芹起的名吗

长篇小说《红楼梦》代表了中国古典小说的最高成就，它不但在国内家喻户晓，而且在世界文坛上也是举世公认的文学名著。但是，曹雪芹当初写的小说名并不叫《红楼梦》。

曹雪芹，名霑，字梦阮，号雪芹，又号芹溪、芹圃。曹雪芹的曾祖母孙氏，曾是康熙皇帝的乳母。康熙二年（1663年），他的曾祖父曹玺担任江宁织造之职。曹雪芹的祖父曹寅和康熙帝自幼便有深厚的友谊，康熙小时读书时，曹寅就是伴读，后曹寅又选授銮仪卫事，侍康熙帝左右，两人的关系更加密切了。曹寅一代是曹家的鼎盛时期，曹寅的两个女儿，都被选作王妃。康熙六次南巡，有五次都以曹家的江宁织造署为行宫，可见当时曹家当时之显赫。曹家祖孙三代四人担任江宁织造之职共60余年。1722年，康熙帝不幸病逝，四皇子胤禛上台后党同伐异，曹雪芹之父受到牵连，被免职抄家。曹家自抄家后，家道急剧败落。曹雪芹一生正好经历曹家盛极而衰的过程。因其祖、父均有较高文字造诣，使他耳濡目染，养成了深厚的文学艺术修养，穷困潦倒的生活并未使曹雪芹倒下，他"于悼红轩中，披阅十载，增删五次，纂成目录，分出章回"，写出了一本可以传诸后世的不朽之作。这本书写于曹雪芹凄凉困苦的晚年，创作过程十分艰苦。可谓"字字看来皆是血，十年辛苦不寻常"，可惜没有完成稿，他就因幼子夭折，感伤成疾，在贫病交迫中搁笔长逝了。

只是，这位曹公做梦也没有想到，他的这部传世之作的名字会一而再、再而三地被"篡改"，改为现在人们所熟知的《红楼梦》。

不错，曹雪芹在作品开头的确曾写道："开辟鸿蒙，谁为情种？都只为风月情浓。趁着这奈何天，伤怀日，寂寥时，试遣愚衷。因此上，演出这怀金悼玉的红楼梦。"但是当时曹雪芹给这本以贾宝玉、林黛玉、薛宝钗等人的爱情故事为主线的书定的书名并不叫《红楼梦》。

与曹雪芹同时代的清人裕瑞在《枣窗闲笔》一书中曾这样写道："旧有《风月宝鉴》一书，又名《石头记》……曾见抄本卷额，本本有其叔脂砚斋所批语，引其当年事甚确，易其名曰《红楼梦》。"

清人戚蓼生是乾隆三十四年（1769年）进士，也是曹雪芹著作的最早刻印人之一，他的刻本即以《石头记》为名，并附有一篇《石头记序》专论曹雪芹这部著作的艺术特色，此刻本与当时流行的《脂砚斋重评<石头记>》一样，都可证明曹雪芹生前从未以《红楼梦》命名他的书稿。

# 容易误解的文化常识

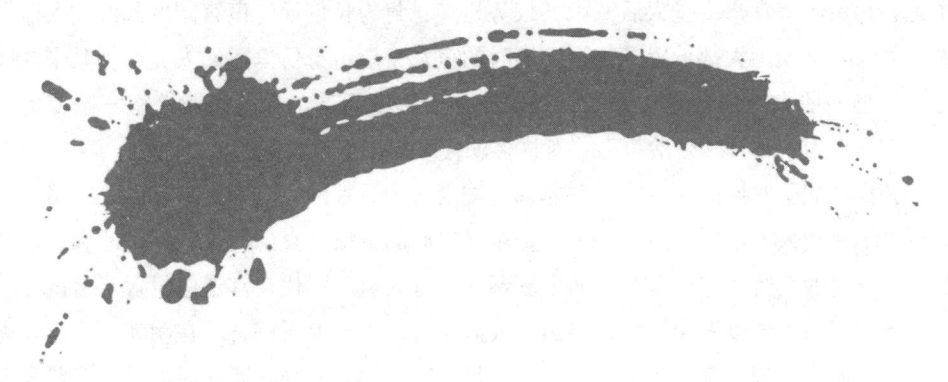

## ·宦官等于太监吗

"太监""宦官"是人们熟悉的字眼，在很多时候，人们认为太监就等同于宦官，二者都属于受阉后的男人。《辞源》把"太监"解释为"在宫内侍奉皇帝及其家族的官"，紧随其后又有"自此，太监遂成为宦官的专称"一句，这里显然也把太监同宦官认作是一回事，由此便形成了这样一个认识：宦官等于太监。

把太监和宦官等同起来，这一个比较大的误解。

太监与宦官的差别主要体现在两个方面。

首先，在时间上，"宦官"一词至少早在战国时期就出现了，而"太监"一词直到辽代才出现。《周礼》、《礼记》中都有关于宦官的记载。周王朝及各诸侯国大都设置了宦官，秦国宦官嫪毐受太后宠幸，权势显赫，封为长信侯。宦官制度起源比太监早，周王朝及各诸侯国大都设置了宦官。当时的宦官一般由身份卑贱的人充当，其来源或由处以宫刑的罪人充任，或从民间百姓的年幼子弟中挑选。秦汉以后，宦官制度更加详备，宦官作为一种特殊政治势力，对许多朝代政局产生重大影响。

其次，战国时期的"宦官"并非都是阉人，而后来的太监则必须是阉人。早期的宦官可以不是阉人，宦官"悉用阉人"是东汉以后的事情。直到明代，宦官才和太监联系起来，那时的太监一定是宦官，而宦官不一定是太监。明代在宫廷中设置了由宦官所领的二十四衙门，各设掌印太监，显然，太监是宫廷中的上层宦官。在明朝，太监是高级宦官，他们直接管理普通宦官。由于太监是宦官里的大人物，因此，如果一个普通宦官能被别人称为"太监"，无疑是件很高兴的事情。慢慢地，太监就成了对宫中阉人带有尊敬色彩的一个称谓。

到了清朝，二者有了更紧密的联系，侍奉皇帝和皇族的宦官都被冠以太监之称。

## ·萧郎其实不姓"萧"

"公子王孙逐后尘，绿珠垂泪滴罗巾。侯门一入深如海，从此萧郎是路人。"很多人看到萧郎，便会望文生义以为是位姓萧的情郎，但实际上诗中萧郎并非姓萧，而是姓崔，因为这首《赠去婢》是唐代诗人崔郊的传世之作，表达的是他在爱情绝望时最无奈的悲怆。这是一段很真实的故事：

崔郊年轻时爱上了姑母的一个婢女，此女生得楚楚可人、貌美如花，且深谙音律，两人情深意笃，私订终身。后因姑母贪图钱财，便将婢女以四十万钱卖给司空于。

崔郊得知这个消息，不胜悲戚，对婢女思念不已。他常常到司空府的附近徘徊，企盼能够见到婢女一面，但是显贵之家门禁森严，岂能轻易得见？然而，皇天不负苦心人，那婢女终在寒食节那天出门了，刚好与站在柳树下的崔郊相遇。两人四目相对，旧情萌生，却只能像陌生人一样，无法互诉衷肠，无限伤感的崔郊于是写了这首《赠去婢》送给婢女。

想必司空于也是性情中人，读到此诗，颇为感动，慨然将婢女还给崔郊，令二人结为美满夫妻。崔郊题诗娶佳人，一时传为佳话。

崔郊本姓崔，那诗中应为"崔郎"，但为何要称为"萧郎"呢？若翻看《全唐诗》，便会发现，许多爱情诗中的女主人公所思慕的恋人都叫"萧郎"，唐以后的朝代也都有这种用法，而唐以前则未见这种用法。那么，"萧郎"一词为什么被当作"情郎"来用呢？

一种观点认为，萧郎是春秋时擅长吹箫的萧史。据汉代刘向《列仙传》中所说："萧史者，秦穆公时人也，善吹箫，能致白孔雀于庭。穆公有女字弄玉，好之。公遂以女妻焉。日教弄玉作凤鸣，居数年，吹似凤声，凤凰来止其屋，公为作凤台。夫妇止其上，不下数年，一日皆随凤凰飞去。故秦人为作凤女祠于雍宫中，时有箫声而已。"后遂用"弄玉"泛指美女或仙女；用"萧史"借指情郎或佳偶，又称"萧郎"。

另一种观点认为，"萧郎"原指梁武帝萧衍。《梁书·武帝纪上》：迁卫将军王检东阁祭酒，俭一见（萧衍），深相器异，谓卢江何宪曰："此萧郎三十内当作侍中，出此则贵不可言。"这个萧郎，就是梁武帝萧衍，南朝梁的建立者，风流多才，在历史上很有名气。后多以"萧郎"指代女子所爱恋的男子。

总之，无论是哪种观点，都证明了《赠去婢》中的"萧郎"不姓萧，而"萧郎"实际上就是"情郎"的意思。

## · "窈窕淑女"是指美女吗

关关雎鸠，在河之洲。窈窕淑女，君子好逑。参差荇菜，左右流之。窈窕淑女，寤寐求之。求之不得，寤寐思服。优哉游哉，辗转反侧。参差荇菜，左右采之。窈窕淑女，琴瑟友之。参差荇菜，左右芼之。窈窕淑女，钟鼓乐之。

《关雎》是《风》之始也，也是《诗经》第一篇。每当读到"窈窕淑女，君子好逑"时，也许很多人都会把君子好逑的"窈窕淑女"想象成一位身材苗条的绝妙美女。这样理解不免有失偏颇。在古代，人们评价女子，讲究"美心为窈，美状为窕"，所以"窈窕淑女"不仅仅指的是貌美，更重要的是心美。只有内外兼修，达到内在美和外在美的和谐统一的女子才是谦谦君子梦寐以求的"淑女"。

美女与淑女是有区别的。美女，顾名思义，外表必须长得漂亮，至于是否德才兼备、心灵美好，没有特殊要求；淑女，不但需要外表长得漂亮，还需要有内在气质修养，类如纯洁、温柔、善良、矜持、书卷气、善解人意、亭亭玉立、款款而行、笑不露齿、行不招风……

淑女应像黛玉一样是个感情丰富的女子。在心爱的男子面前，内心保持着最柔软的不可触摸的疼痛，保持着善良而多情，有着所有女子对爱情的渴望。

她们时而情感流溢，时而娇羞万千；时而温柔如水，时而天真烂漫；时而风趣盎然，浑身散发着女孩子的清纯气息。

当然她们也会因落寞而难过，也会因感动而掉泪。更知道什么是适可而止，知道该在什么时候出现，知道该如何表现自己的美丽。

窈窕淑女有着东方女子的含蓄之美，犹如玉石，代表着来自灵魂由内到外的完美。她们有一定的文化和艺术修养，谈吐大方又不失文雅，五官端正，体形和脸形匀称，有着一股无形的高贵气质。明眸流盼、深情、神秘，在羞涩中却又淡淡地透露着内在的热情，有温存也有坚强，总让人很想亲近又不敢轻易亵渎。

"美女"不是窈窕"淑女"，"淑女"比美女更高一层次，"淑"讲究的是内在修养和美丽容貌的和谐统一。不少美女慨叹："红颜弹指老，刹那芳华。"因此宁愿抓住一切机会来美化容颜、保持苗条身材，却不愿意去提升内在素质。真水无香，淑女是越看越顺眼的美女，但是美女却可能因为缺少这份灵性而失去应有的光彩。

## · "中庸"是什么意思

一提起中庸思想，许多人便会很反感，对中庸思想不屑一顾，认为中庸就是折中思想，是社会糟粕，是油滑世故无原则，是蒙蔽人们思想的病根，是阻碍社会发展的绊脚石。

对于中庸这个概念，许多人只是从其字面上加以理解为"过犹不及，执两用中，不偏不倚，不左不右和取其正中等"。这样理解，其实是对中庸的曲解，比较表面化、简单化，未能掌握其真谛。中庸之道并不是算术概念中的平均数和中位数，它常因人、因事而异，是不断变化发展的，不是机械的生搬硬套。譬如吃饭，每个人的饭量不同，饭量大的吃三碗比较合适，饭量小的两碗比较适合，在这里不能绝对取其平均数，将两碗半敲定为人最合适的饭量。同时，即使是同一个人在不同时期，饭量也迥然不同。所谓的中庸不能简单地划定为某个中间数字或愈趋向中央愈好，中庸之道应该是取其最合理、最合适的部位。

中庸思想的内涵实质是要求我们认识客观规律、遵循客观规律，对任何事物都持谨慎与理智的态度，不盲从、不躁动，适可而止。儒家的中庸首先是指适宜、符合"礼"的行为。"庸"在这里做"用"讲，"中庸"的含义就是使自己的行为适宜、符合实用，也就是符合"礼"。在《礼记》中："子曰：敬而不中礼，谓之野，恭而不中礼，谓之给，勇而不中礼，谓之逆……子贡越席而对曰：敢问将何以为此中者也？子曰：礼乎礼，夫礼所以制中也。"由此可见，孔子所谓"中"是以"礼"的要求为标准的。

《中庸》里说"喜怒哀乐之未发谓之中"的"中"就是用来指人的内心世界，如《礼记·乐记》所谓"情动于中，故形于声"，《左传》中所谓"信不由中，质无益也"。《中庸》之所以用"中"指含而未发的喜怒哀乐之情是为了说明：礼是道德准则，是根源于人的含而未发的内心的。

由此可见，"中"是内外贯通的。一方面，"中"是指人内心的某种状态，即含而未发的内在要求；另一方面，"中"又是外在的，即表现于外部行为上的"中道"，合于礼。内心的"中"是行为"中道"的前提，而行为的"中道"则是内心之"中"的结果。

总的来说，所谓"中庸"，就是要以人的内在要求如人性、本心等为出发点和根本价值依据，在外部环境包括自然的和社会的环境中寻求"中道"。也就是使内在要求，在现有的外在环境与条件下，得到最适宜的、最恰当的、无过与不及的表达与实现。这也就是《中庸》所说的"致中和""合内外之道"。如果人们能恰到好处地修身、处世、做事，则"天地位焉，万物育焉"。

所以，"中庸思想"不是"折中思想"，中庸思想其实是一种伦理学说，也是一种思想方法。它强调的是内心之"中"与外在之"节"的准确契合，以达到"和"的大功用；而"中"的基本原则是适度，无过不及，恰到好处。追求中常之道，内外协调，保持平衡，不走极端。

## · "青楼"的最初含义是什么

人们说起青楼一词，十之八九都会想到妓院。其实，"青楼"被当作妓院的代名词是唐宋以后的事了。原来"青楼"最早是指帝王的住所。

据《南宋书·东昏侯纪》载："世祖（齐武帝）兴光楼，上施青漆，世谓之青楼。"后清代袁枚根据这段记载，在《随园诗话》中说："齐武帝于兴光楼上施青漆，谓之青楼。"并指出"今以妓院为青楼，实是误也。"可见，青楼原先是帝王之居。

在汉魏时期，青楼一词应是褒义，原意应为"青漆粉饰之楼"，仅仅是比较华丽的屋宇，有时甚至作为豪门之家的代称。正因为此，三国时曹植有诗曰："青楼临大路，高门结重关"，唐骆宾王也曾有"大道青楼十二重"的诗句，原来都是称誉帝王、豪门所住宫廷楼阁之富丽华贵。

或许是"华丽的屋宇"与艳丽奢华的生活有些关系，所以不知不觉间，青楼的意思发生了偏指，开始与娼妓发生关联。最早称妓院为青楼则出自南梁刘邈的《万山采桑人》一诗，其中有"娼女不胜愁，结束下青楼"的句子。此后的文人墨客们便以讹传讹，皆称妓院为"青楼"了。唐以后，青楼的偏指之意则成了专指，变成了专指烟花之地。元代有一本记载妓女生平事迹的书，便叫《青楼集》，明代有一本《青楼韵语》，清代有一本《青楼梦》。

实际上现代所认为的青楼风光，有详细记载的可从唐朝算起。唐代都城长安最著名的烟花之地，位于平康里，因为靠近北门，也称为北里，后世因而把北里作为青楼的代称。比之长安，扬州的青楼风光更加旖旎多情，杜牧等许多诗人都曾为此作过诗句。那时青楼的规模都不大，多数是一个老鸨领着两个妓女和丫鬟。青楼中的妓女，一般是艺妓，也有的色艺双绝。但无论如何，吟诗诵词、弹琴唱曲，仍是最主要的节目。

到了宋朝，青楼规模有所扩展。孟元老在《东京梦华录》中记载，汴梁城里的娱乐场——瓦子，共有8座。周密的《武林旧事》记载临安城里有瓦子达33座。青楼的设备也开始竞相奢华。意大利旅行家马可·波罗也记载了元朝杭州的青楼风光。

明代最有名的妓院就是秦淮河畔的"十六楼"。

## · "万岁"最早并非皇帝专用

电视剧中常能看到这样的场景：一群文武大臣伏在地上，口中高呼"吾皇万岁，万岁，万万岁"。"万岁"二字好像是皇帝的专用称呼，旁人冒犯不得。一看到"万岁"二字，便把它与皇帝联系起来，代表皇帝的无上地位。

事实是如此吗？

在《诗经·豳风·七月》中有描写人们欢庆场面的诗句："跻彼公堂，称彼兕觥，万寿无疆。"意思是人们经过一年的辛勤劳作后，举行欢庆仪式，互相欢呼祝颂。这里的"万寿无疆"，是人们举杯痛饮时发出的欢呼语。在西周、春秋时，"万年无疆""眉寿无疆"等是人们常用的颂词和祝福语，并不是对君王的尊称。

西周金文中也有很多这类文字，它并不是专属于天子，而只是一种记述方式，可以刻在铸鼎上。比如"唯黄孙子系君叔单自作鼎，其万年无疆，子孙永宝享"，表示的只是传之子孙后代，永远私有之意。而"万岁"一词，是这些颂词、祝福语的发展和简化。

直到汉初，"万岁"在人们口中还常常出现。

"万岁"正式成为皇帝的专用名词，是汉武帝规定的。汉武帝时，"罢黜百家，独尊儒术"，"万岁"被儒家定于皇帝一人，从此，"万岁"成了皇帝的代名词，只有对皇帝才能称"万岁"，表达极其赞赏、崇拜的感情。

另外，在电视剧中，常有"三呼万岁"，也有的是"山呼万岁"，那到底哪一个是正确的呢？据《汉书·武帝本纪》记载："元封元年春，武帝登临嵩山，随从的吏卒们都听到山中隐隐传来了三声高呼万岁的声音。"所以"山呼"又称"嵩呼"，在现代人看来，这不过是回声而已，可是后世的统治者却把这事看成是吉祥的兆头，于是把"山呼万岁"定为臣子朝见皇帝的礼仪，称作"山呼"。在《元史·礼乐志》里，对"山呼"的仪式有更详细的记载：凡朝见皇帝的臣子跪左膝，掌管朝见朝廷的司仪官高喊"山呼"，朝见的人叩头并应和说："万岁！"司仪官再喊"山呼"，朝见的人还是如此这般。最后司仪官高喊："再山呼！"朝见的人再叩头，应和说："万万岁！"

## · "狗咬吕洞宾"其实是"苟杳吕洞宾"

在做了好事后不仅没有得到对方表扬，还被对方责怪时，很多人都喜欢说"狗咬吕洞宾，不识好人心"，有点怪对方像狗一样不知道我是好心的意思。但是，其实"狗咬吕洞宾"原本是"苟杳吕洞宾"，与狗无关。

传说吕洞宾在成仙前原是个读书人，因为参加两次科举考试都未中举，所以从此以后再也不愿意读书，就依靠祖辈留下的家产，会客访友，游山玩水，过着逍遥自在的日子。

当时，吕洞宾有个同乡好友叫苟杳，家境十分贫寒。吕洞宾很同情他，与他结为金兰，并请他到家中居住，希望他能刻苦读书，以后有个出头之日。

后来，有位姓林的朋友来吕洞宾家里做客，见苟杳一表人才、读书用功，便想把妹妹许配给苟杳。

吕洞宾怕耽误了苟杳的前程，连忙推托，但苟杳得知后便动心了，就跟吕洞宾表示同意这门亲事。

没想到吕洞宾却说："林家小姐貌美贤惠，贤弟同意我也不好阻拦，但是成亲之后，得让新娘子先陪我睡三宿。"苟杳听后很不能接受，但是思前想后，还是咬牙答应了。

苟杳成亲这天，吕洞宾喜气洋洋，而苟杳却无脸面见人，干脆躲到一边去了。

晚上，新娘子头盖红纱，倚床而坐。吕洞宾进了洞房，也不说话，只管坐到桌前灯下，埋头读书。林小姐等到半夜，丈夫还是不上床，只好自己和衣睡下。天明醒来，丈夫早已不见，一连三夜都是这样。

苟杳好不容易挨过了三天，刚进洞房，就见娘子正伤心落泪，连忙上前赔礼。林小姐只管低头哭着说："郎君，为何三夜竟不上床同眠，只对灯读书，天黑而来，天明而去？"

这一问，让苟杳目瞪口呆，半天，他才醒悟过来，仰天大笑，原来是哥哥怕我贪欢，忘了读书，用此法来激励我。哥哥用心，可谓太狠啊！

几年后，苟杳金榜题名，与吕洞宾一家洒泪而别，赴任去了。

一晃八年过去了，这年夏天，吕洞宾家不慎失大火，所有家产都化成灰烬。

吕洞宾只好用残留的破瓦烂砖搭了一间茅草屋，和妻小在里面躲风避雨，日子十分艰难，于是决定去找苟杳帮忙。

吕洞宾一路上历尽千辛万苦，终于到了苟杳府上。苟杳对吕洞宾家遭大火的事非常同情，并热情招待他，可就是不提帮忙的事情，住了一个多月，一分钱也没有给吕洞宾。吕洞宾以为他忘恩负义，一气之下走了。

回到家里，吕洞宾发现家里已经盖了新房，很是奇怪。刚要迈进家门，突见大门两旁贴着白纸，知道家中死了人，大吃一惊，慌忙走进屋内，见屋内放着一口棺材，妻子披麻戴孝，正在号啕大哭。

妻子回头一看，惊恐万状，颤抖地叫道："你，你是人还是鬼？"

吕洞宾更觉诧异，问："娘子，何出此言？我好好地回来了，如何是鬼呢？"

娘子端详了好久，才认出真是吕洞宾，说："吓死我了！"

原来，吕洞宾走后不久，就有一帮人来帮她盖房子，盖完房子就走了。前天中午，又有一大帮人抬着一口棺材进来了，他们说吕洞宾在苟杳家病死了。

吕洞宾一听，便知道是苟杳玩的把戏。他很生气，操起一把大斧把棺材劈成两半，却见里面全是金银珠宝，上面还有一封信，写道："苟杳不是负心郎，路送金银家盖房；你让我妻守空房，我让你妻哭断肠。"

吕洞宾看完信如梦初醒，他苦笑了一声："贤弟，你这一帮，可帮得我好苦啊！"

从此，吕苟两家更加亲热，这就是俗话常说的"苟杳吕洞宾，不识好人心"。

后来，因为"苟杳"和"狗咬"同音，传来传去便成了"狗咬吕洞宾，不识好人心"了。

## · "屋漏"其实是"屋陋"

八月秋高风怒号，卷我屋上三重茅。茅飞渡江洒江郊，高者挂罥长林梢，下者飘转沉塘坳。

南村群童欺我老无力，忍能对面为盗贼，公然抱茅入竹去。唇焦口燥呼不得，归来倚杖自叹息。

俄顷风定云墨色，秋天漠漠向昏黑。布衾多年冷似铁，娇儿恶卧踏里裂。床头屋漏无干处，雨脚如麻未断绝。自经丧乱少睡眠，长夜沾湿何由彻？

安得广厦千万间，大庇天下寒士俱欢颜，风雨不动安如山！呜呼！何时眼前突兀见此屋？吾庐独破受冻死亦足！

这首杜甫自伤贫困的《茅屋为秋风所破歌》，作于上元二年（公元761年）秋八月。杜甫的一生，确系"颠沛流离"的一生。他出生于士大夫家庭，胸怀"致君尧舜上，再使风俗淳"的远大理想。但奸臣当道，应试不第，一直贫苦，44岁才得到一个小官。"安史之乱"时他又被俘，后逃出虎口，投奔远在甘肃的肃宗，被任为左拾遗。47岁时关内大饥，弃官西行。"三年饥走荒山道"，辗转来到成都。上元二年春天，知天命之年的杜甫求亲告友，在成都西郊的浣花溪边盖起了一座草堂，总算有了一个暂时的栖身之所，并靠故交严武的接济，过上了稍稍安定的生活。不料到了八月，怒号的秋风卷走了杜甫草堂上的茅草，晚上又下了一场大雨，弄得屋漏床湿。仕途多蹇、衰老贫困的诗人感慨万千，写就了这首感人至深的诗篇。

诗中"床头屋漏无干处，雨脚如麻未断绝"里的"屋漏"二字历来被解释为屋里漏雨，这是错误的解释。这里的"屋漏"应该翻译为"房屋内的西北角"，是名词而不是动词。

依据《尔雅·释宫》所说："西南隅谓之奥，西北隅谓之屋漏，东南隅谓之窔，东北隅谓之宦。"西北隅谓之屋漏，《辞海》中解释"屋漏"的第一义项是：古代室内西北隅是施小帐的地方。如《诗经·大雅·抑》："相在尔室，尚不愧于屋漏。"根据《辞源》的解释是：房子的西北角。古人设床在屋的北窗旁，因西北角上开有天窗，日光由此照射入室，故称屋漏。《疏》：屋漏者，室内处所之名，可以施小帐，而漏隐之处，正谓西北隅也。

从诗文来看，如果把"屋漏"解释成"房子的西北角"，恰好和"床头"相对，对举成文，符合古诗文的词句格局。同时，用屋子里的两个不同的位置，泛指整个屋子（有点借代的修辞味道），说明屋子全都湿了——无干处，从而呼应"茅屋为秋风所破"，与"雨脚如麻未断绝"互相映衬。两句诗连起来就是说：整个屋子都没有干地方了，但还是雨脚如麻下个不停。不直言漏湿而说"无干处"，下句的"雨脚如麻"才无语义重复之嫌。

## ·落霞并非彩霞，竟是小小飞蛾

"落霞与孤鹜齐飞，秋水共长天一色"是出自王勃《滕王阁序》里的千古名句。其对仗工整，几近"工对"。上句的"落霞""孤鹜"与下句的"秋水""长天"都是名词性短语，对仗考究。而更绝的是，上下句中又各自成对，也就是格律上要求较高的"句中自对"："落霞"可对"孤鹜"，"秋水"正对"长天"。其次，上句写动，霞、鹜"齐飞"；下句写静，水、天"一色"。一动一静，以动衬静。上句侧重于目随景而动，突出景物神态；下句侧重于心因景而静，突出景物色彩。画面和谐，美不胜收。

看到这句辞赋，很多人脑海里都会联想出一幅"孤鹜在晚霞里飞翔，秋水和长天连成一片"的唯美意境，甚至连语文老师都是这么翻译的。但实际上，这里的落霞不是指傍晚的云霞，而是指"零散的飞蛾"。

对此，宋代吴曾就在其《能改斋漫录·辨霞鹜》中说："落霞非云霞之霞，盖南昌秋间有一种飞蛾，若今所在麦蛾是也。当七八月间，皆纷纷堕于江中，不究自所来，江鱼每食之，土人谓之霞，故勃取以配鹜耳。"宋代著作《莹雪丛说》中说："王勃《滕王阁序》'落霞与孤鹜齐飞，秋水共长天一色'，世率以为警联。然落霞者，飞蛾也，即非云霞之霞，土人呼为霞蛾。至若鹜者，野鸭也。野鸭飞逐蛾虫而欲食之故也，所以齐飞。"由此可知，"霞"不是云霞，而是一种飞蛾。另外，"落霞"之"落"并不是"飘落"的意思，"落"在句中与"孤"相对，意思当相同或相近，是"散落、零散"的意思。"落霞"对应"孤鹜"，与"孤鹜"齐飞，连接起来就是一幅"孤单的野鸭在水面上追捕零散的飞蛾"的画面，从而形成"落霞与孤鹜齐飞"的千古绝唱。

## ·"床前明月光，疑是地上霜"的误解

床前明月光，疑是地上霜。
举头望明月，低头思故乡。
这首流传千古、妇孺能诵的《静夜思》，其动人之处，在于平淡自然、意象真切、

含蕴绵绵，读起来朗朗上口，声韵铿锵。不少人在儿童时代就能背诵如流。历来读书人无不赞赏这首信口而成、无意于工而无不工的佳作。

可是，很多年来，对于如此简单的20字诗却出现了两处误解，很少有人能够真正理解到诗中的含义和李白所处的境况，即李白何时、何地"思乡"。绝大部分人只是望文生义，把"床前"的"床"误认为是"寝卧之床"，将"疑是"的"疑"误解为"怀疑"。其实，李白此诗所说的"床"，是指"井栏""井垣"；"疑是"的"疑"是"比拟""比喻"之词，应该解释为"拟似"而不是"怀疑"。

"床前明月光"的诗境是秋夜月明之下筑有水井的庭院，而不是抒写汉唐人席地而居的室内起居中的感受。李白诗集，宋代才见版刻，清中叶乾隆以后，尤其是《唐诗三百首》流行之后，《静夜思》广为流传。但因为后人远离汉唐人的室内生活制度，不熟悉当时墙上的直棂窗或高处设置的瓮窗，透过它很难看到庭院的事物或感受这些事物，以致注家都误释为"床"。专家考证，李白此诗作于唐开元十五年（公元727年），地点在今湖北安陆，李白置身在秋夜朗月下的水井边上，举头望明月，而非床前望明月。

《辞海》里明确注释，床是"井上围栏"。古人把"有井水处"称为故乡。诗人置身在秋夜明月下的井边上，举头遥望，顿生思乡之情。床作井栏、井垣解，自古有之。《古乐府·淮南王篇》有句："后园凿井银作床。"李商隐在《富平侯》诗中有句："不惜金弹飞林外，更筑银床在井头。"杜甫亦有诗句："露井冻银床。"这些诗句，"床"与"井"连在一起，就很清楚地表明这些"床"即为井栏。

如果把古人的床全部理解成睡床的话，是很容易闹笑话的。例如李白在《长干行》中的"郎骑竹马来，绕床弄青梅"，难道小朋友会骑着竹子绕"睡床"而玩耍吗？清末大画家青藤老人亦有句曰"流水细分床畔响"，难道"睡床"之畔有水流吗？

另外，"疑是地上霜"的"疑"字，常有人把它理解为"怀疑"，把这句释为"怀疑地上有霜"，这样解释是不准确的。"疑是地上霜"是用了诗歌"比"的手法，"疑"是比拟、比喻之词，解释为"比如""好像""类似""仿佛"才恰当，即"好像地上的霜"。李白曾有《望庐山瀑布》诗句："飞流直下三千尺，疑是银河落九天。"宋代陆游《游山西村》："山重水复疑无路，柳暗花明又一村。"这里的"疑"字，当"好像"或"仿佛"解。宋代秦观有诗句"弱柳迎风疑举袂"，说的是，迎风的纤纤杨柳，好像美人扬袖作舞一样。

李白崇仰南北朝诗翁，特别是阴铿，所以，杜甫有句："李白有佳句，往往似阴铿。"李白也师学庾信，很明显，在《静夜思》里的头二句"床前明月光，疑是地上霜"是取法和植根于庾信所吟的"山明疑有雪"而又青胜于蓝。

总而言之，李白诗"疑是地上霜"，应释为"井栏前的月色，好像地上铺满一层洁白的霜"，因为，李白此诗开头便已清楚地写出了井前的明月光，又怎么会"怀疑"是地上霜呢？作"怀疑"解乃前后矛盾，不合李白写诗的风格。

## · "昨日黄花"应该是"明日黄花"

在一些体育评论报道中，总能发现"昨日黄花"一词，比如"谁能称霸，太阳队已是昨日黄花"，"老牌劲旅成昨日黄花，昔日辉煌恐难再"。明明字典上只有"明日黄花"，怎么变成"昨日黄花"了呢？

"黄花"就是菊花，而"明日黄花"，出自北宋苏轼《九日次韵王巩》诗："相逢不用忙归去，明日黄花蝶也愁。"在这首诗中，他向朋友表示：既已相聚在一起，就不要急着回去，若等重阳节过后，金黄的菊花便将枯谢凋败，到那时候也没有什么可以玩赏的了。除此之外，苏东坡在《南乡子·重九涵辉楼呈徐君猷》中又用了一次："万事到头都是梦，休休，明日黄花蝶也愁。"发展到后来，人们就把"明日黄花"作为一个固定词组，用来比喻过时过期的事物。宋代胡继宗《书言故事·花木类》就称："过时之物，曰：明日黄花。"

郭沫若在他的《〈沸羹集〉序》中就写道："这里有些是应景的文章，早已有明日黄花之感。"再比如冰心的《寄小读者·二七》中也有过关于"再经过四次月圆，我又可在母亲怀里，便是小朋友也不必耐心地读我一月前，明日黄花的手书了"的话。

为什么会犯错呢？原因可能是"昨日"确实能体现"过时"的含义，也符合我们日常生活的惯性思维。

但是，需要注意的是，"明日黄花"是苏东坡在特定的时间、特定的环境下写出的诗词，菊花是重阳节的时令花，而在重阳节赏菊，是我国民俗之一，若等重阳一过，赏菊花便成了过时之举。

苏轼在诗和词中反复咏叹"明日黄花蝶也愁"，实际上是在表达一种迟暮不遇的感叹，意思说自己已像重阳后的菊花。后人从这个名句中引申出来，以"明日黄花"比喻种种过时的人或事物。

了解了这些，我们就能更好地记住"明日黄花"了。

## · "不刊之论"本来是指好文章

曾经有这样一句话：这篇文章见识浅陋，属于不刊之论，总编决定不予发表。很显然，"刊"在这里被解释成"表达、发表"的意思，就是说"这文章很糟糕，不值得表达、刊登出来"。

实际上这犯了望文生义的毛病，要想真正理解它的意思，就得追根溯源。

在造纸术产生之前，古人写字时用竹简、木牍。竹简、木牍均是用以记事、书写的狭长竹片、木片。成语"罄竹难书"中的"竹"就是指写字用的竹片。

古人在简上刻写字，远没有在纸上书写方便，刻写错了也不容易涂改，只能用一种叫"削"的青铜利器削去一层重写，这种行为叫"刊"。"刊"便是消除、修改的意思。《说文解字》："刊，椾也。"段玉裁注释："凡有所削去，谓之刊。"因竹简木牍都要反复使用，可以把旧文削去，重写新文，这个过程就称"刊削"。

所以，这个"刊"字就兼有"写"与"删"两种意思。而重要的文字才能称为"不刊之论"，指不能被删改的文字。起先只能用于帝王诏令、典章规条之类，后来应用渐广，但也仅能指真理或伟论，其规格甚高、褒义强烈。"不刊之论"最初源于"不刊之书"，汉代扬雄《答刘歆书》中写道："是悬诸日月，不刊之书也。"意思是说，你的书是可与日月争辉，不容删减一字的大作！

直到宋代才出现"不刊之论"，如北宋熙宁七年（1073年），郭若虚著《图画见闻志》中云："唐室已上未立曹吴，其显释寡要之谈，乱爱宾不刊之论。推时验迹，无愧斯言也。"

所以，在使用成语时一定要多加注意，每个成语都有其特定的语境与背景，把"无须改动的好文章"理解成为"文字粗劣，不能刊登的文章"，虽然只错了一个字，却已谬之千里。

## · "衣冠禽兽"原本竟然是夸人

提起"衣冠禽兽"一词，想必很难有人对这四个字产生好感，通常这个成语都是用来指道德败坏的人，说某些人徒有人的外表，穿着人的衣服，却干着禽兽不如的坏事。

其实，在最初，这个成语原意并非如此。"衣冠禽兽"源于明代官员的服饰，在当时，"衣冠"作为权力的象征，受到统治阶级的重视，在官服上绣以飞"禽"走"兽"，来显示文武官员的等级。等级制度在官服上就体现出来了。据明、清两史的《舆服志》记载，文官官服绣禽，武官官服绘兽，而且等级森严，不得逾越。"衣冠"上的"禽兽"与文武官员的品级一一对应。具体规定是：文官一品绣仙鹤，二品绣锦鸡，三品绣孔雀，四品绣云雁，五品绣白鹇，六品绣鹭鸶，七品绣鸳鸯，八品绣黄鹂，九品绣鹌鹑。

武官一品、二品绘狮子，三品绘虎，四品绘豹，五品绘熊，六品、七品绘彪，八品绘犀牛，九品绘海马。

文武官员一品至四品穿红袍，五品至七品穿青袍，八品和九品穿绿袍。

只有官员才能穿上描禽画兽的官服，享受一定的待遇，自然与平民百姓不同，所以，"衣冠禽兽"一开始是一个褒义词，带有老百姓的羡慕眼光。

其作为贬义词，最早是出现在明末陈汝元所写的《金莲记》一书中。因为在明朝中晚期，宦官专权，官场腐败，文官爱钱，武将怕死，欺压百姓，无恶不作，声名狼藉，老百姓民不聊生，将穿着官服的人视为匪盗瘟神，于是，"衣冠禽兽"一语开始具有了贬义，老百姓将为非作歹、道德败坏的文武官员称为"衣冠禽兽"。

## · "鸳鸯"本是比喻兄弟

人们对鸳鸯并不陌生，它在人们心目中一直是夫妻和睦相处、爱情永恒的美好象征。传说中认为鸳鸯一旦结为配偶，便游则并肩、飞则比翼、睡则交颈，即使一方不幸死亡，另一方也不再觅新的配偶，而是孤独凄凉地度过余生。

于是，鸳鸯常被诗人写入诗中，从而留下"鸳鸯相对浴红衣，短棹弄长笛""梧桐半死清霜后，头白鸳鸯失伴飞"等无数动人的佳句。

其实，"鸳鸯"最初并非喻指夫妻，而是用来比喻兄弟之间的友好、亲密。

《文选》中有一篇《苏子卿诗四首》，其中第一首有诗云："昔为鸳和鸯，今为参与辰（指天空中的两个星名）。"而从"骨肉缘枝叶""况为连理树"等诗句来看，这显然是一首兄弟之间的赠别诗。

另外，晋朝的郑丰有《答陆士龙》诗四首，其中第一首《鸳鸯》的序文中说："鸳鸯，美贤也，有贤者二人。双飞东岳，扬辉上京。"很明显，这里的鸳鸯是比喻陆机、陆云兄弟二人。三国时代魏国人嵇康曾经写过《赠兄秀才入军》的诗，也是用鸳鸯来比喻兄弟和睦相处、友好无比的。而再上溯到《诗经·小雅》其中"鸳鸯于飞"的句子，也不是比喻夫妻的。

那么，从何时起，鸳鸯才成为美丽忠贞爱情的化身呢？

据考证，以鸳鸯比做夫妻，最早出自唐代诗人卢照邻《长安古意》一诗，诗中有"愿做鸳鸯不羡仙"一句，赞夫妻之间美好的爱情，当时的文人觉得十分形象有趣，便纷纷效仿。

渐渐的，鸳鸯便成为夫妻的代名词。

然而，鸳鸯真的是情笃楷模，一生不离不弃的"爱情鸟"吗？

科学家观察到，鸳鸯只是在繁殖期建立固定的配偶关系，的确，从表面上是亲密相处、形影不离，而实际上，产卵、孵化、育雏都是雌鸟单独承担。雄鸟自"交配"以后，恰似"花花公子"一样，逍遥自在，各处游玩，把繁育后代的事情一股脑地都推给了雌鸟。另外，一旦有一方死去，另一方也不会"守节"，而会再行婚配。

而且，一只身强力壮、繁殖力强的雄鸳鸯，往往同时占有几只雌鸳鸯，而体弱的雄鸳鸯常常被排斥赶走，因得不到配偶而被淘汰。

原来，自然界中的鸳鸯并非想象中那样美好。

## · "千金"曾经是指男子

"千金"一直是对宝贝女儿的爱称，如果某人的妻子生下一个女儿，我们便要恭喜他们"喜得千金"。一个美丽乖巧的女儿，在父母的眼里，是掌上明珠，无异于价值千金。

在中国古代，"金"不是指金子，而是黄铜，当时黄铜十分稀有，"物以稀为贵"，同时"金"又作为当时重要的货币单位，所以"千金"实为"黄铜千金"，这并非实指，只是极言其珍贵。

只不过，令人们没想到的是，"千金"最初是用来称呼男子的。

据《史记·越王勾践世家》记载：范蠡之子因杀人而犯死罪。范蠡说："吾闻千金之子，不死于市。"意思是说富贵人家的子弟，不能让他在闹市受戮，因而以重金为之赎命。可以看出，在春秋时期，"千金"是作为富家子弟之称的。

发展到南北朝时，"千金"也仍指男子，并未发生改变，如《南史·谢朏传》中记载了一个小故事：

南朝梁司徒谢朏幼时聪慧，10岁就能赋诗，特受父亲谢庄喜爱，常把他带在身边。他也非常争气，人们都称呼他为"神童"。有一次随父亲游山，受命作游记，提笔便成，文不加点。宰相王景文对谢庄夸他："贤子足称神童，复为后来特达。"谢庄也手扶儿子的背说："吾家有千金。"

这一"千金"的用法一直延续了2000多年，直到元代才发生了改变。在元代曲作家张国宾的杂剧《薛仁贵荣归故里》里有这样一句话："你乃是官宦人家的千金小姐，请自便。"后来在明清时期的一些拟话本和小说中，称女孩儿为"千金"的情况就更普遍了。如《红楼梦》第57回，薛姨妈笑说史湘云："真是个侯门千金。"渐渐的，人们都用"千金"来称呼女孩了，"千金"体现了父母对女儿的爱，也彰显出女孩的高洁与尊贵。

# · "梓童"原来是"子童"

在我国的戏曲、评书及通俗演义里，皇后常常自称或被皇帝称为"梓童"。"梓童"原作"子童"，最早出现在《全相平话五种》：

"妲己乃问天子曰：'大王前者行文字天下人进宝，近日进得何宝？将来与子童随喜看之。'"（《武王伐纣平话》）

"吕后：'子童领旨，九月二十一日未央宫下，斩讫韩信也'。"（《前汉书平话》）

"高祖圣旨言：'寡人去游云梦，交子童权为皇帝，把三人赚入宫中，害其性命'。"（《三国志平话》）

多年来，许多学者都在探究"子童"起源，研究其寓意。功夫不负有心人，如今这个谜题终于被解开了。

据有关专家考证，"子童"由"小童"衍化而来。"小童"原是春秋战国时期诸侯正配夫人的自称。虽然秦始皇统一六国，建立中国历史上第一个"帝国"，成为"皇帝"，但此后对正室妻子虽然也称"皇后"，有时仍沿用春秋战国时期的称呼，自称小童。直到宋元时期，这个称呼才有些许变化，"小童"演变为"子童"。

为什么"小童"在宋元时期变成"子童"呢？原来这与宋朝的程朱理学有关。宋元时期，程朱理学盛行，封建伦理纲常被奉为永恒不变的真理，与之相应，人们的一言一行都要"循规蹈矩"。因此，作者在进行文学创作时，出于用"小"称呼皇后有不敬之意，由于"子"也有"小"的意思，遂用"子"代替"小"，"小童"就变成了"子童"。又因为"子"与"梓"同音，其且"梓"有以下诸训：《尚书大传》引商子曰："梓者，子道也。"《诗·鄘风·定之方中》："椅桐梓漆〔疏〕陆机云：梓者，楸之疏理白色而生者为梓。《正字通》：梓，百木之长，一名木王，罗愿曰：室屋间有此木，余材不复震。"梓为木中之贵者，古人以梓为有子的象征，皇帝立皇后，不仅是为了母仪天下，更重要的是为了建子嗣，承大统，以延续和维持王朝的长久统治。历代帝王十分重视子嗣的传承，把建储称作立国本。所以把皇后称"梓童"也正迎合了封建统治者的这种心理。

## ·"无毒不丈夫"本是"无度不丈夫"

在看影视剧时，有这样一个镜头会给观众留下深刻的印象：一个阴险恶毒的男子在说完"无毒不丈夫"这句话后，就"光明正大，堂堂正正"地去做坏事了。许多人可能挺纳闷：大丈夫就必须心狠手辣吗？

其实，这句话是被以讹传讹，事实并非如此。

原来，这句话的原形是"量小非君子，无度不丈夫"。度，是儒家很重视的思想，讲究掌握做事的分寸，在过和不及之间，要求君子善于审时度势。不能做到"审时度势"的人不能称为"丈夫"，这里的"丈夫"，是有远见卓识、胸怀宽广的"大丈夫"之意，"无度不丈夫"中的"度"和"量小非君子"中的"量"合起来恰成"度量"一词，其本意有如"宰相肚里可撑船"一词的意思。

这本是一句寓意深刻，旨在培养人们度量、容量的好格言，怎么会变化那么大呢？

这要从古时候文人的习性说起。在这副对联式的谚语里，"度"为仄声字，犯了孤平，念着别扭，很容易读为平声字"毒"。在格律至上的年代，"出"律是不能容忍的，便把这句改为"无毒不丈夫"了，于是这句话，终于成了典型的"信言不美，美言不信"的例句，成了文人笔下的又一个牺牲品。"量小非君子，无毒不丈夫"，原话里一个君子对一个丈夫，一个度对另一个量，本来是很完美的，可经过上千年的以讹传讹，竟成了"无毒不丈夫"。

对子很工整了，意思却已大变，文人们削足适履的做法，让人们误会了它千百年。

## ·古代"皇袍"是什么颜色的

黄袍往往被看作古代帝王服色的象征，黄色也是皇帝专用的颜色，皇帝下的诏书称"黄敕"，宫内一切装饰和外出乘坐的车辇也是"黄辇""黄屋"。

后周禁卫军总领赵匡胤发动"陈桥兵变"时，众将士以黄袍加其身，拥立为帝，其实此刻的黄袍仅仅是绣龙锦缎黄袍而已，并非官方的皇袍，但事实上，黄袍俨然已经成为皇权的象征，披上它的一刻，就要有称王的觉悟。

那么，是不是自古以来黄袍就是皇帝专用的呢？答案当然是否定的。在古代，帝王所著服饰都是有特殊标记的，有一套正规的服饰制度来加以规范，连衣裳佩饰也有规定，一串珠玉、一个图纹、一种颜色，以及丝线长度和衣料等，都有相应的标准。

标准的专用帝王服饰出现于周代。据《周易》记载："天玄（天青色，非黑色）地黄（土地色）。"周天子在祭天的时候所着服装为玄衣纁裳，玄为黑，纁是指兼有赤黄色，玄衣是黑色的上衣，纁裳是赤黄色的下裳。

到了春秋战国时期，各诸侯国纷争，其国君的袍服无法统一。《韩非子》当中有记载曰："齐桓公好服紫，一国尽服紫。"指出齐国齐桓公好穿紫色华服。至于其他国家不甚统一，没有固定颜色标准。

事实上，帝王着黄袍的规度始于唐朝，在唐朝以前，君王要穿什么颜色的袍服，多是皇廷自家决定，规定不严。黄色更是通用颜色，并没有尊贵的含义。只是唐高祖以赤黄袍巾带为常服之后，有人提出赤黄色近似太阳的颜色，"天无二日"，日是帝王尊位的象征。

至此，赤黄色（赫黄）为帝王所专用，黄袍也被视作封建帝王的御用服饰，百官以及百姓不允许穿黄色衣服，并以品级定袍衫的颜色，即所谓"品色服"。这种规定一直延续到清朝。在清朝，官服除以蟒数区分官位以外，对于黄色亦有禁例。如皇太子用杏黄色，皇子用金黄色，而下属各王、大臣等不经赏赐绝不能穿黄色服装。

## · "格格"是皇帝的女儿吗

自《还珠格格》搬上荧幕后，令"格格"一词再度深入人心。许多人认为，清朝的公主、郡主均以"格格"为称呼，实则这却是一个美丽的误会，是许许多多关于清朝的电影电视剧误导了人们对"格格"一词的认知。在实际的历史当中，清朝皇帝的女儿并不叫格格。

"格格"原为满语的译音，译成汉语就是小姐、姐姐之意。后金初年，大汗的女儿、贝勒的女儿或者是一些未出嫁的女子被称为"格格"。例如，清太祖努尔哈赤的长女称"东果格格"，次女称"嫩哲格格"。清太宗皇太极继位后，于崇德元年（1636年），开始仿效明朝制度，皇帝女儿开始称为"公主"，并规定皇后（即中宫）所生之女称"固伦公主"，妃子所生之女及皇后的养女称"和硕公主"。

《清史稿》中有明确的规定："公主之等二：曰固伦公主，曰和硕公主。"满语"固伦"为天下的意思，皇帝为九五之尊，所生的女儿自然得配"固伦"二字。也并非所有的公主都能有"固伦"的名号，只有皇后所生的女儿才能受封为固伦公主，其余的嫔妃们所生的女儿自然应该列入第二等，受封为和硕公主。固伦公主和和硕公主分别代表地位的高低。

而《还珠格格》电视剧里提到的小燕子和紫薇，前者与皇帝没有血亲关系，因为有功于国家，所以被视作养女；后者是皇帝在民间的私生女，而紫薇的母亲夏雨荷也没有正式嫔妃的封号，可视为庶出。二女可得的是"和硕公主"的封号，享受和硕公主的待遇，不应降级为格格。

事实上，"格格"是专门用来称呼王公贵胄的女儿。顺治十七年（1660年），始把"格格"分为五等：

1.亲王之女，称为"和硕格格"，汉名为"郡主"；

2.世子及郡王之女，称为"多罗格格"，汉名为"县主"；

3.多罗贝勒之女，亦称为"多罗格格"，汉名为"郡君"；

4.贝子之女，称为"固山格格"，汉名"县君"；

5.镇国公、辅国公之女，称"格格"，汉名"乡君"；

6.镇国公、辅国公以下的女儿，都称之为"宗女"。

"格格"之称一直沿用至清末民初之际，才渐渐终止。由此可见，现在影视剧中把皇帝之女称为"格格"是不准确的。


# ·观音菩萨原本不是女相

一提到观音，人们的脑海中立刻会浮现出那个手拿玉净瓶、盘坐于莲花坐台之上的女性形象。在许多人的心目中，观音大士确为女子之身。然而，在佛教经典的记载中，观音菩萨其实是男子之相。

据南北朝时期的《观世音得大势受（记）经》记载说，如来王国之中没有女儿之身，威德是一国之君，他的左右莲花化为两个儿子，其中来自右边的名为宝尚，就是得大势，而另一边就是观世音。另外，《悲华经》译介于南北朝时期，根据此经的记述，观音本是转轮圣王的长子，他的前生是双马神童。这两处记载都是关于观世音的来历，虽然各自相异，但是对于观世音是男子之身这一说法则都有讲到。而且从古代雕塑的《古犍陀罗莲华手观音》中观音的胡须也可以证明：观世音的形象最初为男性。

那为什么观音菩萨在中国的形象会呈现为女性呢？其由男身转变为女身的过程又是怎样的呢？佛教在中国的传播经历了一个融合过程，而观世音由男相转变为女相也是这个相容相合过程中的一部分。

观世音性别在中国的转变有着原始经典的依据。"化身之说"是佛教有别于其他宗教的一个特色。《佛地论》中就有关于化身的说法："变化身者，为欲利益安乐众生，示现种种变化事故。"可见，有了化身，佛身就可以呈现出种种不同的形象，而其变换万端的最终目的却都是为了抚慰民众。据《法华经·普门品》和《楞严经》所记载的观音菩萨的化身之中，有数种化身都是女性，如童女神、居士妇女身等。这样看来，佛教的"化身之说"以及观世音的诸种女性化身确实都为后来观世音在中国转变为女性奠定了一个坚实的基础。

较之男性身体展现出的力量之美，女性给人以身体之美、线条之美、肌肤之美等美感的享受。女性相比男性而言，其身体本身有着更高的和更加普通的审美意义。所以说观音之身由男性转变为女性，符合了人民的审美追求。

观世音性别在中国的转变是封建礼教的产物。观世音救世的方式是"救苦救难、大慈大悲"，她肩负着在精神上将民众于水生火热之中救出的重任。在中国封建礼教的压制之下，最需要观音救助的便是女子了，而呈现为女相的观世音菩萨则能够让中国的妇女感到更有亲和力，原意将内心的苦闷向她诉说。

另外，在每个人的成长过程之中，母亲总是能够给予孩子比父亲更加显著的关怀，而观世音"大慈大悲、救苦救难"的形象与母爱的关怀倍加相似，也是因为此，观音为女性之身比男性更具有悲天悯人的特质。

观世音在中国由男性转变为女性，经历了一个漫长的过程，确切地讲，到了明朝时期，她的女性形象才真正得以完成转变。而且由上面的探讨可以看出，观音形象的转变并不是偶然的。这种转变不仅有利于佛教在中国的扎根，而且让观世音的形象深入到了中国人的内心深处。

## ·汉字起源真是"仓颉作书"吗

早在几千年前就产生的汉字孕育和记录了中华民族古老的历史文化，传承了黄土地上悠久的文明。汉字以它独特的形状和用法而在诸多文字中独树一帜，汉字是怎样产生的？又是什么人发明的？对于这个问题，历来有不同的说法，最为流行的是"仓颉造字"说。

汉代淮南王刘安著的《淮南子》一书中说："颉作书，天雨粟，鬼夜哭。"汉代最伟大史学家司马迁在《史记》一书中也说："造端更为，前始未有，若仓颉作为……是也。"到了东汉，许慎更是很明确地在《说文解字》中写道："黄帝之史仓颉，见鸟兽蹄之迹，知分理之可相别异也，初造书契。"《兖州续志》中说"仓颉，冯翊人，黄帝史官也。生四目，观鸟迹而制字"。此外，为了纪念仓颉造字的功劳，后人还根据传说把河南新郑县城南仓颉造字的地方称作"凤凰衔书台"，到了宋朝时还有人在这里建了一座叫"凤台寺"的庙宇。甚至仓颉的坟墓也有多处，其中文物考古工作者在现在的铜城镇王宗汤村调查发现一处龙山文化遗址，距今约4000余年，据说原来就是被当地人称"仓王坟"，坟前原来还建有"仓王寺"。可以看出，仓颉造字的说法还是很有来历的。

但是如果客观和理性地分析的话，汉字的复杂和多变根本不可能由一个人在一个较短的时间内发明出来。仓颉所处的时代还是原始社会，人们每天风餐露宿，最基本的生活都无法保证，如此低的生产水平和文化水平，要发明像汉字这样既是独立发展又有相当久远历史的文字，对仓颉这种原始人简直不可能。此外，根据学者的考证，当时的文字有许多异体字，无疑产生于很多人的手中，所以人们认为"仓颉造字"是一种不太可信的说法，可能性大些的是他对这种形体不一的文字进行了整理。荀子就曾经认为：古时候，创造文字的人很多，文字是众人发明的，仓颉的功劳只是在于整理它们罢了。一个很有说服力的考古史实是：有人发现西安半坡出土的陶器上有一些刻画符号，笔画简单，距今大约6000年左右，比仓颉造字的时代早1000年。除了仓颉外，还有传说中的神农作穗书，黄帝作去书，祝融作古文，少昊作鸷凤书，曹阳氏作蝌蚪文，曹辛氏作仙人书，帝尧作龟书，大禹铸九鼎而作钟鼎文等等，可以说是各有各的道理。文人学者们为此考证了2000多年，提出了各种看法，但谁也没能排除众议，成为权威。

不管"仓颉作书"的真相是怎么样的，不论它是严肃的史实还是美丽的传说，它都反映人们对祖国文字的热爱，是传承中华民族悠久文化的重要媒介。正因为人们对那些造字的祖先怀着热烈的感激和景仰，这些动人的传说才能流芳千古。

## ·《山海经》到底是什么书

《山海经》是我国第一部描绘山川与物产、风俗与民情的大部头地理著作，还是我国古代第一部神话传说的大汇编，有着巨大的文化价值与历史价值。全书共18篇，分为《山经》和《海经》两个部分。然而，对于这样一部体系庞大的"怪"书的性质归类，却是各有各的看法。

有一种比较有影响力的观点认为，《山海经》是一部巫术之书，即祭祀的礼书和方士之书，是古人行施巫术的参考书。鲁迅在《中国小说史略》中称："《山海经》……盖古之巫书也"。他的观点对中国学者产生了重大的影响，绝大多数人都持此种观点。班固把《山海经》置于"术数略"的"形法家"，是"大举九州之势"而求其"贵贱吉凶"，类似后世讲究"风水"的迷信之书。这是对《山海经》性质的最早的说明。后司马迁认为它荒诞不经，难登大雅之堂，认为《山海经》中虽然记载了方位、山川、异域，但那是因为祭祀神灵的需要，如《海外西经》记载的"登葆山，群巫所从上下也"。此外，《海经》中所记载的海外殊方异域、神人居住的地方、怪物的藏身之处，都是秦汉间鼓吹神仙之术的方士的奇谈。由于诸多对巫术和祭祀的记载，《山海经》被归类为语怪、巫术书。

茅盾从神话学角度把《山海经》归为一部杂乱无章的神话总集，专记古怪荒诞的神话故事。这一看法很具有普遍性。《山海经》所收的神话故事源自上古历史传说，以及各地诸侯国的报表文书和采自民间的神话故事。如我们周知的"女娲补天"就来自于《大荒西经》，还有《大荒北经》中的夸父追日，《北山经》中的精卫填海、后羿射日、共工怒触不周山、大禹治水、黄帝擒蚩尤等这些神话传说都来自于《山海经》中的记载。

此外，还有不少学者认为《山海经》是一部自然地理和人文地理专著，是"第一部有科学价值的地理书"，具有极高的军事价值和政治价值，它详细地记载了境内山川地貌的距离和里数，还记录了各个地区的山脉、河流，以及草木、鸟兽、矿藏等，还有关于各地的特产和风情的记载。

近世的许多学者，也都认为它是一部既有科学内容、又杂有巫术迷信成分的地理志。既是历史地理学家又精通古代神话和宗教的顾颉刚颇赞同此观点，或许是为了在巫书与地理志之间寻求一种平衡与融合。很长一段时间内，《山海经》是地理书似乎成了定论。但是后来也有人认为，虽然《山海经》记述了山川、异域，但是它并不是以讲述地理为目的，不能够把它误认为是一部实用的地理书。

还有一种观点，认为《山海经》是根据图画记述的。在晋代，陶渊明有诗曰："泛览周王传，流观山海图，俯仰终宇宙，不乐复何如？"《山海经》中有些文字，如"叔均方耕""长臂人两手各操一鱼"，确实是根据图片来述说的。根据我国古代很早就有的关于山川地图的记载，可以推测出《山海经》成书时有一种绘载山川道里、神人异物的图画，也就是说最早的《山海经图》是图文并茂的，上面既有图形图画，多为一幅幅线描的怪兽人神插图，也有文字，还有大量图画式的文字。

《山海经》是实用的自然地理和人文地理专著，还是杂乱古怪的神话？是奇士编撰的小说，还是巫术和方士之书？它成书于什么时代，作者又是谁？谜底仍未解开，还有待于新的发现和进一步探讨。

# 不为人知的秘史档案

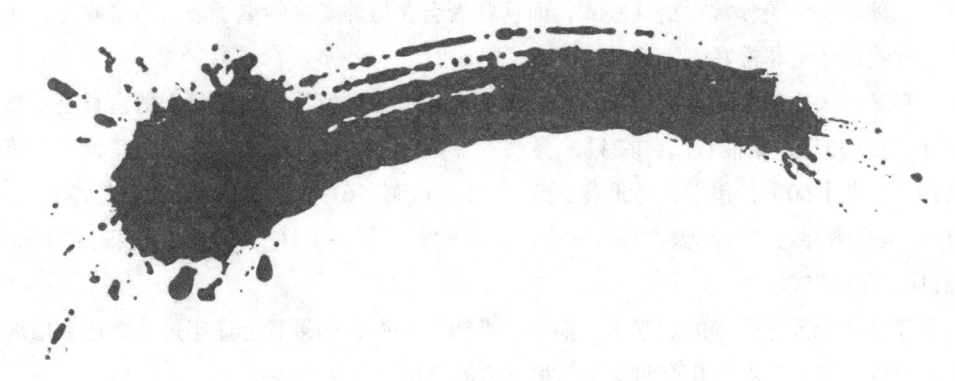

# ·古代皇帝是如何吃饭的

皇帝既然贵为九五至尊，那所享受到的待遇自然也就不同凡响了，穿的是龙袍，住的是宫殿，坐的是辇车，吃的是佳肴。说到吃，皇帝与普通人家吃饭时不一样，皇帝如何吃饭，各个朝代有不同的吃饭方式，但基本来说，有一个宗旨是不变的，那就是皇帝喜欢"吃独食"。

皇帝会在一个专门的桌子前单独进餐，虽然吃的时候就他一个人，但身后伺候的宦官、宫女却有一大堆。因为菜太多，桌子上摆得满满的，如果皇帝够不到一些菜，那些太监就会将远处的菜夹给皇帝。

当皇帝吃饭的时候，不远处还会站着听赏的人，如宠臣、妃子、皇子。如果是皇帝高兴，他就会将美食赏赐给这些人，而这些人会在另外安排的桌子前，站着吃完，还要表示食物的味道非常好。

皇帝每天吃的食物都有记载，例如《清宫档案》中就写到皇帝每天的食材是：盘肉22斤，汤肉5斤，猪油1斤，羊2只，鸡5只，鸭3只，白菜、菠菜、香菜、芹菜、韭菜等共19斤，萝卜60个，包瓜、冬瓜各1个。苤蓝、蕹菜各6斤，葱6斤，酱和清酱各3斤，醋2斤，玉泉酒4两，饽饽8盘，每盘30个，乳牛50头，每头牛日产乳2斤，玉泉水12罐，乳油1斤，茶叶75包。

还有其他零零碎碎的加起来，需要花费银子50两，如果赶上逢年过节，还要增加开支，所以皇帝一年吃掉几万两银子是很正常的事情。

在清朝末代皇帝溥仪的自传《我的前半生》里也对此有过证实，他写道："由几十名穿戴齐整的太监们组成的队伍，抬着大小七张膳桌，捧着几十个绘有金龙的朱漆盒，浩浩荡荡地直奔养心殿而来。进到明殿里，由套上白袖头的小太监接过，在东暖阁摆好，平日菜肴两桌，冬天另设一桌火锅，此外有各种点心、米膳、粥品三桌，咸菜一小桌。"

可见皇帝吃饭是多么隆重的一件事，所谓的"摆谱"是指摆菜谱，清朝的标准是每顿饭有120道菜，要摆三张大桌。此外还有主食、点心、果品等。后来的皇帝们觉得太浪费，便将菜谱逐渐减少，在咸丰年间，减为了32道，可到了慈禧当政时，又恢复了每顿饭百道大菜的老规矩，一顿饭少说要花200两银子。

饭菜讲究，那餐具就更不得不讲究了，主要以金银器为主，即便是陶瓷器，也是上好质地，造价不菲的方可端上餐桌。

除此之外，皇帝吃饭摆谱还有另外一层意思，便是要将菜名、大厨的名字在盘子前标明，这样万一饭菜出了问题，追究起来也方便。皇帝每天要吃这么多道菜，安全工作一定要做到位，所以，除了标明菜的出处之外，还要做好防范工作，这就需要对盛放菜品的器具进行严格要求。

在清朝的宫廷中，除了一些金器，银器在皇帝的餐具中也是占了很大一部分比例的。例如乾隆二十一年（1756年）十一月初三日，在《御膳房金银玉器底档》所记的餐具如下：

金羹匙1件、金匙1件、金叉子1件、金镶牙箸1双、银西洋热水锅2口、有盖银热锅23口、有盖小银热锅6口、无盖银热锅10口、银锅1口、银锅盖1个、银饭罐4件、有盖银桃子6件、银镟子4件、有盖银暖碗24件、银盖碗6件、银钟盖5件、银錾花碗盖2件、银匙2件、银羹匙13件、半边黑漆葫芦1个、内盛银碗6件、银桶1件、内盛金镶牙箸2双、银匙2件、乌木筷10双、高丽布3块、白纺丝1块、黑漆葫芦1个、内盛皮7寸碗2件、皮5寸碗2件、银镶里皮茶碗10件、银镶里5寸无分皮碗1件、银镶里罄口3寸6分皮碗9件、银镶里3寸皮碗22件、银镶里皮碟10件、银镶里皮套杯6件、皮3寸5分碟10件、汉玉镶嵌紫檀银羹匙、商丝银匙、商丝银叉子2件、商丝银筷2双、银镶里葫芦碗48件、银镶红彩漆碗16件。

可以看出，乾隆帝所使用的餐具中，大部分都是银器，这主要是为了防止别人在饭菜中下毒。皇室为了保障食品安全，一般采用两种办法，一是让别人先品尝，这差事一般都是侍膳太监的分内事，叫作"尝膳"。

另一种是用银来验毒，在装食物的器具外头会挂一个小银牌，当食物端到皇帝面前时，太监就会将这个小银牌放进汤菜里试验，如果有毒，银牌就会变黑，因为银器容易与毒素起化学反应，所以皇室多用银器装菜肴，也正是这个道理。

作为一国之君，皇帝的任何举动都不能有所闪失，所以，每日的三餐也成了头等大事，任何流程都务求不能有任何闪失。普通人吃饭是为了填饱肚子，但皇帝吃餐饭，就要复杂许多。

## ·历代皇帝的选妃内幕

古代也有流行趋势，不同时期的古人对美女的鉴定标准也不是一成不变的。影响他们评断标准最大的应该是历代帝王的个人喜好，比如"楚王好细腰，宫中多饿死"，汉唐的"燕瘦环肥"，李煜的"三寸金莲"等，都是典型的例证。

帝王能够很大程度地左右民间的审美情趣，古籍中记载的不同文献中，所记录的所谓的"汉瘦小娇，唐白胖妖，元高大骚"，就可以看出帝王们的审美眼光各有千秋，有迥异的差别。

先秦时期的皇帝大多数都崇尚自然之美，所谓的"清水出芙蓉，天然去雕饰"，便是先秦时期帝王们的喜好标准；而到了春秋战国时期，帝王们偏爱"杏脸桃腮，蛾眉凤眼，体若春柳，步出莲花"的女子；在秦汉时期，帝王崇尚"端庄顾硕"的庄柔之美；魏晋时期君王崇尚逸雅之美；隋唐又崇尚丰腴之美；明代讲究德才兼备；清代宫廷妃子只限制于满、蒙、汉"八旗"官员家中的女子。

除了对样貌要求严格之外，被选中的女子在入宫前都先要接受严格的体检。皇室会专门对这些女孩子的身体、年龄、心理、生理等各方面进行考察，不但要德才兼备，还要心理健康，无精神问题。

对于女子的年纪要求，各朝各代各不相同，东汉要求13岁以上，20岁以下；三国时期要求十五六岁；北齐时期要求14岁以上，20岁以下；明朝朱元璋时期则要15岁以上，20岁以下。

这些女子要求皮肤细腻，不能有一颗痣、一点斑，并且都得是月经初潮时期的处子，这个年龄段的女孩子含苞待放，正是花季年龄，符合皇帝们先尝为快的处女心理。当然，也有皇帝强征幼女，许多11岁以下的女孩子就被带入宫中，明世宗朱厚熜便干过这种荒淫的事情。

他听信道士的诡言，采集女孩子初潮时经血炼制壮阳丹服用。有的女孩还没到自然来月经的时候，便让人施催经术，强行采经血。当时的宫女、妃子都很恨他，朱厚熜对自己的皇后都很残忍，三位皇后或被他折磨死，或被打入冷宫，可想而知，他对待征集来的女子更不会留有情面了，在他当政时期，被他下令打死的宫女就有200多人。

为了炼制长生不老丹，实现自己得道成仙的梦想，朱厚熜疯狂采集"秋石"和"红铅"，所谓"秋石"就是采用童男小便，去其头尾，收其中段，加药熬炼而成。"红铅"则是收取处女经血加药拌和、焙炼而成。为了炼制丹药，朱厚熜三次大规模地从民间选取幼女，一次数百人，都是为了炼制丹药，"采阴补阳"而用。

像朱厚熜这样，选妃不过是为了满足他采集炼丹的原料，有这样想法的皇帝并不多见，更多的皇帝选妃只不过是想贪图淫逸。只要看中女子姿色，便不论她的年纪，也要选入后宫，像历史上那几个荒唐皇帝，北齐高洋，南北朝时期的前废帝刘子业等，只要是美女，自家亲戚都不放过，只要是皇帝喜欢，便都拉入后宫之中。

当然，这些都是个例，普遍的皇帝选妃都还是按照当时的既定流程和规矩来的，例如在东汉光武帝刘秀当政时期，就派朝中的大臣去民间为他物色妃子。在《后汉书·皇后纪》中有着记载："（刘秀）遣中大夫与掖庭丞及相工，于洛阳乡中阅视良家童女，年十三以上，二十以下，姿色端丽，合法相者，载还后宫，择视可否，乃用登御。"

这里所说的"择视可否"，便是指体检的程序，对于皇帝的妃子，一定马虎不得，一定要挑出最漂亮、最干净的女孩子。

进宫当皇帝的女人，表面上看起来风光无比，但那背后的辛酸却是鲜为人知的。

## ·皇子受教育的真实情况

说起皇子，很多人立即想起了电视里那些锦衣玉食、高贵无比的公子哥儿，以为他们衣食无忧，不用像现在的学生这样要天天上学。殊不知，清代皇子也要上学，并且比现在的学校艰苦多了。

皇子上学的地方叫"上书房"，清道光之前，叫"尚书房"，道光年间奉旨改为

"上书房"。书房位于乾清门内东侧南庑门向北开，共五间。凡皇子年界六龄，即入书房读书。一般有满汉大学士一人或二三人为上书房总师傅，总师傅主要职责是检查皇子们的功课，每日都要巡查多次。设汉文师傅若干人，主要教授皇子们儒家经典；设满蒙师傅（谙达）若干人，内谙达负责教授满蒙文，外谙达教授骑射。

上书房的上课时间安排比现代学校可要紧张多了，皇子们每日寅时（凌晨3：00～5：00）来到书房早读，卯时（凌晨5：00～7：00）开课，午时（11：00～13：00）下学。没有寒暑假，老师和皇子都是全年无休的，只有在各大节日如元旦、端午、中秋、皇帝的生日等才会放一天的假。

康熙时上书房在畅春园无逸斋，之所以称无逸斋就是要告诉皇子们要无逸，不要闲着，不要贪玩，不要贪图享乐。《康熙起居注》是这样记载皇子的某一天上学情况的：凌晨三点到五点，皇子们就要到无逸斋，开始复习头一天的功课，这需要一个时辰的时间。皇太子在这个时候才不过13岁的年纪，凌晨三点钟就要到无逸斋书房，他起床时间当然比这时候更早。

卯时，就是凌晨五点到七点，满文的师傅、汉文的师傅到了上书房，到了之后先给皇太子实行跪拜的礼节，然后就检查皇子们功课，让皇子背书，皇子朗朗背诵，一字不错。之后再给他划下面一段，接着背下面一段。

辰时，就是早上七点到九点，这个时候学生上课已经过了四个小时了，康熙下了朝就来到无逸斋，皇子们到外面台阶下面迎接康熙。康熙落座之后就让皇子们背书。康熙拿出书来随便点一段，皇子就背，背时要一字不错。

巳时，就是九点到十一点，这时候，记载中这一天已经是伏暑热天，但是皇子读书的时候，要正襟危坐，不许拿扇子，更不许摇扇子。这个时辰是练字时间，每一个字要写100遍。

午时，就是十一点到一点，到了午饭的时候，侍卫送上饭来，吃完饭之后不休息，继续学习功课。

未时，就是一点到三点，这时候皇子们到无逸斋外面的院子里练习骑射、武艺。

申时，就是十五点到十七点，康熙又到无逸斋再次检查功课，还让这些皇子们背，几个皇子排着队一个一个背。

酉时，就是十七点到十九点，这节课是在无逸斋外面练习射箭，康熙先让皇子们一个一个射，之后让那几位师傅一个一个射箭，最后康熙自己射箭，史书记载"连发连中"，功课完了之后放学。

从凌晨三点到晚上七点，请注意，不是一天，是天天如此，叫作"无间寒暑"。可见，皇子也不是想象中那么好当的，出生在帝王之家也还是要经过艰苦的上学时光。

## ·明代妃嫔殉葬的历史真相

古代有一项残忍野蛮的制度，即用活人殉葬。

秦汉以后，帝王陪葬不用活人，往往代之以木俑、陶俑。到明代，殉葬却又再次出现了，在《大明会典》中记载，朱元璋曾经有40多个妃嫔被迫殉葬。其实，朱元璋用活人殉葬的做法早已执行过，早在他的次子秦王朱樉死后，朱元璋就命两名王妃殉葬。

1398年，朱元璋病死，以40多名妃嫔殉葬，这些妃嫔当中，有不少还为朱元璋生育过子女。许多人的名字都可以考证：天俪昭敬充妃胡氏、成穆贵妃孙氏等。对于殉葬的妃嫔，狡猾的朝廷从精神上给予褒奖。明孝陵的殉葬妃嫔，都得到了在孝陵殿内设置的一个"龛"，供后人祭祀。

对于这些妃嫔的死法有多种说法，最常见的有两种。一种是吊死：殉葬时，由侍臣太监们将她们召集到一庭院内一同赴宴。宴毕，引进一殿堂。殿堂内事先放好一个一个小木床，殿梁上系好绳套。妃嫔们自知死期已到，哭声震响大殿。这些美丽的妃嫔颤巍巍地登上木床，有的甚至需要人搀扶才能爬上去。她们把头伸进绳套，太监、侍臣拉紧绳索，挪开木床，将她们一个个吊死，非常残忍。

另一种是往她们的血管里打入水银。水银打入体内不到一分钟，这些妃嫔们全都中毒死亡。但外人看起来，她们还是和活人一样，只不过是睡着了而已。

明成祖朱棣死时，殉葬的妃嫔也有30多个。直到天顺八年（1464年）正月，明英宗临崩时说："用人殉葬，吾不忍也。此事宜自我止，后世勿复为。"嫔妃殉葬制度才就此废除。

虽然不用活人陪葬了，但奢华的陪葬品却是少不了的。在慈禧的陵墓里，她棺材里光"填空"用的珠宝就价值223万两白银，更不用说其他。慈禧的陵墓修建得富丽堂皇，规模虽然与东太后慈安的一样，不过里面却是别有洞天，慈禧的陵墓装修费用和陪葬品的总价值高达数亿两白银，堪称大清朝之最。

《爱月轩笔记》中详细记载了慈禧随葬品的种类、数量、位置以及价值等，看起来让人瞠目结舌。

虽然慈禧并没有要活人为她陪葬，但她的陪葬品无一不是剥削活人所得来的，所以说，古代帝王的陪葬制度，其实都是在剥削劳苦大众。

## ·宫女悲惨的真实生活

宫女负责伺候皇帝和后宫妃嫔的生活起居，电视上总能看到宫女打扮艳丽，为主子们干着端茶送水的生活，其实在真实的历史中，宫女们却并非如影视剧中所表现的那样光鲜。宫女是从民间千里挑一选出的绝顶美女，但她们却因为自己的美貌而葬送了自己的人生。这些闭月羞花、沉鱼落雁的美女一踏入宫门便算是走上了一条不归路，她们所背负的虐待、杀戮、欺辱、殉葬等痛苦，都是十分深重的。

在中国的历朝历代，明朝的宫女应该算是最凄惨的，她们是通过民间挑选出的绝顶美女，经过层层筛选，从全国各地物色出13岁至16岁的淑女几千人，然后再经过多重选拔，能进入宫廷的不超过100人。

　　然而，明朝的宫女一旦进入宫中，便彻底失去自由，一辈子不能出宫，除了要在宫里干苦力之外，还时时刻刻提防着自己会被心情不好的皇帝处死。

　　宫女们大多是住所简陋，衣食菲薄，终身从事繁重的工作，不但要遵守烦琐、严苛的礼节，还要在森严的等级制度下战战兢兢生活，稍有不慎便会人头落地。而且宫女们不能和亲人相见，更不能成婚生子，一旦入宫便注定了她们要孤独终老。

　　在明朝的宫廷中，规矩十分多，宫女们更是被严格地控制着，宫女们除每天要完成各种劳动外，还在知书女内官的教习下读《女训》、《女孝经》等书，被女官教导着洗脑，以扭曲心灵。

　　如果宫女稍有违规，遭受的就会是严酷的惩罚，其中"墩锁""提铃"和"板著"最常使用。

　　"墩锁"就是囚禁，宫女会被关入牢中，几天不给吃喝，直到奄奄一息时才被带出。"提铃"是让受罚的宫女每天夜里从乾清宫门到日精门、月华门，然后回到乾清宫前。走着正步，高唱"天下太平"，声音要拖很长，与所带的铃铛声音相应和。"板著"是比前两种更为严酷的刑罚，被罚的宫女面向北方立定，弯腰伸出双臂，用手扳住两脚。身体不能弯曲，这种状态要持续一两个时辰不等，完全看女官的心情而定。被罚的宫女一般都会坚持不住，轻则头晕目眩，重则倒卧在地，呕吐至死。

　　除了这些残酷的规则，宫女生病还不能得到医治，完全靠自身恢复，明朝有条规定是："宫嫔以下有疾，医者不得入，以证取药。"妃嫔都是如此，宫女更是不用说了。根据《明宫史》记载，"有掌司总其事者二三十人。凡宫人病老或有罪，先发此处，待年久方再发外之浣衣局也。"

　　也就是说，宫女如果得了病，或者年老虚弱了，就如同戴罪之人一般，要被发配到一个固定的地方，靠劳作来养活自己，然后等死度日。当然也有些宫女被皇帝看中，封为妃子，如果再生下一儿半女，那地位便能略有改变，不过大部分宫女多是幽闭在宫墙之内，了此一生。

　　宫女生前不能出宫，死后同样不能出宫，明朝的宫女死后都不会被允许埋入土里，都是火葬，骨灰会被撒入枯井之中。一直到明嘉靖年间，有一个贵妃捐钱买了几亩民地，一些不愿意尸骨被放入枯井的宫女便要求葬于此地。

　　清朝的刘廷玑《在园杂志》卷三说："墙固垒垒，碑亦林立……每于风雨之夜，或现形，或作声，幽魂不散。"许多宫女为了来生不再受苦，纷纷要求不要埋得太深，这样可以及早转世，能够重新投胎个好人家。

　　宫女生前在宫中过着最卑微的生活，死后依然不能有一块葬身之所，情何以堪！

## ·揭秘中国古代内衣

　　中国内衣的历史源远流长，早在汉朝以前，我国就有了内衣。秦始皇陵里的兵马俑，从领口看，武士们的铠甲战袍里面就穿有内衣。

汉朝以前的内衣被称为"亵衣","亵"的意思是"轻薄、不庄重",由此可以看出古人对于内衣的态度。在古代,妇女死后,要备亵衣入殓,但是女人的内衣通常是不能见人的,所以不能在大庭广众之下显露。

汉代的时候,开始出现"心衣"。"心衣"是将"抱腹"的细带子换成"勾肩",然后再加上"裆"。大部分的"心衣"和"抱腹"都是用平织绢做成的,没有后片。上面绣有各色的花纹图案,这些图案多以"爱情"为主题。

魏晋时期的人们又将"抱腹"和"心衣"做了改良,然后就形成了"两当"。"两当"是由北方游牧民族传入中原的。"两当"与"抱腹""心衣"的区别在于它有两层,两层之间有衬棉,而且有后片。在材质方面,"两当"主要采用比较厚实的织锦,而且它的色彩也更为丰富。

后来到了唐代,开始出现了一种被叫作"诃子"的内衣,这种内衣的颠覆之处在于它是没有带子的,这在前面的朝代是没有出现过的。而之所以会有这么颠覆性的设计也与当时的社会状况有关。唐代的女子流行穿"半露胸式"的裙装,穿这种裙装的话,如果内衣有带子,则会显得些不雅。为了配合这种穿衣的习惯,"诃子"便应运而生。"诃子"常用略有弹性,手感较为厚实的"织成"做成,穿的时候需要在胸下扎两根带子。穿上"诃子"以后,胸部可以达到挺立的效果。

宋代的时候,"抹胸"开始出现。平常人家做"抹胸"时常用的是土布,而贵族人家则常用丝织品,并在上面绣上形色各异的花卉。"抹胸"穿到身上后,"上可覆乳下可遮肚",因为整个胸腹都能被遮住,所以"抹胸"还有一个小名,叫"抹肚"。

"合欢襟"出现于元代。它的面料主要采用织锦,由后向前系束是它的主要特点。"合欢襟"后背袒露,穿的时候由后及前,然后将胸前的一排扣子系合。"合欢襟"的图案大都四方连续。

明代的时候,衣衫已经出现了用纽扣的式样。这时,内衣的花样也开始翻新,出现了一种跟背心相似的内衣,叫作"主腰"。"主腰"是开襟的,两襟上各缀有三条带子,腰侧也有系带。"主腰"收腰的效果非常明显,将所有带子系紧后,能够显出女子凹凸有致的身材。可见在明代,女子已经试图通过衣饰来勾勒出迷人的身体轮廓和曲线。关于"主腰",施耐庵在他的代表作《水浒传》中也有提过。

菱形的"肚兜"产生于清代,它也被称为"抹胸",但与宋代的"抹胸"非常不同,它的上端是平的,下端呈倒三角形。"肚兜"上面有一根可以套在脖子上的带子,腰部另有两根带子束在背后。它的长度一般可以遮肚脐小腹。做"肚兜"所用的材质以棉和丝绸居多,而系束用的带子则多种多样,金链、银链、铜链、丝绢等都有人用。肚兜一般以红色居多,上面会绣有各种精美的图案,例如可以护身驱邪的虎、蝎、蛇、壁虎,反映爱情的荷花、鸳鸯等。在清朝,"肚兜"不是女人的专利,男人也穿"肚兜"。

# ·古代死囚为何总是"秋后问斩"

在影视剧或者小说中，人们经常看到，对死刑犯人宣判之后，都加上一句："秋后问斩。"有人会问：为什么古时候的统治者要选秋天来处决杀人犯呢？这有什么特别的原因吗？为什么不在其他的季节执行死刑呢？

有关"秋冬行刑"的记载，最早见于《左传·襄公二十六年》。而关于刑杀与时令的论述最早见于《礼记·月令》："仲春之月……毋肆掠，止狱讼。"同时，《礼记·月令》确定了最理想的刑杀时间：孟秋、仲秋、季秋三月。这三个月各为农历的七、八、九月，是秋天的三个阶段。七月，是一年之中开始刑杀的时间，不得有丝毫的懈怠；八月，可以大兴杀戮，但刑杀必须适当，违法曲断或有理不申，都是法律所不允许的；九月是杀戮扫尾的月份，要求司法官吏不得遗漏应该刑杀之囚犯。

西汉中期儒学大师董仲舒继承儒家"天人合一"的思想，创造出一套"天人感应"的迷信学说。他认为，"天有四时，王有四政，庆、赏、刑、罚与春、夏、秋、冬以类相应"。天意是"任德不任刑"，"先德而后刑"的，所以应当春夏行赏，秋冬行刑。如果违背天意，就会招致灾异，受到上天的惩罚。从此，"秋冬行刑"遂被载入律令而制度化。以后的各个朝代都遵照此制度执行，除谋反等大罪可以立即处决外，一般死刑犯都要等到秋天霜降后冬至以前才能问斩。

探究其原因，古时候，由于科学文化的落后，人们不能正确解释自然界和人类社会的某些现象，认为在人类和自然界万事万物之外存在着一个能支配万物的造世主。灾害、瘟疫、祥瑞、丰年都是上天赐予的，因而人们的一切行为都必须符合天意。设官、立制不仅要与天意相和谐，刑杀、赦免也不能与天意相违背。春夏之间草木茂盛生机勃勃，人虽非草木，但亦属自然界组成部分，其生死应合于自然。秋天草枯叶落，处决罪犯才合天地肃杀之时。这是宇宙的秩序和法则，人间的司法也应当适应天意，顺乎四时，否则要受到天神的惩罚。皇帝即是天的儿子，更要遵守天意，按照天时行事。

虽然法律条文里明确写着"秋后问斩"，但在实践中统治者往往违背自己制定的法制。如两汉之交的王莽时就曾下令规定，凡行军过程中疾跑喧哗的，一律立即处死，不用等到秋冬时行刑。无独有偶，隋文帝也步其后尘。他曾经发怒，在六月就要棒杀人，大理少卿赵绰劝其不可在春夏之时诛杀。他却回答说："六月虽然说是生长月，但此时必然有雷霆之声。上天既然能在炎热之夏季震其威怒，我替天而行刑，有什么不可以的呢？"于是，他在春夏时开了杀戒。

表面看来，"秋后问斩"遵循自然变化规律，其实它是封建统治者借天意之名，行杀罚之实，表示用刑是天命所定，不得违抗。之所以选择秋冬二季实行问斩，主要是考虑到示警的作用：农民在秋冬二季较为空闲，也方便地方官动员民众观看。如此，统治阶级便达到让老百姓俯首帖耳地任其宰割，使其统治得以巩固的目的。

# ·古代名医为何皆不愿入宫

凡事都有两面性，利弊兼有。当一个事情的弊大于利时，世人就会选择将其舍弃。古代宫廷太医，在民间名医看来，绝对是应当舍弃，不当为妙的。"太医难当"，其中的甘苦，非当事人不可尽知。

按理说，身为宫廷太医，为"至尊"诊治疾病，拿国家俸禄，收入稳定，不说吃穿不愁，而且还有荣华富贵享受，这岂不是人生一大快事？然而，太医职业的这区区小利，与其背后的隐患和风险比起来，实在是微不足道。

先说古代民间医生进阶为太医的道路可谓是由贿金铺设而成的，即便最后顺利成为太医，侥幸得宠，也未必能够平步青云，因为恩赐所入还不够应付一路太监和官员的贿赂支出。更何况，历来皇帝后妃，大都养尊处优，饮食上多肉多脂，且运动少，像这样的生活方式，自然不利于身体健康，很容易患上不治之症，当医治无效时，便责怪太医无能。再者皇室宫廷，钩心斗角，尔虞我诈，风云莫测，有时太医就是首当其冲，难以逃脱。一药误投，生死所系，出了事故，很可能项上人头不保，更别指望官运亨通。如康熙四十五年（1706年）十一月二十四日，太医院院使孙之鼎等承旨治疗正黄旗内大臣颇尔盆痔漏复发症，康熙帝对他们的治疗情况非常不满，便大发雷霆，写道："庸医误人，往往如此。"

也有那些寥寥的因一定机遇深得宠幸的太医，可其处境也非尽如人意，为慈禧太后治过病的薛福辰就是其中一例。慈禧患病后，薛福辰被召入皇宫。经过一段时间的精心治疗后，慈禧的病痊愈了，还亲自撰写"职业修明"四字匾额，赏赐薛福辰。医功告成，薛福辰本以为可以荣归故里，但是慈禧却不准他即时出京，日后还需他"请太平脉"。然而，正在这时薛福辰家乡疾疫暴发，家人和亲人都被感染，尤其女儿病情相当严重，可他却不能回乡挽救女儿，极为痛苦。对此，薛福辰曾悲叹："抚兄（薛福辰）以回天妙手，而眷属皆不免于病，所谓木匠缺床，足不能自理者，非耶。"

古人云"伴君如伴虎"，权衡以上利弊得失后，人们终于理解古代名医为何把应召入宫视为险途而不愿入宫。

# 千奇百怪的市井轶闻

# ·远古男人为何流行"坐月子"

一般只有"女人生孩子,女人坐月子",哪有男人"坐月子"的道理?男人又不能生孩子!然而,在古代还真出现过男人代替妻子"坐月子"的现象。

男人"坐月子",即为"产翁制"。具体而言,就是男子在其妻子生产期间,模拟妻子"分娩",或在妻子分娩以后装扮成产妇卧床抱子,代替妻子"坐月",而真正的产妇则照例外出干活,并为卧床"坐月"的丈夫准备饮食。在这里,模拟妻子"分娩"、代替妻子"坐月"的产妇之夫便称之为"产翁"或"产公"。

"产翁制"作为一种文化遗俗,在人类历史上并不是一种个别或偶然的现象,它曾在许多民族中普遍而长期地存在过。我国的一些少数民族就曾保留着这种古老的习俗,并留下相关文字记载。如,宋代《太平广记》卷四八三引《南楚新闻》曾记载:"南方有僚妇,生子便起,其夫卧床褥,饮食皆如乳妇。"这里提到的"僚",乃仡佬族先民。

"产翁制"这一习俗,其实是特定历史条件下的特定产物,有其时代的合理性和进步性。"产翁制"主要盛行于母系社会逐渐向父系社会过渡的时期。母系社会时,妇女的地位远高于男子,主宰社会的一切,而男子则始终处于服从的地位。后来,随着男子成为主要的生产者,社会经济地位逐渐提高,人类开始走向父系社会。对于以往那种子随母姓,只知其母、不知其父的社会现状,男子力图改变这种局面。于是,男子就佯装产妇"分娩"和"坐月子",象征"生孩子的是我,孩子要姓我的姓",借此突出自己在生儿育女中的决定作用,达到变母系为父系的目的。从历史的角度来看,父权制代替母权制是人类发展史上重要的转折点之一,人类在此又前进了一大步,"产翁制"正是见证了这一革命历程。

# ·中国酿酒的始祖之谜

据考古发现,中国的酿酒文化已有5000多年的发展历程,可以追溯到远古的龙山文化时期。中国的酿酒不仅历史悠久,品种也繁多,人们在品味着味美香甜的酒时,对谁是酿酒的鼻祖产生了浓厚的兴趣。

仪狄,相传为夏禹时期人,史籍中记载"酒之所兴,肇自上皇,成于仪狄"。认为自上古三皇五帝时候起,酒便已流行起来,仪狄总结了各种酿酒的方法,使之流传于后世,故而称之为"始祖";也有人认为仪狄酿造了一种由糯米发酵而成的酒,早于杜康酒的存在,于是被认为是酿酒的创始人。

"慨当以慷,忧思难忘。何以解忧?唯有杜康。"曹操的一首《短歌行》让我们知道了杜康是酒的代名词，越来越多的人认为，杜康便是中国酿酒的祖先。关于杜康的身世，民间有很多的说法，一说认为杜康为禹的后代，是夏朝的第五位皇帝，其母亲在政变中带着尚未出世的杜康逃亡到了虞，生下之后，取名为少康，又名杜康。儿时的杜康常年放牧，经常把带的米饭挂在树上而忘了吃，有一次，杜康无意间发现久挂在树上的饭竟然流出了汁，他忍不住舔了舔，竟然异常美味，于是他经过反复研究和实验，发现了发酵的原理，并且创造出了一套酿酒的工艺技巧，因此人们尊崇他为酿酒始祖。

另一说杜康是黄帝管理粮食的部下，为了使粮食不至于霉坏，他掏空枯树的树干，把粮食藏于其中。一段时间过后，粮食便发酵了，他在一次查粮的过程中，发现一些山羊和野兔低着头在储粮的树旁吮吸着什么，一会又跌跌撞撞地走开了，走了不远便躺倒在路边。杜康十分好奇，凑近枯树，发现树裂开了一条缝，从里面不断地冒出水来，他忍不住地尝了一口，便被这醇美的味道吸引住，于是他报告黄帝，大臣仓颉为此造字"酒"，而杜康也从此走上了酿酒之路。也有说杜康生于陕西省东北部的白水县，《白水县志》中记载"杜康，字仲宇，为我县康家卫人，善造酒"。

有人认为在仪狄、杜康之前就有酒的存在，而他们两人只能算是酿酒技术的革新者，并不是酿酒的发明者，更称不上是酿酒的始祖。

## ·寒食节是为了悼念介之推被烧死吗

寒食节，是我国古代民间流行的一个重大节日，一般被定为清明前一两天。

关于寒食节的由来，民间最广为流传的说法是为了纪念春秋时期的忠臣介之推。传说春秋时的晋国公子重耳，因为宫廷内乱而出逃19年。这19年中，重耳身边只有几个忠心耿耿的臣子随侍，这其中就有介之推。流亡时，众人忍饥挨饿，风餐露宿。有一次，重耳因为实在是没东西吃，饿昏了，介之推就把自己大腿上的肉割下来，烤熟了给重耳吃。

后来重耳归国，成了著名的春秋五霸之一晋文公。晋文公回想当年自己逃亡在外，多亏了那几位臣子的不离不弃，才让他走到今天，于是分别赏赐众人，却唯独忘记了介之推。介之推也不去主动邀功，而是带着自己的老母亲隐居到山里。

后来晋文公想起介之推"割股啖君"的恩情，进山去请介之推出山受封，介之推却拒绝了他的邀请。晋文公为了逼迫介之推出山，便放火烧山，希望介之推因此出山接受自己的封赏。但是介之推宁肯烧死在山中，也没有下山。

大火之后，晋文公见到被大火烧焦了的介之推尸体，非常后悔，从此下令全国在这一天严禁烟火，以纪念介之推的气节。每到这天，百姓只能吃前一天准备的冷食，不可生火做饭，寒食节因此而来。

这个传说因为描述了介之推不以恩邀赏的风骨气节，被历代文人以诗文称颂传唱。宋代大文豪苏轼就曾在《和子由寒食》一诗中写道："寒食今年二月晦，树林深翠已生烟。"

　　大诗人杨万里也曾作《寒食上冢》："迳直夫何细！桥危可免扶？远山枫外淡，破屋麦边孤。宿草春风又，新阡去岁无。梨花自寒食，进节只愁余。"

　　然而，中国古代的寒食节真的就是因介之推被焚死而设立的吗？介之推真的是在晋文公放火烧山时被烧死的吗？仔细研究考证历史典籍，恐怕事实并非如此。

　　古代的寒食节，实际上是源于远古先民的拜火习俗。

　　原始社会时期，人们生活中离不开火，但是又找不到方便快捷的生火方法，于是生一次火，就要保证火种一年不灭。但是在古人的意识中，火是一位脾气暴躁的神灵，不可以长年让这位神灵无条件地为人所用，因此他们每年要将火种熄灭一次，让火神得到一天的休息，并接受人们的祭祀朝拜。当举行完隆重的祭祀之后，人们再把火重新生起来。这种灭火再生新火的古老祭祀活动，被称为"改火"。

　　后来这一习俗渐渐演变成为禁火节，又因为春秋有介之推不受封赏，退隐山林的传说，被人们牵强附会为一体，成为寒食节的起源了。

　　那么，介之推真的是被晋文公烧死的吗？

　　介之推被烧死的传说只是流传于民间，翻开历史典籍，有关介之推的记载当中却并没有他被烧死的说法。

　　《左传·介之推不言禄》中记载，晋文公在赏赐随他逃亡的众臣时，唯有介之推不要求封赏，晋文公也没有给他封赏。

　　介之推对此的说法是，晋文公之所以能够重回晋国做君主，这本来就是上天的安排，而跟随晋文公逃亡的那几个人竟然向国君邀赏，这不是与上天抢功劳吗？我不愿意与这样的人为伍。

　　介之推的母亲让他去要求晋文公给他赏赐，介之推却说他已经责备了别人向晋文公邀赏的行为了，他自己再去邀赏，岂不是罪上加罪？况且他曾说过埋怨的话，也就不可以再接受晋文公的俸禄了。

　　母亲又建议他虽不要封赏，但是也要把自己的事迹告诉给晋文公。介之推又拒绝了，说自己本来就打算隐居山林的，还要这些言语文辞修饰自身做什么呢？

　　于是，介之推的母亲答应跟介之推一起隐居山林。

　　晋文公后来派人寻找介之推而不得，就把绵上这个地方封赏给他做祭田，并用以标记自己的过失，表彰那些道德高尚的人。

　　书中最后的原文是："其母曰：'能如是乎？与女偕隐。'遂隐而死。晋侯求之不获，以绵上为之田。曰：'以志吾过，且旌善人。'"

　　整篇记录中无一字提及放火逼迫介之推下山的内容，只是说介之推母子"遂隐而死"，只是隐居到老死而已。

　　汉代司马迁的《史记·晋世家》中虽然较《左传》中的记载更为丰富，书中记载介之推隐居之后，有人作文为其鸣冤："龙欲上天，五蛇为辅。龙已升云，四蛇各入其宇，一蛇独怨，终不见处所。"晋文公见到这首诗，便想起遍赏功臣之后唯独遗漏了介之推，于是上山求访他，求访不得，也只得将绵上赏赐给介之推做封地，介之推仍然是隐居至死。自始至终，《史记》里也没有提及介之推被烧死的内容。

因此，关于介之推宁可抱树焚死，也不下山封赏的高风亮节，只不过是民间流传的传说而已。

至于后来的寒食节，因为古已有之，后人为一个传统节日增加一些历史传闻，也并非没有先例，不足为奇。

## · 晋朝人斗富的历史真相

在古代男人看来，似乎征服生活的最好武器是"权力和财富"，而享受生活的最好方式则是"美酒与美人"。深谙享乐之道的晋朝开国君主司马炎对酒、色这两样事物很下工夫。当他用权力和财富夺了天下后，便日日想方设法地享受。晋国大军征服吴国后，司马炎做的第一件事情便是将天下美女网罗进皇宫后院，供自己享乐。为了讨好新主，地方官们便把美女尽数运到洛阳皇宫里。

除了贪图美色，在吃喝玩乐上，司马炎也是毫不含糊，花样百出，为了满足自己的这些乐趣，他甚至把官位拿去卖钱。君主都这样恣情纵欲，贪图享乐，底下群臣就更不用说了。俗话说"上梁不正下梁歪"，手下的人也纷纷效仿。

晋国初期的宰相何曾就是一个典型的例子，他每天的饭钱要花一万钱，即便如此，还愁没什么可吃的。他的儿子何劭青更是"青出于蓝而胜于蓝"，每天的伙食费是父亲的两三倍，他们一家的伙食费是数千平民一个月的生活费。

而这还不算是最奢侈的，谈到晋国的奢华浪费就必须要提石崇，他和国舅爷王恺的斗富故事可谓是家喻户晓。

石崇通过打家劫舍发家后，便用钱买了个官位，从而开始了为官敛财的日子，积攒下了更大的家业，成为当时京城里数一数二的巨富。他不但住在高档豪宅里，还养着100多个貌美如花的姬妾，而石崇每天的工作就是和达官贵人吃喝嫖赌，声色犬马。

王恺也不逊色，仗着自己是皇亲国戚，地位比石崇尊贵，便一心要和石崇比个高下，于是二人的斗富从厨房开始：王恺用麦芽糖刷锅，石崇就用蜡烛当柴火用；王恺将几十里长的路上铺满绸缎，石崇则用更长的绸缎将道路做成了一个锦绣长廊；王恺用花椒面漆房子，石崇则用赤石脂当涂料……

逢斗必败，王恺很不服气，便去找他的皇帝亲戚帮忙，而当司马炎听到王恺斗富这种荒唐的行径时，居然还给予了支持。他让人从国库中取出一株价值连城的珊瑚树，高约二尺左右，让王恺拿去斗败石崇。

得到外邦进贡的宝物，王恺信心倍增，岂料石崇看到那株珊瑚后，一言不发地将其打碎，然后将王恺领到自己的库房中，让他任意挑选，用来赔偿他的损失。石崇库房中的珊瑚树，每一株都高大丰满，似乎王恺所展示的是最次等的货色，这次的失败让王恺彻底认输，灰溜溜地离开了。

这次斗富之后，石崇的声名更是远播，夜夜都有客人到他府上喝酒飨宴，石崇也是热情招待，在客人吃饱喝足后，要去上"洗手间"，结果发现男厕所里有十多个美女手捧托盘，上面放着锦衣华服，还有香料，洗漱用品和化妆护肤品，等等。

客人要想上厕所，就需要换上新衣服，解手完毕后，还需用高档的护肤品擦手擦身，以防身上沾有臭气。

石崇只不过是晋国一个中级官僚，就如此铺张浪费，可想而知那些高级官员和帝王国戚是怎样的行径了。有一次司马炎到官员王济家去吃饭，有一道烤乳猪令司马炎赞不绝口，王济便对皇上透露了自己这道菜肴的秘诀。

他家里用于做菜的小猪全是用人奶喂养，所以肉味才鲜嫩异常。这个王济还喜好跑马，当时他看中一块地价昂贵的地段，于是他就把跑马场一样大小的地方铺满了钱币，买下了那块地。

疯狂的奢靡最终只能换来更为疯狂的报复，在这些达官贵人沉迷享乐的时候，百姓们却是经受着天灾人祸，过着食不果腹的日子。终于在毫无活路的情况下，大批饥民进行反抗，整个晋国逐渐进入一种混乱之中，到公元304年的时候，全国发生了可怕的饥荒，不但平民吃不上饭，就连那些一顿饭花费一万钱的贵人也是吃了上顿没下顿。

和人比富的石崇也没能逃过这场劫难，不但被起义军抄了家产，还丢了性命，富得流油的晋国就这样随着巨富们财富的烟消云散，在历史的长河中被毁灭了。

## ·古代女子劝阻丈夫出轨的高招

爱情从来都是自私的，无论古今都是如此，现代的一夫一妻制度，尚管不住一些男人的心猿意马，古代的一夫多妻制度，更让女子忍受丈夫被其他人抢去的痛苦。在性与情感上，古今的女人都不允许被人侵占，都希望能够独占枕边人的身与心。

但古代处于低下地位的女人只能眼睁睁地看着自己的丈夫纳妾，另结新欢，不能夜夜与自己共度春宵。于是有的女子为了捍卫自己的婚姻和爱情便想出各种招数来阻止此等事的发生。

古代女子怎样来捍卫自己的权利，妨碍丈夫纳妾的呢？

古代有些男人就算不纳妾，往往也会去烟花之地鬼混，为了让丈夫不出轨，也为了不让丈夫与其他女人发生关系，古代不少女子就作过努力，唐朝宰相房玄龄的夫人卢氏就是一个很好的例子。

房玄龄在晚年的时候，唐太宗多次赐美人于他，但都遭到了房玄龄的婉言拒绝，探问之下，才知道原来房玄龄的夫人很厉害，不许他纳妾。为了做通房玄龄夫人的思想工作，唐太宗专门让长孙皇后前往，但房玄龄的夫人只是说："妾宁妒而死！"

听闻此言，唐太宗便派人给她送去一坛酒，告诉她如果她还继续反对，就要把这坛毒酒喝掉，但没想到她情愿喝掉毒酒，也不愿意和别的女人分享房玄龄，此事只得作罢，后来唐太宗感慨："我尚畏见，何况于玄龄。"

态度坚决可以阻止男人出轨，而还有的女人则是心狠手辣，对但凡勾引自己丈夫的人就下毒手，以暴力保卫自己的妻权。隋文帝的独孤皇后就是这样一个例子，她不仅与隋文帝约定："此生永矢相爱，海枯石烂，贞情不移，誓不愿有异生之子。"

她还从隋文帝那里要来了整治后宫的权力，让那些妃子都不敢靠近隋文帝，有一次，隋文帝刚刚临幸了尉迟氏，结果这个女人第二天就被独孤皇后派人乱棍打死了。不但如此，她还形影不离地跟着隋文帝，隋文帝上朝的时候，她与隋文帝共乘坐一辆辇车，退朝后，她再和隋文帝一起回到后宫。

同吃同乐同寝，俨然一副管犯人的样子，当然古代女人并不是每个都能这么铁腕的，一般的女人还是多以柔情打动丈夫，阻止丈夫寻花问柳。元朝至元二十四年（1287年），书法家赵孟頫娶了浙江吴兴美女管道升。管道升不仅貌美如花，还是个难得的才女，写得一手好诗词，画的一手好字画。

不过，这样也没能让赵孟頫收心，结婚不久后，赵孟頫便另觅新欢了，为了挽回丈夫的心，管道升开始想办法，一开始，她写了一首诗来感化丈夫："夫君去日竹初栽，竹子成林君未来。玉貌一衰难再好，不如花落又花开。"管道升想让丈夫想想之前的恩情，想想少年夫妻老来伴的好处。

除此之外，她还写了一首十分有名的《我侬词》，针对丈夫纳妾表明自己的态度："你侬我侬，忒煞情多。情多处，热似火。把一块泥，捻你一个，塑我一个。将咱两个，一齐打破，用水调和。再捏一个你，再塑一个我。我泥中有你，你泥中有我。与你生同一个衾，死同一个椁。"

不过虽然用情很深，但赵孟頫并没有因此而停下纳妾的脚步，古代女子不像现代女子有很强的自主能力，很多时候，她们也只能自怨自艾，忍受这种被冷落，甚至被男人抛弃的命运。丈夫是否出轨，主要还在于他自己，女人如何出招，并不能解决根本的问题。

# ·古代官员为何虚报年龄

中国古代的官场上，以打探官员们的真实年龄为禁忌。当然，不问年龄的禁忌，并非一开始就出现的，从史料记载来看，秦汉时期，官场上还并不存在年龄问题。著名例子便是甘罗12岁因为出使赵国有功，便官拜上卿。可见，当时的官员年龄制度并不是十分严格。

汉武帝时期，因为官官相护，相互包庇之风盛行，使得官员队伍日趋年轻化，全都是官员子弟。这种情形的产生，令当时的统治者不得不采取行动，到汉顺帝时期，尚书令左雄上书说："郡国每年举孝廉，都是马上就要授职施政、教化民众的，应该选取那些老成可用之人。孔子称：'四十不惑'；《礼记》称：'四十曰强，而仕。'请从现在起规定：年龄不满四十，不得察举。"

所说的"察举"制度，其实就相当于举贤任能，是一种推举制度。这个制度可以破格提拔人才，但也有其弊端，便是上面提到的，会让一些官员相互勾结，互相推荐亲信，结党营私，于皇权很不利。于是，这个建议很快便得到了汉顺帝的采纳。

不过上有政策，下有对策，既然对当官的年龄进行了限制，只要更改年纪，不是照样可以为官吗？官员制造假年龄，便以此为源头。

后来到唐朝时期，唐玄宗开元二十一年（公元733年）六月发布了一个新规定："凡人三十始可出身，四十乃得从事。"官员的年龄再次被列入规章制度之中。所谓"出身"，是指做官的资格。要想做官，要经过一层一层的考核，这期间的过程很漫长，通常过个三五年、七八年都很正常，例如韩愈25岁及第时，到正式被授予官职时已经到了35岁。

为了求得及早当官，许多人便开始想对策。在唐代科举中，有为早期教育设置的童子科，而且考试题目也相对的简单，只是考一些基本入门的知识点，毕竟孩童的条件还是十分宽松的，这作为入仕的捷径，许多大龄男子便冒充孩童，虚报年龄，只求能够通过此捷径，走入仕途，不用再去白费那好几年的时光。

唐朝时期举童子的年龄多限制在10岁以下，一旦通过考试，那上岗工作的时间就大大提前了，为了能够走上仕途，许多人便贿赂官员，修改自己的年纪，这样便能提前入仕途。当然，这只是官员隐瞒年龄的一方面，另一方面，一旦考中科举，免不了会有富贵人家前来说亲选婿，选婿当然是年纪越轻越好，为了能够顺理成章地攀龙附凤，这些人也会将自己说得越年轻越好。

还有人选择隐瞒年龄，则是和朝廷规定有关。在宋太祖时期有规定，凡参加科举考试够一定次数，年满60却依然没能够中第的人，可以从宽赐予官职，当时称之为"特奏名"或"恩科"。很多才学平庸，没有什么大志向的人希望早日做官，便谎报年龄，将自己的年纪说大，这样就可以及早为官。总之官员的年纪变大变小，都是与朝廷政策挂钩的。

《儒林外史》中的范进便是一例，他一出场便坦言道："童生20岁应考，如今考过20余次……"怎么算，也应该是个年过半百的人了，可是他却对外说自己只有三十几岁，这样虚报年龄，正是当时社会的一种映射。


## ·谁是"门神"

门神是中国民间流传较为广泛的信仰，每逢过年过节，人们便会在门上贴门神像，认为这样可以辟邪除灾，保佑平安。

门神的信仰源自古代的庶物崇拜，也就是我们常说的原始自然崇拜。古时的人们对于大自然缺乏科学认识，常常无法解释当中出现的诸多现象，便归咎于鬼神所为，鬼怪存在的说法十分盛行。人们在对鬼神心存畏惧的同时，也开始通过祭祀来祈福，保安康。门在生活当中是非常重要的，它不仅是人们时常出入的地方，也是关乎房屋和人身安全的重要之物。人们害怕鬼怪打破房门，进入房内，殃及自身，于是便产生了对门的崇拜。《礼记》中关于祭祀大典"五祀"的记载，门便是其中之一。

于是，门的保护神——门神也被人们逐渐地形象化和人格化。相传，在上古的时候，度朔山上住着名叫神荼和郁垒两兄弟，山上有一棵树荫如盖的大桃树，每天鸡叫时分，他们便在桃树下检阅夜出游荡的百鬼，一旦发现有鬼作恶人间，便会用芦苇做的绳索将其捆绑起来，扔下山去喂老虎，因此鬼怪都惧怕神荼、郁垒。于是人们把二人的形象刻在有"五木之精，能制百鬼"之称的桃木板上，放在自家宅门前来驱邪避祸。

在班固的《汉书·广川王传》中记载的门神却不是神荼和郁垒，而是一个叫成庆的勇士，书中写道："广川王（去疾）的殿门上曾画有古勇士成庆的画像，短衣大裤长剑。"

到了唐朝，门神的形象被换成了秦叔宝和尉迟恭。《西游记》中记载：东海龙王为了和一个算命先生打赌，触犯天条，被玉帝处以斩首之罪，唐朝大臣魏徵是监斩官，龙王托梦向唐太宗求情，太宗答应他在处斩的时候想办法不让魏徵前去。第二天，太宗叫魏徵陪他下棋，下着下着，魏徵打了一个盹儿，竟然在梦中将龙王斩了。龙王痛恨唐太宗失言，从此阴魂不散，日夜在宫外游荡，向太宗索命。武将秦叔宝和尉迟恭全副武装，手拿兵器彻夜守候在唐太宗的房门外，那夜便相安无事，太宗大喜，但两人日夜守门又不是长久之计，于是命人把二人的像画下来，贴在门上。这个做法逐渐在民间流传开来，秦叔宝和尉迟恭便成了家家户户祭祀的门神。

之后门神的形象越来越多，但多为武将，如关公、岳飞、庞涓等，人们认为武将经历过生死战场，立下过赫赫战功，更能够镇住宅门，驱逐鬼怪。

今天的门神不仅仅是驱魔辟邪的意思，而是一种节日的点缀，洋溢着喜庆的气息。

# ·唐代人的离婚程序

随着法律制度的健全，离婚协议书逐渐成为一种常见的法律公文，很多人以为离婚协议书是近代才出现的新生事物，更不会想到在倡导一女不侍二夫的封建制度下居然也会有离婚协议书。实际上，在我国唐朝时就已经出现了"离婚协议书"。

在敦煌出土的唐朝"离婚协议"的内容是："凡为夫妇之因，前世三生结缘，始配今生之夫妇。若结缘不合，比是冤家，故来相对……既以二心不同，难归一意，快会及诸亲，各还本道。愿妻娘子相离之后，重梳婵鬓，美妇娥眉，巧逞窈窕之姿，选聘高官之主。解怨释结，更莫相憎。一别两宽，各生欢喜。"大意是：如果我们结合在一起是错误，不如痛快地分手使彼此得以解脱，希望你旧貌换新颜，再攀高枝，这样总胜过两人看不顺眼互相挤对。离婚之后，希望你打扮得漂漂亮亮的，再找个好人家……

从这份协议书中我们不难看出，夫妻因感情不和离婚，于是请来双亲和亲戚朋友，作此见证，好聚好散，最后，男方还不忘给妻子一些美好的祝愿。

唐朝的婚姻法《唐律·户婚》对离婚有三条规定：

1.协议离婚。指男女双方自愿离婚的所谓"和离"，"若夫妻不相安谐而和离者，不坐"。

2.仲裁离婚。指由夫方提出的强制离婚，即所谓"出妻"。

3.强制离婚。夫妻凡发现有"义绝"和"违律结婚"者，必须强制离婚。从史实来看，提出离婚者也不只是夫方，妻方提出离婚的也不在少数。虽然在中国历史的多数时期，女子一直是处于被压迫地位，很多朝代妇女没有离婚自由，男子可以任意"休妻""出妻"，女子却只能忍受。但是这份唐朝的"放妻协议"却告诉我们：并不是古代历朝历代女子的地位都是那么低下的，这也凸显了唐代婚姻制度的公平性。

唐史研究专家说："古代曾有女子觉得丈夫没有出息，闹到官堂要求离婚，当官者训斥该女子不应如此，但该女子仍然坚持离婚，最后当官者只得判离，可见在古代女子离婚并不如我们想象中困难。古代放妻书的存在，说明古代人比较重视感情在婚姻中的作用，在放妻书中多以感情不合为理由，有时还会出现'今后将孤燕单飞'等表达悲伤的句子。当然如果真的悲伤就不会离婚了，这或许只是表面文章，所以说有时放妻书只是范文作用，在休妻的时候使用。"

事实上古代离婚的事情在各个朝代都有，只不过唐朝的婚姻制度给人感觉更自由一些。虽然不能确定协议书的具体年代，但它的存在却证明唐末五代宋初时，男女在婚姻问题上是相对自由的。虽然家中掌事的人仍然是男性，但妇女地位也没有我们想象的那样低。

# · "老公""老婆"之称源自何处

老公、老婆是近年来对丈夫、妻子的流行叫法。很多人以为，老公、老婆是改革开放后随着港台片的热播流行起来的。实际上，老公、老婆这种称呼在唐朝时就已经有了。

据说，唐朝时有一个叫麦爱新的读书人，考中功名后就开始嫌弃妻子年老色衰，想再纳新欢。于是，写了一副上联放在案头："荷败莲残，落叶归根成老藕。"妻子看到后，从联意中觉察到丈夫有了弃老纳新的念头，便提笔续写了下联："禾黄稻熟，吹糠见米现新粮。"以"禾稻"对"荷莲"，以"新粮"对"老藕"，不仅对得十分工整贴切，新颖通俗，而且，"新粮"与"新娘"谐音，饶有风趣。麦爱新读了妻子的下联，被妻子的才思敏捷所打动，便放弃了弃旧纳新的念头。妻子见丈夫回心转意，不忘旧情，乃挥笔写道："老公十分公道。"麦爱新也挥笔续写了下联："老婆一片婆心。"

于是，这个故事很快流传开来，并传为佳话，从此，汉语中就有了"老公"和"老婆"这两个词，民间也有了夫妻间互称"老公""老婆"的说法。

那么，除此"老公"与"老婆"外，夫妻之间还常有哪些称呼呢？

1.妻子与丈夫

母系氏族时期，女尊男卑。男女结为夫妻后，男人怕女人被其他男人抢走，就天天跟在女人后面一丈之远，故男人被人称之为"丈夫"。

另外，中国古代有些部落有抢婚习俗。女子选择夫婿，主要看这个男子是否够高度，一般以身高一丈为标准。当时的一丈约等于七尺（那时的一尺约合现在的六寸多），有了这个身高一丈的夫婿，才可以抵御强人的抢婚。根据这种情况，女子都称她所嫁的男人为"丈夫"。

而"妻子"一词的来历最早见于《易经系辞》："人于其官，不见其妻。"但在古代，妻子一词并不是男子配偶的通称。后来，随着社会的发展，"妻子"才渐渐成为所有男人配偶的通称。

2.爱人

现代人常用爱人来称谓自己的配偶，这一称呼来于英国。位于苏格兰达姆弗利的斯威特哈特寺院使英语单词"sweetheart"含有了"爱人"之意。

斯威特哈特寺院是由1296年去世的巴纳德城堡领主约翰·巴里奥尔之妻德鲍吉拉夫人修建的。德鲍吉拉夫人与丈夫二人一生恩爱，丈夫死后，她将丈夫的尸体安葬，但将丈夫的心脏熏香后装在了象牙盒里随身携带，常常谓之曰："我最可爱的心，不会说话的伙伴。"

# ·重阳为什么要簪菊花

重阳节，即每年农历的九月初九，两阳相重之时，又叫老人节，因九九同久久重音，重阳节便含有对健康长寿，生命持久的寄寓。一到重阳，人们便会登高、赏菊、插茱萸等，而簪菊花也是其重要的习俗之一。

相传，女子自古就有簪花的习俗，只是在不同的季节会佩戴不同的花朵，生机盎然的春天，人们多簪富贵而艳丽的牡丹、芍药；骄阳似火的夏季，多戴清新的石榴花、茉莉花和栀子花；萧瑟凋敝的秋天，人们更偏好素雅挺立的菊花、葵花。到了宋代，不同的节令也会插戴不同的花卉，十五元宵之时戴梅花、端午节佩茉莉、立秋戴楸叶、重阳簪菊花。

菊花又名"延寿客"，重阳簪菊，是人们对长生和延寿的一种希冀。唐朝杜牧有一首诗《九日齐山登高》中写道"江涵秋影雁初飞，与客携壶上翠微。尘世难逢开口笑，菊花须插满头归。"可见簪菊花这一风俗的盛行。

重阳节簪菊花在唐朝时就有，其后每代相传，实为普及。到宋朝时，人们甚至将彩缯剪成茱萸和菊花的形状相互赠送戴于头上。此时，不仅仅是女子簪花，男子也戴花，而重阳时分，男女老少都簪菊，每到重阳之时，人们携伴登高，在山间采一朵菊花插于头上，这俏皮的点缀间无不浸染着对生活的热爱。

人们认为菊花不仅可以增寿，还能够辟邪除灾，同重阳插茱萸这一习俗有异曲同工之妙。据传到了清代，在京城的重阳节，人们常常是把菊花的枝叶贴在门窗上，这意味着消灾招祥，而它便是簪菊花这一习俗的演变。

## ·《清明上河图》的曲折经历

北宋画家张择端创作的长卷《清明上河图》，被公认为稀世珍品，千年来，它曾五次进入宫廷，四次从宫中被人盗走，历尽劫难。

首先收藏此画的是北宋宫廷。宋徽宗赵佶视之为神品。据考证，该图前面应当还有一段，描写的是远郊的山，并且还有赵佶瘦金体的"清明上河图"五字签题和他收藏用的双龙小印。靖康之祸时，该画流落民间，为金朝监御府书画官张著所得。元灭金后，此画第二次进入皇宫。元顺帝至正年间，宫中有个姓装的装裱匠挖空心思，用临摹赝品将真本换出，暗中高价卖给某真定太守，随后又将其辗转易手。

嗣后，此画到了明朝奸相严嵩手中。据严嵩败后官府查抄他家财产登记账中，确有此画的记录，在明朝隆庆时被收入宫廷。明穆宗不喜欢字画，成国公朱希忠趁机奏请将《清明上河图》赏赐给他，皇帝便让人估成高价，抵其俸禄折卖给他。但是此时名画却不翼而飞，不久，宫中传说一个小太监得知《清明上河图》值钱，便将画盗走，不想出宫时遇见管画人，小太监仓皇之中将画藏到阴沟里，正值阴雨连绵，三天后来取，画已腐烂。最终此事不了了之。

后来，人们才知此画落入秉笔太监、东厂首领冯保之手。名画"毁尸灭迹"的传说不过是他一手策划的。

清兵入关后，此画相继为陆费墀、毕沅所得。清廷早就对这幅名画垂涎欲滴，据说毕家因此画而家破人亡，《清明上河图》也得以第四次进入皇宫。1911年，清王朝灭亡，但溥仪仍留住宫中。溥仪以赏赐其弟溥杰为名，将重要文物偷运出宫，《清明上河图》亦在其中。

1945年，国宝交回中国政府。《清明上河图》先存放在东北博物馆，后被故宫博物院收藏。

## ·宋朝流行大龄青年的原因是什么

宋朝是个很有意思的朝代，重文抑武，宋真宗有首诗就写道："富家不用卖良田，书中自有千钟粟；安房不用架高梁，书中自有黄金屋；娶妻莫恨无良媒，书中自有颜如玉；出门莫恨无随人，书中车马多如簇；男儿欲遂平生志，六经勤向窗前读。"

归结大意便是在他们大宋朝，最有前途的职业不是行贾的商人，而是读书的文化人。宋真宗这样说也是有缘由的，之前的五代十国，动荡不安，皇位更迭频繁，一直到赵匡胤陈桥兵变，才算结束了这种日子。

但也正因为如此，令宋朝后来的皇帝都十分反感武臣，在他们看来，习武之人有着强大的杀伤力，稍加不慎，便会被他们推翻帝位。而文人就不一样，他们手无缚鸡之力，除了能在口舌上占点便宜之外，还是相对容易控制的。

所以，宋朝虽然是武将建朝，却是重文轻武，赵家大量启用文官，而为了安抚这些文官，更是不惜血本地启用了高薪养官的政策，将官员的工资提到了任何一个朝代都无法企及的地步。

宋代文官不但月工资丰厚，逢年过节还会发福利，遇到特殊的日子还有额外的奖金，不仅如此，但凡官员犯点错误，那也是能免就免，从轻发落，宋朝对官员的纵容程度和它的工资制度一样让人叹为观止。

没有严厉的监督惩罚体系，宋朝官员就算是贪污受贿，犯罪以后，也可以钻钻法律的空子，逃脱惩罚，例如地方官员的调任就十分方便，只要向上级上一道疏表，基本都会被批准。所以，在一个地方的政绩有了污点，官员便调离到另一个地方，而且那时的官员数量十分庞大，常常是一个官位有着两三个人同时担任，彼此间相互包庇，互相勾结的事常有发生。

官员的生活如此安逸幸福，天下的男人自然是人心往之，于是读书便成了宋朝的一大热潮，不论是耕田的农夫还是茶馆的伙计，不少都悬梁刺股，发奋读书，一心要考取功名，入朝做官。

古语有云："先成家，后立业。"但这些怀揣着伟大理想的男人们却想功成名就之后再娶妻生子。所以，他们宁愿独身，忍受寒窗苦读的寂寞，也不放弃目标。但毕竟，宋朝的官位再多，也是有限的，能冲过科考这架独木桥的人毕竟是少数，许多人头年不中，来年便再考。这样周而复始，考中的还算运气好，考不中的更是沉沦其中。如此便造成了许多男人中年未娶，个个都成了"剩男"。男人不到黄河心不死，不考中功名便不娶亲这尚可理解，但当时的女人却也是非官员不嫁。

男怕入错行，女怕嫁错郎，为了后半生能安稳无忧，锦衣玉食，女人们也是要对自己的夫婿千挑万选，既然当官那么吃香，她们自然是要当官太太了。于是，宋朝便形成了一种独特的趣事。

每到科举放榜的日子，有钱有势的人家便纷纷出动"择婿车"，去发榜的地点选择乘龙快婿，但凡榜上有名者，十之八九会被这些人家拉回家中，而那些没有抢到的也不放弃，等待来年再接再厉，于是，等来等去，一批剩女也就这样等出来了。

当时在朝为官的司马光谈到男女婚龄时说："男不过三十，女不过二十耳，过此则为失时矣。"

按照这个标准，宋朝超龄的大龄男女大有人在，除了官位奇缺外，还有一个原因便是当时出嫁费用高涨。宋朝的商品经济日益发达，整个社会逐渐形成了一股攀比奢华的不良风气，很多人家为了撑场面，就算借钱也要将婚宴办得风光无比。

在淳熙年间，太学生黄左之中榜之后，做了汝阳王的女婿，为了办婚宴充足场面，一次就花费了五百万。还有宋神宗的弟弟杨王赵颢有几个女儿，因为每次花费的费用都很大，到最后实在是囊中羞涩，不得不找自己的皇帝哥哥借钱将婚礼办下去。

科举制度和崇富心理为宋朝造就了一批剩男剩女，堪称一大历史奇观。

# ·古代考生作弊方法揭秘

科举制度是我国历史上的官员选拔制度，它始于隋，止于清末，前后历经1000多年，为朝廷选拔、输送了许多优秀人才。

令人意想不到的是，作弊并非现代独有，在古代，就有许多古代学子禁不住"十年寒窗无人问，一举成名天下知"的诱惑，研究出了各种各样的考场作弊手段。这些作弊手段与现今的高科技相比，一点都不逊色。

其中作弊现象最严重的是在唐朝。那时不论是高官子弟，还是平民百姓，都精于作弊技术。其中以著名的大诗人温庭筠为一绝，即使在主考官的重点盯防下，他依然可以替好几个人写完试卷，然后全身而退。温庭筠在当时的作弊能力，无人能与他抗衡。

他的作弊技巧高超？到底有多高超呢？

首先是他的成文速度十分快，而且作弊的手段十分隐蔽，让人无法看出。温庭筠因为诗才了得，早就名满天下。公元858年的科举，他报名参加，为了防止他帮助其他人作弊，几个主考官都看着他，而且还专门把他的座位单独调出。

在众目睽睽之下，温庭筠答完考题，起身离去。但让人没有想到的是，他居然同时为8位考生写完了卷子。在短短时间内，他可以快速答完8份考题，这让主考官们十分费解，而这也成为了当时人们津津乐道的话题。

随着科举的延续，作弊的手法和方式也在不断出新，从现在出土的不少文物中就可以看出，古代人的作弊技巧不亚于现代人。

如天津有人收藏了一套完整的清朝道光年间考试作弊工具。这套作弊工具共9卷本，均长4.5厘米，宽3.8厘米，厚0.5厘米。每卷本内约有10多篇文章，共10多万字，并配有一双可将卷本藏匿于鞋内底层的加厚底男布鞋。让人称奇的是卷本内文字约有1毫米见方，由牛角刻版印刷而成，可见当时作弊手段已经形成规模。

另外，在一场拍卖会上，出现了一件清朝末年间的"作弊坎肩"，在坎肩上面，有用毛笔抄写的四书五经。

坎肩看上去是用麻布做的，尺寸不大，可以推测这件坎肩的主人并不胖，个头也就一米七左右。但是有一点是可以肯定的，他的视力一定特别好，坎肩上的字最大也不过三四毫米宽，有观众试图辨认一下，结果读两个字就串行了。

现场还出现另外两件"挟带品"，都是一尺见方的绢，上面同样抄满文字，其中一块正反面都是字，而且字体更加小。据有关专家说，这样的"挟带"以前听说过，但是将"挟带"做成坎肩儿样式的极为少见，目前存世的则更为稀少。从这3件"挟带"上可以看出，清朝末年的政治腐败，让企图入仕的各位举人煞费苦心。

这些作弊器具让今人大跌眼镜，手艺之精，用心之巧，令人叹为观止。

## ·古代也有人开公厕

不少人认为，中国的公共厕所是近年以来，在欧美影响下才产生的。但通过对过往文献的整理，人们发现，早在明代，公共厕所就已经出现，而且这公厕还不是政府兴办的，而是私人建设的公共厕所。

明末清初，有一个乡下人被唤作穆太公。人们叫他太公，并非是因为他的年龄高，辈分大，而是出于对他的尊敬。

这位穆太公前无古人地在他所居住的村子里，盖了一座公共厕所。一天，穆太公进城里办事。走在路上的他忽然内急起来，正焦躁不安时，却见路旁设有"粪坑"。这粪坑虽然收费，但太公情急之下也顾不得了，于是一溜烟儿地冲了进去。出来后，太公心里便有了计较："倒强似作别样生意！"看来，这穆太公是很有商业头脑的。

回到家里，老先生请人"把门前三间屋掘成三个大坑，每一个坑都砌起小墙隔断，墙上又粉起来，到城中亲戚人家，讨了无数诗画斗方贴在这粪屋壁上"。如此折腾一番，穆太公觉得尚且不够，又托了熟人，延请一位书生，叫他大笔挥毫，写下"齿爵堂"三字，悬在门外，算是给这厕所起了个雅名。

搭好了"台子"，尚且需要有人上来"唱戏"。穆太公央告书生，叫他学着官府出师告示的样子写了百八十张"广告"，将之散贴于村里村外、墙头树下。其词曰：

穆家喷香新坑，远近君子下顾，本宅愿贴草纸。

这可能是最早的"街头小报"了，而且免费赠送草纸的手段很快在乡民中激起热烈反响。自家厕所光秃秃"毫无情趣"，又怎比得上太公的厕所那样精致逢迎："壁上花花绿绿，最惹人看，登一次新坑，就如看一次景致。"别说男人们都争相来此"观景"，连大姑娘小媳妇也不时地前来方便。故而不久，太公又体贴地另盖起一间女厕。

太公在这公厕上花费了如此多的心思，可谓服务一流，那他的公厕到底收费几何？答曰：免费。人们不禁要问，难道太公是明代慈善家吗？答曰：非也，这穆太公本是个吝啬鬼，要他无利起早，怕是比登天还难。那穆老先生心里到底是怎么想的？原来，早在城里的时候，太公曾仔细思量，他明白，乡下人手头拮据，把收费厕所这一套照搬到农村去，肯定是行不通的。不过，如厕虽是免费的，可是积攒下来的粪便却可以卖出去：村里多的是种地的农户，哪个不需要往田里施加粪肥？果然，没过几年，太公就从大粪中得了不少的"油水"，成了当地的一个富翁。好一个"强似别样生意"！

穆太公的故事，其实是出自明末清初时候，一个无名氏写就的小说《掘新坑悭鬼成财主》。"艺术源于生活"，作家写出来的东西，在现实生活中必有所本，所以，"穆太公"的名字虽是假的，但他的故事却非常有可能是真的。

# ·古代"丐帮帮主"的真实生活

看过武侠小说的人，肯定对"丐帮"都不陌生。丐帮中地位最高的就是丐首，也就是丐帮的帮主。丐帮并不完全是江湖上自发组织的帮派，在明清时期，丐帮甚至是受朝廷直接控制的。在官办丐帮中，丐首可以世袭。丐首虽然属于"下九流"的末流，而且也脱不了乞丐的身份，但是他们在乞丐世界中却拥有无上的权力，实际生活水准远非普通人能比，很多丐首甚至富比王侯。

历史中很多丐首生活非常阔绰，例如关帝厅人马的丐首陈起凤，他不仅住的房子非常豪华，还有好几房妻妾，分别住在他住所附近的民房里。陈起凤经常手持长烟筒，戴着金表，穿着绸缎做的衣服招摇过市，衣服上还挂着很多古玉、配饰等。这种生活早已超出当时的普通人生活水平，甚至可以与富户商贾比肩。

丐首这种奢华的生活其实得益于他在丐帮中的地位，他本人一般不会亲自沿街行乞，他的财富来自于对丐帮成员的压榨和盘剥。每隔一段时间，帮内的乞丐都必须向丐首交一定数额的钱。而且，在丐帮势力范围内的店家，尤其是那些生意红火的，每逢年节，也都会向丐首交一定的"保护费"，不交"保护费"的店家会经常被丐帮的众乞丐上门滋扰。对于一般的百姓人家，只有在逢婚庆丧葬的时候，丐首才出面去讨喜钱。如果这家不肯给，到时肯定会有很多乞丐前来搅扰。他们挤在门口，恶言相戏，非常有碍观瞻。而一旦丐首收到了喜钱，就会在这家门上贴一张写着"贵府喜事众兄弟不得骚扰"之类的纸，或者挂一件信物，有了这个，乞丐们就不会来闹事了。

陈起凤做关帝厅丐首的时候，广州百姓如果家里要办嫁娶丧葬之事，一般都会事先准备一些喜钱，送到关帝厅。然后，关帝厅会给他们一张写着"附城花子陈起凤"的条子，门上贴了这张条子，就不会有乞丐来滋扰了。如果哪家办喜事不主动给关帝厅送喜钱，门上没有条子，那就惨了，陈起凤会亲自带领一帮乞丐上门来"道喜"，这时候要摆平他们，给的钱就更多了。

大户人家办喜事的时候，丐首一般也要去参加，而且是坐在上席的。如果这家办喜事没有请丐首来，那么丐首会把手下的乞丐召集起来，命他们分拨到办喜事的人家去搅扰，给钱也不走，就在他们门口唱一些不吉利的歌。每到这时候，东家就急了，一般会找跟丐首关系非常密切的中间人去说情，这时候丐首一般会把价格要得很高，而且给完钱之后，东家还要把丐首请到上座。有时候，中间人出于自身利益的考虑，故意和丐首商量好，不去请丐首。等到有乞丐来捣乱的时候，他再出面说和，等丐首拿到钱之后，中间人一般就能分到其中的三成。这就是"吃大头"或"吃肥羊"。

除此之外，丐首还经常会以调停为名来牟利。当乞丐骚扰别人的时候，他会以调停为名对人进行敲诈勒索，从中获利。

据传，有些丐首在事主与乞丐之间居中调停，每逢婚丧嫁娶等庆典，丐首就会拿一根杆子或鞭子挂在事主的大门两旁，这样可以避免乞丐们挤到事主门前讨要。门庭塞满乞丐，哪家的事主也无法忍受，所以大多事主都会老老实实地找丐首关照一下，事后，事主也免不了要给丐首一些好处费。如果遇到哪一天有很多家办喜事，丐首的收入就非常可观了，而且这种收入一般都是全部进入丐首的腰包，普通乞丐是没份的。

## ·中国古代的"身份证"是什么样的

现在人们所使用的身份证，是用于证明持有人身份的一种证件，多由各国或地区政府发行于公民。

中国在1984年4月6日开始颁发第一代居民身份证，到2004年3月29日，中国大陆开始正式为居民换发内藏非接触式IC卡智能芯片的第二代居民身份证。第二代身份证采用了数字防伪措施，存有个人图像和信息，可以用于机器读取。

身份证只有现代社会才有吗？事实并非如此，在中国，身份证古已有之，但它的起源却只是官员的识别符号。

隋唐时期，我国出现了最早的"身份证"，当时的朝廷发给官员一种类似身份证的"鱼符"，它是用木头或金属精制而成的，其形状像鱼，分左右两片，上凿小孔，以方便系佩，鱼符上面刻有官员姓名、任职衙门及官居品级等。那时，凡亲王和三品以上官员所用鱼符都是用黄金铸制的，以显示其品位身份之高；五品以上官员的鱼符为银质；六品以下官员的鱼符则为铜质。五品以上的官员，还备有存放鱼符的专用袋子，称之为"鱼袋"。

当时，鱼符的主要用途是证明官员的身份，便于应召出入宫门验证时所用。因为品级不一样，鱼符的材质也不一样，所以它也是当时官员身份高低的象征。因此有"附身鱼符者，以明贵贱，应召命"之说。

到武则天时，鱼符被改成形状像龟的龟符，但用途与鱼符一样。到宋代，鱼符被废除，但仍佩带鱼袋。至明代，改用"牙牌"，这是用象牙、兽骨、木材、金属等制成的版片，上面刻有持牌人的姓名、职务、履历以及所在的衙门，它与现代意义上的卡片式身份证已经非常接近了。明人陆容《菽园杂记》中有记载，牙牌不但官员要悬带，"凡在内府出入者，无论贵贱皆悬牌，以避嫌疑"。由此可知，明代身份证的用处已不仅局限于在朝官员，并开始向中下阶层发展了。

到清代，这种身份制度有了大的改变，各阶层的身份以帽子上的顶子（帽珠）来证明，其帽珠用宝石、珊瑚、水晶、玉石、金属等制成。如果是秀才，可佩铜顶；若为一品大员，则佩大红顶子。一般百姓帽上无顶，只能用绸缎打成一个帽结。一些富商、地主为求得高身份，常用数目可观的白银捐得一个顶子，由此而出现了"红顶商人""红顶乡绅"一类怪事。

## · "守宫砂"到底用来做什么

在古代，为了验证女人的贞操，通常会在她们的手臂上点一颗鲜艳的红痣，如果女人守住了自己的贞操，那么红痣的颜色就不会褪去，这就是"守宫砂"。

"守宫"其实就是用朱砂喂养的壁虎。晋朝《博物志》对"守宫砂"的制作过程是这样描述的，先用朱砂喂养壁虎，吃了朱砂之后，壁虎身体的颜色就会变成红色，当壁虎吃满七斤朱砂，将壁虎捣碎，然后用捣碎的壁虎去点染处女的肢体，点上的红痣在不发生房事的时候不会变淡消去。

从药物学的角度来分析，这种方法是非常不科学的。但是古代的人们却很相信，一些朝代甚至会给被选入宫的女子点上"守宫砂"，用来验证她们是否曾经犯淫犯戒。到了宋代以后，理学兴起，利用"守宫砂"来验证女子贞操的方法开始广泛推广。这一时期，甚至发生了一起由"守宫砂"引发的"血案"。

宋太祖灭后蜀以后，王全斌率军进入四川，宋军骄纵恣肆，滥杀无辜，四川民众群情激奋，不断发生民变。为了安抚民心，宋太祖承诺擢拔人才出仕为官。这一时期出于安抚民心所选拔的"人才"中，有真才实学的其实非常少，他们大都因为有钱有势而被挑中。四川万县富豪林宓就是这些被擢拔的"人才"之一。

何芳子是林宓的侍妾，她是后蜀兰台令史何宣的女儿，年轻貌美，而且满腹诗书，气质高贵。这样优秀的女子理应要找一位才貌双全的如意郎君的，但是宋朝攻打后蜀的时候，何宣因为誓死不降，被宋军杀死，何芳子一下失去依靠，只能嫁给了一个比自己老几十岁的土财主。更不幸的是，这位土财主除了她之外还有一群庸脂俗粉的侍妾，何芳子虽无意争宠，但是因为她集林宓的万千宠爱于一身，自然招致了其他女人的不满。为了对抗何芳子，这些女人很快就结成了联盟，处处挑剔、为难她。

林宓接到提拔他的通知以后，要到汴京去面见皇上，将家中所有事情都交代妥当以后，他却还是非常不放心。原来他担心年轻貌美的侍妾趁他不在家而做出越轨之事，得知他的这种担心之后，他的好朋友上乙真人想出了一个办法，那就是给他的侍妾们一一点上守宫砂。

别的侍妾都乖乖接受了，唯独何芳子很不甘心，她认为这种形式上的约束毫无意义，从一而终本来就是一个女人应该遵守的本分。听了她的这种说法，林宓自然无法接受，而林宓的妻妾们终于逮到羞辱何芳子的机会了，她们纷纷露出了幸灾乐祸的表情，以怀疑的眼光看着何芳子。无奈之下，何芳子只好让他们在自己的手臂上点上了守宫砂。

林宓离开家之后，别的女人都非常小心翼翼地保护着手臂上的那颗红痣，唯独何芳子满不在乎，照常沐浴，不久，她手臂上的守宫砂就消失了。半年以后林宓派人把妻妾们接到京城。在检视妻妾们的守宫砂时，林宓惊奇地发现，只有何芳子的守宫砂不见了。为此林宓怒不可遏，严刑拷打爱妾，何芳子最终无法忍受，上吊自杀。

林宓打死侍妾的事很快传开了，官府立马下令彻查此案。林宓一一交代了事情的来龙去脉之后，判官让林宓把他所用的守宫砂点在三名夫人的手臂上，然后让壁虎去舔，红色的守宫砂瞬间就消失了。谜底揭开，何芳子是被冤枉而死的，林宓自然难逃责任，在被大理寺判决之前，林宓神秘死去，而上乙真人也在得知这件事之后投湖自杀。

何芳子为了一颗小小的"守宫砂"而付出了生命的代价。在愚昧封建的年代，这一颗小小的朱砂，不知道让多少人对无辜的女子举起了手中的屠刀。

## · 真的有"弼马温"吗

看过《西游记》的人都知道这样一个故事：孙悟空随太白金星初上天庭，想让玉帝赐给他一个官衔儿，玉帝在万般无奈之下，封他为"弼马温"，让他在御马监饲养天马。悟空满以为"弼马温"是天界很高的官，于是上任后他尽心尽职，把天马养得"肉膘肥满"。后来，孙悟空了解到此官职"未入流品"，于是心中大怒，推倒公案，抢起金箍棒，打出御马监，闯出南天门，回到花果山。

《西游记》虽是神话小说，但小说中涉及的人物官职，都是采用明朝的官制，并不是虚构的。可是在明朝，管御马的机构叫太仆寺，始设于洪武四年（1371年），正职叫太仆寺卿，副职叫少卿。按照这样的官职，《西游记》中孙悟空应该叫"孙太仆"才是，为什么叫"弼马温"？别说是明朝，其他任何一个王朝的官制里，都没有"弼马温"这个职位。那么，吴承恩所写的"弼马温"是否存在过？又是何物？

贾思勰《齐民要术》中有记载，古人养马"常系猕猴于马坊，令马不畏，避恶消百病也"。后来宋人朱翌在《猗觉寮杂记》中说，此俗源于《晋书·郭璞传》。郭璞有一次到大将军赵固家，恰遇到将军所来的良马刚刚死去。于是郭璞找来二三十个身强力壮之人，拿着长竿东行三十里，一路敲击，在山林中擒获一猕猴。将猕猴带到死马前，猕猴即吹气于马鼻。不一会，马跃起，食草如常，所谓"死马当着活马医"的典故即出于此。朱翌认为"故养马多畜猿，为无马疫"的习俗就是受这个典故的影响。

实际上，由于猕猴生性活泼，在马厩里上蹿下跳，避免了厩马懒惰贪睡，使它能保持身体强健，少得疾病。再由于猕猴体型瘦小，能平稳地坐立在马背上，有人就以饲养的猕猴来驯服烈马。人们还将此类猴称之为"马猴"，文雅称呼为"马厩猢狲"。北宋诗人梅尧臣就写有一首题为《咏杨高品马厩猢狲》的诗，首句即云："尝闻养骐骥，避恶系猕猴。"所以有人就此认为，吴承恩创作的"弼马温"形象，应该就是由"马厩猢狲"想象构思而来。

## · "蒙汗药"到底是什么药

一提到蒙汗药，人们总是联想到小说、电视里风云莫测的江湖。相传，人服下蒙汗药后会晕倒失去知觉，关于这种神奇的药，经典小说《水浒传》中有众多描述。而现实中，蒙汗药是真实存在的，也就是人们常说的麻醉药。

蒙汗药究竟是由什么炼制而成的呢？最广为人知的一种观点是，其成分中大量地使用了曼陀罗花。曼陀罗又叫洋金花、风茄儿、山茄子，是一年生的草本植物，花冠呈漏斗状，果实为卵圆形，夏秋季节开花，花、叶、种子中都含有莨菪碱、东莨菪碱等成分，具有麻醉、镇痛的作用。《本草纲目》中记载："曼陀罗花气味辛、温、有毒，可以作麻醉药。秋季采曼陀罗花，阴干，等分为末，热酒调服三钱。为一会即昏昏如醉。割疮、灸火宜先服此，即不觉痛苦。"宋代司马光在《涑水记闻》中也写道："五溪蛮汉，杜杞诱出之，饮以曼陀罗酒，昏醉，尽杀之。"现代医学认为它能够抑制人体汗腺的分泌，使得肌肉得以松弛，在众多临床的实践中，证实了曼陀罗的确是一种有效的麻醉药。

一种说法认为蒙汗药的主要成分是草乌，它是中药中常见的药物，含有乌头碱，能够先兴奋后麻痹人的神经末梢和神经中枢。《齐东野语》中记载："草乌末同一草食之即死，三日后活。"但是乌头碱中含有大量的毒素，三四毫克便能使人丧命，不能大量食用，因此有人认为它与蒙汗药的药散之后人便相安无事的这一特性不符合，有毒的草乌不一定是蒙汗药的成分。

也有种记载，蒙汗药中含有叫押不庐的成分。周草窗的《癸辛杂识》说："回回国有药名押不庐者，士人采之，每以少许磨酒饮人，则通身麻痹而死，至三日少以别药投之即活。"李时珍在《本草纲目》中提及押不庐是一种具有"加以刀斧亦不知"的麻醉效果的神草。由于押不庐产在远离中原的西部，难以获得，其为蒙汗药主要成分的说法也受到了人们的质疑。

还有种说法认为蒙汗药中含有一种叫"醉鱼草"的灌木植物，醉鱼草又叫闹鱼草，生长在江南各地，它的花与叶中含有醉鱼草甙和醉鱼草黄酮甙，对鱼类具有很强的麻痹性。

蒙汗药本身成分的构成已经引起了人们的争议，其解药同样令人费解。在书籍、影视作品中能够看到服了蒙汗药的人，一吃解药便能快速清醒，对于其解药的构成人们亦是难以确定，莫衷一是。唐孙思邈《千金方》中说："甘草解百药毒。"《水浒传注略》中也有"急以浓甘草汁灌下，解之"。李时珍更云："菓中有东莨菪，叶圆而光，有毒，误食令人狂乱，状若中风，或吐血，以甘草煮汁服之，即解。"《梦溪笔谈》的作者沈括却说拿草心有解药的作用，但在别的著作和观点中却不曾提及，当代医学认为毒扁豆能够解除蒙汗药的药性。

蒙汗药带着其神秘的面纱闯荡江湖，人们在追切想见其真实面目的同时，却难以往前一步揭开那层掩盖着的纱布，能见的只是些隐隐约约的难以琢磨的轮廓，这一切还得留待于后世的高手继续探讨。

## ·倒贴"福"字的历史原因

春节贴"福"字是我国由来已久的风俗。每逢新春佳节，家家户户都要在屋门上、墙壁上、门楣上、窗子上、车上、商店门贴上大大小小的"福"字，寄托人们对幸福生活的向往，对美好未来的祝愿。一个"福"字，传达了许多情：幸福、福气、福运。

清康熙皇帝为祖母孝庄太后"请福续寿"，写下了震烁古今的"长寿之福"，此福暗含"多子、多才、多田、多寿、多福"，是古今唯一的"五福合一""福寿合一"之福。孝庄"请福聚福"，康熙帝则"送福得福"，所以此福被称为"天下第一灵验之福"。福中有"康熙御笔之宝"印玺加顶，喻"鸿运当头、福星高照"之意。

"福"的彩头诸多，含义深广，不过，也有人对一个现象感到奇怪，为什么大多数人都喜欢把"福"字倒贴？

有人说，倒贴"福"字意味着"福到"，是谐音的祝福法。这个说法得到大多数人的认同，而该说法，也有一个有趣来源。

一次朱元璋在京城街头微服私访，正逢过节。他来到城南一处集市上，见不少人在围观一幅年画，年画上画着一个赤着大脚的女子怀抱西瓜。该图本来是表示农民丰收的喜悦年画，但朱元璋却暗道这不是百姓耻笑自己的皇后大脚吗？因为马皇后是淮西人，"怀西"，这不很明显吗？

朱元璋暗暗不快，回宫之后叫人打听是谁画的这幅年画，并将围观的人一一纠察。而至于那些没去围观的民众，朱元璋命人在他们的门上贴一个"福"字。然后命令军士就到没贴"福"字的人家去抓人。马皇后听闻此事，为了挽救黎民百姓，所以偷偷下令叫全城家家户户都贴上"福"字，这样士兵就无从着手了。不过虽然家家门上都贴了"福"字，但是其中有户人家不识字，把"福"字倒贴。皇帝大怒，下令要把这家人满门抄斩。马皇后急中生智，说："这家人知道您今日来访，故意把福字贴倒了，这不是'福到'的意思吗？"朱元璋一听乐了，知道马皇后是在为那家人开脱，不过取意不错，有好彩头，便免了那家人的死罪。

## ·麻将是郑和发明的吗

麻将是我国广大人民群众喜闻乐见的一种益智类游戏形式。那么，麻将到底是什么时候发明出来的？又是谁发明的？

麻将的由来众说纷纭，有人认为是隋代的时候被人发明的，但是民间最广为流传的是由明三宝太监郑和在航海之时发明的。那么郑和为何要发明麻将？这与他航海大有关系。

明宣德年间，三宝太监郑和率领数万将士，组建了当时世界上最大规模的船队，七下西洋。有人说郑和下西洋为了宣扬国威，也有说是为了经商贸易，更有甚者说是为了寻找失踪的建文帝。

在茫茫大海上，船上的随从们常常因为无聊而滋生事故，让郑和不便管理，也有一些随从因为海上生活单调和思乡，精神萎靡不振，甚至积郁成疾。

郑和看到这种情况非常着急，担心长此下去，后果将不堪设想。于是为了不让随从们滋生事故、振兴将士们的士气，郑和开始寻找解决方案。于是他决定设计一个娱乐项目，但这个项目必须符合以下原则：第一，必须可以多人玩，以便联络感情、监视军情；第二，规则简单，方便学习，还可以不断更改；第三，持续时间长而不厌，适应海上的连续枯燥的生活。

根据当时航海的情况和冥思苦想，郑和终于想到了切合现实的娱乐项目。郑和利用船上现有的毛竹做成竹牌，刻上文字图案，再制定游戏规则，放在吃饭的方桌上就能供大家娱乐。

在文字图案的确定上，红"中"代表中原大地，符合中国红的原则，也迎合随从们的思乡之情；竹牌刻上"发"字，暗合航海的经商名义，发财的数量则从"一万"到"九万"，按照中国的习俗，过满则溢，所以没有更多的万。万字牌定下来之后，其他的就照推了，船上粮食以大饼为主，于是就有了一饼到九饼；遇到风平浪静，将士们也会捕鱼，于是有了"一条""二条"……"九条"；行船靠风向，有了"东""南""西""北"风；海上航行水手往往不记日期，只辨寒来暑往的节气变化，这样，竹牌中又加上春、夏、秋、冬4个"花"牌；根据装淡水的水桶数刻上一桶到九桶……于是共计136张牌。

游戏一经推出，海上浩荡船队一片哗啦之声，玩起这个游戏来，将士们的萎靡不振一扫而光，郑和看到这竹牌能麻痹将士的思乡之情，于是就将其命名为"麻将"。

其实，麻将是何人发明的已经不重要了，真正重要的是，麻将作为中华民族游戏史的一个缩影，与任何游戏品类一样，多少年来，一直让玩者在其中体味到休闲、趣味。

# 让人百思不解的古物迷踪

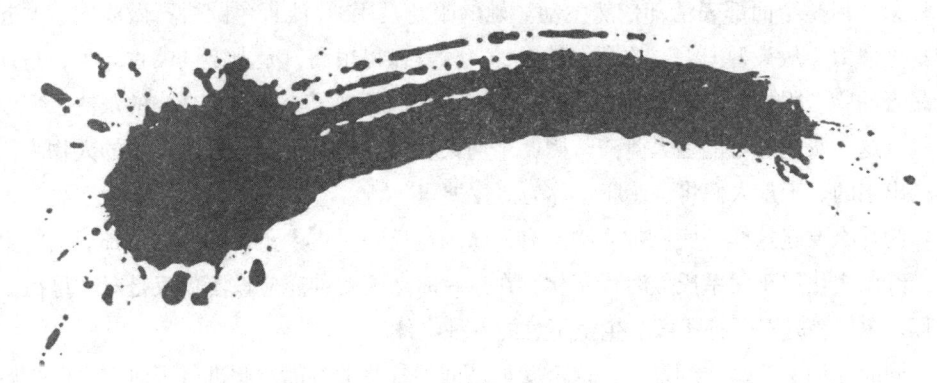

# ·红山文化女神庙里供奉的是女娲吗

1983年，考古学者在牛河梁主梁的北山顶发现了一座庙堂遗址，这座庙堂由一个多室和一个单室构成，多室在北边为主体建筑，单室在南边为附属建筑。

这座庙堂供奉的是谁？由于当时的科考技术不足，当年只对女神庙进行了局部试掘，之后掩上黄土，一直保护至今。试掘时，女神庙出土了红陶彩绘的壁画和祭器残块，以及泥塑的熊爪、鹰爪和鸟翅。最令世人震惊的是在庙西侧发现了许多人物塑像的残块，包括头、肩、臂、手、乳房等器官。显然这些是女人像的残块。这些残块分属于6个个体，他们形体有大有小，或张开手臂，或曲肘握拳，但都盘膝坐着。

这其中，有一尊和真人大小相当的彩塑女神像。她的肢体虽已残碎，头部也缺了半边耳朵，但整个面部表情却依然生动。她的眼睛是用5片淡青色圆饼石做成的，看起来极富生命力。从头型上看，这个女神眉骨、颧骨显得很高，是典型的蒙古人种，与现代华北人的脸型很相似。在女神上臂的空腔里，人们发现了一些被火焚烧的灰渣，据专家推测，这些灰渣很可能是人骨渣。因此牛河梁女神像很可能是以现实中的人物为依据塑造出来的。于是人们将这座庙堂称为"女神庙"。

为什么要建这样一座女神庙呢？有人认为这反映了古人重传统、重子孙后嗣的生存观。红山文化属于父系氏族时代文化，在这一时期建女神庙应该不仅仅是对"母祖"的崇拜，更应该是对子孙永续、生生不息的一种崇拜。

同时人们又有这样的疑问，这个女神是谁？各路学者都对此进行了研究，但是始终没有定论。有人认为这个女神或许就是我国古代神话中的"女娲"。

在中国远古神话中，有一位用黄土造人、用五色石补天的女娲娘娘，几千年来，她被奉为华夏始祖，但历史上是否真有"女娲"其人？人们又是从何时起开始崇拜她的？这一直是个谜。直到20世纪80年代，红山文化牛河梁女神庙的发现，有学者认为其中的女神就应当是"女娲"，古人在那时就已经开始了"女娲崇拜"。

古籍中记载，女娲的第一大功劳就是"搏黄土做人"。由于人们发现牛河梁彩塑女神上臂的空腔里，有被火焚烧的灰渣，据专家推测，这些灰渣很可能是人骨渣，这一现象与古籍中的记载惊人地相似，当时的人就是以此来塑造该雕像的。

女娲的第二功劳就是"炼五色石以补苍天"。在距红山女神一公里的地方，有一座小土山，用人工夯筑而成，形状为圆锥形。在小土山周围的山头上，有30多座积石冢群址，整个积石冢群都是圆锥形，和古埃及的金字塔相比，布局相似。这些"金字塔"似的建筑物周围，到处散布着"之"字纹彩陶片以及冶铜坩埚片。那么，牛河梁大金字塔顶炼红铜的遗址，是否就是神话传说中女娲炼五色石的地方？

考古工作者对围绕大金字塔周围的小金字塔群进行了部分发掘，出土了大批玉器。

在一座积石冢的中心大墓里出土一具男性骨架，死者双手各握一玉龟，一雌一雄，相配成对。另一座积石冢也发现了伴有20余件玉器，死者的胸部佩置一碧绿色玉龟。但奇怪的是，这两座积石冢中出土的玉龟均无头无尾无足，浑然一体。

联想到古籍记载，说女娲补天时"断龟足以立四极"，那么这个无头无尾无足的玉龟是否就是女娲神话中的玉龟？

但另有专家认为，玉龟可能是当时的氏族部落集团的图腾崇拜物或保护神。另有专家考证，辽宁、吉林两省一带农村的民俗现在仍很流行龟崇拜，男女青年结婚时，房顶上都要贴一幅四龟相交的大团花式图案剪纸。

由于当时的技术不足，只对女神庙进行了局部试掘，因此这些谜团还无法解释清楚。我们只有等待进一步的考古发掘研究来解开这一谜团了。

# ·史前良渚文化为何遗存大量奢华玉器

大约5300~4000年前，在中国长江下游太湖流域蕴藏着一个令后世瞩目的古文明，1936年，考古学家在浙江省余杭市的良渚镇发掘出这一文化遗址，并命名为"良渚文化"。

经过半个多世纪的考察与发掘，良渚文化遗址内涵丰富，有村落、墓地、祭坛等各种遗存；其分布范围宽广又密集，初步认定主要分布在在以莫角山遗址为核心的杭州市余杭区良渚、瓶窑、安溪三个镇内。20世纪80年代以来，人们相继发现反山、瑶山、汇观山、莫角山及土垣遗址等重大成果，从其规模便可见良渚在我国古代文明中的发达和重要性，它是中国甚至整个东方早期文明的圣地。

一提到"良渚"，人们便会想到"良渚玉器"，玉器是良渚文化的典型代表，它不仅雕琢精致、纹饰华美，而且种类众多，数量也极其庞大。世人不禁疑问，古时的人们为何会雕琢出那么多出色的古玉？

爱美之心，人皆有之，古人亦是如此，有人认为，良渚会有那么多的玉器，主要是拿来作装饰之用，正如考古发现距今9000多年的山顶洞人遗址中，有用来装饰之用的石头、骨器项链一样。晶莹剔透的玉自古就受到人们的青睐，人们往往用玉来比喻一切美好的人或事，古时君王、贵族、将士等都有佩玉的习惯，认为玉是君子的化身，汉代《说文解字》中记载："玉，石之美者。"良渚文化中的玉器大多精美雅致，造型优美，其出土的玉琮、玉器还有成串的玉项等都具有很强的装饰作用，因此良渚人用玉来美化自己，装饰生活的说法也并不为过。

也有种说法认为众多的玉是跟古时的祭祀礼仪有关。良渚玉器最大的特点是器身大，纹饰繁多。如玉琮，它是良渚玉器中体积最大的，呈柱状，外方内圆，上大下小，转角处刻有精妙绝伦的兽面纹，两个侧面正好组成一个完整的兽面，给人一种美艳而又神秘的感觉，人们认为这不仅是良渚人高超的艺术想象力的表现，更是一种原始宗教的崇拜，是图腾制度的产物。《周礼》中记载"苍璧礼天、黄琮礼地"，这正好说明了玉和祭祀之间的关联。有人认为，长江中下游地带的巫术文化很可能就是对良渚文化中对鬼神崇拜的继承。

众多玉器的存在还和当时良渚的社会经济相关，以农业生产为主的良渚手工业也十分发达，分工逐渐细致，甚至出现了专门性的生产部门，玉器制作在当时可能已经是一种专门的生产行业，从现今存有的良渚玉器中不难发现其工艺技巧的精湛成熟。

这神秘而又庄严的良渚玉器，究竟是因为装饰，是因为祭祀，或只是因为生产力水平的进步而如此精美，历来都不曾有确凿的考证，不过良渚文化留给后世的惊叹却是应该予以肯定的。

## ·足球是黄帝发明的吗

踢足球是现代社会众多人都喜爱的运动。有不少国家都认为自己是足球运动的诞生地，但是研究者有确切证据表明，足球最早起源于中国，中国古代的蹴鞠就是足球的起源。

蹴鞠是中国古代一种类似足球的活动。《蹴鞠新书》记载了一个古老的传说：足球是黄帝发明的。刘向《别录》中也有类似的记载："蹴鞠者传黄帝所作，或曰起于战国时。"

那么，是否是黄帝发明了足球？1954年，在西安半坡仰韶文化遗址，发掘到了一些大小不一的石球。所以有人认为足球就是黄帝发明的，这些出土的石球就是黄帝时代创造蹴鞠游戏的依据。因为黄河流域正是黄帝部落生活的地区，新石器时代距今约5000年，与黄帝传说的时代也基本吻合。

1972年，长沙马王堆西汉墓中出土了一批帛书，据考证是战国人的著作，其中描述了黄帝部落与蚩尤部落的大战，黄帝部落擒住了蚩尤，把蚩尤的胃做成球，让士兵们踢。因此，当时的战国人认为蹴鞠是起源于黄帝时代。

以上仅是推测，并没有更进一步的佐证，因此黄帝是否真的发明足球已无法考证。不过根据近代发掘所知，中国古代就有类似足球的运动。那么它到底是什么时候开创的呢？

蹴鞠有文献记载是开始于公元前500年的战国时代。据《战国策》记载，纵横家苏秦去各国游说，实现他合纵抗秦的主张时，到过齐国，调查了齐国的经济、军事情况和风俗民情之后去劝说齐宣王，他说：齐国东依大海，人口众多，临淄的男子都很有朝气，热爱生活，"其民无不吹竽、鼓瑟、击筑、弹琴、斗鸡、走犬、六博、踢鞠者"。可以看出，蹴鞠在当时就已是齐国平民喜爱的休闲娱乐。

《西京杂记》中也有记载：刘邦举反秦义旗，又经过五年的楚汉争战，建立了大汉帝国，把他的父亲、母亲接到长安城未央宫去欢度晚年。但是老两口却整天哭丧着脸，并不高兴。于是汉高祖便派人询问原因。原来，两位老人在沛郡丰邑过的是平民生活，茶余饭后的休闲娱乐就是斗鸡、蹴鞠，现在生活改变了，反而不习惯。汉高祖听说后，立即下令，在长安城东建造了一座新丰城，把丰邑人民全部搬迁过去，刘太公也从未央宫搬到新丰城和老朋友一道过着休闲时斗鸡、蹴鞠的快乐生活。

从这两个故事中可以看出，至少在战国时代，蹴鞠在民间就已经广泛流行了。

到汉代以后，蹴鞠因为具有极大的军事训练价值而受到统治者的重视，被列入军事检阅项目。《汉书·艺文志》记载，当时还专门著了一本专业书《蹴鞠》，可惜此书在唐代以后就失传了。

黄帝是否发明足球？这目前还无法考证，但有一点可以证明，那就是这种类似于足球的活动在我国古代早就已经存在了。

# ·笼罩在三星堆上的层层迷雾

三星堆遗址位于四川广汉县南兴镇北。这里有一条称为马牧河的古河道，北岸的阶地形似月牙，叫作"月亮湾"，南岸原有三个大土堆，故称"三星堆"。

遗址总面积12平方公里，其中心区域是一座由东、西、南三面城墙包围着的古城，城区面积近4平方公里，与中原王朝早期王都河南郑州商城相当。如此宏大规模的城市，在3000年前的中国实属罕见。从考古学家目前发掘的情况来看，已出土大量青铜器、玉石器、象牙、贝、陶器和金器等器物，其中最引人注目的有：一件大型青铜立人像、数十件青铜人头像、青铜神树和黄金权杖。

三星堆出土的青铜人像雕塑，是中国古代文化中罕见的珍品，在东方乃至世界的艺术史上占有辉煌的一页。青铜人像高鼻深目形象夸张，极富地方特色；立人像连座高2.62米，是迄今发现的最大的青铜铸像之一，大眼直鼻，方颐大耳，戴冠，穿左衽长袍，佩脚镯。

青铜神树高3.84米，是世界上顶级的古代至宝。树上有九枝，枝上有立鸟栖息，枝下有硕果勾垂，树干旁还有一条龙从树顶下探，生动又神秘。

黄金权杖是用金条捶打成金皮后，再包卷在一根木棒上制成的，金皮上刻有三组以鱼、鸟、人为内容的纹饰，清晰而神秘。

三星堆遗址出土的文物，难倒了众多考古学家们。几乎每个文物都带着难以破译的千古之谜。这些谜团至今为止让学者们争论不休，无法定论。

第一，三星堆文化内涵的确定。三星堆遗址是距今5000～3000年左右的古蜀文化遗址。在遗址内存在面貌不同但又连续发展的三期考古学文化。在三星堆一期文化中出土有玉琮等玉器，所以有学者认为它和长江中下游地区良渚文化等有交流。在二期文化时，三星堆已发展成为高度发达的青铜文化中心，即早期蜀国，它代表了长江流域商代文明的最高成就。有学者认为这比黄河文明还早，这也再次证明了中华文明多元一体的起源。

第二，三星堆青铜文化如何产生？三星堆是蜀地独自产生发展的产物，还是受其他文化影响？本土论者认为其青铜器形象独特，不归属于中原青铜器的任何一类，而且反映了古蜀人对"眼崇拜"等的习俗。外来说认为出土的青铜人高鼻深目、颧面突出、阔嘴大耳，不像中国人倒像是"老外"，于是认为三星堆人可能来自其他大陆，三星堆文明可能是"杂交文明"。

第三，遗址居民属何族？目前有氐羌说、濮人说、巴人说、东夷说、越人说等不同看法。其中古羌人的传说最为大家接受。古羌人的祖先来自西北高原，他们到达成都平原后，与当地土著部落开始争夺土地。后来，一个叫蚕丛的羌人首领称王，由于蚕丛纵目，后来的羌人就铸了大量青铜纵目面具纪念他，即三星堆出土的青铜人面像。《华阳国志·蜀志》中有记载："有蜀侯蚕丛，其目纵，始称王。死，作石棺石椁，国人从之，故俗以石棺椁为纵目人冢也。"

第四，古蜀国何以突然消亡？古蜀国繁荣了1500多年，然后又像它的出现一样突然消失了。关于古蜀国的灭亡，人们假想了种种原因，但都因证据不足始终停留在假设上。其中有水患说，三星堆遗址北临鸭子河，马牧河从城中穿过，因此有学者认为其消亡是洪水肆虐的结果。还有战争说，遗址中发现的器具大多被事先破坏或烧焦，似乎印证了这一解释。另有迁徙说，可是人们为什么要迁徙呢？成都平原物产丰富，土壤肥沃，气候温和，用灾难说解释似乎难以自圆其说。

第五，"巴蜀图语"代表什么？三星堆祭祀坑中发现了一件价值连城的瑰宝——黄金权杖。权杖上面刻有三组以鱼、鸟、人为内容的纹饰，这一纹饰又引起了学术界的争论。有人认为金杖上的符号可能是古蜀人的文字，在《华阳国志》中就有说蜀人"多斑彩文章"。但《蜀王本纪》中则认为古蜀人"不晓文字，未有礼乐"。也有人认为是族徽、图画，或者是某种宗教符号。根据其强烈的宗教信仰来看，最有可能是宗教符号和族徽。学者们对此的争论仁智各见，有的已在试图破译。如果能解读这些图案，必将促进三星堆之谜的破解。

# ·后母戊方鼎是做什么用的

2006年7月13日，第30届世界遗产大会通过中国安阳殷墟入选世界文化遗产名录。殷墟以独具风格、规模巨大、规划严饬的宫殿建筑和商王陵墓体现出恢宏的都城气派而卓绝一时；以制作精美、纹饰细腻、应用广泛的青铜器而闻名中外；青铜冶铸、玉器制作、制车、制骨、陶器、原始瓷器烧造等手工业高度发达。殷墟丰富的文化遗存从各个方面反映出中国古代高度发达的青铜文明。

殷墟的青铜器中，最著名的当属后母戊方鼎。

1939年初春的一个上午，河南安阳武官村农民吴希增出现在村北的农田中，他在这个寒冷的天气出门并不是为了照顾田里的农作物，而是为了寻找文物。那些年，安阳地区沉浸在对殷墟探索的激情中，普通农民吴希增也成为发掘大军中的一员。

吴希增和在安阳频繁出入的文物专家学习了一些考古技巧，他熟练地将探杆钻入十多米深的地下。随即，他感觉探杆碰触到了异物，取上来一看，探头钻上了某种硬物，卷了刃，还沾着一些绿色腐蚀物。吴希增知道自己探到了宝物，欣喜若狂，立刻找人开挖。那天半夜，在地下沉睡了千年之久的后母戊方鼎从冻结的泥土中露出真容，再次与这个世界亲密接触。

后母戊方鼎让当时参与发掘的人震惊不已。它高1.33米，长1.10米，宽0.78米，重达875公斤。据专家估算，从炼铜的浇铸、制模到拆范，至少需要130多位工人同时工作。更让人惊叹的是，后母戊方鼎中铜、锡、铅的含量比例与现代所铸青铜中各成分的比例基本相同，可见几千年前商朝人的冶炼技术就已经达到了登峰造极的地步。

后母戊方鼎又被称为司母戊大方鼎，因为它迄今为止是发现的最大的中国古代青铜器。当年吴希增组织了40多人进行挖掘，他们在挖掘洞洞口搭了一个架子，使用的两条5厘米粗的麻绳都中途断裂，没能将鼎提出地面。后来还是采用了在鼎下填土、逐步抬升的方式将鼎挖掘了出来。

鼎是古代烹煮食物的用具，多厚重，通常为圆腹、两耳、三足，呈盆、盂状、斗状。古代祭祀或典礼时会用鼎向天神、祖先呈上烹煮的肉类，慢慢演变成了一种祭祀用具。后母戊方鼎就是一位商王纪念母亲所制造的。

后，指皇后、太后；母，指母亲；戊，是母亲的名字。商代王室都是以干支来命名的，比如商王"武丁""盘庚"等。据甲骨文史料载，配偶为"戊"的商王共有4位，分别是大丁、武丁、祖甲、武乙王。专家通过分析认为，"戊"最有可能是武丁或祖甲王的妻子。后母戊方鼎的样式、化学成分与商王武丁的王后"妇好"墓中出土的"后母辛鼎"都非常相似，因而推断"戊"是武丁的另一位王后。后母戊方鼎很可能是商王武丁的儿子为纪念母亲而制造的祭祀用具。

后母戊鼎从历史、工艺上都具有重要意义，是中华文化的一种象征。

# ·中山王墓为何存在大量鲜虞族珍宝

中山国是春秋战国时代的一个小国，一直在历史的烟尘中若隐若现，真实的历史面貌在史书中难得一见。1974年，考古队在河北省平山县战国时期的遗址进行发掘工作，不仅发现了中山国的国都灵寿，还在不远处发现了中山国王璺的陵墓。

中山国王璺是一位有为的君王，他在位期间，中山国国力空前强大，他甚至以中山国弹丸小国之力有过伐燕攻赵的壮举。璺王过世后，按照当时的普遍风俗大兴陵墓。璺王生前生活就非常奢侈，死后陵墓的奢华程度也可想而知。

璺王陵墓平面看起来近似"中"字，南北有长达105米的墓道。陵墓有两座车马坑，一座葬船坑，一座杂殉，还有六座陪葬墓。在这些墓葬中出土了大量随葬品，可供后世一窥中山国的文化面貌。

出土的物品中大部分为青铜器、金器、银器，做工造型无不精美，并带有北方民族文化风格。

战国时期的青铜铸造技术已经达到了一个新的高峰，青铜的镶嵌工艺在当时也颇为进步，当时还涌现了大量错金错银的艺术品，工匠们将这种手法运用到艺术品的制作中，体现了高超的技艺水平。

墓葬中出现了青铜山字形器，造型独特，见者无不惊叹。中山国的工匠在熟练掌握青铜器制作工艺的同时，融入了本国特有的文化元素，创作出了极具地方特色的艺术品。

除了融入地方特色，中山国的工匠还擅长人物和动物的形象塑造，十五连盏铜灯就是一件最具代表性的艺术瑰宝，这座灯远观似一株枝繁叶茂的大树，灯座饰有镂孔透雕三虎头六身夔龙纹，主干部分向四周伸出了7条树枝，托起15盏灯。灯的每个枝节都是活动可拆卸的，具有很高的实用价值。每节树枝亦可拆卸，树枝上塑造有夔龙、小鸟、小猴等艺术形象，黄白辉映，艳丽多彩，生动俏皮，活灵活现。更有趣味的是，树下还有两个奴仆形象的人物正在抛撒食物戏耍猴群，具有浓郁的生活气息。

青铜龙凤方案是用错金银工艺制作出来的艺术精品，此案层次复杂，最下层以四头鹿为支撑，再上一层由飞龙盘曲，龙头构成四角，架起四方形案面框，龙间又有凤鸟飞舞，生动华丽。专家认为，青铜龙凤方案最初很有可能配有一个漆木桌面，随着时间的流逝已经腐朽。

中山王墓中出土的随葬品数量惊人，仅一号和六号墓出土文物就达19000多件。这些随葬品大部分与中原文化密不可分，其中的陶制、青铜制的礼器就与同期的魏国、赵国墓葬品风格相近、工艺类同。但是仔细观察这些文物就会发现，这些物品体现出了其他国家所少有的少数民族风格。譬如帐幕构件，只有游牧民族的马背生活才用得上，而这种物品却出现在了中山王墓中。中山国的山字形器与华美的动物造型器物，都流露出了浓郁的民族风情。

一些专家考证，中山国最早是由北方游牧民族鲜虞族所建立的。战国是一个民族大融合的时代，鲜虞族被时代的洪流所影响，逐渐结束了游牧生活转而依靠农耕生活。生活方式改变了，文化并没有消失，这也就是为什么会在中山王墓里发现大量鲜虞族风格珍宝的原因。

## ·曾国国君墓建在随国的真相

湖北随县在战国时代属于随国地域。1978年2月，随县的一支驻军在县城西北处扩建营房，在一片与地面颜色不同的"褐土"中挖出了2米多长、1米宽的长方形大石板，遂向襄阳地区文化馆报告。考古队经过勘探发现：这片"褐土"是个面积达220平方米的超大古墓，比马王堆汉墓还要大6倍。

考古队首先清理现场，然后决定起吊墓葬椁盖板。可是，墓葬中的47块椁盖板均由60厘米见方的梓木做成，最长的达10.6米，重约4吨。这给起吊工作造成了很大难度。最后，动用了10吨大吊车才得以成功。

椁盖板揭开后，人们发现：地宫中所有的文物都浸泡在了3米深的浑水里，水面上浮着一些乱七八糟的棺木。工作人员只得往外抽水，随着水面的下降，三段横梁和一根木柱慢慢出现。顺着横梁往下摸，让人们惊喜的事情出现了——水下有一排编钟！

1978年5月份，墓室积水终于抽干，编钟完全从水中露了出来。音乐家立即对出土的全套编钟逐个进行测音。检测结果显示：这套编钟音域跨越了5个八度，比现代钢琴少一个八度，中心音域12个半音齐全。

欣赏着编钟演奏的优美的乐曲，人们不禁生出疑问：这究竟是什么人的墓葬，为何会有如此华贵的编钟作为陪葬品？

在65件全套编钟里有一件最显眼的大钟，它高92.5厘米，重134.8公斤，悬挂在巨大的曲尺形钟架最下层的中间。重要的是，钟的镇部刻有31字铭文，铭文的内容没有一字是涉及乐律方面的。这说明此钟与曾侯乙编钟原本不是一套，应该是下葬时临时加进去的。学者们还发现，它代替下层最大的一件编钟挂在了最显眼的位置，显示了它的重要性。铭文中的内容记载了这个大钟的来历。

原来，这是楚国送给曾侯乙的礼物。据历史记载，楚昭王十年（公元前506年），吴王阖闾率兵攻打楚国，五战获胜，最后攻破了楚国的都城。破城之时，楚昭王慌忙从郢都逃走，到云梦泽时，被吴军射伤。经过几番辗转，楚昭王逃到了随国，即历史上有名的"楚昭王奔随"。吴王阖闾听说了，立即率兵追到随国。这时曾侯乙保护了楚昭王，楚昭王因此感激不尽。后来，楚国援军赶到了，大败吴军，吴王只好带兵离开了楚国，楚昭王终于得以保全性命，回国复位。到楚惠王（即楚昭王的儿子）时，为报答曾侯乙的救父之恩，就将此钟送给了他，以表达两国的友好关系。

就此可以确定，这是曾侯乙的墓穴，这套编钟也被命名为曾侯乙编钟。

一个问题解决，另一个问题接踵而来。既然是曾国的国君，为何他的墓穴会在随国被发现？

一些学者认为，随国其实就是曾国。一国两名的情况在历史上曾经出现过，譬如晋又称为唐，韩又称为郑。随国、曾国国君都姓姬，且一些考古遗迹显示，两国有很深的渊源。但是另一些专家对此种说法抱有怀疑，在关于西周的文献中，对曾国和随国都有明确的记载，两国是各自独立存在的，说曾国就是随国，有待商榷。

孰是孰非，一时难有定论。曾侯乙的墓葬地点之谜，只有等待更多的考古发现作为依托，才能解开。

## · 秦始皇的传国玉玺在哪里

蔺相如"完璧归赵"的故事主要讲的是蔺相如怎样利用自己的聪明才智替赵国保住了价值连城的和氏璧。然而，和氏璧的故事并没有到此就完全终结。

后来，秦王嬴政依仗强大的军事力量，兼并六国，一统天下，并从赵国又夺回了那块和氏璧。秦王自封"始皇帝"登基后，为了显示自己"德高三皇，功盖五帝"，特地用和氏璧制作了"传国玉玺"，并刻上"受命于天，既寿永昌"八个大字。传国玉玺外部螭龙盘踞，张牙舞爪，是皇帝独尊和无上权威的体现。当时著名玉工孙寿刻制玺纹，著名书法家李斯题写玺文。自秦始皇后，传国玉玺开始辗转流传，历代帝王都视之为承天受命的神圣之物，为得到它而心机费尽。

除历史价值和艺术价值巨大外，传国玉玺格外引人注目的另一个原因还在于它在流传过程中时隐时现，且到目前为止仍下落不明。

传说公元前219年，秦始皇南巡洞庭湖时，突然风浪四起，秦始皇的船面临被刮翻的危险。秦始皇将传国玉玺抛入湖中，以此祭祀水神，压住波浪后平安过湖。8年后，当他出行至华阴平舒道时，有人持玉玺站在道中，对始皇侍从说："请将此玺还给祖龙（秦始皇代称）。"说完就消失了。传国玉玺重新回到秦始皇手中。

秦末，刘邦率兵攻入咸阳时，秦亡国之君子婴将"天子玺"献给刘邦。刘邦登基后称其为"汉传国玺"，珍藏在长乐宫，成为皇权象征。西汉末王莽篡权，逼迫掌管玉玺的孝元太后交出玉玺，太后一怒之下将玉玺扔掷地上，玉玺被摔掉一角，后来用金将其补全，因此留下瑕痕。

王莽政权被推翻后，玉玺落到了汉光武帝刘秀手里，并传于东汉诸帝。东汉末年叛乱时，少帝仓皇出逃，来不及带走玉玺，返宫后发现玉玺失踪。后来孙坚部下在洛阳城南甄宫井中打捞出一宫女尸体，从她颈下锦囊中发现"传国玉玺"，从此孙坚做起了皇帝梦。不料孙坚军中有人将此事告诉袁绍，袁绍得知后，逼孙坚交出玉玺。后来袁绍兄弟败死，"传国玉玺"又重新回到汉献帝手里。

三国鼎立时，玉玺属于魏国，晋一统三国后取得了玉玺。西晋末年，北方陷入朝代更迭频繁、动荡不安的时代，"传国玉玺"被不停地争来夺去。晋怀帝永嘉五年（公元311年），玉玺归前赵刘聪所有。东晋咸和四年（公元329年），后赵石勒灭前赵，夺得玉玺；不久后赵大将冉闵杀了石鉴自立，将玉玺夺得。此阶段还出现了几方"私刻"的玉玺，包括东晋朝廷自刻印、西燕慕容永刻玺、姚秦玉玺等。到南朝梁武帝时，降将侯景反叛，劫得传国玉玺。不久侯景败死，玉玺被投入栖霞寺井中，经寺僧将玺捞出收存，后献给陈武帝。

隋唐时，"传国玉玺"仍为统治者至宝。五代朱温篡唐后，玉玺又遭厄运，后唐废帝李从珂被契丹击败，持玉玺登楼自焚。

由于历代统治者极力宣扬获得传国玉玺是"天命所归""祥瑞之兆"，自宋代起，真假传国玉玺屡有发生。如宋绍圣三年（1096年），咸阳人段义称修房舍时从地下掘得的"色绿如蓝，温润而泽""背螭钮五盘"的玉印，经翰林学士蔡京等13名官员"考证"，认定是"真秦制传国玉玺"的玉印。然而，据后世人考证，这是蔡京等人为欺骗皇帝玩的把戏。

明弘治十三年（1500年），户县毛志学在泥河里得玉玺，由陕西巡抚熊羽中呈献孝宗皇帝。而另外相传元末由元顺帝带入沙漠的传国玉玺，曾被后金太宗皇太极访得，皇太极因而改国号"金"为"清"。清初故宫藏玉玺39方，其中被称为传国玉玺者，却被乾隆皇帝看作赝品，可见传国玉玺的真真假假实难确定。

## ·塞外彩色陶罐来自何方

在新疆维吾尔自治区乌鲁木齐南郊乌拉泊水库旁的一座古墓里，曾出土了一件彩色单耳小陶罐。

这个陶罐高14.8厘米，口径9.5厘米，底径5.5厘米，敞口短颈，鼓腹圆底，在颈腹间还有一宽带状的单耳。陶罐为手制，外涂一层土红色的陶衣，陶衣上通体涂绘暗红色的花纹。陶罐颈部是上下两排三角形花纹，腹部为上下两个三角形花纹演变而成的勾连的涡卷纹，耳柄上绘有斜纹方格网状纹，口沿内壁还绘一圈带纹。整个陶罐制作精巧，色泽艳丽，纹饰醒目，是一件美丽的原始艺术品。

令人惊异的是，在哈密哈拉墩地区和乌鲁木齐南山阿拉沟地区的古墓中，也发现了同样形制的陶罐。于是人们不禁要问，这是古代哪个民族创造的艺术品？陶器上彩绘三角纹、涡卷纹的花纹表现了什么？这些问题至今还不得其解。但专家学者经过长期的研究发现，这些彩色的陶罐应该与中原文化有着一定关系。

其实，新疆地区在很早以前就跟中原王朝有联系了。

战国时期的《山海经》和《穆天子传》中有记载，说周穆王曾西巡昆仑会见西王母。这个故事应该是中原王朝与当时的新疆地区有接触的最早记录。新疆维吾尔自治区境内考古发掘出土的大量陶器，其中不少彩陶的图案纹饰与中原内地同期出土的陶器图案纹饰相同或相近似。说明中原地区彩陶艺术已影响到新疆彩陶文化的发展。

两汉时，汉武帝统一西域，开通丝绸之路，于是东西方文化在这里汇聚、交融，促成西域文化空前繁荣发展。在尼雅遗址出土的锦被上写有"千侯合昏，千秋万岁宜子孙"的小篆汉字和纹样，出土的锦袋上有"五星出东方利中国"的篆书文字。这些文物都揭示了汉、晋时期尼雅与中原王朝密切的政治和经济关系。

唐代时，岑参、骆宾王、洪亮吉等诗人都曾写过脍炙人口、久传不衰的"边塞诗"，说明当时的文人雅士在西域也有所作为。

由此看来，这个塞外彩色陶罐很有可能是在中原文化、内地彩陶艺术的影响下制作出来的。

## ·汉代帝王为什么要穿金缕玉衣下葬

据《西京杂志》记载，汉代帝王下葬都用"珠襦玉匣"，形如铠甲，用金丝连接。所谓"珠襦玉匣"，就是金缕玉衣。因身份地位的不同，金缕玉衣连缀玉片所用缕丝的材质也有金缕、银缕、铜缕和丝缕的差别。由于金缕玉衣象征着帝王、贵族的身份，所以对其制作工艺的要求非常严格。

汉代的统治者设立了专门从事玉衣制作的"东园"。制作玉衣时，所用的玉料要经过开料、锯片、磨光及钻孔等程序，再把玉片按照人体的不同部分设计成不同的大小和形状，有正方形、长方形、半月形、三角形等，大的有9平方厘米，小的还不到1平方厘米。然后用金线穿过这些玉片四角的小孔，将所有玉片连缀在一起。按照2000多年前的生产力水平，制作一件中等型号的玉衣所需的费用相当于当时100户中等人家的家产总和。就拿满城汉墓出土的金缕玉衣来说，刘胜玉衣全长1.88米，共用玉片2498片，金丝1100克，窦绾玉衣比较短小，也用了2160片玉片，金丝700克。刘胜的一件玉衣，就是由上百个工匠花了两年多的时间完成的，所费的人力和物力是十分惊人的。

那么，汉代的人为什么如此重视以玉衣做殓服呢？原来历代帝王都渴望长生不老、灵魂不灭，这是他们人生中的一件大事。帝王们生前就费尽心机寻找长生不老药，或者命人炼制丹丸用以养生。即使死了，他们也不放弃这种求生的欲望，希望继续维持死前的生活。依古人的观点，人死之后会魂魄分离，魂气升天，形魄归地。而怎样才能使魂气升天，又要形魄不腐呢？只有用玉。他们认为玉石是天地之精，有防腐功能，能使尸体不朽，玉塞九窍，可以使人气长存。

其实，用玉殓葬的做法早在4000年前就出现了。到西周时期，丧葬用玉才形成制度，出现了放入死者口中的玉含、握在手中的玉握和盖在脸上的玉覆面等。所谓玉覆面也叫"面幕"，即用玉石制成人的眉、眼、耳、鼻等部位，并将其缀在一块布上。东周时期，开始在死者穿的衣服上缀一些玉，这就是玉衣的雏形。但是，帝王和权贵们过度迷信玉的防腐作用，他们死后除身穿玉衣外，还要在胸部和背部放置几块玉璧，并且搭配有用玉做成的眼盖、鼻塞、耳塞、口含，以及罩生殖器的小盒和肛门塞，即所谓的"玉塞九窍"。其中最讲究的是做口含用的玉蝉，古人认为蝉只饮露水而不吃东西，是一种清高狷洁的昆虫。口含玉蝉寓意着灵魂离开尸体，正如蝉从壳中蜕变出来时一样。也有学者认为，汉人用玉蝉做口含，是从蝉蜕转生而领悟再生，希望死者只是暂时死去，还能够复活和再生。但是，美好的不朽之梦并没有因为有玉覆体而实现，无论帝王还是贵族，他们的尸体都没能敌得过岁月的侵蚀，最后都腐烂成了一堆白骨。

由于金缕玉衣价格昂贵，汉代帝陵比其他时代的皇陵招来了更多的盗墓贼，帝王贵族不但达不到尸体不腐的目的，就连骨架都被人焚为灰烬。直到公元222年，魏文帝曹丕做了魏国的皇帝，他认为使用玉衣是"愚俗所为也"，于是下令废除了以玉衣随葬的制度，有关金缕玉衣的历史才算结束了。

## ·中山靖王墓为何只有金缕玉衣没有尸体

在河北省满城县西北有一座叫作陵山的山丘，山的附近还有两个名叫守陵的村子，村子里的老人说他们是守陵人的后代，所以这个村子就叫守陵村。但是村子的年代已经很久远了，人们谁也不知道他们到底守的是什么陵，陵又在哪里。长久以来，人们只是把这些说法当作故事听，并没有人追究这里到底是不是真的有陵。然而，1968年，这里竟然真的发现了古代陵墓。

当时，一个200多人的解放军机械连驻扎在南马村一个工厂里。5月，他们接到命令到陵山去开凿防空洞，无意中发现了这里的古墓。为了保密并防止文物损坏丢失，发掘过程中，由驻军抽出一部分人配合专家进行工作。

传说，一些帝王的陵墓为了防止别人进入，设置了很多暗器，所以进洞时，为保护专家，部队战士们在最前面带路。他们沿着施工时挖出的洞口进入，顺着南耳房慢慢走，就到了一个约20平方米的大厅。大厅里整齐地摆放着琳琅满目的金器、银器、陶器、铜器等物品。再绕过中间的大渗井，就到了北耳室，这间墓室里醒目地摆着十几个大酒缸，足够装下几千斤的酒。

从甬道再向西是一个大厅，大厅里分三个区，地上放着数百件不同用途的器具，一些铜器上刻有"中山府""中山内府""中山宦官"等字样和32年、34年、36年、39年等纪年标志。地上还有大量古钱币，钱币的形制很像西汉王朝时期的"五铢钱"。

从这些铭文，考古专家推测，墓主人应该是一位西汉中山国的诸侯王，而且他的在位时间不低于39年。对照史籍，符合这两个条件的应该是中山靖王刘胜。但是，墓主的身份只有找到墓主的棺椁之后才能确定。

考古队长带领大家穿过大厅，在最后的石壁上找到了一扇封闭的石门，这应该就是陵墓的核心，墓主的所在地了。打开这扇石门用了五六天的时间，石门开后，里面有一张汉白玉铺成的棺床，上面的棺椁都已腐烂，只有一件衣服样的东西留在上面，四周还放了很多兵器、铜器和玉器等，衣服上面有一层厚厚的污泥，已经看不出原来的颜色。专家们仔细擦拭后发现，这竟然就是有文献记载的金缕玉衣！

但是，这种金缕玉衣是皇帝才有资格穿的，而刘胜只是一个诸侯王，这又推翻了考古人员以前的判断，墓主的身份又变得扑朔迷离。

不久，另有专家也参与发掘工作，根据分析，玉衣的等级制度是在西汉晚期才实行的，刘胜所处的西汉中前期并不严格，也就是说，可以从铭文上确定，墓主就是刘胜。

但是，墓主人的尸骨还是一直没有找到。专家判断，按照汉代"同坟异葬"的习惯，在陵墓以北应该还有一座陪葬的墓，或者是刘胜夫人的墓，或者是埋葬着刘胜尸骨的墓。

考古人员依专家所说继续进行挖掘，果然发现了另一座墓，这就是刘胜之妻墓——窦绾墓。在窦绾墓中又发现了一件金缕玉衣，玉衣之下发现了人的脊椎骨、肋条和牙齿，仍然没有整体的骨架。

后经专家论证，认为刘胜墓金缕玉衣中并不是没有尸体，而是因为自然条件不适于尸体的保存，加上厚葬的物品化学成分复杂，尸体已彻底腐烂。

汉墓主人之谜至此解开。

刘胜当年为了让尸体不腐而制作了价值不菲的金缕玉衣，没想到尸体先于玉衣腐坏，甚至被人误以为玉衣只是一具空壳，不能不说是一个莫大的讽刺。

# ·汉代灯具如何体现环保意识

灯具是我国古代的照明器具。其形状为下有座，中有柄，上用金属圆盘或小瓷碗，燃以膏油。

汉代的灯具，是对秦以前灯具的继承和创新。从形式上说，有座灯、吊灯、多枝灯等；从质地上说，有陶灯、青铜灯、铁灯、玉灯和石灯，其中以青铜灯具最为多姿多彩；从造型上说，有人物形象、动物形象、器物形态等。

两汉的灯具不仅外观好看，种类繁多，而且在设计之中加入了环保的意识，体现了科学和艺术性的高度统一，显示了劳动人民的高超技艺。

在当时，灯具的燃料主要是动物油脂，虽然实现了照明功能，但有一些没有完全燃烧的炭粒和燃烧后留下的灰，造成室内烟雾弥漫，污染了室内的空气和环境。因此汉代的座灯大多设计有导烟管，并在灯体内注入清水。当灯燃烧时，烟尘通过导烟管溶入体腔内的清水从而实现了环保功能。大部分象形灯具都用身体中的某一部分作为导烟管，如人的手臂、牛的双角、凤、雁、鹅的颈部等。

储水滤烟环保灯具是我国汉代灯具在功能方面最先进的发明创造。而西方油灯直到15世纪才由意大利的达·芬奇发明出铁皮导烟灯罩，可见汉代灯具设计的科学性和先进性在世界灯具史上的地位。这类富有环保意识的灯具在考古工作中连接不断地被发现，而且分布的地域由北到南，由东到西，十分广阔。

西汉中山靖王刘胜的妻子窦绾的墓葬中发掘出一盏长信宫灯。长信宫灯就是一项防治灯具污染环境的巧妙发明。这盏灯具的造型是一个双膝跪地的宫女，左手托着灯座，右手伸入灯罩。灯具通高48厘米，通体鎏金，至今仍然灿烂发光。这盏灯具设计、制作都非常精美灵巧，它的灯盘、灯座和执灯宫女的右臂、头部，都可以拆卸，灯盘中心有一根钎，是用来插蜡烛的。灯罩和灯盘能够随意开合，这样就可以根据人们的需要，随时调节烛光照射的亮度和角度。宫女的右臂实际上是烟道，它与宫女的身体连通，双膝跪地的宫女下部底层设水盘，这样，灯烟通过宫女右臂、身体、进入底层水盘，经过滤以后，去掉灯烟中的尘埃和异味，排出的是比较干净的烟，从而减轻了灯烟对室内环境的污染，避免房屋墙壁和室内器物被熏黑。

与长信宫灯类似的汉代灯具，在考古工作中陆续有所发现。1980年5月，在江苏省甘泉乡出土了东汉错银饰铜牛灯。该灯通高46.2厘米，灯盏承接在牛背中的圆形座基上，牛头顶部有烟筒直上而后弯曲与灯罩相接，牛腹是空的，可以储水然后过滤烟尘。

1985年，在山西省平朔县出土了西汉雁鱼铜灯。该灯通高53厘米，整体造型为一回首衔鱼的鸿雁，雁颈与灯体以子母口相接，鱼身、雁颈、腹腔中空并相通，雁腹中空可储水，灯盘为圆形直壁，鱼腹下为圆形覆口与灯盘相对应。灯盘所附短柄可自由转动以控制两片弧形屏板灯罩的左右开合，这样既能挡风，又可调节灯光亮度。鱼鳞和雁翅部位铸有精细的纹理，铜灯上遍施华美的彩绘，红、绿、蓝、白的装点让静止的灯具鲜活灵动起来。灯火点燃时，烟雾通过鱼和雁颈导入雁腹体内，雁腹中有水，可以过滤烟气，防止油烟污染空气。这种带烟管与销烟功能的灯具有如此优越的功能，使之在当时风靡一时。

由此我们可以看到，利用清水净化灯烟尘埃的科学思想在西汉时期已经受到了人们的普遍重视，而且非常盛行，已经成为当时的一种风尚。环保灯具虽小，但它体现出来的环保意识却是很珍贵的。

# ·千年古莲种子为何仍能发芽

20世纪50年代初，在我国辽宁省新金县西泡子的洼地当中，科学家在泥炭层中采集出了一些古莲子，这些古莲子外壳坚硬，犹如小石子，但是在科学家的努力下，这些"小石子"却焕发了新的生命，长出了嫩芽；70年代中期，我国科学家在同一地区又发掘到了古莲子，后经培育也成功发芽。

科学家经仪器测定，这些采集到的古莲子的寿命约在830～1250岁之间，是目前所知的世界上寿命最长的种子。这个现象令科学家惊奇不已，因为普通的种子的存活期一般只有几年时间，而这些古莲子寿命却在千百年间，更不可思议的是，这些古莲子竟还能发芽。这是怎么回事呢？

美国洛杉矶大学的植物学家申女士对此做了多年的研究，她将两颗寿命在500年的古莲种子在实验室里经过培育，结果其中一颗成功发芽，但是遗憾的是，3个月后这颗芽却死亡了。三年后，这位华裔科学家又进行了一次实验，这次实验取得了成功，实验用的两颗古莲种子都发了芽。这两颗种子的寿命分别是408年和466年。

但是很快，申女士又发现了一个问题，虽然古莲种子成功发芽，但是它们的形态与现代莲花非常不同，可能无法适应现代的环境。这位科学家认为，古莲能如此长寿，可能与土壤的辐射有关。她的同事盖曼·哈伯特在研究中发现，发现古莲种子的土壤存在轻微的辐射，虽然其强度没有人们想象中的那么高，但是历经近千年后，它所产生的效果依旧是惊人的，而正是这种辐射，保证了古莲种子能够存活到如今。

然而也有科学家不认同这种观点，他们更多的相信，这与古莲种子所身处的环境有关，古莲种子一般埋于60厘米的泥炭层中，吸水防潮性能良好的泥炭给古莲种子创造了一个完全密闭的环境，使得这些种子保存了自身的生命力。

另有一种观点认为，这是古莲种子本身的特性决定了如此长的寿命。莲子的外壳坚硬密闭，就像一间不通风的木屋，将种子牢牢裹挟在里面，这种特殊的构造使得外面水汽无法渗入，同时，也阻止了内部的水汽的散发，这就使种子内部的生命运动处于极为微弱的状态，如同狗熊冬眠，收拢了力气，等到合宜的状态就会重燃生命之光。

古莲种子为何如此长寿，研究者众说纷纭。

## ·中国古铜镜透光之谜

许多人都曾有过手拿一面镜子或是玻璃，对着阳光，看着其反射在墙上的影子傻笑的回忆，那个明亮的光圈足以让我们展开笑颜，却不知在中国古代有更为神奇的现象，那就是拿一面古铜镜对着太阳，阳光透过金属的镜面，反射在墙上的竟是镜背的图案和文字，恍若阳光直直地穿透铜镜，故而称之为"透光镜"。

透光镜大约产于西汉时期，古人对这神奇的透光现象十分感兴趣，留下了大量的记载，《古镜记》中说："承日照之，则背上文画墨入影内，纤毫无失。"清朝著作《金石索》描述"透光宝镜，仙传炼成"。沈括的《梦溪笔谈》记述："世有透光鉴，以鉴承日光，则背文及二十字皆透在屋壁上，了了分明。"直到现在，上海博物馆还收藏有一面西汉时期的透光镜，引来了无数民众和学者的关注。

这样一面看似普通的古铜镜又是如何透光的呢？北宋科学家沈括认为，因为在铸造的过程中，镜背有花纹的地方要厚一些，其冷却的速度也要慢一些，根据热胀冷缩的原理，镜子各处的收缩程度出现了差异，平滑的镜面也就有了与镜背相对的凹凸不平，只是用肉眼难以察觉出来。这一说法受到现代很多学者的追捧，认为正是这镜面的曲率差异使反射出的光聚散程度不一，形成了明暗不同的图案。

然而元朝的吾丘衍却提出另一种看法，他认为之所以铜镜反射的光影会有同镜背一样的图案，很有可能是在镜面嵌入了和镜背相同图案的另一种材质，磨平之后，隐藏于其中，人们无从发觉，明朝学者何孟春、方以智等都赞同他的观点。但是也有人质疑，古铜镜本身就很薄，根本就不能进行镶嵌的操作。

还有人认为是跟镜子铸成之后的加工刮磨有关，铜镜铸成后会用压磨棒刮擦镜面，这就使得有薄厚差异的镜子受到了压力，薄的地方会向内凹，厚的地方向外鼓起，压磨棒离开镜面后，隆起的地方因为弹性回缩，但仍旧会有微微的鼓起，因而形成了图案。这个方法被日本人和欧洲人运用，并且成功地制造出了透光镜。

古代透光镜的现象凝聚了中国古代人民的智慧，是我国研究古代科技及其历史的重要资料，其中的奥妙在纷争中继续引发人们的思考。

## ·丹丹乌里克古壁画揭秘古代于阗社会

在新疆维吾尔自治区和田市东北部塔克拉玛干沙漠深处的玉龙喀什河畔，有一座重要的佛教遗址叫作丹丹乌里克。

丹丹乌里克在唐朝的时候又被称为梁榭城，属于当时的于阗（即今于田）国。在当时，西传的印度文化、当地的本土文化和中原文化在这里相互交融，形成了极具特色的文化风格，当地成为一个重要的佛教文化中心。20世纪初，英国考古探险家斯坦因首先发现了它，但是在此之后丹丹乌里克又突然消失了。直到20世纪末，新疆文物考古工作者才再次发现了隐匿近百年的丹丹乌里克遗址。

人们在丹丹乌里克遗址发现了许多古代的文书、钱币、雕刻、绘画等文物，其中有几幅珍贵的唐代木版画和壁画，引起了人们的高度关注，这就是《鼠神图》、《传丝公主》和《龙女图》。

这些绘画所描述的内容与唐代高僧玄奘所写的《大唐西域记》中的记载几乎完全一致，这让人们十分惊奇。人们或许认为玄奘的《大唐西域记》是胡编乱造，但是这些沉寂了千年的古画，让人不得不相信那些神话传说的真实性。

《鼠神图》上画着一个鼠头半身人像，头戴王冠，背有椭圆形光环，坐在两个侍者之间。而在《大唐西域记》中就有一则神话故事《鼠壤坟传说》。

传说于阗国都西郊有一座沙包，被人称做鼠壤坟，当地居民说此处有大如刺猬的老鼠，其中有毛呈金银色彩的巨鼠为群鼠首领。有次匈奴数十万大军侵犯于阗，就在鼠壤坟旁屯军驻扎，当时于阗国王只有数万兵力，难以抵挡匈奴大军。于阗国王虽然知道沙漠中有神鼠，但从来都没有祭拜过，大敌当前，君臣惊恐不知所措，于是于阗国王就摆设祭品，焚香求救于神鼠。是夜，国王果然梦见一大鼠，愿意助他一臂之力，于是第二天交战的时候，匈奴兵的弓弦、马鞍、军服等都不知在什么时候被老鼠给咬破了，这样一来，于阗军大胜。为了感谢神鼠，国王就下令建造了神祠来供奉它。或许木版画上的那只威风凛凛的老鼠就是鼠王吧。

《传丝公主》木版画上画的是一个古代贵妇。她戴着高高的帽子，帽子里似乎还藏着什么东西，在她的两边都跪着侍女，左边的侍女正在用左手指着贵妇的帽子。这幅画的一端有一个篮子，装着满满的葡萄之类的东西；另一端是一个多面形的物体。那么究竟画中描绘的是怎样的场景，又有什么样的含义呢？

研究者根据《大唐西域记》中的故事，发现画中的贵妇是将蚕桑业介绍到于阗的第一个人。这个贵妇是唐代的公主，因为被皇帝许配给于阗王，当时于阗国没有蚕丝，国王恳求公主能将蚕种带过来，可是当时唐朝是严禁蚕种出口的，于是聪明的公主将蚕种藏于帽内，顺利出关了。因此，画中篮子里装的根本就不是葡萄，应该是蚕茧，而另一端的多面形的物体应该就是纺车了。

《龙女图》上描绘的是一个头梳高髻的裸女，佩戴项圈、臂钏、手镯，站在莲花池中，左手抚乳右手置腹，扭腰出胯呈三道弯姿势，欣喜而又羞涩地回首俯视脚下的男童。男童也赤身裸体，双手抱住裸女的腿，仰望着她。那么，这幅画又是什么意思呢？细读《大唐西域记》，会发现这与其中的故事《龙女索夫》惊人地吻合。

传说于阗城东南方有一条大河，用以灌溉于阗国无数的农田，可是不知什么原因，河水突然断流了。当地的百姓听说这件事情与河中住着的龙有关，于是就请求于阗国王在河边建一座祠庙进行祭祀。果然，在进行祭祀的时候，河里出现了一个龙女，她说自己的丈夫去世了，如今自己无依无靠，希望国王能给她找个丈夫，如果满足了她的条件，水流就会恢复如常，于是国王挑选了一个臣子，穿着白衣骑着白马跃入河中。从此，河水就再也没有断流过。根据佛教绘画神大人小的处理方式，画中的裸女应该就是龙女，而那个男童就应该是她的新婚丈夫。

但是对于这样的解释，有些专家学者还是提出了异议。认为这些木版画和壁画是佛教绘画，应该从佛教故事中寻找来源，而不是当时的世俗生活。然而仁者见仁，智者见智。无论如何，丹丹乌里克发现的绘画作品，为人们打开了古代于阗社会生活的一幅幅画卷，其意义已经远远超出艺术本身的价值。

## ·敦煌莫高窟为什么选址荒漠中的鸣沙山

位于河西走廊西端的敦煌，拥有世界艺术上璀璨的明珠"莫高窟"。莫高窟有精美的佛教壁画4.5万平方米和典雅的佛教雕塑2415尊，俗称"千佛洞"，有"东方卢浮宫"的美誉。

敦煌莫高窟并不是在一个时代集中修建的，它始建于十六国的前秦，后来历经十六国、北朝、隋、唐、五代、西夏、元等多个朝代的建设，形成了今天的规模。莫高窟南北长约1600多米，洞穴上下排列多达5层，如蜂房般鳞次栉比，非常壮观。莫高窟还有藏经洞，整理出了成千上万的古代文物。近代才出现的敦煌学，就是专门研究藏经洞典籍和敦煌艺术的。

莫高窟开凿在敦煌市东南25公里处鸣沙山东麓断崖上，一个艺术的明珠，文化的宝库，为什么不建在人流密集的地区或者交通要道，而要建在偏僻荒凉的戈壁荒漠？最流行的说法，是圣地异象说。

前秦苻坚建元二年（公元366年）的一个黄昏，沙门乐尊者游历经过鸣沙山，发现眼前出现了壮丽恢弘的景观：整个鸣沙山被金光笼罩，仿佛有千万金佛在光线中现出身形。尊者赞叹不已，虔诚地下跪祈祷。尊者认为，这是一块神圣的土地，于是他在此地主持开凿了第一个洞穴。在随后的岁月中，敦煌逐渐成为重要的贸易中转站，各国商贾云集至此。商人出门在外，求财、求平安，有钱的商贾巨富纷纷出资开凿石窟，莫高窟佛教文化石窟群日益壮大。在唐代鼎盛时，形成了"千窟争荣"的繁盛之势。

莫高窟是否真的是因为出现了圣地异象才选址于此？我们不得而知。据专家分析，莫高窟选在如此偏僻之地是很有科学道理的。

敦煌四周为荒漠戈壁，风沙很大，雕洞窟容易被风沙侵蚀。鸣沙山是沙砾岩，质地坚硬，耐腐性强。洞窟坐西朝东，与三危山隔河相望。夏季风从东方吹来，三危山成为天然屏障为莫高窟遮挡风沙。冬天，风沙从洞窟背面的西方袭来，吹过窟顶呈45度角吹下，风沙不会灌入洞窟。在整个敦煌戈壁找到这样一个"安全区域"是很难得的。在这样的地理环境下，莫高窟经过千年风霜洗礼，依然保存了大量壁画与雕塑。这是文化留存之幸，是劳动人民智慧的结晶。

莫高窟选址鸣沙山，也是与其佛教文化背景割离不开的。佛教讲求脱离尘世生活，追求与自然和谐相处的生活状态。鸣沙山因为有宕泉河的滋润，是一块沙漠绿洲。绿树掩映着莫高窟，在一定程度上减弱了风沙，也阻挡了阳光对洞窟的照射。这里作为佛教圣地，环境清幽，飘逸着灵性的气息。

# ·南宋沉船"南海一号"的重重迷雾

1987年，广州救捞局和英国某潜水打捞公司在广东阳江海域发现了一艘南宋时期的木质古沉船，这就是"南海一号"沉船。

"南海一号"是尖头船，整艘船长30.4米、宽9.8米，船身（不算桅杆）高8米，排水量估计可达600吨，载重可能近800吨。这是迄今为止世界上发现的海上沉船中年代最早、船体最大、保存最完整的远洋贸易商船。

沉船中已出土文物十分丰富，主要以瓷器为主，还包括金器、银器、锡器、铁器、铜钱、漆器、动物骨骼、植物果实等。瓷器造型独特、工艺精美，绝大多数完好无损，为研究宋朝瓷器提供了珍贵的实物资料。发现的铜钱近万枚，最早的为东汉的"货泉"，最晚的年号是南宋"绍兴元宝"。金饰品中有镶嵌珍珠的金戒指，非常精美。

相关专家经过研究，觉得这艘沉船应当是从中国驶出，赴印度等东南亚地区或中东地区进行海外贸易的商船。令人惊奇的是，这艘沉没海底近千年的古船，船体保存相当完好，船体的木质仍坚硬如新，敲起来当当作响，不仅如此，沉船还有其他的神秘之处，而这些也引起了人们对它的广泛关注。

1.船主的身份？"南海一号"中保存下来的文物十分丰富，精美绝伦的瓷器、金器、银器、锡器、铁器、铜钱、漆器、动物骨骼、植物果实等都不是一般的商船能够承载的，而且从沉船本身的宏大规模来看，专家推测船主可能非常富裕，加上发现出土的金手镯、金腰带、金戒指等黄金首饰比较粗大，推测这名船主有可能是一名身材魁梧、体型高大的富商。

2."南海一号"始发地为何处？有人认为是广东，也有人认为是福建，福建一说较被人们接受，因为从打捞出水文物来看，大多是江西和福建的瓷器。史料中曾有记载，在宋代，广东港的船少有向北航行的，多发自泉州及以北港口，而江西景德镇位于福建的西北方，广东船逆流而上去装运货物的可能性较小，所以"南海一号"发自广州的可能性不大，而从福建泉州等地区发船的可能性却很大。

3."南海一号"是否因超载而沉船？欧洲有两条著名的军舰，一条是瑞典的"瓦沙"号，另一条是英国的"玛丽·罗斯"号，他们都是因为加装了大炮而造成船身载重量过大，才沉没海底的。因此，有人猜测"南海一号"船上有如此之多的货物，是否也是因为超载而沉没的呢？但是目前还没有找到能够作为依据的佐证。

4.船上人员是否逃生？从"南海一号"文物的打捞结果看，目前还没有发现古人骸骨。但有专家推测，由于"南海一号"上出水的腰带、戒指、手镯等金器多为饰品，且数量少，应该不会是远洋货物，极有可能是船上的富商所佩戴。按照这样的推断，"南海一号"沉没时，船上的富商如果可以及时逃离，应该不会将随身所戴的金手镯、金腰带、金戒指全部抛掉再逃生，所以有可能是船主人与"南海一号"一起葬身于大海之中。

5."南海一号"为何能够长存水下800年而不腐？有学者认为这其中有两个原因：一是"南海一号"所沉没的水下环境氧浓度低，沉船位于海面下20米深处，被2米多厚的淤泥覆盖，从而使船体与外界隔绝，避免了氧化破坏。专家们在对沉船周围淤泥进行研究时发现，淤泥内有很多生物，但没有存活的，这说明船体周围是一个厌氧状况非常好的环境；二是"南海一号"船身材质不易腐烂。沉船所使用的材质是松木，根据民间说法"水泡千年松，风吹万年杉"，这表明松木是抗浸泡比较好的造船材料。

"南海一号"的发现意义不仅在于找到了一船数以万计的稀世珍宝，还蕴藏着超乎想象的信息和非同寻常的学术价值。专家学者们通过对这些水下文物资源的勘探和发掘，不仅可以复原和填补"海上丝绸之路"的历史空白，甚至还可能会促使"海上丝绸之路学"的兴起。

# ·西夏王陵为何被称为"东方金字塔"

被称为"东方金字塔"的西夏王陵，位于银川市以西约40公里的贺兰山东麓，陵区东西宽4.5公里，南北长10公里，总面积近50平方公里，陵区内共有9座帝陵，约250座陪葬墓，这片陵区地阔野平，居高俯视，可以看到银川平原，极目远眺，可以看到滚滚黄河。

研究者通过科学复原发现，西夏王陵应是由一座中为夯土，外面砖木结构檐梁的八面七层的巨塔，辅之以角台、碑亭、神墙、月城、献殿、陵台等附属建筑所构成的宏大、壮丽的一代帝王陵园。但是，现在陵园内的地面建筑已经荡然无存了，那些矗立在贺兰山下的巨冢，似乎在向人们诉说着西夏王朝昔日的辉煌与不幸。

西夏王朝是以党项民族为主体建立起来的一个地方割据政权，隋唐时期，善于游牧的党项人开始崛起。不久，他们南征北战，占据了今四川、甘肃、青海及内蒙古自治区的部分地区。到了宋代，党项人与宋、辽展开较量。1038年，党项首领元昊登基称帝。从此，西夏开始了近200年的灿烂历史。

从元昊建国开始，西夏共出现了10位皇帝。到了13世纪初，强劲的蒙古军队打败了西夏，于是西夏王国就这样永远沉没于滔滔的历史长河之中。

在宋人眼里，西夏是"叛臣逆子"，所以《宋史》不载；而在元人眼中，西夏有"弑祖之仇"，于是《元史》亦不载。在两边都不承认的情况下，西夏王朝就成了一个历史之谜。

其实受汉文化的影响，西夏有自己的方块文字和历法，还有一套完整的政治和宗教体系。近年来西夏文字也屡有出土，但是，完全解读破译西夏文还很难做到，所以这一西夏文化的载体，还不能告诉我们有关这段历史更多的信息。然而当西夏王陵被发掘出来之后，虽然它本身又有许多未解之谜，但这让人们对了解西夏的历史又有了信心。

西夏王陵对人们来说是神秘的，主要表现在至今没有人能破解其建筑形式和文化内涵的谜团。由于缺乏文献记载，现在考古学家还难以确定陵区每座陵墓的主人是谁，西夏陵区的每一座帝陵，都是由宫城和其他附属建筑组成的独立完整的建筑群体，它们均坐北朝南，基本结构大体相同，如果从陵园宫城的墙垣形制考察，其平面结构像一个倒置的"凸"字。

西夏陵园内最为高大醒目的建筑，是一座残高23米的夯土堆，状如窝头，仔细观察，其为八角，上有层层残瓦堆砌，多为五层。于是有学者认定，这在未破坏前是一座八角五层的实心密檐塔，于是便有了"陵塔"之说。但陵园之内为何会有塔式建筑，其功能又如何，目前还少有人能说清楚。至于这座"陵塔"又为什么要建在陵园的西北隅，学术界的说法也莫衷一是。

自上世纪70年代初西夏王陵被发现以来，它一直在人们心中保持着神秘感。后来，专家们绘制了一个关于西夏王陵的精确坐标图，人们惊讶地发现，9座帝王墓的组成正是一个北斗星的图案，而它的陪葬墓也都是按各种星象的布局来设计的，这使西夏王陵更增添了神秘的色彩。

西夏王陵无处不透露着神秘的色彩，但人们相信随着时间的推移，"东方金字塔"之谜必将被破译，而当年突然湮灭的西夏文明也必将重见天日。

## ·护珠斜塔不倒的玄机何在

在上海松江的天马山有一座护珠塔，这座塔建于宋代，至今已经有千年历史，但令人觉得神奇的是，它是一座斜塔，而且较之比萨斜塔的斜度还要大。

那么，这座塔是从何时开始倾斜的？为什么至今没有倒塌？有人说这座塔里藏有宝贝，由于不断有人来此挖宝，致使塔身倾斜；也有人说是一场天火把塔烧斜的，那么真相到底是怎样的呢？

松江博物馆馆藏的《干山志》中有明确记载，这座塔建于南宋绍兴二十七年（1157年），建塔人叫周文达。因为他征战有功，高宗就赏赐给他两件宝贝，一件是打仗用的银色盔甲，另外一件是五色舍利子。周文达得到宝贝之后，很是高兴，但又怕别人觊觎，于是决定把这两件宝贝供藏起来，选来选去终于决定把宝贝藏在自己的老家松江天马山。周文达回到家乡之后，便在山上建了一个家庙，把银盔甲供在家庙里，然后又在山上建了一座塔，专门收藏舍利子，此塔遂取名为护珠塔。

若果真如此，护珠塔修建的时候是不可能斜的，因为出于对皇家赏赐的尊重，周文达不可能建一座斜塔。有学者为此还找到了佐证，找到了一幅明代描绘天马山风景的古画，从画中可以看出，护珠塔的形象是垂直耸立在山间的，这说明护珠塔至少在明代时不倾斜，那到底是什么原因使护珠塔倾斜了呢？

传说几百年前一个漆黑的夜晚，几个神秘人来到护珠塔脚下，他们用镐在塔底刨个不停，一阵忙碌后，就将护珠塔的镇塔之宝给挖走了，于是护珠塔就倾斜了。

还有一种说法，传说塔里埋藏了舍利子后，人们都慕名跑过来朝圣，所以很长一段时间香火非常旺，到了乾隆年间，朝拜时焰火掉在塔心里，造成了火灾，于是护珠塔就摇摇欲坠了。

传说虽如此，但是人们却发现了一个不可思议的事，塔身并没有向破损的西北大洞方向倾斜，而是向相反的东南方向倾斜，这到底是怎么回事？

对此，早年参与护珠塔保护工作的中国古建筑专家给出了答案：塔建在一个山坡上，从土层来讲，东南土深一点，西北土浅一点，那么它的基础是一边硬一边软，这就是塔倾斜的最主要原因。另外，乾隆时期的那场大火对塔身破坏比较严重，也进一步加剧了塔身的倾斜。

虽然护珠塔倾斜的真正原因被找到了，但这座斜塔会不会突然倒塌呢？

建筑力学专家认为，意大利的比萨斜塔高54米，全都用白色大理石建造而成，距今已有600多年历史。按理说，比萨斜塔很容易倒塌，但从一开始建造时，就采取了各种保护措施，因此一直到现在仍保持斜而不倒的姿态。而护珠塔的倾斜角度要比比萨斜塔大很多，以前也从没进行过任何保护措施，还经历了各种天灾人祸的威胁，从这点上看，护珠塔能够现在倾而不倒，也应该算得上是一个奇迹。那么，到底是什么原因使护珠塔倾而不倒呢？

对此，建筑专家给出了答案，这应该与塔的建筑材料有很大关系，护珠塔是混凝土结构，古代建筑用很黏稠的米烧成粥，打成浆，和石灰、沙子拌在一起，这样的材料很坚固，接近于现在的钢筋混凝土。

除建筑材料外，护珠塔的建筑结构也很特殊，护珠塔的塔身是一个八角形结构，塔门的设计是每隔一个面开一个门，而且每层的门都没有开在同一个方向的墙面上，这样就使没开门的墙面像四条腿一样支撑着每一层塔身，每层墙面之间既相连又不承受上一层的压力，使塔身受力十分均匀，又因为牢固的石灰糯米等材料，即使遇上较强的台风、地震，某些墙面断裂，塔身也不会轻易倒塌，虽然因为地层原因，护珠塔发生倾斜，但依旧可以保持塔身斜而不倒的姿态。

## ·元代皇帝如何防止陵墓被盗

皇帝死后，总是要风光大葬，这样才不会有失皇家的颜面，绝大多数封建王朝都是如此，唯独元朝皇帝没有留下一座陵墓。

明朝叶子奇《草木子》中记载着元朝皇帝死后的事情："元朝皇帝驾崩，用啰木两片，凿空其中，类人形大小合为棺，置遗体其中……加髹漆，毕，则以黄金为圈，三圈定（箍两头、中间）……以万马蹂之使平。杀骆驼于其上，以千骑守之。来岁草既生，则移帐散去，弥望平衍，人莫知也。"

这段话的意思就是元朝皇帝死后，随从会挖掘一道深沟，将他的遗体放在一个大树掏空后做成的棺材里。然后将棺材放入深沟中，用土填平，让马踩平，还要让帐篷将这周围地区全部围起来。待到墓葬地面上的青草长出，看起来和周围的草地一样后，才会将帐篷撤走，这样墓葬的地点就不会泄露了。

当年成吉思汗去世，就是采用了这种方式下葬。根据南宋文人的笔记记载，成吉思汗在宁夏病逝后，他的遗体就被运送到了漠北肯特山下某处，用这样独特的方式埋葬，所以，至今无法确定成吉思汗的墓葬所在。

在全部的埋葬工作完成后，人们就会在墓葬地表杀死一头小骆驼，这时，小骆驼的母亲就会记住这个地点，每年的那天都会去那里祭祀小骆驼，看到母骆驼停在某个地方悲伤地流眼泪，那就说明，这个地方是当初埋葬的地点了。

元朝建立以前，蒙古人有自己独特的丧葬习俗，主要特点就是薄葬简丧，这和蒙古人是游牧民族的特性有关，在草原上生活没有固定的居所，生活方式比较简单实用。

在忽必烈建立元朝之后，他逐渐接受了汉化，也开始用棺木葬人，但相比来说，元朝的帝王墓葬要简单得多。

元帝不会修建大型的陵墓，也不会在史书上留下相关的记载，为的就是不留下可以让盗墓贼发现的线索和痕迹。

史书上记录的不完整和元朝皇室的有意隐瞒，让元朝皇帝的陵墓蒙上了神秘的面纱。

## ·明孝陵的谜团

明孝陵中埋葬着明朝开国帝王朱元璋和皇后马氏，距今已有近600年的历史。

明孝陵宏伟壮观，具有很高的美学价值，影响了之后明、清两代帝王陵寝的制式。1381年，即明洪武十四年，明孝陵正式动工，25年后的明永乐三年才正式完成。陵墓内部亭台楼阁无一不备，掩映在苍松翠柏之间。当时明王朝在孝陵驻扎了一万多护陵军，守卫十分严格。古人以鹿为瑞兽，陵园内放养了近千头鹿，每头鹿项下都挂着银牌一枚，上面铭刻着"盗宰者抵死"的字样。

明孝陵在600年的时间里屡遭兵火，现在留存的建筑不多，留存下来的基本都是一些砖石建筑，如下马坊、禁约碑、内红门、碑亭中壁等。明孝陵的神道很有特色，其最大特点是建筑与地形地势能够完美结合，没有依照前朝旧制修成直线，而是依地形山势建造的蜿蜒曲折。神道两侧安防着狮子、獬豸、骆驼、象等石像，威严肃穆。

明孝陵虽为朱元璋陵寝，但是人们一直无法确定地宫的位置。朱元璋墓葬疑团重重，据说这位皇帝去世后，在13个城门同时出殡，之后尸骨究竟埋在哪里，也众说纷纭。

1998年，南京市文物专家使用精密磁测手段勘测明孝陵，这是一个精细的工作，整整花去了六年时间，专家们得出结论，朱元璋的地宫在明孝陵独龙阜地下数十米处，并且没有发现被盗挖的迹象，基本可以认定，朱元璋就在地宫中沉睡。

朱元璋地宫位置确定了，那么，它的入口在哪里？通过专家们的勘测数据可以发现，地宫有隧道状建筑物，长120米，宽5~6米，有多个入口，其中一个在明楼东侧宝城城墙下。从外部看这段城墙，有明显的裂口和下沉痕迹，显然，这里曾建有地宫入口的地面建筑，但由于某种原因而坍塌消失了。

其他朝代的帝王陵墓的墓道多是笔直的，但是明孝陵的墓道却是弯曲的。专家认为，这是当地地理原因造成的。明孝陵地下由两种不同种类的岩石组成，一种是侏罗纪砾岩，另一种是长石石英岩。两种岩石磁性不同，软硬不同。砾岩特别坚硬，不好开凿。很有可能，当年的设计者预先设计好的是笔直的墓道，施工过程中发现了问题，临时调整了施工方案。

明孝陵还有一处让人不解的地方，就是独龙阜山体上的巨型卵石。独龙阜山体至少有六成是被人工修补过的，其上规则排布着很多巨大的卵石。当年修建陵寝的工匠花费巨大精力将这些石块运上山，是出于什么目的？为了防止盗挖？还是为了减少雨水对陵墓的冲刷？抑或只是单纯出于美观考虑？答案至今没能揭晓。明孝陵的谜团，期待着更多专家关注、破解。

# ·明朝为什么会出现汉服西洋美女油画像

在中国广东省新会博物馆的展厅里，陈列着一幅非常名贵的油画——"木美人"。这幅油画画在两块木门板上，画面是两个与真人一般大小的西洋美女，身高160厘米，穿低领汉式襟衣，梳着高耸的发髻，这对"木美人"都是鹅蛋脸、高鼻梁、凹眼窝，有明显的西洋人特征。

这对"木美人"原本是新会司前镇天等村的物品，新中国成立后，村人把它们捐献给新会博物馆。从李氏族谱记载中我们可以看到，关于这对"木美人"还有一个美丽的神话传说。

明朝洪武年间（1368～1398年），在福建省莆田县住着一位无儿无女的老人，他在路边开了一间简陋的酒坊，以卖酒为生。因老人热情好客，诚实厚道，不少路过的客人都喜欢到他这里歇脚，这其中就包括一个道人。随着逐渐熟悉，道人看老人无依无靠，非常同情，就在老人搁酒埕的门板上画了两个美人像，然后把老人叫到身边说："老人家，我要离开这里到很远的地方去，就把这对美人像送给你吧，你每日用竹叶蘸水酒洒在画像上，七日后，就会有奇迹出现。"

道人走后，老人遵照他的嘱咐，每天都用竹叶蘸水酒洒在画像上，到了第七天的清晨，从这副门板上竟然走出两位与画中一模一样的美人来。从那以后，这两位美人白天就帮助老人操劳家务，晚上则返回画中，老人也把她们当作自己的亲生女儿看待。

不久，这件事情传到知县的耳中，受贪念驱使，知县派人把老人的画像门板抢回县衙。但千呼万唤，美人就是不走出画像。后来知县因为贪赃枉法被关入大牢，这幅画则被县教谕李仕升所得。不久，县衙失火，屋内的物品全部被点燃，但烈焰烧至"木美人"画像时马上停止，大火过后，其他物品都化为灰烬，唯有这对"木美人"画只受烟火轻微熏烤，基本完好无损。后来李仕升退归故里，就将"木美人"门板带回家乡（现新会市司前镇），供奉在天后庙中。

李氏族谱中的记载虽然带有神话成分，但这对"木美人"门板油画仍然给我们留下了许多未解的谜团。有关专家经过研究证明，它们是明朝之物，距今至少有500多年历史，比公认的西洋油画传入中国的时间早100年。但是它们是何人何时所作？为什么画中的西洋女子会穿中式服装？油画曾被烟火熏烤，为何能幸免于火灾？至今仍是谜。

## ·小雁塔为何乍分乍合

去西安旅游，必去之地是小雁塔。小雁塔位于西安城南，在原唐长安城内安仁坊所在地的荐福寺内。

这座塔距今已有1000多年历史了，远远望去非常宏伟，造型秀丽。小雁塔最初建造时有15层，现在有13层，高45米，采用密檐式砖结构建筑。细心的游客会发现，小雁塔底层北门楣有明嘉靖三十年（1551年）"三鹤刻石"的刻石题字，上面记述了非常神秘的事件："荐福寺塔肇自唐，历宋、元两代，明成化末长安地震，塔自顶至足中裂雁塔晨钟尺许，明澈如窗户，行人往往见之。正德末地再震，塔一夕如故，若有神合比之者。……"

根据这段石刻记载，小雁塔曾经在长安城的一次地震中裂开了，很多人都看到了这一景象，然而奇怪的是，另一次地震之后，塔身又自动合拢了。

翻看史料，小雁塔开裂又合拢的神奇现象并非只有这一次。清代学者贾汉复、王士等人做过这样的记录："荐福寺塔……十五级，嘉靖乙卯（1555年）地震裂为二，癸亥（1563年）地震复合无痕，亦一奇也。"1555年，西安发生了一次地震，小雁塔在这次地震中开裂。1563年，地震再次发生，小雁塔身上的缝隙再次合拢。

小雁塔的奇迹并没有到此结束。清朝道光年间，钱咏在写作《履国丛话》时记录道："西安府南十里有雁塔，嘉靖乙卯地震，塔裂为二，癸亥复震，塔合无痕。康熙辛末（1691年）塔又裂，辛丑（1722年）复合，不知其理。"钱咏提到了1555年、1563年的地震，小雁塔进行了一次分合，还记录了1691年，没有地震，小雁塔也自然开裂了，奇怪的是，过了30年，塔身竟然再次自动复合。

一座千年古塔，经历过六次地震，回回屹立不倒，并且上演了塔身开裂、自合的神奇景象，让人们啧啧称奇。

总览小雁塔历史，其自开自合的现象共发生过三次，为什么会发生如此神奇的现象呢？

一些专家推测，小雁塔的开合与当地地壳运动有关。当地震发生时，小雁塔脚下的地壳突然开裂，小雁塔也随之分离，当地壳合拢后，小雁塔也随之合拢了缝隙。但是这种地壳运动说，并不能使人满意，西安有那么多古建筑，处于同样的地壳变动下，为什么只有小雁塔发生开裂后自动合拢的现象，别的建筑却没有此现象发生呢？小雁塔自动开合的真相，还需要世人进一步探索。

# ·北京猿人化石究竟下落如何

1972年的一天，一位美国老太太对一位叫詹姆斯的美国富商说，她的丈夫有一箱詹姆斯想要的东西：北京猿人化石。老太太与詹姆斯交换的条件是50万美金。詹姆斯欣喜若狂，然而经过专家鉴定之后，才得知这并不是北京人化石。自从詹姆斯悬赏重金找寻失踪已久的北京猿人化石以来，世界各地的人们都纷至沓来，向这位富商透露线索。然而终究一无所获。那么，承载着人类厚重历史的北京猿人化石又是如何丢失的呢？

那还是在1941年太平洋战争即将爆发之际，由于日本和美国的局势日益紧张，相关部门为了安全起见，欲将保存于北京协和医院里的北京猿人化石全部转移到美国去。北京猿人化石包括79盒北京猿人牙齿，其中大盒有5，小盒74；残下颌骨和头盖骨各13件；头骨片1盒及另外的15片；9件残股骨；3件颌骨；两件臂骨；以及腕骨、锁骨、鼻骨、腭骨等各1件。

不幸的是，日本军队截断了从北京到秦皇岛的火车，这就终结了原本打算将所有北京猿人化石运上返回美国的"哈里逊总统"号的计划。而且，"哈里逊总统"号最终也因为战争的爆发而没有抵达美国。令人费解的是，北京猿人化石在此之后踪影全无。

关于化石的失踪至今有三种说法：一种是说北京猿人化石是被日本人劫持之后带回国去了，现在有可能就隐藏在日本的某一个地方，或者是流落至日本民间。另一种说法为，北京猿人化石准备运往美国的说法纯属调虎离山之计，事实上化石并没有被移出北平城半步，而且一个美国士兵曾说自己看到有人把整箱的东西掩埋于院子里，这有可能就是北京猿人化石。还有一种说法是，北京猿人化石其实没有被日本人拦截，而是已经被运上了"哈里逊总统"号，但是在运至美国的途中，沉没于海底。

在其丢失之前，对北京猿人化石的发掘是一个让人期待又让人惊喜的过程，而发掘的结果也的确让世人瞩目。1929年的12月2日对于中国人来讲是兴奋的，因为就是在这一天，由考古专家裴文中带领的团队发掘了深埋于地下50万年的一个完整人头骨，世界为之震惊。其实在这之前，对北京猿人化石的发掘工作就已经开展了很久。自1918年一位叫安特生的瑞典探险家在周口店的龙骨山发现了几颗齿类化石之后，外国的考古专家又分别在1921年、1923年做了两次实地考察和发掘，其中有一颗牙齿被证实为人牙。此后1927年在龙骨山又有一次规模比较大的发掘活动，竟然收获了500余箱动物化石。后又于1928年又收获了一个女性的右下颌骨以及其他化石。

1987年，周口店的北京猿人遗址被列为世界文化遗产。北京猿人从体貌特征上来看，臂长腿短，头部略向前倾，身材显得粗而短，其中男性高约为156厘米，女性为144厘米。根据研究结果来看，在北京猿人所处的时代，他们当时已经可以制造工具，主要以昆虫和鸟蛇等动物为食。此外，北京猿人还会使用火种。

北京猿人的发现证明了远古时期直立人的存在，而且更加坚定了人类的发展是经历了一个"从猿到人"过程。

# 迷雾重重的历史谜题

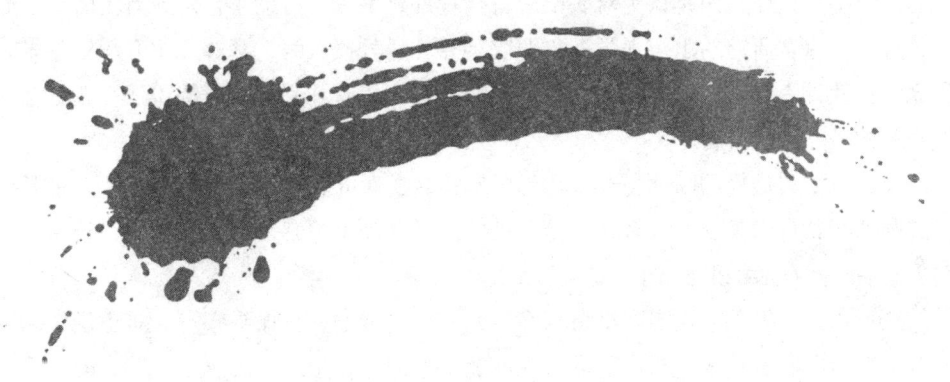

## ·5000年前的古人怎么做开颅手术

2001年的一天，考古人员在整理从大汶口文化遗址发掘出土的人骨标本时，意外发现这个头骨顶部靠后的位置，有个直径约30毫米近圆形的缺口。经国内知名专家学者近年来的研究论证，认定该颅骨的近圆形缺损应系人工开颅手术所致。据了解，这是中国目前所见最早的开颅手术成功实例，距今约5000多年。

开颅手术这种在今天看来也是风险系数很高的手术，中国人为何却在5000年前就已经开始应用呢？考古学家认为对于古代人施行这种危险手术的动机可能有以下几点：一是为了获得活人或者死人头骨上的圆盘状物作为驱邪品；二是为头骨受创尤其是在头骨骨折时的一种外科治疗；三是为治疗头痛、癫痫、白痴、癫狂及其他疾病而施行药物治疗的外科手术程序；四是认为对头部施行这种外科手术，有助于长寿或者是时髦。而对头骨进行了综合研究的山东大学齐鲁医院神经外科教授认为，墓葬墓主开颅动手术有几种原因：颅骨受过外伤；颅内产生肿瘤等病变；古代有开颅治眼盲的说法；或者是治疗癫痫等神经方面的疾病。

在头骨缺口边缘的断面呈光滑均匀的圆弧状。对此，科学家解释说："这种开口边缘的圆弧状属自然修复，只有在十分精细的修饰和骨组织修复后才能形成，表明该墓主在手术后依然存活了很长一段时间。"

众所周知，做手术还需要准备很多工具，如麻醉剂、止血纱布等。难道说5000年前的医生就会做麻醉手术了？难道说古人就能掌握消毒、止血、抗感染、缝合的技术？而且根据《三国志》记载，华佗就曾使用麻沸散辅助实施开颅手术。

更令人感到疑惑的是，古人又是如何打开颅腔的呢？颅骨的硬度非常大，一般石头是无能为力的，如果他们用硬度最高的金刚石来打开坚硬的颅腔，至少也需用几个小时的磨刮时间。虽然当地也发现了大量新石器时代的雕刻石具和手工艺品，但仍无法确定开颅所使用的器具。

至于5000年前的开颅手术如何进行，为什么要做这项手术，至今仍是个谜。也许日后的考古发现能揭晓答案。

## ·炎黄二帝战蚩尤是否真实

几千年来，中华民族常自称炎黄子孙，所谓炎黄指的正是炎帝和黄帝。然而，就像中华民族自称龙的传人一样，龙是否真实存在没有人知晓。炎帝、黄帝是否存在？是否有炎黄二帝战蚩尤一事？人们也都说不清楚。

在许多书籍当中一般都这样记载。炎帝、黄帝指的是中国原始社会中两位不同部落的首领。炎帝姓姜，是炎帝族的首领，在西部游牧后进入中原，与以蚩尤为首领的九黎族发生冲突，历时很长一段时间。黄帝姓公孙，号轩辕氏，居住在中原地区。黄帝一族的文化和生产技术相对发达，军力较强，所以炎帝一族在输给蚩尤之后，逃到涿鹿（今河北省），得到黄帝族援助，终于杀了蚩尤得到蜀、苗等地，控制了中土核心土地，也将这些地方的人口纳入中原文化圈，中华民族的雏形也就由此形成。

以上的情节在《史记》当中也有所记载，但几千年来仅是史料中提及炎黄战蚩尤一役，人们并没有挖掘到能证明这些部落战争的文物以供后人参详。直到1928年龙山文化的发现，人们才推算出炎黄大战蚩尤的可能性。

这一年，考古学者相继在山东境内和河南、陕西发现了新石器时代晚期的文化遗存。它们的共性是以农业经济为主，石器、骨器、陶器等手工业有了一定的发展，有部分粗陋的青铜器。故而有人说这片龙山文化圈处于金石并用时代，年代大约均在公元前2000年以前。

龙山文化究竟与炎黄战蚩尤有何关系呢？根据史料记载和天文年代学考证，黄帝应该生活在公元前4400年至公元前4300年间，也就是说，炎黄大战蚩尤的时间也在这个范围内。炎黄在世时期比龙山文化时期早了1000多年。通常情况下，原始社会旧石器时代是不会发生大规模战争的，因为该时期处于母系氏族社会，更不可能出现炎黄合并九黎地区的事情。只有父系氏族社会，才有炎、黄、蚩尤这类的男性部落首领存在。那么，究竟距今6000年以前，中国的原始人是否进入父系氏族社会了呢？这就要看龙山文化是否处于父系氏族时期。由于龙山文化与炎、黄文明的时间比较相近，地区也接近，所以只要肯定了龙山文化处于父系氏族时代，那么炎、黄战蚩尤一役存在可能性将大大地增加。

一般来说，区分母系氏族和父系氏族，要看农业、畜牧业和手工业生产的规模和结构。早期原始社会母系氏族时期，男子狩猎，女子采集、种植，家庭生活的主要重担由女子承担。但是随着农业开垦工作的繁重和畜牧业规模扩大，许多粗活由体力较好的男子承担，大型的手工业产品也基本由男性制造，所以男性逐渐成了家庭的领袖。参看龙山文化的农业、畜牧业规模和使用工具，人们几乎可以完全确信它处于父系氏族社会，也就是说，炎、黄、蚩尤这类男性部落首领在距今6000年以前是很有可能存在的。为了获得更广阔的农业资源，部落之间发生战争大有可能。

到现在为止，虽然人们没有办法完全肯定炎、黄、蚩尤的存在，但三者的恩恩怨怨，已经给了人们无限遐想的空间。

## ·炎帝就是神农氏吗

查看有关神农氏、炎帝的文献典籍，有的只提到神农，有的将二者合二为一同时提到。这就给后代的历史学家造成了疑惑：神农氏和炎帝是同一个人吗？二者有什么关系？长期以来，学术界形成了观点截然不同的两派，一派认为两者是同一个人，另一派认为，神农氏和炎帝分别是两个人，并且双方都能拿出有力的理论依据。

神农氏和炎帝为同一人的说法。

《世本》云："炎帝，神农也。"《世本·帝系篇》云："炎帝即神农氏，炎帝身号，神农代号。"三国时期大司空宋仲子曰："炎帝，神农也。炎帝身号，神农代号。"汉代思想家王符在《潜夫论》中云："有神龙首出，常感妊姒，生帝临魁，身号炎帝，世号神农。"

谈到二者的关系，典籍认为炎帝是身号，神农是代号，即神农氏为当时朝代的称号，而炎帝才是帝具体的称呼。神农氏和炎帝属同一人，只是"身份"不同。

神农氏和炎帝分别是两个人的说法。

古代史书这样描述神农氏：神农氏统治经历了70个世代（一说17个世代），到黄帝部落崛起的时候才衰落下去了。可见，神农氏并非是对一个君主的称呼，乃是对于某个部落或者部落的若干代首领的统称。

另外，《史记·五帝本纪》记载："黄帝者，少典之子，姓公孙，名曰轩辕。生而神灵，弱而能言，幼而徇齐，长而敦敏，成而聪明。轩辕之时，神农氏世衰。诸侯相侵伐，暴虐百姓，而神农氏弗能征。于是轩辕乃习用干戈，以征不享……"

"炎帝欲侵陵诸侯，诸侯咸归轩辕。轩辕乃修德振兵，治五气，蓺五种，抚万民，度四方，教熊罴貔貅貙虎，以与炎帝战于阪泉之野。三战，然后得其志。"

从上面的资料可以看出，黄帝生于神农氏末期，是一个"地方割据"势力。而炎帝也独霸一方，他想凌驾于诸侯之上，于是和黄帝三战于阪泉，最后战败，归服于黄帝，这样形成了华夏一统的局面。炎帝和黄帝都是神农氏末期的"诸侯"，因此，炎帝和神农氏不是一个人。

哪个观点能准确说明神农氏与炎帝的关系，将由历史来定夺。或许某一天，人们能在古籍中或通过考古挖掘揭晓谜底。

## ·第一个泰山封禅的帝王是谁

封禅大典是古代帝王在泰山举行的祭祀天神和地神的重要仪式。其仪式包括"封"和"禅"两部分。所谓"封"就是在泰山之顶聚土筑圆台以祭天帝，增泰山之高以标示功归于天；所谓"禅"就是在泰山之下的小山丘上积土筑方坛以祭地神，增大地之厚以报福广恩厚。

这种礼仪只有历代帝王才能执行，但如此神圣而重要的祭祀典礼是从哪一代君王开始的呢？目前来说，人们普遍接受的观点是秦始皇是泰山封禅的第一人。

秦始皇统一六国之后，便召集齐、鲁的儒生博士70余人到泰山下，商议举行封禅典礼，以示自己当上皇帝是天子，受命于天。然而儒生们提出的典礼方式各不相同，难以施行。于是秦始皇借用原来秦国祭祀雍上帝的礼制，自己制定礼制封泰山、禅梁父，刻石称颂自己的丰功伟绩。这也是现在人们所知道的封禅大典的礼制。

然而有人提出了质疑，说秦代以前就已经有72位帝王在泰山进行封禅活动了，这也是所谓的"七十二家"说。司马迁的《史记·封禅书》中有这样一段话："齐桓公既霸，会诸侯于蔡丘，而欲封禅。管仲曰：'古者封泰山禅梁父者七十二家，而夷吾所记者十有二焉，昔无怀氏封泰山，禅云云；伏羲封泰山，禅云云；神农封泰山，禅云云；炎帝封泰山，禅云云；黄帝封泰山，禅云云；颛顼封泰山，禅云云；帝喾封泰山，禅云云；尧封泰山，禅云云，舜封泰山，禅云云；禹封泰山，禅会稽；汤封泰山，禅云云；周成王封泰山，禅社首：皆受命然后得封禅。'"

从管仲和齐桓公的对话中可以看出，至少在春秋战国时期就已经有封禅这种仪式。但是南宋马端临却认为"诗书所不载，非事实"，更直斥"七十二家"封禅之说是"陋儒之见"。然司马迁的说法真的是"陋儒之见"吗？

《封禅书》对司马迁来说具有特殊意义，司马迁的父亲在汉武帝时是太史令，但却因病未能随汉武帝泰山封禅，这是他父亲一生的遗憾，因此临终之前才悲叹"今天子接千岁之统，封泰山，而余不得从行，是命也夫！命也夫"。父亲的遗憾令司马迁刻骨铭心，所以他在搜集史料和撰写封禅著述上应该是持认真的态度。

但是司马迁的《封禅书》也没有能够解决谁是第一个泰山封禅的帝王这一问题，因为此书开篇就写到"厥旷远者千有余载，近者数百载，故其仪厥然堙灭，其详不可得而记闻云"，也就是对于封禅起源，司马迁也不能作出清晰的描述。

虽然泰山封禅起于何朝何人很难考证，但是目前人们所知道的封禅礼制是从秦始皇时开始的。随后这一祭祀仪式便成为帝王的旷世大典，至唐宋时封禅仪礼已经十分完备。到宋真宗之后，帝王来泰山只举行祭祀仪式，不再进行封禅。

## ·湘君、湘夫人究竟是谁

中国最伟大的浪漫主义诗人屈原，已随那汨罗江水永远地沉入历史的长河之中，而他的《湘君》、《湘夫人》则跨越千年历史，留恋于人间烟火，一篇抒发女子对湘君的爱慕，一篇寄予男子对湘夫人的思念，情意绵绵，柔情缱绻。而湘君与湘夫人的身份却湮没在屈原笔下那迷蒙的湘水之滨，引来后人的无限遐思。

世人对于"二湘"身份的揣测，似乎总也挣不开娥皇、女英的传说。《山海经》中有记载："又东南一百二十里，曰洞庭之山……帝之二女居之，是常游于江渊。澧、沅之风，交潇湘之渊，是在九江之间，出入必以飘风暴雨。"将"帝之二女"理解为"尧帝的两个女儿"，因"交潇湘之渊，是在九江之间"而认为"二女"即"湘夫人"。如此一来，便有了"湘夫人即尧帝之女娥皇、女英"之说。

若按此说，再加上《史记·五帝本纪》中关于"尧用二女妻舜"的记载，那湘君便毋庸置疑的是舜了。但仍有不少赞同"湘夫人即娥皇、女英"的人对"湘君即舜"的说法提出异议，认为从屈原以往的作品中皆能看出他对舜帝无比尊崇，堪比天神，断不会将舜描绘为区区一个湘水之神。照他们的说法，"湘君"就是一个思念着娥皇、女英的湘水之神，别无其他。

湘君即娥皇，湘夫人即女英。

亦有人认为，湘君与湘夫人分别是尧的两个女儿，湘君即长女娥皇，湘夫人即次女女英。此说同样源自《山海经》里那段极有可能被后人曲解了的记载。不同的是，将"湘夫人"一人代之以娥皇、女英变为"湘君""湘夫人"共代之。此说最令人质疑之处，是推翻了"湘君""湘夫人"乃分指男女的思维定式。

从《湘君》中的"望夫君兮未来，吹参差兮谁思"和《湘夫人》中的"闻佳人兮召予，将腾驾兮偕逝"来看，明显表达的是对异性的思念与爱慕，那又如何能将湘君与湘夫人理解为娥皇、女英两姐妹呢？对此说的否定，又引出了湘君与湘夫人就是两个湘水之神，别无他指的说法。

以上仅是较为普遍的几种揣测，他家之言不可尽数。

## · 盘庚究竟有没有迁都到安阳殷墟

随着19世纪最后一道晚霞的落幕，20世纪曙光的浮现，在河南安阳小屯村的附近，数量惊人的甲骨文、青铜器、玉器、陶器、骨器等古老文物在时间的催促下和考古学者的不懈努力中逐渐浮出"水面"，距今数千年的、中国最早可以确定具体位置的都城——殷，也显现出了自己的"美貌"。

殷被认为是商王朝相继迁移五都的最后一个国都，陪伴商王朝走过了273个春秋，直至商的灰飞烟灭。相比存在将近500年的商王朝，殷占据了其一半以上的时间，目送一个国家稳定之后的所有沧桑变革，因此商王朝还被称为殷商。

君王死后，城市消泯，从此殷化为废墟，归于尘土。或许殷墟再推迟几百年出土，人们可能到现在还认为，史书上所记载的商君王盘庚迁都至殷不过是个传说而已。即便如此，仍有一些学者对盘庚迁都殷墟的问题表示质疑。

盘庚究竟是否迁都安阳殷墟？表示肯定的学者是站在出土古文物的数量和质量上来确定的。且不说小屯村地下数以万计的刻镂文字龟甲和兽骨，也不算那些制作精巧的青铜器和兵器，但就一个艺术水平高超的后母戊大方鼎，令学者们很难否认，一个普通的城市会有这样的制造水平，舍了殷墟为都，还有谁可胜任？

偌大的后母戊鼎，高133厘米、长110厘米、宽78厘米，轮廓方直，重875公斤，自有不可动摇的气魄。除鼎身四面的中央处是无纹外，其余各处包括提手、脚柱，都刻有精美的云雷纹和各具形态的生动纹饰，尤以饕餮刻纹为主导。除此之外，鼎耳外廓有两只猛虎，虎口相对，内含人头，耳侧以鱼纹为饰，霸气十足。根据多方面的考证，后母戊鼎很可能是商王室的重器，因为其雕工和制造技术已经到了商代青铜文化的巅峰，再无出左右者。

如果说后母戊鼎加深了人们对盘庚迁都殷的想法，那么随着考古挖掘工作的进行，一座座宫殿宗庙建筑遗址、一片片王陵墓地、星罗棋布的居住遗址、繁华的手工业作坊的相继出现，更使人们确信了殷墟的前身是一个都城。

不过，盘庚是否迁都到殷墟，仍旧遭到怀疑。据《史记》记载：成汤帝于公元前17世纪灭夏，建都于商丘南亳。成汤五世孙仲丁迁都到河南郑州，仲丁弟河亶甲迁都到今河南内黄东南，六世孙祖乙又迁都于今河南温县东，八世孙南庚把都城迁到了今天山东曲阜，直到九世孙盘庚"渡河南，复居成汤之故居"。也就是说，盘庚迁都是从黄河以北迁往黄河以南，到达成汤建都南亳之前的居所——商丘县北部的北亳。

说来说去，盘庚还是回到了原点，而并非迁都于安阳殷墟。不仅如此，《竹书纪年》中也有与《史记》不谋而合的记载，且书中将北亳称为殷。很显然，史书上表明盘庚迁都不是去了现代我们所看到的殷墟，而是去了北亳之殷。此殷非彼殷，是一个历史的文字误会，令殷墟被误以为是都城。

然而，谁又能解释安阳殷墟规模宏大的遗址和文物是怎么回事？谁能解释为何就连商丘的遗址也不能与安阳相比呢？难道真如少数历史学者推测的那样，是成汤的十三世孙武乙迁到安阳小屯，才留下如此庞大的都城吗？可是，数以万计的史料都这样显示，商王朝历经五次迁都，若是由武乙迁都安阳，岂非有了六次迁都之说了？

一个历史的谜题就这样难倒了世人，但不管怎样，人们可以确定的是，殷墟作为商王朝后半期经济水平的代表，其宏大的规模，可以让人深切地体会到3000多年以前商朝的繁华。

# ·勾践剑和吴王矛为何被埋于楚国墓中

1965年冬天，在湖北省荆州市附近的望山楚墓群中，出土了一把锋利无比的宝剑。上面用鸟篆铭文刻了八个字，"越王勾践，自作用剑"。专家通过对剑身八个鸟篆铭文的解读，证明此剑就是传说中的越王勾践剑。

越王勾践卧薪尝胆的故事，在中国历史上代代相传，脍炙人口，延续至今。

越王剑出土的时候，置于棺内人骨架的左侧，并插入涂黑漆的木鞘内。剑长55.6厘米，剑形挺拔、庄重，制作精良考究，保存完好如新。剑身上面满饰黑色菱形暗纹，剑格的一面由绿松石组成美丽的图案，另一面则镶嵌着蓝色琉璃，整个装饰显得华贵、典雅。靠近剑格处有两行错金鸟篆铭文，铭文为"越王勾践，自作用剑"。剑柄以丝缠绕，剑出鞘时寒光凛凛，耀人眼目，剑刃薄而锋利。

1983年，湖北江陵马山5号楚墓出土了"吴王夫差矛"。夫差矛长29.5厘米，制作精良，器身布满菱形的几何花纹，下部镶错金铭文"吴王夫差，自乍自甬"，"乍"即"作"，"甬"即"用"。夫差矛正背两面都装饰有精美的兽纹鼻，脊部铸有出血槽，无论从做工还是精美程度上，都与越王剑不相上下。

夫差矛与越王剑都被湖北省博物馆馆藏，展柜相邻。这对春秋时代的传奇宝物千年前曾在战场上搏杀，千年后却以这种方式再次相遇。

人们感到疑惑，既然是吴王与越王用过的兵器，那么它们为什么出土于地处长江中游的楚国墓葬中呢？它们为何没有留存在吴越故地，却埋藏在千里之外的楚国贵族墓葬中呢？

吴国被越国所灭，越国为楚国所灭，有人认为，吴王矛是在越灭吴时被当作战利品缴获到越人手里，在楚国灭亡越国的战争中，又与越王剑同为战利品流入了楚国贵族手中。楚国贵族死后，把它作为陪葬品伴随身边。

还有人认为，越王剑是越女嫁给楚国时的陪嫁品。因为历史上记载，越王勾践的女儿是楚昭王的宠姬。根据望山楚墓群出土的大批竹简得知，该墓入葬的年代为楚威王或楚怀王前期，所以说越王勾践青铜剑是因赠送而自越传入楚地，是很有可能的。

越王剑与吴王矛到底是友好时赠送的礼品，还是战争时缴获的战利品，至今仍是历史上的一个谜，引发了后人无限的猜测与遐想。

## · "龙城"究竟在何处

秦时明月汉时关，万里长征人未还。

但使龙城飞将在，不教胡马度阴山。

唐代诗人王昌龄的《出塞》一首为"龙城飞将"打响了名气。一直以来，大家都认为"龙城飞将"就是指声名显赫的大将军李广。其实不然。所谓"龙城飞将"，并不是单指李广一人，还包括数击匈奴的卫青，甚至是指代多位为抗击匈奴的英雄豪杰。

人们的疑问是，这个"龙城"指的是哪里？

有两种说法：一说龙城是当年匈奴拜祭祖先的地方，位于现今的蒙古人民共和国鄂尔浑河西侧的和硕柴达木湖附近；二说龙城是指卢龙城，是汉朝右北平郡所在地，位于今天河北省喜峰口一带。

除此之外，现今的中国大地上共有七座城市被称为龙城，它们分别是：濮阳、天水、诸城、太原、常州、柳州、朝阳。

诸多的"龙城"，我们从何入手？

首先，可以确定的是，"龙城""飞将"以及匈奴，这三者是密切相关的。又根据匈奴民族的栖息地位置，除人们对龙城的两种说法外，上面提及的7个城市中的天水也可以进入"龙城"的范围来作探讨。

以飞将推龙城。很多人认为对龙城的解释中，卢龙城一说较为合理。根据《史记·李将军传》记载："广居右北平，匈奴闻之，号曰汉之飞将军，避之数岁，不敢入右北平。"意思是：李广将军住在右北平，匈奴将李广称为汉朝的飞将，于是躲避了他好多年，不敢进入右北平。这种说法其实是按照飞将来解释龙城，认为"龙城飞将"中的龙城是指飞将的居住地，而且这个飞将就是李广。这么说来，河北喜峰口一带的右北平就是龙城。然而，又有人认为飞将不是指李广，而是卫青。按照卫青的故居来判，他是今天山西临汾人。难道龙城是指临汾？这一说法非常不流行。此外，在甘肃天水有李广墓，那天水是不是人们所讲的龙城呢？这样看来，想要以飞将推出龙城的所在地，难以一致。

以匈奴推龙城。既然龙城与飞将的链条没有搭成功，那么只好把龙城与匈奴相接。很多人认为龙城是匈奴的著名城堡，位于今天的蒙古人民共和国鄂尔浑河西侧的和硕柴达木湖附近。卫青率军抗击匈奴的龙城大捷也应该指的是这里。然而此说是否成立，或许今后会有更多的资料来证明。

另外还有一种说法，即：龙城不是指地方，而是人物。"龙城"指奇袭龙城的名将卫青，而"飞将"则指威名赫赫的飞将军李广。"龙城飞将"并不止一人，实指李、卫，更是借代众多汉朝抗匈名将。

看来，"龙城"究竟何指依旧是众说纷纭，今无定论。

## ·木牛流马真的存在吗

在《三国志》、《三国演义》中，都有诸葛亮制作木牛、流马的记载。

《三国志》记录说："九年，亮复出祁山，以木牛运，粮尽退军，与魏将张郃交战，射杀郃。十二年春，亮悉大众由斜谷出，以流马运，据武功五丈原，与司马宣王对于渭南。"在建兴九年（公元231年）时，诸葛亮再出祁山，用木牛运输粮食，粮尽退兵，与魏将张郃交战，将其射死。建兴十二年（公元234年）春，诸葛亮率领军队从斜谷开出，用流马运输物资，占据武功县五丈原，与司马懿在渭水之南对垒。

《三国演义》描写得则更为生动："忽一日，长史杨仪入告曰：'即今粮米皆在剑阁，人夫牛马，搬运不便，如之奈何？'孔明笑曰：'吾已运谋多时也。前者所积木料，并西川收买下的大木，教人制造木牛流马，搬运粮米，甚是便利。牛马皆不水食，可以昼夜转运不绝也。'众皆惊曰：'自古及今，未闻有木牛流马之事。不知丞相有何妙法，造此奇物？'孔明曰："'吾已令人依法制造，尚未完备。吾今先将造木牛流马之法，尺寸方圆，长短阔狭，开写明白，汝等视之。'"

罗贯中在《三国演义》中写了制作木牛、流马的方法：

造木牛之法云："方腹曲头，一脚四足；头入领中，舌着于腹。载多而行少：独行者数十里，群行者二十里。曲者为牛头，双者为牛脚，横者为牛领，转者为牛足，覆者为牛背，方者为牛腹，垂者为牛舌，曲者为牛肋，刻者为牛齿，立者为牛角，细者为牛鞅，摄者为牛轴。牛仰双辕，人行六尺，牛行四步。每牛载十人所食一月之粮，人不大劳，牛不饮食。"

造流马之法云："肋长三尺五寸，广三寸，厚二寸二分：左右同。前轴孔分墨去头四寸，径中二寸。前脚孔分墨二寸，去前轴孔四寸五分，广一寸。前杠孔去前脚孔分墨二寸七分，孔长二寸，广一寸。后轴孔去前杠分墨一尺五寸，大小与前同。后脚孔分墨去后轴孔三寸五分，大小与前同。后杠孔去后脚孔分墨二寸七分，后载克去后杠孔分墨四寸五分。前杠长一尺八寸，广二寸，厚一寸五分。后杠与等。板方囊二枚，厚八分，长二尺七寸，高一尺六寸五分，广一尺六寸：每枚受米二斛三斗。从上杠孔去肋下七寸：前后同。上杠孔去下杠孔分墨一尺三寸，孔长一寸五分，广七分：八孔同。前后四脚广二寸，厚一寸五分。形制如象，长四寸，径面四寸三分。孔径中三脚杠，长二尺一寸，广一寸五分，厚一寸四分，同杠耳。"

罗贯中记述的方法非常详细，但这有没有可能是小说家靠丰富的想象力所描写的"虚妄之言"呢？木牛、流马并没有实物流传于世，也没有留下任何设计草图。《诸葛亮集》中对木牛、流马也进行了描述，但是很遗憾，也没有记录这两种神奇运输工具的图形。

后世的科学家对木牛、流马进行研究时也非常挠头。

《南齐书·祖冲之传》认为，木牛、流马是一种技巧高妙的自动机械："以诸葛亮有木牛流马，乃造一器，不因风水，施机自运，不劳人力。"祖冲之那个时代，木牛、流马还没有失传。祖冲之在木牛、流马的基础上发明了更为先进的自动机械。遗憾的是，祖冲之的改进版木牛、流马也在历史的烟云中隐去了踪迹。

还有学者认为，所谓木牛、流马，就是四轮车和独轮车。郭沫若主编的《中国史稿》中写诸葛亮"创制木牛流马运粮车，开展山区运输"。至于何种是四轮何种是独轮，也存有争议。宋代时，高承在《事物纪事》中写道："木牛即今小车有前辕者，流马即今独推者是。"范文澜则在《中国通史简编》中讲"木牛是独轮车，流马是四轮车"。孰是孰非，难以分辨。

还有一种观点认为，木牛、流马其实是一种东西，就是普通的独轮车。

宋代陈师道《后山丛谈》写道："蜀中有小车独推，载八石，前如牛头。又有大车用四人推，载十石，盖木牛流马也。"《宋史》、《裨史类编》也认同这种说法。

木牛、流马，一个中国机械史上神秘的传说，真面目竟然就是普普通通的独轮车？这显然不能让人完全信服。诸葛亮本人并没有为我们留下可以信服的史料，木牛、流马到底为何物，只能留待后人探索。

# ·诸葛亮布的八阵图在哪里

《三国演义》第八十四回：陆逊营烧七百里，孔明巧布八阵图。这种阵法是用石头堆成石阵，然后再按照奇门遁甲分成生、伤、休、杜、景、死、惊、开八门。杜甫曾经诗赞孔明："功盖三分国，名成八阵图。""江上阵图犹布列，蜀中相业有辉光。"意思都是说八阵图让诸葛亮的声明更加显赫。八阵图变化万端，其功效之大可抵挡十万精兵，它吸收了井田和八卦的排列组合方式，兼容天文地理，是周易思想精髓的实际应用。

那么，具有如此强大军事功效的八阵图会不会像"桃园三结义"一样，也是作者在《三国演义》中杜撰的呢？历史上真的存在八阵图吗？

据《三国·蜀志·诸葛亮传》记载："亮长于巧思，损益连弩，木牛流马，皆出其意；推演丘法，作八阵图，咸得其要云。""推演兵法作八阵图。"后人根据诸葛亮八阵图绘成图形，现在八阵原图已经不在，但是传说中八阵图的练兵遗迹，也就是"八阵图垒"，是用乱石垒积而成，其遗迹有三处。《水经注·沔水注》和《汉中府志》中记载，八阵图垒在陕西沔县东南部的诸葛亮墓东；《明一统志》载，在四川新都县北三十里的牟弥阵；而《寰宇记》所记载的重庆奉节一说则最为流行。

苏轼在《八阵碛》中写道："孔明最后起，意欲扫群孽。崎岖事节制，隐忍久不决。志大遂成迂，岁月去如瞥。六师纷未整，一旦英气折。惟余八阵图，千古壮夔峡。"这里所说的夔峡，即为瞿塘峡。它西起奉节白帝城，东至巫山黛溪，在三峡中以雄著称。

奉节在夏商时期属于荆、梁，到了东周战国则属巴郡，名鱼腹。公元222年，刘备在败退于白帝城之后又将其改名为永安。唐代贞观年间，才取名奉节，为的是表彰诸葛亮"托孤寄命，临大节而不可夺"的高洁品格。

在长江的北岸，距离奉节老东城1000米的地方，有一块大坝。它长1500米，宽600米，伸入江中，有高低垒积的石块，其中有溪流穿过。这就是传说中的"八阵图垒"。据说，唐代大诗人李白和杜甫就曾经在这里踏迹，后来每逢正月初七，人们都会成群结队地来八阵图垒踏访游览。这就是奉节人的风俗：正月初七踏迹。

然而，如今再到奉节，八阵图垒的遗迹已经在江水之中了。但是奉节当地人也称，关于八阵图，有"水八阵"和"旱八阵"之说。因三峡蓄水而被淹没的八阵图是水八阵，而旱八阵则在杜甫寓居夔州时的草堂东两公里处，它位于白帝城边，地形险峻。

## ·貂蝉到底是谁

在古代四大美人中，最迷人的当属貂蝉了，因为她竟让英雄豪杰为之神魂颠倒；也数她最不可捉摸，因为人们至今还没有弄清楚她的本来面目。关于她的身世，主要有以下四种观点。

第一种观点认为她是王允的歌妓。王允，东汉太原祁县（今属山西）人，字子师。初为郡吏，灵帝时，任豫州刺史，献帝登基后任司徒。王允为了铲除董卓，想用美人计来达到目的。于是他想到了貂蝉，王允对她说明了其中情由及利害关系，并要求她助一臂之力。貂蝉按王允的要求，以她的美色挑起了吕布和董卓之间的矛盾，最后，利用吕布杀了董卓，为王允排除异己立下了汗马功劳。事成后，貂蝉在花园里为王允祈祷拜月，正巧此时有一片彩云遮月。王允见之曰："貂蝉美色使月亮躲到云后面去了。"据此，后人都传说貂蝉有"闭月"之容。

第二种观点认为她是董卓的婢女。董卓，东汉陇西临洮（今甘肃岷县）人，字仲颖。本为凉州豪强，灵帝时，任并州牧。昭宁元年（公元198年）率兵入洛阳，废少帝，立献帝，专断朝政。曹操与袁绍等起兵反对，他挟献帝西迁长安，自为太师，后来为吕布所杀。据《后汉书·吕布传》载："卓以布为骑都尉，誓为父子，甚爱信之。常小失意，卓拔戟掷之，布拳捷得免。布由是阴怨于卓。卓又使布守中阁，而私与侍婢情通，益不自安。"由此可知，貂蝉是与吕布情通的董卓婢女。

第三种观点认为她是吕布之妻。据《三国志·吕布传》注引《英雄记》载："建安（汉献帝年号）元年（公元196年）六月，夜半时，布将河内郝萌反，将兵入布所治下邳府，诣厅事阁外，同声大呼，布不知反将为谁，直牵妇，科头袒衣，相将从溷上排壁出，诣都督高顺营。"又载："布欲令陈宫、高顺守城，自将骑断太祖（曹操）粮道，布妻谓曰：'宫、顺素不和，将军一出，宫、顺必不同心共守城也，如在蹉跌，将军当于何自立乎? 妾昔在长安，已为将军所弃，赖得庞舒私藏妾身耳，今不须顾妾也。'布得妻言，愁闷不能自决。"这里描述的这位科头袒衣的妇人，就是吕布之妻貂蝉。

还有一种观点认为她是吕布部将秦宜禄之妻。据《三国志·关云长传》注引《蜀记》曰："曹公与刘备围布于下邳，云长启公：'布使秦宜禄行求救，乞娶其妻。'公许之。临破，又屡启于公，公疑其有异色，先遣迎看，因自留之。云长心不自安。"从这段记载中可知秦宜禄的妻子是很有姿色的。另外，因为关羽先想娶其为妻，可是由于曹操"自留之"，所以引起关羽的妒忌。他妒火中烧，一刀便把秦宜禄的妻子给杀了。元人杂剧《关公月下斩貂蝉》就是以此事创作而成。因此，秦宜禄之妻也成了传说中的貂蝉。

## ·繁盛一时的楼兰古城因何消失

1900年，瑞典的一位探险家斯文·赫定到中国的罗布泊考察，他在寻觅水源的路途中居然发现了一座千年古城，在后来发掘过程中又有大量的陶器、文字、钱币、丝织品等文物出土。之后经考证，此处即为史料中所记载的楼兰国，被发现时，它已经深埋在沙漠之中1000余年。

最早有记载楼兰一国的是《史记》，其后《汉书·匈奴列传》对楼兰国也有描述："鄯善国，本名楼兰，王治扦泥城，去阳关千六百里，去长安六千一百里。户千五百七十，口四万四千一百。"楼兰古城形似正方形，面积约为12万平方米。它是西域三十六国中的一个小国家，其都城位于今天新疆维吾尔自治区的罗布泊西北岸，约于公元前300年时建立。

楼兰古城盛极一时，然而真正令世界各地人士着迷的却是它在1600年前神秘消失的原因。事实上，历史上兴起于塔里木盆地一带的所有古城，包括楼兰在内，几乎都是在同一时期，即公元4世纪，消失于茫茫沙海之中。那么，楼兰消失之谜究竟作何解释?

1.生态恶化说。与中原"黄肠题凑"相似，楼兰文明在繁盛之时也砍伐大片树木，用来建造神秘而又意味深远的"太阳墓葬"。"太阳墓葬"外形奇幻而优美，壮观而不失神秘；它是由层层圆木相契而成，整个形状呈现出放射的状态，由细而粗，排列有序，酷似普照大地的太阳一般。由于树木被大量滥伐，再加上深处内地，其自然气候本来就干燥多风，水源缺乏，最终这里的生态平衡遭到了极大的破坏，沙漠逼近，楼兰人为了逃荒，远离家乡。

2.战争说。东晋是我国历史上战乱不断的时代，而楼兰古城又因其地理位置在军事中的重要性，楼兰国因此也成了各方正想霸占的战略要地。频繁的战争将楼兰文明一洗而尽，民不聊生，百姓逃亡，楼兰国最终向死亡的墓穴走去。

3.水源匮乏说。楼兰文明得益于塔里木河的流经，然而在东汉之后，由于河流改道，楼兰国也因此丧失了主要的水源。虽然后来曾将河水引入楼兰区域，但是最终还是没能让楼兰摆脱断水的命运。

4.灾病说。疾病蔓延的速度超过了楼兰人逃命的步伐，很多人相信瘟疫是致使楼兰消失的最终原因。相传这种瘟疫就是可怕的"热窝子病"，一个地域只要有人感染了这种疾病，在落后的生产力条件下，必然会将灾难殃及几乎所有成员。楼兰古城的人民就遭遇了这场不幸。

1980年，在新疆维吾尔自治区发掘的一具楼兰女尸为原本如梦一般的楼兰文明又盖上了一层面纱，楼兰文明更显得神秘莫测。试想，在当时怎样才能使一具尸体在3800年后还保存得那样完好？

"上无飞鸟，下无走兽，遍及望目，唯以死人枯骨为标识耳"，高僧法显在公元400年取经时经过楼兰，那时的楼兰古国已是一片苍凉。西域本属于干旱之地，青藏高原的隆起更加剧了这一地区的旱情，沙漠化程度逐渐严重。楼兰文明消失之因至今众家争论不休，但是无论是哪种说法，上述的几种原因都不可能单一地将一片辉煌在瞬间摧毁，楼兰古城更有可能是在几种外力的交合之下销声匿迹的。

## ·哪里是"书圣"王羲之的终老之地

中国的书法艺术享誉世界，历史上大书法家层出不穷，照亮了中华文明的前行之路，其中有一位极富传奇性的人物王羲之，别号王右军。他文武双全，个性鲜明，作为中国书法发展史上一位承前启后的大书法家，他集各家之所长，自创平和自然，笔势委婉含蓄、遒逸劲健的书法特色，以此有"书圣"之称，而他的传世之作《兰亭集序》，成为我国书法史不可或缺的艺术瑰宝。但是兰亭一会两年之后，王羲之因失意于政治，遂称病辞官，至此杳无音讯，关于王羲之到底终老于什么地方，史学家各持一言，莫衷一是。

一种观点认为，王羲之称病离去后南徙至山阴（今浙江绍兴），当时的山阴因得益于发达的农田水利工程，山清水秀，人物风流，王羲之深深地被这里的一切所吸引，曾吟出"山阴道上行，如在镜中游"的千古名句。后来王羲之又在这里做官数年，因此人们认为王羲之终老于此甚合情理。《绍兴县志》中有这样的记述，说王羲之的后人、隋代高僧智永就在绍兴云门山为其先祖扫墓。但是反对这种说法的人说，王羲之向往绍兴的风土人情终老于此，本身就是一个猜测。另外王羲之所赏叹的地域范围不仅限于山阴，还包括今日的嵊州、新昌等地。智永所谓之"先祖"，虽则是可能包括王羲之在内的智永父辈以上的祖父、曾祖等，但因未言明为谁，不能判定绍兴之墓就是其先祖王羲之之墓。

另有观点认为，王羲之的终老之地在诸暨苎萝。据《嘉泰会稽志》记载，王羲之"墓在（苎萝）山足，有碑。孙兴公为文，王子敬所书也。"亦有《晋书·孙楚传附绰》载："温、王、郗、庾诸公之薨，必须绰为碑文，然后刊石焉。"孙绰是王羲之的好友，既然提到其为王羲之作碑文，又有《会稽志》的证实，这个说法应该比较可信。但是人们持怀疑态度的是《晋书》中的"王"是否是指王羲之？有待考证。

嵊州金庭——王羲之的终老之地。随着对王羲之终老之地的考究，赞成这一观点的学者日益增多，因为支持这个观点的史料很多。

《浙江通志·名胜》载：王羲之的好友许询在得知友人隐居金庭后，就搬来和王羲之做邻居，王羲之就葬在金庭的孝嘉乡济庆寺。李白有诗云："此中久延伫，入剡（嵊州古称）寻王许。"（《送王屋山人魏万还王屋》）这里面的"王""许"就应该是王羲之和许询。另外还有宋人高似孙撰《剡录》卷四载："金庭洞天，晋右军王羲之居焉。"又云："王右军墓，在县东孝嘉乡五十里。"此后历代县志均有类似记载。王羲之后人主修的《金庭王氏族谱》中也有明确的记载，王羲之病逝后，他的子孙因为其喜欢金庭的风土，就把他埋在了附近。

还有一个原因就是金庭是当时很多崇尚隐居的人喜欢去的地方，是道家七十二洞天之一。王羲之辞官后在金庭隐居终老也是极合情理的。

有关王羲之终老之地，一直是一个悬而未决的谜团，当我们感叹《兰亭集序》的优美后，有关王羲之的终老之地似乎已经不那么重要了。


# ·武则天为什么要立无字碑

武则天是中国历史上的一位女皇帝，她从一个才人一步步爬上皇后宝座，直到最后建立大周朝。登上帝位之后，武则天一方面消灭异己，一方面却也励精图治。在她统治时期，整个社会倒也安定，而关于武则天的传说民间有很多。武则天本人也从不是个甘于寂寞的人，即使死了，也要留下一块无字碑，千百年来引得人们纷纷猜测。

唐高宗李治和武则天的合葬墓乾陵位于西安市西北的乾县梁山上。墓前有两块高均为6.3米的石碑，西面的为"述圣碑"，碑文主要是歌颂唐高宗的功绩，由武则天撰文、唐中宗书写。该碑由7节组成，榫卯扣接，故又称为"七节碑"，碑宽1.86米，重81.6吨。东面是武则天的"无字碑"，碑由一块巨大的整石雕成，宽2.1米，重98.8吨。碑头雕有8条互相缠绕的螭首，饰以天云龙纹，碑座则用骏马饮水、雄狮、云纹等线刻画而成。如此精细的雕刻，在历代墓碑中都是极为罕见的。

人们纷纷猜测武则天立无字碑的原因，最主要的说法有三种。一说武则天认为自己功高德大，不是文字所能表达的。在武则天看来，自己虽是女人，但高宗平庸，自己的才能绝对高于高宗，而且她统治期间政治清明，社会安定，人民安居乐业，这应该算是她的一大政绩。可惜的是，当时有很多人认为武则天是抢了大唐江山，是叛臣逆贼，对于她的功劳视而不见。因而，武则天要把自己的功劳让后人去评述、去记载，于是就有了无字碑。二说武则天自知罪孽深重，立了碑文恐怕更招世人骂，还是不写为好。有的说法是，武则天建立大周朝之后，内心感觉愧疚不安，一心想在自己死后将江山归还李氏。但由于自己称帝的这段经历，使她对自己死后的境遇没有信心，更害怕世人责骂其篡位之罪，因而留下无字碑借以自赎。三说武则天想让后人去评说她的一生。这种说法与前一种说法恰恰相反。武则天对自己一生还是颇感自豪的。作为一个女流之辈，却能在政治斗争中脱颖而出，并到达了权力的巅峰。她要后人客观地评价她的文治武功，雄才大略，而与自己有利益冲突的儿子李显肯定不会对自己作出客观、公允的评价。鉴于此，武则天要将自己一生的功过是非交与后人，就是要让后人对自己的一生作出评价。这三种说法似乎每一种都很有道理，至于哪一种说法是她的本意，现已无从考证。

值得一提的是，宋金以后，人们开始在无字碑上面添补题识，现在上面共有13段文字。令人惊异的是，这些文字中还有一种文字长期以来一直没有人能识别。这种早已废绝的文字，是早期的契丹文字。契丹文字始创于公元920年，但随着国家的灭亡很快消亡，到了元代已几乎没有人认识，到了明代则彻底成为一种无人能识的"死文字"了。这一失传的文字作为一份极为珍贵的文字史料被保留下来，是武则天的无字碑的一大贡献。

## ·《红楼梦》中的大观园到底在哪里

曹雪芹当年撰写《红楼梦》的时候可能也没有想到，随着时间的推移，他的著作居然形成了一门学问：红学。红学研究的范畴很广，刘姥姥曾经游览过的大观园当然也属于红学研究的对象。

大观园究竟有没有原型以及大观园的原型在哪里等，其实诸如此类的探讨从清乾隆年间就已经有人涉及了。但是直到现在为止，学术界对此问题依旧保持着各说各有理的状态。除了有北京说、南京说、西安说等说法之外，还有人认为《红楼梦》中的大观园只是曹雪芹的虚构而已，没有原型可考。总之，此问题始终没有定论。

很多学者依据小说中大观园中的景物和房屋造型特色等，判定大观园的位置在中国的南方。例如南京城内就有几处被红学家们指为大观园原型的地方，如南京小苍山、花牌楼等。

花牌楼位于何方？据《上元县志》记载："吉祥街在花牌楼北""常府街在花牌楼东"，如此推来，花牌楼就位于南京市太平南路偏北一段。红学家们根据《红楼梦》中的"元妃省亲"推测，花牌楼就是大观园牌坊的所在地。因为多数人都认为"元妃省亲"一段就是写曹雪芹家族的事迹，而且曹雪芹的祖辈也曾多次接驾过乾隆帝的到来。

在南方说中，还有人指出大观园的原址位于杭州的西溪，而西溪一说则又源自作者之谜。有人认为，《红楼梦》不是出自曹雪芹之笔，而是由《长生殿》的作者洪昇所著。又根据洪昇的故里在杭州西溪，再经过其他方面的论证，最后得出大观园的原型位于风景如画的杭州西溪。

除了南方之外，大观园原址之争还倾注在北方的城市中，如北京和西安这两座古老的皇城。刘姥姥曾经在游览大观园时说道："在这长安城中……"这又使得众多的红学家认为大观园原型应该是在古城西安。

1987年版的电视剧《红楼梦》以北京市南二环路为地点，根据小说中所描绘的景致在这里建造了一个高雅优美的古典园林。这就是电视剧中的大观园所在地，其原址为明清时期的皇家菜园，明代还在这里设立"嘉疏署"。"北京大观园"的修建对于《红楼梦》中的原型描写十分注重，例如绿竹满园的潇湘馆，富贵尊荣的怡红院等。由于此版电视剧红楼梦也让众多红学爱好者痴迷不已，再加上自从曹雪芹的《红楼梦》问世以来，人们只能通过在文字间游转来感受心中的大观园，而无法付诸于实景，因此，"北京大观园"也是非常令人神往之地。

《红楼梦》除了给我们塑造了一批生动细腻的人物形象和一股仙境中的悲忧气息之外，还为我们留下了许许多多的千古之谜。对大观园原址的探讨仍在进行之中。

# ·明末北京大爆炸起因探秘

1626年5月30日清晨，明朝北京紫禁城内外尚处于静谧当中，人们一天的生活才刚刚开始。就在此时，天地间传来一声巨响，王恭厂（今光彩胡同一带）附近忽然发生了巨大的爆炸，白光乍现，尘烟四起，蘑菇状的云朵升上天空，一时间天昏地暗，飞沙走石，人畜、房屋被震到了天空中，四分五裂，死伤无数。传闻，这场浩劫死伤人数过万，甚至有人被爆炸卷起的大风吹到了距京城90公里的蓟县。

此次惊天浩劫，使得当时朝野上下一片哗然，众人议论纷纷。究竟大爆炸是什么引起的呢？后人几经查访和研究，根据各种各样的资料作出了以下四种考证结果。

第一种，也是最为可信的推测，是王恭厂火药库爆炸。据说当时王恭厂有一个非常大的火药库，库存数百吨炸药，明末时期就曾发生多起爆炸事件。而1626年的大爆炸地点就在火药库附近，人们有理由相信，是数百吨炸药造成了这次惊天爆炸案，造成如此惨烈的后果。

第二种说法是地震，北京城时有地震发生，而地裂会引发热气喷发，或者地核内发生原子反应造成爆炸，出现楼房倒塌，人畜飞升的现象。但地震无法解释人会在飞到天空时衣服被尽数拨去的原因。

第三种说法是陨石堕落，据当时的史料记载，"天外有声如吼""但见飚风一道，内有火光"，这些都很像陨石堕落的现象，但不足以引发狂风、火灾等现象。再说当时北京城根本没有巨坑的存在，也没有陨石的痕迹。

第四种说法是飚风作用，不过飚风仅仅会卷起人畜、房屋，撕裂人的衣服，却无法解释地动和火灾现象。

无论是哪一种说法，解释北京大爆炸似乎都有牵强之处，那么北京大爆炸的原因究竟是什么，就只能留给对此好奇的人去解答。

## ·麒麟到底是什么动物

麒麟是什么?

有的人认为它是真实存在的灵兽,一般不为外人所见,如果天下安和,国泰民安,它便会出现,所以人们常将麒麟看作是祥瑞之兆的象征;而有的人认为,麒麟无非是神话之物,是人们美好想象的产物。

其实早在西周时期,有关麒麟的各种说法已经传遍天下,与凤、龙、龟,并称为"四灵"。麒麟简称"麒",百姓多称其为"四不像",因为它的身体长得像麋,也就是鹿,尾巴却像牛,而蹄子像马,脑袋像龙。在古人的眼里,麒麟代表着长寿,据说有2000年的寿命。从字形上来理解,"麒麟"皆以"鹿"为偏旁,可以肯定的是,麒麟的形象是从鹿演化过来的。

孔子是一个不语怪力乱神的伟大教育家和思想家,每每著述,都是微言大义,有所指摘,他所修订的《春秋》,向来以记载谨严著称,然而在这本史书里,却记载了有关"麒麟"的事情,这就是有名的"西狩获麟"。

春秋末期鲁国西境大野泽地,人们发现了一头即将死去的麒麟,孔子知道后亲往查看,麒麟死后,他的《春秋》也已修订完,从此不再拿笔,这才有了"获麟绝笔"的说法。既然孔子将这件事写进《春秋》一书里,那么显然孔子是真的看到过麒麟的,认为麒麟是真实动物的人以此为据,认为麒麟是真实存在的。现在人们之所以看不到麒麟,是世风日下,人心不古的原因。

那么到底世界上是不是真的存在麒麟这种动物呢?仁者见仁,也许哪一天我们会看到庐山真面目,也许这一生都难以如愿。

## ·中国古代的飞碟之谜

飞碟(UFO),空中不明飞行物,在现代社会中是个十分热门的话题,对于它是否真实存在,人们说法不一。然而这令人争执不休的怪诞神奇之物,在中国古代就已有颇多的记载。

古籍《晋阳秋》中记载:"有星赤而芒角,由东北西南投于亮(指诸葛亮)营。三投,再还,往大,还小,俄而亮卒。"这颗发着光,从东北到西南,往复行走的"星星"被人们看作是不明飞行物,也就是我们今天所说"飞碟"。

我国著名诗人苏轼同"飞碟"也有着不解之缘。"是时江月初生魄,二重月落光深黑。江心似有炮火明,飞焰照天栖鸟惊。怅然归卧心莫让,非鬼非人竟何物?"这一首《游金山寺》正是苏轼在某一夜间见到一发着光亮的物体降于江中所写,这一"非鬼非人"之物不仅引起苏轼的迷惘,直至今日,人们也疑惑它究竟为何物,不过它发着强光、陨落的特征倒和现代人们所说的"飞碟"有相似之处。

素有科学家之称的沈括在《梦溪笔谈》中曾写道："嘉祐中，扬州有一珠甚大，初出于天长县陂泽中……凡十余年，居民行人常常见之。一夜忽见其珠甚近，初微开其房，光自吻中出，如横一金线。俄顷忽张壳，其大如半席，壳中白光如银，珠大加拳，灿然不可正视，十余里间林木皆有影，如初日所照，远处但见天赤如野火，倏然远去，其行如飞，浮于波中，杳杳如日。""大如半席""光照十里""倏然远去"这颗珠状物体不是"飞碟"又是什么呢？

不仅在古书古籍中有关于不明飞行物的记载，在古画中也不乏记录。

清朝画家吴有如的《赤焰腾空图》，便被人们看作是一幅生动的描述目击飞碟的场景画。画中众多行人集聚在桥上，全都仰头目视天空，争相观看空中团团火焰，作者在其画上注明："九月二十八日，晚间八点钟时，金陵城南，偶忽见火毬一团，自西向东，型如巨卵，色红而无光，飘荡半空，其行甚缓。维时浮云蔽空，天色昏暗。举头仰视，甚觉分明，立朱雀桥上，翘首踮足者不下数百人。约一炊许渐远渐减。有谓流星过境者，然星之驰也，瞬息即杳。此球自近而远，自有而无，甚属濡滞，则非星驰可知。有谓儿童放天灯者，是夜风暴向北吹，此球转向东去，则非天灯又可知。众口纷纷，穷于推测。有一叟云，是物初起时微觉有声，非静听不觉也，系由南门外腾越而来者。嘻，异矣！"地点、时间、人物、颜色、形状、飞行速度等的详细记述正是一份供后人研究飞碟的宝贵资料。

从这些古人的记载中，我们知道在中国古代出现过发光、飞行的不明飞行物，但是对它们究竟是否为飞碟，人们还是众说纷纭。

有人说中国古人的记载只是目击的一些表面现象或是道听途说的传闻，并没有科学的证据，其间甚至还有些夸张的修饰手法，也许仅仅是些在当时人们还没有充分认识的自然现象。

有人说古时人们记载的不明飞行物都是有着共同特点的，发着红、白等的光亮，倏忽而过，来去自由，不同时代的人们记载同样的神奇之物，而这种物体就是飞碟。

飞碟在现代依旧是个谜，古时是否真的出现过飞碟，也许只能等后人把这个谜解开来之后，才会有答案。